U0595916

中国近代
思想家文库

◎

李天纲 编

马相伯卷

中国人民大学出版社
·北京·

总　序

　　对于近代的理解，虽不见得所有人都是一致的，但总的说来，对于近代这个词所涵的基本意义，人们还是有共识的。一个国家、一个民族走入近代，就意味着以工业化为主导的经济取代了以地主经济、领主经济或自然经济为主导的中世纪的经济形态，也还意味着，它不再是孤立的或是封闭与半封闭的，而是以某种形式加入到世界总的发展进程。尤其重要的是，它以某种形式的民主制度取代君主专制或其他不同形式的专制制度。中国是个幅员广大、人口众多、历史悠久的多民族国家，由于长期历史发展是自成一体的，与外界的交往比较有限，其生产方式的代谢迟缓了一些。如果说，世界的近代是从 17 世纪开始的，那么中国的近代则是从 19 世纪中期才开始的。现在国内学界比较一致的认识，是把 1840 年到 1949 年视为中国的近代。

　　中国的近代起始的标志是 1840 年的鸦片战争。原来相对封闭的国门被拥有近代种种优势的英帝国以军舰、大炮再加上种种卑鄙的欺诈打开了。从此，中国不情愿地加入到世界秩序中，沦为半殖民地。原来独立的大一统的中央集权的君主专制国家，如今独立已经极大地被限制，大一统也逐渐残缺不全，中央集权因列强的侵夺也不完全名实相符了。后来因太平天国运动，地方军政势力崛起，形成内轻外重的形势，也使中央集权被弱化。经历第二次鸦片战争、中法战争、甲午战争、八国联军入侵的战争以及辛亥革命后的多次内外战争，直至日本全面侵略中国的战争，致使中国的经济、政治、教育、文化，都无法顺利走上近代发展的轨道。古今之间，新旧之间，中外之间，混杂、矛盾、冲突。总之，鸦片战争后的中国，既未能成为近代国家，更不能维持原有的统治秩序。而外患内忧咄咄逼人，人们都有某种程度"国将不国"的忧虑。

　　"天下兴亡，匹夫有责"，读书明理的士大夫，或今所谓知识分子，尤为敏感，在空前的危机与挑战面前，皆思有所献替。于是发生种种救亡图存的思想与主张。有的从所能见及的西方国家发展的经验中借鉴某些东西，形成自己的改革方案；有的从历史回忆中拾取某些智慧，形成某种民族复兴的设想；有的则力图把西方的和中国所固有的一些东西加以调和或结合，形成某种救亡图强的主张。这些方案、设想、主张，从世界上"最先进的"，到"最落后的"，几乎样样都有。就提出这些方案、设想、主张者的初衷而言，绝大多数都含着几分救国的意愿。其先进与落后，是否可行，能否成功，尽可充分讨论，但可不必过为诛心之论。显而易见，既然救国的问题最为紧迫，人们所心营目注者自然是种种与救国的方案直接相关的思想学说，而作为产生这些学说的更基础性的理论，及其他各种知识、思想，则关注者少。

围绕着救国、强国的大议题，知识精英们参考世界上种种思想学说，加以研究、选择，认为其中比较适用的思想学说，拿来向国人宣传，并赢得一部分人的认可。于是互相推引，互相激励，更加发挥，演而成潮。在近代中国，曾经得到比较广泛的传播的思想学说，或者够得上思潮的，主要有以下几种：

（一）进化论。近代西方思想较早被引介到中国，而又发生绝大影响的，要属进化论。中国人逐渐相信，进化是宇宙之铁则，不进化就必遭淘汰。以此思想警醒国人，颇曾有助于振作民族精神。但随后不久，社会达尔文主义伴随而来，不免发生一些负面的影响。人们对进化的了解，也存在某些片面性，有时把进化理解为一条简单的直线。辩证法思想帮助人们形成内容更丰富和更加符合实际的发展观念，减少或避免片面性的进化观念的某些负面影响。

（二）民族主义。中国古代的民族主义思想，其核心是"非我族类，其心必异"，所以最重"华夷之辨"。鸦片战争前后一段时期，中国人的民族思想，大体仍是如此。后来渐渐认识到"今之夷狄，非古之夷狄"，"西人治国有法度，不得以古旧之夷狄视之"。但当时中国正遭受西方列强的侵略和掠夺，追求民族独立是民族主义之第一义。20世纪初，中国知识精英开始有了"中华民族"的概念。于是，渐渐形成以建立近代民族国家为核心的近代民族主义。结束清朝君主专制，创立中华民国，是这一思想的初步实现。第一次世界大战爆发，中国加入"协约国"，第一次以主动的姿态参与世界事务，接着俄国十月革命爆发，这两件事对近代中国的发展历程造成绝大影响。同时也将中国人的民族主义提升到一个新的层次，即与国际主义（或世界主义）发生紧密联系。也可以说，中国人更加自觉地用世界的眼光来观察中国的问题。新生的中国共产党和改组后的国民党都是如此。民族主义成为中国的知识精英用来应对近代中国所面临的种种危机和种种挑战的一个重要的思想武器。

（三）社会主义。社会主义作为一种模糊的理想是早在古代就有的，而且不论东方和西方都曾有过。但作为近代思潮，它是于19世纪在批判近代资本主义的基础上产生的。起初仍带有空想的性质，直到马克思和恩格斯才创立起科学社会主义。20世纪初期，社会主义开始传入中国。当时的传播者不太了解科学社会主义与以往的社会主义学说的本质区别。有一部分人，明显地受到无政府主义的强烈影响，更远离科学社会主义。直到五四新文化运动兴起之后，中国人始较严格地引介、宣传科学社会主义。但有一段时间，无政府主义仍是一股很大的思想潮流。中国共产党的成立，从思想上说，是战胜无政府主义的结果。中国共产党把在中国实现社会主义乃至共产主义作为自己的奋斗目标。此后，社会主义者，多次同各种非科学社会主义思想的信仰者进行论争并不断克服种种非科学社会主义思想的影响。

（四）自由主义。自由主义也是从清末就被介绍到中国来，只是信从者一直寥寥。直到五四新文化运动兴起，具有欧美教育背景的知识精英的数量渐渐多起来，自由主义始渐渐形成一股思想潮流。自由主义强调个性解放、意志自由和自己承担责任，在政治上反对一切专制主义。在中国的社会条件下，自由主义缺乏社会基础。在政治激烈动荡的时候，自由主义者很难凝聚成一股有组织的力量；在稍稍平和的时候，他们往往更多沉浸在自己的专业中。所以，在中国近代史上，自由主义不曾有，也不可能有大的作为。

（五）激进主义与保守主义。处于转型期的社会，旧的东西尚未完全退出舞台，新的东西也还未能巩固地树立起来，新旧冲突往往要持续很长的时间，有时甚至达到很激烈的程度。凡助推新东西成长的，人们便视为进步的；凡帮助旧东西排斥新东西的，人们便视为保守的。其实，与保守主义对应的，应是进步主义；与顽固主义相对的则应是激进主义。不过在通常话语环境中人们不太严格加以区分。中国历史悠久，特别是君主专制制度持续两千余年，旧东西积累异常丰富，社会转型极其不易。而世界的发展却进步甚速。中国的一部分精英分子往往特别急切地想改造中国社会，总想找出最厉害的手段，选一条最捷近的路，以最快的速度实现全盘改造。这类思想、主张及其采取的行动，皆属激进主义。在中共党史上，它表现为"左"倾或极左的机会主义。从极端的激进主义到极端的顽固主义，中间有着各种程度的进步与保守的流派。社会的稳定，或社会和平改革的成功，都依赖有一个实力雄厚的中间力量。但因种种原因，中国社会的中间力量一直未能成长到足够的程度。进步主义与保守主义，以及激进主义与顽固主义，不断进行斗争，而实际所获进步不大。

（六）革命与和平改革。中国近代史上，革命运动与和平改革运动交替进行，有时又是平行发展。两者的宗旨都是为改变原有的君主专制制度而代之以某种形式的近代民主制度。有很长一个时期，有两种错误的观念，一是把革命理解为仅仅是指以暴力取得政权的行动，二是与此相关联，把暴力革命与和平改革对立起来，认为革命是推动历史进步的，而改革是维护旧有统治秩序的。这两种论调既无理论根据，也不合历史实际。凡是有助于改变君主专制制度的探索，无论暴力的或和平的改革都是应予肯定的。

中国近代揭幕之时，西方列强正在疯狂地侵略与掠夺殖民地和半殖民地，中国是它们互相争夺的最后一块、也是最大的资源地。而这时的中国，沿袭了两千年的君主专制制度已到了奄奄一息的末日，统治当局腐朽无能，对外不足以御侮，对内不足以言治，其统治的合法性和统治的能力均招致怀疑。革命运动与改革的呼声，以及自发的民变接连不断。国家、民族的命运真的到了千钧一发之际，危机极端紧迫。先觉分子救国之心切，每遇稍具新意义的思想学说便急不可待地学习引介。于是西方思想学说纷纷涌进中国，各阶层、各领域，凡能读书读报者，受其影响，各依其家庭、职业、教育之不同背景而选择自以为不错的一种，接受之、信仰之、传播之。于是西方几百年里相继风行的思想学说，在短时期内纷纷涌进中国。在清末最后的十几年里是这样，五四时期在较高的水准上重复出现这种情况。

这种情况直接造成两个重要的历史现象：一个是中国社会的实际代谢过程（亦即社会转型过程）相对迟缓，而思想的代谢过程却来得格外神速。另一个是在西方原是差不多三百年的历史中渐次出现的各种思想学说，集中在几年或十几年的时间里狂泻而来，人们不及深入研究、审慎抉择，便匆忙引介、传播，引介者、传播者、听闻者，都难免有些消化不良。其实，这种情况在清末，在五四时期，都已有人觉察。我们现在指出这些问题并非苛求前人，而是要引为教训。

同时我们也看到，中国近代思想无比的多样性与复杂性呈现出绚丽多彩的姿态，各种思想持续不断地展开论争，这又构成中国近代思想史的一个突出特点。有些论争为我们留下了非常丰富的思想资料，如兴洋务与反洋务之争，变法与反变法之争，革命与改良之争，共和与立宪之争，东西文化之争，文言与白话之争，新旧伦理之争，科学与人生观之争，中国社会性质的论争，社会史的论争，人权与约法之争，全盘西化与本位文化之争，民主与独裁之争，等等。这些争论都不同程度地关联着一直影响甚至困扰着中国人的几个核心问题，即所谓中西问题、古今问题与心物关系问题。

中国近代思想的光谱虽比较齐全，但各种思想的存在状态及其影响力是很不平衡的。有些思想信从者多，言论著作亦多，且略成系统；有些可能只有很少的人做过介绍或略加研究；有的还可能因种种原因，只存在私人载记中，当时未及面世。然这些思想，其中有很多并不因时间久远而失去其价值。因为就总的情况说，我们还没有完成社会的近代转型，所以先贤们对某些问题的思考，在今天对我们仍有参考借鉴的价值。我们编辑这套《中国近代思想家文库》，希望尽可能全面地、系统地整理出近代中国思想家的思想成果，一则借以保存这份珍贵遗产，再则为研究思想史提供方便，三则为有心于中国思想文化建设者提供参考借鉴的便利。

考虑到中国近代思想的上述诸特点，我们编辑本《文库》时，对于思想家不取太严格的界定，凡在某一学科、某一领域，有其独立思考、提出特别见解和主张者，都尽量收入。虽然其中有些主张与表述有时代和个人的局限，但为反映近代思想发展的轨迹，以供今人参考，我们亦保留其原貌。所以本《文库》实为"中国近代思想集成"。

本《文库》入选的思想家，主要是活跃在 1840 年至 1949 年之间的思想人物。但中共领袖人物，因有较为丰富的研究著述，本《文库》则未收入。

编辑如此规模的《文库》，对象范围的确定，材料的搜集，版本的比勘，体例的斟酌，在在皆非易事。限于我们的水平，容有瑕隙，敬请方家指正。

《中国近代思想家文库》编纂委员会

目　录

导　言*
——"百年之子"马相伯

　　1876 年，一位三十七岁的神父告别了孤寂的教会生活，离开了上海天主教耶稣会在徐家汇的住院，走进了正在蓬勃发展的上海洋场。这位神父一身儒雅，十分了得，当时已经精通法、英、拉丁、希腊、意大利文，后来在外交场合又学会了日文、朝鲜文。这位"下海"的神父，是天主教会培养出的江南才俊，实际上是被急需洋务人才的李鸿章用强硬手段从上海挖掘出来的。举目清朝十八行省，除了他的弟弟马建忠，很难找出第二个"精通七国语文"的人。李鸿章搞洋务，办外交，最需要这样"一以当十"的人才。从此，李鸿章的幕府人才库中，又多了一位全才人物，他就是和五口通商以后中国之命运相终始的马相伯。

　　马相伯（1840—1939），学名乾、良，一字建常，另字志德。他活了一百岁，被称为"人瑞"，实在是近现代中国的"百年之子"。1840年，马相伯诞生在江苏省镇江府丹徒县的一个天主教商人家庭，原籍是同府丹阳县的马家村。那一年，林则徐在广东禁烟，鸦片战争爆发。1939 年，马相伯参与抗战，从上海辗转到越南谅山，在一座荒凉山洞里逝世。那一年，中国东部的大片疆土在日军的炮火中沦陷。按中国传统的纪岁方法，马相伯活了整整一百年，是一位不折不扣的"百岁老人"，称得上是"人中之瑞"。但是，中国人在清朝的专制统治下，拖着辫子艰难曲折地走向世界，道途并不顺利。在内忧外患的环境中长寿，

---

　　* 本文原为上海电视台纪实频道拍摄《大师·马相伯》（2004）一片的策划稿，修改后作为本书导言。文中的引文和事迹未能一一附上注释和考订，具体细节可对照参看本书《马相伯年谱简编》。另外，还可在朱维铮主编，李天纲、陆永玲、廖梅编校的《马相伯集》（上海，复旦大学出版社，1996 年）中核实和参看其他事实。

对本人来说并不全是一件幸事。马相伯常常不喜欢自己的高寿，自陈"寿则多辱"。1939 年，抗战大后方的《中央日报》、《扫荡报》、《新华日报》用大幅版面为这位"人瑞"祝寿，历经沧桑的马相伯却自嘲地说："我是一条狗，只会叫。叫了一百年，还没有把中国叫醒。"

拿破仑有一个著名预言，说中国是一头睡狮，醒来将震动世界。马相伯生活的一百年里，中国各方面发生了剧烈的变动，但是没有"苏醒"，更谈不上"振兴"。一百年里，变则变矣，巡抚、总督和皇帝不见了，代之以军阀、省长和大总统；县学、书院和翰林院不见了，代之以中学、大学和科学院；秀才、举人和进士不见了，代之以学士、硕士和博士……不断的社会运动，并没有解决中国的根本问题，贫困、混乱、腐败、贪婪、不公正、不负责任的现象到处都是，中国仍然是一盘散沙。但是，"多难兴邦"，"乱世出英雄"，激荡的一百年里，中国出现了一大批仁人志士，他们担当起"振兴中华"的大任，在"三千年未有之大变局"中，特立独行，艰难问学，最终卓然成家。

说实在，作为一个学者和思想家，马相伯的著述并不多。尽管后人编的《马相伯集》是厚厚的一本，但与他学富五车的中西学问相比，实在还是九牛一毛，而且系统性不够。作为学者，他留下的有系统的作品只有一部哲学教材《致知浅说》。1903 年，他创办的震旦学院开学，即行编写了这部有关西方哲学的教材。从《致知浅说》来看，马相伯确实是 20 世纪初难得的一位真正理解哲学含义的中国人。他借用朱熹《大学章句集注》中对"致知"一词的定义来翻译"Philosophy"。"'致，推极也；知，犹识也。推极吾之知识，欲其所知无不尽也。'殆即西儒所谓 Philosophia，译言'爱智学'者钦？"按，Philosophy 的本义为"爱智慧"，明末李之藻翻译的《名理探》已经用了"爱知学"。清末外国传教士倾向于用"格致学"来对译 Science（科学）而不是 Philosophy（哲学），如英国传教士慕维廉（William Muirhead，1822—1900）在《万国公报》上把培根的《新工具》翻译为《培根格致新机》，傅兰雅（John Fryer，1839—1928）主编的《格致汇编》收入的是声光化电的新技术。马相伯受天主教耶稣会训练，并没有把科学和哲学完全分离，仍然把格致学广义地理解为哲学。或者说，把科学归入哲学，其只是格物致知的某种阶段，一种手段。马相伯对 Philosophy 的理解比较传统，具有天主教哲学的印记，但从今天科学主义思潮过后的哲学史观点来看，倒是比较全面，比较深入，因而也比较正确一些。

1851 年，马相伯从家乡江苏丹徒来上海，先是投亲在他的姐夫朱家，当年就进入了上海天主教耶稣会刚刚创办的依纳爵公学。这所学校对外也称徐汇公学，后来就发展为有名的徐汇中学。此前，除了马六甲、澳门和香港有新教传教士举办的西式学校之外，中国内地的西式中等学校以徐汇公学为最早。按耶稣会的本土化策略，也鉴于当时中国文化的强大态势，徐汇公学给天主教会培养人才，就必须让中国孩子参加科举考试。因此，徐汇公学除了研习西学之外，也必须教授经学。马相伯在家乡已经发蒙，"四书五经"有些功底，便在那里带教其他学生。值得一提的是，他最亲近的老师，意大利耶稣会士晁德莅（Angelo Zottoli，1826—1902）是一位汉学家。晁德莅精通中国经典，一生的功业就是把"四书五经"、诸子百家中的重要作品翻译成了一套拉丁文的《中国文化教程》（*Cursus Literaturae Sinicae*，1879—1883）。马相伯帮助晁德莅解读"四书五经"，晁德莅也教会了马相伯从欧洲学术传统来理解中国经典。这种跨文化的学问互动增进了师生间的友谊，他们两人是一生的朋友。马相伯之所以能够比其他学者更早地会通中西学问，这是一个很重要的原因。

1862 年，马相伯升入徐家汇耶稣会神学院，成为修士，决心投身教会事业。经过二十余年的通商、传教，上海人已经注意到"坚船利炮"背后的西学。据后来的回忆，这一时期的马相伯和三弟马建忠仍然还在尝试举业，但真正的学问取向显然已经更加西化。法文、拉丁文、希腊文、意大利文已经打下基础，神学、哲学和科学方面的知识也是造诣不浅。据教会材料，徐家汇的耶稣会神学院办学水准相当高，课程水平达到巴黎的标准。上海徐汇公学和耶稣会神学院教授的欧洲哲学和科学知识，在远东没有第二家。马相伯的高水准西学，并非个案。他的同班同学李杕（问渔，1840—1911）神父后来在徐汇公学、震旦学院都担任科学、哲学教习，同光年间也做了大量西学研究、教授和传播工作，只是很不为外界了解。

1876 年，马相伯在按立为神父之后，终于因为各种原因脱离了教会，离开了徐家汇，转而投身到淮军系统将官主持的洋务事业。先前，情同手足、合居一室的三弟马建忠已经于 1874 年脱离教会，加入李鸿章的幕府，并留学巴黎，一时看去前程远大。马相伯的学问兴趣，也在这几年里从神学和哲学，转向了天文学、几何学和力学等科学知识。马相伯刻苦钻研，到了夜不能寐、昼生幻觉的程度。同光中兴时期，科学是新政的学问，可见马相伯的思凡之心已萌，经世之志已定。他决计步二哥马建勋和三弟的后尘，加入如日中天的淮军系统，充当幕僚。

在淮军系统当幕僚期间，马相伯到过神户、平壤，也去过美国、英国、法国、意大利，所有工作，就是写公文，办洋务，处理中外纠纷，推动新式事业，无须著述做学问。马相伯够得上大学问家和思想家的标准，他的长处在于能够从欧洲古典文明的脉络来理解西方的崛起，还能够从近代欧洲国家与国家之间的不同经验看清朝的新政，这在当时虽不能说是绝无仅有，也是凤毛麟角。美国学者柯文（Paul Cohen）把马相伯与王韬、郑观应、马建忠、伍廷芳同列为"沿海型改革家"（Littoral Reformer），是完全正确的。但是，如果按后来的教科书，把他们称"早期改良派"，思想较康有为、梁启超落后，则完全错误。他们是同光年间真正懂得世界事务，又对改革有切实主张的少数几个人。非常可惜的是，作为一个大学问家，马相伯这一时期留下的著述很少。作为一个重要的思想家，他出众的洞察力和广阔的世界观也没有得到应有发挥。类似马建忠《适可斋记言记行》的著述，马相伯只留下了寥寥数篇。1896 年之前的作品，我们暂时还只见到方豪先生搜集到的《上朝鲜国王条陈》、《致朝鲜京畿道金宏集书》、《改革招商局建议》三篇。马相伯投入李鸿章及其他淮军将官幕府之后，和三弟马建忠一起经历过无数风浪，《中法新约》（1885）、《马关条约》（1896）、《辛丑条约》（1900）的签订都和两兄弟有关。1895 年，马建忠将自己游记、日记、奏折、条陈、电稿、书信集中，刊印了《适可斋记言记行》，马相伯却没有留下自己的"记言记行"。

马相伯述而不作的个性，大概和耶稣会注重口头宣道，不鼓励著书立说的神父训练有关。但是，马相伯早期著作缺失的更重要原因，恐怕还在于天主教会与清朝士大夫社会悬隔太深，社会上不需要、不理解耶稣会的学问。同光年间，西方教会和中国社会之间还隔着一堵墙，马相伯的西学只能在教会研习，它的社会传播却被隔离了。上海是五口通商以后西学传播最充分的城市，但在 19 世纪 70 年代江南制造局翻译西书之前，西学并不流行。英、美新教传教士的医疗、学校、出版、新闻等间接传教事业虽早就举办，但只是在戊戌前后才普及开来。所以，马相伯没有留下早期著作，和这样保守的大环境有直接关系。

1893 年以后，马相伯连遭厄运。当年，他的妻子携褓褓中的幼子回山东娘家探亲，因海轮失事罹难；1895 年，虔诚信教的母亲沈氏去世前，对他离开教会深有责备；1896 年，《马关条约》签订，马氏兄弟再次被"清流党"舆论指为汉奸。内忧外患，马相伯很是沮丧，终于决定在离开耶稣会二十余年以后，回到徐家汇，息影在土山湾孤儿工艺院老楼。这时候的马相伯，决心抛开红尘，一心著述。马相伯的归来，一定程度上打破了中西隔阂这堵墙，他可以把西学传播到社会，也可以把外界对西学的需求引入教会。可惜，马相伯这样的著述开始得太晚！更有甚者，六十多岁的马相伯，不久又复出了！人在徐家汇，心在张园、福州路，他全身心地投入到立宪、光复运动。辛亥革命以后，马相伯又北上参政，经年不归。种种活动令他不遑教课、写作，很遗憾没有留下更多的学术作品。

马相伯深厚的中西文化学养未能充分彰显，这是中国学术的重大缺憾。马相伯是一流学者，这一点既可以从《致知浅说》中看到，也可以他审定、刊印的《马氏文通》予以印证。学界对记在马建忠名下的《马氏文通》评价甚高，认定其是汉语言学的奠基之作。我们相信，马相伯是本书的作者之一，马氏兄弟的感情、经历、学问和思想，几乎完全一致。马相伯的学识，肯定不在他的弟弟之下。1904 年，马建忠去世多年之后，马相伯整理、删定了《马氏文通》，由商务印书馆出版。马氏"难弟难兄"（王韬语）的学识，如当时学者承认的"严、马、辜、伍"（章太炎语）一样，均属于第一流。

原想避开红尘，避静，反省，著述，终老于此。然而，风动，幡动，终而心动，马相伯并不能逃离政治。无论是住在市区八仙桥附近的马家豪宅，还是躲在土山湾慈母堂附近的一座三层楼房，门前一直都有青年学生来叩门，向他求教西学。到八仙桥、徐家汇跟他学拉丁文，听他讲西学、洋务掌故，谈未来中国社会理想，这是从戊戌到辛亥，乃至抗战前上海学界的时髦。包括梁启超、蔡元培、于右任、王造时、史良在内，连续有几代人向马相伯执弟子礼，拜这位老人为师。1901 年，蔡元培主持南洋公学（今上海交通大学前身）师范特班，带领全班 24 名学生，天天到徐家汇向马相伯学拉丁文。清晨五点，蔡元培带着学生从公学步行来到土山湾，等候马相伯醒来，做完晨祷，跟着老人的口型练习外文。无论寒暑，毕恭毕敬，当得上程门立雪的故事。这批学生中，有后来彪炳中国文化史册的黄炎培、胡敦复、胡仁源、李叔同、谢无量、于右任、邵力子等。为了传授拉丁文，马相伯编写了《拉丁文通》，该书应该就是中国第一本通行的拉丁文教材。

1898 年春天，康有为、梁启超骤得光绪皇帝的信任，6 月 11 日发布定国是诏，开始了百日维新。曾经在上海跟马相伯学习拉丁文的梁启超，从北京急电徐家汇，邀请已经退隐的马相伯出山主持议定了的译学馆。马相伯搭架子，以年老为由不愿北上，要求把译学馆迁来上海，与徐家汇的耶稣会合作，两人在书信往返地商议着。梁启超还向光绪皇帝推荐这位奇才主持全国教育、科学、文化领域的新学科建设。因为百日维新的夭折，这些事业没有成功，否则马相伯就是第一任中国科学院院长了。1907 年，梁启超在日本东京筹办立宪团体政闻社，特请马相伯前往担任总务员，主持社政。清末民初，严复是西学大师，章太炎是国学大师，这两位学界泰斗，都尊敬马相伯的中西学识。章太炎是革命文豪，谈起西学，他只佩服"严、马、辜、伍"四个人。"严"是严复，"马"就是马相伯，"辜"是辜鸿铭，"伍"是伍廷芳。马相伯是西学大师，戊戌变法前后，梁启超办《时务报》（1896），张元济办商务印书馆（1907），都曾到市区马寓，甚至驱车到徐家汇，追随马相伯的西学。

六十岁之前，马相伯把自己的才智贡献给了清朝。为了一个扶不起的清朝，马相伯贴进去二十多载的壮年生涯。1900 年天下大乱的时候，马相伯已经不在旋涡中心。1893 年，在轮船招商局的一场海难中他丧妻失子。1895 年，母亲沈氏去世前，责备他没有当个好神父。再一年后，因参与《马关条约》谈判，马氏兄弟身受铺天盖地的"汉奸"骂名。清朝的前途和自己的命运，都令马相伯失望。正是这时期，他决定退回上海，息影徐家汇。他的弟弟马建忠则卷入太深，签订《辛丑条约》的时候，又被李鸿章找去，和八国联军代表没日没夜地谈判。陷在翻译不完的英、法、德、俄、意、日文的谈判文件堆中，累死在案桌前。甲午战争前，朝鲜危亡。李鸿章曾对马相伯说："大清国我都不敢保他有二十年的寿命，何况高丽？"清朝从内里腐败掉了，快要灭亡，李鸿章、马建忠、马相伯这样参与机密的官员看得最清楚。六十岁以后，马相伯决计离开官场，为中国的年轻人，为民族的新文化作一点贡献。

"国之大事，在祀与戎"，对于古代君主来说，祭祀（宗教）和军事是根本大事，强大的军队，宏大的宗庙，是王朝强盛和繁荣的象征。但是，中国要走出专制制度，步入文明社会，需要王朝之外的公共领域。对于 19、20 世纪中国的孔急之事，开辟、继承和传播现代知识的学术机构——大学才是最为重要的。大学是民族之魂，国家之本。现代社会的基础是文化和教育，而不是宗教和军事。没有大学的引导，中国走不出传统的王朝社会。在传统的私塾、书院和县学里，背"四书"，查"五经"，不学外语，不读数、理、化，国家没有出路。更重要的是，没有大学，不培养专业精神，不鼓励独立人格，青年人蒙昧，成年人颟顸，老年人固执，正在把这个传统文化深厚的民族拖入深渊。大学之道，是使中国摆脱困境的正途。老马识途的马相伯，是最早认识这一点的中国人。

中国最早的新式高等教育，起源于基督教传教士举办的教会学校。1903年，马相伯决心创办自己的大学时，他的周围已经有了几所私立学校。1879年，美国圣公会从本国募来巨款，在上海创办了圣约翰书院。1901年，美国循道会传教士合并了几所中等学校，在苏州创办东吴大学。此外，在北京、武汉、杭州、长沙等地都陆续出现了一些教会学校。另一方面，面临崩盘的清朝政府为了挽救局势，不得不在甲午战败后创办新式高等教育。1895年，由李鸿章策划，盛宣怀筹办了天津北洋大学堂；1896年，盛宣怀又筹建了上海南洋公学；1898年，为了落实维新条例，朝廷创办了京师大学堂。这些学校，虽只能传习一些简单的英、法、俄、日文和零星的声光化电知识，程度不高，但已经算是最早的国立大学了。

举办新式高等教育是国家大事，理应由政府来推动。但是，从官场上退出来的马相伯深知朝廷做事，十九不成功。历次挫折，使他对清朝早已失望，便决心以一己之力创办大学。马相伯要办一所以欧洲为样板的私立大学。搞实业赚钱，办学校烧钱，办大学需要的大笔资金哪里来？中外人士目睹了一场令人惊诧的豪举：1900年8月25日，即"光绪庚子又八月一日"，马相伯立下了《捐献家产兴学字据》，把自己名下的财产全部献了出来，作为办学基金，"愿将名下分得遗产，悉数献于江南司教日后所开中西大学堂，专为资助英俊子弟资斧所不及……"这笔财产不是小数目，它们是位于松江、青浦等地的三千亩良田，上海法租界的十几亩地产，还有其他不少零星的工商业资产。用这些基金，办一所私立大学绰绰有余。马相伯是震旦学院的出资人，复旦公学的筹款人，也是两校的首任校长，称他为"震旦之父"、"复旦之父"恰如其分。马相伯一本淡泊名利的教友性格，没有留下多少与二校相关的材料作为自己的荣耀。除了捐献字据之外，我们只搜集到1905年震旦学院、复旦公学分裂之际发表在报纸上的《前震旦学院全体干事中国教员全体学生公白》和《复旦公学章程》两份资料。此外，马相伯在北京参与了辅仁大学的筹建，也有不少捐助，还一度代理北京大学校长。对这些他都寡淡视之，只在别人保留的书信中偶尔提及，自己并不炫耀。

马相伯是一介书生，两袖清风。当修士和神父的时候，穿圣袍，吃食堂，手不摸钞票。"下海"后虽然给李鸿章当幕僚，参与洋务，却从来不掌管经济实权。马相伯富家子、士大夫和出家人的洒脱性格，使其视金钱如粪土，无心为自己私蓄财富。他晚年得到了巨额财富，但全不是他自己赚来的。财富来自家族，来自他大哥和大姐继承的另一种善贾家风。马氏兄弟中，二哥马建勋从太平天国动乱时期起就给李鸿章的淮军采办军火、粮草，是淮军的"粮台"。战乱期间，马家在上海八仙桥地区开商号，财富不下于在杭州为左宗棠"粮台"的胡雪岩。大姐嫁给了董家渡朱家，马相伯的外甥朱志尧，是上海最大的民营机器业求新造船厂的老板，担任过上海总商会会长。马家、朱家为同光时期上海商界翘楚。二哥去世后，没有子嗣，全部财产都分给了二位弟弟。马氏兄弟是上海骄子，在官场，马家兄弟是淮军的智囊，深与朝廷机密；在商场，马家是上海开埠后少有的成功者，富甲一方；在学界，马相伯、马建忠是公认的人才，在外语、西学方面罕有匹敌。马相伯完全可以留在政界、商界，充分享受权力和金钱带来的世俗快乐。但是，就在人人都为财富奔忙，个个都嫌收入太少的上海，马相伯拿出巨额的财富，抛却洋场的繁华，毁家兴学，重归教会。

马相伯是"裸捐"，财产捐光后，他留下儿子马君远在法租界独立生活，自己只身回到徐家汇，重过隐修生活。息影徐家汇的时候，马相伯开始翻译《圣经》。天主教会对《圣经》翻译比较谨慎，巴黎外方传教会的白日升（Jean Basset，1645—1715）曾翻译过一部《四史攸编》，耶稣会士贺清泰（Louis de Poirot，1735—1814）也曾有过一部《古新圣经》，但是都没有公开出版，只供神父自己参考用。20 世纪中，罗马教廷对《圣经》的翻译逐渐放松，马相伯带着为中断教会生活二十多年的赎罪心理，决心以他的中西学识来完成这项事业。从 1897 年开始，历时十数年，他翻译的《新史合编直讲》终于在 1913 年由上海土山湾印书馆印行。无论如何，这是第一部由中国人翻译，而且出版了的中文《圣经》。马相伯忠诚于天主教会，这是无疑的。1897 年，他撰写了《利玛窦遗像题词》、《徐光启遗像题词》、《汤若望遗像题词》、《南怀仁遗像题词》。1915 年，土山湾孤儿工艺院用上述题词，创作了中国天主教四大重要人物画像，参加了旧金山巴拿马世界博览会，现今真迹仍存于旧金山大学图书馆阅览室。

本想推却尘缘，在郊外教堂的钟声中摩挲《圣经》，了此残生。但是，马相伯没有料想他长寿，他还有相当长的四十年生命路程要走。1900年以后，中国发生了那么多的变故，把他这位老人又拉了出来，卷到冲突的中心。徐家汇的土山湾离市区有七八里路，上海不断引进西式马车、轿车，交通已不是问题。张謇办江苏教育会、中国图书公司，蔡元培办中国教育会、爱国学社，都来请教马相伯。《中国图书有限公司招股缘起启》（1906）透露出马相伯和辛亥革命前的上海精英人物融合在一起。在中国图书公司的股东中，除了发起人张謇（状元、实业家、江苏巨绅）之外，严信厚（中国通商银行总董、上海总商会会长创始人）、周晋镳（上海总商会会长）、曾铸（上海总商会会长）、李平书（上海县自治运动领袖）、席裕光、席裕成、席裕福（三人均为银行家）等之外，马相伯把富豪外甥朱志尧（号开甲、上海总商会会长、实业家）拉进来，可见他在地方自治和预备立宪运动中有实质性的参与。中国图书公司的股东结构和1909年预备立宪后建立的江苏谘议局高度重合，可以证明马相伯在1905年兴办复旦公学以后，又回到了上海的维新运动中，而且越来越卷到运动的中心。

我们从上海《申报》等报刊报道中知道，马相伯在张园、福州路、南市有很多演讲。例如：1904年5月16日，在上海商学会演讲，主题为"商战"；1905年8月6日，在务本女塾演讲，主题为"抵制美货"；1905年秋，在南京两江总督府演讲，主题为"宪法精神"；1907年11月9日，在上海张园江苏铁路公会集会演讲，主题为"路权"；1907年11月20日，在上海愚园预备立宪公会集会演讲，主题仍为"路权"；1911年6月11日，在上海张园中国国民公会总会成立大会上演讲，主题为"尚武"、"民治"，准备光复。非常可惜，马相伯的个性太潇洒，真的是述而不作，这些第一流演讲，生前都没有好好整理成文，乃至不传。

1903年，用马相伯捐献的基金，法国耶稣会派出师资，借徐家汇天文台旧址开办了震旦学院。马相伯自订章程，自任校长，这是一所后来以Aurora闻名于世的精英大学。震旦学院的开办，正逢中国教育史上的大事变。清朝废科举的议论，已经搅得天下读书人一片惶恐。士大夫们一肚皮的"四书"功夫将要烂在肠子里，对就要开考的"新科"知识却一窍不通。很多人急忙从各地赶来上海，到新式学堂进修数理化，恶补西学。马相伯说，震旦招收的一年级新生中，居然有"八个少壮的翰林（进士），二十几个孝廉公（举人）"。马相伯曾回家乡参加过科举考试，虽得过学额，但只是个秀才。四十年之后，科举制崩溃，大批进士、举人们，反而投在他的震旦门下。1903 年的震旦，法国耶稣会还没有介入，办学方针由马相伯自己决定。按马相伯自订的《震旦学院章程》，"分文学 Literature、质学（日本名之曰科学）Science 两科"。两科内容，就是外语和哲学，都由马相伯审定，外语学拉丁文，哲学学笛卡尔。震旦初期的马相伯，还在犹豫是按明末西学传统，把 Science 翻译成"质学"（方以智用"质测"），还是按日本近世"兰学"传统，翻译成"科学"。无论如何，震旦的课程在上海学子中普及了科学精神。辗转相传，遂在十多年后衍为北京《新青年》的"赛先生"。

震旦学生中，还有南洋公学转来的另一批精英学生。当时，正逢南洋公学的学生闹学潮，一大批学生退学。退学学生们一部分跟随辞职的蔡元培，加入了新成立的爱国学社，另一部分学生则来到震旦学院，其中就有后来成为中国第一个留美博士的胡敦复，此外还有民国元老于右任、邵力子。1905 年，震旦学院学生又闹起了学潮，结果就是复旦公学的诞生。20 世纪的头几年，上海学生们动辄闹学潮，这是有原因的。科举制废除前后，江南的读书人忽然明白，未来将是英文、法文和声光化电等自然科学主宰的时代。于是，弃"四书五经"如敝屣，一等有钱留"西洋"（欧美），二等有钱留"东洋"（日本），三等有钱就到上海去，挑一个公立、私立的新学堂，算是"小出国"、"穷留学"。于是，上海传教士和洋务人士冷冷清清办了几十年的新学校，忽然遇见了黄金时代。学生们对新学堂缺乏认识，对旧学问又恨又爱，心理浮躁。入学、退学，出国、回国成为时髦，一遇不满，就闹学潮。大量年轻的秀才、举人抛弃旧学，涌到上海补习新学、西学。他们其实是清朝一次次失败改革的受害者，在内地积累了很多不满，遇到上海的学校里鼓励独立自主，租界里保障言论自由，就天不怕地不怕地爆发出来。

1905 年震旦学院学潮中，胡敦复、于右任、邵力子等带领学生向掌管教学的法国耶稣会士抗议。这一次，学生们不是要脱离学校，而是要占领学校。学生们带走了部分实验设备、动植物标本和书籍等，赶走法国老师，宣称自己要独立举办震旦。按马相伯后来的解释，争端的起因是震旦的"教授及管理方法与我意见不合，遂脱离关系而另组一校，以答与我志同道合的青年学子的诚意，这就是复旦"。当初情况比马相伯的回忆要复杂得多。上海学生不愿意学法语，因为法语在洋场不及英语那样有用。震旦学潮，并不起因于中、法民族之争，而是英、法文何为"一外"的问题。马相伯选了毕业于耶鲁大学的李登辉来掌校，而后来的复旦公学改为商科为主，就是这个道理。刚刚接手校务的法国巴黎省耶稣会士一时难以接受学生们的要求，于是，胡敦复、于右任、邵力子等人带领学生，再度造反，脱离震旦。

　　学潮不是马相伯发动的，甚至是有点冲着他去的。学生要学实用的英语，不愿学法文，更不用说拉丁文、欧洲哲学等古典学科。从经典转为实用，并不是不可以商议，但与当初的震旦章程相违背。胡敦复、于右任、邵力子和担任教务长的法国耶稣会士南从周就法文教学闹翻后，带着学生们来见马相伯，要求校长脱离法国人，自办震旦。马相伯捐款给教会的时候，立下了不得反悔的死约，学校基金不可能收回。在震旦和学生的僵持之中，学校难以为继，学生将要失学，马相伯急得哭起来。胡敦复、于右任和邵力子是马相伯最好的学生，他们要走，马相伯只好奉陪。最后，校长站在了学生"造反派"一边，把震旦留给法国耶稣会管理，自己另起炉灶。花甲之年的马相伯拼了老命，再创办一所大学。复旦公学的创办，基本上也是马相伯一个人的功劳。马相伯在震旦与复旦之间吃了三夹板，最终却难能可贵地再创了一个后来愈显重要的大学。可惜的是，这一时期的马相伯也没有留下任何正式的文章、文献、日记和回忆文章，只在晚年一番云淡风轻的谈话中提到。

　　从戊戌到辛亥，这一时期全国变法、立宪和革命思想界唯马相伯"马首是瞻"，他发表的观点、谈话、演讲和文章引起很多人的注意。南北议和的时候，一位暗探在和马相伯谈话后，密报惜阴堂主人赵凤昌，作为代表南方共和派人物主张的《辛亥政见》。马相伯的中西学识确实比他人高明，在非常复杂的宗教问题上尤其如此。戊戌变法以后，康有为、梁启超、谭嗣同、章太炎等人都以不同方式把宗教信仰与政治制度联系起来。康有为提出要建立"孔教"，谭嗣同把佛学、儒学和神学融合为"仁学"，章太炎则提出了一种以佛学唯识论为根底的"建立宗教论"。1907 年，在这方面比较没有见解的梁启超在东京筹建政闻社，采用了马相伯的"神我宪政说"作为社纲。目前我们还未见到"神我宪政说"的完整文本，只是通过章太炎的《驳神我宪政说》了解到这一学说的基本看法。按马相伯理解，人性有本于动物性的"形我"，有本于精神性的"神我"。人类基于"神我"的结合，是有信仰、有精神的结合，马相伯宣布:"吾侪以求神我之愉快,故而组织政闻社。"马相伯用"形我"、"神我"的概念表达宗教信徒的社会理想:以"神"的名义组织人间社群团体,而不是蝇营狗苟搞党派。按现代政党理论来判断,这种带有宗教理想主义的政党主张,比康有为、谭嗣同、章太炎和孙中山的偏颇之论公允得当一些。

辛亥革命以后,共和体制建设中出现了纷繁的宗教问题。例如:国体层面的政教关系问题,伦理层面的信仰自由问题,不同宗教之间的宗教宽容问题,很复杂地纠缠在一起。袁世凯要恢复帝制,搞了尊孔、读经、祭天等国家宗教活动;康有为执拗地筹建着孔教会,企图一面借着孔教组织的影响来参政,一面以孔教思想抵御基督教信仰;不少维新人士延续戊戌变法时期移风易俗、教产兴学的主张,打击佛教、道教的生存空间;更多的一般民众则感觉到时代更替中的道德沦丧,不断呼吁宗教信仰的回归,"大声疾呼曰:提倡宗教!提倡宗教!"中国古代思想家,对现代国家制度中的政教分离、信仰自由、宗教宽容原则并没有系统的理论,而徐家汇出来的马相伯在这方面正好有着长期思考。比较起来,清末民初的思想家谈宗教,马相伯既理解中国古代传统,也懂得世界近代思潮,最站得住脚。

1913 年 6 月 22 日,袁世凯发布尊崇孔圣令;冬至日,袁世凯到天坛亲自祭天。马相伯当然知道康有为、夏曾佑在此背后鼓捣的孔教,并且识别出这是一种政教合一和国家宗教的做法,有违中华民国设定的信仰自由和宗教平等宪法精神。马相伯坚持现代国家原则,在《一国元首应兼主祭主事否》中明确坚持信教自由,认为中国历代固然是天子祭天,但信教自由的民国,元首与主祭不得一人相兼,因为:"元首者,乃五族五教人唯一元首,非一族一教人所得而入主出奴之。"比一般人更加机智的是,马相伯采用了儒家传统的君师相分原理来说明政教分离,"不惟不兼主祭,而君与师之职亦不相兼焉"。按儒家原理,师者,儒也。君主接受儒教,君主不得为导师。既不得为导师,便不能为教主,更不能为偶像崇拜的对象,儒家确实是这样坚守的。马相伯懂得儒家精髓,向康有为、袁世凯怪诞扭曲的孔教予以有力一击。

马相伯同一时期的文章有《信教自由》(1914)、《〈宪法草案〉大、二毛子问答录》(1916)、《书〈请定儒教为国教〉后》(1916)、《保持〈约法〉上人民自由权》(1916)、《代拟〈反对孔道请愿书〉五篇》(1916)、《宪法向界》(1916)、《〈约法〉上信教自由解》(1916)、《信教自由》（1916），都是他抗议袁世凯、康有为等人的孔教、国教行为，为政教合一方案辩护的文章。1916 年的马相伯似乎真是急了，写了那么多的抗议文章。我们看到，身为总统的高级政治顾问，马相伯却坚决反对袁世凯恢复帝制的主张。他的抗议态度，肯定是出于自己的信仰和天主教教会的利益。但是，细看马相伯的分析，他主张中华民国的儒、道、佛、回、耶，无分本土还是外来，"五教"都要与政治生活分离。"五教"平等，相互之间则容易建立宽容、平等、对话和共融的关系。这些主张，无疑更符合当时中国的宗教格局。

　　中华民国肯定不能建立一个国家宗教，但是一般人群的生活是否还需要宗教？世俗社会的伦理建设是否还要用信仰来支撑？宗教信仰在中国人的民众社会中应该起怎样的作用？20 世纪初年的大部分中国思想家，都是急急忙忙地临时考虑这些问题。马相伯毕竟当过神父，他是从徐家汇耶稣会神学院毕业出来的神学博士，因而对此问题有着比较长期的思考，回答起来也是比较从容。也是在北京从政期间，他在《宗教在良心》（1914）、《宗教之关系》（1914）、《青年会开会演说词》（1916）、《〈圣经〉和人群之关系》（1916）一系列演讲和论文中阐释了自己的主张。马相伯和大家一样，也把辛亥革命前后的社会风气概括为"风俗浇漓，纪纲废弛，世道人心，大坏大坏！"作为一个神学家，他也和大家一样，认为："思从而补救之，以为非有宗教不可。"但是，当时提倡宗教的大伟人、大名士、大政客、大官僚都认为，"宗教者，为下等社会而提倡"，言下之意是精英人士并不需要宗教。把宗教看做社会控制的工具，用以管理愚夫愚妇的下等人，这种陈腐见解为马相伯所不屑。马相伯的说法很简单，无论贫富、贵贱、智愚，"宗教在良心"，人人都可以从宗教信仰中获得道德资源。这种说法被几年以后冒起来的"新青年"们忽视了，他们用科学打击宗教，进而发展出一种彻底的无神论。终不能淹没的是，一百年后，"马相伯问题"又似曾相识地归来了。马相伯留下的作品，以 1914 年到 1916 年在北京和袁世凯、康有为、夏曾佑争论时所发表的宗教论述最有思想价值。同时代的思想家中，包括章太炎、严复、梁启超、蔡元培等人，也数马相伯的观点最能明心见性地切入信仰本身，最为全面地涉及了宗教与中国近代社会的关系，而且相对正确。

　　对国共两党的政治家而言，马相伯的生命意义有所不同。按他们的看法，马相伯的价值不在于从事洋务，主张立宪，也不在于创建震旦、复旦，参与辛亥革命，更不在于他反对国教，提倡宗教，竖立良心，而在于他在生命的最后几年里，在日本侵略中国之际挺身而出，发表了众多的抗战言论。本来，马相伯"八十后厌闻时事，宗教书外，间阅科学各月刊"，不打算过问政治。但是，1931年九一八后，各方为党派利益争执不下，仍然置日本入侵于不顾。马相伯只得又一次走出徐家汇，在上海的会场、剧院、电台、学校拼命演讲，奋笔挥毫，主题都是"还我河山"！奇怪！一个民族，因为陷入内战，无法协商政治、发展经济，不能建立现代国防，坐视领土沦丧，民众逃亡，居然还需要一位耄耋老人出来大声疾呼，停止内战，一致对外，本身是件很不人道的事情！1937年八一三以后，马相伯以九八之年，跟随西迁的洪流，经广西桂林，辗转到越南谅山的一个山洞里躲避。颠沛流离，马相伯于1939年11月4日遽然去世，良可叹也！当年的4月5日，是马相伯的百岁诞辰，国民党中央发来了褒奖令，内称"民族之英，国家之瑞"，中共中央的贺电则为"国家之光，人类之瑞"。马相伯生命的最后意义，就是让一些立场不同的党派群体有一个搁置争议，想到国家、民族和人类共同利益的片段时刻。

马相伯的抗战言论，1933年有马相伯秘书徐景贤编辑的《国难言论集》，由上海文华美术图书公司刊行；1936年又有马相伯口述、王瑞霖笔记的《一日一谈》，由上海复兴书局刊行。前书辑录了马相伯在上海、香港、天津报刊上发表的文章，其中有演讲、访谈、报道、题词、回忆录等等，不能完全算是马相伯的亲笔作品。后书是年轻人对马相伯往事回忆的记录，有些地方似乎并未得到核实，存在误差。这两部作品，均存于朱维铮主编、李天纲等编校的《马相伯集》中，读者可以自行参看，本书因篇幅限制，不加收入。另外，这次在《申报》等处找到一些确定属于马相伯自己撰写的抗战通电、文章，如与他人联名发表的《联合宣言甲》（1933）、《联合宣言乙》（1933）、《联合宣言丙》（1933）、《〈申报〉发行港版感言》（1938）、《精诚团结一致对外》（1938），则加以收入。

这一时期的马相伯，受到救国会等组织年轻人的推崇，更加地被人"唯马首是瞻"。因为支持抗战政治家的活动，马相伯与宋庆龄、杨杏佛、沈钧儒、史良、王造时、邹韬奋、章乃器等人有交谊，他甚至还是鲁迅治丧委员会的成员。然而，这一时期和马相伯在国家、民族和国学方面最为投契的，确是过去与他很是睽违的章太炎。章太炎的抗战言论和马相伯非常一致，他们在国家、民族、政体、党派、国学和宗教等方面存在共识。为反对独裁，停止党治，政治协商，组织国民政府，挽救中华民族，两人联署了很多文件。章太炎去世之前在苏州国学传习所讲学，马相伯给予道义上的支持，在《申报》专门发文《赞许章太炎讲学》（1935），称赞他："朴学鸿儒，当今硕德。优游世外，卜筑吴中。……值风雨如晦之秋，究乾坤演进之道。体仁以长，嘉会为群。网罗百家，钻研六艺。纲纪礼本，冠冕人伦。……"这样的赞语，挑剔如章太炎，也是应该满意的。

现代学者追求著作等身，古人却更加推崇述而不作，马相伯基本上是个述而不作的思想家。孔子、苏格拉底、朱熹、王阳明，大都是靠聚众讲学和身体力行留下自己的思想和学问。从此情景来看，马相伯没有留下很多专著，或许是可以理解。马相伯办了震旦、复旦，称他为老师的后来都成了大师：梁启超、蔡元培、于右任、邵力子、黄炎培……马相伯似乎应该就是大师的大师了。问题在于，这些晚辈大师们虽然都爱他，敬他，利用他，实际上却都没有传承马相伯的学问。然而，思想是可以口传的。清末的上海，是一个言论自由的社会，谁都可以发表政见，表达思想。政客要人、文豪大家、热血青年中，总是马相伯的演讲有理有据，还最具表现魅力。梁启超听过马相伯的演讲，佩服地说他是"中国第一演说家"。辛亥革命前后，上海报纸曾经把两个"反串"角色评论为："马相伯演讲象唱戏，潘月樵唱戏象演讲。"那是海派名角潘月樵喜欢在唱京戏时高喊革命口号，马相伯的政治演讲则绘声绘色，诙谐有趣。幸亏马相伯还能演讲，晚年尤其如此，现今才留下了一些作品。

马相伯不是一个强人，三十五岁以前的耶稣会士训练，使得他养成了豁达、服从的个性；六十岁以前给李鸿章做幕僚的生涯，更发展了他敏锐、谨慎的个性。马相伯的诙谐幽默，超然豁达，是作为神父的基本功而训练出来的。天主教徒的身份，还有他曾经是耶稣会神父的经历，让他能够透视中国问题，成为超然于党派政治之外，为中国社会的长远利益考虑的少数几个人之一。马相伯绝无那种争勇好斗的强辩性格，也没有明显的党派色彩。马相伯固然是一个未能尽职的神父，其实也是一个失败的政治家，或者说他根本就是一个不断被政客们利用的学问家。

历史学家总是把鸦片战争看做中国文化由盛转衰的关节点。一百年间，大师辈出。以年龄论，生于 1840 年的马相伯正可以说是这鸦片战争后涌现的几代伟人中的第一位大师。马相伯出生以前的儒者，可能饱读经书，旧学精湛，但是对西方文化终究隔膜；马相伯逝世以后的学者，留学欧美，新学熟练，但是与中国文化传统渐行渐远。马相伯和他的学生们，夹在古今中外当中，既熟悉深厚的中国文化传统，又刚刚经受了西方文明的洗礼，这是他们的时代特权。他们奠定了中国新文化的传统，马相伯，真的是大师中的大师。

本书选编，若无特别说明，均出自朱维铮主编、李天纲等编校的《马相伯集》。

另外，需要说明的是：本书所收文稿中凡属明显错字的，以〔 〕内之字改正之；明显脱字，以〈 〉内之字补充之。

上朝鲜国王条陈
（约 1882）

　　马建常入启：闻继变化之后，须有异旧之恩，方足以养息群生，骤然更始。伏见殿下饥溺为怀，忧心庶务，矗矗不舍昼夜者，凡以为民也。愿举一二事，以广仁政之美，如有可采，乞早施行。

　　一省刑罚也。自古用刑，皆出于不得已。废肉刑为笞杖，所以□有罪，非以残毁肢体也。今纵不能废笞，而打膝下易伤筋骨，似可改为笞臀。讯杖之制，更宜□□□其棱，而持平声之，庶几乎蒲鞭之义。

　　一定刑典也。查《大典会通》所刊刑典，有与通商时局不可并行者。如禁止原一条，尤多窒碍，请降明谕，量为删订。不然，终虑有因缘为奸，以欺百姓者。昔汉高约法三章，而民听不惑。今西律多订苦役，而民亦少冤，其实城旦鬼薪之遗意，以为凡为恶者，必有害于人，故令服劳，而使有补。譬如犯斫封山之树者，罚令斫一植十，力不能植者，计其劳役，以相抵偿，如此则事不废，而刑自恤矣。其他刑典，可以类推，较之囹圄榜掠，疾痛哀呼，既无益于该犯，又无益于他人，徒令习闻其声，以尽丧其恻隐之心者，为何如耶？

　　一广取才也。考试云者，惟才是视。请除本身系奴隶、舆台、娼夫、私子及受刑者，其余一切罪人子孙，宜加恩赦，准其自新，一体赴试。革浮藻，崇实学，惟策论稍为近古。更请自今而后，罪人勿孥，大抵为恶者不顾其身，遑恤其后？孥其身外之妻子，不足以为惩也明甚，徒使无罪者罹于刑戮耳！

　　一恤奴婢也。奴婢世及，最属可怜。议请凡卖身者，准以十年后官价收赎。凡世及者，无论公、私、贱，所产子孙，准自覃恩赦放之日始，皆得为良。古称奴婢曰臧获，臧获犹俘虏也！焉有承平之日，而一国之中自相俘虏哉？

一求富庶也。非庶无以致富，非众无以生财，故有国者皆以生聚为本矣。今承平数百年，而民生不蕃者，何也？试就其可言者而陈之。

一、王阳言世俗嫁娶太早，未知为人父母之道而有子，是以教化不明，而民多夭。王阳汉时人，所言太早者，亦不过廿岁以前，未必如今日之未满儿也。请立年度，男十八，女十六，不足限者，不准成婚。

一、《礼》无禁令再醮之文，所以顺乎人情也。有能尽婚姻之道者，不失为正。今矫枉过直，故外道往往有篡取寡妇之事，而亲戚不为之救，官府不为之理，何也？为其一为寡妇，虽以礼再嫁，不得齿于人也，为众人之所弃，是以为众人之所辱。古人有令鳏寡相配以蕃生者，请师此意，准寡妇再醮。再醮之子，准一体考试。其劫夺妇女者，无论已嫁与否，士族与否，一律从重论罪。

一、《诗》、《易》之教，肇乎男女。虽不以礼，未为拂性。拂性之甚，莫若顽童，而民间漫不知耻，请定鸡奸律，严行惩办，并准奴子被污，自行告诉还良；非家长则坐奸，污者代为赎良。医家云：此风最足以害嗣，不可不禁。

一、非尊官不准纳妾，纳妾之数亦宜有定制。

一、婢女迟至二十五岁，宜为遣嫁从良，无令失其天性。违则罚锾，如其身价之倍以资遣之，盖君子重绝人后也。

一、阴阳敌体，圣人之教也。民间妻妾，多遭凌虐，应弛禁，准其告诉。有不敢告诉者，准其父兄代为告诉。再男劳于外，以养其妇，此天下之通例也。闻民间多有妻子服劳以养其夫者，有多娶妻妾而婢使之以自养者，是以游食之人日益众，生育之数不见蕃也。宜准不能赡养其室者，听妻妾分居，该夫不得侵扰，则一国之人，庶几勤乎事而谋生矣。尝观西律，论家人之事居多，琐细已极，而不惮烦者，盖深知家齐而后国治也。于以知君子之道，造端乎夫妇，岂可因其细而忽诸？

一慎疾疬也。尝见尸骸藁悬于树，询之则以痘丧者也。疫气薰蒸，最易传染，请一面禁止，一面设法传种牛痘，亦为国者惠而不费之政。再里巷污秽，沟渠淤积，亦足以致疾病。茅店纵横，侵占街市，尤足以致火灾，宜请禁止溷圊，不得横流于道。准募农夫，桶载车运而出，庶几田有培壅，城以洁清。至街旁茅屋，是否侵占官道。敢于侵占者，必非良民，为闾阎患，首宜痛惩，请限明年春，一例拆毁，以便创兴市廛，招徕商旅。更随时酌定地租，以裕经费。防火灾法，自宜购备水龙，水龙之以人力者，价最廉，而仿造易。然城中非无水龙之患，而无水之患也，请于沟渠，先逐段建置木闸以蓄水，再次第挑浚，不独能防火患，且水气流行，亦足以蠲瘴疠。

一兴工艺也。欲除弊者，莫如兴利。今民间日用之物，皆仰给于外国，欲民之不困也奚得？惟工艺出于手而无穷，非若天时地利，有所限制。谚云："有百人之工，养百人之命。"西国之致富，大半由此。《礼》有《考工》，儒称六艺，顾不重欤？请募工匠，开厂制造，如金工、木工、织工暨一切窑工之类，其精奥者则选生徒往他国学习。学有成，归授乡里，则游食之民，可以乐业矣。凡不列于四民者，皆为游食，尝见跟随之众，一书吏以五六人计，一官长以数十人计，此国之大蠹也，将何以堪！

一兴学校也。民之蚩蚩，失教久矣！请敕各府县募建公学，令民间子弟，习谚汉文，一会计，一地理，一杂史，限以三年卒业。

一正经界也。经界不正，赋税不均，此必然之势也。宜令通晓九章之士，丈量田亩，田亩定，赋税均，则饷有源，兵可足矣。再准兑纳白银，则民间少转输之苦矣。

右陈数事，大抵日本国已行之矣，无须大举动，大更张，所以只见其利，未闻其害，多有一纸文诰，可猝办者。文诰原不足以为治，然使文诰而亦靳焉，更将何以为治？若夫交涉衙门应行事件，间与本署人员先后议及，兹不敢渎陈也。

致朝鲜京畿道金宏集书
（约 1882）

径启者：

仆以客卿，谋人家国事，自知其多嫌也，故并本衙门一切事，未尝刺探，但有闻有见，则忠以告之，其或积精而告之者，供他人之一粲，不敢耻也，其能遵行与否，更不敢知矣。试思仆与诸大夫周旋以来，果何尝有一事，不以忠告而故为隐约侦伺之说，如若尔人者乎？向既以忠告自居，今更有所进言矣。

一、《贸易章程》第二条，论按律审断事，究竟应归何国审断也？（金宏集每有非辞，故及。）

二、《大清律》诬告者反坐。（每有诬要营兵者，及索原告对证，往往不能交出。）

三、大军来此，秋毫无犯，而营规极严，其因十余文钱财口角，及莫须有之调戏而见杀者，盖不啻十余人。日本以十三人之故，而索款五十五万，中国以数十万金银，而不恤将士之命之力，无非为保护朝鲜，果何开罪于朝鲜耶？

四、射书于营中，揭帖于街市，百般诋侮上国，往往有之矣。

五、呼中国人谓胡子、鞑子，呼大营所训之士兵为胡种，既闻于耳矣，且见于事矣，有以刀劈士兵之正犯，曾匿于某大官家而趣使远扬矣。

六、有暮夜入吴帅营，持刃行刺者矣。故北洋嘱派两棚人为仆护卫，明知棚兵有碍于贵国人之耳目，然不敢去也。

七、闻与上国为难，及嚣然不可矶者，无非各大官家人奴子居多，向以鱼肉乡里为能，今见大营军令森严，又欲借营规以鱼肉兵士乎？并闻各大官之祖护丁奴，有胜于不肖州县纵容胥役也。

八、正月间据阁下言：闻有朝鲜人为盗而囚者，其妹与中国兵士相识，约该兵士往劫狱云云。仆告知营务处通知各营，遍查遍责，无一实据。嗣后阁下既接仆书，但曰无其事，可勿究，其实只一醉役，告知捕盗大将，捕盗大将妄听之，妄言之，所谓盗者，俱捕盗之役也。然劫狱之犯，在中国论斩，问捕盗大将应作何如反坐也。

九、昨据通词说：有阁老金大人致书于阁下，言有马大人兵卒三人，一连两天，往伊家摩幼妇之乳，并遣家丁来指认兵卒。阁下得书，既传通词，令其指认，而并不通知于仆，及该家丁既不忍面诬，兵卒等以无仆命，突来指认，势不能不移怨于该家丁也。乃闻李祖渊反以中国兵士不受约束为言，致昨晚吴啸翁闻此，携令箭来，欲行军法，经仆再三恳请，应由仆处惩办，始收刃回，但嘱仆彼此照章办理，不得从宽。仆随即遣人伴通词往询，据借口于一无知孩子，云有马大人兵卒三人，手持铁棍，追逐一幼妇，并谓马大人嘱捉之来也；据该女子则又曰为兵卒所追，一时不遑回顾，故不能认识此中国人也。所谓阁老金大人者，实方自王宫出，并不知其事，则所谓书者，果何人之书也？捉奸须捉双，况信口乱说，摩妇人之乳，本不足问，而营规则斩罪也，幸该家丁犹不忍面诬，今欲反坐，应坐该阁老金大人耶？抑该误言之女子与该不忍诬认之家丁耶？

十、中国兵之戍此也，食无所食，衣无所衣，所得些许饷银，又被通事奸商，从中盘剥，盖不胜其苦矣。贵国兵民，果不愿，大营之留，又何必佯为攀援？祈开诚示之。

十一、顷据尹㤗骏正言厉色曰：前十余日，有一中国人，独持刀乘马，突入金阁老内室，继又突入该阁老之兄、前阁老之内室，追逐女子，后乃飘然出城而去。夫男女有别，岂可如此？特金大人包容，不肯办耳，而中国兵突入大官家行奸者，固常常有之，尚有王法耶？仆诘以何凭何据，则曰通国皆知，而金阁老必不妄言者。今试思中国人之乘马持刀者，必非兵役可知，然则必官员也。官员未必独出，独出未必持刃，持刃未必直指金姓之阁老。大抵犯财与色者，必有所起意。中国人亦何必认定金姓之阁老，而搜求未尝识面之女子也？再思一中国人，于白日乘马持刀入人之室，其聚而观者，当不知凡几。况其入于内室也，必不能乘马，则所乘之马，必留于外，岂有阁老家若干家人，而不知拿去其乘马者乎？仆尝偶行于市，而聚观者已塞巷塞涂，致不得行，况有异服异言之中国人，持刃而入阁老之内宅者乎？君子可欺以其方，不得以厌鄙中国人之故，而信口诬说如此。果有其事，请指出真凭实据；若无其事，请拿获谣言之人。万不可以一二人私恨，诬污六营将士也；亦不必以病风丧性一语，暗骂不肖之争辩也。

十二、在贵国谋背国王者，固为叛逆矣，其有谋背中国者，系叛逆与否，祈明决示之，无少含糊。

右十二事，阁下如不能自断，请商之于政府，一一议覆。应如何防范布置，无托空言，幸甚幸甚！合此上书道园观察使台览。

再粘启者：凡事须考实在，而攸关罪名之事，更要小心，万不可以谰言吃语。一传十，十传百，吠影吠声，群相聚笑，甚非凡百君子所以风下民也。

一、查三人扪乳之案，阁下未通知于仆，而擅传棚头，一失也。遣抱告之家丁，入仆之内宅，岂欲认仆耶？二失也。呼兵卒听其指认，指认属实，将由阁下惩办乎？抑由大营军法论斩乎？贸然不知轻重。三失也。及指认无着，乃付之哄堂一笑，岂大营兵士，听人指认卖笑者乎？四失也。按审案，宜传齐原被告，照第二条审断，乃竟纵放原告，甚失公允。五失也。兵士见该原告，欲冤以斩罪，而不知怒，亦非夫也。乃李祖渊曰：何兵士不知约束如此？此不独骂兵、骂仆、骂营官，并骂合中国营也。有此六无礼，应如何善其后，其详察之！

二、查中国人单刀匹马突入金阁老家一案，此情理必无之事。大抵闻之刀伤士兵之正凶，即该阁老之家丁，故捏造此说，以泄其恨，顺将病风丧性之称呼中国人，以暗讥所刺之人耳。此尤不可慎旃慎旃！《传》曰：惟善人可以尽言。窃料阁下应得为善人也，幸勿讶仆之尽言而或惮改焉。

改革招商局建议
（1885）

　　谨按商局情弊，非改弦更张，难期振刷，用举一二，缮呈钧览。

　　一、经理不善也。一用人之弊，失之太滥。各局船栈，人浮于事，视太、怡行不啻三倍，而得用者无多。甚至首领要缺，委之庖代。如北栈管总，广州局总，各船之"总"，皆不在其事，但挂名分肥而已。又局中司董，均无保单，故挂欠水脚，挪用银两，无从追缴。推其不用保单之故，因系总办亲友可靠，而不知舞弊则亲友更甚。"总"之缺，向归总办分派，非唐即徐，间用他姓，则须打通关节，与局中有力者分做，即暗地分财之谓也。此种人品，一得"总"，便引用亲朋，至二三十之多，以致船上好舱，半为占去，而趾高气扬，睥睨他乡过客，尤为可恶。闻南洋分局，香港、广州等又尾大不掉，难以节制。洋人言该处司董，以局船为己有，专装私货，无怪公局之亏折也。南洋船主，亦言每船到埠，不准早开，以局董私货未及配载，有停至五六天者，为费不赀，未识信否？

　　二、分局之弊，失之太纵。各处栈局经费，自包归九五扣用，照出口水脚原较节省。而总局另设包局，包南北栈者，除第一年认真办理后，仍须总局年年贴补，与未包同无限制。且栈租寥寥，不事招徕，何以称职？他埠惟九江、宁波两口，尚无挪欠，若芜湖则欠一万余金，福州则欠二万余金。种种侵隐腾挪之巧，有防不胜防。况局中司董，鲜不另做生意，如汉口局董张德，仍为谦安茶栈当手，何以专心尽职？而出纳无（有缺字）不独分心，亦未免出入不明。总局揽载唐道绅，私设长裕泰装船行，退客货，先装己货，至欠水脚一万余金；又顶招商局名，伙开栈房，（长发栈）双扣九五用钱。专写客票，欠一万余金，万安栈亦欠八千余金。统计水脚旧欠十有一万，新欠更数倍于此。此皆唐道终年在外，徐道终年买地，致无人综核，糜烂至此！

三、总局之弊，失之太浮，举措无当，全凭私臆。有如南洋船只，方苦亏耗，忽造致远、拱北、图南、普济四艘，银五十一万两，更无望余利矣。又添造广利、富顺钢身快船两只，银四十余万两，不知是何用意？长江轮船，本足驶用，又添造江裕一船，二十四万两，吃本如此巨

（原缺一页）

言啧嗔，某仅承揽四船油漆，而衣食美好，拟于素封。又每年用煤四十余万金价值，斤两省耗之数甚巨，但凭各船各栈报单而已。此岁用之费也，而总局支销不在此数。

四、帐目之弊，失之太浑。不外四柱，有帐无实，而每年结帐，又徒务虚名，纷然划抵，究难取信，患在公私混乱，挪欠自如。唐总办欠六七万，徐欠二万余，各司董所欠不等，殊与初定章程，凡有挪欠者，立即撤退之意相左，此特其净欠者耳。更有以烂贱股票，押取局银至三十余万之多者。徐道名下，押有十五万，其实并无抵物可以赎回，以致局无现银。去年九月，几乎倒闭，蒙拨公项，赖以周转。当时限定，凡动局款，自万金以上，须公议，乃唐道于年底回沪，辄以局中地基，押于怡和，借银二十五万，二十万归局用，五万则擅抵私欠。前贷开平银五六十万，不为不多。自去秋禀请划定后，今春又借去万余金，似此任情指拨，殊属非是。最可异者，各局契纸，不存总局，抽换、抵押、遗失之弊，所在俱有。福州房产，历年结帐作一万余两，今春三月，唐道改作九千，现核该契已经典出，唐道乃称福州并无房产，则历年所作之价谓何？总局房产一万两，契不见，新获他局契纸，有未到者，有与估价不符者。船契则致远、图南二契存在怡和，悬挂英旗，不知有何缪辕？唐曰无，怡曰有，又不知孰是。是则局中财产（以下缺）

致汪康年
（1896）

穰卿先生大人：

侍者昨侍食，饫聆教言，而若郭某者，直心造一狱，而刑求以实之，实未之前闻。意者以近百年西人谓之为制造之天下，而郭某乃出其心知，而为此造狱之新法欤？

今距秦虽二千余载，其刑民之法，吾未见稍衰也。试取廿一行省刑役数万，被刑者数万，聚之一方，一则日施惛酷以谋生，一则日被荼毒以求死，而顾猥谓仁、义、礼、智之国，国法当如此者，非人情也。宰杀耕牛有禁，而嗜杀人者反得为能吏，宜其怨毒之气，上奸天地之和，而中国之天灾遍地也。是在贵报有以救之。救之如何？莫急于变法。变法莫急于先去其害民者。如使胥徒能制民之死命，民富适足以供其鱼肉耳。西人设报，各有命意，变法救民，其贵报之命意欤？

若夫火轮车之事，皆其后焉者也。即使有能洞其底蕴，而当世诸公必不与，世所谓书呆子者，而必与夫巧令如盛某者。盛某必不读书呆子所译之书，其所用之华洋人，亦必不读书呆子所译之书，故承示二书，以不译为妙。其红皮书，颜曰《近百年铁路沿革浅说》，名曰浅，其无当于制作之精可知。共九章，其第七章章首云："我英人每自信制造最精良，而不知美国火车之尤适用也。"惟此章可译。以英人议英人，其言大可信，欧洲素以中国为收旧铺（此言枪炮等事），译之，免其以旧铁路售我也。至若青皮书，虽名曰《汽机征用》，其实专为入股者考征取舍也，而又专指英国而言，故首章即论英国准用之例。惟第二卷首两章论汽机价值，或可译也，余似于我无甚补益。辱问辱知，故敢妄言之，幸勿罪。

矿石两种，嘱友人探听实价，尚未回音。铅应比水重十一倍零，而今重四倍零，大要不过三四成数耳。安的毛尼之用，用作颜料者居多，据比用铅更贱，必其价值亦比铅更贱也。凡开矿少有先不折耗者，宜嘱邝某先物之图之，测其多寡，而后为倒焰锻以锻之。若先设局，则费大亏本法也。

矿与书一并奉上。谨拉杂布臆，惟裁察不宣。弟制良顿首。廿七日。

务农会条议
（1897）

一、凡地面生植之物，皆农学家所有事也。农者致其力，学者致其知。（比就有生理孔窍筋络之物言。矿学家则尽心于地腹金石之类，无脉络以滋生，西崖谓之顽质。一顽质，一生物，此两家所由别也。）知以善其事，力以成其事。事虽浅近，而实生民衣食之源，中西富强之本。盖不饥不寒，然后能教，教然后不近于禽兽，不为人屠割。不然何强之有？不强而能致富者有之矣，彼局外小国是也。不富而能致强者，则中西所未闻。世见西人之来者多服贾，遂谓西人立国以商务为本，抑知无农人出之，商将何所懋迁化居哉？而西商之狡者，利吾之重之也，遂日出其农、工之余力，以易吾难致金银，岁数千万。上自武备船械，下至服用玩好，无不仰给于外洋。一若不外洋，不足以居世。舍己耘人，莫此为甚。世有有心之君子，苟欲力矫之，知强之在富，富之在农，则莫如先尽知力于吾今日尚有之土田，铲除南北东西之畛域，混为一家。大之则令现自新旧金山逐归之流佣，或被江河冲决之灾户，负其耒耜，西而西藏，北而蒙古，恣其前往，接踵受廛。上使天地无遗憾，下使黄种有遗育（汉之徙边者，至号新秦。如仿其法，乐郊之适，当有在也夫），其功当不在禹下。小之则令东南数省素习农桑者而益精之，精之则同一土田，而所获或倍蓰焉，或十百焉，就欧西已著之成效而参用之，可操券焉。是在讲学家有以辨其土性，配其物宜，酌盈剂虚，自粪溉耕种收刈酿造，莫不有至精之法，至当之理在。有其法有其理，斯有其学。所愿与海内同人，肄业及之，非敢以本会力任其巨，独为之倡也。

二、农之为言，在培养生植，而畜牧亦其一端。耕而牧焉，其利十。无弃土，无弃材，实生材之首义。仅以肥田，犹其末也。孟子两言仁政，细目皆言桑畜。考西人善饲畜者，足以偿其耕费租税而有余，余皆其耕之利焉。耕又兼园圃山林言，牧又兼鱼蚕蜂蜡（别有蜡虫）言。请一言以蔽之曰：兼生植言。

三、农圃大旨：一精选嘉种。种分根干花实之用，植学家言也。二辨土宜。占气候，地质家言也，形气家言也。三察粪壅燥湿，以改良土性，兼化学与水利言也。诚使北地精于水利（水利在能宣，尤在能蓄。蓄之之法，多植土宜之树，亦致雨蓄水之一端，且可阻止山石山沙淤滞河道，致有汛滥之灾。史言北地桑漆之利，今不之闻，岂天时之乖欤？抑人事之失欤？）何患年不屡登？四精酿造，尤农家化验之实学极功也。将使油酒露酪浆汁糖蜜丝茶之属，多于水火，以之分洒东与西，而补今日之漏卮，抑亦有心人想象而色喜。

四、牧养大旨：（一）选种交种法。宜求东南之禽畜而交之，四方之善者而育之。（二）饲养法。大而求刍翦绒，细而割蜜分房，西人俱有专书。其言理之精，有令人想见田家之乐者。

五、如前所云，则农家之事，本会之设，则仿诸外洋。然风气未开，不能尽仿，亦第就目前所可行者而推广之，东南诸省所已习者而益精之。精之奈何？要在讲农法开民智而已。开民智莫善于日报，日报不能，降为旬报，旬报不能，降为月报。假令国中农事报无可报，则又莫善于以译书为报。书繁重而译之者见功迟，迟则难以猛进。报则篇幅短，阅之者易而阅者多，其利普。故议先出月报。月报兴，然后改为旬报。报中所译书，先就日本，取其同于我也。英、法、德、美，其种植粪溉与我迥异。异故难以取法，同则易以为功。兹约举其书于后。

《日本农学新志》月报	《农业全书》	《农学通论》
《农业泛论》	《农业读本》	《农业须知》
《土壤改良法》	《肥料篇》	《栽培法》
《米麦篇》	《农产制造法》	《简易园艺法》
《蔬菜栽培法》	《栽桑篇》	《蚕业篇》
《养蚕篇》	《制丝篇》	《养畜篇》
《家禽新书》	《作物病害篇》	《林产物制造篇》
《兽医篇》	《造林学》	

除以上应译之书外，国中之农具，有宜改者（都就人工所便言，不言机器）南北之农务，有彼善于此者，皆可随时绘图立说，并附记上海占候，以当云物之书。久之亦足以占验云。

六、劝农之法，莫善于赛会。各操所畜所植，以相比赛。与赛者出资若干（所出随宜，多则三元），赛胜者得。得隽者送往县赛，又得隽者送往府赛。推而广之，愈广则愈有荣焉，而利亦随之（人特争购其物故也）。所虑赛近于赌，易丛物议，无已，则有就本会售报处代为售种。种必求诸沃土丰年坚好之实，不丰年不沃土，则种先败矣，势必每况愈下。今日之不设谷种甚矣！故本会议广收嘉种，兼其值以售之，使嘉种遍布于寰区，而异种（兼东西洋花果言）亦不难致焉。

七、农学者实事，欲尽力于地，而无尺寸之土以试之，可乎？拟择南北二区，南则江浙两岸，北则徐海等处，为试办之地。此外，如蒙大力者广购湖潊江渍山碛之区，在民间几同弃土者，而授之本会，或租或赠，则本会愿为乘田田畯代。田区田，以耕以牧，以为农民倡。（林文忠公居贬所兴水利，至今赖之。顾亭林亦以北方牧利为可起家。窃谓赈灾荒，救患于已然者，不若兴农务，泯患于未然。前山西荒，斗米一千。若早治坦途以轻运费，米石五千耳，是二百万之粮，可余钱一千万贯。以是兴农，又何至偏灾之迭告哉？幸今多善士，苟易振荒为兴农之举，犹反手也。）数年之后，其租利，以之劝农，以之立学，胥于此荒田荒碛而肇之基。人弃我取，古有明训矣。或先与湖潊江渍山碛之地主，约定价值若干，先付定银若干，借此以免盗卖于外人。外弭讼原，内兴学校，则一事而两善备焉。然造端宏大，不敢望也，姑存是说而已。

八、各府厅州县荒山荒地，无人执业者，或有人执业而不甚爱惜者，所在多有。夫土地非自荒也，故一经创为寺院，或盗卖于他族，遂觉富饶。此已事也。窃虑风气渐开，而盗卖之风亦与之俱盛，其殆有防不胜防者。又江河湖海之滨，每多新涨沙田，因此民间械斗以争，既屡酿大案，而他族或以计力取，或以贱价得者，亦时有所闻。与其听之而不之问，或问矣而待其祸之已成，然后从而刑之，或焦头烂额以救之，无具甚矣。今必欲绝其械斗与盗卖之源，惟有归之于官。然公田之法久湮，即有其人有其法，其租税之入，亦多半供吏胥之侵占与他族之觊觎而已，故不若归之于民。然归之于民，则土地之善者，恒为豪强所得，而贫弱者益向隅而怨嗟。其不善者则虽欲树艺，而山林之政阙如，其不为牛羊所践，樵苏所伐，驯致一无萌蘖之生而不已，以故莫如归之于公。公者何？归之于本地而已矣。以本地之物产，嘉惠本地，至公也，至顺也。而教养尤其先也。（不曰学校而曰教养者，盖教养之所包者广。无学校故无成材，无教养是无以施教，则上虽有礼，而下仍无学。虽周孔复生，势不能家喻而户晓之，又何怪贼民与民贼之兴也哉？）夫人谁不爱其子弟，寻见归之于公者，而人之守望之也，不啻其私焉。此亦挽回末世浇风之一助。如蒙官宪缙绅，以此等新涨与无执业之土田（上海旧有荡田数亩折一亩者，近已奏令升科。倘蒙将上项土田，奏归本地教养之用，其为益，盖不可同日而语。况国之赋税，亦由此而增）交于本会，为之经理，则本会不胜宏愿，愿任其劳。或由彼地之入会者，或由邻封之在会者，驰往勘定，矢勤矢慎以为之。任其事者，别有会规。或一年一调，或二三年一调，以清经手帐目。本会除收回工本外，涓滴归公。其或兼蒙绅宪委以教养，本会亦不敢辞。至详细章程，各处土田物产人事不同，必须每次查明详议，不可一例拘也。

九、外洋有火力农具，其值昂，知用者少，易损坏，难修治，尤不宜于内地。且南省阡陌畸零，难以展用。北方固千亩同耘，然转运不便。惟凿深井引涌泉法，似可施于北地。本会实事求是，不采虚声，只取新式犁锄之属，轻利灵便者，禀官独铸出售，施以人力，而省人力，亦善事之方也。

十、古人教稼明农，教必有教之之方与教之之地。（管子于治最为近古，其使农与农共处，必不能易其田宅，强使共处一乡，然则指受教之地言耳。）若泰西农政书院之为者，未可知也。本会愿师此意，设一学堂，购备书籍若干，农具小样若干，土质小样若干，化学器具若干，听人来学。学者须年近二十左右，不习洋文，又不在庠者，须考验文理通顺，事理明白者，方准就学。衣食寓费自备，愿寄宿寄饭者，每年贴费若干。教习由会聘请，束修不须另送。所读悉与外洋书院无异。限五年卒业。大考获隽者，由本会给以票据，即可受人延聘，亦可在会分掌各种要务。

十一、外国农政书院，撮其功课如下：一、算学。（由数理以立算术，故谓之学读至递加比例止。）二、代数。（舍数用字，专言其理也。至方程论两根一隐止。）三、几何。（至卷五线面征用求面积，求平势止。）四、形气。（品物分坚实沉重，征用则风雨针、寒暑表、燥湿表、抽气筒。又水部电部火部光部止。）五、化学。（化学命名与剖解顽质。）六、方舆通义。（读山原水原，本洲本国土地气候考，拟易以二十三行省及蒙、藏考。）七、本国史乘酌要。

右七事，皆欧西应小试者所须知。拟加英语、法语，读至句法止，限二年读竣。

物理门：一、农业通论。二、动物性体豢养之法。三、形气。（占风雨辨土石矿石地之层积。）四、植物性体。（培植林薮采制之法。）五、树艺之经，农工农具之宜。六、分化植物，借以制造各品。七、农政论，富国及地主权利论。八、会计论，生用盈亏之数。

征用门：一、化验土石肥料、乳酪蔗糖萝萄酒油质、兽骨炭质。二、提取香汁甜汁麸糠精液法、治栖栅法、畜牧法、量水法、测河法、地窖法（藏酒造乳油等用）、养蜂法。（中国宜加收蚕法、栽茶采茶法。）三、相土法、干土法（如垦沟洫以去水之类）运用农具法、实事耕种法。四、植刍荐法。五、分别恶草、肥草（可以肥田者）、丛草（荆榛之类），以便去留。采用野花果干，以便制造（如药品野苧之类）。六、酿造法，如造葡萄酒、花果露、萝卜糖等法。（糖萝卜亦宜冷地，英、德收利甚多。中国宜加栽漆法、割漆法、池塘养鱼法。）

右十四事，乃农家之本务。限三年读毕，拟加穷理学初编，自明辨学至考论真伪止。英语、法语，加读章法，及彼国文苑史。有能翻译农务书四五百页者，准免考。

十二、本会应办之事，在在须赀，故宜先集资本若干。凡助费二十圆者为股友，掣取股票。助五十圆者为会友，作三股。自此每加五十圆作三股算。助二百圆者为议事。五百圆者为议董。助千圆者为会董，准送子弟一名来会肄业，不另出资斧。自此每加八百圆者加送一名。会友阅报，由会分送。其有愿助田亩者，估作银算。其助至租息每年一千圆以上者为会长；五千圆以上，能养贫家子弟百名者，愿为禀官立案。代造育婴堂，婴长从其姓氏，以志不忘。（美国助资立学者，多不可枚举，至千万以上者，多亦不可枚举。）助资姓氏，俱登月报。用款俱登年报，以昭征信。

十三、股票胥由上海总会填给。

十四、掌会二人，一正一副，四年期满。又议董五人，书记二人，悉凭会友公举。其不善者，即由会友公议罢退。善者仍可蝉联一期，多至十二年为止。凡会议其可否之权，议事当二人，议董当四人，会董当十人，会长当二十人，堂主当五十人，俱从人数多者为定。

十五、会董、会长至总会或分会，均可任意寄宿，查验一切。惟携眷则不可。此本会新创之大约也。掌会及会友应守之规，别详细目。

附：

汤蛰仙书马君条议后

洛诵各条，将凿惰农之沌窍，馈黄种以贫粮，洵具有大知识大愿力者。唯第一条西藏、蒙古一段，藏中寒多山峭，可耕之地无多。番民庄户地力易尽，未必有外人侧足之所。（功令汉人外番入藏，须由营汛约束稽查，不得私越。）蒙古及东三省等处垦屯，国朝言之者不下十数家，而旋作旋辍，赓续无人，徒筑道旁舍耳。今欲令民自为之邪？风土异宜无论已。膏秣农器牛种，流民灾户何以措之？欲以官为之邪？必先有特简之具，有专筹之款，有部勒之法，有董劝之经。仅云"恣其前往"，不宜为，是纸上谈也。第七款南则江浙，北则徐海。徐海即江境。尊旨自以徐海为江北，而词谊则相违越矣。且江浙见已无甚区脱，有之直亦不訾也。（漕粮又重。）似不如改从凤阳一带著手。靳文襄用陈潢策，曾试行之，惜以浮议中沮。其地赋轻民惰，理而董之，事半功则倍也。皖南池州府属……土著鲜，厥田上上，价止十缗左右，中下四五缗二三缗不等。即不为开风气计，但谋作多牛翁，负耒从之，不十年为陶朱矣。下走食土之毛，同斯旷抱，不揣弇鄙，辄贡所知。

论叶君＊《条议书》
（1897）

　　凡立章程之道，首当明其命意，即西庠所谓向界也。有所向矣，而后设法以赴之。法不一，斯会社亦不一。而用法之道，则非财不可。此于创会为先，而于章程则末也。尊作置之在后，最得体裁。惟第二条，似宜改为第一。其第一论地理，第三论气化，恰好相连而下。至所论经纬，可查舆图，一览而知。其植物与肥料化学，外洋已有成书，单译某物某料函有何品，似无甚奥义，尚易为也。惟查勘土质，颇费周章耳。

＊ 叶君即叶瀚。

枪不杀人
（1897）

　　法国巴黎报曰：人佥知善杀人者，莫火枪若。而善其事者，又增其速率，倍其远率，以求杀之多，而卒至不能杀人，不亦异乎？英枪七厘七膛口者，利器也。意枪六厘五膛口者（俱以迈当计），亦利器也。去岁仲春，一日用之于非洲之北，而敌军笑指为枪不杀人。杀与不杀姑弗论，而意军是日死于敌之戈刃者，盖万六千。枪为阿皮西人虏去者，盖二万云。英之用于非洲南也，虽中黑人，仍不能禁，其踊跃以前，再接再厉。是虽黑人之体气耐死使然，盖尝有黑童再伤于首，一伤于胸而及肺，犹能行六七十里而就医，且速愈。然同被阔膛枪而中者，何以一蹶不复振欤？于以知杀不杀在中之之具，不全系乎被中者之体质。

　　官医代劳末言，膛小子小，其击力小，以故膛径八厘者，其中人也，遇脆骨每穿而不裂，非若十一厘者之难医。中日之战也，英医亦谓日枪之八厘膛者，其杀人也，迥不及兵刃之多。幸遇中国无杀敌之兵，有杀民之兵焉耳。非然者，难保其不如意国之见挫。

　　且火枪之不善杀人也，自古而知之矣。第一拿波伦时所用火石火枪，其杀一人也，必铅子与人等重。千八百六十六年，普与奥战，后四年又与法战，计发百枪，亦止中一人而已。今所用八厘膛者，其命中也，亦未必能多于百之一。顾法之所以能复振者，在创此窄口轻枪。枪轻则能多携子药，口窄则弹之发也远且速。由是环顾法国而起者，俱舍其旧而新是图。有小于八厘者矣，未闻有过之者。过之者均束置高阁，不啻以万计，而直以亿兆计焉。今闻枪不杀人之说，其欲杀人以止人之我杀者，得无爽然其若失乎？

　　又《纪新书》曰：阿皮西人，世居埃及南，其土地层峦叠嶂，少平原。低者尚高出于海，由千迈当至千六百，生植之物类热道。其次由千六百至二千，则沃壤也，宜五谷。由三千至四千五百，惟宜刍荐而已。北为虎子河源，号虎子国。南为阿马拉与高亚二国，国之中水无可舟，陆无可路，气候由季秋至孟夏恒晴，由季夏至仲秋恒雨，雨前后恒患疟。人丁约四百五十万。其物产则加非、没药、象牙、蜡蜜、麝香、皮货、沙金、驼鸟毳，而人亦贩物也。其国政则统于南居。南居者，总王也。因自诩为犹太古明王撒落满及沙巴后之后，遂自号为"万王之王"。其实视民为奴，贩民如兽，一奴王兽王已耳。王与诸拉分治之，拉犹言诸侯王也。今南居高亚王子，名买南里者，生五十六年矣。前后皆选国之黔者，今后较为洁白，名太土，少王十一岁，居恒帕首，出则跨骡幪首，自领一军。王服白质黑章，金为缘，徽识则狮而冕者，右持龙杖。前五十年，始都于新华（彼言亚题亚巴巴），宫于高阜。室尚圆，墙以土石，屋顶或木或秸，贫民以藁草（彼音亦如是）。故所谓都城者，亦弥望草堆而已。其人骨相近于欧人，惟皮肤乌青色。教则唐之景教，盖希腊之遗也。其生其死其婚嫁，国不与闻。文字亦用反切，凡三十三声母，得二百三十一单音字，是为文字之根。钞法以银为主，钱法亦间有铁铸者。女子十岁而嫁，首饰以银，金则惟王后用之。意大利自合众以来，无日不讨其国人而训练之，教以兼弱攻昧，以广其居。前岁冬，征兵二万，攻至虎子国，而据有亚题拉地。其统帅名巴拉笛里者，与买南里王同年生。王之众虽号称十四万，而开山快炮仅五十尊，得快枪者，不及十之二三，余惟干戈之旧。衣有以红袍绿饰者，有似欧西式者。去春之仲朔日，意与之战于虎子都，而阵亡者二大将，兵数千人，被虏者又二千人，炮七十二尊，立退至百余里外。而亚题拉亦相继退出。翌日遣使拟与王和，王乃限止意地而索赎虏费焉。事闻，欧洲震动，咸云文明败于野蛮，是可忍也，孰不可忍也。

按：西人万国史，至有谓黄种之支那，直一虚生人世无用之物耳。惟欧洲之白种，日出新奇以贶人类。历观白种之所至，他种非臣妾而师事之，乃自取灭亡之道也。求在我者曰：其视亚、非等洲如猎场，人如原兽，恣其杀伐攻取，原非一日矣。即有以劝善为怀者，而其轻视非白之习，盖根于性，生于色，不肯须臾忘也。彼阿皮西者，骨相与之同，宗教与之同，文字语言又同用反切。今虽战胜，而犹未免为野蛮，况乃无一与同，而又屡不胜，则其为所轻视也，盖可知矣。乃世竟有以羊质虎皮，往依猎者以求生。猎者之罪欤？依之者之罪欤？试观彼族之于阿皮西，舍戎首不罪，罪杀原兽之具有未工，真忍鸷矣哉。

　　求在我者曰：善用兵者，固贵有胜人之具，而迭换新枪新炮，则费不可支，要在用旧式枪炮，而配以新式之弹。弹费无多，苟能破气浪以直前，斯能操胜算而威敌矣。有得其秘者，夫何忧枪不杀人哉？亦致力于弹而已矣。

炮台新制
（1897）

《纪〈效〉新编》曰：炮所以为攻，台所以为御，御之道恒视乎攻之具，此对待之情也。今者炮火日新，当之者既无坚之不折，而或仍拾台高攻远之旧沈，是多予敌以攻之地，显示敌以攻之准也。（闻之旅顺炮台，为天下第一高台；粤之虎门等处则又磴道盘空，朱栏上下，俨然亭台矣。）故善为台者，台扑地。扑地则人无以准我，我有以准人。甲舰之贴水面准，此意也。

兵家言台有二：一行营，一坐营。坐营之制万千，要之不外圜形、圭形、棒折形、多角形四者而已。此四形者，一取其可以三面临敌，二取其恒以斜面受弹。弹著斜面而力弛，此重力理也。理各有所宜。其四面迎拒者，则圜形与多角宜，其背负固而面临敌者，则棒折宜。棒折之首锐与圭角同，妙在错综回互，法京多用此，此非图说不明，其坟起于地也。浅若陂陁，见首图①。甲外堤，乙内堤，俱外岸低，里岸高，合成平坡之势。丙深沟也，或有水，或无水。丁地平线，线上者出地平，线下者入地平。次图，丁钢顶炮位也，炮位有相并者，有相背者，均斡旋如意。午门也，空其中以藏兵也，虽仅数人守之，千万人莫能近矣。三图，相背炮位也。四图，借压水柜力，以起落炮位也。盖虑敌炮之伤我炮，故放时则起，放后即落。此外则伤之无可伤矣。五图，钢顶炮车，随宜移置，为不能多置钢顶者应用也。外堤内堤，均可为藏兵洞，以藏兵马。行营炮台，或掘濠为垒以架炮焉，或人自为穴以庇身焉。濠之外必违规险要，暗设地雷，既以防敌，又以误敌焉。总之与炮为敌者愚，巧避者胜，此近日窖藏炮台之大致也。

---

① 图略，下同。

　　求在我者于四年前，尝以窖藏之法示友。友答书云：有为窖藏者，一炮发而全窖坍焉。噫！图算之不知，比例之不知焉，往而不偾事哉？尝见吴淞等处炮台，内为草屋以栖兵，此自焚之道也。江阴等炮台，形同仰盂，前临水，后枕山，山示敌以标准，宜无虞敌弹之不中，中之不堕人于仰盂者。古人云：置之死地而后生之。今也兵刃未接，而飞弹已至，势必置之生地而后可以还攻，否则死亡之不暇，奚暇还攻哉？溯长江而上，盖无一得平坡之义，窖藏之制者。至其所置之地，既不谙水道，又不谙迎攻之界线。敌不来则已，敌而来，其不如入无人之境者几希。锦不使人学制者，我锦故也。炮台等武备之具，动辄千万金，而使不学之人制之，非不知轻重之义也，非我锦故也。英之李梅福枪，以不能重伤，故济戏拉黑人尚呼为小儿枪，况其不及伤人者，宜外人之呼我武备为要货也。而南北要货，又令黄口督之，真不愧为小儿要货矣。

利玛窦遗像题词
（1897）

利玛窦，字西泰，意大理国人，以大圣方济各·沙勿略卒于嶴门之前两月生，其践大圣之志，阅三十一年而至中国之广东肇庆府，盖有由矣。时万历八年也。郭开府、黄首府授之馆，刘制军节斋又居之以韶州河西官地。万历二十三年，逾岭，驻豫章，建安王忘其贵而与之交。二十六年，从王宗伯宏诲至金陵，公卿大夫，无不争相倒屣，而祝箴尹世禄、张司徒孟男尤相契。二十八年冬，同庞迪我等八人，赍贡物，献北阙，详其自具疏中。二十九年春，蒙召见便殿，赐宴，欲授以职，则固辞。乃命礼部宾之，太官饩之，并赐左净地一区，建天主堂，翻经推历，著作甚盛。三十八年三月十八日，积劳病故于赐宇，礼部奏牒大司徒，畀迪我等阜城门外滕公栅官地二十亩，佛寺房屋二十八间，收葬安插。王大京兆应麟为之碑记，记内有"在京时，大宗伯冯公琦，讨其所学，则学事天主，提躬缮性，据义精衍，因是数数疏击空幻之流，欲彰其教。嗣后李冢宰、曹都谏、徐太史、李都水、龚大参诸公问答，勒板成书。至于郑官尹、彭都谏、周太史、王中秘、熊给谏、杨学院、彭柱史、冯金宪、崔铨部、陈中宪、刘茂宰，同文甚多，见于叙次"云云，亦可见当时士夫之向往矣！

徐光启遗像题词
（1897）

　　徐光启，字子先，号元扈。先世由河南迁苏州后，自高祖秉铎上海，遂家焉。以嘉靖壬戌三月生。生三十六年，始中万历丁酉举首。甲辰成进士，丁未授检讨。丁外艰，一再赴嶴门讲习圣教礼规。服阕，回翰林院，旋请病假，至丁巳始迁左春坊左赞善，复请病假。万历末年，边警迭告。乙未，除詹事府少詹，兼管通、昌等处练军事务，以巡抚体统行事，遂奏多造铳台铳器，寻以乏饷彻兵，又一再请病假。其请病假也，辄至津门，兴水利，讲农学，为京师根本至计。天启癸亥，特旨升礼部右侍郎。乙丑，为魏珰所构，著冠带闲住。崇祯元年戊辰，复特旨起用，加太子宾客。己巳，转本部左侍郎，奉敕修正历法，并巡视城中火器，乃征龙华民等修历，又从西士新法造大炮。是年十一月，于德胜门外三发大炮，戕敌甚众。十二月，奏造鸟铳二三千，又奏陈训练造铳各策。庚午二月，奏陈造铳教演，须征用西洋人，并奏派龙华民、毕方济赴嶴，招劝捐助火器。应征者有教士陆若汉与教绅公沙的，皆屡获胜仗。六月，升尚书。壬申，兼东阁大学士。癸酉七月，加太子太保，兼文渊阁大学士。自升授卿贰以来，每力辞，皆不获。自是，又屡上疏乞休，卒以十月初七日薨于位。上闻震悼，赐祭赐谥，谥曰"文定"，并赐水衡钱治葬事，一切荫赠皆如例。当文定未第时，常游学粤东，过韶州天主堂，遇教士郭仰凤，谈道颇契。庚子，访利玛窦于白门，益知万事万理舍万物真原无着落处。癸卯，复至白门，而利氏已北，遇罗如望，令恭默思道八日，恍然天下之天无二天，天主之教亦无二教，因遂受洗礼。入教后，公车北上，与利氏谈《圣经》之暇，讲西学，故屡有译书之请。而沈漼等因附魏珰，屡害教士，文定亦屡上疏争之，所荐之毕方济，后亦上疏云："臣又蒿目时艰，思所以恢复封疆，裨益国家者，一曰：明历法以昭大统。一曰：辨矿脉以裕军需。一曰：通西商以官海利。一曰：造西铳以资战守"云云，皆忠谠至论，惜皆为食古不化与放利而行者所废阻，不获行其所志。然宫掖之间奉教者已五百余人，士大夫数百人，以少京兆杨廷筠、太仆卿李之藻、大学士叶益蕃、左参议瞿汝说、其子式耜后谥忠宣者等为最著。

汤若望遗像题词
（1897）

　　汤若望，字道味，日耳曼国人，天启二年来华。崇祯三年，由徐文定征修新法历。五年，进呈历书三十卷。七年，又二十九卷。八年，呈《七政行度》。岁甲申，顺治元年五月，监官等依旧法缮呈顺治二年历本，亲王告以天运已新，宜用新法。八月朔，日食，大学士冯铨又验得独新法合，乃奏取汤若望管时宪历，并管钦天监印信，若望疏辞不获。时朝鲜王李倧之世子质于燕京，频来问道，回国时，若望赠以天算及教理书多种。顺治三年，由钦天监监正加太常寺少卿。七年，蒙赐宣武门旧堂侧官地，建天主大堂，文皇太后颁赐银两，亲王等又相率捐助。九年，堂工竣，御书"钦崇天道"匾额，衍圣公亦有题赠。十三年，赐号通微教师，谕内有："天生圣贤，佐祐定历，补数千年之阙略，成一代之鸿书。"非偶然也。十四年二月，又赐御书堂匾及碑记。四月，横被吴明烜参奏时宪多谬，后历经考验，部议明烜诈妄，罪应死。十月，特授通政使司通政使，固辞，仍不获。十五年，诰授光禄大夫，又三代一品封典。十七年，杨光先以若望等宪书，书依西洋法，而其教又侮孔圣，赴礼部告，不准。十八年正月，入宫请安，亦蒙引至御榻前。终世祖之世，宠眷逾恒，召对但呼玛法（犹言父老也）不名，入奏，随时随地俱可。奏罢，每赐御膳，上亦时幸其第，时索便膳，故龚端毅公寿其七秩有云："夜半受厘，时席前于宣室。宸游多暇，亦辇降于丹房。先生于凡修身事天，展亲笃旧，恤兵勤民，用贤纳谏，下宽大之令，慎刑狱之威，磬固人心，镞励士气，随时匡建，罔摄震霆。最后直陈万世之大计，更为举朝所难言，信仁贤之有益人国也。"读此可想见其效忠焚草矣，而人之忌之者亦以此。康熙三年，杨光先又告若望等阴谋不轨，实鳌拜使之。礼、刑两部，径议汤若望处死，辅政四大臣，方欲批行，而地忽震，惊散未批。自是，连日大震，致山东等处多有衙狱坍陷者，辅政索尼谓汤若望案宜奏请太皇太后定夺，旋蒙懿旨，着速释放，并申饬曰："汤若望向为先帝信任，礼待极隆，尔等岂俱已忘却而欲置之死耶?"释后以明年七月五日终于赐第。及光先情罪败露，乃蒙亲王等会议，给还显号及原品恤典。

南怀仁遗像题词

（1897）

南怀仁，字勋卿，一字敦伯，比利时国人，崇祯十四年入中国。顺治初年，即征修历政。康熙八年礼部题奏："赴台测验，南怀仁所算，逐款皆符；吴明烜所算，逐款皆错。杨光先职司监正，历日差错之处，并不能修理。既屡以推算历日差错不合天象具题，今将合天象之历日，又坚执西洋之法不可用，大言妄称国祚，情罪重大。"为此相应将杨光先革职，交与刑部去后，乃以南怀仁授为钦天监监副职衔，同理监务。十二年改授正。俱屡抗辞，不获。十三年制造仪器告成，加太常寺卿职衔，并奉旨绘取真容，相传此其临本也。十七年预推康熙永年历法成，加为通政使司通政使职衔，仍加一级。又具疏坚辞溢衔，仍不获。二十一年正月，呈《神威炮图说理论》二十六，《图解》四十四。二月，驾幸关东，南怀仁奉带测天地仪器以从。四月，以南怀仁向年制造各炮，陕西、湖广、江西等省已有功效，兹又先后制造神威炮三百二十位，试放，精坚中的，由吏部题加工部右侍郎职衔，仍准加一级。二十二年，又与闵明我随驾往北塞。二十六年十一月，怀仁病笃，上遣御医诊视。十二月二十八日，卒于任，呈进遗折。二十七年正月，上赐赙银二百两，大缎十端。二月，出殡，上差内大臣一等公固山佟国舅并一等侍卫四员，送至阜城门外茔地。

致汪康年
（1897）

一

昨日造访，未能畅言。今早潘姓已来，略知算学形气，而于名理学尤所服习，于辣丁、法文虽不能深造，视今日之为舌人者，似略高一等。华文尝完篇，想亦与书房中之能完篇者无异，如我公有志翻法律及设学堂，似可留为囊中之物也。他日有暇，拟引其相晤，是否乞裁。肃布，即候穰卿先生箸安。弟制良顿首。

二

穰卿先生有道：

违德愈久，思企愈深，顷于递中得读《蒙学》及《演义报》序，慰甚。同群能群之说，吾国忘之久矣。然保生保种，舍此无由，即有一二知之者，亦未必能善群也。善群之责，宜在吾党报之学群学也。欲他人之同群，必自我善群始，故野番无家畜，虽以家畜贻之，无几而变为野矣。此史事也。

盖昏昏者不能使昭昭，非一日矣，以故不胜大愿之《蒙学》与《演义》合为一报，或以文法不同，则一前一后何如？毋曰每报五文，两报仅十文耳。然四万〈万〉之中，能得五文闲钱者有几？叶君，吾畏友也。汪君甘卿，虽未谋面，然与章氏昆季必善群者也。苟不以鄙言为河汉，幸合为一报，则阅者自多，而为德愈普。其势惟先生能合之，故敢一言，宜弗罪。匆布，敬叩撰安。制求在我者顿首。十月初九日。

三

《演义报》顷以抄袭沪报新闻，论及盛丰（哈华杔、蔡玉季既是抄袭，即可以此立辞，无甚可畏），盛丰洋行遂请讼师下书，索罚三千金，真使吾华人无立足之地矣。读高明所论，安得黄种人人皆知身卧炮口邪？彼日创新凶器者，皆欲一试于支那。天乎！抑黄种之不自爱乎！不识先生将有以教《演义报》否？匆肃，即请穰卿先生晚安。制良顿首。十一日。

致汪康年
（1898）

穰卿先生有道：

　　顷以舍甥云佐有病，至昌寿里。当即造访，不值，歉甚，而云甥随即去世。少者不留，命矣夫！兹得京寄商会原稿及章程两件，似可寿之《昌言报》也。特此寄上，原件祈掷还为荷。肃此，即叩著安。马良顿首。廿二日。（七月廿三到）

捐献家产兴学子据
（1900）

　　立献据人，谨承先志，愿将名下分得遗产，悉数献于江南司教日后所开中西大学堂收管，专为资助英俊子弟资斧所不及，并望为西满安德肋献祭，祈求永承罔替。

　　中外善堂，概由输献。此系主前熟思，遵先志以献者。自献之后，永无反悔。且系先人所遗名下私产，故族中一切人等，毋得过问。其系教中者，自无敢有违善举；其系教外者，则非先父先兄之嗣也，更无得过问。

　　特此书献存档。时天主降生后一千九百年秋分后一日，即光绪庚子又八月一日。

　　　　　　　　　立献据人　江苏镇江府若瑟马良

　　计开青娄田亩契据，有绝有押，一并献存。外清册一通，油坊一所。

　　又，近上海等处地亩数方，其契据俱一并在内。左译文另有添注，合并声明总之。

致朱志尧
（1900）

一

张菊翁十七日函云：报馆出自旗人，尤难得，吾辈自宜尽力襄助。主笔任重，未敢轻举，好在英君尚有旬日句留，当加意为之询访云。请语英君往晤为要。

二

顷有瓜尔佳者，字锡侯，寓第一楼后鼎升栈内。明晨请英敛之往晤为要，盖亦旗人之有心时事者。

开铁路以图自强论
（1901）

痛定思痛，维新之诏，积篇累牍，取法乎上，铁路为首。不揣冒昧，谨陈具事如左：

浚井不渫，则泥泞滋积；嘉谷不耘，则蒹莠弥漫。我中国其危急存亡之秋乎？各国乘我中国之罢敝，夺我疆土，凌我黎民，占我政府，拒我使臣，国耻孰甚？中国若不图强则已，苟欲图强，必以开铁路为枢纽。考铁路一项，各国皆以为自强目的。西至欧美，南至非洲，轨道所至，瞬息千里，转输利捷，商贾繁兴。渐而开风气，进文明，成效所至，耳目共睹。

中国处积弱之地，矇瞆闭塞，于斯为盛，自强之机，不绝如缕，乃欲发聋振瞆，力图自强，急则治标：

一曰保税务。商人如欲贸易，必乘火车，既乘火车，则铁路沿途关卡应纳之税，于上车时并征一次，庶商人不致为税务所困，税务亦不致有短绌之虞。

二曰挽利源。从前海禁方严，番舶无埠，即中国丝、茶大宗，所销甚鲜。一有铁路，则出口之货，岁必较多。

三曰杜外患。德人挟巨野教案，勒修山东铁路。法人尤明目张胆，请展接龙州铁路。外患日逼，我中国若不早自图谋，则尚何问乎？藩篱尽撤，门户洞开，惟冀干路枝路，次第举行，彼或望而却步。即不然，亦可以铁路为操纵，而事权不落人后。

四曰振士气。士气之新，端在发皇耳目，开拓心胸。吾中国数百年闭关自守，以故拘掘〈墟〉之士，见识不宏。今既有十八省之铁路，则地无弃，乡无聋，不出户而周知各国，不费日而遍历他方，文明之于此可进。

　　五曰聚兵威。兵多则饷不足，兵少则防不严。一有铁路，则东西南北，呼吸相通，视敌所驱，相机策应，无征调仓皇之失，无转输艰阻之忧，朝发夕来，兵威亦此而盛。

　　要而论之，中国今日时局日非，政权旁贷，神州陆沉，祸将旋踵，若开铁路，以中国财办中国事，十八省势联一气，四百兆志切同仇。皎日所照，阴霾潜消，铜山东崩，洛钟西应。是铁路直转移国是之一大关键，而议者谓为非计，我不信也。

兴学笔录
（1902）

　　慨自清廷外交凌替，一不知公法，二不习制造，入手工夫则文字尚无。但欧美国际文字，多用法文，故设震旦。生等且请加拉丁，始亦姑从其愿焉，而于算学尤斤斤，无他，为科学等根本故。

　　但先弟已故，而余年已过花甲，恐不能继，故请耶稣会士以襄其成。按其会规，如颁有基本金，必继续为之，此团体工作所以永久也。为此，将余名下松、青两邑田三千亩，捐为基本金。光绪庚子年闰八月初，立有西文捐据，并另立典于记名目，以别于公产。委朱相公于泗宅代理之，因外国人于租界外，例无买地出租权。后又因在罗家湾造校舍，地价四百元一亩，余又捐现洋四万元，英、法租界地八处。不索余捐据者，因在租界故也。

　　犹忆朱相公随将一地贱价售于某相识，余深责之。但余既不为名，又不为利，而琐碎记之者，盖时势空隙，来风莫测，以免累后人！

相伯亲笔

震旦学院章程
（1902）

宗　旨

一、本院以广延通儒、培成译才为宗旨。

功　课

一、拉丁为读任何国文（指英、法、德、意）之阶梯，议定急就办法，限二年毕业，首年读拉丁文，次年读何国文，以能译拉丁及任一国之种种文学书为度。

一、先依法国哲学大家笛卡尔 René Descartes 之教授法，以国语都讲随授随译，译成即可为他学校课本。

一、本学院既广延通儒，治泰西士大夫之学，其肄业之书，非名家著 Classical Author 不授。

一、按日上午二小时，下午二小时，为授课时刻。三小时授正课，一小时授附课，通计二年。除星期外，六百日共二千四百小时，首一千二百小时为授拉丁文时刻，次一千二百小时为授任一国文时刻。除讲授时刻外，每日四小时为独修时刻，二年共四千八百小时为肄业时刻。

一、课程遵泰西国学功令，分文学 Literature、质学（日本名之曰科学）Science 两科。

（甲）文学
- 正课
  - 一、古文 Dead Language 如希腊、拉丁文文字（本学院先以拉丁为正课，能旁及者乃兼习希腊）
  - 二、今文 Living Language 如英吉利、德意志、法兰西、正课意大利文字
  - 三、哲学 Philosophy
    - 论理学 Logic
    - 伦理学 Ethics
    - 性理学 Metaphysic and Psychology
- 附课
  - 历史 History
  - 舆地 Geography
  - 政治 Politics
    - 社会 Sociology
    - 财政 Economic
    - 公法 International law

（乙）质学
- 正课
  - 物理学 Nature Philosophy
  - 化学 Chemistry
  - 象数学 Mathematics
    - 算学 Arithmetic
    - 几何 Geometry
    - 代数 Algebra
    - 八线（三角）Trigonometry
    - 图授（立体几何）Description Geometry
    - 重学（力学）Mechanics
    - 天文学 Astronomy
- 附课
  - 动物学 Zoology
  - 植物学 Botany
  - 地质学 Geology
  - 农圃学 Agriculture and Horticulture
  - 卫生学 Hygiene
  - 簿记学 Book Keeping
  - 图绘 Drawing
  - 乐歌 Singing
  - 体操 Gymnastics

一、本学院所授功课，限二年卒业者，单就文学论也。至于质学，非两年所能毕事，有志精进者，得于二年外延长肄业时刻，本学院可特别教授，卒业期限，亦以二年。

一、本学院总教习为马相伯先生，精希腊、拉丁、英、法、意文

字，曾奏派游历欧米各国，一切功课，均由马君鉴定。

一、本学院于光绪癸卯年，西历一千九百零三年正月开办，的确开学日期，登报声明。

一、本学院设在上海徐家汇，房宇敞爽，大适宜于卫生，花园、操场、演说厅均极宽豁。

一、入院办法，肄业者分为普通、特别两科。

（甲）普通科，银百两为一率，捐一率即可入院肄业，有力者可任捐十率、贰百率，以赞成此莫大教育事业。

（乙）特别科，无力而有学问者，不能岁捐银一率，可以其著作介绍，一通人代递，并言明其精于何种学科，入院试读一月，其学行经本院干事三人认可，即得免送捐金，住院肄业，卒业后在本院所捐译社内充译员二年，仍得稿值五成之权利。

一、捐银分二期缴清，正月缴银五十两，六月缴银五十两，凡百两。统交本学院簿记所收领，给收单为凭。

一、试读一月后，虽有捐金，而其学问不及译书程度，或资性太钝者，随时由教习谢退，计月取房膳银十两，余金发还。

一、走读者，岁捐银半率。

一、拉丁教习一人，英、法、德、意教习各一人，总干事一人，分干事五人。每学生十人，置执役一名。

一、除用款外，储赢为开办译社、学会及奖励一切公共利益之用。

致英华
（1902）

敛之同道大人侍者：

自去秋辱枉存别，随即移居老天文台，与院生同居处，至无半日暇。虽蒙一再惠书及所刊书，皆未裁谢，感怍则未尝一日去怀。顷闻驾有南图之信，信否？冀与热心人欢聚片刻，盖不徒胜读十日书也。又闻助开女学，业得奥援，未始非江笔生花之效果。第事事归功于上，容讵亚于传道之为哉？经云：不吾反对者，即吾党也。况学界之功，当不止不吾反对也。范公意见仍存乎？抑全消乎？承嘱院生作论，无如功课外，少余闲，加以历练未深，醒世文只知佞世，救世文又落空套，秋季添班，当严取去。所虑风尚方重游学，上焉者即挟以为资格之谋，下焉者或第重游而已。以新名废新学，不知本者类如此，吾何责于四千年之奴脑奴筋哉？拉杂复布，非面莫罄。肃候著安。马若石顿首。七月初六日。

《拉丁文通》叙言
（1903）

　　御定《历代纪事年表》载，自黄帝甲子迄今七十有七癸卯，适满四千六百年。以西人百年一世纪一大庆典论之，亦不易逢之数也。此四千六百年中，年表同时代，幅员同广袤，政治同开一统，文治又同冠千古于古三大部洲者，非西汉与西罗马欤？

　　汉积春秋战国之文思理想，光芒所瞩，浸由西北凿空小亚细亚以西，不弟如马、班所载已也。开封一赐乐业 Israel 尊经龛所藏道经十四部，皆画革旁行，犹太古字未经增损者。其碑记，至谓周时已传于汉中，建祠于大梁，殆与景教碑阴之大秦字可相表里。西人亦谓墨西哥实祖中土，古碑虫书，允类蝌蚪。法人近在越南之南，掘获滨海之故宫石麒麟等，载往巴黎，亦皆汉物。故政教所及，自西北徂东南，经三四万里。惜汉武辈徒事虚声耳！

　　西罗马不然。自罗慕禄以君主首建议院，由议院而共和，而元帅，而一统，类非生于深宫，长于妇人之手者可比。宜乎兵力所指，直跨地中海南北，斐、欧两大洲。又东涉小亚细亚之东，波斯、身毒，悉主悉臣，几与日月共其地平圈，而无多让。而文治之盛烈，尤莫与京。学兼希腊、埃及之格致与几何，犹太、身毒之伦理与宗教，出蓝寒水，岿然为欧族文明之祖。希腊大儒冒禄 Molo，闻季宰六 Cicero 之论议，沉吟久之，作而言曰："季君！季君！尔固可奇可颂，而我希腊则大可哀也！理学与文章，此我希腊世守之名誉，今为尔移殖罗马矣。"罗马三度胜天下，一兵力，二文化，三法律，此之由也。

　　当季氏游学雅典时，年已二十有七矣，卒能用拉丁文字鼓铸欧、亚、斐三洲之文明，以光荣其祖国。三五同胞，不远千里，不诿年齿，同力合作，借拉丁文以沟通泰西学术之源流，孰谓季宰六为不可企及者？文化之发皇也，不于其苗芽之地，而于其移殖之地。异日者，必有炉锤东西两大帝国之文章政治成一家言，以金碧辉煌我国土者。此编其胚浑也夫！

时距黄帝甲子前三祀四千六百有三年后春分十日，震旦学院叙行。

致汪康年
（1903）

穰卿先生有道：

辱示之件，业交《汇报》主笔。转讯前途，感悚感悚！衣冠尚多败类，况在小民？但罗马教士，非攻苦十余年，试以言行并茂者，不能入选。所述投教之人，辄冒教士之名，恐不确。

呜乎！责商民挂洋旗，岂商民之罪哉？讼事动经岁月，纵得直，亦家破矣！设有绅士哀怜之而越俎代诉，此固衙役之不利也，地痞之不利也，于教士何尤？日照初行时，皆以为掫取人目作药水，其受照者一百二十日后当死，上下无不哗然。以此，西人于华人称述，皆不之信。故奸民益得行其无忌。教士固多可责，而国人之传述，以相诬为快，尤可责也。叨在知己，故不觉言之冗也。

至震旦膳赀，半年七十英圆，须先交。我国学人能自奋者，实难其选。余不多及，匆候箸安。诸惟雅照不宣。弟马良顿首。癸卯二月廿四日。

明故少保加赠太保礼部尚书兼文渊阁大学士徐文定公墓前十字记
（1903）

呜呼！圣沙勿略之来宾而薨于粤岛也，谁不哭望三洲，奚我独后？讵知大圣祷祈，早格维皇，即于是年嘉靖壬子，利玛窦生。壬戌，则文定公生。

初访利氏之会友于韶州，继访利氏于白下。考道数年，至癸卯，乃始深信不疑而受洗。嗣是，无日不推阐所深信之道，口之手之，公诸遐迩。时虽廷臣水火，魏、客煽处，致不能一展其猷，公泊如也。遇中伤教士，则必抗疏以诤之。公孙尔觉，刻其疏于上海南门外耶稣会之墓道。公云："臣尝与诸陪臣讲究道理，书多刊刻，则信向之者，臣也。又尝与之考求历法，前后疏章，具在御前，则与之言星官者，亦臣也。因与讲究考求，知此诸臣，最真最确，所传事天之学，真可以补益王化，左右儒术，救正佛法者也。臣心有一毫未信，又安敢妄加称许，为之游说哉？"观此，知公信道之诚，不啻口出。

高山在望，尤贵景行。今岁癸卯，距公受洗三百周，江南教众输资，建十字石于肇嘉滨北原之故阡，取潘国光书旌纳圹之文，演以为颂曰：经云信德有耳闻，有传有习相须殷。惟明硕辅徐上海，揭信光兮扫群氛。耶稣会士载拜言，公真震旦之朝暾。共竖墓前十字石，石弗栏兮矢弗谖。

光绪二十九年癸卯，教众立。丹徒马良撰文，娄县张秉彝书。

前震旦学院全体干事
中国教员全体学生公白
（1905）

　　震旦解散后，除添建之校舍移赠教会作为酬谢外，凡公备一应器具，暨书籍标本，早经迁出，毫无谬辖。现暂借吴淞提辕，定七月下旬开学，更名复旦公学。旧时院名，久已消灭。此后倘有就旧基重行建设者，无论袭用旧名与否，与旧时震旦，丝毫无关。特此敬白。

复旦公学章程
（1905）

第一章　纲领及宗旨

一、本公学由各省官绅倡捐，并牒准大府檄拨吴淞官地，择宜建校，兼借提镇行辕，先行开学。

二、本公学之设，不别官私，不分省界。要旨乃于南北适中之地，设一完全学校，俾吾国有志之士，得以研究泰西高尚诸学术，由浅入深，行远自迩，内之以修立国民之资格，外之以栽成有用之人才。《诗》曰："高山仰止，景行行止。虽不能至，心向往之。"宗旨正鹄，固如是已。

三、除备斋本国历史、舆地、数学诸科，须用汉文外，余皆用西文教授。以正法论，中国学校，固宜悉用汉文，今本公学定以西文教授者：

（一）以西国历史、舆地诸名目，虽以音传，各函意义。今若纯用汉文传授此等名义，叶音聱牙，不便记忆。

（二）以科哲法典所用名词，大抵祖希腊而祢罗马，经学界行用日久，一时势难遍译，不如径用西文，较为简便。

（三）英儒约翰孙有言："言语文字者，所以取一国典章，一民智慧之价值也。"东西成学之士，当国之家，国文而外，鲜不旁通三四国者。况世界竞争日亟，求自存必以知彼为先，知彼者必通其语言文字。

（四）以西籍浩繁，非赵〔迻〕译所能尽收，若置不窥，于学问之道，便有所缺。又况泰西科学制造，时有新知，不识其文，末由取益，必至彼已累变，我尚懵然。劣败之忧，甚为可惧。

只此四者，已可知注重西文之断不容已，用以教授新学，为便良多。所冀他日吾国学界，智术完全，则一切校塾，自可用国文传习。而彼时西文，古如希腊、拉丁，今如英、法诸国，但立专科，即已逮事矣。

四、本公学英文班生，于入正斋后，任择法、德文一种兼习。已习法文者，另班教授，亦任择英、德文一种兼习。期于文字应用，得以肆应。

五、本公学于考取学生时，皆取文笔业已通达者。既入校后，以时日之有限，学业之多门，于讲授国文时间，不能过多。于校中多庋中籍，每月杪考试国文一二篇，榜列甲乙。其每学年浏览何书，讨论何学，即由正教指示用功途径。庶业以专攻而精，心以致一而逸，不致博而寡要，劳而少功。

六、本公学徽章，拟用金制黄玫瑰，以明黄人爱国之义。

第二章 分斋及学级

一、本公学遵高等学堂定制，正斋（学科分二类：一、政法科、文科、商科大学之预备，一、理科、工科、农科大学之预备）三年毕业。惟我国兴学未遍，程度不齐，故于正斋前，另立备斋二年。正斋卒业，欲入中外各大学者，听。若仍留校肄业，则入专斋。专斋大别为二，一政法，一实业。课程年限，另行规定。

第三章 学科程度

一、本公学正斋学科程度及授业时间，系遵《奏定高等学堂章程》，并略参东西名校通行章程规定。

二、正斋第一部（政法科、文科、商科大学之预备）学科程度如左：

伦理学
国文
英、法文
英、法文或德文
历史
地理
数学
论理

心理

理财

法学

簿记学

体操

音乐

拉丁文

三、正斋第二部（理科、工科、农科大学之预备）学科程度如左：

伦理学

国文

英文

法文

英、法文或德文

数学

物理

化学

地质

矿物

动物

植物

测量

图画

体操

音乐

拉丁文

四、正斋、备斋每星期授业时间表列如左①。

第四章　学期、休假

一、学期以半年计，自冬假后入班至伏假，又自伏假后入班至冬假，各为一学期。积二学期为一学年。

---

①　原表此处从略。

二、每学期开学、散学日期如左：

第一学期，开学日正月二十，散学日小暑日。

第二学期，开学日七月初十，散学日十二月十八。

三、除每星期例假外，其余假日如左：

端节、秋节，各一日。国庆节、圣诞日、开校纪念日。

四、有特别事故，须休假半日或全日者，由校长临时颁贴条示。

第五章　入学程度

一、凡投考者，以中西文俱优为最合格。或中文优而西文差，或西文优而中文差，或于各种科学有专长者，临时亦可酌量取录。惟中文差者，须自认于卒业限内，能加意补习为合格。其有意唾弃国学，虽录取，亦随时屏斥。

二、凡欲入正斋者，应有中学卒业程度。或所学科目，稍有欠缺，亦可通融插班，惟须自认于卒业限内，能补习完备为合格。

三、凡考取者，各就其所学程度插班，不限先后资格。

四、凡已读西文若干年，曾学何种科学，均须于报名时，分别详细注册，以便考试时，就所学程度，分班考问。

五、凡投考者，均须体格无亏。其品行名誉不良，取入时未及觉察者，随时察看屏斥。

六、报名期限、投考日期及考取额数，均先时登报声布。

七、凡考入者，均须一一遵守本校规则。其有违背者，分别轻重规斥。

八、投考者年龄，以十五以上二十三以下为最合格。其年稍长，而中西学术确有门径，精力能赴所定课程者，临时由校长酌定。

第六章　保证书及保证人

一、凡投考录取者，于开学三日前，具保证人具名之入学证书，偕同保证人投交校长。

二、凡居沪上商界、学界人，为考取者戚友或同乡，皆可为保证人。以能担任在校一切事务（重病、欠费、退学等）为合格。

（附）凡旧生须一律于丙午二月内，补具保证书存校。

三、保证人如迁移居址或远出者，须随时通告。

四、保证书式列左：

复旦公学入学书证

年 岁 省 州/府 县籍

今承复旦公学允许入校肄业，一切规则愿服从遵守。如有重疾、欠费等情，概由保证人承认照料理楚。

此据。

学 生　　　　　住址

保证人　　　　　住址

年　月　日　刻缴

第七章　学额、入学应缴费

一、新校未成以前，学生暂不定额，以宿舍、课室能容为度。

二、每年学费，住宿者一百二十元，膳费、梳栉、洗衣费及床帐桌椅一切器用费在内。通学生仅在校午膳者，年七十元（另每年缴校友会费二元）。

三、学费于每学期到校时缴足，其交纳期限如左：

上学期六十元。交纳定日，正月十八至二十五日。

下学期六十元。交纳定日，七月初八至十五日。

四、凡过交纳定日未交学费者，由校长酌办。逾期一月未交者，辞退，仍向保证人收应缴费。

五、凡中途自行退学及犯规休学者，学费概不给还。

六、凡书籍纸笔上课必需品，由校购备，各生照原价备款购取。

第八章　考试、升班及卒业

一、除每月杪考试国文外，每年于上学期之末考试一次，为学期考试；下学期之末考试一次，为学年考试。（考校不宜过数。盖每考，学生例须温业，考后又须稍停，各教员阅卷，皆废业愒时之事。）若届某书或某学科教授完毕时，得由本班教习随时定期考验，为临时考试。

二、各科学期考试，以上学期日课分数与临时考得分数，相并折中合算，为该科之学期分数。

三、各科学年考试，以下学期日课分数与临时考得分数，相并折中合算，为该科之学年分数。

四、各科学期分数，并合除算为学期平均分数；学年分数，并合除算为学年平均分数。

五、上下学期品行分数、体操分数，分别并入学期、学年平均分数，为学期总分数学年总分数。

六、凡学期考试，除最下等者休学外，余仍俟下学期入原班肄业，学年考试后再定升降。

七、凡评定分数，均以一百分为极则。学年总分数在六十分以上者，方得升级（一学年为一级）。

八、凡未能升级者，下学年仍重习该学级之学科。

九、凡不与学期考试及学年考试者，不给分数。惟实届时有病，或不得已之事故者，得于下学期、下学年开学五日前补考。

十、凡卒业考试，总分数以七十分以上为合格。

十一、凡备斋修业及格，给与凭单，为升入正斋之据。正斋卒业，另给证书，愿留校者，升入专门。其中途自行辍业者，概不给凭。

十二、凡未及卒业，为各省选派出洋，或延充教员，及考入专门学校者，给与相当修业证书。

十三、凡卒业优等生，随时体察其材性之所近，介绍游学。俟经费稍充，即由公学酌量备费，分送泰西留学，以期大成。

第九章　告假

一、平时不得告假。有特别事故，无论久暂，必诣校长或校长所委托之校员，陈明事由，掣取假单，以名牌交司门登簿，归校后取牌销假。

二、凡因疾病告假者，其久暂皆须随时取校医允单，呈请登簿。

三、星期外出，晚必归校。家近归宿，及有特别事故不及回校者，须于翌晨上课前，到校声明登簿。

四、紧要家事离校数月复回者，不得仍请更就原班肄业，应由总教习察度位置。

第十章　惩诫、退学、除名

一、凡故意违背规则，妨害校内风教者，及怠惰无行，丧失学生之资格者，酌量轻重惩戒。

二、惩诫分私诫（屏左右而诫之）、公诫（当公众而诫之）、除名三等。

三、因疾病或他种事故，自愿退学者，须由保证人署名，出具退学愿书存校。

四、凡除名者，皆详记其事由备查。校外仍不宣布，以期终悔。

五、凡除名及退学者，所借受公用图籍及操衣帽等，均须一律缴还。

六、除因品行不良除名外，其他应除名事由如左：

（一）无端屡次不上课者（病不上课者须呈校医允单于校长）。

（二）未纳学费至一月以外者。

（三）逾二学年未能升级者。

（四）学力劣等，又不能潜心领受者。

（五）一学年中，学期、学年考试皆规避者。

第十一章　课堂规则

一、上下课堂鸣钟为号，先教员入，后教员出，须有秩序。

二、教员就座离座，均起立表敬意。

三、上课勿淆乱声浪，唾涕不声扬，承以巾。

四、上课前，预备应用书物。非应用者，勿携入。

五、上课时，不得分心他事，及私语匿笑。

六、教员发问，须挨次自答，不得借他人助力。

七、有疑难须解析者，应起立向教员致问，他人不得挽言。

八、上课时内，即有戚友来访，不得出外招待。

九、每班公举课长，本、副各一，掌画到簿及课堂日志，收发讲义课作。每学期一更举。

十、教授用具，非教员允许，勿擅动。

十一、黑板不得任意涂写。

第十二章　自修室规则

一、自修时，无故不离座，不站立他人案前，并无端至他自修室。

二、他人书物及桌屉，非特许，勿擅动。

三、自修桌上书件，必以时整理齐楚。

四、勿游戏、谈笑、饮食及吸烟。

五、戚友来访，须至应接室晤谈。

第十三章　宿舍规则

一、每晨六时，鸣铃即起（冬至前后一月，六时半鸣铃）。鸣铃后四十分内，不论校内外寄宿生，须一律至自修室。

二、每晚十时，鸣铃归寝。在宿舍勿喧哗。

三、每室酌量置灯。每日轮一人，于寝时照料吹熄，不得自行添燃。

四、应用书物，均预检齐备带。日间非有特别事故，勿归舍。

五、衣物卧具，必须整洁，并检点妨害卫生之物。

六、各室自晨至就寝前，皆下键。有要事，须至庶务员处领匙。

七、银钱等物，交会计处代存，以免意外遗失。

八、榻位均预排定，不得任意迁徙。

九、每室公举舍长一个，监视宿舍一切秩序。

第十四章　膳厅规则

一、将食鸣铃，每桌坐满始举箸。

二、当食须从容，以期有益卫生。食毕以次散，勿凌乱。

三、食品或烹饪失宜，应暂容忍，一面告庶务员，饬令改良，勿自行添换，及临时喧责。

四、当食勿高声谈笑，食弃物委诸承盘。

五、校员、校生在堂同食，均自添饭。

六、有病不能赴膳厅者，须先通告庶务员，以便饬役送膳。但能赴膳厅者，不在此例。

第十五章　体操场规则

一、鸣铃第一次，预备操衣操具，第二次入场。

二、队长由体操教员指派。

三、每日体操，皆由教员统记分数，不得无端旷操。

四、患病得免操，必缴验校医凭单于本队长（猝病由舍长验明报告）。

五、操时不得谈笑四顾，擅自出队。

六、凡枪件等，皆须随时整理洁净，各有本职，勿怠废。

七、操衣靴帽，务一律整齐。

八、运动游戏，皆须逐渐练习。可别设体育研究部，规则一切，仍应请校长阅定。

第十六章　演说规则

一、每星期或星期六下午开演说会，校长及校员、教员登堂演说。

二、非星期日，有特别事应讨论者，于课暇开谈话会。

三、中国将行立宪，此后中央政府、地方自治，皆有聚集会议之事。其聚散之仪文，辩论之学术，诸生允宜亟讲。故于演说会外，诸生可于暇时随时开议，推举首座书记，其问题古今间立，以凭论决。自会合举员，至于出占决胜，勒为成规，以便习练语言，摩厉识力。并由校长、校员及教员分期监视。

第十七章　游息规则

一、饭后必游息半小时，余依日晷长短定之。

二、非时不任意闲游。

三、公备游戏器具，须共珍惜。

四、禁不规则之游戏，及不应至之地游行。

五、列队旅行，须经校长及体操教员定其时期与地界。

第十八章　杂　诫

一、公用器具，各有定所，不得任意搬动。

二、阅报，不得出阅报室。

三、在校梳栉、洗浴、溲便，一切均须格外注意，以重公德。

四、平时衣服冠履，必整洁朴雅（倘来时有西装者，须逐渐改换）。

五、仆役有过失，应告庶务员诫饬处置。如有要事差遣出校，亦须先行通告庶务员酌定。

六、一切时习，不得沾染，由校长、校员、教员随时察视。有所规诫，宜即涤改。

七、全堂各宜互相敬爱，不得有猜忌交恶诸失德。

八、光阴可惜，来日大难。来学者均宜各自振备，沉毅用壮，期任艰巨。

九、吾国学子，往往多攻苦而不知卫生。以后，膳毕即伏案，及深夜勤读等习，各宜互诫，务剂其平。

十、凡公益事，不得以私意挠阻。

十一、诸生有须在校创举之事，须详叙原委，妥定规则，呈交校长阅定，始能举行。

十二、校长、校员、教员随时以理规诫，须一律遵守，不得以章程未载，辄生违抗。

十三、凡来学者，均有扶助本公学增进荣誉之责任；一切未能即求完善处，亦须相与容忍，共矢改良。

第十九章　余　列

一、此章以本年起次第施行，以新校建成为完全实行之期限。有所增改，随时条布。

二、校务职任规则、奖励规则、校友会规则，均陆续刊布。

三、本公学时当草创，一切章程办法，多未完善。海内外热心教育诸君子，幸乞时时指正规责，俾知修改。

复旦公学广告
（1905）

一

震旦旧名，有人袭用。嗣后海内外寄本学函件，请径寄吴淞提辖，或英界张园北爱文牛路二十二号复旦公学事务所，以免误投。本学教授管理法，由严几道、马相伯两先生评定，并请校董熊季廉、袁观澜两先生分任管理之责，一切续行刊布。前震旦旧生，无论本埠外埠，请亲来或投函报名，以便位置。定七月初六日截止，余额另补新生。张园北爱文牛路二十二号复旦公学事务所启。

二

本校校舍，建筑需时，暂假吴淞提辖，先行开学，暂定学额百六十人。前震旦旧生报到者百二十人，余额改补新生。

兹定本月二十四日，就张园对面爱文牛路本公学事务所，由严几道、马相伯两先生考试。上午八点钟至十二点钟考汉文。已习西文者，下午二点钟至五点钟加考一次。俟录取后，登报通知入校。吴淞提辖，只容寄宿生八十人。因来学者众，复在校外租借宿所，略广学额，以免向隅。凡能刻苦自励，愿来就学者，于二十日前报名备考。

本校学程，现定预科四年（一为实业专门之预备，一为政法专门之预备期，可直接大学），专科二年。校费暂分三等：校内寄宿者期年百二十元，校外寄宿者（宿所由校赁定）每年百元，梳栉、洗衣、操衣费、床帐等，一律在内；自赁宿所，仅在校午膳者，每年六十元，操衣在内。应缴校费，分上下两学期，开校时缴足。

开校定八月初二日，旧生须一律于月杪前到校。教授管理法另刊。

中国图书有限公司招股缘起启
（1906）

教育者，国民之基础也。书籍者，教育之所借以转移者也。是以数千年之国髓，传于经史；五洲各国进化之程度，佥视新书出版之多寡以为衡。今者科举废，学校兴，著译之业盛行，群起以赴教育之的。然而，书籍之不注意，何也？

书籍之组构，由于编辑，由于印刷，由于发行，而后乃得流传于世。是编辑、印刷、发行者，所以组构而成书籍者也。故编辑、印刷、发行之权在我，则组构书籍之权在我，而教育之权亦在我。编辑、印刷、发行之权在人，则组构书籍之权在人，而教育之权亦在人。夫今之爱国之士，动曰保国权；今之谈国权者，动曰保教育权。然而，书籍所出之编辑、印刷、发行、书局之不注意，何也？

夫今日编辑、印刷、发行之书局，未尝无有也。然而挟资本之最大者，则非我本国人（如有某国资本之某印书馆），且闻非我本国人者，又将更挟其更大之资本以经营我书籍业。而我之书籍业者，又皆资本薄弱而不能统一。夫大可以兼小，强可以并弱，我人竞竞焉以求编辑、印刷、发行、书局之发达，以巩护书籍而保教育之权，然而，设立统合编辑、印刷、发行、事业之不注意，何也？

夫教育权之宜巩护，书籍之宜视为重要，编辑、印刷、发行事业之权之不可旁落，今日所已知者也。资本弱小之书局之必被强大者所兼并，他日所必至者也。然则我人何勿早自为计乎？早自为计，则上可以保国权，下可以免侵略。中国图书公司之所以发起者，以此。

谨拟招股章程如左：

一、本公司以巩护我国教育权，驱策文明之进步，杜绝外人之觊觎，消弭后来之祸患为宗旨。

一、本公司系中国人公众创办，不入外国人股本，故定名曰中国图书有限公司。

一、设编译部，编译精良适用之图书教本，以发本国人之爱国心，增进学界之幸福。

一、设印刷部，改良印刷上之各种工业，以图美术之进步，即以收回利权，杜绝障害。（吾国应用之精良印件，历来取之外洋，不第为绝大之漏卮，且生种种之障害。）

一、设发行部，排广销路，分利益于同业，集合团体，联络各埠声气，以保全我国书商应得之利益，且俾外人无播谬种于吾教育界。

一、设收支部，各部除零款外，所有银钱皆总于此部，并以为前三部之总机关。

一、设总局于上海，编译、印刷两部，应于租界以外购地建造，地价既属便宜，房屋亦可宽敞。发行、收支两部，设于租界内交通便利之处。并于南北繁要各埠，逐渐添设分局，期遍各行省而止。惟分局专管发行，如有合宜之处，亦可酌设印刷部。惟编译、收支两部，不得分设，以一事权而节繁费。

一、本公司拟招股本银圆一百万圆，每股银十圆，合成十万股。先收五十万圆，作为有限公司。

一、凡附本公司股分者，请将附股人姓氏、籍贯、居址，详细开明，连股本送交代收股分处，掣取收条，以便换取股单。股本交上海黄浦滩通商银行代收。

一、凡系书业同行，有愿附本公司股分者，如满五十股，本公司即认为特约贩卖店，予以特别利益。外埠局行，亦照此条办理。

一、西例，公司有红股名目。今本公司仿照办理，另设红股二厘半（即十万股另填红股二千五百股），以酬创办招股之劳。（假如经售一千股，即给以红股二十五股。若经售股票系属畸零，亦可与人合并凑领。）此项红股，在公司股本之外。

一、股本于四月初一日开收，至六月三十日截止。逾期不收。如期内股额已足，随时登报停止。有因道远不及者，请先函电本公司暂时办事处挂号，俟下次扩充添招股本，先尽挂号诸君，以副提倡之雅。

一、股本官息，定常年八厘，红股利息，特别酬劳，照常股加倍。常股一分六厘。股本于交银之次月起息。红股于开办之日起息。

一、每年结账一次。除付官息外，所得盈余，提十成之二为公积，再以八成分作十五份，以十份作股东红利，以四份作办事人花红，以一份作董事酬劳。股东所得红利，照股均派，以副利益均沾之实。

一、官息红利，概凭息簿支取。

一、本公司当由各股东会集，公举董事九人，任稽查、协赞决议之责。即由董事于九人中，公推办事总董、银钱总董各一人，再推查账董事二人。所有董事权限，于举定时由各股东议订。

一、每届议事如股东不能齐到，须以过半为率（如到有五位，即可开议），否则改期再议。

一、公司中办事人员，由董事公同选派。其账房以下各项司事，由经理人延用。并各取其保证书存公司内。（办事细章另订。）

一、股票息簿，如有遗失，准其随时取具保证书，报明本公司将遗失号数查明注销，一面登报声明。俟三月后，另行按号补给票簿。

一、如有本人愿将股票息簿转售于人，须亲赴本公司填写退股据，将股票息簿过户注册，由董事一人及经理人签字于票后空格内，概不更换新票。惟股票不得售与外国人。或有蒙混，察出作废。

一、所有详细办事规条，俟公议决定，续行布告。

本公司暂时办事处，在英大马路泥城桥东五十二号洋房。凡有函件，请径投该处可也。

发起人

周晋镳	樊棻	孙廷翰	施则敬
恽祖祁	李钟珏	严信厚	朱开甲
马 良	谢纶辉	周廷弼	席裕成
张 謇	席裕光	刘树屏	汪钟霖　同启
曾 铸	夏清贻	李厚佑	狄葆贤
胡 琪	俞 复	朱佩珍	席裕福
陈作霖	黄继曾	胡 焕	连文澂

《也是集》序
（1907）

举世争言立宪，惟百蛮及诸属国无国民权利者，乃不敢言，言亦不能行也。其余知有国民权利者，强如俄国，弱如波斯，已无不勉强而行之。故我国不言立宪则已，言立宪而不虚心预备，言预备而不实力奉行，虽如纶如绰以言之，究与不敢言者，相去几何？

其或以程度未到，归罪于民，民不受也。譬之预备秋操，而不先训练，是谁之过欤？惟训练可以造程度，宪法亦能造国民。《传》曰：尧、舜之民，可比屋而封；桀、纣之民，可比屋而诛。斯民也，三代所以直道而行也。奈何尧、舜在上，而归罪于民为桀、纣之民也？若必程度既到而后立宪，则西史所载，大都民不及待而先事要求；要求而不继之以争且乱者，盖不多觏。我而效之，强邻肯坐失渔人之利乎？然则犹幸程度未到，饥者易为食，渴者易为饮，宪法之能造国民，惟此时尤易。

乃或以宪法者，君有责任，民有权利，非先圣之训而不知，此乃絜矩之道也。原理在因人心之所同，推以度物，使彼我之间各得分愿。分所当有，或止于敬，或止于信。一国之内，无有有责任而不兼权利者，有权利而不兼责任者。如一线必有两端，而宪法，所以规定此两端者也。有两端即有长短，而宪法，所以界定此长短者也。不然，上下四旁，何由均齐方正，而不逾絜矩之矩也耶？且使民无权利，不将举国奴隶，俱亡耻，俱苟妄，而人主将谁与守此国土？

又或以宪法者，可相师而仿行，政府优为之，何劳议院？是又不知宪法者，其原文 Constitutio，共立之谓也。所共立者，一时有一时应守之责任，与一时应保之权利。既非一成不变，则必时时有与共谋保此守此者而后可。夫非议院而何？问口体之适否，必于食此衣此者。问责任与权利之当否，而不于国民，可乎？民不胜问，问诸代表。十室之邑，必有忠信。县举一代表，而下议院不可胜用也。府举一代表，而上议院不可胜用也。户口多者多举，地方廪之，不劳官款，何鳃鳃然而虑财政之不敷？

顾尝闻一国之民，寄耳目喉舌于议院，是矣，而又寄之于报馆，何居？且谓宪法精神，与报馆、议院之权同消长，又何居？盖一人之身，耳目聋瞽，喉舌喑哑，则手足虽具，动触危机。一身责任犹且不遑，遑问身外权利？故一国之民，所恃以共谋一国之责任与相当之权利者，耳目喉舌之用居多。然无报馆以会通之，则乖隔；无议院以统束之，则乖离；又何怪报馆与议院，竟相因为用？所不同者，议院居政界，报馆居民界，故监督政府，一为直接，一为间接。若恶其监督也而违之，俾不通，窃不知宪法将何由而行矣？

吾友安蹇主人，自幼以求道为心，每弃家遍访宗教，是非不敢苟同已如此。及长，游海外，挟所见闻问学，归创《大公报》，为民耳目，思破其迷；为民喉舌，思宣其隐者。迄今五年，所更东方大事，疑以传疑，信以传信，是非不敢苟同于强国强权，又如此。因自选论说若干，诗若干，为一集，欿然若不敢自以为文也者，而命之曰《也是集》。此固报馆之文，非主人之文也。报馆之文，以代表之程度为程度；文不文，非所论。至若雷同是非以程度未到欺卖所代者，或不知为知之，可与言而不言，则《也是集》决无是矣。但立宪问题，有待于报馆昌言者何限。主人其勿萌退志，将继自今，大书特书，备他年立宪之史乘，而《也是集》不过其嚆矢也。

光绪丁未季夏，南徐马良撰。

政党之必要及其责任
（1908）

诸君：

鄙人以政闻社全体社员之同意，承乏本社总务员之职，自维才力绵薄，恐非克堪，顾义务所在，抑奚敢辞？但如适间徐君报告之言，奖饰太甚，闻之滋愧。不宁惟是，如徐君言，一若本社前途，惟鄙人焉赖。微特鄙人之菲材凉德，不足以语于是。抑尤有进者，吾社之建设，凡欲以摧灭专制，造成完满之立宪政体。惟其如是，故一切组织之邻于专制者，皆为吾社所深恶痛绝，岂其于吾社之组织而反蹈之？质言之，则政闻社者，非一二人创立之政闻社，实全国同志共同组织之政闻社。故政闻社之前途，不系于一二人，而系于社员全体。鄙人以社中一分子之资格，于其应尽之义务，诚不敢不黾，若谓以鄙人眇眇之躯，能左右全社前途之荣悴，则其于政党之性质，亦失之远矣。今鄙人现受诸君之委任，誓忠于本社主义。请更举政党之必要及其责任，为诸君一言。

国家之起原，果何自昉乎？学者之说，是丹非素，经百年而未有定。要之，无论何种之国家，必经过家族之一阶级而来，斯则可断断也。故明乎人类乐有家族之理，则夫人类乐有国家之理，亦可以类推而得其故矣。凡有血气者，莫不自爱我。然所谓我者，有形我焉，有神我焉。禽兽知有形我而不知有神我，故永世不能以为群。人类者，非徒以形我之安佚而自满也，必更求神我之愉快，苟孑然孤立而无偶，则虽极耳目口腹之欲，而必非人情之所乐，于是乎家族不得不兴。普通之人，其爱其家族也，殆与爱己身无所择，盖神我之作用然也。然神我之愉快，又非徒恃家族而能满足也。善夫！孟子之言曰：与少乐乐，与众乐乐，孰乐？曰：不若与众。盖人类之恶独而乐群，全由其天性然。于是乎由家族进而为部落，由部落进而为国家。近世学者，或谓国家之成立,纯由竞争力促之使然。此固未尝不含半面的真理。然谓国家成立之原素而仅在是,则是徒举形我之一方面,而遗神我之一方面,安得云知言也?夫禽兽之与人类,其受逼迫于外界之竞争一也,顾禽兽何以不能为家族部落,而人能为之,曰:惟知有神我故。野蛮人与文明人,其受逼迫于外界之竞争一也,顾野蛮人何以不能为国家而文明人能为之?曰:惟能扩充其神我故。明此义者,可以知国家,可以知国家与政党之关系矣。

人类之能为国家也,恃有神我也。人类之乐有国家也,所以求常保神我之愉快也。使有国家而不能保神我之愉快,甚或其愉快反缘有国家而为之灭绝减杀,则吾之乐有国家者果安在?故欲完国家之责任,莫要于使国内之人各得所欲。此犹家族之责任,在使家内之人,各得所欲也。

虽然,一国之人,其所欲亦多矣,殽乱而不能统一,隔阂而不能相知,甚欲互相反对而莫审所适从,将何道以沟通之别择之?于是有一部分人焉,揭橥其所欲者以告于天下,曰:吾所欲者在是。夫人情固不甚相远也,我欲之,则必有其可欲者存,遍国中与吾同欲者,不知几何人也。前此各怀之于心而互莫相知也,窃窃然忧吾道之孤而莫吾应也,及闻甲部分之人昌言曰"吾欲在是也",而乙部分而丙部分而丁部分,咸相说以解曰"吾欲固亦在是也"。其余他部分之人,或前此并未知此之可欲,及见夫多数人欲之,乃寻其理由,而觉其中诚有可欲者存,乃恍然曰:"吾昔所欲不及此,而今固亦欲之也。"于是乎政党之机动。

既群多数同欲之人,则必求所以餍其欲,且必求所以去其所不欲。此非合输其心力,齐一其步武,无从为功也。于是乎政党之形成。

虽然,吾所欲者,非能强举国人以尽从同也,则必有其所欲不在是而在彼者焉。一部分之人揭橥以号召曰"吾所欲在彼",则亦必有他之乙、丙、丁等部分人起而应之。其所以求餍其欲而去其所不欲者,亦犹我也。于是乎一国之中,必不止一政党,而常有政党与政党对立。夫既谓之政党矣,则必聚同欲者乃能成之,明也。又必非少数之所欲,而为多数之所欲,又明也。既多数人欲之,则其中必有可欲者存。故苟名为政党,则无论何党,而其所欲皆必与国利民福相近。然犹或欲此不欲彼,或欲彼不欲此,何也?或欲国利民福之小者,或欲其大者;或欲国利民福之近者,或欲其远者。夫远且大之福利,或为近且小之不利;近且小之福利,或为远且大之不利。各见其利之方面,而忽其不利之方面，此政党与政党所以恒对立也。虽有不利之方面，而必有其利之方面，故曰与国利民福相近也。天下无纯利而无小害之事，故不敢谓其与国利民福之范围适合而无间，故曰相近也。

既政党与政党对立，国家将何所适从？曰：采其与国利民福最相近者行之，则国家之责任尽矣！何者为与国利民福最相近？曰：国民最大多数所同欲者，与国利民福最相近。何者为国民最大多数所同欲？曰：最大政党所主张者，即国民最大多数所同欲。

问者曰：最大政党所主张，苟其为国利民福之远且大者，则其与国利民福最相近固无疑矣，然容亦有最大政党所主张，仅见其小且近者，而忽其远且大者，亦可谓为最相近矣乎？曰：斯固然也。小而近之福利，既为国民多数所同欲，则必其国民之智识，未能见及大且远者；必其国民之能力，未能经营大且远者。若是，则所谓最相近者，乃不在此而在彼矣。虽然，当斯时也，与彼对立之政党，又非必舍其大且远者，而惟小且近者是务也，牖导人民之智识焉，助长人民之能力焉，渐能使举国之人民，其同欲于此者，多于同欲于彼者。则所谓最相近者，又不在彼而在此矣。

国家恒采最大政党所主张，为国民最大多数所同欲而与国利民福最相近者以施政，夫是之谓政党政治。政党政治者，现世人类中最良之政治也。夫政治果有更良于此者乎？曰：理想上容或有之，而事实上则未之闻。宗教家有言，人类者，不完全之动物也。人类既不完全，故政治无绝对之美。既无绝对之美，而求其比较，则舍政党政治无以尚也。何以故？以与神我之作用相应故。

天下虽无绝对的良政治，而有绝对的恶政治。何谓绝对的恶政治？则徇最少数人之私欲，而反于大多数人之所同欲者是已。质而言之，则曰专制。专制政治，束缚人人之神我，使不得申，故有国家曾不如其无。故生为专制之国民者，必当以排除专制为唯一之义务。此非我对于人所当尽之义务，实形我对于神我所当尽之义务也。

然则何道以排除之？曰：还以神我之力排除之。夫我之有所欲有所不欲也，此神我之能自主者也。而专制政治，则强吾之所不欲以徇人之所欲，是不许神我之自主也。虽然，神我者，赋之于天者也，虽父不能夺之于其子，虽主不能夺之于其奴。彼蝍蛆嗜濡也，强人而尝之，虽或下咽，然其厌疾之之心，无论何人，不能禁其不漾于中也。若是者，吾中国先圣谓之"良知"。既有良知，斯有良能。人之思得其所欲而去其所不欲也，其良知也。既思之，则务所以得之去之，其良能也。

夫人之乐有国家者，其亦孰乐有专制？既不乐之，而固受之，则其良知之苦痛，岂有已哉？顾虽苦痛，乃竟呻吟而几于不敢者，何也？将以为苦痛我自感之，而他人莫能喻也，以吾一人之力，无如此苦痛何也。庸讵知恶苦思乐，谁不如我？我以为莫吾助而忍焉，人亦以为莫彼助而忍焉，乃坐令神我之桎梏而万劫不复。苟人人尽出其良知以公诉之，则东海西海，心同理同，举国中皆如我之所欲云云也。夫至于举国中而皆欲云云，则彼少数者，虽别有所欲云云，安可得也？故欲排除专制，无他道焉，国民咸遵其良知，以发表其所欲者与其所不欲者，乃胥谋各竭其良能，以求其所欲者，去其所不欲者。斯则政党之业也。

鄙人不尝诵《孟子》"少乐不如众乐"之言乎？洵如斯言也，则神我之最宜感愉快者，莫我中国人若也。盖个人之乐，不如家族之乐；家族之乐，不如部聚之乐；部聚之乐，不如国家之乐；小国寡民之乐，不如大国众民之乐。比例则然也。而我中国今日之人则何如？非惟不能享天下之至乐也，乃适得其反。鄙人老矣，雅不欲以伤心语堕诸君少年锐进之气。然自四十年前，琉球望国，揽辔殆遍，以彼所处之地位，所享之幸福，还而镜诸我国民，每诵《诗》曰"何辜于天，我罪伊何"，又曰"天之生我，我辰安在"，又曰"夭之沃沃，乐子之无知"，未尝不泪落如绠縻也。比年以来，煎迫愈甚，虎狼眈眈，噪于卧榻；人为刀俎，我为鱼肉。呜呼诸君！其知之否耶？使五年以后之中国，尚如今日之中国者，则吾侪自今以往，至于世界末日，永堕畜生道而靡复人趣矣。

诸君诸君，谁为为之？孰令致之？呜呼痛哉！此专制政府之罪也。曷为有此专制政府？曷为使专制政府久适于生存？呜呼痛哉！此国民之罪也。曷为使国民久负罪至今日而犹不思自赎？呜呼痛哉！此鄙人与诸君之罪，又凡举国中先觉者之罪也。

昔在邃古，洪水横流，乃有挪亚，独乘方舟，泛于天地，茫茫巨浸，不知所届。今世界大势，譬则洪水也。我中国，譬则挪亚之舟也。此舟经三千年来，飘荡于浩淼重洋中，雨打风吹，天穷人厄，樯折帆裂，棹失舵坏，直至今日，而三千年间未闻之巨飓，复从而乘之。所经线路，礁石棋布，全舟死生，间不容发。而舟中之人，栩栩然卧而酣梦者居其泰半。其他一部分则嘈嘈切切焉，或自理其行箧，惧其沉落；或自整其衾褥，惧其浸湿。其稍进者，则欲接一二断绳，补一二漏隙，手忙脚乱，不知所措。亦有一部分，狂若瘈狗，指天骂日，谓当刃船主，屠同舟，裂舟以同归于尽。呜呼！呜呼！此何时耶？此何时耶？丁此之时，惟有全舟一致，思所以拯此舟以达彼岸。其司舵及其他执事者有不职，则要求船主以易之。其有明于沙线善于避风之策，要求船主以实行之。彼不知千里镜耶？引之以视彼。不解罗盘针耶？教以之捩。夫如是，其庶或有济。而彼船主者，与船并命，又安见其不我行？今也不然，非鼾睡则自顾，非自顾则痛跃。其有一二知其不可者，亦嘿嘿不发一言，束手以待命。呜呼！几何不沦胥以亡也？呜呼！至今日而始有政闻社之发生，鄙人与诸君之罪重矣！抑今日而有政闻社之发生，乃鄙人与诸君所以谋自赎其罪，且偕国民以同赎罪者。嗟夫！嗟夫！吾侪之罪，其终能赎耶？嗟夫！嗟夫！天心仁爱，其许吾侪以赎也必矣！

吾侪以求神我之愉快故，而组织此政闻社。吾侪以遵良知之命令故，而组织此政闻社。吾侪以自赎其罪，且为众人赎罪故，而组织此政闻社。则吾侪所以图践此责任者，当如何？

一曰忠实。先圣有言，不诚无物；又曰：至诚而不动者，未之有也。不诚未有能动者也。虽至小之业且有然，而况于负荷国家之重者乎？人之于政党也，当如妇人之于所天，死生以之，何以故？政党非以强迫而结合者也。人人各有其所信之主义。所信之主义适相同者，乃集合而为一党。谁信之？吾之良知信之也。故政党者，多数政党员之良知之结晶体也。人而不自服从其良知，时曰非人。故政党员之忠于政党，则我忠于我而已。其或徒挂名党籍，不思对于党而负责任，此非欺人，乃自欺耳，是不啻我对于我而怀叛逆也。吾侪之地位各不同，而党中应尽之义务亦至伙。苟诚忠焉，无论居何地位，而皆有得尽义务之余地。经济学上分劳之谊，实团体发达之第一要素也。

二曰忍耐。天下无一蹴而几之业，所负荷愈重，则其成就愈难。吾侪挟区区之志愿，与数千年根深蒂固之专制政体战。敌既强矣，而中立者又莫余助。前途艰巨，云胡可量？奏凯之日，匪可豫期。所能信者，真理终为最后之战胜而已。而当未达此最后之时，刹那刹那，无不在四面楚歌之里。非有百折不回之气，即罹一蹶不振之忧。当思个人之生命虽短，团体之生命甚长；个人之能力虽微，团体之能力甚大；蹶于此者必兴于彼，挫于今者必成于后。若徒恃一时客气，不旋踵而瘝者，志行薄弱之鄙夫，非吾侪所以自处也。

三曰博爱。爱也者，神我之所攸托命也。岂惟一党？岂惟一国？天地赖兹立，万化赖兹出焉。有对于党中之爱。吾侪以主义结合，固也。

然犹有附属之一胶质焉，曰感情。感情不相浃，中道涣之易易耳。故有
手足相依、患难相共之情，然后可以永结于不散。此吾侪所各宜自勉者
也。有对于党外之爱。道有阴有阳，数有正有负。吾是吾所是，而不能
谓人之尽非。此国家所以能容两政党以上之对立也。故吾侪忠于本党，
而不嫉视他党，可以为光明正大之辨难，而不可以为阴险卑劣之妨害。
其中立之人，吾侪宜尽吾力之所及，使其表同情于吾党之主义。其有未
肯遽表同情者，吾侪当谅其锢蔽之太久，启悟之不易，常怀矜悯之心，
勿为厌弃之容。即对于吾主义之公敌，吾侪抗战，固不可不力，然有战
时公法之可守，不尚诡遇，不罪降人。此亦所以行吾爱也。呜呼！吾侪
苟非有此爱根，则遁世无闷已耳，遑问国家？遑问政治？既以爱故而结
政党，若缘政党而伤吾爱，斯所谓进退失据也。

鄙人无似，承诸君之推举，负疚滋深。顾以四十年来怀抱之志愿，
所欲从事而未能从者，及今而得以从事焉。鄙人虽耄，犹得与诸君共观
厥成矣。

附：

政闻社总务员马良等上资政院总裁论资
政院组织权限说帖[*]
（1908）

呈为请厘正资政院组织权限，以宣示立宪之实，沥陈管见，敬祈钧
鉴事。

窃惟我皇太后、皇上鉴宇内大势，知立宪政体为富强之源，屡颁明
诏，实行预备；又知立宪政体之精神，在设立议决机关，以与行政机关
相维系，乃首命设立资政院，而以殿下总其成。此诚致治之本，而举国
臣民所欢拤以迎者也。比月以来，有诏命将院中章程，速行规定。以殿
下望兼亲贤，公忠体国，重以幕府多才，济济翼赞，凡兹施设，当有成
谟。惟是兹事体大，且属经始，泰山不择土壤，圣哲尚采刍荛，苟有所
怀，安敢自隐？是甩怀献芹之愚，效记珠之助，率贡一得，希垂采焉。

谨案八月十三日上谕，"立宪政体取决公论，上下议院，实为行政

---

　　[*] 此说帖由梁启超起草，而以马相伯首署，与马相伯就任政闻社总务员之演说同刊于
1908 年 4 月 10 日在东京出版的《政论》第 4 号。发表时原文末注："《政论》原案此说帖，联
署人名，凡六百余人，适因资政院总裁伦贝子报聘日本，由马良君、徐公勉君、侯延爽君、
隆福君在滨离宫呈递，名多不备载。"

之本，中国上下议院，一时未能成立，亟宜设资政院，以立议院基础"等因。谕旨中明言上下议院，则今之资政院，实为将来上下两议院公共之基础。大哉王言！举国臣庶所当凛遵者也。考古今各国之议院，有行一院制者，有行二院制者。行二院制之国，其下院皆代表全国人民，以选举而成立；其上院则或代表特别阶级，或代表联邦地方，各缘其国情而异。若夫行一院制之国，则今已甚希。其有之者，亦必其合二院以为一院，而非于二院中，去其甲院而仅留其乙院也。今谕旨并提上下议院，则中国将来必当采二院制，早在圣明洞鉴之中，徒以草创伊始，诸事未周，不得不从权暂置一院云尔。苟能深绎圣训，则知外间所臆测，谓资政院仅为上议院之预备者，其疑可以立破。而将来上下两议院，皆由现今之资政院胚胎而成；现今之资政院，即当兼有将来上下两议院之性质。此实圣意所在，而不容或悖者也。既认定此宗旨，则今日资政院之组织权限，必当包涵将来上下两议院之组织权眼。持此为衡，庶可以副答明诏，而慰天下之望。今谨陈管见，分条说明，以备采择。

第一项　谨将所拟资政院之组织，恭呈钧核。

谨案今之资政院，既合将来之上下议院而暂为一院，则欲资政院之组织完备，必当先将将来上下两院之组织，预为筹画。考各国之下院，皆由人民选举。其选举法虽小有差别，而大致则无甚异同。将来中国设下议院，但采其成法，稍加斟酌损益而已足，无甚困难之问题当费研究也。独至上议院之组织，则各国因其国情之差异，而大有径庭。举其大别，则有以上议院代表特别阶级者，如英国、日本之名为贵族院是也。有以上议院代表地方联邦者，如德国之参事院，由联邦之各国，比例其大小，而各派议员若干人；美国之元老院，每州不问大小，皆各举议员二人是也。大抵君主国之上议院，多用以代表贵族；联邦国之上议院，多用以代表地方。此其大较也。我国为君主国体，则第一法不可不采用，其理易明。又我国幅员辽廓，各省利害不同，虽非联邦，而第二法亦不可不略采。故将来上议院，必当会通英、德、美、日之制度，各采其长，而铸之于一炉。而今之资政院，亦当先含此意，以此一部分为上院之基础，而再加以人民选举之一部分为下院之基础，庶足以仰酬睿虑，而俯顺舆情矣。请将所拟组织法条举之。

一曰皇族议员宜分别设置也。

凡君主立宪国，皇室与国家，休戚相共，故恒以皇族列于上议院。日本之制，凡皇族年在十八以上之男子，照例作为贵族院议员。其余各君主国，大率由君主随时任命。考日本所谓成年之皇族，不过三十余人，故可以尽入院中，而毫无窒碍。我朝椒聊蕃衍，自红带子以上，皆系出天潢，而其数盖数十万。若采日本之制，势固有所不行，则不能不稍示限制。故将来上议院，当设皇族议员一种。凡皇族自贝子以上已成年者，即有为上议院议员之资格。其镇国公以下，有才德出众者，由特旨简派，不在此数。如是则尊崇国体之精神，庶可以永固。今资政院既为将来上议院之基础，则此项议员，必当先审定者也。

二曰蒙古、西藏议员必当设置也。

资政院者，大清帝国之资政院也，必须全帝国版图内皆有代表，然后其组织始完。查去年颁新官制资政院项内，东三省及内地各行省，皆有代表，惟蒙、藏缺如。侧闻彼中人民，颇有觖望，谓资政院为将来议院基础，今既见屏于资政院，则将来亦必见屏于议院可知。虽朝廷决无歧视之心，为举国所共信，然既有此嫌疑，即以资其口实。方今俄之于蒙，英之于藏，皆噢咻煦呴，市其欢心。俄国议院既开，蒙古人之在欧洲俄属者，皆有选举权。今我国家虽竭力怀柔，尚难保其心之绝无外向，而况可授之口实，以使之解体乎？窃查英国上议院，有爱尔兰贵族二十八人，苏格兰贵族十六人，僧侣贵族二十六人。我国之位置蒙、藏，正宜援兹成例。盖蒙、藏皆地广人稀，郡县之制，尚未施行，则下议院之选举，亦骤难措手。下议院既暂无一人以代表之，则上议院必当谋所以位置。而资政院既为上议院之基础，则当慎之于始，免使向隅。窃谓宜仿英国待苏、爱之法以待蒙古，令其各盟比例大小，各举一人或二三人为资政院议员；宜仿英国待僧侣之法以待西藏，举其喇嘛及噶伦卜、噶布伦、总堪巴等若干人为资政院议员。既示以朝廷大公无私之诚，即可以增其回首面内之感。此实所以固边圉而巩国基，不可不深留意者也。

三曰当别置钦选议员以待勋贤也。

考日本上议院，既有公、侯、伯、子、男五等爵之议员，复有所谓敕选议员者，凡有勋劳于国家及有学识者任焉。我国阶级制度，久已消灭，故五等爵之议员，势难仿行。

何以言之？盖今制，功臣自一等公至恩骑尉，都凡二十六级，皆爵也，每级相去不过一间，势不能有轩轾于其间。今使如日本之制，则三等男有此特别权利，而一等轻车都尉则无之，然三等男之视一等轻车都尉，仅差一级耳，而权利忽相去霄壤，岂得谓平？若一等轻车都尉有之，则二、三等轻车都尉，何以独无？二、三等轻车都尉有之，则骑都尉、云骑尉、恩骑尉何以独无？然则此二十六等爵者，苟有特别权利，则当俱有，若无之则当俱无。若于其中强分界限，或有或无，则无论以何级为界，而皆失祖宗颁爵之本意。今若使之俱有耶，则举国中云骑尉、恩骑尉，不知几千万，安能一一予以特权？且以事实言之，则调查选举，亦无从措手。然则俱有之说，既万不可行，而一有一无，非惟不合理论，抑亦深戾祖制。故将来中国上议院，除皇族及蒙古、西藏之贵族外，势不能别有所谓贵族阶级者存。非好与各国立异，实则历史上使然也。

然则前此及将来有勋劳于国家者，竟无特别优待之道乎？曰有之，则钦选议员是已。日本敕选议员之例，凡天皇认为有勋劳者得与焉。苟仿此以行，则简自帝心，前此勋裔，及后此翊戴中兴大业诸臣，皆可以特达拔擢，而举故旧不遗之实。即皇族自镇国公以下，亦可以结主知以邀此殊荣。而此项议员，又非徒限于勋劳者而已，其有学识者，亦得与选。故或有耆旧之臣，未膺爵赏者，或草莽贤俊，未被选举者，咸能别承天眷，列于议员。则上之皆可以劝懋功，下之复可以网遗逸，诚一举而数善备也。但各国通例，此项议员额数，皆有限制，亦宜采焉。

四曰宜令各省谘议局派出议员以为一省之代表也。

各国上议院之制，或以代表特别阶级，或以代表联邦地方，前既举其例矣。我中国既为君主国，又幅员极广，各省利害不同，必宜兼采二者之意，乃为尽善。今既有皇族议员，蒙古、西藏议员，钦选议员三项，以代表特别阶级，其以次当计及者，则代表地方之议员是已。

考各国上议院代表地方之制，各有不同，而美国为最善。美国凡分四十六州，每州举上议院议员二人，不论大小，皆同一律，故其上议院议员总数为九十二人。以外观论之，州有大小之分，员无多寡之异，似属不均，然按之实际，乃大不然。盖与下议院相剂，而适得其平故也。查美国最大之州如纽约，有七百余万人，其最小之州如尼和达，仅四万余人。下议院之选举，势不得不以人数为比例，则纽约州能选出议员百九十人者，尼和达州仅能选出一人，其偏枯可谓至极。使徒有下议院而无上议院，则尼和达州之利益，将永为纽约州所压制矣。故既有下议院以代表人数，则大州不至受亏；复有上议院以代表地方，则小州不至受亏。诚可谓斟酌尽善矣。

我国最大之省如四川，将及七千万人；最小之省如广西，不过五百万人；更小者如黑龙江，不过一百万人。将来下议院之选举，势不得不以人数为比例，则四川所举议员之数，当十四倍于广西，而七十倍于黑龙江，安得不谓之偏枯？故将来我国之上议院，必当兼采美国之制，每省不论大小，平均派出若干人，似属不易之法矣。资政院既为上院基础，此制即宜实行。今已奉明诏，令各省设立谘议局，其成立应指日可待。谓宜令各省谘议局，就其议员中互选二人，为资政院议员。将来别立上议院，而各省谘议局或改为省议会，则亦由省议会互选若干人以入上议院，各省一律。如是则两院相剂，而举国无不平之患矣。

五曰宜以人民选举之议员为中坚也。

以上所陈四项议员，凡以备将来上议院之资格也。虽然，职等窃惟皇太后、皇上圣意，其所责望于资政院者，将以为上下两议院之基础，而非徒为上议院之基础云尔。然则资政院议员，略当以半数含上院之性质，以半数含下院之性质。然后立议院基础之明诏，乃得现于实。伏读屡次谕旨，一则曰大权统于朝廷，庶政公诸舆论；再则曰立宪政体，取决公论。夫所谓舆论公论何从表示？亦曰多数人民之趋向而已。多数人民之趋向，何从察见？则人民选举之议员，即其代表也。由此言之，则圣意所在，最注重人民选举，较然甚明。而资政院既兼为下议院基础，遍考各国之下议院，无不由人民之选举而成。苟缺此项，则设立资政院之真精神全失，非惟于宪政原理，相背而驰，抑且与皇太后、皇上之本意，大相剌谬。此职等所以不能不郑重审慎，而深望殿下主持终始者也。

谨案去年所颁官制草案，资政院议员第三种，由督抚保荐者六十六人。而督抚保荐，又必经学务公所、教育会、商会、地方自治局所等公举。是于保荐之中，仍寓选举之意。立法苦心，既为举国所共谅。虽然，以职等之愚昧，窃谓似此办法，必不能得舆论之实，而徒以滋舞弊之端，非别立选举机关以行之，恐无以答圣廑而慰民望也。何以言之？盖学务公所之设立，其议长议绅，由提学使指定，本非出自公举，以此为代表舆论之机关，其性质本已不符。是此制之不宜者一也。教育会、商会、地方自治局所三项，由人民自办，其性质与学务公所略有不同，借之为选举机关，似较妥适。然此三项之机关，各多未设立。若舍此外无他机关，则选举之事，势必不能普及。是此制之不宜者二也。且各省之教育会、商会、地方自治局所等，率皆设于省城，而与省城远隔之各府州县，能与其间者盖鲜焉。所选之人，即能代表省城之舆论，而决不能代表全省之舆论。是此制之不宜者三也。就令教育会、商会、地方自治局所，各府州县皆与其事，而为多数人所共同设立，然其所代表者，亦不过学界、商界、绅界之人，而地方多数之农民、工民，终无得与选举之事。我国以农、工立国，安可如此？今若原案，全付阙如。是此制之不宜者四也。况选举之权，虽属于此诸种团体，而保荐之权，仍属督抚；必经保荐，然后议员之资格成立。苟被选之人，为督抚所不喜，抑而不荐，则选举直同于无效。是此制之不宜者五也。有此五因，则此制之必当改订，似无待言。顾前此议官制案之王大臣，所以出于此者，殆以现在选举机关，未尝建设，不得已乃借旧有之团体以为用。此其苦衷，固当共谅。然按之理论，考之事势，既已万不可行，则改弦更张，似亦不容已。职等耄耄之愚，以为欲救此弊，惟有别置临时之选举机关而已。

考各国选举之制，有用直接选举者，亦名单选举，即由人民直接选出议员是也；有用间接选举者，亦名复选举，则选举分两次执行，先由人民选出选举人，再由选举人选出议员是也。两者各有短长，而其利害，则当按各国情形以为断。我国地广人众，即将来开设下议院，势固不能不用复选举。盖下议院议员之数，最多当不逾八百人。我国人数四万万，则约当以五十万人选出一员。而五十万人之所居，其面积当亘数百里，欲集一地以行选举，此殆必无之事，故吾中国必当用复选举制。非谓复选举之能优于单选举，而情势所限，实有不得不然者也。既明此义，则今者资政院之选举机关，即可遵此道而成立矣。

今请先定各省议员之额，略以五十万人选出一人为标准。则如黑龙江应选二员，广西应选十员，其不满一千万人之省，皆视此为推。其人多之省，则以累进法调剂之，如一千万人以上之省，每百万人增加一员；二千万人以上之省，每百五十万人增加一员；三千万人以上之省，每二百万人增加一员。如是则各省应选议员之数可以推定矣。次乃就各州县以定选举人之额。其不满十万人之州县，以五万人选出选举人一员；十万人以上之州县，每万人增加一员；二十万人以上之州县，每万五千人增加一员；三十万人以上之州县，每二万人增加一员。如是则每州县应设选举人之数可以推定矣。然后分两次选举。第一次责成州县，令将所属应有之选举人，分区选出。第二次则集各州县之选举人于省城，将其省应有之资政院议员选出。此选举人之一阶级，即所谓选举机关也。即所以代原章所指定之学务公所、教育会、商会、地方自治局所等团体而完其责任也。必如是，则所举出之议员，乃真能为代表国民舆论者，而于累次谕旨之精神，庶有合矣。

或疑此种选举，虽属至公，然现在人民程度尚低，选出之人，安能尽当？职等以为，若使此种机关所选出之人，无可以为议员之资格，则学务公所等团体所选出之人，亦应无可以为议员之资格。学务公所等团体所选出之人，既有可以为议员之资格，则此种机关所选出之人，亦应有可以为议员之资格。何则？人民固同是人民耳，既不因甲种选举法而程度忽然增高，自不能因乙种选举法而程度忽然低减。今王大臣所拟官制案，既认学务公所等团体之选举为可行，则其不以程度不足为病也甚明。何独于此复选举法而疑之？盖此复选举法之本意，实与原案所定无甚差别，不过彼则以少数人任意结合之团体为选举机关，此则以全体人民遵依法律而别建选举机关而已。彼尚私而此至公，彼有弊而此无弊。若夫人民程度一问题，则纯然超于两者之外。谓必如彼然后可，如此则不可，有是理耶？夫使人民直接选举议员，则其程度或虑不足，然既先由人民选出选举人，彼选举人，必其学识能秀于其县或其乡者也；再以此学识较秀之人选出议员，则其所选之员之程度，必不至太劣下，明矣！若语其实际，则将来学务公所等团体所拟选之人，当复选举时所选举者，决不出此数。不过出于彼则私，而出于此则公耳。

或疑中国现在人民程度，断不能行普通选举，不能尽人而有选举权，若行此法，则人民中孰为有选举权者，孰为无选举权者，不可不先为规定，而分别规定，实不易易，则此法虽善，似恐未能实行。职等谨案现今各立宪国，无论何国，断未有行绝对的普通选举者，必分别加以限制。其限制之法，或以财产为限制，必纳若干以上之国税，然后有选举权，是也；或以教育程度为限制，必曾受若干之教育，然后有选举权，是也。我中国草创伊始，用财产限制，则其鉴定也甚难；用教育程度限制，则其鉴定也较易。且以中国国情论之，用财产限制，则其缺憾甚多；用教育程度限制，则其缺憾较少。请言其故。盖用财产限制者，必以纳直接国税若干以上为衡。我国租税法未定，所谓直接国税者，不过地税一项。然自行一条鞭制以来，钱漕地丁，合并为一，人纳若干，无从稽核，所谓鉴定不易者也。此外更有一极大之窒碍焉，则京外各旗，向惟服兵役义务，无有田产，即从事耕屯者，庄地亦非其所有，率皆无税可纳，而甲省之人，或以游宦经商，入籍于乙省者，亦皆无钱漕丁役之户籍。若必用财产制限，则此两项之人，其选举权皆将剥夺，揆诸情理，岂得谓平？所谓缺憾甚多者此也。由此言之，则财产制限之制，必将来租税法大加改革之后，或可采行，而近今一二十年间，断无采用之理也明矣。除此以外，则惟有用教育程度制限之一法。考各国教育程度制限之制，有以能书姓名为及格者，有以能读宪法能解宪法为及格者。若采第二法，则每人而试验之，固不胜其繁；若采第一法，则凡成年之男子，皆许其投票，当投票时，必须自书姓名及所选人之姓名。苟不能书，则其选举权自然消灭。此则无待特别试验而自能鉴定者也。我国若以此为制限，则人民之能有选举权者，恐亦不过四分之一耳，其亦不失于滥矣。若及格者而能加多，则岂不益为国家之庆耶！

或疑此法惟人民程度极高之国，如美、法、德等乃行之，以今日中国而效颦，无乃躐等？不知财产制限与教育程度制限之异同，于一般之人民程度，可谓绝无关系。如谓有财产而多纳国税者程度必高，否则必劣，然则旗人之久在宦途，与夫游宦寄籍于他省者，其程度必当视拥有数亩薄田之田舍翁为尤逊，天下有是理耶？况我中国向以廉介为尚，古今贤哲，不名一钱者，往往而有，岂得以此而谓其程度之不足耶？彼用财产制限之国，大抵有其历史上之理由，非谓必如是乃为正鹄也。而我国行之，万万不宜，又既若彼矣，则舍彼取此，何不可之有？若谓仅以能书姓名为标准，则有选举权之人太多，而恐失之滥，此亦大不然。欧美、日本诸国，教育久已普及，而贫富相去悬绝，则用教育程度制限，其得选举权之人，必视用财产制限为加多。我国教育尚未普及，而中人之产尚伙，则用教育程度制限，其得选举权之人，视用财产制限应略相等，或且加少焉，而安有滥之为病耶？况今所拟用者，又为复选举制，而非单选举制。若使仅能书姓名之人直接选举议员，则虑其失当，犹之可也。今彼所选者，不过选举人耳，所选出之选举人，则必其教育程度，又高出于寻常数等者也。以此辈人而选举议员，而尚虞其程度之不足，则我国将永无开设议院之时矣。

大抵事理以历练而始明，智识以磨浚而愈启。日本当初开国会之时，其人民程度实未尝有以远过于我国之今日。国会既开，人民习于政治，程度亦即随之而升。若不畀与参政权，使人民与国家共休戚，则虽更阅十年二十年，而程度之无从加进，又可断言也。今既设立资政院，则亦就现今之人民以为资政院已耳。若托于程度不足，而废选举之制，则亦可托于程度不足，并钦选、互推、保荐之制而废之。盖选举固取材于今日之人民，即钦选、互推、保荐，亦不过取材于今日之人民。等是人民也，等是程度也，断无不足于此，而能足于彼之理。信如是也，则资政院岂不终无从成立，而皇太后、皇上屡次谆谆之训谕，岂不将弁髦视之耶？以殿下之明，其必能辨之矣。

或又疑以多数人民选出之议员，苟智识不齐，必当事杂言庞，以掣行政官之肘，而新政将有治丝而棼之虑。职等以为此亦可以无患也。若必汲汲虑此，则虽靡选举之制，而以原案所拟之钦选、互推、荐保诸员，组织资政院，其智识亦安能齐？其庞杂亦安能免？以云掣肘，即彼亦已有余。且不徒资政院为然也，即如都察院及京外各大员之专折言事，亦何尝不掣肘政府？若恶其掣肘，则资政院诚可不设，即都察院及各大员专折言事之权，亦当禁止。此其不成政体，岂待问矣？若以正当之理论言之，则资政院不过为议决机关，其权自有所限制，不容其侵入执政机关之范围，虽欲掣肘，其可得耶？且执政所行之政策，可以随时向资政院说明。使其政策而为国利民福耶？则当说明时，必能使议员了然明白，大生感动，而必得多数之赞成，即有少数人故持私意，欲与执政为难者，而执政理直气壮，侃侃与之辨难，彼终必折服于舌锋之下，苟欲始终强词夺理，而断无从得多数之附和。然则资政院只有为执政之后援，而何掣肘之有？若其政策而不为国利民福，坐是虽百端陈说，而终不能得多数之赞成耶？则政府亦当自反省而改之，庶可以报国家，而不辜皇太后、皇上之委任，此则《诗》所谓"他山之石，可以攻玉"，而非可以掣肘云矣。职等以为，今日之中国，徒以人民无参政权之故，故政府之设施，无从自白于天下，偶使人民有所负担，则群相疑以为厉已。又或内治外交，势处两难，而不得已之苦衷，不能予天下以共见，故局外嗷嗷责备，每不与局中情实相应。政府处此种地位，如衣败絮行荆棘中，动辄得咎，徒增其苦。诚使有代表全国之一议决机关，而政府遇事得向之伸诉说明，则为政府者，除非心迹暧昧，事不可以对人言，则或不乐有此耳，而不然者，堂堂正正，将所行之政策，大白于天下，以一扫局外之疑团，而永靖无稽之蜚语，台谏风闻攻讦之情弊可以息，人民飞电抗争之风潮可以免，为政府计，亦安有便于此者乎？夫以今日朝廷厉精图治，实行宪政，则自今以往，凡心迹暧昧不可对人之执政，其必不能受皇太后、皇上委任明矣。其公忠体国之大臣，则断不至以人民参政之故而掣其肘，反以人民参政之故而得行其志，此又事理之至易见者也。

或又疑由多数人民选举，则所选出者必多少年轻躁之徒，而于国家大计，恐将贻误。职等以为此亦过虑也。人民多数，皆属山野朴愿之夫，保守之性甚重，其所选者，必老成耆宿之士，未必皆为少年。此其不必虑者一也。即少年亦不能尽目为轻躁之徒。其轻躁者荡检逾闲，恒为乡里所不齿，决无从与选。少年而能与选者，必其稳重而较有学识者也。稳重而有学识之人，正国家之所宝，岂能以年少而薄之？此其不必虑者二也。况资政院之议员，又非徒有人民选举之一部分而已，此外尚有皇族议员、钦选议员与夫各省谘议局所派之议员，其人率皆老成而有阅历者。然则人民所选，就令有一二少年轻躁之辈滥厕其间，然其势甚孤，不足以扰全局。偶有轻率之建议，全体老成持重之人，可以矫正之。此其不必虑者三也。

由此言之，则人民选举一部分之资政院议员，实有百利而无一害。凡俗论之为种种疑难者，皆不过疑心生魅，苟深思之，当未有不涣然冰释者矣。夫以资政院为将来上下两院之基础，非有民选一部分，无以代表下议院之性质，则恪遵圣训，既不容不力求完善，而俗人所疑种种流弊，又实可以无虑，则以殿下之明，其必有以处此矣。若犹有设难者，不过谓现在户籍未经查明，区域未尝划定，骤行选举，恐生混杂云尔。然今者方颁明诏，令各省讲求统计，虽微资政院之选举，而调查户口之事，亦岂能更迁延不办？今趁此选举之机，敦促督抚州县，厉行斯业，则成效可以更速，岂不一举而两得耶？至划分选举区一事，则调查户口之后，饬各督抚督率州县，就旧有之团练、保甲诸局而损益之，其业本非甚难。数月之功，而此两事皆可就绪矣。夫事既关于国家大计，则虽稍繁难，犹当为之，而况并无所谓繁难者耶？职等为国家前途计，不避喋喋，谨以此举吁陈于殿下，伏乞殿下于拟定资政院章程时，始终坚持此议，则宪政巩固之基础，悉由殿下造之矣。

六曰行政官不宜多占议员之位置也。

资政院既为议决机关，按诸立宪政体三权鼎立之原理，自当与行政官不相杂厕。乃去年所颁官制原案，有由京官会推五十六人为议员之一条。此项议员，无论将来在上议院中，在下议院中，皆无可位置。求诸各国议院成例，更未之前闻。据法理以评之，自宜必在裁撤之列。惟草创伊始，或有不得已者存。且京秩甚多，以现在制度，并非人人皆有专掌，而其中通达治体之人，或较草莽为多，则留此一项，亦可从权。但其员数似宜略减。盖如职等所拟，则他种议员，其数已极不少，恐院中以人满为忧也。又此项议员若仍存留，则亦当示以限制。限制维何？曰四品京堂以上不得被选是也。夫官至四品京堂，则必有行政上之专责，与彼雍容揄扬之侍从，出入讽议之台谏，先后奔走之潜郎，固自有异，若复列于议决机关之资政院，则行政、立法两权混淆，殊失立宪之旨。且既由各衙门会推，苟为长官者不超然事外，则安有以属员而敢与长官争选举耶？势必至所被推者，尽属大学士、尚书、侍郎、丞、参，而小臣无一能厕其列。如是，则所谓会推者，亦不过一空名，而结果必将与原章之初意相刺谬也。此立限制之所以不容已也。

七曰议员员数不能太少也。

去年官制原案所拟资政院议员总数为百三十人。今以职等所拟，合各种议员计之，其数当在六七百人之间，骤视之，似觉其太多。虽然，资政院既为将来上下两院之总基础，以各国上下议院之总员数较之，则只见其少，而并不见其多也。考英国上院五百七十九员，下院六百七十员，都凡一千二百四十九员。日本上院三百六十余员，下院三百七十余员，都凡七百五十余员。其余各国，亦大略称是。我国幅员及人口，皆十倍于英、日，欲求代表之普遍，则议员亦当十倍于彼。今所拟之数，埒于日而逊于英，则全国中向隅之地向隅之民，当已多矣。若视此而尤减焉，则必顾彼失此，丝毫不能举代表国民之实，其毋乃非诏书中所谓公诸舆论之本意乎？

或疑议员之数既多，则俸给之额亦臣，今财政正竭蹶之余，何更堪此重负？不知各国议员，有有俸者，有无俸者。即有俸之国，其俸亦甚薄。如日本例，则每员岁俸，前此八百圆，今改为二千圆。我国若执其中，以一千圆为率，则虽八百名之议员，所费亦不过岁八十万。前此科举未废之时，每岁科场费及士子宾兴费，何止此数？今办立宪第一大事业，而乃靳此乎！况若为撙节财政起见，则虽仿英、德、意诸国例，议员皆不给俸，亦未始不可。如此，则薄予以来京川资、住京旅费，足矣。司农虽窘，岂其争此？故苟持此说而欲强减资政院员数者，亦不通治体之言而已矣。

综上所陈，有皇族议员，蒙古、西藏议员，钦选议员，各省谘议局所派议员，以为将来上议院之基础；有全国人民用复选举法所选出之议员，以为下议院之基础。如此，则规制略备，而于累次诏旨之精神，庶有当矣。将来分之为二院，可以收互相调剂之功，今暂合之为一院，可以得运用自如之效。以职等之愚，为资政院组织完善计，似无以易此。惟殿下垂采焉。

第二项　谨将所拟资政院之权限，恭呈钧核。

谨案资政院之设立，既以为议院之基础，则凡将来议院所应有之权限，今之资政院皆当有之。盖必如是，然后能予之以练习之机，而使之知所以尽责任之道。恭绎八月二十四日上谕，谓使议员资格，日进高明，议院早日成立，端赖是矣。窃查各国议院，其权限之广狭，各有不同。我国将来议院之权限，固不能失诸太狭，亦不可失诸太广。今请参酌君主立宪国之制度，条陈其概，以资采择焉。

一曰宜有完全之立法权也。

前代学者之论宪政，本以三权鼎立为一要件。三权鼎立者，谓行政权属诸政府，立法权属诸议院，司法权属诸裁判所，而元首总揽之于上也。后此各国事实所趋，立法权固不能尽属于议院，而议院所有事者，亦非限于立法权。虽然，立法为议院一重要之职务，此固各国制度所从同也。今资政院既为议院之基础，则此最重要之立法权，其必不可缺矣。

查各国法律，皆经三种形式而成立，一曰提出，二曰议决，三曰裁可。提出权则政府及议院共有之。议决权则议院行之。裁可权则君主绾之。三者相须，而法律之效力以生。今案资政院官制原案第十二条开列应议事件，其第二项为新定法律事项，则资政院应有此权，原案已承认之。但其议决之权能如何，则未见规定。若新定法律事项而经资政院否决者，尚得谓之法律与否？原案盖浑囵未言。夫使当时编纂官制王大臣，认资政院之可决为法律成立必要之一要素乎？则章程必须声明，否则此权恐不能行，而往往被蹂躏也。若其认资政院之议决，非法律成立必要之要素乎？则虽否决，而法律之效力自在，然则多此一次交议何为者？是资政院果成赘疣，不如不设之为愈矣。

提出法案之权，各国通例皆政府、议院共有之。而资政院原章，亦未规定。惟其第二十七条云"资政院有自行提议事件，非有参议员三十人以上同意者不得开议"。此条所谓提议者，不知为提出法案耶？抑如日本所谓动议耶？若指寻常动议，则各国通例，有一人赞成已足。今限至三十人，毋乃太过？若指提出法案，则条文当加明了。若如原文，殊足令人迷罔也。夫寻常动议而必须三十人以上之赞成，其为无理，固不待问，即提出法案之事，限制亦不可太严。查日本每院议员总数，各三百六七十人，而其提出法案，不过得二十人之赞成而已足，是比例全员十六分之一耳。今如原章所定，资政院议员总额，仅百三十人，而每发一案，必须三十人以上之赞成，是比例全员三分之一也。各国通例，凡议员有过半数或三分之一列席，已可开议，以此例之，则百三十人之资政院议员，苟有七十人或四十人以上列席，已可开议。今欲提议一事，而必须三十人以上之同意，此何异必以列席议员过半数之同意，乃得提议也？则亦永夺其提议权而已。

今细推原章之意，似深不欲以法律议决权假诸资政院，而限制之惟恐不严者。度其理由，不过恐君主大权缘此旁落也，或虑其议决之失当而贻害国家也。

虽然，职等考之法理，按之情势，窃谓以完全之法律议决权付与资政院，其于皇太后、皇上之大权，实丝毫无所侵损。彼今世君主立宪国，曾未闻有以此为病者，何独于我而疑？况我国先圣立教，恒勖厉居高位之人以虚己容物，成为义理，深入人心。我皇太后、皇上益励冲挹，不遗刍荛，凡前代专制君主专己凌人之弊，廓清净尽。以现在惯例论之，各种法令章程，从未闻有不经下问而中旨特发者，小则由军机大臣会议，大则内阁、六部、九卿、翰詹、科道会议。故法律经议决，然后发布，实可谓我国现行之成例。所稍缺者，则议决机关，未尝独立组织，故可决否决，无一定之标准云尔。然则自今以往，以议决权畀诸资政院，不能谓缘此而固有之君权蒙其损害，何也？我皇太后、皇上本不以此权自私，而一向皆公之于人，但前此仅公诸一二廷臣，今后则公诸代表全国臣民之资政院云尔。

若虑资政院议员程度不足，决议或生误谬，则前此之大学士、六部、九卿、翰詹、科道，其程度能高出于资政院议员之证果安在？前此不靳于彼，而今兹乃靳于此，诚苦难索解也。况资政院议员，原有钦选之一部分，皇太后、皇上所认为有学识而可以语国家大计者，皆得领袖院中，为之主持。而尚何逾越常轨沮挠大计之足为患乎！又况各国通例，君主有解散议院之权，有不裁可法律之权，然则苟遇有不应议决而议决之法律，可行其不裁可权以防止之；遇有应议决而不议决之法律，可行其解散权以救正之。故职等以为采各国议院通行之常例，将完全之立法权付与资政院，实有百利而无一害也。

二曰宜有承认豫算权也。

查各国财政豫算案，有作为法律者，有不作为法律者，然无论作为法律与否，要必经议院之承认，然后施行。盖以国家财政，不外取之于人民，而人民为国家负担此财政，必须得其心悦诚服，然后取之也顺。而财政根本，不至动摇，意至美也。谨案资政院原案第十二条第三项，有议岁出入预算事项之权，可谓能深知其意。然资政院对于预算案，能有修正权与否？若其不承认，则政府必须撤回另制与否？一切皆未有明文规定。则资政院此权之不确实，亦与其立法权相等，甚非所以昭大信于臣民也。职等窃谓朝廷若不欲公此权于人民，则仍率前代故事，予取予求，惟以强制力使负义务，亦何不可，但人民能应之与否，应之而能无怨与否，则非所敢言耳。今既知此道之不可以久，而思以付诸众议，而众意之从违，无一定之效力，不过听政府一场报告耳。如此则与前此之仅出告示，复何所择？而谓其效果有以胜于前，恐难言矣。方今司农仰屋，疆吏呼庚，举国财政，将有濒于破产之势。今后欲植国基于不敝，其第一著手，即当以整理财政为本原。然非有代表民意之机关实行财政监督权，则亦终无整理之一日。稍通政治学理之人，当无不明此义者。故资政院承认预算权之必当确定，虽谓为中国存亡之所关焉可也！

三曰宜有参与条约权也。

各国宪法通例，其与他国缔结条约之大权，皆在君主或大统领。然如德、法、美、意诸国，则必须经议院之承认而始生效力。瑞士国则并缔约权亦归国会，而大统领不得与闻。夫议院之所以当参与缔约权者，何也？以条约既公布，则国民必须遵守，而与国内之法律，有同一之效力，其利害影响于人民者甚多。故国之元首，虽本有此权，然必经代表民意机关之承认乃行之，非徒以慎邦交，抑赖此以免贾民怨也。

我国以积弱既久，处列强胁迫之下，外交事项，最为困难。外人汹汹要挟，既无词以抵抗；国民嗷嗷怨嗟，复无术以谢责。试观近今数年间，其最劳执政之盱食者，何一非起自外交问题耶？今欲避内外之责言，免上下之交恶，则莫如仿各国成例，以参与条约权界诸资政院，则自今以往，若遇外人无理之要索，可借国民后援之力以解其纷，而政府对外政策，或有不得已者存，亦可以将其理由大白于臣民，而不致以一身为集矢之的。然则此举者，在他国行之犹可缓，而在中国采之当尤急也。

四曰宜有上奏弹劾之权也。

各国之设立议院，非徒以参与立法而已矣，欲借公议舆论之力，以匡执政之不逮，使大臣无专擅之嫌，而皇室获磐石之安也。盖国家一切政治，待人而行，而人之贤否，至有不齐，非得人而监督之，恐难持久而无弊。其在各部属僚及地方官，常有政府长官以为之监督，则欲纵恣而末从，独至政府大臣，既为全国最高之官，更无地位能高于彼者以监督其上，借曰有之，则君主而已。然君主以一人高拱深宫，欲事事而监督之，无论势有不给，且察察为明，亦非治体。万一于大臣过举，有不及觉，则政治失当，人民将以怨大臣者而怨及君主，甚非所以保持尊严也。故各国既设议院以为代表民意之机关，则必予之以上奏弹劾执政之权，使之为君主之耳目，盖法之尽善者也。

我国旧制，设都察院，许其直言极谏，意盖在是。但都察院之言官，不过以一人之私意建言，则徇情隐庇及挟嫌攻讦之弊，两皆难免，往往荧惑耳目，使人主迷所适从。议院则合全国臣民种种阶级组织以成，而每建一议，必由多数取决。苟政府诚无阙失，而议员中有欲挟私嫌以行诬谤，决不能得多数之赞成，而弹章无由成立。若议员中有过半数赞成弹劾，则必政府之举措，确有不惬舆情之处，更岂宜壅于上闻？今资政院既为议院之基，则予以此权，诚属正当之举矣。

夫使执政之人，可以保其必无阙失，则并都察院亦可以不立，而列祖列宗所以必立都察院者，诚以深宫之监察，势不克周，而以耳目寄诸言官也。然与其寄耳目于一二人，而常滋流弊，何若寄耳目于多数人而永杜嫌疑？今以上奏弹劾权畀诸资政院，则为执政计，或有不利，而为皇室及国家计，则无不利；为罔上行私之执政计，或有所不利，而为公忠体国之执政计，则无所不利也。

或疑资政院议员，既有此权，则草莽轻躁之徒，恐不免滥用之以掣肘政府。虽然，以职等所拟，非徒有人民选举之一部分，而尚有皇族议员、钦选议员等之一部分，既用多数取决，则轻躁者虽欲妄为建议，而老成者必不漫为雷同。若各部分之议员，皆以弹劾为宜，则执政必有可弹劾之道明矣。况弹劾之权，虽在资政院，而采择与否，则仍皇太后、皇上断自圣裁。所弹劾而当也，则免黜执政，别择贤者；所弹劾而不当也，则解散资政院，更求正当之舆论。一人超然于上，如天地日月之无私，而进贤退不肖之权，仍握之于上，而非臣民所得妄干，如是则安有大权旁落之足为患乎？夫资政院之有此权，与都察院之有此权，其性质实无甚差异，不过彼私而此公，彼疏而此密耳，果何所惮而必靳此？

五曰资政院宜可以解散也。

查各国宪法，除美国外，其君主或大统领，皆有解散下议院之权。若议院与政府相持不下之时，或别任大臣，或解散议院，其权皆在元首。必如是，然后可以维持于不敝，而统一之效可见也。解散议院之理由安在？盖议院凡以代表舆论，然必为正当而有价值之舆论，始有益于国家。苟政府之政策，并无失当之处，而议院漫然反对之，则此舆论果为正当之舆论与否，盖未可信。故解散之使再选举，以觇民意之所存，法至善也。

查资政院官制原章，并无关于解散之规定，其为偶略耶？抑故阙耶？非所敢知。职等以为，苟资政院之决议，无一毫事实上之效力，则资政院之设何为？苟其决议而有效力，则与政府对抗之事，势不能免。使资政院而不能解散，将政府舍辞职外，无复一事之可办。故原章之缺此条，苟非欲削君主之大权，即欲灭资政院之效用，二者必居一于是。夫此二者，皆非我皇太后、皇上设立此院之本意明矣。

职等以为资政院当议决法律及豫算案时，或与政府意见相冲突，或对于政府而上奏弹劾。苟皇太后、皇上而以资政院之决议及上奏为可采也，则饬下政府大臣，遵舆论以行；政府不欲遵行，则听其辞职。若皇太后、皇上而以资政院之决议及上奏为不足采也，则饬命再议，再议而犹持前见，则行大权以解散之。至其解散之法，则惟解散人民用复选举法所选出之一部分。其皇族议员，蒙、藏议员，钦选议员，各省代表议员等，可无庸解散，惟暂时停会，待再选举时，乃召集开议耳。盖各国通例，凡解散下议院时，则上议院暂行停会。今资政院既兼有上下两院之性质，则当解散时，惟行之于其一部分，最适当也。

六曰宜定有过半数议员列席即得开议也。

考英国之例，其上议院议员有三人列席，即得开议；下议院则四十人列席，即得开议。德国上院，无规定之明文；其下院，则过半数列席，乃得开议。美国、法国、意国等，其上下两院皆过半数列席，乃得开议。日本则上下两院，皆以有三分之一列席，即得开议。综较各国，英国限制最宽，日本次之，其余他国，大抵同一。夫以英国限制如彼之宽，然犹常常以不满此数，不能开议，此其故可思矣。

查资政院官制原案第十八条云："资政院非全院人数三分之二以上列席，不得开议。"按之各国皆无此例，惟议改正宪法案时，乃有之耳。我国臣民，对于政治上之热心，视各国尚有远逊，缺席之事，当所常有，苟必三分之二以上列席乃得开议，恐一会期中，其能开议之日，不及十之一。如此则资政院将成虚设矣。职等之意，谓能采日本制以三分之一为必要之定员，最上也，否则亦当采各国通例，以过半数为必要之定员。如是则资政院始得以行其应尽之权，践其应尽之责矣。

以上所言，仅就资政院权限，举其荦荦大端，此外如资政院院内之自治，资政院议员言论身体之自由，皆权限中极切要者，去年所颁资政院官制原案，已略有规定，虽未甚周密，而大体亦既不谬，故不赘陈。

惟资政院既设立，则同时有一极要之事，不能不相因而至者，曰责任内阁之制是也。

所谓责任内阁者何？今世立宪君主国，必以君主无责任为原则。夫君主总揽一国之大权，何以能无责任？则以有内阁大臣代君主以负责任故也。内阁大臣何以能代君主负责任？盖每有诏敕及颁行一切法律，必经内阁大臣副署，然后施行，而政策苟有失当，则副署之大臣实任其咎。此种法理，虽至近今西国，乃大发明，而我国古制，实往往略含此意。如汉制有灾异，则策免三公，即大臣引责之意也。唐制不经凤阁鸾台，不得为敕，即大臣副署之意也。夫以一国之大，百僚之众，一切庶政，岂能保其尽无阙失？然政之有阙失，其咎必不在君主而恒在大臣，何也？虽极专制之君主，势固不能取一国大小政务而悉躬亲之，其究也，必假手于臣僚，而臣僚借君主之名以行，苟有阙失，皆得诿其过于君主，以自解免。人民见政治之有失，则以怨大臣者并怨及君主。君主代大臣受过，则革命之祸，所由不绝也。且在此种制度之下，虽有贤能之大臣，亦往往不能行其志。盖军机处与各部离立，无所统一，每事非互相推诿，则互相掣肘，苟有阙失，咸不任其咎，而推诏旨以为护身符。行政之所以种种丛脞，弊盖坐是。今欲更新百度，势不能不专其责成，效外国内阁之制，置一总理大臣，以统一各部。苟有失政，则全内阁之大臣，连带以负责任，庶功过皆有所归，而庶绩视此以为考成。各国设立内阁之本意，皆在于是。

虽然，我国人骤然闻此，必疑内阁大臣，权力如此其重，则将专横恣肆，无所防制，且大权下移，而国本将为之摇动。殊不知苟无议院，则此弊诚所不免，既有议院，则内阁大臣对于议院以负责任，民具尔瞻，岂能恣意妄为？且政治之责任，虽大臣负之，然任免大臣之权，仍君主握之。苟经议院之弹劾，失君主之信用，则其职立解，安有大权旁落之患，如前代之以权臣危国本者耶？

要之，君主势不能躬亲百事，而必假手于大臣，此专制国之通例也。非大臣代君主负责任，则必君主代大臣负责任。大臣代君主负责任，则遇有失政，君主易置大臣而已足。君主代大臣负责任，则人民府怨于君主，而大臣反逍遥于事外。为君主计，孰得孰失？宜何择焉。先圣有言："为天下得人难。"自古圣明之君主，亦不外为国家得贤大臣，委以庶政而已。今立宪制度，任免大臣之权，常在君主，而万不听其旁落。惟以君主欲得贤臣也甚难。欲其常贤，莫若以民意为之标准，故曰："民之所好好之，民之所恶恶之，此之谓民之父母。"责任内阁之制，则立议院以为代表民意之机关，而君主之任免大臣，常察此机关之趋向以行之。大臣苟欲固其位，非得人民之同情不可，欲得人民之同情，非龟勉以求国利民福不可。大臣而能龟勉于国利民福者，君主从而委任之，则所谓垂拱而天下治矣。泰西、日本诸国，所以君主保亿世之荣，而国家有磐石之安，其道皆坐是也。今中国当预备立宪时代，苟能正定资政院之权限，立责任内阁，使大臣对于资政院而负责任，则郅治之隆，亦可计日而待矣。

职等一得之见，是否有当？伏乞殿下垂察。

《墨井集》序
（1908）

圣笃玛言："人于性法无违者，天学之真光必照。"则未见照者，可痛自躬循矣！况降格以求，凡学有内心者，于天学亦不远。故明季如虞山瞿氏忠宣公之已得真光之照，洞本彻原。其后有墨井道人者，诗、画、琴、书，一一能致其曲，而不以干世，殆所谓学有内心者欤？故亦得追随瞿氏乡先辈，与闻夫天学之真。

同时有李二曲徵君，固深于道学者也，意者于吾天学，亦有所闻欤？不然，何其言之似吾天学也！著有《呼天约》，"每旦爇香，仰天叩谢降衷之恩，生我育我，即矢今日心毋妄思，口毋妄言，身毋妄行，一日之内，务刻刻严防，处处体认。至晚仍爇香仰叩，默绎此日心思言动，有无过愆？有则长跪自罚，幡然力改，无即振奋策励，继续弗已，勿厌勿懈。以此为常，终日钦凛，对越上帝，自无一事一念可以纵逸，如是则人欲化为天理，身心皎洁，默有以全乎天之所以与我者，方不获罪于天"云云。按仰叩、长跪、钦凛、对越等修省工夫，在天学为人人早晚所习行，而在道学则惟二曲言之颇切，并言"一念万年，此神寿也，若气断神灭，则周公'不若旦多材多艺，能事鬼神'及'文王在上'之言，皆诳言矣，曾谓圣人而诳言乎哉？"此又吾天学"魂不灭"之论矣。古有《魂不灭》一书，而吾天学论之也更古。故以为二曲于天学，容有所闻。

而吾墨井道人则更悦乎远矣！随闻随行，行年五十有一，犹舍其有以干世之具，不惮从事辣丁。即此区区向学之勇，求之于今提倡西文之世，能有几人乎？

然吾友问渔，玩物之戒素严，虽言满天下，要皆布帛菽粟之文，而乃于墨井之诗，既裒缉之，复及其书其画。何居？或曰盖幸天学之有人，而可见重于世也。呜呼！天学何学，曾待人以见重耶？

子墨子曰：天下百姓，"故莫不犓牛羊，豢犬豕，洁为粢盛酒醴，以祭祀上帝鬼神，而求祈福于天，我未尝闻天下之所求祈福于天子者也。""天子有疾病祸祟，必斋戒沐浴，为酒醴粢盛，祭祀天鬼，则天能除去之，然吾未知天之祈福于天子也。"今天子之尊，且不以天下才人歌颂而益尊，矧以天之主宰乎？主岂有求于？人人者，生不能自主，死不能自主。其生而全受焉，死而全归焉，不自求多福于天之主宰，将何以安身，何以立命？是则人以天学而可重，非天学以人而见重。

诗、画、琴、书之在墨井也亦然。非墨井因之以见重，惟墨井能以天学而自重，而诗、画、琴、书，遂因之以特重。则问渔氏之编之也，其诸异乎或者之言欤？故因其索序于余，而还以质之。彼以天学为迷信者，徒见于天性有亏而已，乌足以语此？

时戊申长至后，马良谨书。

《古文拾级》序
（1909）

　　一国之语言，一国之心志所借以交通也。一国之文字，一国之理想所借以征验也。故观国者，每即其文字以觇之，未有文字浮浅委琐，陈腐狭陋，而理想不愧于文明者。此其所以尊为国粹也欤？其用不外言事与言理，而其要则在启新知以择别改从。虽哲学与专科，罔不以此为要。歌咏陶淑之功，特其余事焉耳！

　　昔罗马文宗季宰六之言曰：凡文字欲人歌泣者，须先歌泣一千回；欲人省悟者，须先省悟一千回。事不如身亲历，言之何以了当？本末先后，应有俱有。我国语言，其足以发明心志，而交通之与否，兹不俱论。而文字则固一国聪明才智会萃之林，心力脑神表诠之地。以是论文之作，自古接踵。无如病蹈空，鲜指实，即季宰六论文八卷，亦不能免。盖言事言理，贵有物有序，非深于哲学，精于名学者不能，而辞藻尤非多读多记不能。用字造句，《马氏文通》虽具梗概，而谋篇分段，尚付阙如。杨子有言："言，心声也；书，心画也。画有形之画易，画无形之画难。"文字为美术之冠，其神韵全在牝牡骊黄之外，巧固不能与人也。

　　余同学问渔所选《古文拾级》凡百篇。先今后古，以其与我并世者今也，耳目有同濡焉，自卑自迩，尤合现今之教授，足为逮古之津梁。学者苟于离经辨志之余，仿曾文正分段法，如吕东莱《古文关键》之为者，将逐节声调之异同，句豆之短长，一一口诵心维，勿以百篇为少而精熟之，熟则能巧，国粹之存，其在斯欤！

　　宣统元年春三月，南徐马良序。

《求新厂出品图》叙
（1911）

　　求新厂主者，吾甥也，幼从余学，而家以航海为业。造船时，习闻于其父"木匠一工，不及铁匠一烘"之说，因悟铁工之胜利，于造帆船犹如此。矧易帆而舻，力与西欧东美争制造权乎？故倾心西学，佐其亡弟开第，刊《格致报》行世。卒以帆航不及欧美舻航，而家道中落。及主家政，乃就余定计，舍举业，兴今厂，而颜以求新。交谪之声遍内外，弗恤也。凡电力、涨力、重力等机件，皆能仿造，各应所求，复间出新意以改良。于是法国捕雷艇，宁就而修理焉。欧美来观，咸交口称道，谓能不负求新之义云。然则新不新，贵自求之，谁谓中西人不相及哉？会上海征出品，赴金陵观业场，故摄影范铜，以次汇印成户册，而求叙于余。余曰：以机器言机器，或口岸，或内地，非见见知之，则既闻而知之矣，余何赘焉？故不若以哲学之理试言之。

　　盖盈天地之间者，唯万物。万物形形色色之不齐，要唯有动有生，及不动不生之僵呆物而已。而冠乎万物而钟灵者，则唯人。人亦动物也，故物类以动物为上，生物次之，僵呆物复次之。然僵呆之为物也，唯不自具或动机，或生机，而一本于固有之天机，故其力最强盛，最坚久。其次数有生之物。一树一木之生于石隙也，而石为之开，狮象之力所不及。故动物之力复次之。力何在？在能动。动而相合者，曰噏引力。动而相离者，曰抵拒力。之二力者，天地自然之性。虽一质点之极微也，莫破也，各各备具，俨乎若日月星球之有躔有离。以故能全莫破而造极微，能累极微而造方分。方分造而质碍生，有显色，有形色。一极微软，一莫破软，亦不相涉入矣。其能累者，噏引力也。累而不相涉入者，抵拒力也。

　　唯人为冠乎万物而钟灵者，非以力能胜物也，以智能役物而善借也。借也者，借其力；役也者，器使之。器有器用、器械之不同。械有机械、械器之不同。人本灵也，器使其智，上也；其力，下也；器使其身，为唾壶，为屏风，则玩人丧德，谥曰不灵。兽本动也，自古猓狁之民，亦能器使，奚待有灵？故唯于不灵不动之物，而能范以灵机，使自匠作者，如电力、涨力、重力等机械之制，方属有灵之确证。械器者，乃鼓我动机，使助匠作也，如斧、凿等具是矣。性苟不灵，动不以规矩准绳，亦不能使助。器用者，止供生机之适，居处之安，非匠作之以也，虽犬豕亦安之适之，不习而能。故金床、筊床用可通，铅刀、钢刀不相代，从知器用有奇淫，而器械则唯不技不巧是惧。孔子曰："工欲善其事，必先利其器。"此之谓矣。而孰意后之人，唯器之利则不言，反将不利之器以相炫，如以指作画，鸡毛笔作书之类。用力苦，所成枯，百工之不竞，不以此夫？

人以械器之利，一工可及数十工；机械之利，一工可及数千工。生之者众，食之者寡，生财之道，大过《大学》之道。而我乃反是，不知借力于天地。以故疏浚之具不利，而水旱洊至，农业衰；开采之具不利，而材料亏乏，工业衰；交通之具不利，而输运艰阻，商业衰；武备之具，非仰给于人不利，军容愈振，而财愈衰。夫岂细故哉？美属英时，所最痛心者，正以制造权，非仰给于英不可。厥后阴以计得其尺五方锤，平冶钢铁，以权舆制造，至今与自由钟，并垂为纪念。以视我上下心理，物不外洋，制作不精；商不外洋，机器不明，屡掷千万金实于虚耗，而不一悔悟者为何如耶？

故哲学之言富国富民者，必自惠工始。土之所出，犹或限于天时地利之穷。工既不然，每因所艺之精，所借之力，胜利之收，往往倍蓰倍万。以故欧美惠工之方，则有补助之费；防宾夺主，则有入口之征。即如炮厂船厂，岂列强所无？而采用不遗民厂者（古者弓矢系民间自由出品，今止食有余，才有余，而兵器不有余，不可以言国防。盖锄耰与甲兵之比，仅什一，而火器之差，直千万，故无自由制造，不可以言兵），无他，战而胜，国中制造力，日不炮千枪亿者，断不能支也。且兵舰者，海炮台也。台禁测绘，而舰不外洋，则不订不购，不亦防民严于防寇，恃寇切于恃民乎？不罪仿造无人，反禁仿造，何怪即有利器，利用无人？害国害工，莫如此甚！

夺民一工，以养一寇，斯杀一民，一死罪矣。养彼械器之利数十工，机械之利数千工，岁岁年年数万亿工，斯杀数十民数千民数万亿民，悉索我农商业，匠作业，推而纳之沟壑之中，非数十死罪数千死罪数万亿死罪而何？吾甥乎而欲以一人制造力，挽救数十数千数万亿死罪，未免心有余而力不及乎？力不及者，非有灵所耻。勖哉吾甥！其以智及之，求诸上，求诸下，三人行必有我师。合群策以争制造之权，毋使东西邻，訾我役人役兽，终古为獉狉之民也。

宣统辛亥立春日，相伯氏马良叙于泗泾镇之清漪轩。

复旦学院广告
（1911）

复旦学院，前因讲舍、操场为吴淞民军借用，辍课业经匝月。但分阴宜惜，来日方长，国民负担正多，实学尤应研究。兹幸锡金乡达，慨借惠山李公祠及昭忠祠。昭忠祠为课宿之所，地带太湖，距无锡车站六七里许，一苇可杭，风景清幽，尘飞不到。同人等拟仿鹿洞、白鹅之遗轨，推而广之，为哲理、文学、政法、象数、理化各科大学，旁及制造、驾驶等门。惟兹事体大，端赖先达扶翌，同志应求。凡海内高材，愿来讲学者，与之探讨，窃欣慕焉。爰定十月二十四日开课。旧生于二十二、二十三两日莅院。新生于二十日后来无锡惠山本院，或上海沪宁车站对门庆祥里东二弄底本院事务所报考，随带报名费五元。新生学膳宿费，年内共收十六元，于入院时一律交清。马相伯、胡敦复同启。

劝勿为盗布告
（1912）

为通告事：

照得光复以来，百端待理，诸君子热心公益，以开会开学诸名义来请指拨公地公舍公费者，几于日不暇给，其志诚堪嘉也。不知专制之君，可以领土为私有；专制之官，可以所辖为私有。民国不然，行政各厅，无论有实权，抑假定，既为大众之公仆，只有为大众保存公产之权。其应归国有者，必待国会议决；应归省有者，必待省会议决；应归一地方有者，必待一地方会议决。非行政各厅所得擅行予夺支配者也。即欲勉从诸君子所请，无如国会、省会、一地方会，皆得以预算、决算、追算者责问之，取消之。此无他，盗个人之物谓之盗，盗大众之物谓之大盗，而支配予夺，乌能有效？语云"窃国者侯"，侯则侯矣，窃终窃也。《鲁论·患盗章》，受盗与为盗等。故不敢勉从诸君子所请者，正不欲诸君子陷于盗伙耳。谅之！恕之！谨忠告。

复旦公学招生广告
（1912）

一

本公学业经呈准教育部照大学办理在案，校舍已奉苏都督令，准借徐家汇李公祠开办。兹以该祠尚驻有兵队，暂租定本埠爱而近路第三号先行开课。学科，先办中学及补习科，俟经费充裕再开大学专科。教员已延请欧美专科毕业诸子胡敦复、沈步洲、陈警康、郑桐生、朱炎之等分科教授，务求各项科目咸臻完善。开学期订定五月十号。入学程度，以国文清通为合格。考期自四月念五日至五月五号，在本校报名投考。学费，每半年二十四元，入学时须预交。本学期只收半费。膳宿费，本学期收十八元。远地士子不便通学者，可寄宿校中，入校后向寄宿舍帐房接洽可也。校长马相伯启。

二

大学预科，授英文、德法文、史学、数学、理化、政治等科。补习科，授国文、英文、数学、地理、历史等科。学费每学期念四元，宿膳三十六元。报考，阳历十五、念三、念八等日，在本公学报名考验。开学，九月四日。详章，向本公学取阅。校址，暂在本埠爱而近路三号，俟开学时移入徐家汇李公祠，再行登报通告。校长马相伯。

辛亥政见（南华录）
（1912）

惜阴主人惠鉴：

别后于晚二时迓轮，顷已过澄江，近北固矣。想诸公犹在总会商进行之事，恨不与闻之。船中得王、吴招呼，至为关切，请释注怀。弟有愿商榷者二端并昨在马先生处所录寄奉公择。此书到时，计六岁傀儡已下堂，张勋首已离处矣。南华上言。廿三下午七时。

马相伯先生说：

一、先集热心国士开国会（无薪资），共举临时总统（所不以华盛顿为法者，天下共殛之）。

二、假定政府既成立，即派专使要求列强承认，并宣布清政府僭权僭位，一面磋商赔款及借款。

（财政）

（一）改换田地新契（约田一亩纳资五角，基地一元，坟不愿迁移者若干元）。

（二）房税，消耗品税，自由印花税（无则不理词讼）。

（三）盐，仿外国法就灶征收，提倡大灶商改良煎法，虽二万万可操券。

（军国民政策）

（一）学堂均有兵操。

（二）人民均有团操。

（三）男子当兵义务须一年。

（四）最要者，自由制造军械，有能仿造者赏。外国有工厂而不废民厂，防漏卮也。近为中华最大漏卮。

（宪纲）人道自由主义，各国所同。

藏多沙金，英人目的在此。须多用西教士往化其俗，以抵制英人。蒙、伊亦然。（沙金畜牧与藏同，万不可弃，办法相同。）国民银行（听各国入股一半，半以留让华人）。

一、临时国会已电各省，对于清政府前派之各国公使，应酌定，

一、通告当与伍总长、温先生详议之。

一、现在德、美、日均有保护清皇室之成议，鄙意与其由他国出头，不如由我自行保护。如有妥善之法，急应宣布。

致孙中山[*]
（1912）

中山先生执事：

　　缅惟复旦创自己巳，几经艰辛，始克成立。贤士大夫实宏其赐，乃成林木。百世乱繁，兴旧有胶庠，化为壁垒。公币既绝，度支以穷，三百青年，一时星散。继复卜室惠山，略图完聚。终以竭蹶，未能久之，言之痛矣。迩者国是大定，作育是谋。复旦为东南巨校，坐视沦替，情所不安。良等用是奋兴，力谋振董。今已秉准教育部立案，并由苏督指拨上海李公祠改作庠舍。兴复不易，亟待扶持。伏以先生学林泰斗，薄海倾心，敢为吾徒乞赐栽植。倘荷不鄙，许为复旦校董，时时督教，以所不及，不胜大愿。敬谨陈白，仁候德音。春寒，为道自卫，不宣。马良、胡敦复、于右任、邵闻泰、钱智修、叶永鎏、郑允拜启。

＊　录自上海市松江区泗泾镇马相伯故居陈列室真迹影印件。

上总统书
（1912）

启者：

刻因喀喇沁王福晋纠合女同志，向皇室请借静宜园，为提倡女工女学，借以保存胜迹，业蒙隆裕皇太后准行。外国夫人等闻而善之，允为函托巴黎巨商，以后定购该厂女工活计。货虽不虑滞销，但开办尚无坐本。事关善举，不忍反落外人之后，故敢代为呈请，可否饬下内务部，筹拨坐本若干，经费若干，并晓谕地方，保护该园，毋再伤毁，当亦民国文明乐为扶助者也。不胜待命吁祷之至！伏惟乙照，恭请钧安。马良上言。十一月十五日。

致熊希龄
（1912）

　　昨趋晤，又辱关心善举，允为代询。际此权利思想，如水银入地。静宜园一日不接管，一日多破坏。故拟先凑数百元，请敛之先往照料。

　　再者，该园荒旷偏僻，守者非有枪枝四五为卫，则甚危险。并请示应如何请领，费神代筹，幸甚！马良上。

上教宗求为中国兴学书

（1912）

至圣父师慈鉴：

今八月间，蒙令虔祷宗会同心虔祷，为我中华失路之羊，同归一栈。此谕此恩，适吾政体改造，约定信教自由，一切礼文，对于生者死者，均免跪拜，所有以前阻碍奉教之条，删去已为不少。《经》言顽石可成亚巴郎子，此其时乎？

我华人数居天下四之一，顽石不为不多，端赖合众祈求，得邀圣神之嘘植。圣神之嘘植，固无东无西。顽石之可成，亦无东无西。奈自有元得奉十字教后，苦无司牧相承，中绝者二三百年。由明末清初，至鸦片烟之战，其中不绝如缕。无他，三十八年之瘫病，手足徒具，动辄须人，人固不能常应我求也。以是一瘫三十八年，水动而不能自动以赴之，必待有非常圣迹，而后能兴。有元之传布福音，虽不可考，大都以元主多用客卿，而教士相偕以来欤？有无圣迹以广福音，亦不可考。而明末之传布福音，则奔走后先，专借学问，此固无上圣智，对于我华特别之作用。既无大圣如方济各·沙勿略者，以圣迹为开教之先声，则仿利、艾、汤、南，用学问为诱掖之具，断不可无。况圣学与科学，俱根于天主物理之有伦有脊，在在证明惟一真原，固与教旨不相刺谬也。

乃在我华，提倡学问，而开大学堂者，英、德、美之耶稣教人都有，独我罗马圣教尚付阙如，岂不痛哉？即以北京而论，我圣教不独无大学也，无中学也，并高等小学而无之。只有一法文小学，学费之巨，只可招教外人求学而已，学成之后，只可依法国人谋生而已。前清亦尝以京师大学托我传教士矣，讵竟辞不受，致使耶稣教人代之。由是该教生徒，自旧清已跻政府，于今更盛，而我教独见摒焉。非见摒也，盖来华传教士喜用学问诱掖者有几？祇观在会与不在会之修道生，其肯遣往罗马攻书者有几？则其培养教友之存心，不愿追步利、南等可想。利、南等固竭当时欧学，上自天文，下至水龙溉地，而实行输入我华者也。无怪明末清初，人才辈出。今也何如？教中所养成者，椎鲁而已，苦力而已，求能略知时务，援笔作数行通顺语者，几寥落如晨星。致令我国虽改为民主，而教中能备选国会议员者无人，府县议事会员者无人，一乡一市之议员者亦无多人。岂非放弃利权，自居淘汰之数乎？不与圣座谕令竞争国会与地方议事会权之用意，背道而驰乎？

侧闻圣座令在日本创一东京大学，说者谓时机已迟，而在我华则时机方熟。善迎之，大足以养成教内外通国之子弟，联络教内外通国之父兄，其为益胜于和约之保障十百千倍。伯多禄舍鱼以渔人之术智，其在斯乎？其在斯乎？倘我罗马圣教，不我遐弃，不终漠然置之于异教人之手，则亟望多遣当今博学良善而心谦者，广为师傅。其奉遣之人，能不拘何国，不限在会，似更相宜。倘拘定一国，则政治家视为国教，而启猜疑。倘限定在会，则不但会与会，此疆彼域，猜忌争权，且因人性喜同恶异，往往视不在会者，如征服之国民，不巷议则腹诽，防御之惟恐不严不密。此就同会与不同会者之感情，可推而得也。其有碍扶持之义，广扬之道，尚待言乎？但一国之广扬，以往例今，端恃本国之有神品者，继承不绝，譬如一家之内，贵能有自食其力者，万不能专恃外债以生存也明矣。

方今我国政治之不良，科学之不明，实业之不精，土地之荒芜，工艺之疏窳，学堂之浅陋，随处皆然。其求助欧西之文化，不啻云霓，而稍明时局者，亦渐知民德归厚，舍宗教无由。以故诚得我至圣父师大发慈悯，多遣教中明达热切诸博士，于通都大邑如北京者，创一大学，广收教内外之学生，以树通国中之模范，庶使教中可因学问辅持社会，教外可因学问迎受真光，不且天下四分之一同归一栈，既不负此番普令祈祷之盛心，亦不虚救世主心在普救世人也。至应如何奖励奉遣之方，圣座自有神用，特先鸣谢。

敬再状者：至公教联合会，欧美已风行，况我国教众数少而散居，虽联合亦苦力微，本非排外也，侵权也，乃因此见疑，实不可解。故特尘听求正。

圣历一千九百十二年谨状。

致董恂士
（1913）

恂士先生大鉴：

久违雅教，深以为想，即维箸福纂祺胜常为慰！

启者：近因同人等组织香山静宜园女学及女工厂，虽经政府诸公允为筹拨开办经费，但至今尚不名一钱。至于女学开办经费，虽属无多，惟常年经费，尤关紧要。前晤学务局彦君憙，极口允为设法补助，意欲借重大部鼎言，则筹办较易。想大君子成人之美，不吝以函指示一切。查该学既经立案，不宜再延，先当从速招生开学，以端教育。现拟招初等生六十名，用教习两员，管理一员，堂役二名。一切教法，悉遵部章。彦君祗候部函到局，即可助敝处经始矣。不胜待命之至！马良上。

附启者：京师培根女学现经迁校，报名者颇形踊跃，已逾百名，而求扩校舍，添幼稚园者，日有其人。惟以眼前经费而论，每月不敷至五六十元。故并请代为函嘱该局，酌筹补助，以宏大部教育之盛心，前途幸甚！

致英华
（1913）

敛之二弟鉴：

手教敬悉。静宜犹未解冻，可谓入山之深矣。王铎近仁，又吕登岸铎遣宋文濂，持长信至，皆言枪价民付，而阎督欲私据耳。姚石老得我书后，与王铎晤商四次，欲聘与偕北，并付书王铎，嘱见阎督面陈一切，且盼望柱臣同去山西。石老真不愧交情矣！近仁前在河间府耶稣会修道院读书，故其开通较胜一筹。为此我教友在京，必须设一中学也。近因宪法起草委员会（余蒙准）聘英、法顾问各一，英即毕格得，法即巴和，日日讨论，日日翻译，颇自寻苦也。得家姊信，则以为早见一日，多见一回，颇足慰八旬有一之多病人也。弟闻之，当亦代为黯然。相敬复。

致英贞淑
（1913）

堂长如晤：

　　承示培根一切布置，甚慰。以一罪犯所留之物，犹生感情，则因造物主所赐诸恩，其感情当何如耶？祈为我谢，并为我祷。小颂九所奉之物，不过用作记念耳。其母再三致意，今夏苟能驾临，定当扫榻以待云。前有毯皮一件，是否为门上盗去，不能追究，亦听之而已。家姐因见弟后，颇健，屡屡道念堂长也。良启。

覆丁义华
（1913）

丁先生大鉴：

　　承示万国改良会以戒烟、戒酒、戒赌、戒嫖，与官戒贪、民戒惰者为第一义，切中我俗病根。未审成立三年，劝戒者几人？全戒者几人？区区期望，不敢以虚词贺。

　　窃惟我俗不戒之故，似由士夫以不知预算为高为达，公与私相习成久矣。墨子所谓知小不知大，知近不知远，推其所极，知目前不知身后。自古大奸恶，与谚云杀场偷刀者，皆此类也，皆此故也。朝得一官，岁得一稔，即侈然以前四戒为迂腐。如或贵会以国法宗教劝之，则必以为迷信。累妻子，累朋友，债也，赃也，肆无顾忌。而西人之宦于华、商于华者则不然，不预算，能有家，不敢家也；能有室，不敢室也。非果性情之正，胜我华人，良由习见夫小而一家一身，必有预算，大而一国，再大而为宗教，各有预算。预算于事前，则国也。预算至身后，则教也。故一切设施，各按祈向之范围，预算相当之方法，刻期以赴之。不但此也，又必预算夫如何乃善其后，乃充其分，乃久其存，兢兢焉日炅不遑，而奚暇虚度？

　　今试语于人曰：欲率农、工、商、兵而战乎？战而求胜乎？在西人则必预算乎此事之成，非积若干年月之功，数万万之备不可。吾国时彦许以心而嗤以鼻矣。纵有可贷之金，断不容贷之者，由预算用途以预算可偿也。此无他，举国不知预算，而时彦又习知告贷而已矣。遑敢知贷之者宜有预算也。不知我，不知彼，举国不知预算而已矣！

　　又试以算至生后者，语人曰：生后而无存，善恶何分？生后而无知，名誉何用？则必用杨朱之言以相斥曰：百年寿之大齐，得百年者千无一焉。自孩抱以逮昏老，几居其半矣。夜眠之所弭，昼觉之所遗，又几居其半矣。痛疾哀苦，亡失忧惧，又几居其半矣。量十数年之中，适然而自得，无介焉之虑者，亦无一时之中尔。则人之生也奚为哉？奚乐哉？为美厚尔！为声色尔！而美厚复不可常餍足，声色复不可常玩闻，乃复为刑赏之所禁劝，名法之所进退，遑遑尔竞一时之虚誉，视死后之余荣，偊偊尔慎耳目之观听，惜身意之是非，徒失当年之至乐，不能自肆于一时，重囚累梏，何以异哉？夫生则尧、舜，戚戚然以至于死，死则腐骨也；生则桀、纣，熙熙然以至于死，死则腐骨也。一矣。然则彼固有预算也，贵会而欲改良，其如彼有预算何？

子彦有兄好酒，曰公孙朝。朝之室聚酒千钟，积曲成封，望门百步，糟浆之气，逆于人鼻。方其荒于酒也，水火刀兵交于前，弗知也。有弟好色，曰公孙穆。穆之后庭，比房数十乡，有处子之娥姣者，必贿而招之，媒而挑之，弗获弗已。子彦乃以人之所以贵于禽兽者智虑，智虑所将者礼义云云，往谒之。朝、穆曰：吾知之久矣，择之亦久矣，岂待若言而后识之哉？凡生之难遇，而死之易及。以难遇之生，俟易及之死，可孰念哉？而欲尊礼义以夸人，矫情性以招名，吾以此为弗若死矣！为欲尽一生之欢，穷当年之乐，唯患腹溢而不得恣口之饮，力惫而不得肆情于色，不遑忧名声之丑，性命之危也。此又吾中国自古相传之预算也。夫何怪乎朝得一官，岁得一稔，即侈然以前四戒为不足道，而以贪且惰者为根性耶？

贵会所云赖国法之范围，宗教之化导者，将何以范围斯？何以化导斯？举国其若狂矣，斯文与道德尽扫地矣！故区区期望之殷，不敢以虚辞为贵会贺，亦不敢为贵会祝，而特举此疑案，向贵会一讯焉。丁君丁君，具大神通，幸示所得，以启我蒙。

《〈新史合编直讲〉音译名称合璧》引言
(1913)

　　汉文音译人地等名，往往同名异译。盖由汉字同音者多，而方音又各异，于是字异而音亦异。例如：天竺、身毒、印度，幸知所指则同，不然，史家能无聚讼？加以文人每喜损减其音，而考古者偏勇于附会。例如《金石萃编》一条，以古之祆教为今之天主教是矣。不探教理，教理其本也，而齐其末。抑思"祆"即可读为"天"，而"天主"二字，非西域语也，至明末始称之。唐称景教，元称十字教，随自乐为，非定名也。岂有预知千岁后必称之，而故损减其音曰"祆教"乎？然以音译之异同，致不因字异而异，音同而同，而读译者大苦矣！今《言行纪略》与《圣经直解》已不同，挽近译者与《永年瞻礼单》等又不同，势将何所折衷欤？此书率沈氏容斋之旧，深虑阅者于所译诸名无由楷定所指，而于所引经籍无由参考其原也，故特汇书中音译与西文，而并刊于后。

函夏考文苑文件十种
（1913）

一　函夏考文苑议

考文苑，法国人于二百八十年前首创之，曰"法国阿伽代米"L'Academie Francaise。阿伽代米者，人名也，以希腊致知家柏拉图Platon 等，尝就其苑讲致知学故耳。致知学者，致极其知，以推穷万事万物之所以然也。由是足以包罗一切，牟卢一切。凡学问有原理之纲宗，舣言之科则，由科则而科条，咸有一贯之统系者，始得名为科学。其研求之所与人，始得名为"阿伽代米"。

而法国人之创斯苑也，其始不过五六人，十余人，志事首在辨正文字，编字典，纂文规，追踵希腊、罗马（法国尔时不止一方言、一文字，故首在辨正而统一之），以保存其精当雅正先哲之文。而有晦塞脱讹者，力任疏通之，修撰之。名物混淆者，则尚论其时地方言，决择而厘订之，图说之。无可折衷者，宁阙疑，免学者徒费时，徒聚讼。而究其所得，不过抄刊之偶误，古语之失传者而已，甚或求新反晦，语怪而失真。至缘新学理、新事业，发现之新名词，则按切法文条例，而采用其良，俾无各执，而一国之中，言人人殊也。法文之得祖继拉丁，而风行欧土者，斯苑之功为最。译者无以名之，名之曰考文苑。

其继国王路易十四 Louis XIV，即大为提倡。然苑中一切制度、职务、职权，上不属于政府，下不属于地方，岿然独立，惟以文教为己任。永定额四十名，非病故不出缺。缺出时，则由阖苑自行投票，遍求通国中著作之林、文与学清洁纯正、名与实大段无间者而公举之。举定后，俸给虽甚微，而职务则甚高。以此声价之隆，他无与比。帝王若那波仑 Napoleon，才力之雄，犹可望而不可即焉。

被举资格，于文学外，不必兼他科学。由是后之人，附之以科学苑，兼数、理、化三科，又金石词翰苑、政学道学苑、美术苑，即 L'Academie des sciences, des Inscriptions et Belles-Lettres, des sciences morales et politiques, des Beaux-Arts。凡四苑，各有定额，而主体则共拥考文苑。

考文苑嗣因输助基本金者日盛，故得用为奖励金者颇巨。其奖文学也，岁无问世之作，不加考察，果雅驯有法度，可增民智而无亏风化，则不独以褒予为华衮，品题代加冕而已。凡所箸已成者，又准其功，颁苑金以犒之。未成与未箸者，若关民智与时局，所应研求，则悬巨金以待之。虽国外之史乘、民族、政教、文学、风俗、物产、陶冶、渔畋、畜牧、蜂蚕、商工、农虞、财用生计之方，无一遗焉。虽华人所译，不为其文，而为其有补于轺轩也，亦往往犒奖之。惟然，故不惟文学是重，其宏奖有德，抚恤始终忠信者甚厚。如累世忠仆，忘己身辅主家之类，有关社会之观感，人道之扩充者至深且切，故赠予之也，不厌其优。若仅一时之见义勇为，非不嘉也，而不得于抚恤之条者，盖道德之动人，每以贞久而愈挚。其关于宗教及伦常之性质者，通国视为固然，而不待奖予，奖予则反令作伪矣。

法国考文苑章，大致既如右述。准是以谈国内。而今言庞行僻，公私道德，吐弃无遗，家国治权，消亡殆尽，至欲均贫富，公妻孥，而公之均之，意在唯我。凡欧美巷议，穷滥野心，无不登高以呼，教猱升木，猛兽洪水，杨墨盛行（盖为我之至，将肆情从欲为自由；兼爱之至，将废兵废刑为政体），不驯至国华无以保存，邦族无以保聚不止。邦人君子，纵不能烈而焚之，辞而辟之，毋亦近师考文苑以提倡学风也乎？学风者，分言之，则学术也，风化也，由风化以酿成风俗也，不待文王而后兴者，非在野之先知先觉是望而谁望？由是提倡之方：一学术，二风化。其仿办总章：

学术一，又分为二：一作新旧学，示后生以从学之坦途；二厘正新词，俾私淑者因辞而达义。

风化二，又分为二：一奖励箸作之有补风化民智者；二奖诱凡民之有道义而艰贞者。

总章一之一，作新旧学。

旧学可先从秦以前入手。经、史、子三者，大都经、子言理，而间言事以喻其理；史言事，而间言理以究其事。言必有文，文学是已。其用，言理足使知使由，言事足援往策今。至所言之事之理，则大半为治己治人。有治不治，而善恶生焉。西哲有善恶辨，辨人为之学也，殆即道学欤？然则旧学可分为二：一文学，二道学。

秦以后，可分唐以前，唐以后。秦以前未统一，少忌讳，故思想无依傍，下至唐以前，文字犹无依傍。唐以后，似不然矣。文乃有集，然泛言之，《礼记》亦集也。

作新者，一能变旧学之奥涩，则便于今学；二能使旧学有统系，则近于科学。以故作新之用亦有二。

一作新旧学之关于文学者，今其用一。

一变其奥涩。以文学言，一正字，二断句。字既正，而句不难断矣。大要按法国人，辨正古文及古今名物之所为而已足。曰已足者，盖鸟兽草木之外，又有衣食住所等物名及人地名焉。国文有同音同义，而数字可通者，应择定其一，于谐声及部首最适用者而公布之，以省脑力。盖于言之文不文，本无与也。国文又有双声叠韵等字，含有切音之法，由来最古。大都只取其音，离之则无义者。如"尚"、"羊"、"方"、"弗"等，采用其字画最简单者，亦省脑力之道也。由上所言，凡字可通，音可假者，皆可删也。其数定不少。又其用二。

二使有统系。一以文法言。字句法已见《文通》篇章及段落，大要在起、承、收；之三者，又有各寓起、承、收者焉。实即哲学家三段论之法耳。二以文体言。言事言理，两大别耳。其言之也，有独使知者，有兼使由者，有独援往者，独策今者，又有互相兼者。其事与理，有独举大纲者，有兼举细目者，有关系德性、问学及社会、政治者，分门别类，汇举大纲。大纲以门类言，事项言，有首要，有次要。可按各级课程选别适于诵法及观览者，以趣进文学而保存之。

二作新旧学之关于道学者，今其用一。

一变其奥涩，似不外疏通其义。但字句之奥涩既去，义不待疏而自通也，故作用无殊文学。又其用二。

二使有统系，一离经分类，二依类合经。一谓类别关于德性者，问学者，及社会政治暨农与工者，自为篇段，不按原经也。二谓就所类别者而综合之，譬之同一事理，而比兴可万不同焉，然于事理无与也，类而合之，但可为文学之助。至事理之为劝为戒，必有可劝可戒之所以然，能各依类而推穷之，斯有统系矣。

总章一之二，厘正新词。

新词有关于哲学、数理、政治、理化、星躔、地�、矿石、动植、重力、机械等，有旧有者，旧译者。其旧译者，以晋唐所译梵书为最古，次则明季与清初，又次则日本维新之始译者，汉文尚审正不讹。其后译者，未免杂以和文矣。

厘正者：一校订旧译，二编纂新译。以故厘正之用有二：

一校订旧译。其校订也，可延海内专门者各任一门一科，编为字类。字类先后，一依本科，二依西文字母，各系以简当之界说图说。二编纂新译。大抵政治、数理两门，应增补者无多，动植等似应仿拉丁文格正物品之大宗大族，而以显色形色等识别其万殊也。理化学之 Agent 原行，与 Element 原质，及 Monade 太素，三者命意不同。凡原质之名，名以寻获者之名者，不如以别于其他之特点为名矣。旧译取音，音既不谐字，又生造，不如径用西文为愈。数理学用西文字母既通行矣，何以独原质而不用也？且世界语亦用之，名片又多用之。车站站名无不用之，独于原质反是。斯真不可解者矣！

总章二之一，奖励著作。

著作有二，一有补风化者，二有益民智者。

一风化。以道德言：一私德，应从不自欺，不惮改下手。事事须本良知，有宗旨，心口交诚，不妄动，不虚生，光阴是宝，财色非宝。二公德，应从报恩始。孝之为义，报恩也；忠于社会，亦报恩也。不损人，不害人，权利不侵，义务必尽。凡中外史乘所载，关于前项事实，有步武可绳者，及比喻之足为当前指导者，或编或撰皆可。

二民智。一凡关于借物以自养者，二凡关于通国之自治者，三凡关于人之常识者，兹仅概举其凡。而关于性法、教法、国法不与焉者，非不与也，但不待详耳。而自治自养之内容，从何推暨矣。奖励有二：一著作已成者，准功以犒之；二在所应研者，悬金以待之。

总章二之二，奖诱凡民。

凡民者，侧陋之齐民也，居通国十之九。士夫位望不同，即有奇行，不足以动之。故欲成美社会，非奉凡民为矜式，则奏效迟且难。一凡民有道义者，二道义之艰贞者。一、道义云者，必权利于让之无过者，加让也；必义务于应尽之外者，加尽也。二、艰贞云者，必困衡空乏之备尝也，必历久弥坚而不渝也。

奖诱者：一以财物，二以文字。一加其身，二及其嗣。

右所具提倡之方，知多挂漏，俟得欧美通行本，增译可也。

今所倡者，拟名为函夏考文苑。苑中制度，悉仿法国，人员定额亦四十名，由发起人推举三之一，余由三之一，通信公举，抱定"宁阙毋滥"四字，庶几考文苑方有价值。

无论到苑前后，个人著作，不得视同苑版。应否加冕，与苑外人同。

本苑祇设京都。苑宇须大，以便附设他苑，及早可向公家领用。

苑中须有藏书楼。国内新书，应由出版人各存一部。

基本金可先请领官荒，俟有捐款，自行开垦为妙。

住苑董理人员，俟公举后再定。

附苑可先设金石词翰与美术。美术可先设绘画、造像、金石、雕镂、织绣等，应按历史搜罗，陈列保存之。古希腊之石人像，神态变幻高妙，遍欧美皆仿置模型，为美术之助。我国音乐之器，惜太简陋，无足陈者，似宜借助金方。

金方所称金石词翰苑者，金石以纯璞言，器物言，与碑文体例言；词翰以韵文言，词藻言，与总集别集诸体言。故埃及之石碣，几遍欧美，然则我国于名胜之区，可不及时加以保存乎？

二 为函夏考文苑事致袁总统条呈

敬将仿办函夏考文苑事，条呈钧核。

一、法国路易王十四时，五六文人，聚研文艺，王即以其王宫假予叙会，殊得风气之先。欧地至今称之。论者至谓法国斯文之盛，于变之休，政与教胥于此苑基之焉。

一、该苑不干政治，上不属政府，下不属地方。所事者：一校定古大家文字；一以《说文》释名法，编字类；一收罗著作之有用者，评题之，又预约有用者，悬奖以待之；一齐民幽德，必设法表彰之，奖助之。

一、该苑定额四十名，由苑公举。所举须有精当佳作已行于世者，乃可。无其人，不如虚其位。禄极微，志不在此也。惟奖励金则甚巨，非富有基本金不可。

一、古道德即国魂也。魂寓于文，考之我国尤信。故振兴古道德，以提倡古学为宜。创办不如仿办，仿办一不见疑，二不贻误，以有经验良方可循故也。际此破坏之余，似以仿设函夏考文苑为要事，即仿第二条悬赏与表奖二事，容于收放心、化野心，不无稍济。

一、基本金非筹官荒千顷，似不足用。开荒之法，先少开。少开则需费少，辗转以开得之利，赓续之，则事易举。荒愈南，尤易举，且使学者知开荒之利与开荒之易，于举国皇皇然无官则□之习庶有瘳乎？

一、苑址须大，以日后须设附苑故也。苑屋须不太陋，以外人研汉学者，必来就访故也。目前以悬奖为最要，但登报足矣，无须先有额员及院务员驻苑也。惟请预为指定相当公产，腾移待用。特此肃陈饬准施行。

三　致总统府秘书厅

敬启者：

函夏考文苑，前蒙大总统允准在案，中外宣传，叹为盛事。缘此，法国考文苑硕士白里社，特偕法公使康德过访，询知函夏苑颇师其法，乃大表欢迎，意在早观厥成，以为不用政府之权力，止用心理之同然者，以提倡民间之道德，贤才之学诣，至可贵也，亦破坏之余为建设家所必要。惟以中国之大，奖励金不可不丰其本云。窃维函夏既劳国务院允为赞助，不敢有始无终，听其消灭。谨申前请。

一、拨遵化州之东陵及天津军粮城南之排地，官既放荒，请速指令，领到该荒契据，仍拟送存内务部，以昭慎重。

一、山海关迤南一带，本为外国戍军所占，内有滨海约长二里，宽一里许者，久为西人海浴之所。兹由西人交到其图奉上，但求一允字，在政府则惠而不费，在函夏苑便可树碑碣，以与戍军交涉。图内英国打靶场，亦可派人缓与商迁，不然，彼得自由建筑，故不如拨归考文苑之为愈矣。

一、函夏苑既关国粹，其苑宇亦以古建筑为宜。苟有合式之大寺院，或大公所，请预为指定，勿致如前翰林院之争屋，别生枝节。

一、苑员暂不指定。惟祈先拨借公宇一小所，为筹办之地。

右陈四件，请代催询，并呈大总统核行，不胜盼祷之至。良晦兹暮日，岂好倒行哉？本苑既以人民心理之同然，维持文教，无一毫政事性质，故义务重，权力轻。倘蒙允准，求人自代，意欲早为之计也。亟亟渎陈，顺请大安。外地图一纸。三月三十一日。

附：

据呈已悉，请将关外海滩沙地，拨归函夏考文苑，事属可行，已由院知会内务部发给执业凭照，俾资信守。

国务院批：马先生呈，大致如此，其字句则记忆不清，日内即可公布矣。又铮复向内务部说明，一俟执照办出，随即送交马先生。此纸请辅周先生带呈马先生。

四 致赵总理

智庵先生大鉴：

函夏考文苑，第就宏奖道义言之。按法国人施为基本金者极富，吾国十倍之不为多，况共和国民德，其奖诱机关，不与众共之可乎？则舍考文苑不可。既蒙大总统及国务院以次慨允赞助，以符时势，与人心亟亟观成之望，乃本苑发起人章、梁二君，各以事牵，不遑兼顾矣。良亦忝居发起，敢不静候贵院函允之件，预为指实。否则，将何以有始有卒，报命于函夏？故遵化之放荒，纵有镠辖，既可放，即可预留余地，一也；天津军粮城南名排地者，田尚污莱，民荒价一元一亩，官荒亦有三四百顷，可尽拨以为民荒开垦之倡，二也；又距山海南，可为夏日海浴之滨沙滩十余顷，皆可化无用为有用，三也。在贵院但费一纸书，与冯督筹定，拨归本苑，而苑金有著，造福于民德者，固已万禩不朽欤！不胜大愿，愿从速指拨。谨此肃颂政履。二月一号。

敬再密启者：山海关南既为外国戍兵之地，距八地许之沙滩官地可十余顷，西人久据为夏日海浴之用矣。因筹考文苑基本金，有数西人极表同情，谓该滩若划归考文苑，以西人之所重，而与之交涉，每年可得租金一二千元不难也，并出图以示。窃以为租金事小，主权事大，不速则彼自由行动其奈何？然此意未便公布，故特密陈，乞代达大总统示复为祷！

五 致国务院

国务院总理大鉴：

昨承贵院秘书函教，考文苑苑宇及官荒，可径与内务部筹商，以归简捷。仰见大总统及贵院于文化民风提倡之热诚，观成之恳切，其大有造于民国无疑。良等不才，虽任发起，但苑额四十名，不如留以有待，既不敢忝居，亦不敢指实其人也。内务部既归贵总理兼任，为此祈指定时日，以便趋教。据熊都统秉三言：遵化一带，不日开荒，不难指拨千顷，以春初即可开垦为妙。又闻西苑、北海一带，将开作公园，不识能无碍公园区画院落，颇齐整可关阑者为苑宇否？其附苑恐无大院落可并容，似不妨别为指定，不知有大寺院、大公所较北海更整齐者否？肃此预定，恭候复音，不具。

六　致张仲仁

仲仁先生惠鉴：

函夏考文苑，既承大总统及国务总理以次允为筹拨，但官荒非先指定，则苑基不立。发起人章、梁既各以事牵，良不守求国务院指定，将有始有卒之谓何？故不敢南者此也。其官荒一在遵化之东陵，一在天津军粮城南之排地，一在山海关南八里许之沙滩，该处为外国驻兵之所，滩为夏日海浴之用者久矣。近以本苑基本金问题，西友之关心者，谓该滩虽自由用为海浴场，若领归函夏考文苑，则可说令出租十余顷地，岁一二千元可得也。以租金事小，主权事大，已函请赵总理，从速化无用为有用，拨归本苑，以便约令春日开工，得供夏日之用。夜短梦长，非敢日暮倒行也。

七　致李孟鲁

孟鲁仁弟鉴：

函夏考文苑，创议至今，荏苒半载。虽经国务院允与各部直接以免迟延，而得道路传问，所未呈请者，而财部已有批驳之说。得毋国务院自相驳耶？奇文！奇文！兹遵所教，谨缮今函，有无作用，则在仁弟矣。倚枕祷叩，即颂日安。三月三十一日。

附：

五月三日内务部函

径覆者：

前接华翰，并北海图略一纸，敬悉。函夏考文苑屋舍无着，进行殊难，拟将北海之阅古楼、漪澜堂两所，拨给应用等因。惟查北海地方，前据京师总议事会呈请开放，改设公园等情，当以三海地方，既经总统府接收，是否可行，业已函致国务院，核办在案。兹奉前因，除由部仍行函达国务院查照见覆外，先此奉闻，即颂公祺。

八　致某某先生

□□先生足下敬启者：

良为函夏考文苑事，先后请大总统、国务院酌拨荒地、经费及苑址等，均蒙赞同，至为欣幸！又蒙大总统委请执事速办，闻讯之下，无任欣慰。此事经太炎、任公先生及良三人发起后，正苦入手维艰，无由进行，兹有执事主持，定可即日举办。前派王君世澄、叶君景莘趋谒仲远先生，以资接洽，承示办法大概，感荷无已！惟屋舍无着，进行殊难。兹查北海琼岛之西北隅，有阅古楼、漪澜堂两所，颇能合用。阅古楼存有三希堂石刻，尤宜急图保存。漪澜堂东界倚情楼，西界分凉阁，中有围墙一带，鸿沟天然，于公园之组织，绝无妨碍。其屋舍似为居住而设，本不合公园之性质，且约计所占者不过全岛十之一耳。倘蒙拨用，全国士子，自当铭感不尽。前蒙仲远先生面告王、叶二君，谓北海现由拱卫军守护，恐非大部势力所及。惟北海日后既须开作公园，自应在大部管辖之内。此时拱卫军之责任，仅在守护，指拨之权，仍在大部。设使手续上须与拱卫军合议，亦请大部径与磋商，以省□□。用特不揣冒昧，一再续陈，务恳俯允所请，不胜盼祷之至！专肃，祗请公祉。马良谨上。

又铮先生大鉴：

接诵六月九日手书，仰见提倡之热诚，感纫无量！承询苑宇之数，得有如漪澜堂、阅古楼之大厅事两所常屋十余间，方足敷用。盖一经筹办，中外学人之来瞻仰者必众。闻王室废庙甚多，倘有够数之屋，而瞻观尚属壮丽者，请即指拨为感。又凭信尤亟速颁，因前与接洽之西人，不日将离京也。且山海关戍地本属官荒，似亦属大部辖内者，想必易为力也。

九　仿设法国阿伽代米之意见

阿伽代米，古希腊园主名也，曾以其园供柏拉图等哲学家讲演之用，由此人名作园名，园名作一切讲学所、考文所之称。（所，指地；讲学、考文，皆指事。译为宏博等称，未免专指人矣。）

法王路易十四时，文学与文化方兴。二三名士虑其清杂也，乃因名相设此考文苑，志在正字画，正名词。名词不雅驯者革除之，关于新学者楷定之，古书之难释者（时方原本辣丁文创造国文，正之以免各原其原，各造其造。如考卷耳一物，虽数万言仍不能定，何如就地考证，姑定一物）择善以注之，讹误者校正之。为发刊通行字典，以统一言文，而岁岁有所增补焉。以上各职，由担任者报告各员，校定批准。

又以致知学为一切理义学之根源，度数学为一切形质学之根源，故首重哲学，次算学。而一切耳目二官之美术，关于民智文明者，皆附有专家。然邦族之文明，不专在民智，尤在民德。民德尤重公德。公德为合群所必要，且公德盛，私德亦昌。所以凡因公德，如因救水火而致死致伤者，或忠于雇主之孤嫠，行文调查确凿以后，必有以表彰之，抚恤之。抚恤不逮于其身，必逮于其孤嫠焉。为供以上两节之用，筹有基本金极丰。

员额四十名，实为主体，皆终其身，故号称不朽。轮补者须有清真雅正之著作（指书籍不指文集。文就各题论，不专尚词彩也），经考文苑全体鉴定，悬之国门可无愧者，然后可补。不然，宁缺毋滥。势位与情托，皆在所不行。真除者宜谒总统，以重其选，必有一篇即真文字，以示其志趣。真除后，惟躬与苑议者，可岁得二百四十佛郎为车马费。意者必如是，而后通国知所重在学不在禄也。

他国虽有考文苑之设，俱不如法国之矜严周备。我国如欲仿设：

一、于发行字典外，又当搜罗古籍，择要发刊。于古物之发现者保存之，并借照象以广传之；未发现者，当用埃及考古法以搜求之。（培养此等人材，亦考文苑所有事也。）窃料搜求地下人造之工，不亚于天造之矿也。又各地面所产动植等物（有经洋人已调查者），亟当奖助学者，各就本地所见，参以志书，彼此互证，一一笔之于书而传布之。盖古物者，古代之文明也。物产者，物质之文明也。民德者，精神之文明也。均此立国于天壤，而欲表示之，非文言二者不为功。他国文言合犹易，我国文言分故难。难则表示不广，夫何怪外人之以蛮族相视哉！（日本维新后，其政治与教育之进步，皆有英、法、德文以报告。而代吾报告者，则无非吃烟与乞丐及种种野蛮刑具，故前清时，法国尝派专员专照乞丐，而往来行人，必视察囚犯与受刑诸状。故外交之失败，其由来久矣！）

一、员额可定为大衍之数。始创人不可预其额，以示无偏。

一、基本金可以二三万顷为之。民国前各府各县皆有书院，书院皆有花红奖助寒士，或集义捐，资助死事。故民族欲自表其文明，非设考文苑不可。况奖助与抚恤等用，以一千七百州县分摊，一州县一万金，亦须一千七百万，故二三万顷之基本金，实不为多。

一、我国文字之难，以其虚实死活，但视其位，而无定形。如"明明德"二"明"字，上活下死，其辨在位不在形。加以天下万民，皆先有语言，后有文字，文字但传语言之音则易。我国不然，故难。今欲仿造字母以传其音，莫如且用外国通行字母。若舍通行而增造，徒费造者习者之脑力，甚无谓也！反是而用通行者，则一切外国地名、人名及新发明之物名，皆可用原文，不须转译，其便一也。通国皆谙字母之拼音，于学习洋文必易，且使洋人学习我文亦易，其便二也。又于统一方音，关系非浅，其便三也。且读度数等书，用字母指方位者，易于了解，其便四也。字母不外声韵，声不含韵，韵不含声，方为确当。声者一失口而即穷，故宜用仄。韵者余音袅袅，故宜用平。平用平韵，不加记号，惟上、去、入施以ˊ、ˋ、·等记号。四声既准，必较洋人现所用者，更为确切。

可仿文规，撰语言规则。词义则分门列之，如天文门、人事门等等，使学语言，不难寻究。

再字母之音宜备，使粤人谐粤，闽人谐闽，各得其音，久之与拼音俱化，而音他方之音，亦不难矣。计外人代谋者，已得二十余种，然皆偏于一方，似不如但取其备之为愈矣。

变用字母，字既无意，须用一意为一名词，一名词写为一字。如"王不留行"虽四字，实一名词，故用字母须写为一字。又如"今日特地过来问候"，皆两音为一字，字各分段不联，似字句亦易分别（下缺）

十 考文苑名单

马 良（湘伯）	章炳麟（太炎）	严 复（几道）	梁启超（卓如）
沈家本（子敦）	（法）	杨守敬（惺吾）	（金石地理）
王闿运（壬秋）	（文辞）	黄 侃（季刚）	（小学文辞）
钱 夏（季中）	（小学）	刘师培（申叔）	（群经）
陈汉章（倬云）	（群经史）	陈庆年（善余）	（礼）
华蘅芳（若汀）	（算）	屠 寄（敬山）	（史）

孙毓筠（少侯）（佛）　　　　王　露（心葵）（音乐）

陈三立（伯严）（文辞）　　　　李瑞清（梅庵）（美术）

沈曾植（子培）（目录）

（说近妖妄者不列，故简去夏穗卿、廖季平、康长素。于壬秋亦不取其经说。）

附：

梁启超书

一

湘伯先生几席：

惠简祗悉。惟即日寝味多福！蒋君于东国语言颇有隔阂，檄令归国，以期别展所长，不但为啬费而已。考文苑系神州宏举，震烁古今，匡翊之责，谊不敢让。台论以空言不若奖金办法，至为扼要，当以时谂告同人，冀其赞同尊旨，俾中原文献借假大贤之力而天壤长存，何其幸也！事冗，无由候晤，瞻想无穷，惟慎护，岁寒，加意卫爱。私情不胜祝愿之至！梁启超顿首。十八。

二

相伯先生有道：

考文苑大稿先检奉还，稍暇更当僭作一序。先生何日首途？顷患痢颇惫，未能强送，无任瞻恋。惟万万为道自卫！敬颂道安不庄。后学启超叩。

北京法国文术研究会开幕词
（1914）

（一）"以道问学"，何谓也？西人科学，各有其所以然，问即问此所以然也。科各有所征用，问即问此所征用也。或由问而致学，或由学而致问，谓之问学也可，学问也亦可。研究也者，即研究此问之所得也。分言之：研则研所未知，究则究所已知，二者固不可偏废，而法国文之足为导师者，正以胎息拉丁故。希腊重致知，科分原言、原行与原性，而拉丁文最注重原言，所以法国文以得立言原则，见称于世。每论一事、一物、一理，其观念，其意想，其互视对望比拟，审量表里中边，必体与用之兼赅，凡《名理探》所谓十伦府五公称者，如数家珍焉。界说之严，条分之密，千端万绪而不容紊焉。文身句身，莫不暗藏三段之论，回光之照焉。今夫一国之文字，一国之灵光也。古人夏则囊萤，冬则映雪，或凿东邻之壁，或借明月之辉，凡以乞灵光究文字耳。今法国之文光万丈，初不禁吾人之凿取，一凿再凿，且将愈凿而愈长。研之究之，其文术之足以导吾问学者，形而上，形而下，无不包罗，致知科与所领之法律、政治等程度数科，与所领之理化、将作等科，科科有界说，有条分，本末后先，无不丝丝入扣，而一以贯之，诸君皆过来人也，身亲其境，不俟鄙人赘言。

但龙子有言曰：人皆曰好牛、好马、好人，不可不慎也，不可不思也。盖所为好者虽不同，而可以名好者又唯一，则必心目中见一共好焉。好无不备，而牛、马、人各得其分，分者得乎物之中，共者超乎物之外，外无可外，悉以心之所见为衡，而写其心之所见者则文学也。然则法国文者，法国人写其心之所见也。一人一见，自古及今，其为见也大矣！多矣！吾读其文，如见其心，其心又集古今众心以为见，故读一家之文，如读众家之文矣。今夫日月雷电之光，目之所见则同，而心之所见，专科与不专科则不同，不同之故，则学问为之也。然则写其所见之文，有足以导吾问学也何疑？

（二）"以尊德性"，何谓也？人皆知问学之要，在尊德性。德性之尊，在情感之正。而人为有情之品，有德性之情，血性之情。以血性之情操纵德性之情，则情不正，必反之而后得其正焉。人有神我、形我。形我由五官外征于物，得其分好，以贡于神我；神我以灵光反照所贡，超然物外，而标一共好。复由共好以心构意造想象形容之力，匠成种种之好，外以言词应付万物而咸宜，此牛、马、人所以各称为好也。天下无不爱好者，故传曰"可欲之为善"，善犹好也。《老子》曰"不见可欲"则心不动，心不动则情不生。神我以德性之可欲操纵血性，而后两性之情，由见可欲而生者，各得其正。夫文学者即以想象形容之力，使人人见以为可欲，可欲之等差虽万不齐，各就文所注重者鼓之舞之，以致其曲，以尽其神。而文中之情如一大磁石焉，不发电，能引种种顽铁，既发电，能引种种顽物，何况以电引电，以情引情，而情焉有不动者乎？

人第知音乐之洋洋，可以淑吾性，陶吾情，而不知绘事之功，远胜于音乐。音乐过耳不留，而绘事则否。人有真山水而不愿一往，见山水画而购以多金者，设令无以动其情，与购画饼充饥者何异？昔米哈之刻摩西坐像也，眉宇英气，栩栩欲生，乃不禁锤其像膝曰："曷不张口而言乎？"其锤痕今犹在，大有庄生梦蝶，蝶即庄生之概。此美术之美，不独以轻重疾徐者写其声，曰在山在水而已；不独以阴阳向背者写其影，曰范山范水而已；必于牝牡骊黄之外，工〔宫〕商角徵之余，有以妙夺天工者在。诸君试思乐仅借耳，已如彼，画仅借目，又如此，而况文字固双借也乎！故法国称文艺曰佩莱勒脱，亦黄绢幼妇，绝妙好词意也。然其为美也，术也，非以双借，正以双不借。双不借，故能人环中，超象外，不根于耳而有声，不根于目而有色。非如声与色之为美，美囿于物，似显非显，第能媚形我，不能媚神我；第能媚血性，不能媚德性。德性之胜血性，神我之胜形我，不啻九万里之风斯在下也。则又文艺之胜其他美术，亦犹是矣！或曰：不然，乐与画，有耳有目，有同赏焉，文艺非知者不知感，恶乎胜？而吾则以为不知则不感，可见所感惟在灵知，不灵不知，感以声色，吾闻禽兽率舞矣，讵得谓禽兽为优胜乎？然则文艺之胜其他美术，亦犹灵知于禽兽矣。禽兽能哭不能笑，笑故为人所独能，而文艺则不唯人所独能，又唯人中之最灵明者始能之。

况法国文艺得代拉丁而占全欧之优胜者耶？那波仑第一于法国大乱之后，其定以武力，治以文教者，皆卓然可观。宏奖实业，抵制英货，欧洲大陆，至今赖之。而以文学浸润人心，揉成风俗，其功殆远胜武功。故景慕文人，远胜我国武夫之为王者。有诗人贡耐西者，所著皆英雄报国之诗，慷慨而缠绵。那波仑曰：贡耐西而与余并世，余必以王冕加之，以酬其鼓吹爱国之心。由是传奇者每演其诗焉。法国文人自巴佘儿始，无不深入显出，钩九渊而致之九天；若包苏夷等，又无不溯流祖源，高瞻远瞩，昂头天外；又若毛利舍、布益尔等，描写情性，意态横生，如用光探见肺腑。人谓文人之笔，想入非非，吾谓文笔之奇，超神入妙。以非非之色，写非非之情；以非非之声，写非非之意。无色也，而五彩无此鲜明；无声也，而五音无此发皇。诸君亦常诵芳丹、芬隆、锡费格之文乎？是何等矜平躁释，随感而通！近代文人若孟塔朗北、符衣禄者，则当其为议员，为主笔，无不时时窃诵其文焉。凡文家所重为文之道，曰：文须明白透彻，文须清真雅驯，文须精确了当，文须简要畅达，文须天机活泼，文须庄重矜严，文须适如其事，文须层出不穷，文须抑扬顿挫，音节相宜。总此九须，益以三要：一要义理透发，推陈出新，非从事致知格物不可；二要层次分明，先后相属，非谙练原言原名不可；三要文字妥贴，风雅宜人，非多读大家著作不可。法国修辞之要盖如此，或述焉，或作焉，或译焉，译古译今，无美不备。诸公而欲知希腊文乎，罗马文乎，而法国已译有其文矣。诸公而欲知德文乎，英文乎，其脍炙人口者，而法国已译有其文矣。其科学之新得者亦然。且译笔之佳，能变艰深，去晦涩，非余一人之私言也，德人之诵法译者亦云，我国方研求佛学，不知迻梵译法者，藏经之富，尚不可比肩。呜呼！伊吕波之文，非汉非和，则其和不成和也可想，不然，而甘用此非驴非马杂凑之文哉！将以为译欧之先进欤？而我前明之译，岂后彼哉？然吾士大夫犹以其译勤也而诵之，而法之，视为亲炙欧美而私淑之。今法国之文，能集欧美之大成，彼未尝诵习者，而不知研究，吾无尤焉，既经诵习，犹以为不如博弈之移情悦性，可乎哉？

春秋之世，上不悦学，以致周亡。与前清之徒悦唱戏也，碰和也，有以异乎？人之所以群居终日，所好惟博与弈，惟酒与色，而不求学问者，以不知学问自有愉快之一境。人游一好景好园焉，必愿再游；人食一好肴好馔焉，必愿再食。今试举以语人曰：某于某科学得三昧焉，某于某文学足三冬焉？及起而观其所好，非科学也，非文学也。其上焉者，闲书小说，而美其名曰：是说风俗也，是说侦探也。其实舍奸盗无侦探，舍男女无风俗，诲盗乎？诲淫乎？而复易其词曰：不知风俗何以知彼？然而知彼，何用小说？庸讵知习某科，诵某文，非彼之真相乎？非真相之精且美者乎？所异者诵此必求放心，诵彼则放而愈放。但吾辈凿西邻之壁者，非欲求通其心之所见乎？习其情之所感乎？所见而精，则问学也；所感而正，则德性也。学问自有愉快之一境。孔子曰："学而时习之，不亦说乎？"有以哉！有以哉！况法国之文，如上所陈，又自有尊德性而道问学者在耶？

今我国自中学以上，不善国文犹可，不读西文则必以为程度不高，而群情反对。反对之故，以遇西人而不能与之接谈也。接谈之久，虽遇华人，而亦以西文为国语矣，彼西人之诵拉丁，诵希腊，诵犹太、埃及之古文字者，又将谁与接谈乎？吾不敢曰：在某某势力范围圈内，不应读某某文字。如在山东者应读德文，但竟奉为国语，则期期以为不可。近且有创论者，谓读法文者必以读法律为归，岂英人政治家必读法文乎？读英文者必以读机器为归，岂德人之精机器，由于读英文乎？又读医学，读哲学，读理化等则皆曰必读德文，岂法国之医、哲等学，得自德国乎？上以是求，下以是归，纷纷者未见其一当。夫大同之世，诚不能不通列邦之语，顾何必通国学堂，必专以某文为主课？相问为用，力除主客易置之嫌，借破势力范围之说，是在诸公有以昌明其说。文自文，问学自问学，德性自德性，出奴入主，甚无谓矣！故利用法文则可，倾心法文则不可，盖吾自有吾国文在，虽法国公使，亦必以吾言为是。

代拟宋氏山庄碑记
（1914）

　　我圣教求安死之恩，投修院以终以葬，虽王公后妃，亦世世有之。有宋李氏者，以民国甲寅秋分后六日，矢愿入徐家汇之圣衣女院，即于霜降翌日，以终以葬。氏建有宋氏山庄，主墓葬其夫俊元，至是遂不合葬，而山庄亦按成约，归传教士收管云。天主降生一九十四年十二月，西郎多府主教总理江南教务姚记。

一国元首应兼主祭主事否
（1914）

　　《孟子·万章》问舜有天下，"孰与之？"孟子以为尧不能以天下与舜，不过使之主祭，而百神享之；使之主事，而百姓安之。可见舜有天下，是天与之，民与之，非尧与之。非尧与之者，朱注以为天下者，天下之天下，非一人之私有故。然则天能与之，天必有之；民能与之，民必有之。天有民有，是分？是合？抑应独有？此种学说，今姑不论，有之而后与，与之而后有，有其物主权乎？抑仅就统治权乎？今亦不论。有之于天，故主祭欤？有之于民，故主事欤？今亦不论，今所论者：

　　一者博稽中外，元首是否兼主祭？二者参酌古今，厘定经久可行之制，应否兼主祭？窃愿与好学深思，具天下今后观念者，平心以参之，毋蹈儒生博士七十人议封禅之覆辙也。其聚讼殆不可逃，容可逃于会场，必不可逃于天下，可不慎欤？可不惧欤？

　　一者是否兼主祭？稽之中国国家祭典，自古由元首主之，无庸讳言。但稽之欧美则不然。即政教未分时代，其祭典亦别有主之者。一国元首欲与祭，则与之；人民欲与祭，则与之。即推而上之，无信教自由时代，虽人民不得不与祭，而元首并不以主祭为自任。即有国教之国，亦不过以国库津贴其主祭主教而已。惟其以国库津贴之，故一国元首得因此升迁调补之，例如英之于盎克利刚教，俄之于希腊教，回之于回教，皆奉其元首若教皇者也，而元首皆不主祭。至如法、意等国之有国教也，原不奉其元首为教皇，其不主祭，更无待言，而况近今政教学者固极主分离者乎？

　　其主分离之理由，大抵根于科学。科学之为学，壹本诸原理，政务之原理何在？不在尽其人事所宜，求有人力所能得之幸福乎？教务之原理何在？不在思于人事之外，求有人力所不能得之幸福乎？譬如大旱之年，在官者惟务开河掘井，以求人力所能得之水而已矣；大水之年，惟务深其沟，高其堤，以求人力所能去之水而已矣。信教之务则不尔，或祭焉，或祷焉，各求助于良心中所信仰之物，以期人力所不能得之雨，不能得之晴而已矣。此即现今学说所主政教分离极大之理由也。以行政官而务于祭祷，政务云乎哉？教务云乎哉？不索诸人事之昭昭，而索诸天鬼之冥冥，行政之性质固如是乎？惟其不如是故，无怪欧美各元首，自古及今，不兼主祭矣。且不惟不兼主祭，而君与师之职，亦不相兼焉。无他，君也者，执行家也；师也者，理想家也。譬之关税不定则已，定则有偷逃者，为君之道，于偷逃之外，倍增其税可矣。理想家之言曰：无论所盗所欠如干，必偿如干，而后良心得谢其责，夫国家虽有征税之权利，人民虽有完税之义务，但国家对于个人，个人对于国家，应征如干，应完如干，分际上究无确定不移之数。为此偷漏关税者，不可与偷取人物者等量并观，而责其如数以偿之。不然，请免关税是与请准擅取他人之物同矣。行政官有此权乎？古之人易子而教，非虑其反唇以相稽耶？是父师且不相兼，而况君与师，岂可相兼哉？从知一责良心，一责事迹，道不同不相为谋，此欧美现今之谈政治者，必予人民以 La liberte de conscience et la liberte de culte 信心自由、信教自由。信心自由者，谓得自信其良心也，不以一教之习惯，责望于人民，矧可责望于元首乎？信教自由者，谓各相安于所信之教，而不受政府之横加干涉也，则不受他教之横加干涉也，更可知矣。此欧美之元首所由以身作则，无论何祭，皆不兼主之欤？

至于我国元首所以必兼主祭者，盖由郊祀后稷以配天，宗祀文王于明堂以配上帝，皆本祀乎其先之礼，以推其极于天者。为天子祀乎其先之制，是故祭法之设庙祧坛墠而祭之，皆反古复始，不忘其所由生也。众之服自此，故曰禘尝之义，治国之本，世所谓家族主义者是矣，《祭统》曰"祭者，所以追养继孝也"，《祭义》则一再言"孝子之祭"。孝子之祭，非祭其先而何？一代有一代之先，故所更立者，惟禘郊宗祖。而自有虞氏以来，各以其先配天，配上帝，则一也。配之云者，言为天下之君，得以追王先公者，对乎上帝而已矣。从知中国祭义，无舍乎其先而祭者，以此之故，用助祭则可，用代祭则不可。乃今所论之祭，祭天也，非祭先也；所论之祀，祀孔也。孔有孔后以祀之，无元首主祭之必要，无必要，则听元首以自由。何如历观往代，非无信老信佛之君，而皆不主祭。毋曰唐祭老矣？祭其先耳，非祭老也。然则不祭先则不兼主，不惟欧美元首则然。

二者应否兼主祭？此与一者不同。是否兼主云者，以事言；应兼主祭云者，以理言。以事言者，考其有否耳。考诸欧美之不兼，乃已事也，无所用其争。考诸政教与君师作用两不相兼，亦实事也，无所用其争。考诸我国之《祭义》、《祭统》、《祭法》所言致反始致鬼神，皆竭力报亲之事。报亲之事，而元首兼之，既无足怪，亦无足争。加以我国心理，视王家与国，素不知分为两事，不知分而兼之，何怪之有？何争之有？古之人以为郊社之礼，禘尝之义，在元首行之，皆孝治天下之事而已矣。惟今所论，应否兼主，既以理言理，不可见者也，则人人之脑筋争点之朋兴，若线交罗，纵横相割，容亦有之。虽然，理而征诸事，非不可见者也，事何在？在厘定经久可行而已矣。窃以为顺乎时则可行，顺乎情则可久。

且夫国于天地，而命之曰法人者，何也？人与人曰同类者，耳目举相似也，好恶举相近也，不相近，人必曰则其违于禽兽不远矣。以故衣食起居，无不乐与人同。至今法人独无所同然者乎？而代表此法人者，非一国之元首乎？元首之动作云为，非私人可比，其关于天下之观听者，不独“维石岩岩，民具尔瞻”已。邮电轮轨之弥漫于五洲也，五洲无异一堂。职此之由，不夏时而阳历矣，不殷辂而花车矣，不用冕而脱帽露顶以为礼矣。服物宫室，近今所见于燕京者，无一不趋于大同。无一不趋于大同者何也？盖时局使然，天性使然。人与人之相处也，大都不欲不相似也，不欲不相近也。乃一堂之上，天下之元首，雍雍乎，穆穆乎，动作云为，举相似也，又相近也，无一兼主祭者也。即有主祭先者，祭先家事也，非国事也，即非以元首而主祭。非以元首而主祭，则一私人而已矣。有信心之自由焉，有信教之自由焉，非天下之元首相聚于一堂之谓也。使以元首之尊，矫揉立异，忽甲胄焉，忽跪拜焉，忽短后之衣，古其冠而前后旒焉，纵不为一身计，得不为一堂计乎？元首有元首之同然者，君师政教之辨是矣。生乎今之世，世之元首兼主祭，则兼之，不兼主祭，则亦不兼而已矣。反古之道，是不顺乎时也。不顺乎时，行亦不久，无他，盖天下日趋于大同故。议者乃曰：非不知政教君师之辨，元首所应代表者惟一国，无上上统治权，但中外人民，心理不同，有怵于世道人心之扫地无余，深望为元首者，有以代表其心理，庶几一祭天以复其天，一祀孔以行其教，即以新学理而论，元首主祭，是兼有神权也，于风化之流行，行见速于置邮而传命。《记》曰："易抱龟而南面，天子卷冕北面，虽有明知之心，必进断其志焉。"盖我古人之重神权有如此，则今人之心理，其有望于元首之庶几者可想，何妨一纤尊以代表之乎？而不佞则曰：固知为政有法理，有手段，而不可偏于法理也。然星有好风好雨，五族五教人之心理，能一一如其愿而代表之乎？使舍代表而别无手段，则有从有违，犹可也。不然，似非经久可行之道。元首者，乃五族五教人惟一元首，非一族一教人所得而入主出奴之。

然则经久可行，其奈何？夫亦顺乎时，复顺乎情而已矣！顺乎情其奈何？厥惟元首超然于五族五教之上而已矣！夫五族共和，儒、释、道、回、耶，非世所称五教耶？耶、回、释、道，世既认为宗教，而《临时约法》又许人民以一律平等，无种族、阶级、宗教之区别，乃惟儒家者流，不得为宗教，孔子不得为宗教家，虽非不平等之谓，但由不信回、耶，不信释、道者观之，则不情孰甚？如必曰孔子非宗教家，夫老氏五千言，又何尝有一语自道其为宗教家哉？然而老氏之徒，自具衣冠，自撰经咒，恶见其非小亚细亚则不产宗教也哉！事在人为而已，人为足产宗教乎？此又一说也，吾不敢知。曰儒者之徒有其心，无其力，抑不敢知？曰有其力，无其心，所敢知者，心与力每由激刺而生。往者儒书为仕进之阶，自欧风东扇，乃别有举人，别有进士。及至革命伟人，复袭取公妻挈公财产诸社会党人之邪说，而不知适成其为破坏党也。破坏寺院者有之，破坏儒学者有之，破坏洋学堂者无地无之，惟破坏洋教堂者，尚不多见，非不愿也，殆不敢也。由是读孔子书，不能不有激于心，有刺于目，若不听其组织一教，以拥护斯文，不亦不情之甚乎？所喜天下之学宫，尚足以居之；天下之学田，尚足以养。姑定能读"四书"者为初级，推而上之，加诵或两《礼》或两《传》，至毕诵"十三经"者为上级者，其能兼诵注疏，加诵"三史"及秦汉以前诸子者，尤为上上级。初级始有选举权，止能为助祭，上上级乃得选为京师及直省正副祭官，上级乃得选为府县正副祭官。听其厘定祭服、祭冠、祭品、祭礼，用古用今可，祭数祭疏可，不善则改之，无伤也。非如元首之冠服品礼，动关天下，视听不善，则不能改也。举凡史书所载种种之祭，元首而欲与祭也，则使之主祭，设元首宝座而亲临之。股肱亦然，人民亦然。能如此，则不独信教有真自由，而教争从此可息，而中国古书亦不至无人过问，诚一举而数善备焉者也。失今不为，将见孔教、孔道、孔社等名目繁兴，朝上一书，夕呈一议，政府虽欲不入山阴道中而不可得，其苦殆有胜于定孔教为国教者矣！

宗教在良心
（1914）

数年以来，社会上莫不疾首相告曰：风俗浇漓，纪纲废弛，世道人心，大坏大坏！关心国是者，思从而补救之，以为非有宗教不可，遂殷殷相劝，大声疾呼曰：提倡宗教！提倡宗教！革命之前既如是，光复以后，宜其稍有进德，稍见进化矣，乃人心世道之坏，尤有甚于昔日者。于是一般忧国之士，复大倡其议曰：要宗教！要宗教！此亦云教，彼亦云教，宗教一事，乃成一如火如荼之问题。第一次革命后，余之入京也，遇大伟人，则曰：非有宗教不可；遇大名士，则曰：非有宗教不可；遇大政客，则曰：非有宗教不可；遇大官僚，则曰：非有宗教不可。及匪党倡乱，革命二次，大江南北，或罢兵燹，或遭匪劫，国事岌岌，人心惴惴，涂炭流离之状况，尤惨于前。忧国之士愈高其声，愈速其浪曰：宗教！宗教！提倡宗教！及进而询之：先生果欲皈依何教欤？则大老官吏曰：宗教者，为下等社会而提倡，我为读书明礼之士，无所用乎宗教也。政客名士曰：宗教者，所以范围下等社会之人心，利用其迷信，以纳之于轨物者，我本博学多识之流，无所用乎宗教也。简而言之，若大总统，若国务卿，若各部总次长，若将军，若巡按，莫不各欲提倡宗教，亦莫不各云为下等社会提倡宗教。而所谓下等社会者，质言之，则乡愚、贱役、贩夫、走卒是耳。今试执一下等人而问之曰：汝欲宗教乎？曰：吾欲吃饱饭，著暖衣，宗教果可吃可著者，吾欲之矣，否则，无所用乎宗教也。呜呼！我国频年以还，日言提倡宗教，日言推重宗教，而上等人不肯取，下等人不肯奉，人心愈坏，世道愈邪，宗不宗，教不教，亦何用乎提倡宗教哉？

且彼自居为上等人者，果能自信不用宗教，只凭其彝良心理，便可敦品励行，侪于君子之林乎？彼政治会议也，《约法》会议也，及一般立法行政各机关，非所谓一种上等人自号，不用宗教者乎？而吾闻其嚣嚣聚议曰：祭天！祭天！论仪节，定服制，冕也、旒也、袍也、舄也，视祭天为重典。然则祭天是教之行动否？吾又闻其扰扰纷纭曰：祀孔！祀孔！考礼式，参制度，牲也、牢也、爵也、帛也，以祀孔为大礼。然则祀孔是教之行动否？夫既云不用宗教，何为祭天？何为祀孔？焚香顶礼，大叩而特叩，大拜而特拜者又胡为也？且今之称为下等社会者，与言宗教，则漠然不以为意，视为无关轻重之事，然而厨下供灶王，堂前祭财神、文昌菩萨、土地、关公，今日东庙烧香，明日西庙磕头，祭祀敬拜之神，不知有若干数。非只此也，西南各省，如贵州之苗，广西之瑶，四川之蛮，云南之獠，素称野人，亦皆有纸画之神、木雕之神、泥塑之神、铁铸之神，跪拜之，敬奉之，其愚陋固不可取，其性质则犹是宗教也。吾国社会非不自称为切用宗教者钦？然而在理教、吃素教、圣贤教、黄天教，各树门户，不胜枚举。一般社会，人民之信仰，亦忽而回，忽而道，忽而儒，忽而佛，斯真所谓教其所教，非吾之所谓教也已！

吾之所谓教者，即冥冥中有一大力之主宰，如我身非我身自有也，万物非万物自有也，世界非世界自有也，天地非天地自有也；人之良心当各知我身也，万物也，世界也，天地也，非你有，非我有，非他有，非圣贤所有，非先王所有，乃此冥冥中秉握造物能力之主宰所有也。夫既知我与万物皆冥冥中之主宰所造，则吾人对此造物主宰各有其本分、其责任、其义务，斯即吾之所谓教也。教非他物，概括以言之，即人人对于造物主宰之关系耳。

夫人生斯世，无论其有无智识，有无学问，惟举目以视之，日照于昼，月明于夜，星分定行，各有轨道，各有方位，从古至今，曾无毫厘之舛差。放眼以观之，飞禽走兽，有生角以防敌者，有生蹄以自保者，有能跑以避祸者，有能飞以翔空者，奥妙作用，各有不同。俯首以察之，蛛丝成网，分厘不苟；蚁穴为窝，秩序不乱。设诸君至深山大谷中，见有崇宫巨室，空虚无人，若思据为己有，此心必不无忐忑，盖恐其主人遄返，来兴问罪之师也。设诸君今诣通衢大道，见夫汽车之绝尘，电车之飞驰，梭行于稠人广众中，不有撞冲意外之灾，莫不曰司机之手腕灵敏也。夫见一宫室，尚知有主人翁；见一机器，尚知有司机匠；岂天地间，长养万物，运转万物之大建造、大机器，反无其主动，无其来源乎？

达尔温氏之言曰：天地之初乃大混沌，各种之气，合而为一。嗣后朝变希微，夕变希微。渐有元点，渐成原质。元点与原质，原质与元点，相摇相撞，天演变化，日久年湮，渐成一苔一菌，一草一木，由此天演变化，日久年湮，植物进为动物；由此天演变化，日久年湮，动物中之猿猴，又进化成人；今日世间万万之人，盖咸从元〔原〕质、元点之彼此摇撞而来者。诸君信此说乎？今有人焉，收若干之铜块铁片，置一袋中，今日摇，明日摇，曰将使铜与铁撞，铁与铜撞，自成一钟表也；取若干之木条板片，置于袋中，今日摇，明日摇，曰将使木条板片，彼此相撞，自成一桌椅也；取若干之土石砖瓦，置于袋中，今日摇，明日摇，曰将使土石砖瓦，彼此相撞，自成一楼阁也。闻其言，见其行者，当莫不掩口而笑之曰：是白痴也！是疯狂也！然则天演博士谓日、月、星辰、人类、万物皆由摇撞而来，亦不通之极矣！时计表微物也，偶而机损摆停时，人不敢自行修理，必觅一钟表匠代为修之。一时表之微，尚知有匠人以造之，而谓天地之大，独无创造之主宰乎？天演学派竟谓天地万物从摇撞而来，试进一步而问之曰：汝身自何来耶？势将曰：我母摇我出来者也。汝母何自来耶？曰：母之母摇出来者。汝母之母何自来耶？曰：母之祖母摇出来者。汝母之祖母何自来耶？曰：祖母之祖母摇出来者。依此穷究，讵有终极？则汝果何自而来者乎？恐造物主外无所归也。

夫吾既知有造物主宰，则吾对大造有何本分？大造对吾有何名分欤？或曰：彼自造我耳，我固未尝求其造我也，我于彼有何本分之可言？彼于我有何名分之可论？噫，亦误矣！譬如尔今有犯法行为，官府拿尔，巡警捉尔，尔乃向之理论曰：我何尝令汝管我者？汝何得预我事？斯言也，有不斥为荒谬者乎？汝非总统所造，官吏所造，巡警所造者也，而彼为执行法律，可拘拿尔，可逮捕尔。尔之生活，非来自行政官吏，而因国家关系，尔对官府有义务，有责任，何以造物主宰创造你，生活你，看顾你，覆育你，一衣一履，一茶一饭，无非造物所赐，而竟曰：我与大造无本分名分之可言也？金圣叹曰：父母生我，不知其黑白，彼自任情遣兴，不期而生我耳，于我有何功德之有？是言也，稍有人性者，莫不斥其大逆不道。我国古今以孝治天下，百行以孝为先，何以知孝父母，不知孝父母之父母？何以知敬官长，不知敬官长之官长？而对此造物主宰，辄敢大胆以言曰：尔无名分，我无本分。情理之反悖，有甚于此者乎？

或谓上主造我，我固对之有本分。然而受造者非我一人也，四万万同胞，五洲万国之人，莫非为其所造。是人人对之皆有本分，我尽我之本分，世界万万人，尽世界万万人之本分，此亦尽孝，彼亦尽孝，为造物主者，亦何许子之不惮烦耶？故造则造之耳，复何必斤斤然以本分加诸吾人？曩者余游历东洋，闻其陶业精美，乃就而参观之，见诸陶人抟土如泥，或制一杯，或制一碗，或制一瓶，或制一盘，莫不刻意精心，以期完美。苟使先作一瓶，继而毁之，改作一碗；既作一碗，复又毁之，改作一盆。作而毁，毁而作，问究欲何为？则曰：造着玩而已，无所欲为也。如此，则鲜不视之为有精神病也。使有木匠于此，取一木焉，忽而方之，忽而圆之，忽作一台，继改为窗；既作一窗，又改为橙。拆而作，作而拆，闹个不已，问究欲何作？曰：锯锯而已，刨刨而已，无所欲作也。人咸必视为狂易者矣！天下人无论作何事，皆有所为，岂上主创造此世界万物，反无所为乎？如无之，则造物主宰，亦可为昏聩糊涂矣。是以吾人对造物主宰，必有一莫大之本分，而造物主宰于吾人，亦有一莫大之名分。造物与吾人以良心，俾能觉悟此理，此良心即宗教之根本也。故宗教道理，一本良心，不能有分毫之反悖。如宗教有反悖良心之道理，则必非真宗教。人之良心既来自天主，斯真宗教亦即来自天主。吾人之于宗教，如云无之，则亦已矣，如云有之，则只有此来自天主者，为独一之纯真宗教也。

今兹世界之大战也，群相利用飞艇，以为侦探敌人之利器。彼乘飞艇者，须探明敌军之所在，某城可攻，某地当守，各据报告，以定用兵之计画。假使于探明之后，不为报告，或报告之中，不尽翔实，人将斥为不仁不义，奸慝卖国。今有瞽者于此，失其明杖，行近溷厕，无赖见之，不急指以相告，及其陷也，反鼓掌大笑，以快其幸灾乐祸之意。吾人见之，将詈其人格败坏，丧尽天良矣！为一国之事如此，为一人之事如此，为世俗之事如此，为肉身之事如此，而我辈奉教者，见此千千万万之灵魂，蹈危机，入死路，敢不大声疾呼，以为之警告乎？此今日公教进行会之所以开会也。

何谓公教？公者，广也、大也、普也；公教者，乃广大普及之教，为公众所有分者。故无论男女老少富贵贫贱东西中外，咸在公教帡幪之中，决非儒教、佛教之限于一国，限于一流者可比。因世界之男女老少贫富贵贱，既皆为上天所造，斯男也、女也、老也、少也、贫也、富也、贵也、贱也，对于上主皆有唯一之责任、唯一之本分、唯一之义务而不能不崇奉此教。是教也，在唐时为景教，在今为天主教，为公教。然无论其用何名称，诸君扪心自问，我生斯世，果有若何之本分者？为吃耶？则吃不足以为教。为穿耶？则穿不足以为教。教乃从良心来，为世界人人之不可或无、不可或忽、不可或离者也。故《中庸》云："天命之谓性，率性之谓道，修道之谓教，道也者，不可须臾离也。"人之一举一动，一思一念，不可违背良心，斯人之一举一动，一思一念，不可外乎宗教。《中庸》云："莫现乎隐，莫显乎微。"《大学》云："十目所视，十手所指。"赋人良心之主宰，于冥冥中，凡吾人所言所行所思，一一看得清晰，人可欺而主难欺也。故公教之道，首重无欺，非礼勿视，非礼勿听，非礼勿言，非礼勿动，人知之亦若是，人不知亦若是，此我教之真谛，欲持以为诸君劝者也。

使有人焉，口宗教而内私欲，纵日言提倡宗教，日言维持宗教，日言推广宗教，然而言行不顾，丧尽天良，世道人心，由此益坏矣！耶稣云：好树结好果，恶树结恶果，又云：荆棘中不能产葡萄，蒺藜内不能产无花果。是知人必有好良心，然后可有好宗教，良心为宗教之本。革命以前，光复之后，举国上下，日言提倡宗教，而世风日下，道德日丧者，不恢复良心之弊也，不趋从真宗教之弊也。今之谈宗教者，可不知所戒哉！可不知所从哉！

宗教之关系
（1914）

列子言，古者谓死人为归人。夫言死人为归人，则生人为行人矣。行而不知归，失家者也。一人失家，一世非之；天下失家，莫知非焉。有人去乡土，离六亲，废家业，游于四方，而不知归者，何人哉？世必谓之为狂荡之人矣！又有人重形生，矜巧能，修名誉，夸张于世，而不知己者，亦何人哉？世必以为智谋之士。此二者胥失者也。

准是以谈，天下有不失者哉？宗教非他，使人无迷失而已矣。人之生，生从造物主来；人之死，死归造物主去。人苟不从造物主来则已，既从造物主来，则人对于造物主有一定不移之本分，此义务无可推辞者也，此责任一生当尽者也。

人果从造物主来乎？

今以见闻之所及者推论之，天下形形色色，奇奇妙妙，不谓造物主所造，而谓能自有者乎？我抚躬自问：百年前有我否乎？高山大陆，固先我而有矣；滴水微尘，亦先我而有矣；惟我则丝毫无有。然则今有之我，归功于父母可乎？世间有许多无后之人，往往欲生养而不得；有子女矣，形骸有残缺不全者，知识有愚鲁不堪者，使父母有权，何不造一圆满无缺者耶？丹朱之不肖，舜之子亦不肖，尧、舜，圣王也，尚不能生一克肖之子。五尺童子，父母欲加长一寸而不得。然则归功于父母，父母断不敢居也。农夫布种，种子与地土，日光之照，雨露之润，岂农夫之力哉？

近世之学好新奇，至谓人生由于天演。世界当初，混混沌沌，无数微尘质点，旋转空际，天演又天演，演至几千万年，由莫破演成极微，由极微演成体段。最初犹是僵呆之物，如细砂，如卵石，既而旋转又旋转，天演又天演，又不知演了几千万年，遂由僵呆物，演成草木生植之物。再旋转，再天演，一演又是几千万年，遂由生植物演成动物，由动物演成有灵之物。最初不过猿猴之类，猿猴与猿猴，争争竞竞，遂争出一个光板无毛的倮虫；有男有女，有尧，有舜，有周公，有孔子，无一个不是猿猴变的。孔子，孔子，你知道了么？这才是真科学，掷剑成龙，刻木成人，何奇之有？嗟尔土室之人，尔今所居之茅屋，不难一旦变为金玉楼台！天演又天演，植物可变动物，动物可变灵物，而今植物变植物，于理何难之有？杯弓蛇影，人起惊疑，固闭一室，室内器皿，不翼而飞，不胫而走，人必疑为非盗贼，即狐仙，虽孔子复生，一再告之曰此天演之能也，在座诸君，岂肯信乎？然则以我之有，归功于天演，天演亦断不敢自居矣！

然则我的我，我自有乎？我细思之：我有形骸，我见其外而不见其内。其内其外，而莫明其妙。所食者五谷百果，一经胃化，精华为血肉，滓渣为矢溺，消化不灵，便成隔症。病之危险者，千百其名，名医亦莫知其故，莫得其方。伯牛恶疾，颜子短命，已有之我，犹不能保有，未有之我，倒可归功于我，有此理乎？

然则有我之先，已有世界，世界万物，岂能自有？则有世界之先，无始之始，惟有一万有之天主，自有全能，自有全知，自有全善，是即造世界造万物之天主，是即造我之天主。所称为天主者，非苍苍之天，非日月星辰之天。天主至尊至贵，奇妙无穷，人之浅见，莫能推测，然而人本性之中，天然有一真实天主印刻于心，不可消灭。惜人不自考察，不自推寻，舍其近而求诸远，以致差以一毫，谬之千里，永不能达到人身行路之目的，岂不大可惜哉？不观乎天下人一遇苦难之时，急呼求救者，决非大皇帝大总统，决非大将军大督抚，一则曰上天保佑，再则曰上天保佑，出于自然之心理，不待思索，不待勉强。不观当今之政界乎？国是日非，而思所以匡正人心，改良人道，有新法律，新法律无用也；有新制度，新制度无用也。怒然于无可如何之时，而思惟一无二之方法，倡议者曰祭天，赞成者亦曰祭天，一若祭天之外，别无良法，祭天之后，国是必有可观者然。又不观今日欧洲之大争战乎？据今论今，世界上无一强国可以维持和平，于是美国倡议祈祷和平，一若人权无可挽回者，惟神权可以压制焉。《书》曰："天降下民，作之君，作之师。"惟天有主，主真为我皇帝之皇帝，父母之父母。故人穷反本，乃本性中自然之理。

天主造我，赋我固有之天良，我不尽本分，不尽义务，不尽责任，天良可以平安否乎？

设有一病人于此，无论恶疮恶疾，无论上部下部，无不愿形其形，状其状，一一告诸医士，而心一无羞愧者也。惟心中所有之邪情恶念，虽无恶臭，虽无恶色，谁肯昭示于人曰：我乃善淫者也，我乃善盗者也！此何以故？恶疮恶疾，在我而不由我；奸盗邪淫，一一由我自造，欲不羞而不能。天良不可灭，责任无可诿。《传》曰："小人闲居为不善，无所不至，见君子而后厌然掩其不善，而著其善，人之视己，如见其肺肝然。"人对乎人，其羞恶犹不可掩，对于全知之天主，天良之责任，岂可诿乎？曾子曰："十目所视，十手所指。"其莫见莫显有如此！

或曰：人对于天主有责任，天主对于人必先有名分。答曰：父母生子女，不管教可乎？然则父母之名分，人皆知之。今天主为我人类大父母，从无有我造成我，既有我，又无一刻不保存我，扶佑我，而谓天主于人，一无管教之名分，既无名分，又何必赋人能分别是非善恶之天良？屋漏衾影，无一地可逃其斧钺耶？

或曰：天主既为大父母，当一视同仁，何为智识聪明境遇之不齐有如此者？耶稣曾设喻言以答之曰：有主人翁，有仆人三名，一日，主将远行，以财产托付仆人，一予十元宝，一予五元宝，一予一元宝。久久归来，得十元宝者，昼夜经营，对本对利，交还主人，主人称美而重赏之。得五元宝者，亦对本对利，交还主人，主人亦大为嘉许而重赏之。惟得一元宝者，原封不动，交还主人曰：我怕主人求全责备，因此窖藏于地，不敢经营。主人责之曰：尔既知我事事求全，何不存放子母家以生息乎？故受付托而无以报命者，其罪一也，初不在受之多，受之少。冶者之铸器，贵贱惟其所欲，曷尝闻有跃冶之金哉？然而金非冶者，从无所造，而人岂可不惟命是听哉？

耶稣在世三十三年，而《圣经》记载前三十年，惟有"听命"二字。可知天主既有名分管教人，人生重大本分，惟有听命；人生重大义务，惟有听命；人生重大责任，惟有听命。不尽本分，谓之非分；不尽义务，谓之非义；不尽责任，必受责罚。墨子有言，得罪一家之主，尚可逃至他家；得罪一国之主，尚可逃至他国；试问得罪造天地万物之主，将何所逃乎？上九天，下九渊，曾有一处不在天主掌握之中？就令潜水艇海底可钻，飞行机天外可去，曾有一处不在天主神光之下？物之内，物之外，在在皆天主，体物之不可遗，生成之不可外，非今斯今矣！汝尚可逃其监观乎？

我既逃无可逃，则生于世，行于世，岂可贸贸然一无预算，不看行路针，不读行路表，忽南忽北，便可安抵家乡乎？迎神赛会，红白执事经过之路，尚有由单。一生行路，独可不知所归？有人终日终夜，东闯闯，西闯闯，人必谓之有神经病矣。而中国儒者曰：人之为善，当无所为而为。然则食非为饥也，吃吃而已；衣非为寒也，着着而已；郊外散步，非散步也，走走而已。不患神经病，能出此言乎？然则我生于世，究竟为何？生寄也，死归也，对于造物主不尽当然之本分，确然之义务，自天子以至于庶人，万无可逃之责任，妄想死有所归，造物主何须亲自降生指点人乎？朝廷礼法，由朝廷自订，宗教礼法，可不由人类造物主亲定也乎？在生信奉造物主者，死得归于造物主，不信奉者，永远离开，此自然之理也。西哲奥士丁，言世间无物足满心愿，惟有造物主，为人重心点，从高投石，石下堕地，地遇深井，井穿地心而过，石不堕至心不止，无他，地为万物之重心故。《记》曰："在止于至善"。至善惟造物主，得之如鱼得水，如羊得草，泰然满足。死不归于造物主，便为万苦所归，而人谓对于造物主可逃其责任，自骗良心而已。犯法者不能以不知逃其责任。有一宗教，耶稣所立，世之人无不闻而知之。耶稣曰：我乃真主，信者上升，不信者下堕。下堕上升，是何等关系？可付之不问不理之例乎？耶稣而真主也，所立之教，断非人可改良，人可改良，断非真主。马不能出角，蛇不能添足，天主而待改良，岂成天主乎？

然而耶稣立教以来，一千九百十有四年矣！信其教者，十四万万人中，有八万万。问其信教之利益。则曰：各背十字架，跟踪到加尔瓦略山。仇教之人，今日杀，明日杀，奉教之人，愈杀愈多。爱生恶死，人之常情，常情之外，苟无天主神能，能如此迷信也乎？天主教而非真教，一千九百十四年，早被名人驳倒。

大都历史，皆事后追维之笔，元记宋，宋记唐。耶稣历史则不然。未降生之前，早有预言其如何生，如何死，死之情状，生之时地，以及在世所作所为，无不取其重要者笔之于书，不可移易，不可冒充。而耶稣方降生，又以预言，又以圣迹，自证为天主子。试问言之千年前，应之千年后，非全知全能者，可含糊影射之耶？史书有预言，指实有某帝、某王、某圣、某贤将转世而投胎者乎？伪造印信，伪造祯祥者有之矣；目称为天主子，并自命所立之教，地狱魔王，不能攻毁，毁天地可，毁吾言不可。果真所立之教，一千九百十有四年，受尽种种诬污，种种虐待，种种魔王变相，群起而攻之，兀立中流而不动者，非真教也乎？一切艰难圣教之恶王恶党，有一存在也乎？谓一钉死十字架之人，具此神通，借曰非神通也，乃迷信也。此等迷信，恐非造物主，造不成如此迷药。

惜乎！中国迷信，如何可升官，如何可发财，可成仙，可成佛，可倚拳匪再造邦家，而迷信宗教，未之前闻。甚至一言天主教，即叱为洋教，一若天主有洋天主华天主者。然至论洋货洋俗，鲜不羡而慕之，则而效之，且仿设红十字会，而以能充绅董为荣。不知十字云云者，即天主教之意义也。然则訾人迷信者，而不知不觉亦迷信钉死十字架之耶稣为救苦救难慈悲之耶稣。

何谓迷信？必也因不能造果而信之，事无其实而信之，如拜月成仙。拜月之因，乌能造成仙之果？又如佛出母胎，一手指天，一手指地，曰：天上地下，惟我独尊。而谈偈者曰：设使老僧在傍，当一棒打死，喂狗子吃。可见佛言之不确矣。但耶稣所立之教，如十诫等，有一言之不实也乎？有有其果而无其因也乎？以言造物主，能有万物而无造之者乎？以言耶稣《古经》、《新经》、希腊、罗马等历史，不已详哉其言之乎？以言生寄死归，欲不醉生不梦死，不有当然之本分，确然之义务，一无可逃之责任乎？苟有宗教，能示我以生死周行，可不尽心竭力以研究之乎？

信教自由
(1914)

何谓信教自由？即人人各按良心，认明当敬奉之造物主，遂遵其所颁之诫命规仪，而行我所当行也。非今日进孔教，明日入道教，异日投佛教，又奉耶教，渺渺茫茫，不知归向之谓也。弟尝至曲阜谒衍圣公矣。夫衍圣公者，孔子之苗裔，孔教会之首领也，理应言孔子之言，行孔子之行。顾闻其于丧葬等事，仍释、道并用，和尚、法师，麇集一堂，铙钹喧天，怪象百出。人有问之者，则曰：我从俗而已！噫！亦谬矣！夫信教自由，非从俗之谓也。人之生也，有造物主赋畀之良性良能，是之谓灵明。语曰：人为万物之灵。人之所以异于禽兽者，以其有灵明耳。犬之见肉也，猖猖狂狂，馋涎欲滴，苟非物主叱逐之，将攫去大嚼矣，其偷食羞愧之心，万不能有也。三尺童子，明悟虽未尽开，偶闻锣声镗镗，卖糕饧者担而至，虽环立而视，各存一欲得之心，然卒不敢伸手攫取，必向父母索钱以购之。购后，乃告人曰：此乃我之物矣。或食或不食，或送他人食，皆我自由之权矣。此无他，彼年虽幼稚，已能判断良心之违不违耳。耶稣弟子圣保禄有言（《致罗马人书》七章十九二十节）："我之行此事，非因其为善也，因我不欲其恶，故我行此善耳。若我行我所不欲者，则非我行彼矣，盖我之私欲，居于我心者行彼，此乃罪矣。"

人既具灵明，异于禽兽，可以知所审择矣。然审择之间，一不慎，则即为物欲所蔽，将至以恶为善，以伪为真。其所以被蒙蔽者，盖有私欲杂于其中，为之指引梗阻耳。夫道心胜，则人心不足畏；人心胜，则道心隐而不著其能。人心、道心之区别，有如此者。

人之对于宗教，须善用灵明，慎于选择，再三研究之后，明知此宗教为合我良心者，则我按良心，不得不择此宗教而守奉之。不可谓我知其为善，而我尚可择可不择也。或问曰：然则汝所谓之自由作何解？余曰：自由者，未研究宗教以前之说也。既研究以后，已知此宗教按余良心以为善者真者，则余不得不从此宗教也明矣。设他日自按良心，忽生智识上实有根据之疑难，以为余之宗教尚未尽善尽美，则按余良心，尚宜研究此宗教，或研究尚有他宗教较此更善更美者乎？无则已，有则必舍以从之。

凡人作事，必有一终向。终向者，即所谓目的也，宗旨也。然宗旨、目的两名词，只可谓近向，而非远向，且非至远之向。至远之向，即终向也。

梓人作一搁脚凳，高可四五尺，阔亦三四尺，问其何用？则曰：为搁脚用也。如是则人必笑其愚，盖不合所向之目的也。反是而论，设梓人更造一桌，高仅三四寸，阔可五寸，问其何用？则曰：以之用膳读书者。人亦必笑其愚，以其仍不合所向之目的也。农夫春耕夏耘，吾知其为秋获也；商人东奔西走，吾知其为金钱也；士子焚膏继晷，孜孜不倦，吾知其为博取功名也。天下无一人终日勤劳工作，不自知其何以勤劳工作之目的者，有，则此人必患神经病无疑。

或谓人生在世，为子孙，为利禄，为尊荣，为寿考计耳。余曰：否否，不然。果为子孙计，则大有儿女满堂，孙曾绕膝者，目的可谓达矣，其死也，当贺而不当吊，何以一旦溘然长逝，朋友亲戚，吊者盈门耶？果为利禄计，世有风云际会，出将入相者，利禄可谓得矣，其死也，又当庆而不当哀，何以两目一瞑，子孙抢地呼天以哭之，亲友素车白马以吊之乎？果为尊荣寿考计，远者且勿论，试观清圣祖、高祖二帝，富有四海，贵为天子，锦衣玉食，垂六十余年，清高祖且自称十全老人（谓无一不全也），可谓尊荣寿考之至矣，其死也，又当笑而不当哭，何以一旦山陵崩，不第皇族为之穿孝，竟使举国人民，如丧考妣乎？由此观之，凡此种种世福，均非人之终向也。盖人求某物某事而得之，则目的已达，必不哭也。如现在之考知事前，清之考秀才、举人、进士，不得者垂头丧气，得者则趾高气扬，人争贺之，无敢有哭之者，何也？以其已得所求也，已达其目的也。夫天下之人，无一不欲求幸福，然以上种种，皆今世之伪幸福，而非将来之真幸福，虽得之不足满其志愿。然则真幸福可求乎？曰：可。何处求之？曰：于真宗教内求之。盖真宗教乃造物主所创，故真幸福惟造物主始能与之，始能满人之志愿耳。

或谓真宗教之道理有几端，非洞悉无遗，不能信奉之也。曰：惟其道有不知之处，乃足证其为造物主也。天下事人人不能尽知，譬如目下欧西战事，联军曰我大胜也，德军曰我大胜也。谁胜？谁败？于实事上必有真胜真败之究竟也，而今尚不能尽知。又如学问之道渊博，知其一，不知者十；知其十，不知者百。天地万物，形形色色，富庶繁华，莫喻其妙。古人谓地为中心点，日月星辰环侍其左右而运之，以成昼夜，以分四季，今则实知太阳为地、星、月与金、木、水、火、土各行星之中心点，地乃绕太阳而运动，莫或可疑矣。究竟何者为环侍运动？何者为中心点而镇峙不动？于事实上必有确实不能易之处也。五六岁童子，闻锣鼓喧阗于外，疾趋出门探望之，则见婚姻迎亲队也；逾半时，又闻鼓乐喧天，复出探视，则棺柩送丧队也。童子无知，惟知迎亲喜事，惟知送丧凶事耳。然而不敢竟揭轿帘，窥探新妇是否在内，更不敢撬开棺盖，查察死尸究作何状，盖知为喜事凶事足矣，余则非我所能也。

造物主为我人之终向，为万物之根源。高厅大厦，我知必有匠氏为之建筑，非能无中生有也。天地之大，宇宙之广，万物之众，而谓竟无创造之大主乎？谁其信之？

造物主全能全知全美，充满无限幸福，彼之造天地人物也，不能以受造之天地人物为彼之终向，然其所以造此天地人物者，必有所向。所向惟何？乃造物主自己耳。故人之受造，必宜归向造物主，以造物主为人之终向，如射者之向的耳。我人明悟通万事万理，然而万事万理莫不助我以归向造物大主也。我之爱欲，见善不能不爱，然而我所见之万善，莫非造物主流露而出之一小小分子之善，以引我归向万善之根源处，即造物主是也。

谚云：一物不知，儒者之耻。人生以多知多闻为劳为福。我见天地万物，竟不知其来踪去迹，可耻孰甚？我有我，我亦不知何处来？应从何处去？而于暂时寄旅之世，应行何事，以合我来踪去迹之归向，亦茫然哑然，不知不识如禽兽然，匪特可耻，抑且大负造物主生我为人之归向矣。惜哉！惜哉！枉为人哉！人既有悟性以推论万事万理，一探得真情实理，即不得不归向之，敬爱之。盖真者，人人皆欲知之，知其有可敬处可爱处，不得不敬之爱之也。

人谓科学实验，皆真理也。岂知科学实验，按其实学实验而行，始称合式。譬如由轻、养二气化合为水，只有轻气，不能为水，只有养气，亦不能为水，必轻、养二气化合得法，始成为水。

学问之理如此，于求学问之根源求宗教亦然。既得真宗教之所在，则不能任我所好。非如人之穿衣然，今日穿白，明日穿黑，我欲穿，则穿之，我欲卸，则卸之，由我自主也。故不得真宗教则已，既得之，不能由我信或不信，不得由我今日信某教，明日信某教也。盖穿某衣某服，无关于我之为我，信真宗教与不信真宗教，于我大有切肤之灾。是对于造物主，我自不认为造物主所造之人矣。然人既悉为造物主所造，则人不能出造物主之范围，不能不听造物主所颁之诚命以行。良知良能之醒我如此，我不能反背良知良能之激刺。造物主既为我之君我之父，我当君之父之。国有国律，家有家法，不遵国律者为莠民，不守家法者为逆子。造物主亦颁法律规约，十诫七迹，非国律家法乎？祭礼祀典，悉为造物主亲自颁行者，不能妄用淫祀滥祭，违者对于造物主有非常罪孽，关系非轻。故请研究宗教诸君，当按良心，慎择真宗教之所在。择定后，认识造物主为大君大父而敬奉之。譬如忠臣之事君，孝子之事亲，对于国法家法，凛凛焉守之弗敢违，然而孝子忠臣，亦何尝失其自由权耶？

一九一五年
（1914）

　　所谓阅世阅人者，人世非他，善与不善人交战之所而已。善人胜，则世治；不胜，则世乱。天之未丧斯人也，乱而复治，如疾风暴雨之不克终朝然。我国历稽前史所载，自三代之季，上溯二千年之间，恒数百年不见兵革，虽更姓易代，而祸不延于平民。自三代之季，迄今二千余年之间，乃无数十年而无小乱，百年二百年而不驯至大乱者。兵祸之连，动数十百年。杀人之多，每数十百万，民数或十而遗其三四焉，或十而遗其一二焉。近今自鸦片烟之战以来，至无数年无小乱，一二十年无大乱焉。何天之独爱前古之民，而大不念后世之民也？盖前哲以为人之于天也，以道受命，不若于天者，天绝之也。斯道也，何道也？即中外所称人道是矣！三代以上，知道出于天，而人心厚，舍刑戮放流之民，皆不远于人道者也。人道之失，自周历秦，不知有天，惟颂秦德。秦德者，率众自强，负力辟方之凶德而已！凶德之帝于中国也，真一世、二世，至于万世。人民耳目所习者，篡弑之徒列为侯王，暴诈之辈比肩将相，由是心志侈焉，机变是尚，嗜欲是急，薄人纪，悖礼义，相与安之若固然。

　　人之道既无以自别于禽兽，而为天之所绝，故不复以人道待之，草薙禽狝而莫之悯痛焉。载观西史，世治世乱，不独我中国如是矣！自前世纪以来，形上之学不谈，一切以形下者贱之，无所谓道谊也，器界之学而已！德人奔逸绝尘，狃于一八七〇年之胜法也，以凶器之发明，为立国之大本，以拉丁族为日就衰迈，小亚细亚、东亚细亚及诸黑种，比况德意志，精神体魄之强固，术艺之新颖绝伦，一一在淘汰。淘汰之方，不暇俟诸天演，故创为新说，一国之内，民与民，民与国，国与民，有权利，有义务。一国之外，不然。法人与法人，非个人与个人比也。有权利，无义务，有战胜，无道谊，上飞艇，下潜轮，中二四新分口径之炮，以补救天演之迂回而已矣！西史载成吉思汗每自称天帝之鞭，鞭棰欧众，而威廉二世亦云。（以上云云散见于德人论撰。）无如此一时，彼一时，兵凶之器十百于昔，兵祸之延有进无已，不二来复，全欧骚然，不二来复，四方响应，生灵涂炭者已倾城倾国，无以名之，名之为强权道谊之交争，胜负必有所在矣！古《记》有言：杀人之父者，"人亦杀其父"；杀人之兄者，"人亦杀其兄"。世岂有个人不人道，天绝之；法人不人道，天不知绝耶？天之未丧斯人也，争在早迟耳矣！

昔罗马时圣肥尔劲者，咏责撒王之平乱曰：终夜雨，会朝清明。责撒王与天帝分治八瀛。今岁事将阑，而疾风暴雨，不少衰歇。论者至拟威廉二世为假基督，然犹太人犹未洗心革面，归依所钉之耶稣，则所谓假基督者，特假中假耳！天地不遽终，乱亦不终乱，焉知肥尔劲会朝清明之句，不可以移赠一九一五年耶？谓之为预言，诚不敢，谓之为预祝，当亦天下人心理所同，而美总统与当今总统，壹是以人道为怀，尤必曰企予望之矣！因不禁三呼万岁，拜手扬言曰：一九一五年！

答客问一九一五年
（1914）

上海《中法新汇报》，一九一四年圣诞节，第一次仿西报成例，有特别出版，搜罗之富，照片之多，为东方报界所仅有。即如撷辑民国三年之政迹，语不支蔓，不偏颇，而不肖所题一九一五年，亦复采录焉。

客有见之者，诘问曰：观子所题，德国用兵，其终败乎？子无乃未尝一睹德华之电。但今日之兵，学术为上，学术之兵，有驾于德国者乎？青岛一租借地耳，犹之东交民巷，设为义和拳所败，而子遂谓八国之兵不足用乎？以故告奋勇者，亦有自知之明，往非、亚之间，则自请往，往俄西则逡巡焉。且即以路透电论，所谓联军转败为胜转守为攻者，迄今五六月，是德军军于联军之国，抑联军得遣一兵一营营于德国之封内也乎？然则子何所据而推测德军之终败也？况天演有进而无退，德之学艺，无一科不日征月迈，使德而败也，是天演之进化不足恃也。是立国之道，有土地，有人民，而无须善教善政，得民心与财力，整齐而驰骋之，如威廉二世之为也。其可乎？其可乎？

答曰：信哉！德华路透电，既两相歧，歧则不可依据。然而不歧之点，确有二焉。一者四五月来战线各地名，率多旧贯，即如最近数旬之战地，一在纽堡海与水淹地中间一沙埂，二在伊帕勒之南与北而已。从知所谓胜负者，其得丧不过数十数百迈当，迈当六七百，始合我华一里，非若我古人之一战丧数百千里也。其所以然者，今日欧战炮火之猛，古所未有。猛而济以飞艇，尤古所未有。以故所谓战线，非战队也，非战垒也，其至非战壕也。壕而加以掩盖，凡距一十二十迈当，掘为地窖，窖之前植以铁篱，阑以电网，火之不及，触之必伤，间用地道，始克毁其数十迈当。闻左文襄之攻伊犁，伊犁回即用地窖，层层自卫，故阅数年始克之。况今战线皆在巴黎之北，巴黎已比北京北二度，矧皆在其北耶？（天气凝寒阴湿，地尽泥泞，人则泥团，所执之枪，往往不能火，每以枪柄空拳相斗殴，加以每晚夜战必数起，盖从征之苦，亦古所未有！）天冰地冻，不能从事造壕造窖，故战局之得丧仅一里许（说者以为战之暴烈当在夏初），以里许之得丧，遂据德华或路透，以推测德胜德败，非天下大愚，容不至此。

一者即德与联军，据该两电所称，均以戎首责人，而不敢自居也。其所以不敢自居者，非以人道根于人心，不容自昧而何？人道者，人群之大本，有则国也，无则盗薮也。盗薮也者，小则不容于一国，大则不容于天下。人不群则已，群则理势所必然，故谓一九一五年文而有所推测乎？本人道不人道以推测治乱之原则有之。本路透或德华以推测德与联军孰胜孰败，不肖之愚，愚不至此。即知人各有心，世界观念，国家观念，万不同矣。我民意中所谓国家也者，盖不外势力与权利，故官军于本国克一城，犹且焚杀淫掠，习以为常，视若酬勋之典，而莫之怪，苟于敌国，而不如此，必以为不足张天讨而致天威。故我民崇拜德人学术之高强，犹其次也，独于德皇侈心铁血，谓日耳曼兵力所至，天即界以有家，而仗义执言之雄略，时有所闻，阴与我尊夏攘夷扶危定倾之大人心理符合。故自欧战伊始，即念念于德之镇全欧，抚四海，以主持公道于我亚东矣！希腊贤者，虽有喻言，盖亦不遑计也，喻言曰："一日群蛙吁天，谓蜂、蚁有王而蛙独无，故不胜大愿，愿界英雄以王之。天不胜其鸣噪，姑掷一板，蛙悉惊潜，以为王果下降，许久上探，则板也，跃而乘之，鸣噪益甚。天乃掷与赤楝蛇，悉吞之。"然则国家义理，而惟知有权力者其鉴诸！

而幸也哲学之观念则不然。人道未绝于人心，有国际之公法焉，有战时之公法焉。回忆一八七〇年，德、法失和，法人方谓虽倾德国之兵，不足以当那破仑皇靴尖一扫，卒之皇擒国破，而世之人不谓德无人道。今者法犹未溃，比犹能军，而德之科学名家九十有三人，心自不安，偲偲然乞诸科学之神，自辩其用兵之无罪，旋复继之以大学山长二十有二人，乃世之人反责其欲盖弥彰者，何哉？联军责之，犹可说也，罗马教堂教主被焚被杀而责之，亦可说也。至于中立国人亦责之，非罗马教人亦责之。责之言播于欧美各报者，试举一隅，用概其凡，略可见现今欧美道德之眼光，哲学真宗行诣之纲要也。

美国人 M. Church 乔梓者，著作家也，既得日耳曼九十三名宿求正海内通人书，因复札其一名 Frits Schaper 弗利·差拜者曰："日耳曼欲以现今之战话取我美舆论，其不情亦太可怜矣！美人之倾向，在日耳曼好自为之耳。敌人之谤讪，何足虑也？事有其实迹，可根踪也。来书谓日耳曼今番之战，为人所逼害。逼害与否，全题之要领在此。果逼害也，则日耳曼所处之地位，正大光明，举世人将赞助之不暇，其仇之攻之也，必遭排斥无疑；设非逼害，则准诸公理公法，今番之横暴，日耳曼曩日之名誉何存？毋抑其仇将为天下所赞同人道所扶持而已矣！吁嗟乎博士！全局之问题既得，故所争不在仇人之蜚语，报馆之雌黄，要在悉心研究有关之档案而已矣！夫档案固历历可征也。"乔君既编引档案，乃结论曰："戎首为谁？其英国乎？英国于奥、塞问题，方力主调停，征求公断。以言战事，则一无准备，准备非半年之久不为功，此天下所共知。然则戎首其法国乎？俄国乎？窃料诸名宿署名于书者，无证诸案卷，敢昧良以诬认也。然则战祸之兴端，由奥国步步阴为德所劫持，故敢以无情无理无厌之要索加诸塞人，而德人一方，又以欧洲列强干涉奥事为逼之，使终于用武而已矣！"

（中略）乔君复责破坏比之中立曰："来书又谓非我德人有犯比之中立。吾不知署名者九十有三人，曾一审查其所署乎？不意才智则渊博出群，而竟于无可置辩者贸然置辩，可见德廷阁臣 von Bathman Howog 白治门·好威所登八月十五日美国报张之通告，亦未尝一寓目焉。其通告不云乎，'比国比京提出之拒驳，固公正之抗争也。但我国万不能过问，即我等所造之罪恶，亦不用讳言，须俟战争结果，方可徐图补救弥缝所损焉耳。'然则德国之民，今虽纵欲行威，酣战好杀，但就阁臣所自讼者观之，天良虽昧，要不能自卸其咎也。比何仇于德？德乃据其地，逐其王，戮其民，火其居，夺其财，毁其通国之名胜，无价之古迹，而残忍之心，犹似未厌。遇凡眼见焚杀之比人，情不自禁而还火一枪者，则连坐居民，不分老幼以所受与妇女之无辜，尽掩杀之，无漏网，以言罪恶，不上通于天乎？试问敌人苟修怨于柏林，我九十三名宿，能漠然无动于中而还火一枪否？余则血性未除，倘见屋庐焚烧，儿女之尸骸狼藉，万不能不效困兽之斗，宁与俱尽而还火一枪也。君等乃曰：此日耳曼帝国军政则然。余则曰：惟其为军政也，故今番之战，不始于今，不始于敌，而始于二十五年前威廉二世即位之初，即已自号为 Dieu Suprême de la guerre 战斗大明神，所以国训其民，庭训其子者，壹是以杀伐为人生与邦族惟一之光荣。我美人不识其公主，所见照片，则戎装也。国训如此，庭训如此，其杀气氤氲，摩励以须者，岂自今始？康德者，贵邦之古德也，其金训嘉惠我世人多矣！乃反置诸脑后，而惟 Nietzsche 聂子失氏形质之嗜是耽，白耳那的将军战血之腥是渴，Treische 忒来矢氏战胜之梦是听，von Bulow 布罗氏之不轨不物是崇。虽我等远在美洲，于贵国皇帝皇子及凡军政学界诸王臣之心理，不及深知，但就可征信者验之，日耳曼人，大都自以为生民独异，分位独高，独战斗力能保其位。我美国心理不然，民族义轻，人类义重。故贵国皇帝统率国民，恣杀人类，即令所向无敌，能尽同胞送诸屠剑之场，在我美人观念，惟有极端痛恨排斥之而已矣！呜呼！屠之为业，贱业也，况屠人乎？"

"我贤友差拜，天下古今可羞可愤可贱可恶而莫出其右者，孰有如基督国民，而犯此不仁不义万口不能辩护之战争，不能掩饰之凶恶也乎？以德兵守德疆，天下孰敢相侵？科学之猛进也如此，未有反离人道而入于野蛮之畜道者。况以制造之改良也，德货之广被四海，固已欢迎矣。欢迎者，非以科学之有功于人道也乎？吁嗟乎！而今已矣！与人道为敌者，舆论之仇也。其速弃尔战神，逐尔战魔，而敬听斯民之牧，若路德，若 Goethe 宰忒，若 Beethoven 白道温与康德之教也。夫日耳曼今番之战，无论或胜或负，倘不翻然内疚，将四征之兵，从速招回，休望天下恕此莫赎之大憝大恶。"

请看纽约《时报》，移籍之德人，所以劝谏其祖籍者，措辞严厉殆十倍！

又荷兰教授 G. L. Dake 达陕君复书九十三人曰："噫！事至今日，而代表德国风化诸君，犹欲劝信我等，谓德国之战，实出于万不得已，万无可逃，并欲左右舆论，谓德国之兵，杀掠焚烧，实出于万不得已，万无可免；谓比之中立，虽有君誓在先，但今日之破坏，实出于行所当行，避无可避，况比人之生命财产，无犯秋毫，有则由于兵法家为当自卫焉耳，断无暴烈行为不依兵法者。日耳曼之风化，以军政为先，久矣！我等亦深信德军之暴烈，壹是以兵法部勒之。然惟以兵法部勒之，天且震悼而不宁，则见兵人悉手引火物，以焚民居矣，以炸途人矣，而被拘之教士绅士，虽无寸柄能防，愤激之众，偶火一枪，亦尽数相从连坐矣！君等日耳曼九十有三明眼人也，若未尽盲，自省之余，今番司军令者，不将日耳曼累世之荣名，轻于一掷也乎？与其求人原谅，不如查实所诽讪为愈矣！君等所据，司令之报告耳；人之所据，无辜之血腥也，未烬之烟腥也。德军所经，一路之祸星也。我荷兰人有鉴于比，湖水盈堤盈闸，宁与犯我中立者靡友靡仇，靡不其鱼而已矣！我荷之东，务使生力军更番严守而已矣！国有自主之权，权存与存，权亡与亡。"

观右二书，而知欧美于国家观念，庠序中人自有真也。国际有公法焉，战时有公法焉。公法者，万国之大共也。共莫共于人性，性有束缚，有其性之能力者谓之性法。人之性法，即于生初共具之礼法也，具而行之则人，不行则非人。非人则已，人则无逃乎性法，亦即无逃乎性法所演之公法，其不得视同档案之故纸，破烂之盟书，明矣！驻英德使，虽谓："此之中立，止因破烂文书，尝有此说，岂若英与德之交相亲哉？人遂疑英国政策，居恒使蚌使鹬，而自处于渔人者也，今乃宁受无穷之战祸，而救不知以小事大之比人，何居乎？"是不知德使之言虽如此，而德国诗人固早有吟云："我日耳曼者，通国一致，万众一心。心之所恨，恨以一国，心之所爱，爱以一国。法人俄人，我固不爱，然亦不恨，一炮还一炮，一弹还一弹。独于英人恨之次骨，恨以一国矢不两立焉。"又有学人 M. Wilhem Ustwald 奥士骍者，至谓："德操必胜之权（der Menschheit uber die Thierwelt），如人之胜兽，兽猛兽众，终无胜理。必胜之由，即在政治与科学，我视天下为最优。一八六六年，日耳曼族曾自相残，然阅四年，卒能联合，联合之坚，非他联邦所能比拟。今者战胜之后，全欧邦族，反手覆手，亦视此耳！风之以我德风，化之以我德化，自我德军以外，无敢谁何？各乐其生，各安其居，四海宁谧，以营其业，故首宜征服者，英之海王权，其乱天下也久矣夫！"云云。一唱百和，几于全国，若 Haeckel 海盖等学士，其议论大都有过之无不及。英人岂聋瞀哉！欧火燎原，不敢作隔岸之观者，非徒救比，亦将自救也。设有窃取德人之志，所以处分海王者，转以处分我亚东病国，我犹不堪，而谓英能堪之欤？我忠于我而不恕于人，其何以论天下事？

由是疑英者可无疑矣！英人自谓非救比也，救护人道也。人道有义务，故有权利。权利之大者，身心而外，人人有物主权。国亦法人也，法人有物主权，而不容亏损也决矣！不肖非敢以英人云云者，即信其道德高上而亦云云也，但以为无古无今，无东无西，立国之道初不系乎人云云，国云云，论对内对外，有武力，有强权，无公理，无公法，并无所谓人道，是直人首畜鸣而已矣！新学不云乎，"人与人平等，帝王乞丐，殊途同归，归于腐朽虫蛆而已矣。"人生人死，不能自主，又乌能生死他人？以故杀人之权，无一人有。杀盗者，防被杀耳！杀犯者，防社会之被杀耳！杀敌者，防一国之被杀耳！设无被杀之虞而杀焉，杀一无辜，一死罪矣！初不因得天下而杀之，非死罪也。亦不因与大众共杀之，非死罪也。不然一人奸曰奸，大众轮奸曰非奸，可乎？然则师出无名，或名而无实，非杀敌也，杀无辜矣！秦始汉武复生，亦不得谓之无罪。故威廉二世虽自号战斗大明神，而开战之前七月三十一日，犹电俄皇云："无涯之战祸，行将危及全球文明之众，断非余尸其咎而任其责也！"越日又复比王云："来电谓法可中立，由英具保，是不造攻自法之说也。但依武备发为军令，余已调集大兵于东西两界，不幸王电太迟，反汗断不能。"盖二世由比攻法，期一二旬颁赏于法皇宫，故早有成算矣。待所算不成，因念及大将 von der Goltz 高子原议，莫如倾国之兵，先攻俄，俄之征调难，既克，然后乘胜攻法，可免东西兼顾之劳，而俄近今果大败矣！兹姑不论高子之议见用而身则见弃于埃及也，只论二世与臣下攻英攻法攻俄，其议早定，其迹显然。不显然，何以造攻之易，而进攻之难耶？呜呼！其迹之显如彼，其议之早如彼，举国上下以武力为德人之命脉又如彼，然仍不敢昌言戎首我德也，俘比奴比我战胜之权也，不可见立国以人道为本，乃天性中不可磨灭之良知乎？

夫罗马教宗之主持人道，死可也，囚可也，华地冈有一言之违人道不可也。劝免欧战，既不能，复继之以交俘，则见于华地冈。塞使专使矣，土使专使矣，日本亦使专使矣，并由专使声明山东教务后归日本矣。英国之耶教，教法国法，专在不认罗马教宗为教宗，故与华地冈不相闻问者垂四百年，乃今亦使专使矣。其使专使者，岂以教宗而使之，毋抑伊古以来以主持人道称而使之？欧史中古教宗额我略第七，为日耳曼皇恩利四世囚于塔牢，厥后皇号哭于牢门外三昼夜，始克进见，盖主持人道之坚忍矜严有如此者矣。意者文明国人，战后之心理，必趋重于人道，专使之使，其造端乎？苟为不重，凶器以科学日新，权谋以政党愈幻。夫国与国之战争，争生存犹可说也，争发展，发展岂有涯乎？天下土地，止有此数，足供予取予求，而莫予罪之，野心否耶？我民立国，素遵邹鲁之教。邹鲁，弱国也，弱国而轻人道，羡武力，慕武断，不引虎，必引狼。窃不敢伥导我民之观念，以习成其为奴之心理，此《一九一五年》所由作也。夫不然，德国之强，亦素知之；德国之科学，尤所心向焉。顷者巴黎报界，戒其当国者曰："德之战斗力，于空际未衰也，于水底未衰也，于水面、地面未衰也。民之信仰心，于其皇之德未衰也，于其战之义未衰也，于其终之必胜未衰也。一切供军用之料者均未衰竭也。极大自行车助战助运者几三十万乘，其燃料未衰竭也。官厂民厂制造枪炮者不知凡几，其金料未衰竭也。大弹小弹更不知凡几，其药料未衰竭也。已调未调兵马之数都若干百万，其食料衣料未闻衰竭也。未衰未竭，半年于此矣！侵比之兵自若也，侵法侵俄之兵，或退或进自若也。窃恐再阅半年，其为进为退仍自若也。惟未能如一八七〇年一举足而至巴黎，巴黎其可纽于边报之小胜也乎？"由此观之，法报且不敢自据其小胜。不肖于德于奥于联军，无好无恶，不敢偏据以妄为推测，自不待言。所取言者，立国犹立身也，以人道为本，最后之胜利在人道，否则亦断不能悠久焉耳矣！

致英贞淑
（1914）

培根校长鉴：

　　到申即蒙寄到贱稿，如获家珍矣。现余旧病复发，一月之假，已去三之一，仍卧床上，不能动弹。惟到时得见老姐一面而已！所有修理事，另函四哥矣。隔间原议以西北留一小间为是，东烟筒，左右留一小眼，通电铃，为要。志尧及伯鸿下月二十内外当先后赴津大会，余当随之往也。种参事进行否？织地毡似不难。静宜女工何不以开办？匆匆，须候侍祺！马良顿首。念七日。

重刊《主制群征》序
（1915）

噫！异哉，世竟有嗜食唾余，昌言天学、哲学两不相涉，且不相容者乎？抑知一乃禀承天地大君之教诫，一乃推极人心固有之良知。知何在？在品类万汇，依类以研索其所以然也。所以然有远近大小公私之殊。其至大至公，物万物，有万有，非是无一物，非是无一有，即天学所称之天主是矣，亦即儒书之上帝，释为天之主宰者是矣。非释氏所撰之三十三天，天天有主之天主也。

天主教在唐称景教，景有大公加特力之义。在元称十字教，十字者，救世主耶稣之麾帜。合三者之称而究其理，在明曰天学。然则天学与哲学，其客观，其向界，壹是以研索所以然为职志者也。研其近不遗其远，由小者私者循至大且公者，何不相涉相容之与？有金玉其槽枥，六畜漠然；金玉其衣履，孩提欣然。睹大造之林林总总，奇奇妙妙，漠然不一审其所以然，犹得为明理之人也乎？设指一人，斥其无父母，并斥其父母以上，别无父母，人不引为奇辱，亦必以为妄言矣。无他，有果必有因，有烟必有火，有人必有父母，有父母必有父母我父母之所以然在。哲学之可重，重在事事物物，根寻其所以然而已。科学之有用，用在各本固然，踪迹其所以然，既得之后，辗转引伸，无不奏有固然之效而已。

明末清初，有汤若望者，来自日耳曼，于当时之科学，无所不窥，于治历外，尤受知于顺治朝；著有《主制群征》，盖即万有万物之固然者，推极于天主至大至公之所以然也。

吾友英敛之，自幼求道，弗得弗措，年至弱冠，始得此书，乃恍于加特力教所称天主，实即万有真原，万民父母。一身之父母，不孝事，犹不可以为人。万民之大父母而不之孝事，乃曰：此科学也，此哲学也。学云，学云，非学以为人乎？以不孝倡天下，孰如此甚！因拟重刊汤著以救正之。而或曰：惜乎！汤所征引，间与现今科学不同。序者曰：无伤也！此一时，彼一时，譬之追王而偶愆昭穆，与数典而忘者不迥异乎？我中国之言天，与佛氏之言天，其可笑盖不胜枚举，彼犹不改，汤之著何以改为？

乙卯四月，马良序于京师培根学校，时年七十有六。

重刊《辩学遗牍》跋
（1915）

　　此西泰子手牍，一复宦而佛，一复儒而僧。僧佛之印度，金知其民久改从回教，近悉臣服于英，以是欧译梵文益众，而与我译比对，益信我译率多文人好奇矫撰。如西泰子言其心性等字，又止诠译抽象名词，非彼法好言心性也。

　　至西泰子利玛窦氏，乃有元十字教中绝后，东来第一人，即万历戊戌会魁李之藻所称经目能逆顺诵，而又居恒手不释卷者也。其于万历二十八年亦奏称于凡经籍，亦能诵记，粗识其旨。今观此及前所著《天主实义》（原名《天学实义》）、《畸人十篇》等，必其于诸子百家亦颇能诵记。不然，以一九译远人，乌能理文并茂乃尔？且辞气之温良，与儒、释主奴相持迥异。乃纪晓岚氏诋其〔谋〕为"同浴而讥裸裎"，得毋纪氏未遑卒读，即读亦如晦翁言，一味颠蹶逞快，胡骂乱骂者欤？然纪氏值雍正禁习天学后，欲求不曲徇势位而断是非，岂可望于在朝之文学？故于纪氏何诛？于西泰何损？

　　《大公报》主任英敛之喜见《天学初函》，亟为重校，刊报尾广布。计余所见重刊，此其四矣。然则是非自有大公，纪氏之言"佛教非天主教所可辟"云云，特徇势位为是非，何足沮人特刊而不一刊哉？

　　一千九百十五年十二月，相伯马良题于北京培根学校。

致英贞淑
（1915）

一

径启者：

前日书想已达。南地人心不思乱而待乱，亦若灭亡之无日也者。艾君信所说三十方地，熟者十四方，便可因以开荒，此大利也。实夫有意办否？计存购露德者三千余，财政票今可支者千五百，余下倘有一二千，则所缺不多矣。除另函艾君、徐君外，祈与实夫商酌之。奉天之天一公司，众所知也，然而失望之人心，不可与语。堂长鉴。老人白。廿四日。

二

英三姑侍右：

得自涿来书，未即复者，因书言升天前后必来京故也。江苏以崇明教友最多，然不过一万二千。涿竟有四万，加以栽培，后起者将不止四万。我国人每以有无造物为无关我事，不知苟无造物，我常处于独，而为一切势力之奴，甘心否耶？国务教务，事事不行者，正以妄认势力为主人，不知奋斗故也。姑其勉之！顺候覃祺，不一不一。相老人白。十六日。

致张渔珊
（1915）

一

渔珊父台有道：

《景教碑》及《开封犹太碑》，不知曾寄徐汇否？因寓内遍索不得也。又耶稣教所印《古新经》，有一部文理斐然，疑吾先正所译也，能为代购一部否？又《圣经直解》，现所印漶漫不全，有旧印者，能代索一部否？暇时当校正之。《主制群征》，友人有欢迎者。《名理探》，迄今未得古本，尚未从事校对。匆此，顺候德祉，不宣。若瑟马顿首。九月二十一日。

二

渔珊父台鉴：

徐汇藏书楼既有《天学函》理编十种，甚善！藏书内有艾儒略所撰《利玛窦行实》，烦从速饬抄一本寄京，为感！器编十种，名目另纸开呈，似曾于书楼见过。今寄上京师学务局《通行文牍汇存》四册（至二年止，以后便无。教部有文牍年册，俟访购）、《中央观象台丛报》（蒋君已允径寄，其信附上。以后可用法文信往索，千万不误）。近日流行之论，欧洲事事好，不好者惟宗教；中古之战，现今之战，皆宗教之祸根。英君敛之拟刊《天学函》，作一序以矫正之。专此颂诸！知好近安。若石马。廿四日。

三

径启者：

　　前托抄件，已从事于抄否也？又 *Léttres édifiantes* 一记顺治优待汤若望及汤若望故事；一记雍正为阿哥时，因堂中不肯刻杖头老寿星，发怒仇教，后猎热河。震旦之故事，能译登杂志，人必乐观。又元朝本笃会真福奥德里曾亲述来华返义路程，若皆修饰登杂志，教外人必乐观。（敝寓系西安门内培根女校，以前所寄杂志，接到者十无一二。）张神父道鉴。若石马顿首。十九日。

四

渔珊父台有道：

　　承惠《理窟》前续两部，谢谢！学部诚有《天学初函》，但不知装在何箱，《七克》与《名理探》，无从借取校对也。至国歌既有其文，执事若肯演为宏壮新声，下走当为代呈该部。该部司员尚倚有何声，无从代访。《名理探》原有之拉丁文，公无暇，不能饬抄否？匆此，复候道绥。若石马顿首。

五

渔珊父台：

　　承示《名理探》业已开抄，抄就寄京，感谢莫名！兹悉教育部藏书楼有《天学初函》，内有《七克》，若有《名理探》，大可责我校对矣。唯《名理探》一书，并未译全，其全文徐汇藏书楼有之。敝意如要再版，须将拉丁原文之题目，一一刻上，容能使人一目了然。然其应补译者，至少尚有十伦府之类。窃谓能将前五本熟读四五遍，则从事翻译，当不甚难。若瑟马顿首。正十日。

六

渔珊父台道鉴：

　　来谕抄得《天学》器编三册，惟校对之工人，将何以酬我乎？我则以为虽十倍抄价，亦大菲也！阁下未必肯酬，为此并抄值亦不须酬矣！（与利传一并付邮寄往。）《圣保禄书信》有注疏，先撮总意，次用雅句法，末诠其承接之类，烦与留意。明春返沪，拟从事也。世变如棋，无足言者。惟所抄者可当年礼。院长前均此修贺。行将七七老人书。

题赠杨佑廷
（1916）

　　人有一世之人，有百世之人。求一世之温饱，得之者千无一焉；求百世之盛名，得之者万无一焉。千无一，万无一，而求之者不曰渺茫。独奈何万万无不死之人，日日皆可死之时，而一言死后，反不啻千里万里而遥，与吾身极不相关之事哉！即或间以为相关，而视与一世之温饱，百世之盛名，其切吾身，殊不可等量而观。以是为教者，天下胥是也。不訾吾教死后之论为迂远，即目为为愚民设教则可，为士大夫言之则不可，然则士大夫不在自古皆有死之列耶？丙辰立春日，写于见心斋，以似佑廷道契之属。相伯氏时年七十有七。

青年会开会演说词
（1916）

敝人此次受贵会之请，演说"中国今日之需要"，题目正大，实难一语言明。数年前某地造佛像，处长某闻某佛像在外附人言语，不守己分，遂收回之，修其眉，光其面，给两嘴巴，而嘱之曰："勿再为不道之行！"今日中国之需，亦是急需两个嘴巴子。盖人为受造之物，竟忘却造物之主，行不道之行，亏良心而不顾，反言吾系尊某某宗教，某某圣人之徒。一言夫政治，不统帅人民，利用土地，不过率人于陷阱，如禽兽之轮食人肉而已。如此，其何能淑？载胥及溺而已。然今尚未及溺，所急需者，造物主给两嘴巴，从速革面洗心，崇尚道德也可。

《圣经》与人群之关系
（1916）

孟子曰：心之官则思。思则知我非我自造，前无今有，万物皆然。譬如锁上一座空房，他日开见坑几字画，铺陈如式，位置咸宜，决无疑物自生，偶然堆积的，故知必有一全能全智造物之主。主既造万物，必爱万物，万物皆安其性分，虽老虎吃人，亦照科学公理而行，如其不吃，人必反以为奇。独人为万物之灵，反因浪用自主之权，丧失性天，违背科学法理，故造物主哀怜人类，亲来救世。所有记载已来后种种言行，曰《新经》；记载未来前种种预备，曰《古经》。从知《古经》、《新经》，皆以救世主为枢纽，新与旧合而言之曰《圣经》。《圣经》之所以为圣，在引人归向万有之原，万善之元，故也。大都泛说《圣经》，则以救世主《新经》为本位。英文《圣经》始译者曰排代，在第八世纪。希腊与辣丁文，皆在第一世纪，当时即有通行监本。救世主非救一国一民，故《圣经》之关系，关系普世人群，但关系我中国人群、中国国家为尤甚。何以故？《圣经》为万法之根原故。

无法律，非国家，而法律之要，一在保障通国身命财产，二在通国上下一体奉行。乃中国人动称有治人无治法，是说无治人则法不能行。法不能行，不得谓之法律，怕从古以来，没有一起案件，一场人命，是从始至终，按照法律，正正当当审判过的。可见我国之人，无古无今，皆不知法律为何物，所知者取决于有权人之胸臆而已矣。即如孔子诛少正卯，按少正卯在鲁与孔子同时，孔子之门，三盈三虚，虚者门人去仲尼而皈少正卯也。考其罪状，只曰"心险而达，行辟而坚，言伪而辩，记丑而博，顺非而泽"云云，试问有何可杀之条？一无事迹可证实其罪，而即诛之，是何法理？又夹谷之会，齐侯作侏儒之乐，借曰有罪，罪亦不在侏儒，而竟诛之，是何法律？至商鞅之徙木予金，谓之诡计则可；王荆公之青苗等法，无上下遵守之必要，谓之为一种命令犹可。要按照良心，得一真正法律，保障身命财产，使军民上下一体奉行，苟无《圣经》诱掖万众天良，殆不可。故中国至今以不守法律为荣。或告之曰禽兽不能立国者，因无法律观念故也。孰意相习成风，甘为达尔文大兽大鸟之世？今姑不论如何关系国家，以免许多疑忌，第混而言之曰关系人群。人群譬一挂朝珠，其串合必有线索。线索非他，即按救世主《圣经》之训，该彼此相亲相爱而已。诸君且慢说：然则基督教与墨子兼爱相同了。不然不然。难道儒生不说君臣之际要忠爱，父子要慈爱，夫妇要恩爱么？何况"四海之内皆兄弟"，兄弟不该友爱么？惟《圣经》所说四海皆兄弟，乃真兄弟，同为造物主所生、所养、所爱护，非黄、农、虞、夏等空名词，其代数班辈，《史记》尚摸不清，算至我辈，更渺茫无稽了。《圣经》所说，兄弟是真兄弟，爱情是真爱情，要实行其爱，先去其反背的，大要有四，实行的亦有四。请分言于后。

第一反背友爱，莫大于杀人。故十诫第五条曰毋杀人。伤害人性命肢体，固该服上刑，即恨人骂人、记仇报仇等，亦该服上刑。可见杀人之罪，其大无比。请听《圣经·马太》五章二十一节至二十，又三十八至四十八："你们听说，吩咐古人，不可杀人，杀了人，该归上级官厅问罪。"（因犹太有三道审判厅：一、钱财事归三人听审。二、人命案归二十三人裁判。三、大逆不道，如违背圣教等，归七十二人议定其罪。刑罚一级重一级。此地上级，是说后两道官厅。）基督说："我说给你们，凡有人忿恨他兄弟，也该归上级官厅问罪。如其破口谩骂，骂他兄弟拉加（拉加是犹太话，解说废物废料，无用的下贱货。西利亚话，可解说乌龟忘八，又解说鼻涕痰，即如骂鼻涕虫之类），这就更该加等治罪；若是骂人蠢货，呆傻顽劣（与禽兽相等），便该受灾痕的火罚。（灾痕山谷，古时将人活烧，祭祀毛牢邪神，后为焚烧骸骨等窑，火则终年不断，就是说地狱永苦了。）为此你到祭台前奉献礼物，想起你兄弟有憾于你，你且放下礼物于祭台前，先去向兄弟说和，然后来献礼不迟。你有仇人，行路时便趁早同他和美，怕的是仇人送你到官到府，官府将你发交衙役，衙役将你推下牢监。我确实告诉你，你不扫数清偿，永无出监之日。""你们又听说，一眼还一眼，一牙抵一牙；但我说给你们，人以恶来，勿以恶去抵敌他。有人打你右嘴巴，调过一面送给他；有人告你状子，剥你长衣，你连外褂送给他；有人硬派你走一千步，你走二千相与他；人求你，你给他；向你借贷，勿回绝他。""你们听说，你亲人，可爱他；你仇人，可恨他。我说给你们，该施爱于尔仇人，有怀恨你的，要加恩于他；有窘害你的，毁谤你的，该替他祈祷。方算是在天圣父的儿女。圣父命出太阳，不分善恶都照到；命下雨水，不分义与不义人都洒到。因此但疼爱那亲热你们的，有何赏可赏？何报可报呢？难道粮差税吏不如此做不成？若但问候你兄弟，你算多做了甚么？难道四夷之人，不如此做不成？故此你们做人，要做得完备周到，像在天圣父一般尽善尽美才好。"

右面《圣经》，是救世主天地君王，亲口定的诫命，上文就先说："你们莫想我为来废弃古教规戒的，我来是为成全这个。一老一实告诉你们：天地有过去的时候，律法各条，一点一画，糊弄不过，都该切实做到的。"从前每瑟在西乃山所受的十诫，犹太人有时懂错，教错。错的，救世主特来更正。是的，他先遵守，给人榜样，帮人效法。若不效法遵守，他是天地君王，赏是君王的赏，罚是君王的罚，言出惟行，无人瞒得过，无人逃得过。大意是一则教训我们：不但杀人该归命案受审，凡有忿恨心、祸害心，以至言语伤人骂人，便该加等治罪。可见《圣经》何等要人友爱？心里有些不爱俱不准，非但不准，而刑罚之重有如此！乃我中国骂人，直骂到祖宗，你看精致不精致？城市乡村，第一洋洋乎盈耳者，要算骂人声了。你看野蛮不野蛮？二则教训我们：心是一身之主，作于其心，害于其事，由怀恨而怒骂，由怒骂而争斗，而杀伤，所谓一朝之忿，忘其身者是矣。好法律家，须将犯法的远因近因，一切预为防闲，严为杜绝，故此要禁绝杀人之事，先该禁止杀人之心。三则教训我们：事无仁爱之德，善亦无功。譬如推干就湿，在父母爱子是何等可敬！在奴婢等或因怕打怕骂，或是望长望短，请问有何可敬可感？故此祭献，虽是教中大礼，但与兄弟有不睦，倒不如先去和好。和好兄弟，比祭献天地大君，更有价值，愈可见仁爱为万德之根了。不幸有亏爱德，有伤兄弟，基督说赶早认错求和，这便是赔补的上上妙法。延俄到死后，那就迟矣晚矣！

所说一眼还一眼，犹如说一板还一板。这段《圣经》，并不禁人设法卫护身命财产，但不得丝毫过分。人能无故伤我，我照公理，原可责令补偿，但不可冤冤相报，或斤斤较量，稍存加祸之心，自鸣得意之情。其或人愿赔礼求和，我分儿太足，心儿太醋，那就先犯诫命了。譬如保护人道，原可打仗，但用毒气等炮，屯末屯末弹子，则大犯公法，或杀害平民男妇老幼，则大违公理。何以故？打仗是打力能抵抗的，不是打身无寸铁的，不是打地方上一无守卫的，而况打本国城池，本国平民男妇老幼呢？有人说：兵打仗，进了城，禁奸掳，未免太苛。好一个官僚派谈吐！须知非礼之事，皇帝爷做了也犯罪，如何能容兵丁做呢？故此杀一人，一死罪，发号施令的，一一身当其罪。其凶狠甚于禽兽，物恶伤其同类故也。再者，诸君试思古来刑罚之残忍，现今科学各军火，惟恐死者不痛楚，痛楚惟恐不长久，禽兽相残，其恶不至此。痛哉人类！伤哉人类！孔孟书说，非义非道，禄以天下不为，故杀一无罪而得天下亦不为。今也，为显威风为之，为求容悦为之，甚或为谋一小小饭碗为之。人心不古，人道全无，尚何人群之有？为此小而言之，人有害我一身一家，若怕抵抗太过，不如以善胜不善，于是基督说一忍耐到头的榜样，不但人想便宜，我让他，假如人当面糟塌我，我耐他，并不自行辩正。外褂是礼服，剥去便难以见人，我亦听他。犹太风俗，冤令做件事，做一半也就算仁义人了。基督乃说反多加一倍，以见好于他。然而凡事须有分寸，基督受难时被打巴掌，且责问衙役。后戴茨箍时，便不出声，谁敢说基督的忍耐，不登峰造极么？

又你们听说你亲人可爱他云云，此地亲人，是说犹太同种。当时不同种的，大都不钦崇造物真主，犹太中不明理的，便以为可视同仇雠。此铁血宰相"黄祸"之蓝本也。救世主说：不但人人要爱，即使有人反对我，仇恨我，凌虐我，甚或至于伤害我，我亦不该牢记在心，图谋加害，把寻常礼貌往来，都与人断绝。不知兄弟侵犯我，是他不明理，我正该哀怜他，才也养不才，中也养不中，方不失做哥哥的身分。其他圣训所说格外爱仇之处，并不在诫命之内，是在德行上讲。讲到德行，不该大公无我么？试看造物主或命下雨，或出太阳，事事一秉大公，何尝苦苦分别善与不善人呢？人既受造，皆为造物的儿女，儿女有知恩有不知恩，为父母的只望他悔悟。故基督劝人：第一，待兄弟要一视同仁；第二，不但不可有己无人，还要无我，我虽被冤被屈，依旧疼爱兄弟，方见得心地宽宏，不争世上有限的小便宜，无谓的小意气；第三，要知道能学造物主，造物主自然会补报。《路加》六章三十五节："尔等该爱尔仇，加恩于众，借给，非有所望，则尔受报必大，而为无上元尊之子女。"奇哉！奇哉！爱仇，便做天上太子，比做地上的如何？基督且殷殷相劝，左一理由，右一理由，然则基督要人爱亲友，爱同胞，爱同国同种，又当如何恳切呢？

第二反背友爱，莫大于邪淫。故十诫第六条曰毋邪淫。邪淫事，万万做不得；邪淫心，万万有不得。请听《马太》五章二十七到三十节："你们听说吩咐古人，莫犯邪淫。我说给你们，但凡见妇人，动淫念，心便奸污了他。设或你右眼带累你犯罪，你剜了它，丢远于你，为你计算，丧失一肢一体，总比全身去下地狱的好。你右手连累你犯罪，你砍下它，抛远于你，你百肢百体少了一肢一体，总比全去下地狱的好。古书说人欲休妻，该给休书。我说给你们，除了犯奸以外，休妻的是教妻子犯奸淫，娶休妻的也犯奸淫。"

这段经是说犹太古教，按《出走记》二十章十四节，又《申命记》五章二十一节，为尊重夫妇之道，除禁奸情事，奸情愿，愿他人妻之外，就别无戒命了。是凡甲夫妇，对于乙男女，或乙男女，对于丙夫妇，而有淫事淫心，俱谓之犯奸，为其干犯婚姻之誓，有伤夫妇之义故也。基督进一层说：凡心起淫念而目妄视，便犯奸淫大罪，该受地狱永殃。又因事关传类，情欲之感往往过猛，人最易犯，故救世主防微杜渐，劝人奋不顾身的，避开种种牵引。譬如右手右眼，原是人身最重要之物，然而一遇险症，尚且不怕剜了剜了，何况引我犯罪的机会，是断送我灵魂肉身两条性命呢？倒不该一刀两断，从速离开的好么？末了一段经文，是说配为夫妇，乃白头偕老终身之约，倘中道相捐，捷直对于人类是犯不忠不信，不仁不义，莫大的罪过，故因犯奸，亦只好分房异寝而已。譬之你出地，我造屋，期未满时，犹不可索还其地，故此身在一日，不可相弃，这便是右经的大意。我国亦知男女居室，人之大伦，大伦岂可朝更暮改的么？亦知夫妇无别，则近于禽兽，然而宜男之妇，有借于朋友，而传为美谈者矣。人人说"万恶淫为首"，至于看淫戏，看淫书，反以为消遣。你说我辈大儒，目中有妓，心中无妓，然则孔子所说非礼勿视，看看也无妨了。婚姻之正，也知道该一夫一妻，然而提倡多妻的，自古便造作礼经礼法，公然宣淫于上。至于佛氏提倡，则更进一层，虽修到神佛地位，也有甚么前缘注定，何况下界凡夫，五浊之身了。孰知新学家，则别开生面，说人类本是禽兽，何必拘拘礼法？礼法扫了地，一班无耻文人，反说风流，这不是我国簇簇新新的现状么？诸君意见，以为该维持不维持？须知《生民记》第六章，天降洪水，是为甚么？是造物主耶和华，看见世上人，恶贯满盈，心所思念，无非奸淫，见有姿色的，便随意配合，故耶和华之神不能与偕，深悔造人于地，而欲剿除。又须知《生民记》第十八、九章，天降大火，焚烧琐多马、恶木拉，是为甚么？是为两城人，淫风太甚，求其五十好人而不得，直至十个好人也不得，故造物主断然降罚的。

齐桓公不过有五六个如夫人，死后尸虫爬出户外，竟无人收殓。古人说《国风》中，淫诗多者必先亡。孔子不删去，正使人知所警戒也。淫诗莫多于陈，郑、卫次之，宋又次之，而被兵祸为最多。方望溪曰：以此知天恶淫人，不惟其君以此败国亡身殒嗣，其民夫妇男女，亦死亡危急，焦然无宁岁也。今观于欧战，非骄奢淫佚之过乎？我国疫荒兵乱，无地无之，无时无之，非提倡多妻之罚乎？加以天罚淫人，每于其身害大疮杨梅等。杨梅先攻鼻准。古诗谓胡人高鼻动成群，今者胡人何尝有高鼻？治杨梅药，六百零六最灵。西医说传染子孙，至五六代不绝，因此人种衰弱，一代不如一代，其造孽人群，为害可想！何况妇女以廉耻为重，虽则小户人家，也宁投缳投井，免被强暴所污，史传所载，报纸所登，古与今莫不皆是。可见女宁被杀，不愿被淫。然则多淫一女，不啻多杀一人。人或美其名曰纳宠，宠在那儿？宠你臭皮囊，臭淫欲而已！借曰宠姬宠妾，其实是夺其自由，毁其人格，丧其羞耻，灭其灵光。你说我拿钱买的，难道人是可卖品么？设有凶徒，爱吃人肉，出钱买人，国家可准么？纵令国家可准，拗不过天地大君的诫命。《马太》十八章说："凡人引诱年青子女，倒不拿磨盘石，套他颈项，沉他海底。"就如说其人之恶，不可令居地面，该灭迹扫尘，丢在深坑。何况杀人者，杀仅一次，淫人者多淫一次，即多杀一次。再者右面《圣经》明说，宁剜右眼，宁剁右手，然则淫人一次，不但杀人一次，捷直又自杀一次。由此观之，提倡多妻者，是提倡杀人并提倡自杀，这不是人妖人怪么？有靦面目，反敢称孔道孟，称王道霸，自居法律家、政治家，我东方之野蛮就在此，恶罪就在此。所以与《圣经》圣教，凿枘不投。自唐景教以来，千有余岁，依然不信不奉，其他西来之教，同一多妻，无怪其水乳交融，相安无事了。

第三反背友爱，莫大于偷盗。故十诫第七条曰毋偷盗。凡伤物主名分，而擅取其财者，曰偷盗。偷盗之根根于贪财爱财，宁为财死财亡，非财奴而何？请听《马太》六章二十四节到三十四："人不能侍奉两个主人，因其不厌恶一个，便亲近别个，不巴结一个，便怠慢别个了。为此你们不能服事造物主，又服事金银财帛。所以我说给你们，不要焦愁着你身命有何嚼用的，你身子有何穿戴的，难道你身命不比茶饭值钱些，你身子不比衣裳矜贵些，你看天上飞鸟，不耕种，不收割，不屯积仓廪，在天圣父且养活他，你们比他不贵重多了么？再者你们万虑千愁，谁把身干能加长一尺呢？又何苦为了你衣服担心呢？你想那野地上百合花，怎么生长的，又不操劳不织纺。但我告诉你们，撒落满王，极光荣时，他所穿戴的，也不及其中一朵，然使田间野草，今日暂存，明日推下炉灶，造物主犹如此装点打扮他，浅信之人，待你们有不加倍得多了么？切勿忧短忧长，忧日后有何吃呷披挂的。这都是无宗教人的盘算，你们在天圣父早知尔等养命所需，为此该先求上天之国，上天之义，其余一切，都要格外赏给你们，你们不要牵挂着明日，明日有明日的牵挂，每日的难处，已就彀受了。"

这段经文是说，莫把钱财看比造物主大，莫把衣食看比你身子重。就像造物主会造你，不会养你；会养你，却不是造衣造食为供给你，倒是造你为忙衣忙食的。就像世上少你来吃来穿，穿吃而外，你于世上别无他用。古书且明说：食色，性也；饮食男女，人之大欲存焉。孟子言政治，也明说"治于人者食人，治人者食于人"。上下劳心劳力，无非为食而已！笔参造化的韩昌黎，说到个人，也不过衣食于奔走而已。可怜我国四五千年的文教，教到如今，求做三代上饱食暖衣的禽兽而不可得。又不幸子贡问政，子曰"足食足兵"。偏偏忘了足食。于是左兵荒，右兵荒，荒而用兵，兵而更荒。夏商时，就有葛伯以堂堂一国之君而仇饷。时在葛伯以后，位在葛伯以下，敢以打劫为营生，更不必问了。庄蹻盗跖，还许是他徒子徒孙。贪官污吏，无不奉为领袖。苛政猛于虎，盖夺民之财，无异食民之肉，间有分惠余赃十二三的，便低首下心，称仁道义。一国之眼光，全在饭碗，没饭碗找饭碗，找着呢，又怕吃不成。吃了呢，又怕吃不长。故救世主说：何苦汲汲皇皇，忧吃、忧呷、忧穿，同教外人一样？并点破这庄蹻盗跖之根由说：尔等该先求天上国，天上义，莫想今生之外没天国，皮肉之外没仁义。义在《圣经》上，是诸德之总名，若知有仁义，则非义之财，自然不敢沾染了。

假令一身观念就在衣食，一国观念就在衣食，势必至以跖、蹻为英雄好汉，而盗贼之门为仁义存焉。此无他，盖衣食观念，不外皮肉，天地之大，道义之高，而禽兽要惟皮肉之知。夫惟皮肉之知，尚有所谓良知耶？每见兵荒时之英雄，非淫即盗。兵荒后之英雄，且公然诲淫，公然赏盗。帅天下如此，固宜会匪、帮匪、枭匪、土匪，布满中国。中国虽大，竟无一寸干净土可以容身，此而不耻，号于人曰：有国有家，谁其信？然则偷盗之有害人群，至今日极矣！而尤在强有力者，反视为权利。但《圣经》之训昭然，其罪之类凡五：

一、强盗。凡明目张胆，劫取人财，或恃众威吓，格斗抵抗，先存一杀人越货之心者皆是也。既玩视人命，又藐视人群，理不得比类于人，故自古刑章皆死罪。

二、窃盗。事难枚举，总之暗算人财：一手盗，或拐或扒，或钻洞，或跳墙；一心盗，贪爱他人财物，而谋赚取；一诱使偷盗；一指令偷盗；一凡献计，或代筹，或把风，或探报；一藏匿盗贼；一收存赃物；一知为赃物而市之；一擅用公物；一私取公物；一侵渔国课国库；一侵渔所寄所托；一假公济私，如假善举，浮敛浮募，多用私人，顺运私货等；一食人之禄，不忠其事等。昔范文正，一日事不称禄，明日必补之，且有欲补而不能者，如外部之妄允于人，与教授之不善，妄废生徒时刻等。又如食民之禄，转以害民等，或滥征贫弱，或宽纵势豪，违法以结私交等，后虽欲补，其道无由。

三、欠人财物。凡借财物，力不能偿，犹可恕也。然愿偿之心，万不可少。设或能偿，而故迟延，或以势相临，使不敢索，谓非盗贼之心性得乎？有时欠佣值，欠包工，其罪甚于借而弗偿。

四、攘取遗物。如亡羊亡牛，失鸡失犬，及路遗等等，不寻原主还他，反视为奇遇，此与见人失物，俟其远而窃取之，有以异乎？鼠之窃，狗之窃，非俟人远而取之乎？

五、计取人财。凡以陈为新，以赝为真，以次货充高等，以恶物充养生，或看人索价，或乘人之急价外索价，称斗丈尺，高下其手，入用其大出用其小。《经》曰："用两种度量衡以诳人者，造物主将绝其命，勿使久售其欺。"又曰："尔可瞒人，不可瞒主。"譬如正偷盗时，被人看破，或被拿住，纵被打骂，无理可争，但造物主的十手十目，谁逃得过呢？

再者偷盗之罪，与他罪不同，一则他罪不能积小成大，偷盗不然，罪之大小，视乎物与害，害如盗工匠器械，使不得糊口，其害其物，皆可积小成大，故其罪亦然。二则必须赔偿，物可偿也，值可偿也。不偿，是心恋于所盗，无真悔心，心仍盗也。夫既应偿，非自盗欤？愚哉！故与其盗于人，不如盗之于天地，学天上鸟，野地花，仰承造物主恩，以自食其力可也。然必先求天上国，天上义，何也？足见世非我国我乡，善用其生，急行天上之义，而得天上之报焉。切勿自等于禽兽，辜造物之爱，而惟皮肉之知，虽效鼠窃狗偷而不辞。

第四反背友爱，莫大于妄证。故十诫第八条，曰毋妄证，而妄议亦属焉。请听《马太》七章一至五节:"你们不要议论人,免得也被议论。你们怎样判断人,也照样受到判断。拿甚么丈尺量度人,也照样量还于你。为何你兄弟眼中一些草棍儿,你便瞧见,你眼中梁木一条,你偏不看见呢?你怎好向你兄弟说:你眼中一些草棍儿,容我检去,你眼中横著一条梁木呢?假善人,你眼中梁木先除去,方瞧见你兄弟眼中草棍棍,可拈去啊!"

这经文是禁无故莫谈闲是闲非,妄议既不可,妄证更不可了。遇有关系事,有职权人原可审察评论,但私下无故则在所禁。一则因伤仁爱,责备或太求全,况自显精明,亦涉骄傲。犹太看异种人,多不入眼,盖如现今,以强视弱,救世主故戒之。二则造物主必加审判,审人苛刻者,受审亦严,经且一再申明之,盖无权而擅审判已有罪,识不明,心不公,贸然为之,其罪定不亚于所审,犹梁木大于草棍矣。此经文之大意也。至于妄证,其类有三:

一、诬讼诬证。审事每赖干证,倘饰无为有,掩有为无,以出入罪名,其关系人生命财产名誉颇大,故其罪亦大,补偿之责亦重。若须发誓,是又得罪造物主矣!况原被告互相诬乎?

二、泄漏隐罪。有益于公于众,则无罪,如闻谋逆,谋劫谋叛,吾发其隐,以遏乱萌,无罪;有丑行,吾力不能禁,告知长上设法,无罪;或事已周知,言以为戒,无罪;此外则有罪。一诬污善行,无故宣泄人罪且不可,况以不肖之心度人乎?一发露隐过,是伤人名誉也,有罪。一轻疑人行。事有明善明恶与不善不恶。不善不恶,如赴考,则疑为贪富贵。明善如济贫,则疑邀名誉。明恶如沉醉,则当原谅其初非所料,若无可原谅,则当代为祈祷,反是而痛詈之,疾恶无妨,疾人则过矣!《经》曰:"人意深藏,谁则见之?"由我心恶,疑人亦恶,狂妄哉!一訾议善名,善名之价,重于珍宝,此《经》言也。人负重望,为众所尊,肆口轻议,其罪可想。

三、谗言毁人。其类:一造流言,一散揭帖,一助谗说,一揠人恶,一冤抑善人,一听信谗人。盖不听不信,则流言易止。然则听信者,与助长同矣。《经》言长舌,离夫妇,间父子,遑问其他?棘围其耳,勿纳;金缄尔口,勿出;言重如金,先称后发,且毁人名,极难补偿,盖后虽自讼于人前,其如谗言先入何?

大抵公堂上妄证人,其事少;闲谈时妄议人,其事多;心意中妄为揣度拟议,其事更多;动不动蜚短流长,长上前显己好心,说人坏话,久矣成为习惯，往往事前不先意迎合，便曲意顺从，事败则极口乎冤，以为夫子欲之者多有。小推大，大则推诿更大的，由家而国，又久矣成为习惯。权势熏天的呢？更如意大谈，是非褒贬，冤枉些算甚么？一个不好，即使冤沉海底，又算甚么？没有家奴家将便罢，有则造言生事，方见爪牙的作用，鹰犬的威风。推其敢于如此作福作威，一无顾忌者，无他，以为我行我法，其奈我何？殊不知《圣经》开口便说："你们切莫议论，可免被议论；你们用何条件审判人，便照样受审判；用何尺寸量度人，便照样量还于你。"你说自古来文字之祸，言语之祸，听断之不公，刑罚之不当，帝王宰相辈，糊里糊涂，不知冤死了多少人民，忠臣义士，何尝见有明里暗里，问过一回帐，伸过一回冤的？中国规矩，打了罚了，甚至死了，死了的是大官，还该叩谢天恩，臣罪当诛，天王明圣呢！所谓照样受审判，照样量还于你，自生民以来并无其事。但你所说并无其事，只就今生而言。所可怪者，虽无其事，而古今中外文蛮之众，人人信仰作善降祥，不善降殃，极恶无赖之辈，以及无神等派，说到报应，虽抵死不信，但从未见有不惊不慌，泰然而死者，则又何故？可见惟其不在今生，必在生后，不但因基督明说："天地可毁，余言必验。"故照样受审判的话，必有效验的。即照理而论，也该在生后，不在生前。今有雇工者，言定一工十小时，价一元，绝无过了一刻半刻，零零碎碎，便算清一刻半刻工价的办法。从可知道造物主必待生后，始与各人总算其帐。俗语说得好："天无急性，却有记性。"不然，造物主赋人良知良能，何用？倘使知善知恶，又能为善，善也好，不善也好，都不追究，好比国家定了法律，守也好，不守也好，还成甚么国家呢？近有政治家，以良心为迂谈，法令有兵威，怕人敢不守，不知兵威有不到，不到即不守，但不到之地常多，故中国法令常多不守。何况为兵的，若不服从命令，威于何有？这服从，便是良心问题，认你所说，奉为命令，更属良心问题。拿去良心，何怪兵变之多，莫如中国！假使良心中所谓十目十手，亦不过说说便罢，活像中国一面禁止强盗，一面敲锣强盗，左一批右一排的造出来，这不教造物主，成了麻木不仁的中国了么？

　　所以一人死，便受私审判。人类穷尽时，更受公审判。公审判，是审判古往今来的人类，在生时，或一思，或一言，或一行，或一缺。缺是当作不作，作不到家的。种种罪过，一一打开良心帐簿，帐簿所记不外善恶两途，光明与黑暗，处处反背。为善的不怕光明，为恶的暗无天日，躲躲藏藏，怕人看见，那时节，却躲不来了，所有一生隐恶隐情，诡谋诡计，胡言乱语，妄作非为，顷刻之间，将各人所犯，或诱人同犯的光景，比活动照片，还要惟妙惟肖的披露于普天大众之前。心计之工何用？手段之辣何用？总有一天要公审判，不但有古先知《以赛亚》二章、十二章、三十四章等，及《约耳》、《但以理》等，可为见证《新圣史》中，且但说《马太》二十五章，从三十一节起，基督自称："人子日后来时，声光显赫，天神扈从，高据威灵宝座，万民齐集于前，把他们彼此分开（分开善恶），好比牧羊的分开公母羊（一样容易）。母右公左，天地君王向左边的说：你们这可咒可骂的东西，快离开我，到那曾为魔王魔鬼，整备好的永远烈火之中去，因我饿了，你们不给我吃；渴了，不给我呷；作客在外，不收留我；赤身露体，不穿着我；我病在牢狱，不来看顾我。那时节他们回说：主子爷，几时见过你饿了，渴了，或客居，或赤身露体，或害病，或收监，没有服事过你？那时节要回答他们说：我实实在在告诉你们，是凡不给我小小兄弟做，就如不给我做一般。"听了这段《圣经》，再莫说这一干无拳无勇，好欺好骗，天天鱼肉几个，供下你饭菜了；无衣无食，又上无片瓦，下无立锥，带病带痛，坐牢坐监，这不是天下最无聊赖的人吗？然而就是基督，就是救世主要为这干小兄弟代算帐，代伸冤。人在生倚势作威，威纵威，威严不过造物主，用赏用罚，万不用情。一句闲言闲语，《圣经》说审判时也要受审判，何况信口胡揣，揣长揣短，连篇大套的滔滔不绝呢？《书》上说："惟口出好兴戎。"故反背人群实行友爱，第四件莫如妄证了。

上文五、六、七、八，四条诫命，但就大意言之，凡所造害，非偿不可，以此防范造害人群之事，比罗马法律，更为周到，比孟子所说"杀一无罪，非仁也，非其有而取之，非义也"，又分外充足。然而孟子已说："能不杀不取，大人之事备矣！"但不杀不取，不过是消极的，至救世主训诲友爱之事，积极的又有四端。

第一要恕道。见《马太》七章十二节，为此愿人施与你们的一切事，你们该施之于人，这便是教中的规诫，先知道的道理。又《路加》六章三十一、三十五、三十八节："该照愿意人施舍你们的，施舍人也一样，施恩而无所望，借贷亦无所图，肯给人，便给你，还要将大斗大斛，踢实堆尖的，四散有余的，倒在你怀中，用甚么分量，量出去，就用一样的，量还于你们。"

以上所节取的《马太》五、六、七章，皆所谓救世主"山中圣训"。

《路加》第六章，便是"平原讲道"，请诸君跟随救世主，或到平原，或到深山，闭目凝神，看一看普世人群，有黄有白，有黑有红，皮色不同，言语不同，风俗嗜好禁忌不同，饮食起居动用不同，所同者，人人皆前无而今有。今有，也保存不了多少时，熙熙攘攘，同生于猛兽毒虫之中，有病，有痛，有残废，有方生，有将死，哭的哭，笑的笑，打的打，骂的骂，强凌弱，众暴寡，富傲贫，上压下。人与人，家与家，国与国，但见你争我夺，使诈使贪。战则枪炮相杀，和则工商相战，说者谓此乃文明之进步，天演之常经。加以欧战蔓延，杀机大动，又加以我国古来惯例，只要有势力，有兵力，即以为有无上大权衡，可生杀人民，可没收财产，一时上行下效，杀害人身，心犹未快，又大倡淫辞邪说，杀害人灵，抢劫人财，更不算事了；又百般诬妄，使人有口难分。近日世情，诸君细想，尚有反背友爱之端，不曾变本加厉，做到尽头去处。就像造物主造人，专为彼此争竞，互相残害，害尽天下人类，然后大快于心。设或将他圈禁地牢，虽饮食衣衫件件有，独不准见一人影，闻人一声，终日终夜，天呼不应，地唤不灵，怕不到一年半载，不病死也该闷死。然则造物主造人，是为合群的，是为你帮我助的，相亲相爱的。但"亲爱"二字，不是口头禅，念念便罢，须在世一天，实行一天。《圣经》说得好："要人怎样看待你们，就该照样看待他。"意思间，不必问人看待如何，事事要照愿人看待的样，先施于他。可见爱人是积极的工夫，不是"四书"上消极的主见，只要"己所不欲，勿施于人"就够了。不欲人放火，不欲人杀我，我不杀人，我不放火，我中国人便自命是好人了。《圣经》不然，你要爱人，随处随时，实事求是。

你在家庭，莫说待父母，先说待儿女，待妻子，你不说女子好淫么？水性杨花么？你这不淫的男子，为何左讨小，右讨小，讨不到，看看也好，说说也好？请问你待妻子，恕道不道？若问待儿女，大都有养而无教，就算好的。其实不过听其胡吃胡穿，不识卫生，不知节制。只看城厢叫卖食物的，早到晚，晚到夜深，其饮食无节，可想而知。况所卖的生桃生杏，及半生半熟油腻等堆积蝇尘之品，有害卫生，在所当禁的么？说到教养的教字，则夫子未出于正，如何能教？有钱的，把男女用人当师傅；无钱的，把些野孩子当师范，所望于父母者，就成就这等儿女么？论到社会，原不外尔我宾东，但凡受雇于人的，能食人之禄，忠人之事么？士为四民之首，能教导农、工、商、贾么？假使工人有恕道，则所造物件，必能体贴入微，教人不用则已，用则无不称心如意。而今比外洋所造的如何？自古及今，改良的何在？怕就在不偷工，便减料，故社会上的事业，无不退步，由文明而进于野蛮。由此推及农夫，不污莱满地，则想发洋财，不去当兵，则走码头，打野鸡，推洋车，于是通国皆游手好闲，偷鸡摸狗的日见其多。商人则代销洋货，尚可谋生，若专销土货，买的只有苦人，其赢利不多可想。加以我国商人，于货色产销，素无研究，东伙又无道德，店铺于主顾，只望货能脱手，甚么叫价廉物美，糊过就算数。从前有卖旧黄历的，客嫌无用，商曰："你无用，难道我有用么？不卖给你，又卖给谁？"此虽笑话，但商人之恕道可想。正如当兵的，不杀敌人杀百姓，曰："同胞百姓真好，我杀他，他总不还手。那些外国敌人，真不讲理，动不动枪炮连天，又准又利害，做他靶子犯不着。"你想这是笑话吗？试问今日招兵买马的，其心理不是专为弹压同胞老百姓吗？老百姓又何用弹压？弹压而用匪类监督良民，则其恕道，不问而知。兵如此，将如此，你还想是笑话么？至于奉官的买卖，民间所购的食盐，可食么？虽出大价，舱位车位，不如拿免票的多多矣。这不是社会的情形吗？说到国家，则恕道是待列强，强权是待百姓。我辈士大夫，一朝得意，照孟子说，便堂高数仞，榱题数尺的造起来，食前方丈，侍妾数百人、数百人的玩起来。出门，非汽车，非军队，不阔人；请客，非白板，非红裙，不阔人；出告示，打官话，则愚民长，愚民短。吃是吃愚民，用是用愚民，打打骂骂煞煞气，也是愚民该供应，国家的天经地义，无野人莫养君子，不养君子，留他何用？故不出粟米麻丝，以事其上则诛。若有水旱盗贼呢，则诿之气数而已矣。但国课国法，惟有责之愚民，我辈士大夫，是不完不守的。心理如此，尚有所谓以己所欲施之于人否？

然据《圣经》之意，士大夫虽人上之人，亦人也；人君，人也；人民，人也；人夫人妻，人也；人父人子，人也；士、农、工、商，皆人也。然则士大夫，极该以己之所欲，施之于人。照《路加》六章三十节："有求于你，你必给他；有拿你的，你莫索还。"可见不但有求必应，还该分外宽厚，虽是借的，就如送的，将大斗大斛的，慨然相赠才好。稻麦等类，愈踢愈实，愈堆愈满，加上撒在斗斛以外的，那更充足有余了。此乃救世主说：待人不但该恕道，还该厚道。其理由：一则因圣教的诫命，圣贤的劝谕，不外乎上爱造物真主，下爱普世同人。古圣贤人常说：德行虽难，爱便不难。凡事皆然，爱则无不会，做则无不好，故未有学养子而后嫁者也，无他，爱子故也。二则因造物主，不报则已，报则大斗大斛，势必万万倍，加给于你。你看小小英雄之报，一饭尚千金，而况造物主，万美万善，取之不尽，用之不穷，且于自体尊荣，并无丝毫亏损。不看天上无数球星中，一小小太阳，光芒四射了几千万年么？何尝有一些亏损呢？为此要听劝谕，要守诫命，莫妙于养就此心，常存爱火之中。但吾所谓爱，不是孟子所说爱物之爱，乃仁民之仁爱。这是怎讲呢？爱物之爱，爱其于我有利有用，如爱银钱，爱饮食，谓之爱利其物，爱用其物，最高者谓之爱赏，如爱赏字画等，为其能悦我目，怡我情，谓之爱乐其物，仍不外乎有利于我。仁爱之爱则不然，如父母爱子之爱一般，终日非尿即屎，有何可爱？若照俗语，积谷防饥，养儿防老，这便非真爱了。真爱该爱人如己，如刚才的《圣经》说：要人怎样待我，待人就该照样。圣额我略说：怕人有害，如怕自己有；望人有福，如望自己有。事事以己度人，全无彼我之分。若望宗徒说：口头爱，假爱也；行事爱，真爱也。己富而人穷，不知救济，算爱么？从知真爱，必以己之所有，赠子所爱。故圣而公会有神哀矜，形哀矜。哀矜者，施布之谓也。何况救世主？心甘情愿，自认为无衣无食流落之人，带病带痛坐监之人，他日公审判时，赏善人的话，也就是因我饥饿，你们给我吃云云。故见了苦人，也该为救世主面上，布施布施才好。形哀矜，做不起；神哀矜，是万不可少的了。中国苦人虽多，而不知救世之恩的更多，人可以知而不讲，讲而怕烦吗？

第二，要诚实。《马太》五章三十三至三十七节："你们曾听得，吩咐古人说：毋发虚誓。发了誓，在造物主前，定要践行的，我说给你们，万不可发誓赌咒。不可指天，不可指地，不可指你脑袋，你一根头发，也不能黑白自由。为此你们的言语，是即是，非即非，比这个要添上些，便从恶过中出来的。"

右段经文，但举其大要，要在一切言辞，该诚实，直心直肠。直心者，心言直也，中间一无委曲相，无一些于转湾摸角的去处。是的，说个是；不是的，说个不是。于是不是本身上，加添些，固不可；于本身之外，旁衬些，发誓赌咒的话，也不可。何以故？一则是因人之所以赌咒说"予所否者天厌之，天厌之"者，是生怕所言有谎，不足取信于人，故取证于天地大君，起个誓，以自明其心直口直，显见得其心口容有不诚之过，然则于是是非非而外，多一些半些，都从过恶来的了。二则是因动不动对天就发誓，口发油了，对天无诚敬之心，所誓无重要之故，轻举妄动，其罪是万不可逃的了。故此，于是是非非而外，多一些子，都从罪恶中来的。《圣经》之注重诚实有如此，然而事关重大，并不禁人发誓。《申命记》六章十三节有"你该敬畏尔主耶和华，奉事之，而倚仗其名，以发誓"云云。可见因主名而发誓，正所以尊崇天之主宰。至说不可指天指地，天虽是主宰的座位，地虽是主宰的脚踏，但指了发誓，怕难有敬畏之心。指脑袋，人更以为是我的，故雷殛火焚等咒，何尝有些真心怕惧呢？为此交际中，假如必不得已而发誓，第一要事关重大，第二要心存敬畏。倘有一些不诚实，是请造物主帮你说谎，帮你骗人，其罪恶之大还了得？故《出走记》二十章七节有"你不可妄指耶和华，尔主之名。妄指了，耶和华决无宽纵不降罚的"云云。即本文《圣经》也说"发了誓，在造物主前，定要践行的"。今且不论发誓该诚实，但论言谈交际该诚实。

诚实是甚么？阳玛诺说：是心口相符。古贤人要描摹诚实的形象，画一桃子，把上带桃叶，桃叶像舌头，桃子圆像心，犹如说人之心，人之舌，该相维相系。人舌所发明，该是人心所蕴蓄，乃可称为诚实人。诚实人乃可称为大丈夫。前有西国王问于贤人曰："寡人欲得诚实之名，请问其道。"贤人曰："须知诚实者，其德崇高，其用美妙。崇高，故为国君之本德。诈伪，乃小人之常态。陛下而诈伪，是与小人同也。卑哉！陋哉！"又须知，人不诚实，由于怕长怕短，不敢以真情吐露，然而诈伪无终久不败露的，惟诚实可以永久，惟诚实可以不朽。诚实人乃天下大勇，武器虽利，人计虽工，而不能胜其勇。虽被诬告，无人保护，必得最终之胜利。《经》上记有三贤人，对国王谈论天下大勇，谁更勇？其一曰："惟君王更勇，君威天威，雷霆震撼，万物遇之无不摧；一声号令，万民不敢违拗；蹈汤赴火，三军不敢延迟，故君王更勇。"其二曰："惟酒浆更勇，酒呷醉了，人虽柔弱，能教他拔刀相向；朋侪之中，无敢与敌，能教他怒目相视，君王之令，有所不行。酒呷醉了，其心必乐，平生之苦，顷刻俱忘，遇险而不惊，遇火而不避，其勇如何！皆酒之功也，故曰更勇。"其三曰："君王虽勇，酒浆虽勇，然而惟真实更勇。其理常存于天地，金刚可毁，日星可毁，而真诚之理，永不可毁。好比天平架，不怕高，不嫌低，悉照是非曲直，人生功过而公断焉。故曰惟真实更勇。"国王与朝臣听罢，无不赞叹真实之为美，一至于斯！古贤人又说：真实如美好的母亲，生有二女，一名曰爱，一名曰信。盖诚实人，人无不爱，人无不信。惟其无不爱，无不信，则诚实之为用，于人群友爱之关系可想。

但天下之美，每因比较而愈显；天下之用，亦每因比较而愈显。故欲知诚实之美之用，可看诈伪之丑之害。《圣经》不说，魔鬼头乃谎话的祖宗么？魔鬼之丑，天下之恶皆归焉。鬼头之丑，势必丑上加丑。则所生所造的谎言谎语，诈伪之丑，势必奇丑奇丑，莫可名言，何以故？鸠盘之妇，生不了宁馨儿。但魔鬼虽丑，尚有其聪明才智，诈伪非他，即误用其聪明才智也。无聪明才智，无所谓丑，譬如鸟语花香，人所谓美者，非谓其有聪明才智也；然则无聪明才智，不足为丑，有而误用乃为丑。有愈多，丑愈奇，故诈伪之丑，比魔鬼之为魔鬼，其丑多多矣！奈之何我中国时论，反以老实为无用之别名，而以能诈能伪的为能人，鬼计多端的为神妙不测的神人，称他有大本领大经验大作用，可登大位，可办大事，例如汉高祖、明太祖等等之类是矣！尝见当今一阔人，年少时即诈伪百出，想作大官，或告之曰："作官不难，只要善谎而已。谚云：无谎不成讼。公事亦然，作官亦然。"其后果加意揣摩，飞腾直上，犹时时谎说"我志在山林，而今为苍生计，又不能不出"云云。可见中国所谓能人，不会撒谎不行，不善撒谎不行。于是或人又言曰：若做到神人，不但善于撒谎，且要敢于撒谎，乐于撒谎。对于人人当面撒谎，当面撒谎而无人敢驳，正所谓"予无乐乎为君，唯其言而莫予违也"。言莫予违，岂非大痛快事？为此为皇帝者，亦不过能对大官以下当面撒谎；为大官者，能对小官以下当面撒谎；为小官者，能对衙役以下当面撒谎。但看官府坐堂，开口便骂忘八旦，曾有一人敢回敬过么？然而回敬虽不敢，但暗中撒谎，蒙骗其上，则又我中国人在下的权利。所以为衙役的则蒙骗小官，为小官的则蒙骗大官，为大官的则蒙骗朝廷，"瞒上不瞒下"，竟成官场俗语。请看一切奏章禀帖，纸面上的，皆谎也。纸背后的，字字真情都反写。若犹不信，请看《东华录》，道光二十二年，舟山等处失守，后浙抚奏称，时逢赛会，红黑鬼子，狡黠异常，假装赶会，做买卖，混进了城，箱笼中藏有刀枪，一拔出来，人民大乱，因此失守云云。试想鬼子脸，鬼子话，如何假装得成？而朝廷竟受其骗。又长毛时，要得大保举，必杀大长毛，如当时大官所奏，大长毛必穿黄袍，打黄伞，长毛纪律，能有如此齐整么？再义和团时，不说拳民能避枪炮么？然而谁见过来？朝廷竟开大口，撒大谎，命督抚杀洋人，洋人就像但在中国的几个，在京的杀了，在外的亦杀，便从此断根，这不是当面撒谎么？有一二侍郎，驳了一句，竟做了无头鬼！中日之战，张湘帅出示悬赏，能捉敌人军舰，大者十万两，小者五万两云云。费了九牛二虎之力，才能挂在上海租界内。有人问说：百姓无枪无炮无兵船，如何能捉？或告之曰："江南多竹，竹子接长了数十里，一头安上铁钩，这不是一钩就钩来么？"此虽滑稽之谈，然而中国之为国，由前后二事以观，非上下对付着撒谎吗？

且不但政治家的巧妙在撒谎，即文学的巧妙也在撒谎。传记碑铭，何尝按定真正事实？添的添，删的删，只顾他前后章法好不好，文气顺不顺。历朝史鉴，被后人颠倒是非之处还少么？姑不论《三国演义》，明明是信口胡诌，即如《左传》上种种秘密的话，左瞎子从何处听来？看相卜卦，无一不准，所记打仗情形，与演义相仿。国际交涉，全靠撒谎。因此害得中国，自古及今，官场中对付是撒谎，社会上酬应是撒谎，家庭之际，父子兄弟夫妇，口是口，心是心，连哄小孩子，除撒谎，无他法。风俗人情，红白等事，规矩仪节，处处带有撒谎的精神。如何方吉祥？如何是忌讳？如何便冲犯？如何可解救？不是骗死人，便是骗活人，烧烧纸锭，且想骗鬼。中国的衙门但要钱，阴间的衙门又要钱。挪不出，于是用撒谎精神，做几个纸钱的样儿，骗骗鬼，鬼不挪，于是烧化了，变一道青烟，骗骗人，这还可说是和尚、道士、喜娘和阴阳生杜撰的。请问周公周婆的规矩，奠雁亲迎，如今还有吗？有的是八字算命，不又是一篇谎话吗？哀启上，开口总是"不自殒灭"，然则要父母不死，该自己先死，这不是教中国家家户户，都该绝后吗？其心口不符，即此可见。可见之处，好在诸君皆是中国人，政治文学，风俗人情，略一留心，那一件不含有撒谎的气味？篝火狐鸣鱼书等谎，不与赤乌流屋、白鲤跃舟相同吗？祭祭祖宗，还说祖宗魂归大造，犹如古帝王以神道设教，何尝有神道呢？你看中国人，会骗不会骗？既骗祖宗，又骗神道，无非为愚弄我小民，上谎天，下谎地，谎成了若大谎的大中国。中国的大共和呢？怕会撒谎，更甚于帝王时代。古人撒谎，撒到捕风捉影，也算会撒了，然而尚有形迹可求。而今新发明的新撒谎，指着人的心意，谎长谎短，夫然后一无对证，有如《汉书》上吏侵条侯说："君侯纵不反地上，即欲反地下耳！"此盖所谓他人有心，予颠倒之。侦探侦探啊，代表代表啊，言语自由，是准人说真话，真话非教人撒谎的啊！

且不问行政官，经济何在？司法官，一出学堂便做，有没有？白头发的帽子，律师们配不配？但问自称伟人的，所说爱国，莫非是爱别人家的？不然，何以动不动，就望别人家的一大批一大批的跑，跑得快，跑得忙呢？如其爱上别人家的，何不把自家的，做像别人家的呢！有阔人从青岛来，问他何不在中国，多仿造几处？他说没钱。不知青岛非一旦可成的，要若干百万，分一二十年做去，便不难了。果有信用，人自归之，事在人为耳！从前说满洲人不知爱中国，年年将固本金望盛京送，银子堆不下，改成金锭，都便易了别人家用。而今汉人当家了，何以口口声声所爱的中国，弄成四处兵匪，心犹未足，还要暗请别人家的来帮忙？政党政党！东方病夫，只有出气的劲儿了，休再扶起扶倒耍得顽罢！药未服，药帐一大篇；医未请，医帐又一大篇。断送了国民，又要断送国土。爱国之爱，全然口是心非，不念祖宗，不念子孙，或者因无可念，不念也罢，但生是中国人，中国血变了国籍也变不了的啊！此而不念，尚有真诚之意对于同胞么？则见由家庭而社会，由社会而国家，无非撒谎的精神，弥纶于无间，所说谎成了大撒谎的大中国，不为冤矣！如其太说过火，也只好奉劝诸君，扪扪良心，有则改之，无则加勉。老夫自问，一生撒谎，强不知为知之尚少，强知之为不知更多。良心上，明知我是如此如此，不堪不堪；面子上，偏有一篇大话，要步伟人的后尘。诸君不信，到半夜三更，心问口，口问心，设或自欺自骗过，则欺人骗人，可保是有的，骗子拐子，在所不免的。若不照《圣经》从根本上改起，是说是，非说非，无往不直道而行，家与国，是何等太平景象？不然，一己之言犹不直，须知惟直线，线线同，不直无一同，尔既诈，我自虞，要求二人同心，且不可得，中国人群，还会好么？大骗小，小骗大，大者当面撒谎，小者背后撒谎，谎得天花乱坠的，便是大人阔人。

或问：中国有言，衙门中易行方便，撒谎害人固不可，撒谎救人何如？曰中国的刑罚，不按天理的去处太多。有时不照帝王的私意，不为撒谎。倘违背《圣经》，于真是真非而外，撒个谎，便是违背天理。违背天理，公害也；犯人受刑，私害也。因私害公，可乎不可？可则养亲作贼，当奉为孝子；劫富济贫，当推为英雄。世界还成世界吗？世界上，人与人能相信、相通、相交，全仗心口如一。人心所藏，人不能见，造物主赐人口舌，有如心门，门打开了，仍看不见，如何能相信、相通、相交呢？故语言诚实，乃世人公利公益，不诚实，不但是公害，且大为孤负造物主的大恩了。所以信《圣经》的人，宁死不敢说不信，是说是，非说非。如此划一不贰，诚实无妄的《圣经》圣训，训人相处以诚，相见以心，你友我爱，如兄如弟，中国人反以为太迂拘，太固执,然则倒是油滑头,才能爱国爱同胞,互相友爱吗?

第三要谦恭。人若傲慢不恭,不但与人不和,与己亦不能和。何以故?一因傲慢之人,事事归功于己,于己则争权,争权则不肯假手于人,件件要过问,非自取烦恼么?所以与己亦不能和,间或假手,但稍有不顺,即诿过于人,人必不受,己必烦恼,则与己与人皆不和矣!二因傲慢之人,事事求胜于人,人各有长,岂能全胜?胜己者,己不及他而妒;同等者,己不胜他而恨;不及者,他不服我亦恨。如此,是无人可和,而心常妒恨,又与己不能和也。三因傲慢之人,事事重己轻人,人有善则吹毛求疵,己有善则张大其辞,人或半信半疑,奉承不十足,巴结怕过分,则气嘈嘈的一面自家标榜,一面乱撒金钱,买人标榜。无如人多金钱少,金钱不到之处,骂得受金钱的哑口无言,这不是弄巧成拙,未与人不和,而先与己不和吗?

阳玛诺谓傲人一像油。油渗香水,必浮于上,闷住水香,大发油腥。傲人亦然,人有善或窃取之,或掩盖之,而自显其油光焉。二像火。上被熏,下被焚,添薪既助炎,扑灭又伤手。傲人亦然,上下之人,难与共处,敷衍他则更傲,压制他则被害。三像烟。生于火而眯人,刚升高而即散。傲人亦然,因小才小德,小有名誉,便自大自高,令人适见其丑黑。四像空气。气之为物,奔突冲撞,忽东忽西,忽聚忽散,在天雷霆闪电,在地火发山崩。傲人心性亦然,无时无处,可以安分。但犯其余过恶的,总有同伴,盗有伴,赌有伴,就如毁谤人的,也有伴,声势乃大,凡恶皆然。傲人则否,志在惟我独尊,故以傲遇傲,必争位,必争功,不打倒一切,成了孤家寡人心不死。然则同恶犹不能相济,其与人与己之不和可想。不和又焉能友爱?为此非谦恭不可。

请看《马太》六章一至六,又十六至十八节:"你们有义德义行,小心勿在人前,做给人看,不然,于尔侪大父之前,不得其赏。为此,你施舍时,莫在前吹喇叭,张号筒,有如假善人做好事,行方便,不在讲堂,便在街坊,愿被众人恭敬称扬。我老实告诉你们,其赏号已经得过。你施舍时,你右手所为,该左手不知。凡你布施,要在暗中,则尔父在暗中见了,自然要补报你。你们祈祷时,不可像假善人,喜欢在讲堂之中,在大街拐角上,站着祈祷,要被人人看见,但我告诉你们,已得其赏。要你祈求时,须到你房内,关上房门,在暗中祈求尔父,尔父在暗中见了,自然要补报你。""你们吃斋吃素时,不要学假善人的凄惨样,憔悴其面容,使人见其守斋。我老实告诉你们,盖已得其赏报。你守斋时可擦头，可洗脸，莫给人见你是守斋的，但给你冥冥中的圣父看，你父在冥冥中见了，定将补报你。"

诸君听明白了，《圣经》义德之行，大都解说种种善行。右经先总冒一句，然后分疏，却不重在善行，重在行善行好，总要谦恭，不可稍形傲慢。然则会嫖会赌，会拐会骗，还要称能，还要摆阔，阔不成的，竟不胜其羡慕。社会上这种现象，公然以无耻为荣，怕只有中国有。或问你是中国人，常说中国坏，丑不丑？丑！丑！无如听者是中国人，说者是中国人，人必能见其过，而后内自讼，自怨自艾，而后能改，改然后不丑。我既是中国人，故望中国改。况照《圣经》上的善行，中国实找不出来，即如孔子一生，《乡党》一章，从"恂恂如也"起，到"三嗅而作"止，按照《圣经》也找不出甚么好的来，故不能不垂涕泣而道之，还望诸君被发缨冠而往救之，才好！

《圣经》于是分疏为人之责：一、外对于人，有如施舍。二、内对于己，有如斋戒；斋戒有减食茹素等等。养身如养马一般，养饱不骑，反蹶反踢。练武艺的尚忌身肥，肥头膨脑，难以读书。马肥了多懒，人肥了怕动，故天降大任，必先劳其筋骨，饿其体肤。或问何以为官的，多肉食者肥呢？曰陋哉！陋哉！为官的何足以当大任？必仁以为己任，死而后已者，庶几足以当之。倘研究《圣经》而不知修养，不知克己，制服耳目五官，四体百肢，一一顺从灵性，如何对得起自己？三、上对于造物真主，有如祈祷，祈祷是甚么？你看为儿女的尚靠父母，为臣子的尚靠君王，受造之人，那一件不受之于造物真主？既受之于造物真主，则求恩是为人之责，谢恩是为人之责，又以身灵所受之恩，既大且多，谢不了，报不了，不由人不惊奇纳罕，称颂赞扬，而尤以实践良心，服从主命为报恩谢恩之必要。这便是祈祷。这便是能尽其责。尽其责方为善行，不尽便为欠缺。乃有人说：造物主所造之人无其数，何在乎我一人？即使不尽其责，未必斤斤较量，较量也不像大主宰，休休有容了。又有人说：天子才祭天，我何敢祈祷造物真主天地大君呢？不知万物万民，皆直接受造，故当直接求谢，直接报恩。设有臣子说：臣民无其数，何在乎我多磕一头，少磕一头，多尽一责，少尽一责呢？小儿子说：哥哥二十多，我才三四岁，何敢孝敬父母呢？曾有畜生说过么，主人牲口多，用不着小驴推磨，小狗守夜这等话？畜生既不说，故没有良心则已，不信真主则已，如其信，对于造物主的责任，又无可推辞的了。

今不推辞，对于人则量力周济，对于己则苦身刻制，对于造物主则点点通诚，心心相契，好虽好，若为做给人看则不好。盖做给人看，据奥斯丁圣人说，是倡优下贱的戏子。戏子一举一动，一言一笑，无非为做给人看，讨人喜，讨人赞，满园叫好，好一个京班名角，树著大拇指头伸不了。圣人说，扮皇帝像皇帝，扮文武将相、花脸、花旦，也无有不像，及至唱罢戏，卸了妆，穿龙袍的，依然贱骨头。打官话的，经济何曾有？动力舞棍的，只怕还是鸦片鬼。做武官骑马都骑不动，还要坐车坐轿呢！京班的角色，由来如此。故做给人看，便是戏子。戏子吗，未尝自认真皇帝，真将相。你竟一面做戏给人看，一面自认真济贫，真克己，真的通诚祷告，念念有辞，这不是比戏子还不如！为此《圣经》一连三次说假善人，善从造物主来，你盗为己有，贪天之功，其罪不小。骄傲人啊！可以休矣！此第一理由，不该做好做给人看。第二理由是徒劳无功。戏子做得好还有看客撒花撒钱，假善人呢？被人看破，还讨人厌，人即不厌，真心称赞的有几个？尝见乡下婆娘戴上花，跑上市场左右望，人但看其丑而已矣。岂有大家闺秀妆给人看的么？然则妆给人看何等丑！圣额我略说：善者，人之宝也，人出门不敢露白，露白怕抢，你乃送给人看。圣基所说：有毒蛇叫巴西理斯各，不待口咬，眼一看，便可毒死人。照你做给人看的心理，只望人把嘴一张，一张之外，无他酬报，愚哉！愚哉！第三理由，惟做好不做给人看，造物主方有赏报，愈隐藏，赏报愈大。今有卖画的，在你照壁墙上，画了许多给人看，这是他做招牌，与你何干？若要你送钱，必得你先请他画，他专为你画，不然，人还要说底事疥吾壁耶！今承救世主吩咐，暗中行好，暗中有报，这便是"勿在人前做给人看"第三个理由了。但上章十四等节。《马太》上虽有"你们是世界上的亮光，山上造城，隐藏不了。点灯点火，没有盖藏斗斛下，必然安放满堂红，用以光照满堂大众，为此你们的亮光，也该照耀人前，人教看见你们的善工，都光荣你们在天的圣父"云云，那里把善工比亮光，亮光是盖藏不住的，且无盖藏之理，却与此地"勿在人前做给人看"毫无抵触，何以故？因其"照耀人前，教人看见"云云，非为显己之荣，是为光荣圣父，光荣圣父是该而又该的，是我们行事唯一宗旨。我们该爱人救人，是由于人我，同为大父母所生所救，在世立功，死后得往圣父怀中，永永远远感恩，同享圣父光荣故也。该刻己苦身，是为压制肉情，顺从主命，得以在世立功故也。

至于祈祷，自然是为光荣造物主了。怕有人问：怎么叫光荣造物主呢？保禄宗徒说：从所造有形的奇奇妙妙，推想造物主，无穷无尽的神奇神妙，由此不能不小心翼翼，昭事无违。盖人之所以异于纯乎其有形，纯乎其无形者，即在能借有形以推测无形。爱欲天然爱好，如磁石之天然翕铁，非铁则不能翕，非好则不能爱以定其去就。好而至于无穷的，则不能不爱。非无穷的，则有义利之分，爱欲对之，可爱可不爱，但辨其为义美好，利美好，明悟之用也。利美好，大都属于情欲暂时之受用，而善恶之行，即在为义为利所动而已。哲学家名为人之行，盖由意识而行动也，若寐食等，欲不欲其权虽在我，而其功用之发生则不由我，可名为性之行，盖不由意识而行动也。自极大之星球，至极微而莫破，相翕相拒，为光为色，壹是性之行而已。惟人之明悟能以抽象之法，舍粗求精，遗迹取神，仰知造物主之全能全智，无穷无尽，其善其美，亦无穷无尽，其所以予人明悟以推测之，必予人爱欲以向慕于无疆，皆其外著之光辉有以致之，有如日光之作用，因目而呈。然则明悟知之，爱欲慕之，非所以光荣造物主乎？而受造为人之天职，亦不外是矣！余则视其能助与否而为断。故曰：光荣圣父，是我们行事唯一宗旨。譬如为儿子的，能体亲心，读书上进，父母必喜其能尽子道，而引以为荣也，以此例彼，亦犹是矣。

当时犹太一班经学家、理学家，自命为上等人物者，大抵假善人居多，其丑态就现前所说，盖已形容殆尽。《圣经》所以不惮烦言者，因最伤友爱的，莫如自大自夸、自倨自傲的行为。若有些许好处到人，便胡吹胡嗙，人从前如何潦倒，他如何慈悲，人则乞丐不如，他则观音不及。在旁听者，尚代为难受，而当局者，且习以为常，得意极了，还要拿老子开心。以前汉高祖，不事家人生产作业，想必太公诉说过他。他作了皇帝见太公，太公拥篲，迎门却行，于是封为太上皇。一日对太上皇说：其初大人常以臣无赖，不能治产业，不如仲力（言不如老二巴结），今某之业，所成孰与仲多？（比老二何如？）殿上群臣，附和着皆呼万岁，大笑为乐，这不调侃老子顽么？可怜太公，被项羽捉去，要作羹汤吃，儿子说要分他一杯，亦不敢责骂一声。而今像高祖这样人，不是少，是太公尚在的不多。不然，不过中了一榜两榜，在官，常说回去养亲；到家，还嫌老子土头，不准见客，见客不准开口的，往往而有。像这样人，对于受过恩的，必然忌刻，对于受过他恩的，又当如何？傲慢不恭之态，想诸君也不知见过多少。我中国放赈，从有电报以后，阔哉！阔哉！未放先打电报，督抚州县等，往往迎门致谢，谢绥之君，谓借放赈买婢女，买姬妾的也有；甚至名曰放赈，男的领不到，要女的；年老领不到，要年青；还要有些姿首，涂些脂粉；有时洋人捐赈，教士代放，还要说种种寡话呢！有时写捐嫌少，还要电责为富不仁呢！其慷他人之慨尚如此，倘或自己掏腰又当如何？运费少用几文，盘费少花几个，不以为格外精明，便以为分外克己。说起克己，少见有克己养亲，但一旦丁忧则不然，有的汤水不进，吊一回，哭一回，双泪直流，外国人说大有操纵自如之概。然则中国人之毁形毁疾，比犹太人何如？尝见旱求雨，雨求晴，求晴的拖泥带水，求雨的往往曝晒日中。犹记咸丰初年，苏属常、昭两县，其一有烟瘾，断屠后偷吃荤。其一孙姓侦知，到拈香时誓于众曰：断荤不诚当罚。于是两县各饮桐油，有瘾者吐出有鸡肉等，而孙乃以不晴之故，诿之于彼。此与《路加》十八章的法利叟，登堂祈祷而藐视他人，如税司关吏等等者何如？攻人之短，显己之长，称人之功，由己之德，在家在国，姑嫂婆媳，亦甚精明，而况势利场中之钩心斗角，请问友爱不友爱？

今且莫说他人，我们自问，戏子做过没有？只怕生、旦外，净、丑末等，项项做到。对付社会上下，忽而花、旦，则闾阎如也；忽而老生，则侃侃如也。戏子本行小旦，不做花旦，本行老生，不改小丑，而我们则看人打发，机警异常，做了戏子不羞，还要做吹鼓手呢！若不及早回头，中国人群，群得了么？为此圣奥斯丁解说《圣经》之意，莫像戏子，专为做给人看，所谓右手行好，左手不知者，不自居功也；擦头洗脸者，行其所素也；关门云云者，一心顶礼也。只看救世主，一回施食供给五千人，又一回四千人，妇女小儿，尚不在数，反怕人拥戴，即刻抽身，避往山中，开教之初四十日严斋，也是在山中守的。《圣经》记载他通宵祈祷，往往也在山中。救世主一生，即如以上三事，那一件不当效法？但《马太》十一章，基督只说："你们该学我性善良，心谦逊。"能造天造地，能显灵显异，异哉！异哉！圣奥斯丁解曰：都不教学，所教的，只学他良善而心谦。盖惟真良善者必谦恭，真谦恭者必良善，与人必和，与己亦和。故基督又加一句说："你们心地乃得平安，然后知我给你们的担任，是轻而易举的。"有如说能谦和，无难事，然则为基督教徒，岂可畏难而不学？师傅因良善而心谦，所以跟从听道的，一连三日，忘饥忘渴而不倦，这不是既谦而和，能联络人心的真凭实据么？

第四，要知止。于止，知其所止也。止者，人生之究竟，知则生可以知足安分，死则晏子所谓"仁者息焉，不仁者伏焉，死也者，德之徼也"。意者德有吉凶，死也者，吉凶之边徼也，各止于其所而不迁。列子曰："古者谓死人为归人，夫言死人为归人，则生人为行人矣。"天下无行而无止者，无止而犹行，忽南忽北，则狂人，非行人也。人之所恃以行者，曰明悟，以辨明义美好，利美好。曰爱欲，以亲爱所当亲爱者。二者之行，皆当以至善为归，即《大学》所谓明德亲民，止于至善也。至善也者，不独无出其上，而亦无与比伦焉。唯一无二的人行归向，人生归宿，宿于此而万古不移，然后有当于止息之义。若谓万事万物，各有一至善，善而万，则非独至而无上。非无上，则可与并，并二为一，而善更至，是未并以前，皆非至也。然则善而万，皆非至善。至善若为所止之地，必具体，非抽象。抽象者，知见之作用，哲学家所谓受明悟之受焉而已。有一抽象于此，试问道学家，此即可以受用乎？人之将死，所谓一息千古者，此即足当千古乎？故《圣经》所示，足为人行之归向，人生之归宿，独一而无上，至善而无穷者，唯造物主足以当之。

　　或问：知造物主为人行归向，人生归宿，但于人群之友爱何与？曰：知此，则无所争，所争者其唯友爱乎？何以言之？盖人生于世，皆行人也，行人之大别，不外以世为异地，而行归本乡焉。或以世为本乡，而行往异地焉。其以世为本乡，理当创一番事业，供一生享用，由是争名争利，争饮食男女。但世上之物，其足以供吾之争者有数，而慕悦之者无数。以无数争有数，万不能同享，且不能久享。在先者得之，在后者即不能得，不能得必争得，则在先者又安能常保其得？成功者退，得时者进，我推前，后又推我，世上之物，更迭相授受而已，可常保乎？圣奥斯丁曰：阅世生人，阅人成世。世暂而小，不足以容众。子推父，孙推子，后逐其先，以承其产，如辘轳绳，两端连结，绑上若干巴斗，轮转车水而上，先满后空，求其水得常存者无一焉。故以世为本乡者，处于必争之地。尝读史书，人为有生之最灵者，无爪牙毛羽以自卫，必将任用灵智，役使万物以自养，不仁爱则不能群，不能群则不能制胜万物，而养有所不足。群而不足，争心乃作，上圣乃因男女之情，妒忌之别，为制婚姻之礼云云，否则争斗之狱蕃，是以礼节民心，乐和民声，政以行之，刑以防之。然则礼乐政刑等断大好名词，不过为防人世之相争而已。此无他，误认世界为家乡，而欲于此安身立命，创业垂统故也。今使人由异地，或航海归家，或乘车归国，绝无到一站，流连一站，虽有至亲好友邀请，断不酬应，带有箱笼贵重物件，断不寄存，何以故？不误认世界为家乡故。

故《马太》六章十九至二十三节提醒人说："你们不要把宝藏，藏在地上，地上有锈烂，有虫蛀，有盗贼来挖去偷去。你们有宝藏，莫如在天上，天上无锈烂，无虫蛀，无盗贼来挖去偷去，为的你宝藏在那儿，你心也在那儿。你身上的灯火，便是你眼睛。你眼睛若清楚，你周身都透明。你眼睛不好呢，你周身全昏暗。假如你身上的亮光，变成昏暗，这昏暗是何等样呢？"

右经，明白揭开世人心理，不以世为暂局，不过一尖一站，而欲永保其富贵功名，酒色财气，孜孜汲汲，以世务为务，世乐为乐，世财为财，认作心之所宝，身之所宝，念兹在兹，不肯放松，而不知全是朽烂的东西，虫蛀盗偷，人与万物都想加害，不待无常一到，然后付之无可奈何，问你虚不虚？假不假？据《路加》八章十四节，不但虚且假，由明眼人看去，世务世财世乐，捷直是荆棘条，荆棘茨。

世务虽人生所不免，然合于理，则谓理务；不合，则谓恶务。恶务之荆棘，荆棘在地，拔去滋膏，善种无由培养，渐次枯槁。世务亦然，心力有限，人不能一眼望天，一眼看地。世务勤，则天上神工，必然疏忽，其为棘荆何疑？故其为害之情状，圣贤比作煊锅一般的煊海，海平浪静易渡，风发而狂难渡，人生苦海之中，世务少则心静，心不静，则内外善工，虚应故事且难，奋勇进行，不厌不倦更难。又比作苍蝇，苍蝇逐臭，偏爱糖酒等物，驱而复至，不死于其中，而败其味不止。专心世务者亦然，坐卧不宁，昼夜不息，不死于世务之中不止。所有从前书理书味，一些德性的馨香，都败坏无余，圣贤所比，更有多端，今不及详。且问世财，何以比之荆棘？荆棘刺身，世财人所贪爱，未免拟于不伦。圣额我略曰：惟其为人所贪爱，爱必愿得，未得，则患得之患刺其心；已得，则患失之患刺其心。患而果失，则其忧忿，大刺其心，心被刺，苦于身被刺，故谓之荆棘。且地生荆棘，则不生五谷，徒生毒虫而已。财迷一入心，万恶齐来，万德全毁，此保禄宗徒之训也。已则骄傲，人则谄媚，吃呷嫖赌，不上圈套者有几？且荆棘根深难拔，贪心之难拔，亦复如斯，荆棘在手，松拿不妨，愈紧愈伤，钱财到手，手放宽些，多方便些，乃不为害，此其所以比为荆棘欤？说到以荆棘比世乐，人最难信，盖世务太多，心劳身倦，人厌其烦者有之，世财则未得。已得，得而旋失，人苦其妄费精神者有之，至于世上的快乐，未得而希望，已得而享受。享受固然快乐，有希望，亦人生大快乐事也，何以谓之荆棘？曰：世上快乐，不外五官，喜游观，爱美景，喜音乐，爱倡优，下及盲词小说，拆字算命，巴结恭维等，喜嗅清香，喜尝美味，喜纵情欲，轻暖不离体，便嬖不离前。但秦始皇、汉武帝，总算享尽了人间快乐，何故左上当右上当的想求仙呢？足见其所享受的虽多，不能享受的更多，而乐中之苦，则一言难尽。自来父子恩情最重，帝王尤重，他两位父子相疑，反将太子冤死，这不是人生最苦事么？其他快乐，何足相偿？故此汉武帝说：视弃天下如敝屣。人看他们，花团锦簇的坐江山，其实如坐针毡，针毡不是荆棘茨么？况色香等尘，一与身接，转眼成空，所永存者，吉凶德之报应。他两位杀人无数，生既未偿，死后也不，难道造物主造人，为供给他们作福作威，纵情纵欲的么？花有茨，人不敢探，暂时的快乐，永远的荆棘，茨透心肝而不信，未免太愚太愚！

人生于世，可爱惜珍重，极宝贵的，再无可比时光，光阴一刹那间，命终之顷，尚可料理良心，往听审判，虽帝王将相，求出万万金，犹万万买不到。故《圣经》劝人宝贵说：虽片刻光阴，犹不可虚度！又向懒人说：你看蚂蚁！冬日所需，夏日积聚，其智可法也。夏日，吾生也；冬日，死后也。生前积善，以供死后所需，可也。造物主赐我以生，教我行善的，赐能自主，教我于两善之中而择其一，不是于善不善，而择其不善也。再无人自沉于水，自蹈于火，以语人曰：看我自由不自由？然则生当行善，自由党也不敢不承认。《圣经》又说：死之夜，长夜也；生之日，短昼也。昼时可勤于善，夜则无及矣，人可枉费此生之短昼乎？设有国王，准到国库，见凡珍宝，尽一日之力，皆可捆载而归，乃将土块草包，背之而出，人赞其自由乎？抑赞其愚昧乎？

保禄宗徒说：时候莫空过，空过快赎回！圣热罗尼莫解曰：空过之时，为仇所虏；赎虏之金，善工也；善工之仇，肉情也，俗念也，魔诱也。圣伯尔纳见人旷废时日说：寸阴寸金，而不知宝，一过则百马难追，痴人哉！痴人求寿，一百岁，二百岁，劝他静坐一时半时养养神，则生怕良心，撞起晨钟打暮鼓，不听不好，听也不好，不得不闲游浪荡，终日鬼混，串门子，数板凳，像小儿耍的风车，随风乱辘，手头宽裕，则借牌声歌声，打消心声。人谓痴人乐，其实不过掩耳盗铃，良心之责备，如何可逃？则见送丧的，也闹丧鼓子，大吹大擂，不是仍怕这点良心，因见他人死，又要一五一十，现身说法么？反此以观，听受

《福音经》的，每一分，每一秒，都要增积善行，藏之天国而不遑，盖人生如草头露，风中烛，那里有空闲工夫，以世务为务，世乐为乐，世财为财，与世人争闲气呢？《圣经》记宗徒争高位，基督说：高位吗？先该服事人。为此说，所争者，其惟友爱。请看救世主，所传的圣而公会，祈祷经文上，那一等人，不为求过？那一件事，不为求到？且不但口求而已，那项善举，不领头先做？小儿院、老人院、瘟病院、疯人院。有一会在广东，且设有麻疯院，医好的不少。该处会长，有德有才，率领同会，亲身看护了十八年，终被传染，烂死于院内小房。己则舍身救人，不愿人救，免过人病，其友爱之情，体贴入微有如此！莫说做给麻疯看了好留名，但麻疯地广东，民国时，且放火烧光野人，报纸大称扬，称扬不到那会长。乃竟有大家子女，在家一些委屈受不得，进了会，凡你我所厌恶的苦人病人，血肉之躯所发现的种种变象，目不忍见，鼻不能闻，他们反处之泰然，愈秽恶不堪，愈奋身不顾，何以前后如出两人？你说是由迷信，此宗教所以可宝贵也！我且问你：医治毒疮险症，敷洗黄脓黑血，收养贫病老幼，志弱神昏，难以教导者居多数，是好事非好事？是善工非善工？再问你：迷信可由人力勉强否？如其可，你何不勉强勉强，做些好事呢？也发显我们中国人，爱好不减于他人。若不由人力，而由神力，但善工必出于善神了，善神岂肯迷人，迷人尚称善神吗？

出外营生，北到俄国，见有官巡等，因知俄有俄皇，此谓知，不谓信。有老者出居，不入城市，一旦有亲友从北京归，告之曰：清帝退位，照西洋法，国已改为共和。老者因其亲友，素来诚实不欺，故此深信。又有见父奔回，急掩门，谓隔涧深林蹲一虎，不可往，子亦深信。可见信也者，因信其人，而信其言也。其言与哲理无违，又与身心根本有关，则曰信仰。见而知之，非信也，必也闻而知之。故保禄曰："信仰必出耳闻。"但虎蹲深林，事虽可有，然因疑惧而妄揣，或因戒子而谬言，在人亦可有之事也。而在造物主，则全善全智，不能虚言，不能舛错，其所言，万无容或不然之虑。故真教言信仰，其信之因，超出世间之可信可知有如此。而阁下乃此之于迷信，不思迷信，乃我中国人之土产，且不论拆字的，其人格学问，无可信之价值，其所拆之字与所问之事，实无关合之理由。亦不论算命的，所推之八字，一日之间，子正生者，不知凡几，譬如某地经线为子正，越一时往西三十度，其经线必子正也。由此以推，地有三百六十度，度有六十分，分有六十秒，秒秒、分分、度度，皆有子正生者，其夭寿富贵，断不能皆同，是八字与命，本无关合之理由也。然犹可曰：学士大夫，不过逢场作戏，算算拆拆而已。乃历代之考功名，徼幸者常有，冤屈者常有，则主考先不足信。考中而为官，所学非所用，所用非所学，又人人能言之。然而宰相须用读书人，上下古今谁不信？一旦得翰林，得状头，朝廷要放何差，便放何差，而百姓视若有万能者，久而久之，彼辈自视，也若有万能。然则中国之政治，中国之社会，自古以来，皆以迷信组织而成，上对于下，下对于上，外对于人，内对于己，虽明知无可信之理由，而唯唯从命以信之，非迷信而何？古史上人物与事实，可考征金同者少，阙疑聚讼者多，而作史之人，其不可信者尤多，而不可考者亦不少，未尝无知之者，知之而依然深信，非迷信而何？我故曰：迷信者，中国人之土产也。而阁下乃以信受福音者为迷信，而基督《圣经》则谓其眼力高强，眼光瞭亮，故一身举动，无不正大光明，基督之言是乎？阁下之言是乎？若非官止神行，看透尘世非久居之地，光阴是积善之时，怎肯将切肤之灾，病痛病苦，一一牺牲，不留余地？此《圣经》所以把眼睛比作照身的灯火。眼睛之为物，有一些灰尘，则手足无措，行路不得也。

我们心志心意亦然，想留名于世，即不能种德于天。生死之关，有那一件，世人所宝贵的，曾经带得过去？莫说钱财，莫说功名，莫说子孙与所宠所爱，即已朽已烂的身体发肤，何尝见有带过去的？由你烧钱锭千千万万，万万千千，这道关是买不通闯不过的。通不过，故眼见世人，劳心费力，与禽兽争饮争食，争养子孙，子孙能无辜负祖宗的有几代？有几家？能真心想念的有几个？即是真心，又何关痛痒？无论吃人参，吃鹿茸，想赖在世上不走，多不过一尖一宿，催命符一到，不论是大富、大贵、大皇帝，跟著就跑，除生前功过而外，无一项可结伴同行。故听受福音而知所止者，一面方代为哀痛，一面将世上所宝贵的，赶紧分送，所爱惜的，赶紧牺牲，救得一灾一难，是一灾一难，劝得一兄一弟，是一兄一弟，生前相助，立德立功，光荣圣父，死后带着领赏的文凭，承受救世主所遗家产，永居圣父怀中，同享圣父光荣于无穷世，这便是这端知止的作用，知止的效果。圣贤常劝人，人该像航海归家，手拿象限仪，日看太阳夜看星，审定何经何纬，无暗礁，无暗岛，一路仰天，望着天乡海口走。走一分，望一分，走近一刻，望前一刻。非天下大愚，谁肯载前载却，左偏偏，右湾湾，徘徊于洪海波涛之中，看浪花，听水声，以为此间乐不思蜀也？圣贤又说：海鱼有两种，一种不时浮于水面，吸取天空清气；一种没头没脑，埋身海底，如脚鱼，如乌龟，反以曳尾乎泥中，为得其所。是说人生，世务虽不能免，而心常向上，则世务亦可变为宝藏，藏于天上；不然，"潜虽伏矣，亦孔之昭"，海底藏身，自谓稳固。由你聚钱财，享安乐，像《圣经》所说那富人，仓房堆不下，方造新仓房，准备多年享用，不料当夜便死。富人的名姓，《圣经》不说，但公审判时，终当揭晓。世情可出不可入，岂可纵身黑水大洋，惟恐不深，弄得双眼尘眯，一身泥滓？《圣经》说他昏黑糊涂，暗无天日，他偏爱说人迷信。迷信，不如他优游世海，三窟是营，这等鬼聪明，不等于潜伏之乌龟，倒可比高飞之黄鸟，于止知其所止吗？盖不知所止，而以今世为家，不损人利己，争世上家私，非情也，非理也，反是以思，不以今世为家，而不以行善为宝，仁亲为宝，日积月累，以藏天国，亦非情也！亦非理也！

山中圣训将终《马太》七章，救世主劝戒我们说："是凡听我这篇话，照了做的，才像善智识的人，把他房子，造在石头上，雨水下降，河水淹来，吹起大风，直冲房屋，房屋不坍者，根基筑在石头故也。"这其意，犹如说世情万变，惟以至善为一生之归宿，万行之归向者终不变。救世主又接连说："是凡听我这篇话，不照了做的呢？便像那没魂的人，把他房子，造在浮沙上，雨一下，河水淹来，风吹起，冲在房屋上，房倾屋倒，坍成一大堆。"这其意，犹如说专对今世做工夫的，不知数百里内，风雨即不同，凉暖亦不一，何况时局？何况境遇？你顺则志气飞扬，逆则襟怀萧索，既拜孔，又佞佛，还算是好的。有的竟醇酒妇人，与一般势利鬼，玩起同靴同局来，不待入口水来喷他，口风来吹他，他自行坍毁一榻糟，扶西东倒，扶东西倒，比东方病夫还不如，休再开口，来救东方病夫了。所以救世主又说："你们该提防假先知来到你身边，外面披件羊皮，内里却是豺狼，专会打抢，可就他们结的果子，认出他们来，人岂有荆棘丛中采葡萄的？蒺藜树上采无花果的？然则好树结好果，坏树乃结坏果，树不结好果，但有砍去，扔在火里，所以可就他们结的果子，认出他们来，并非叫我吾主吾主的，都登天国，惟有奉行在天我父圣旨的，可进天国。到了那日，有许多人向我说：吾主！吾主！我们不是仰仗你的名号，能预言么？不是仰仗你名号，赶魔鬼么？不是仰仗你名号，显灵显异么？我要宣告他们说：我从来不认识你们，你们这为非作恶的，快离我去罢！"诸位看救世主，从《马太》五章起，说到如今，辛辛苦苦，留下这篇圣训，不是教人看看便罢，是望人实践躬行的啊！

但叫"吾主"、"吾主"的，有两等人：一等是真异端，假先知。口口声声叫吾主，心心念念不相信；一等是心口都相信，行事却不符。这两等人，于天国无分，于人群有害，欺己昧良的讲义，掩恶诈善的行为。《圣经》说：在上位如瘟疫一般，传染人群，害得良心死透。十诫原是在天圣父的命令，有生之初，印在人心。西乃山传布后，写在《圣经》，不守是不崇奉圣父，圣父的朝廷，如何上得天？又有不叫"吾主"、"吾主"的两等人，却也是假先知，凡欺世盗名，忝居人上，不问有权无权，动不动要发号施令，自以为能表率人群，掌理国家的都是。一等不叫"吾主"、"吾主"，便自命一无迷信，而迷信自己颇深，只要多买些笔头，安上些枪头，如此一哄一吓，何难只手掩天？于是声东击西，装模作样，外则同胞皮色，内则狼子野心。野心的目的，专为打抢，打抢两字，原文包含一切豺狼性行，会吃人，会偷人，人经他一毁，总而言之，身败名裂，财产净亡。报纸所言，如其可信，东汇去几千万，西汇去几千万，右手方借来，左手已送去，据说又是几千万。以石投水，预算帐没听过一声，追算帐没见过一行。抢得我们穷百姓，叫苦连天，无冤可诉，他还要左新法，右新法。新法见于外国羊皮书上第几条？新学新学！新理新理！新出一个甚么社会党，社会学？不但钱财可通融，且说老婆可公用，还嫌西藏活佛地，风俗不自由，一家一老婆，不过只准几房公用，公用通融下，然而有小注，注的你猜是甚么？非用照心镜，看不分明。注说是你的，我的喃，仍是我的。假先知，真豺狼，同胞一领羊皮，快褪快褪，快走快走！我磕头，我唱喏，我脱帽，我鞠躬。罢！罢！罢！走！走！走！若再说几条新理，想怕同胞所剩几根枯骨头，也被送去东洋大海给鱼鲲。解和者曰：老百姓，你不爱新，应爱旧，我有孔夫子的"君君、臣臣、父父、子子"、"君要臣死，不得不死"、"父要子亡，不得不亡"，这是三纲五常，我中国所以为中国也。罢！罢！罢！春秋到孔子，只有更坏；战国到孟子，何曾好了？关羽、岳飞，都是亡国之将，你要亡国去亡罢！我演说的是《圣经》，《圣经》说辨别假先知，莫妙于看他行事，他纵老奸巨猾，会遮盖，会乔妆，早迟些，鬼脸子一破，终究要败露的，譬如果木到了时候，好的要熟，坏的要烂。烂穿了外皮子，不怕他不显真形，不落褒贬，往往他徒弟，他党与，出乖露丑，还在师傅之先。要认树，看果子，要识人，看行事，真是一块试金石。所以上下两三行，救世主一连说上两回。还有一等自信有好心，有才力，不仗救世主，也可救得人。不想从善难，从恶易。要人从恶，尚且三军可夺帅，匹夫不可夺志；教人从善，莫易于父母对儿女，儿女还要回口："夫子教我以正，夫子未出于正也。"为此，若不恳切祈祷，仰仗救世主的功劳，我们几句不成文的演说，地大人多，打耳门，打不到，打心门，要打通，更休想。即使打通，保禄且说："救人不救己，福音传遍普天下，何用？"诸君听！能说未来，能驱魔鬼，能显圣显灵，阔不阔？然而救世主怎讲？"我不认识你们。"如何才认识呢？惟有奉行在天圣父圣旨的，所以要救人，先自救，要劝人，先自劝。对于人群，从消极的先说，毋杀人，毋邪淫，毋偷盗，毋妄证；那积极的工夫，一要恕道，二要诚实，三要谦恭，四要知止。愿与诸君共勉之！

书《利先生行迹》后
（1916）

　　试问天主教于新旧学，旧学必曰：此利西泰所传之泰西教也。其如泰西人初亦谓之东来教何？然则西之东之皆不可，有教则无类。类别人以泰西东，不可谓知类，教亦犹是矣！夫利子固知类者也，中国而犹是人类欤？良知中岂无无上元尊之意，意所表诠，岂不以不离古文者近是？曷为宁称天主，而讳上帝名？岂史有天主称，佛有天主称，俱未之前闻，独以道家称玉皇上帝，而避之若浼也耶？利子愚不至此。此殆以"天主"二字不经见，不经见故较为醒目而耸听信乎？名无固宜，若有王者起，必将有循于旧名，有作于新名，利子盖知之矣。而"天主教"三字，遂约定成俗，为圣而公会之定名，至使物而不化者，或目为袄教，固袄胡所不及料。其或目为陡斯之解，而嚆嘈自矜独得，是真利子所未及前闻矣。而新学之闻之也，则进一解曰：天主教非他，耶稣基督所传之旧教是矣。夫器贵新，而传家之物必贵旧，谓之旧教诚是也。而抑知旧教之成，成非人力，旧教之传，传非人力，于何见之？见之于《宗徒行实》及希腊、辣丁诸志乘。溯凡首先传至一方者，地即不广，民即不众，而其人大率不由人力，能行种种奇行，能言国国方言，一一如耶稣所许，载之《福音经》者然。

　　迨近世纪一千五百四十一年，有圣人方济各其名，姓沙勿略，开教印度、日本，而旧教谓之宗徒者，亦复一一能之，而不假人力，并预言日本浸炽浸昌，蔚然为大国之民。一时上下风从，所过者化，而圣人心犹欿然，以中国之大，未受福音，不顾海禁之严，宁蹈万死孑然附商舶而戾粤东之三洲岛，时一千五百五十二年冬，距初至印度年十周，而心力交瘁矣！不及光移日本，启牖中华，哀哉！竟以病热而终！终之前，而幸也利子玛窦生，生岂偶然哉？生三十许，而学行大成。矢志继圣人之志，愈迍邅轗轲，而志愈坚，卒为我中国首开天主教之元勋。元勋岂偶然哉？惟是中国之土不为不广，人民不为不众，众居天下三之一而弱，四之一而强，此其大较也。而乃利子所借以为开教之先河者，文学、科学外，不闻有灵异之行，不学而能方言也。顾信崇必由听受，宗徒保禄之言也。而听受必借方言，又自然之理也。不学而能，固耶稣所赐，不能而不学，学而不力，不与恃贵交白卷，冀高中，同一妄恃欤？利子何敢然？故研习华文华语，不耻哑哑者垂二十年。以彼天资之高，久久不厌如此，呜呼，可谓难矣！即此一端，其谦忍可想。昔若翰保弟斯大，为主前驱，亦不闻有灵异之行也，而德光所被，空城空巷。然则利子衔主命而为开教之前驱也，必其德之纯懿，有足代灵异之行，克全其职而无忝乎？此圣师多玛之论也。何不取知言君子序赞利子者而一览观焉？

《经》记保禄语长老曰：汝众知我自初到亚细亚，时时与汝众俱也若何？我事主，岂是以卑逊，以涕泪，以所受同种人磨难倾陷之多般。何者有益于众，而吾有隐乎尔，而不宣示，而不教诲，而不于稠人广众之中，复家至而户到也乎？不图利子来我亚细亚，其事迹之光明，其事主之虔诚，复与宗徒一步一趋，有同揆也。凡圣教中经言要理，科学中可利民用者，而利子有倦而隐乎否也？唐之景教碑邻于梵译；元之镇江十字寺碑，属以音译；远不如利子近译，夏夐独造，粹然一本于古书，文质彬彬，义理周洽，沾丐后人，于今为烈，盖不独首开天主教为足多也已。但愿教中译经者，先读古译经言，译圣书者。先读古译圣书。书虽不一，要以利子泊同会逮清初所著为最盛，亦最可观。

雍正禁教而始衰。至十八、十九世纪之交，其会被裁，而作者寥阒，已刊未刊诸底本，又以所托非人，散亡都尽，惟时时见于教外人之书。故利先生传，燕北人反未之见。因从上海徐家汇藏书楼，邮借所藏抄本。抄手甚劣而多误，亟与友人英敛之共读共校，亟付手民。用识利先生首先开教之艰难，而我同教听受福音之有自也。典型在望，恶忍未通古译，乃逸乃谚既诞，则侮利子等，曰昔之人无闻知欤！

丙辰日本三圣致命日相伯马良七十七岁书于香山之辅仁社。

夫精熟华文华语，本无德诣之可言，而在开教者实为利器。非利器，则《圣经》恩赐能言异域言也何为？况利子以积勤得之，虽忮心人不敢毁其为名为利。吾故于《遗牍》以是称之，今又称之而不惮烦者，诚以法主教包稣爱，以法国人精熟法国文，民到于今称之。利子异域人也，而我国虽教外人亦至今称之，称之顾不足为教士荣乎？而孰意深文锻炼周内利子泪同会诸先生若汤、南者，而出于法文《教务月志》也？且月月必有，而综其所以文致者，大要有三：

一者罪其喜引古书上帝，而不专用天主名。嗟乎！明末人则罪利子新创天主名，故李太仆辨之曰：儒亦谓上帝天之主宰，然则非利子新创矣！乃《月志》于天主名外，则析辞离正，使民疑惑多辨讼，而忘罗玛之禁之也。荀子曰犹伪符节度量，不其然乎？

二者罪其阿悦华人，而将顺其礼俗。究之教士数十，历年数十，而被化者不过千许，尚不及若辈一月之功。噫！是不闻长雅各伯在以西巴尼亚，所化仅七人矣！此即贾思勰论营田，宁可少好，不可多恶。多而恶，亦须多多购种，而后能广种薄收。无如利子与孟子同病，无财不可以为悦。由是以谈，可告无罪，乃复罪其滕公栅栏赐葬地，有翁仲等，为供地下之驱遣，幸拳匪来，始将此等无意识之异端铲除以尽云云。此无他，人之情，诵其诗，读其书，则多恕辞，于国亦然。故由利子及清初寄欧之言少訾毁，自时厥后，反以为能。圣保禄亦云：彼我言语不通，相交则夷狄，又何怪若辈之夷狄我，异端我？盖亦人之情耳！惟不论我华礼俗则已，论而专以欧语语欧人无益也，不如请命于罗玛，而以华言言之为是。

三者罪其日间所事，治钟表，会宾客而已，著书则徒有其名，而惟李、徐二公是赖，然于文学、科学，毕生无足观也。此由《月志》诸君，未尝一读并世诸公之称利子泪同会，有惭色无吝色之谓何矣。徐上海重刻《几何》序云："庚戌北上，先生没矣，遗书中得一本，其别后所自业者，较订皆手迹。"然《几何原本》，利子惟署口述，而犹勤苦手订如此，从知诸先生不署他人笔受者，皆自撰矣。龚端毅寿汤先生道未云："睹时政之得失，必手疏以秘陈；于凡修身事天，固人心，厉士气，知无不言，最后则直陈万世之大计，更为举朝所难言，化吁咈为都俞，岂非以焚草之忠，匪同讦激，批鳞之勇，不繇旁赞哉？"曰手疏，曰秘陈，曰不繇旁赞，不知道未又赖谁也？

尝与敛之见阳先生玛诺《天学举要》遗稿，惜非完本，而改窜处亦皆以鹅毛管自书。况如《交友论》等著之时，李、徐二公尚未从游，而《明史》至称利玛窦等精于天文历算之学，发微阐奥，运算制器，前此未尝有也。未尝有，而犹不足观乎哉？而《月志》诸君，且以史言前此，不言后此，故漫为大言曰：南怀仁所铸红衣等炮，胜于旧式者无几，假令若辈为之，定驾乎其上。诚哉！四十年前德法之战，视今所用军火，犹爆竹戏焉耳！故驾乎南怀仁之说，万万无疑。所疑者，即驾焉，言者何功？听者何益？吾百思而不得其故。或谓予曰：子不见《燕京开教略》，每加利子同会以抗逆之名，反加李闯以李公之称乎？并刻有武则天像，意欲媚于西后慈禧，宠阉莲英云。不然，与燕京开教何关？又不见汤公之仆，由推恩得荫，而若辈且刊布欧文，诬告众曰：此乃道未之适孙乎？《月志》所云：汤得年俸百金，而离同会索居，意在斯夫，意在斯夫！《传》曰：欲加之罪，何患无辞？所喜罗马已禁之。予老矣，利子之徒知大体，既不效贾竖女子争言，予华人何费辞焉！良再记。

《万松野人言善录》序
（1916）

万松野人者，与余同教，尤与道有宿契。自幼天性沉毅，独皇皇然以求道为己任，遍求之于三教弗慊也，于耶稣新教亦终未慊。弱冠后，始得耶稣旧教之书而读之。读之既久且多，因多而疑、而问、而思、而辨，弗慊，弗信，信岂苟然已哉？当其在天津《大公报》，凡救灾劝募等，必首首然不辞。近则与夫人爱新觉罗氏隐迹香山，共襄教育。

香山者，自辽、金以名胜闻，古树之多，甲于燕北。逮咸丰兵燹后，树以不甚古，得免于先被盗伐者犹万株，虽献计公家者，时时欲伐之，而野人则受托一日，愿保存一日，以为故国虽非有乔木之谓，而亦非无乔木之谓，特自名万松，用自警焉！其为名胜谋永久有如此。余顷岁，因病时往，往必与野人共晨夕，益用悉其生平。

当其求道之初，不知所谓道也，但觉良心之教善戒恶，凛然。设无赏罚以鞭其后，是犹耕稼而不期收获，法令而不责奉行，桀、纣之愚不至此，而谓天之主宰反其所赋之良心而为之乎？喜为人诵康熙所撰天主诗联及古今格言语录，每一启口，响应无穷。余固固强其集录，则曰：忠孝良心事也，今亦金钱可买下，亦待贾而沽，窃恐良心售尽，虽集良心之说，无与相印证者。余曰：不然。良心可售必赝鼎，其真本仍在也。君不见羊矢枣羊头肉有何可口，而京师唤卖之声，不绝于耳，则唤起良心，亦吾辈所有事矣！子姑唤之，唤百唤千，而得一相与印证者，以共持人道，讵无补？余虽老，将执笔以俟君之倾困倒廪而不吝也。

时丙辰，圣若瑟中国大主保日，相伯马良年七十七序于燕京。

《宪法草案》大、二毛子问答录
（1916）

儒、释、道、回等，皆非二毛子。洋学等是否，兹不具论。有一等洋教，其家之为二毛子也，虽在元时十字教后，却在旧清入关以前。有大毛子问以《宪法草案》第十九条，二毛子即答曰：国民教育，以孔子之道为修身之大本，已有多数人主张删去。

大毛子曰：删否非余所问，问条文字句之释义耳。亦不问"中华民国人民"六字，是否即"华民"二字，盖宪法乃通国人民自订、自守、自行宣布者也，又何必对于自己，时时称名道姓，警觉其为民国之人民也。想必中华素为无名之国，转不知蒙也、藏也，而有其名也，故不得不自呼"中华民国人民"，使之切记于心，如小儿学语时，每问其姓其名以作要欤？抑或中国文字之关系，必画蛇添足，而后文义乃明了欤？外国文字，如称大彼德也，"大"乃其徽号也，而《草案》称总统，必称大总统。从前大皇帝乃对外人之称，国内无冠以"大"者，今《草案》之大其总统也何居？毋抑对于小民而言欤？初不料中国共和，而以天圣天聪视总统也；难怪总统府拱卫之庄严，超旧清而过之，年俸亦超万国总统而过之。余故曰此中国文字之关系，非洋人所敢问也。

二毛子曰：然则洋先生所欲问者何耶？

大毛子曰："依法律有受初等教育之义务"句，句内"教育"，自然专指初等，初等以上，便无义务。故"依法律"云者，一定其有此义务之年岁，断无年至四五十岁，犹强其补受之理。一定其初等之程度，过高不可，过低不足以应国民之心要，譬则为国民而不能言国语，写国语，何以谓之国民？国语而不能达关系大同之德育、智育等事理，何以谓之国语？写此等国语，非洋人所敢判其难易。惟就所知者言之。今番欧战，战地之名，不但各报不同，即一报前后亦不同。科学书上之事物人名亦然。此于言语交通，颇生障碍。

二毛子曰：然，诚有博雅君子，见一地名而数音，不得其解，而诿为一声之转者矣。非妄用其考据乎？故吾国学者，拟用切音，而造新字画、新音母，然造者于所新造，亦不能一目了然，辨清字句。

大毛子曰：此无他，由于中国人之天性，因不服善，故不肯师人之长，用世界通行字母。山东教会，则用以授中年人等，一月而能彼此通信。今所新造，以余所闻盖四五起矣。新字一二百，伤人脑力则有余，于音母平仄，又漫无识别，仍字字相离，而不知离句，则其自造之，而不能自诵如流，何怪？东文字母之不良，无可讳也，而新造者往往脱胎焉，得毋谚所谓不于象口求吐象牙乎？然而此非余所欲问也。欲问者，在人民依法律有受初等教育之义务，而抗不服从，或到学堂，而抗不服习，是否违宪法？违宪法有无罪名？有罪名是否刑事犯？倘谓不以刑事犯论，则第十七条人民有纳租税之义务句，其文同，亦当非刑事犯矣。非刑事犯，则国用何出？而国将何以生存耶？试为我一言之。

二毛子逡巡而答曰：意者亦刑事犯耶？然断不如第十七条之重也。况第十七条之人民，在龆龀儿童，必有代理人担其义务，在本条之儿童，不到学堂，犹可罪其父母，到学堂有顽皮不肯读者，往往而有，如何能罪以刑事犯耶？我虽不敢望文生义，想依法律句，必将有所规定矣。

大毛子复问曰：据阁下所说，以年龄幼稚，似未便罪以刑事犯。今使法律规定，成丁后二十岁上下，皆当补受初等教育，苟不服从，苟不服习，而亦不罪以违宪之刑事犯，是与第十七条条文同而释义不同也。行文如此含糊，何以谓之宪法？然设罪以同等之刑事犯，于心戚戚焉若似太过，然不罪以违宪，又似不可，何也？因义务与权之辨，即在不可放弃，而权则可放弃而无罪，如第十六条"人民依法律有从事公职之权"是矣。所望严订从事公职之法律，宁依法律有从事之权而不从，毋以公职为卖买，为人情，为对付政党之手段？或方毕速成，尚未经学习行走，而即委以社稷人民之寄也。

二毛子曰：洋先生所言极是，惜乎我非政党，我非议员，我又无公职，而所有选举及被选举之权，早依洋先生之教而放弃之，虽承大问，实不知所答，况与第十九条愈说愈远耶。

大毛子曰：并非愈说愈远。凡考订释义，必就原书比对其字句相同者，而后真解乃见。前所言"大总统"的"大"字，亦比对洋文以立言，聊以明中国文字之关系，非洋人所敢过问耳。洋人而问，其可笑庸讵减于华人乎？即如"中华"之"华"字，地名也，而翻为"花世界"的"花"字，"中"字翻为"宛在水中央"的"中"字，而笑华人自称四海之中，但中国之东属海，西则否，固早已知之。总之凡人地名，不求其解可也。由此"懿子"、"非子"，有翻为"好儿子"、"歹儿子"者矣。其他类于此者之可笑，方据之以判中国之礼法者，尚不一而足。今阁下纵非议员，而人则华人也，纵不崇拜其《草案》，亦当尊重其价值。此固老百姓之血汗数万万之金钱，数百千万无罪之头颅买得之者也，岂有买货而不审查其货色者乎？《草案》明言中华民国为统一民主国，阁下不亦太无主人心乎？

二毛子曰：诚哉！我中国人对于国家之观念，总以为肉食者谋之。吾侪小民，糟糠之不厌，筋骨皮毛供其大嚼而不遑，尚有我辈二毛子开口之余地乎？

大毛子曰：虽然，吾所求子者，但字句之释义耳，非敢嘱汝出头露面也。中国人数千年俯伏专制淫威之下，一旦造成民主国，为议员、为党魁、为教主，如鸟放出笼门，其大撒欢而近于撒野之情形，虽难堪，亦难怪，自然无尔等二毛子开口之余地矣。但吾辈自闲谈又何妨？吾自问汝：汝不言依法律云者，可规定关系人民之年岁，教育之程度，义务之轻重否？但第二款所谓国民，所谓教育，规定得到否，抑当另起义例？

二毛子踌躇曰：唯唯否否。私念曰若规定得到，是单初等教育有修身也，恶乎可？若谓另起义例，彼将曰同一条文、同一字样之国民与教育而异训也。乃转询之曰：洋先生以为何如？

大毛子曰：第二款教育句，既不加初等字样，自然亦不限于中学、大学，何以故？因在学堂外，亦该修身故，不修身，则无人格故。然则"民国"二字，包罗国内上自大总统，下至小乞丐。盖惟皇帝不是国民，而大总统与小乞丐，则不能屏诸国民之外。至论教育，必兼施兼受言，设不兼受言，是言大总统、大教主等不受教育也，其可乎？

二毛子喜曰：吾亦以为当如此解。

大毛子曰：既如此，是条文确定国民皆有修身之义务也。义务之重，不及十七条犹可说。设无义务，修身可，不修身亦可，以人之从恶如崩也，不啻诏人以不修身矣，犹得谓之宪法乎？然则既列于条文，不修身，是背宪法之义务，而国家得以干涉之。

二毛子曰：殆不若是其甚欤！

大毛子曰：阁下以宪法为劝世文乎？劝劝云尔，修不修在人，听之而已，抑加入"修身"二字，专以傲他国之所无乎？

二毛子曰：不然，不然。

大毛子曰：然则阁下以国家干涉云云为太甚欤？须知人民亦可以干涉国家，国权、民权本对待之辞。譬如第十三条，人民有诉讼之权。设使听讼者不收依法律之控诉，或听讼而不依法律，或所讼者系大官，官官相护，纵上诉亦无效，而宪法忍令民权扫地，而不助以干涉国家乎？又如本条，因人民有受初等教育之义务，故国家得行强迫教育。乃一面仍收学费，又不补助贫民，贫民虽失业，虽枵腹，虽上学而倒毙，而不能责问国家乎？夫有义务者尚可以干涉国家，而谓国家不能干涉有义务者乎？

二毛子恍然曰：然则列于条文者，无论关于国，关于民，皆当督责实行，且因其为根本法，而督之权更大，然欤？非欤？

大毛子曰：然也。天下无宪法专为铺张门面，点缀党纲者。故不言修身则已，既言修身，必须实践。但"修身"二字，其释义可得闻乎？其修不修之形，何以别乎？子若不知，可转问高明，以语吾来。

二毛子曰：无须转问。《大学》不言乎，"欲修其身者，先正其心；欲正其心者，先诚其意"。然则修身云者，正心诚意之谓也；不修身云者，不正心诚意之谓也。

大毛子曰：修身之义，既闻命矣。但心意之正不正，诚不诚，无形迹之可求，是身之修不修，亦无形迹之可求矣。

二毛子曰：修身本是幽独工夫，在洋先生之教亦是如此，今何为求之于形迹耶？

大毛子曰：不然。若无形迹之可求，则国民不修身，国家之干涉之也，将以何者为标准？抑效尤帝制时，侦探与请愿两派，各揭橥民意曰"若尔人存心反对，若尔人真心推戴"，一任其信口胡诌耶？譬则开宪法会，有两议员，一则正心诚意，为国为民；一则不问国情，只顾党利。然皆未发一言，而后者反责其前曰：汝不正心诚意，该罚！倘不学孔子曰："予所否者，天厌之！天厌之！"将以何者表示其非不修身也？

二毛子沉吟良久，跃然以答曰：有矣！有矣！条文不曰"以孔子之道为修身之大本"乎？大本者，大经大法也。孔子之道，躬行实践，如日月经天，江河行地，然仍布帛菽粟，不外日用行常，本之以修身，不皆有形迹之可求乎？

大毛子曰：善哉！孔子之道，既属实践躬行，而又不外乎日用行常，真不愧为修身之大本矣。但修身既有义务，则以孔子之道为大经大法，更有义务矣。

二毛子曰：孟子谓服尧言尧，是尧而已矣。服孔言孔，先生之意云何？犹不得谓之修身乎？

大毛子曰：就题而论，自然是极好的修身了。但日用行常，吾洋人闻之，终嫌空泛，阁下能下一转注更妙矣。

二毛子曰：孔子修身，不在索隐行怪以欺世盗名，即在庸德之行，庸言之谨，类如饮食起居，周旋晋接，人生所有寻常之事是矣。必待非常之事，而非常之事不常有，则修身之日能几何？

大毛子曰：善哉！孔子之修身也！难哉！以孔子之道为修身也！即如以饮食起居而言，席不正，割不正，而坐而食，食而语，寝而言，国家皆得干涉之。议员老爷们下馆子，而求食品之得其酱，不撤姜，不沽酒市脯，不亦难乎？燕居则申申如也，夭夭如也，若看书若写字，若忧国忧民，而思规定良好之宪法，皆不能容舒而色愉，而国家便得而干涉之。姑不论说洋话，穿洋衣，皆异言异服，非孔子之道，欲求其侃侃如，訚訚如，进则翼如，趋则翼如，张拱端好，如鸟舒翼，衣短后窄袖者固有所不能。即如乘汽车马车，仓猝之间，而见有危急，危急不常有，而求其不内顾，不疾言，不亲指，不亦难乎？加以凶服者式之，式负版者。版即今之黄册，黄册固少，而凶服得实多。有洋式者，有旗式者，有出殡时各色人等所服者，一一俯身致敬，势必头晕眼花，此出门之难也。而家居则斋必明衣，夜必寝衣，夏必绤绤，冬必狐貉，又缁衣羔裘等等，不但贫者力有所不能，而去丧无所不佩，佩古玉固难求之于今人，即如活计八件，倘有一不佩，而国家遂得而干涉之。不独于民不便，于国亦觉太烦。然则以孔子之道为修身，而贫者富者皆修不成。

二毛子曰：何为其然也？孔子之道，亦举其大体而已！

大毛子曰：举其大体，则人之居室，不当刑于寡妻乎？谓孔子身不行道，不行于妻子不可也。然而出妻乃孔氏家风。试思亲炙圣人，如时雨之化者，非妻子而何？化而出之，是不因其过也。吾以为别有用意。又公慎氏妻淫不制，及孔子为政，男女别涂，其妻断不淫矣，乃《家语》载公慎氏出妻，以明孔子政化大行，未免非既往不咎之道也。我故曰别有用意，意者恐儿女情长，于修身有碍乎？然则欲修其身者，大家小户，皆当以孔子之道先出其妻。又孔子朝政七日，而诛乱政大夫少正卯。少正卯，鲁之闻人也，而孔子则曰此乃人之奸雄，有不可以不除。夫殷汤诛尹谐，文王诛潘正，周公诛管、蔡，太公诛华士，管仲诛傅乙，子产诛史何，凡此七子，皆异世而同诛者。《诗》云："忧心悄悄，愠于群小。"小人成群，斯足忧矣！乃今之为政者，既不之忧，忧之不诛，是在朝而不以孔子之道为修身也。国会知而不弹劾，弹劾又怕无用，则订此条文何为？可见议员皆不足与议者耳，一闻减俸，则恐恶衣恶食，有丧文明程度。但欧美国会之初召也，本为筹征国用而限定之，故非富有财产，不得为议员，恐无财产将慷他人之慨，而人民大受其害故也。今乃恃俸而衣食，则其预算，有不徒慷他人之慨乎？慷他人之慨，而复耻恶衣恶食，非孔子所称未足与议者乎？未足与议而争充议员，代议院则改名众议院，以免良心上顾名思义。元老院则改名参议院，以便黄口儿亦得参预。是中国国会，从根本上即不以孔子之道为修身之大经大法矣！再者"夷狄之有君"章，程子注曰："夷狄且有君，不如诸夏之僭乱，反无上下之分也。"然则宪法案"中华民国永为民主国"条，又"中华民国人民均为平等"条，不显然无上下之分乎？宪法所订国体与人格，既不用孔子之道，而犹得号令于国内，曰"以孔子之道为修身之大本"也乎？

二毛子曰：洋先生所言似太过矣。孔子之道，如四毋四勿等，犹不可为修身之本乎？

大毛子曰：可则可矣，所恐议员老爷们更苦了。盖在议会而有所主张耶？是非毋意也。有所争执耶？是非毋必毋固也。有时欲照良心，欲按党见，是非毋我也。

二毛子摇首顿足曰：非是之谓也。

大毛子乃笑问曰：非礼而视、而听、而言、而动，绝非孔子之道矣！故凡看戏，凡听曲，凡言不及义，坐无坐容，立无立容，国家不可不干涉矣。试问天下有此条文否？有此国权否？我故曰中国之宪法，不过如文人用典故，夸多斗靡而已耳。他国所无者则夸耀之，有修身，有孔子。他国所有者，则不问国情，不问历史，亦叠床架屋以参入之。见他国间尝有国教之规定，则皇皇然起曰：当以孔子为纪年，当以孔教为国教。而所谓巩固国围者，则国围日丧；拥护人道之尊严者，则尊严日替。民国五年以来，非兵即荒，自杀其人民者，动以数十百万计。是犹父兄不自爱重其子弟，而望邻人之爱重之也得乎？为国而惟望列强之助我，不以此为耻，而耻不以孔教为国教，且大言曰是夷狄其国也！是禽兽其国也！然则若英、法、俄、德、意、奥等，皆夷狄也，皆禽兽也，而日本宪法，亦不闻以孔教为国教，然则亦夷狄也！亦禽兽也！且孔子以前，二帝三王，皆不知孔子为何人，孔教为何物，然则亦夷狄矣！亦禽兽矣！吾向不知中国人何以诬我西人，直腿而无膝骨。张南皮时，有老贡生正其衣冠密陈曰：时局而出于战，洋人无膝骨，可令众兵左持竹数竿，右提水一桶，西瓜炮来，水以灭之，人来则投竹以亢之云云。可见华人至今，尚迷信西人无膝骨，其信之心理，盖由孔子教徒，数千年来，皆以为不拜孔子，则生此膝也何为？又见西人不拜孔子，孔子配天，天断不生此膝以与西人。由是一传百，百传千，而中国人民，遂谓西人直腿无膝骨矣。想国会诸公，非夷狄，非禽兽，又天生有此膝，其仆仆而亟拜孔子，急订孔教为国教，以慰数千年大多数之人心可知矣。汝勿曰尧、舜至今，尚不足五千年，孔子之教定在尧、舜之前耶？须知其教虽不在前，而孔子之精神，实弥纶天地古今而外，外孔子之教者，皆夷狄也，皆禽兽也，孰倡言之？则东鲁一圣人，南海一圣人，自命先圣后圣，若合符节之大教主是。但西人皆以农民之数为最多。我大毛子每到中国乡间，实地调查，问农民以孔子之道、孔子之教，知者千百无一焉；入孔庙拜孔子者，百万无一焉。北通州非日下第一州乎？其女子仍缠足。是近京数十里内，民尚不知共和之教令，而谓其能深信不疑，当以孔教为国教乎？且国教之义，实与国库有关，尤与国民担负有关。其能识破国教僧官别有无穷之大欲者，士大夫亦少，而况农民？则所谓中国人大多数之心理，不过以大教主一人为代表耳，即不然，亦不过以其徒众数十百人为代表耳，又恶得谓之大多数？

二毛子曰：不然。农民皆下流社会，虽众何足比数？且孔教向称儒教，农、工、商、贾等皆非儒也，儒者乃我国上流人物，故所谓大多数之心理，指此非指彼也。

大毛子曰：皇帝及官员非上流人物乎？然而雍正尝多造佛庙，多著佛书，以为放下屠刀可立地成佛矣！每月朔望，吾见大小衙门，皆入庙烧香矣！绅宦妇女亦然，未见有拜孔庙者也。"攻乎异端"章，程子不云乎，"佛氏之言，比之杨墨，尤为近理，所以其害为尤甚。学者当如淫声美色以远之，不尔则骎然入于其中矣！"然则中国上流人物，何尝尊用孔子之道哉？

二毛子曰：无伤也。吾国大人先生，大都孔亦拜，佛亦拜，拜了佛，仍不失其为尊孔子。孔子之道，无可无不可，时乎君主则君主，时乎民主则民主。彼以孔子之道为不宜于民主者，皆朱程之流毒，不知孔子所以为圣之时者也。故信仰孔子者，亦宜无可无不可。虽将天下之教，一一崇拜，一一信从，于为名士，为名儒，一无所损。盖孔子与异端，自古以来并行而不悖，此正孔子所以为大也。素夷狄犹且可行乎夷狄，韩昌黎以佛为夷狄而辟之，陋哉！尝有以此说进之张南皮，南皮立赠三千金，此南皮所以为大儒欤！

大毛子曰：然则有一教于此，信不信在中国人，非良心问题也？

对曰：然。

又问曰：然则对于朋友，信不信亦非良心问题矣？

对曰：否。

大毛子曰：异哉！何以一然一否也？

二毛子曰：西国人心太实，动不动良心问题。吾国不然，以为不信乎朋友，朋友可指摘之。孔与佛，信之者言行无一符，未尝见孔与佛起九泉而指摘之也。莫见乎隐，莫显乎微，口头禅耳！吾尝见大和尚夏日讲经，无眼耳鼻舌身意，无色声香味触法，万事皆空，饥渴皆忘，而女弟子献茶于案不绝，而大和尚饮若长虹不绝，是心言不直也。我故曰信佛信孔，非良心问题。

大毛子曰：然则吾闻凡入圣庙，陪祀两庑者，须未尝皈佛佞佛，作佛事等等也何为？

二毛子曰：此亦朱程之流毒耳，故陆稼书因从母命作佛事，亦可以入圣庙。若果以为非理之命，人于良心上岂可从哉？我故曰儒、释、道等之信与否，在中国视之，不如多增寿命，多得金银矣！国教之定与不定，与"攻乎异端"章，绝无牴触，与儒、释、道等良心上，绝无毫发之异同，为其口信心非可，口非心信可，兼信兼非亦可。但我教则不容兼信，将奈何？

大毛子曰：我教不但不能兼信，即纳一文捐税于文佛武庙等，亦义所不容，旧清有案可稽。惟从前若官府暗挪，可不深究。今则政由民主，有义务者即有权利，纳租税者即该审查用项之支配。而民国一、二年，孔教中人已呈请包修通国文庙，约计可二千所，所各一万圆，是二千万圆也；日后岁修若千圆上下，是二百万圆也。而各府州县，国教僧官之岁俸，与扩兴国教之岁费，尚不知如干。然不定国教则已，定则当然支用国库，数至百千巨万，民主岂容不一过问？过问不独以上所云已也，即支配祀天、祀孔、祀关岳等费，亦不容暗中剥夺人民宗教之平等，信仰之自由。设与国人交，不止于信，尚有宪法之精神耶？

二毛子曰：吾初不知国教与国库之关系，如此其重且大，而宪法之条文，其暗相矛盾有如此！

大毛子曰：其关系人民之负担，殆有甚焉！西报载民国二年，有人呈请政府，令凡婚配者皆到孔庙，仿到教堂礼，每起收四圆。以四万万人数计之，一年婚配者可三千万，应收一万万又二千万圆；又凡纳妾者皆富户，初次征二百圆，以后以次加倍，计通国纳妾者，每岁不止二三万户，是收数亦颇可观；愿以一半归政府，余归孔教云。

二毛子不禁大声曰：好贪心！好贪心！原来请定国教，止为金钱计耳！

大毛子曰：不但此也，以后人民生而注册，死而办丧，国教僧官皆有事焉，而即皆有捐焉！其他索钱之法，中华民国人民绝不减于帝国人民，可预断也。以后小、中、大学必拜孔子，而征兵必拜关、岳，他教人民尚有信仰之自由耶？

二毛子曰：然则装模作样，谓拜孔子非磕头不可者，其实如某西人，舍仟子手而从左宗棠于伊犁，亦从众磕头，答讯之者曰："西人原不磕头，但我见座上非左也，一大堆白银耳！"然则装模作样者，其眼光所见亦如此，不过不如某西人之直爽承认耳。昔金圣叹见有通关节卖秀才者，遂舁置财神于孔子座。近人心理，既只爱孔方兄，何不爽爽快快奉财神为国教，而必借孔子为面具，下此偷偷摸摸之手段耶？

大毛子曰：话虽如此，然不如往劝国会诸公，怜念人民已无骨髓可敲。即欲规定国教，亦当先与僧官规定，每年津贴国会若干，俾国会少支一分国库，即人民多减一分负担也。至论与第四条有无窒碍，以余观之，在今日国情尚其小焉者也。惟我与尔所谈者"国民教育（此教育仅言德育，盖今之智育、体育，孔子之道不足以言之，故下文改作德育）以孔子之道为修身之大本"句，明明用烘托法，巧言丑诋，除孔教外，其他各教皆无德育，不识修身，故非以孔子之道，挽回救正第四条所予之平等权，又第十一条所予之信仰权不可。不然，第四条"中华民国人民于法律上无种族、阶级、宗教之别，均为平等"云者，不已明明承认其他各教亦宗教耶？宗教而无德育之道，修身之道，犹得认为宗教乎？勿曰"无宗教之别及平等"云者，指人不指宗教，然则欲别孔教为国教，而他教不能作平等观，不得谓不反背第四条矣！须知各教自性，天然有别，亦如男女有别云者，非谓男女自性自身之有别也。故此条文无宗教之别云者，正谓不得因宗教之别，使奉不同之宗教者，对于法律而有或权利或义务之不平等也。假令以现有宗教之一定为国教，则奉其他宗教之人，对于支用国库之法律，不但无平等之权利，反有纳租纳税之义务，以供给所不信仰之国教，尚得谓人民于法律上均为平等，则无宗教之别乎哉？

二毛子曰：然则就先生前后所言，国民教育云云，无列条文之利益。盖平心而论，道教且附佛教以行，而大多数之心理，亦惟佛教之知，即孔子后人与自称儒教流者，亦大都喜谈佛理，演用佛法，此无可诋诃者也。故民国宪法，一不当因少数人之意见，无端诬蔑其他宗教，无德育之道，无修身之道，即有而舍孔子之道，亦不足为大经大法也。二不当勒令其他宗教之施教育也，必以孔子之道为修身之大本，不以者，不犯条文乎？则无宗教之别而均为平等之谓何？三不当限制其他宗教，不可以本教之教育，本教之道德，为修身之大本，而侵夺其信仰之自由也。四则宪法之条文必当实践，不实践，当有法律以干涉之，但身之修不修，既无标准，是国家法律无从干涉也。然则此节条文，非徒无益，止足以激生意外之恶感耳！

大毛子曰：二毛先生之言是也，然未尽也。彼谓中国数千年，大多数皆奉孔教，今姑作为假定，但不知彼尚承认他教之少数，为中华民国人民否？

二毛子曰：至今国旗用五色，是承认五族皆国民也。

大毛子曰：回、佛、老教既为国民，其条约所载亦国民矣。

二毛子曰：十数年前之拳王拳相等有杀有革，革亦不过革职为民耳。彼拳民之众既依旧为民，孔教岂能仿效拳民不承认二毛为国民乎？

大毛子曰：然则一切二毛子，皆中华民国人民，亦即民主国之主人。主人与主人，权利应皆平等。彼拜孔者车价可减，则凡朝山、朝墓、朝堂等，车价亦当照减。彼等祀天、祀孔、祀关岳等，皆用国库；修建天地坛、文武庙等，又皆用国库；则其他宗教，凡祭祀修建等，亦当如数支用。俟国教立后，所有种种开支，其他宗教亦当如数，岂有国之主人，于支配国库，动用国库，甘丧失其权利者哉？孔教主若借武力，亏损我毛子等应有之权利，须知约章俱在，民国不能不承认。又约章所载系劝人为善句，民国不能改为劝人为恶。夫岂有劝人为善之教，而无为善之道，必待以孔子之道为大本，而后始能善其教育，善其修身乎？果尔是约章所载劝人为善，徒空言耳。初不料孔教主之诋谋他教有如此！列国之教又如此！况未仿西教以孔子为纪年前，前世所习称，儒、释、道耳。儒教之徒皆名为儒生，儒生岂是中国人之大多数乎？如果是大多数，则现今遍地土匪兵匪，皆儒生矣！又拳乱时，自宫中以至民间，大多数皆深信红灯罩法力通天，而二毛子则一一该杀。宫中之心理且如此，教育且如此，而谓民间大多数，皆深知孔子之教，当奉为孔教，孔子之道当奉以修身，不如此则中国人心无可挽救。今姑不闻孔教之礼规戒律与信条，大教主已布告国民之大多数否？大多数已一一默识于心而奉之以行否？我止问大教主，不言中国数千年大多数皆奉孔教乎？奉而演成今日之人心，是以后虽奉亦不能挽救也。如曰非不能挽救，必系大多数，教千年并未奉矣。未奉而冒谓已奉，非谎言乎？置之宪法中，不太无谓乎？徒争意气，而不问国家之急难，教主教主，不太忍心乎？西人谓华人无自治能力，信然！

二毛子曰：今番宪法会议，恐一变而为英国之长期国会也。

大毛子曰：所虑邻国无耐心以作壁上观耳！勿谓余言之不早也。

书《〈天坛草案〉第十九条问答录》后

（1916）

西人于中国书，其以新学术探讨古今事理者众矣，意不在文辞也。近因慕玄父君，见德国学者于屈宋文，则以考证中国之巫祝；英国学者于诸史乘，则以编次中国社会演成之统计，凡三大册。首册数百张已付刊，合左右两半张为一表，极新颖可观。其在上海徐家汇，年二十岁上下者，于经史率能背诵，而比人乏乃所诵极多，欧战以前回国，回国后，译刊有甄鸾、李淳风等算书辨误。由此可见西国人民知识之高，苟有所刊，虽艰涩如统计辨误等书亦无不售；又可见我国民情民俗与历史等，不可复以谰辞绐西人矣。

故《问答》中之大毛子复言曰：人第知西国有教争，而不知中国之有之也尤古。孔子儒者也，所如辄不见容；季氏飨士，即见绌于阳虎；尼谿将封，复见阻于晏婴；鲁公戏儒，《儒行》乃作；时有少正卯者与孔子争徒，而孔子之门因以三盈三虚。《鲁论》"女为君子儒，无为小人儒"，盖戒门人之辞，而少正卯卒见杀于孔子。孔、墨不相非，而孟子专辟杨、墨，其逃杨、墨者，又从而招之，是孔、孟、杨、墨，皆不相能也。其后说士方士用于秦而坑儒，黄老用于汉，而儒时兴时废，驯至党祸相仍，迄今未已。唐则宗老，孔子不可同年而语矣。宋虽尊孔，而前后儒者若周、程、张、朱、象山、阳明等，又各标宗旨，各立宗派，道学渊源，自矜独得，甚者至相水火。所幸皆文人，其用武不过叫嚣谩骂而止，倘一旦见于宪法，国民教育以孔子之道或以孔子之教为大本，则由既往以测将来，异说之朋兴，孰能一之？

旧清禁设邪教綦严，而传习白阳、白莲、八卦、离卦等教终不绝。道光时黄知县育楳，于巨鹿及沧州，查获邪教经卷共四十余种，俱系刊板大字，印造成帖，其《龙华宝经》等又各分二十四品，《古佛乾坤品》

云：李伏羲、张女娲，人根老祖，有金公和黄婆，匹配婚姻。《五祖承行品》云：周世祖留果木，汉高祖留瓜瓢，唐高祖留诸豆，宋太祖留菜蔬，明太祖留稻麦。又《走马传道品》云：儒童祖（谓孔夫子）骑龙驹，穿州过府，有子路和颜渊左右跟随，有曾子和孟子前来引路，七十二众门徒护定圣人。观以上所云，真可谓痴想天开，谓非尊孔不可，谓为尊孔，又实在可笑！而教主教名之可笑，则有红阳教、飘高祖，净空教、净空僧，无为教、四维祖，西大乘、吕菩萨，黄天教、普静祖，龙天教、米菩萨，南无教、孙祖师，南阳教、南阳母，悟明教、悟明祖，金山教、悲相祖，顿悟教、顿悟祖，金禅教、金禅祖，还源教、还源祖，大乘教、石佛祖，圆顿教、菩善祖，收源教、收源祖，此皆实实在在道光时所有之教也。黄知县云：当时之教无不以聚众、敛钱、上供、升表为事，故自壬寅以来，所有教案，出于民间赛会、迎神、造庙、敛钱者居太半，而一切教案之集大成，则拳乱是矣。

道光距拳乱虽稍远，而拳乱距今则甚近。拳众之大、二师兄，有何法力之可言？而乃上自宫闱，下及闾阎，举国若狂，而北数省鼓吹尤烈，卒之所谓神通广大之拳众，贻祸于"中国"亦广大而无伦。世当有见而知之者，非西人之呓语也。但今日之人心，视道光时未必胜，视拳乱时亦未必佳。窃尝与二三华人，服洋服，策小卫，游于西北之近郊，近郊男女老幼，其不呼为洋鬼子者实鲜。然则中华民国人民，犹不自辨其面目，而谓能办孔子之道与孔子之教，而不尊称孔子为儒童祖、儒童佛者，吾不信也！此无他，蚩蚩者民，方见侨居之权利日张，土著之权利日亡，排外之心，自上而下，断不减于拳乱之日，故世纪则欲用孔子与黄帝，而不甘从万国之后矣；宗教则欲仿造其新，而不甘从耶教之后矣。试思拳众之无情无理，既可借以排外，则孔子之教之道，惟其弥近理也，而借以排外者势将弥众，可断言矣。《诗》曰："毋教猱升木。"宪法诸公，内顾时局，忍再驱斯民排外也乎！余今不恤自居大毛子者，盖欲现身说法，聊以相警云尔！不然，虽排外，于吾教何伤之有？

须知世纪之初三百年，吾教在罗马一城，为义致命者一千有余万，以三百年为法除之，每日致命者可一百有余人；其地中海滨邻诸国，致命者数且倍蓰，然而公斯当定总王奉教矣！所属诸侯王公君长，亦以次奉教矣！故曰"致命之血，奉教之种"也。中国明自魏阉，清至拳乱，致命者亦数万，而拳乱之后，奉教反盛于前。《福音经》云基督之教，悉地狱之众，而不能摇撼者此也。况区区第十九条，纵不删去，但既有

第十一条信仰之自由，政府断不能以孔子之道或孔子之教以强逼吾教子弟矣！况又有第四条于法律上无宗教之别均为平等。设或因第十九条之故，而有拜孔之事，则吾教亦只得依第四条条文，呈请政府另设小学、中学、大学，专授吾教子弟，用免他教之薰染，学成之后而欲从事于国家，则第十五、六条均可为之保障，吾故曰于吾教无伤。

所虑者官立公立等学堂，在前既屡起风潮，此后以孔子之道、孔子之教为绳愆纠谬之标准，人谁无过，殆自校长以下，不能一日居矣！在学生则可曰：夫子教我以正，夫子未出于正也。在校长等，将何辞以自解耶？按是以律海军陆军学堂，不得谓关夫子独能不守孔子之道与孔子之教也。推之于海陆军诸将帅，反心自问，果能无愧于孔子之道与孔子之教否？纵或觍然曰服从服从，其奈自将帅以下，校长以下，皆不服从宪法何？且所虑者，不但此也。《天坛草案》诸公，非不知法律与道德，不得并为一谈，所以规定此不伦不类之第十九条第二项者，则同床各梦。一者以为中国之人心风俗不可无以救正，既不能以他教之道，故不能不以孔教之道，孔教之道，既远胜其他劝世之文，而宪法又远胜其他法律之文，其功效定足以偿诸公之望矣！但第五十五条等宪法之无灵，此诸公所亲见，而谓不能救正上之人者，定能救正下之人乎？一者以为此非某某新党新学所乐闻，故特为规定以相难焉耳。抑思拳乱之初，所指为大、二毛子者，不过传习西洋教而已，继则一切西洋人，与读西洋书用西洋货者，无不指为大、二毛子矣！乌知今日所相难者，不过某某新党新学，而他日芸芸之众，不恃宪法为护符，复演庚子年之戏剧乎？僭后逆阉挟清帝以蒙尘，不闻有悔于厥心，晏乐倡优如故也；回銮后更日暮途穷，倒行逆施，不闻有王公大臣，敢一言以谏止者。是上之人一误再误终不悟，而谓芸芸者之道德与知识，驾乎其上也耶？然则诸公纵不利用芸芸者，芸芸者必将利用诸公之心志矣！

诸公之心志，不曰他国之教不足以当孔子之教，他教之道不足以当孔教之道乎？

姑不论其对于他国他教，不能如孔子言，不知为不知，而一种党同伐异之心，不啻司马昭之心矣！一若不以孔子之道为修身大本，则民国无由教育；不以孔子之教为中华之国教，则民国无由立国。是立国之所由，惟一孔子之教也；教育之所由，惟一孔子之道也。推其心之所至，则居其国者，而不从其惟一之教所由立国，惟一之道所由教育，不谓之大、二毛子其可乎？犹不施以庚子年之杀戮，不成为中华民国矣！种瓜得瓜，诸公之心志，不虑不酬也。记曰："作于其心，害于其事，作于其事，害于其政。"诸公之心志既如彼，诸公之政策又如此，纵欲掩耳盗铃以愚芸芸者，无如芸芸者不惟其事惟其心，心之所揭，一则曰：中国人之有教主，舍孔子其谁？再则曰：宪法之定国教，有欧美先律，其前提之教不教，主不主，有之已二千余年，此中国之文献也，掌故也，其然？岂其然乎？吾西人则未之见也，所知者，欧美之尝有国教也，教皆含有昭事无违之意，无违者，即顺帝之则也，圣敬日跻也，兹不暇论，但绝非中国现今所称饮食男女之教，伦常日用之教，或新名词国魂国粹之教，此则西人尝读历史者皆能言之，不能言者，其惟鸦狐喻内之狐也欤！教既不同，而欲援以为先律，是犹孝惠与闳孺同卧起，而援孔子少者怀之之说也。中国人于名学，固非所长，可不与之深究，至论宪法，而果以孔子之道为教育之大本，以孔子之教为民国之国教云云，则虽许信教自由，非添特别规定不足。一则第五十六条公权下，当添"不问是国教与否"等字样；二则第四条宗教上，当添"国教或"等字样；三则第十一条宗教上，当添"国教或"等字样；四则第十三条至第十六条依法律下，当添"不问是国教与否"等字样；五则第十九条国民教育下，当添"是国教者"等字样。不然，证以欧美先律，徒有信仰自由之名，绝无自由之实也；无自由之实，非民主国之宪法也；民主国之宪法，固不当偏于行政权，然亦不当偏于立法权，更不当偏于权豪权矣，且与其偏于权豪权，无宁偏于暴民权，以暴民权绝不能持久故也。

呜呼！中国之法律，专施于被治者，久矣夫相习成风！上之人各视其职位之高低，以居于法律之上焉，故其心视宪法亦然。若果自视应同居宪法之下，而不应独居于宪法之上，断不敢傲然责我人民，因不受孔子之教，则唯有纵欲败度，营利自私而已也。盖所责者，皆未免夫子自道，此非我擅为反坐也。孔子不云乎，"君子之道四，丘未能一焉"。孔子且不能，则我反坐诸公，不能从孔子之道、孔子之教，夫尚何辞？今日之民国，犹得谓有道也乎？如其有道，又何劳诸公之皇皇，皇皇焉者，必无道矣！孔子不云乎，"邦有道，富且贵焉耻也"。富且贵者，非今日之大人先生而何？然则极无耻者，亦今日之大人先生矣！而犹敢睥睨一切，悍然诮我人民，攻及礼义廉耻耶？必其心自视独居宪法之上，宪法之外，无疑！无疑！

大毛子复言曰：吾今不论国教之财用，由国库，由公产，抑由教徒之捐助，而止论国教之主任在政府，抑另设一张天师之类以总其成耶？

如谓另设，此另设者，应由国教信徒公举耶，或由国会两院，仿举总统式而投票耶？抑由总统任命，或仿任命总理式，而取国会或两院或一院之同意耶？或径直任命，不须同意，仿赵孟之能贵能贱耶？或止能贵而不能贱耶？不能贱，有餍众望之理由耶？无已，抑仿民国初年，自招兵、自刻印、自升官、自发财耶？再不然，有文事者必有武备，有武事者必有文备，以互相提携而定于一尊耶？此一尊者，为一国一尊，或一省一尊，甚或一道一府各一尊，其资格究应如何？焉知一乡一村，白屋无出公卿者？天下野心，不独出于有武备，而出于有文备者，其备更无凭，其祸益蔓延而无已！试观古今来议礼有不聚讼者乎？他日之电报生，其疲于奔命可想。大毛子辈何暇取其一无论理学之理论，而细诵之耶？各外国报亦早已付之阙如。

惟余不忍阙如者，即如不另设，而国教之主任在政府，倘一旦而有杀害毛子等之教案，教案又由国教不国教而发生，主使者不得复诿绅士与人民。杀为主任国教者杀之，害为主任国教者害之，列强而为匹夫匹妇复雠也，不征诛代表民国法人者，而征诛一二其言之不作者耶？抑亦无事有兵，有事无兵者耶？至吾所以不论国教之财用者，一则因由教徒之捐助，固不生问题。即由公产，但旧清之公产，理应悉归民国之国库，以故或由国库，或由公产，止一问题而已耳！按民主国之原则，倘宗教之财用，一教可由国库而他教不能，是不公不义也。调停之法，惟有于宪法规定，其他宗教之财用，与国教一律由国库支取而已。若不规定，则吾敢诰道天下人曰：中华国会议员非民主国之代表，乃君主国之代表也，权豪人之代表也；国教乃君主国之国教也，权豪人之国教也，所立宪法，纵或敷衍于目前，势必捣乱于日后，日后之捣乱，绝不待拳匪现形而还顾国门，帜岂犹然五色乎哉！

以上皆大毛子云云。余尝于上海庆祝宪法预备会曰："何幸四五千年东穿西漏之旧船，于风涛之中，深更半夜，得一缕天光，望见似乎海口者。诸君幸无喜跃过分，猜疑不定，忽左忽右，忽上忽下，而增重旧船之穿漏也。凡一国之人，悉其心力精力，以与国外争胜者国必昌；悉其阴谋阴计，以与国内争胜者必亡！吾将徐徐以观诸君之预备矣！"吾今亦云徐徐以观诸君之宪法矣！

书《请定儒教为国教》后
（1916）

　　题曰儒教，不曰孔教者，名从其旧也。儒本学者之通称，黄、老、杨、墨各有其学说，而孔子不厌不倦，独以学名，从其学者遂专以儒称。孟子曰逃杨必归于儒，是其证矣。其后佛教入中国，奉老子者既称道教，奉孔子者亦自称儒教，以与佛、老鼎足而三，故有《三教一贯》等书。总之辟佛、老者，亦止称古帝王治天下，不用二氏，惟用儒教而已，无称孔教者；称孔子亦止称至圣先师，无称教主者。其请定国教之心理亦然，故一则曰："人必有教。"复变其文曰："人非教不立。"但孔子以前已有人，是其所谓教，断非孔教矣。至于某某等所言，中国自古奉孔教，又曰中国所以为声明文物之邦者，实赖有孔子云云。曰孔子，曰孔教，要皆儒教之误。不然，岂有孔子以前之唐虞，已奉孔教之理？而郁郁乎文哉之成周，犹不得为声明文物之邦也乎？为此矫正其误，题曰儒教，使请定国教诸贤圣，有以自圆其说而免遁名改作之诛焉。

　　或曰，诸贤圣之讳言儒教有故：一则以学者方可称儒，而中国学者最少，万不能谬称儒教为大多数矣。一则《儒行》所称，儒有如此者十余事，而诸贤圣自问良心，一无有焉，是称儒，孔子且不容，称儒教之张天师，儒教之大护法，孔子即不鸣鼓而攻，亦当取瑟而歌也。一则以太史公六家之要旨曰：夫阴阳、儒、墨、名、法、道德，此务为治者也。但务为者治有若可称为宗教家，是尧、舜、禹、汤、文、武、周公之为教主也，应在孔子之先。况"儒者滑稽而不可轨法，倨傲自顺不可以自下，破产厚葬不可以为俗，游说乞贷不可以为国（恐诸贤圣自问良心反一一皆有）。今孔子盛容饰，繁登降之礼，趋详之节，累世不能殚其学，当年不能究其礼，君欲用之以移齐俗，非所以先细民也。"此非晏平仲语齐景之言乎？然则儒者欲称政治家，当时犹或非之，今欲冒称宗教家，势非阴结多数武装护法殆不可，此诸贤圣所以讳言儒教欤？

又况自号素王，躬作民主（据陈某杜撰）之孔子，亦止曰"吾志在《春秋》，行在《孝经》"。即后之圣人，允文允武，其自相标榜也，亦止曰：以《春秋》折狱，《诗》作谏书，《易》通阴阳，《中庸》传心，《孝经》却贼，《大学》治鬼（张天师欤？张天师也），半部《论语》治天下。凡此云云，其无宗教性质，不待言矣！今即巧言破律，改作孔教，须知孔自孔，国自国，孔教仍不得为国教也。在彼日读外国书不通外国文者，庸或不知，而陈君焕章固尝游学于美者也，当知西国所称 State religion，国教之教，华语无相当之译。译所谓教，乃 the performance of our duties of love and obedience towards God，人对于造物主，务尽其天职，以爱敬顺事之谓。国乃 the whole body of people under one government，全体人民，属于同一政权之谓。此非哲学家言，乃寻常英文字典浅义。试问诸贤圣请定之国教，教有此教义否？国有此国义否？义既不同，纵令外洋各国定有国教，我国宪法亦不得援为先例，依样以画葫芦也。

西文教字，由 Religare 束缚以得名。请定国教者不云乎，人非天不生。既受生于天，即不能逃天命与孝事之天职，而被天职天命之束缚也。孔子而亦人也，既受生于天，即不能逃天命与孝事之天职，而被天职天命之束缚矣！故孔子而有教也，教当从西文之义，不从，是不尽心养性，事天俟命也。老子，一周末隐君子耳，何尝设有道教，如其徒之所为者？然则孔子亦何尝设有孔教，如请定国教之所为者？尝见周末诸子并起创教，不但管、晏创教，原壤、许行、陈仲子亦创教，甚至白圭创教，兵家创教，纵横家亦创教，故谓大地诸教之出，尤盛于春秋战国之时，惟孔子能积诸子之成，而为诸子之卓云尔。然则不打自招，请定国教之意中，孔教亦不过诸子百家之雄耳！故议员中附和之者，其极大理由，亦不过以孔子为国教，则诸子百家之学可以连带保存耳！初不意孔子之教，原不外诸子百家。诸子百家虽"不该不遍，如耳目口鼻各有所长，时有所用，而不能相通"。能通之者虽为孔子之教，究不能脱离耳目口鼻而有所感触，变更声色臭味而有所会通，则其不能自外于诸子百家有可断言。况推极诸子百家，犹不能成一科学，按确然之原理，或假定之原理，以征诸古今中外人性物性而无违焉。学且不成科学，教又何足以成宗教哉！

夫宗教与科学之辨，一贵信仰，一贵见知。若徒信师言，而于所习之科无真知确见，则不得谓之学矣！譬则西文 Constitution 宪法，由 Constituere 以得名，意犹建设也，即国体、政体所由建设，以维系全体国民之生存之权利，而敦促而扩张之也。虽有条件，而非法律之谓。法律乃人民与人民，人民与政府，分际上之规定，逾乎此则谓之非分非义。故法律虽本良心，而非道德之谓。不明乎此，虽言法律，不得谓之科学矣。宗教不然，全系乎良心之信仰，践所言者谓之言而有信，客观之信也；考实其人诚实无妄，而所言之事既与哲理无违，又为其人权力所及，因此信仰其言必有成就，此乃主观之信仰也，宗教之信仰也。仰者，望也，望其有益于我身心性命，不虚生不梦死也。譬如"获罪于天无所祷也"句，可含数义：一是既受生于天，不可小有获罪。二是若不幸而获罪，非祷无以求免。三是除祷于天之外，无所可祷。四是获罪于邻国，道歉之条件，须得其同意，并得其满意，不然即造成今日欧洲之大战，然则祷于天之条件，非由天定不可。五是天定与否，义当自去研寻，如欲作官当自投考，此人所共知者也，人所应为者也。六是寻有实据，深信天不欺人，按其条件以祷之，望得免罪之恩，而去身心之累，是谓明信，何迷之有？何妄之有？今设深信孔子乃道学家，凡《乡党》所记，语语不虚。又深信孔子为博学家，所言羵羊诚羵羊也，萍实诚萍实也，防风之骨，肃慎之矢，文王之琴操，桓僖之庙灾，无不一一如所言也，麇而角者，果麟也，而孔子反袂拭面，涕泣沾衿，不为无以也。且深信其为哲学家、政治家、社会学家，犹佛氏之如何果，要如何便信他如何，究于我身心性命何益也耶？一信再信，便能善其生以善其死否耶？况知孔子之道者，宜莫如曾子，曾子曰："夫子之道，忠恕而已矣。"知孔子之教者宜莫如门弟子，而记于《鲁论》者则曰："子以四教：文、行、忠、信。"此犹仁、义、礼、智，智、愚、文、蛮之人所固有，而无所用其信仰者也。综观吾国所论孔子之教，质言之要不外敩学之敩耳，非西文所谓国教之教也。何苦效颦欧美，而定实不中其声之国教者哉？

乃有滑稽者流，则谓与谓孔子为哲学家，为宗教家，宁谓孔子为社会学家，今后非大讲科学，则孔子之道不得而明也。总之今后国民教育，宜应世界之潮流，修身教育，急宜输入功利派之伦理思潮，庶民生可裕，国计可饶，而断不宜存留《宪法草案》之第十九条，犹沿孔子动机派之伦理思想，以为国民教育前途之大阻障也，此是国民将来之死活问题。教育即国民之死活问题，诚不可不慎重而断行之者也。必不得已，则规定孔教为国教，一任一般人之迷信或信仰（一任云者，放任之谓也。乃今始知规定于宪法内者，乃放任主义也，宪法之效可想），而宗教本可超国而独立者也。（超国云者，苟谓超然国表不受政府之干涉钦？则必其教自具元首股肱之系统，以统一其教理、教规、教众之信仰，亘古今不变，而后可此，绝非死则变为枯骨之人所能创也。设创焉子姓，无改于父之道，且不能必，又焉能必其教徒万世无改其学说、学派、学风也哉？西谚云"一脑袋一意见"，彼亦一是非，此亦一是非。彼亦一素王之长兄，此亦一关公之义弟。而教争之起，即起于夫子之宫墙。小者争庙产，争住持。大者争道统，争配享。活魏阉死孔子，尝并坐而受孔教徒之仆仆亟拜矣，故孔教而为国教。无怪周末诸子创教之多也，所虑以后之多，将自今始。宗教云乎哉？异说云乎哉？还当质诸孔教。）若夫国民教育，则既为国民，万不能有超国之思想。（彼言超国而独立者，独非国民钦？）今日欧洲各国，若法、若奥、若义、若德等国，纷纷逐出学校中之耶教，置诸学校之外，即为此故也。何我国人尚不明世界大势之所趋，而必奉孔子之道，为国民教育修身之大本，且规定于刚性之宪法中，使之不可摇动哉？奥国即规定宗教于宪法，国民教育非常不良，且起大喧争，可鉴也！（既知教育不良，起大喧争，皆因规定国教，何为又欲规定孔教为国教？得毋自相矛盾乎？）其以为孔子非宗教家者误也！（方才尚说与谓孔子为宗教家，宁谓云云，然则先生先误矣。）而规定如《宪法草案》第十九条者，更误之又误也。订定宪法不可以误国者也。以上皆滑稽先生请定国教文，并谓"子贡亦功利派人也，惜乎其蜷伏于孔子之下，而不能自发挥光大其人格及学理也"。可见中国儒者于万事万物所以然之故，鲜所究心，往往窃取一二成语，望文生意以武断一切。一若天下大势所趋，国民教育惟有功利问题，不知功利问题，亦有非物质派者，犹教育之有德育焉。民之于仁也，有杀身以成仁，无求生以害仁，不然国将谁与守耶？乃抱定功利以非孔子，孔子亦未必甘心也。至于以宗教国教，谓不关人民教育与修身，故虽规定孔子为宗教为国教，本无足重轻，不审孔教之徒甘心否耶？为是说者，重孔子钦？轻宪法钦？抑重宪法而轻孔子也？

又或谓宪法定孔教，拜孔子不过如拜国旗耳。期期以为拟不与伦，何也？盖无论孔子为人也鬼也，其自性有足以受吾敬故也。旗也帜也，其自性不足以受吾敬，不足以受吾敬，故所敬不在旗也帜也明甚。或又曰：西人以女像像国家，女亦人也，其自性不足以受吾敬乎？答曰：

否。女像像母抚字人民之义，像由意造，女非实有其人，其不足以受吾敬，与实有其人之孔子大异。且西人无拜祀国像者，今拜祀孔子者，是否照孔子所说"祭神如神在"乎？（此"如"字当与下句"如不祭"同义，义非意之也。譬之父母在，子远游，每朝念亲，设席设座，尚酒尚食，事生如生在，人且笑其妄，况事已亡之鬼，鬼又不在，非妄之尤妄乎？故"如"字当与"如不祭"同义。）若照其说，第一该问孔子之神，至今在否？抑故鬼小，新鬼大，二千余年以来渐灭殆尽乎？第二该问孔子之神而在，往时丁祭日，几二千所，所所皆在乎？不祭之时，有定在否？能自由否？孔子在生，厄陈畏匡，不习遁甲，不克分身，与众人无以异也，万无一死而顿异独异之理。天地之大，大小星球，幼眇如极微质点，其相拒相噏之规无以异也。然则生而为人，死则为鬼，孔子之鬼，不能与他人之鬼而独异。死而在，则与桓魋、少正卯而俱在幽明，不克自由，理定相仿；设幽而为鬼，可大自由，是求速死之为愈矣。倘谓孔子已不在矣，死无知矣，又何为拜祀无知之物？倘谓孔子在固在也，不在祭所，然则所拜祀者，不过木主耳，木主非鬼也。孔子曰："非其鬼而祭之，是谄也！"谄孔子且不可，况谄朽木乎？设谓在祭所，且分身而在各所有征乎？无征乎？无征不信，哲学有言：gratis asse ritur, gratis negatur，言无征者，不待征以否之，此拜祀孔子，按诸哲理当否认者一也。试问拜祀孔子，于孔子有益乎？倘谓祭则得食以？孔子比天，天大多矣，一年不过一牛，孔子一年四千，不将侏儒饱欲死乎？如谓不祭则不得，食除丁祭外，不将饿欲死乎？此拜祀孔子，按诸情理为无益，所当否认者二也。且试问于拜祀者有益乎？夫拜活孔子者，宜莫如孔子妻与子，妻与子皆先孔子而死，其无益也决矣。清末尊孔升为上祀，庙未修竣，而清室不纲矣！各府州县，春秋二祭，文武百官未尝不奉行也，而人心日坏，风俗日偷，官为甚。此拜祀孔子，按诸事理为无益，所当否认者三也。诚使请定孔教者，有坚信有迷信，信文武百官向如在之孔子，一拜一跪，一祭一祀，而天下军民悉然于变时雍焉，则犹可说也，不然以九牛二虎之力，强人迷信也何为？

以故平心而论，呼声极高之孔子，以诸子创教考言之，不过理学一派耳！以孔子改制考言之，不过政治一派耳！非今世所称宗教国教明甚。如谓国不可以无教，我国万不能舍故有之孔子，而奉行外来之教，此犹言国不可以无法，我国万不能舍向有之法律，而仿定外来之宪法也。人纵顽固，当无敢出此言者。至论以孔子之道为教育之大本，又有不可者三，而侵夺他教之自由不与焉。一者，孔子之道，志在《春秋》，戎狄是膺，荆舒是惩，尊王攘夷之说久矣，灌输脑筋，通都大邑在所难免，而乡间尤甚，故初设小学时，有呼为洋学堂而焚毁之者矣。保清灭洋之举，非俨然尊王攘夷之道乎？山东发其端，全国蒙其难，故用以为教育似不可。二者，孔子之道，学优则仕者也，栖栖皇皇，席珍待聘。我国自有宾兴以后，士之仕也急于农夫之耕，"耕也馁在其中，学也禄在其中"，往往有辍耕而怅恨者矣，此古今所由大乱也。三年学不志于谷，孔子曰"不易得也"。不谋作官，定谋出洋。谋道欤？谋食欤？一内地镇守使告予曰：南北兵刃并未接也，而向之谋事者已近万人。志最小者求一县知事，其他在省在京谋事之数可想。帝制伟人得鱼而去，反对者又携筌而来，即此一端，足以亡中国矣！何忍复以孔子之道为獭为鹯耶？三者，孔子之道，以学稼学圃为小人，又以货殖为不受命。四体不勤，五谷不分，实业之不讲，此我国之大愚也。而孔子出不徒行，后车必数十乘，从者必数百人，所至如成都市。不然，陈、蔡之厄何能相持七日之久，愈慷慨讲诵弦歌不衰欤？且恐党人党魁闻之，虽使吾侪小民减衣缩食以奉其从者亦不足矣！况党人之外又有浪人乎！

英国宪法三四起，除王位确定法外，无不历举人民权利之被侵，凡由裁判官、警务官、地方官，官吏等之不称，军人等之不法者，与土地城砦之被夺，河港口岸之被禁，皆一一谋以救正防护之。（日本改制，其公地公产推让人民作自治区内之用者何限。中国反是，官者归官，公者亦归官。官荒悉为权豪报领，农人出千倍之价，转领而不得，宁荒毋垦，居为奇货，此之谓民主国。总之，民国以来，赏功之典日日有，民间之苦不一问。古止有功人、功狗，今则有功狼、功虎。德之战功大矣多矣，威廉二世以铁十字作宝星，尚郑重以出之。赔偿兵燹之损害，洋人有，华人无，能不视为通匪已万幸。故人民心理，愿生生世世不生帝王家，但有为洋人而已。）我中国政治不修，生计不讲，人民死于疾疫、饥寒、水火、盗贼、兵荒、刑狱中者，十常四五，能泰然利其利而乐其乐者，千百无一二。即如禁种洋烟，而不代谋他利；禁吸洋烟，而不先治其瘾。（上海广慈医院有不用鸦片、吗啡之断瘾方，七日除根，未闻当道有劝告采用者。）此非驱涉大川而不施舟楫乎？民之父母，竟忍出此，日挞其子弟，而望邻右爱重之，得乎？通商通商，只准人来云耳！我往，有德国宪法上保护国外贸易之条否？而宪法会议，漠不睹闻。会有总长诘其同寅曰：做过百姓否？竟全忘耶？孰意人民疾苦，人民代表亦全忘矣！一若四海困穷，非政治之过也，生计之艰也，惟在不拜跪孔子已耳，祭祀孔子已耳！（光绪十年前后，有见高丽墙壁、地平均用字纸糊者，勒令铲除，谓敬惜字纸，则高丽可兴。时人或书一"人"字掷乞儿身畔，渠则什袭藏之。意者乞儿非人也，则不之恤，故知所重在字，乃掷一文钱，亦不肯拾，盖羞其类于乞儿也。然则所重又不在字。伪言伪行，不求真理真道者可慨。）爰提出修正案曰："今国体已造成共和，并许人民信教自由，若不声明以孔子为国教（前有朕即国家，曰孔子为国教，何异朕即国教。何狗脚朕之多也），恐人民误会，以为旧政废，新教亦随之以革，本欲信教自由，反至毁教。"教必指旧教矣，孔教矣，可见脱离旧政，是人民所喜，脱离孔教，亦人民所喜，故提案者，欲以宪法干涉之，不打自招，肺肝如见矣。大毛子春雷见之，不禁哑然失笑，曰："岂诸君不自信孔子之道溥博高坚，而必借重法院与政府之大力，始能保护而尊崇之欤？若法院与政府不加以特别保障，则孔道将归于毁弃欤？吾不惜诸君自待太薄，而惜诸君待孔子太薄也！"（见天津某报。）鄙人则谓待孔子太薄无足怪，由来秀才人情纸半张，半张提案不为薄矣，独怪其自待太高，竟以一经品题，则孔子之神通声价十倍，有是理乎？

孔子述而不作者也，即曰生前改制，亦不过喟然兴叹，致慨想于空言。孟子不曰，"然而无有乎尔，则亦无有乎尔乎？"乃谓死后之残篇，能以大道之行托诸后代之英以成其志，孔子得勿曰"吾谁欺欺天乎"乎？同一天望地藏之孔子也，枯骨不能庇其子孙，不盗不倡（山东道中荡子班多姓孔，为族人告发之衍圣公，类此者当不少），而一经宪法定为国教，即能"谋闭而不兴，盗窃乱贼而不作，外户不闭"，以致大同大顺，人亦肥，家亦肥，国与天下无不肥，是宪法之化神，神于孔子，妙然高出于众经之上。前者以明经取士，而明者落落如晨星。今者不以宪法取士，但加入孔教，孔教即深入人心，人心于宪法前，虽有孔教而江河日下，人心于宪法后，即视孔教如日月经天。孔教日月乎？宪法日月乎？愿与提案者一审定之。提案者又曰："大同之世，天下为公，此孔教精神亦即共和精神。（然则孔教即共和，共和即孔教，二而一者也。）孔子预言二千年前，以备今日之适用也，国民果爱共和，其能无爱孔教乎？"吾亦曰：诚然当爱，不见媒婆祝新婚，必预言多子乎？以故爱子孙者，无勿爱媒婆云。吾尝读西人咏强权，具四大理由云：一曰者狮与他兽猎于山林，得大鹿一头，平分为四，他兽喜，以为可各分一杯羹也。狮曰：我为百兽王，第一分应归我；第二分，我力最多应归我；第三分，我功最大应归我；第四分，有敢动者请试大王爪牙。提案者所具四大理由，何其声之相似耶？其最相似者，莫如第四条武装护法理由，"倘不定孔教为国教，他日中国群雄，万一仿欧洲保教而兴师，则国会失其信用，且恐国本亦为动摇，吾国会实为误国之戎首"云云。吾不敢以"劫之以众而不惧，沮之以兵而不慑，见利不亏其义，见死不更其守（文官不爱钱，武官不爱命，诸议员非文官，非武官，理当爱钱，爱命），不悔不豫之特立性"责望国会议员也。人民代表，对于人民，对于代表，犹敢肆其恫吓，况彼虎而冠者乎？谨奉劝议员，一一如命，命定孔教为国教乎？命保存郡县学宫及学田祭田乎？命设奉祭主（归孔教会世袭。元首不兼主祭论，尝为之规定），行拜跪礼乎？命编入宪法，宪法可以修改，而此则永不得再议乎？即永不再议，无伤也，孔子不云乎，要我以盟，非义也。神不听。钦定宪法犹不可为训，况强权宪法乎？天下无自违宪法而责令人守者，盖有诸己而后求诸人，孔子有知，断不肯利用武装矣！

至如陈君焕章之请愿书，则大毛子春雷所谓毫无辩论之价值者也。然不肯道听途说，遍举三洲国教以自耀其聪明，盖深知其中不实不尽，春雷所谓非真知各国之内容也。又深知民主国体，定国教者实不多见（若按瑞士潘拿州以三教为国教，我国当以九教，佛三回二故），此则其能读洋文之一长也。至谓中国历史与国情，皆以孔教为国教，而最大多数人之幸福在此。（查中国历史，化家为国曰国家，君为大田主，大厂主。民为劳力动物。主人视为生利品，有以爱护保存之者，贤君也。民之狡者，谋为司事、总管、把头、庄头，可不劳而多获。以故做官心最热。司事与主人所最怕者，即此劳力动物聚众抗租、罢市、罢工，必多方以愚之，弱之，禁刀兵，禁弓箭，禁大小防身之火器，独不能禁匪类。匪类之豪往往取主人而代之。主人之贤者，以兼并他主之产为务，司事等以此为功。既兼并而专利矣，又不知享，试看颐和园，四望皆牛山，是房门口之事，亦照看不到，而望其治天下乎？为问一部廿四史，非此类乎？至论国情古今所困者，惟钱财，而末世为甚。民情所喜者，亦惟钱财。多财之祝，自古有之，孔子亦用之，终不余力而禳财矣。此宁有政教发征期会哉？故财神而可定为国教也，莫此最宜。宜于国史，宜于国情，宜于最大多数之民意。陈君抚膺自问，当亦首肯，何尝国史国情皆以孔教为国教哉？请愿之电虽多，总不及洪宪之电，何也？孔教之费，总不及帝政之费也。人以陈君为善谎，窃谓陈君实不知国之国情为何物。）此未免少读华文之一短矣！何以言之？梁任公戊戌新政时，并不知宪法，但定于宪法之国教，果见于历史，任公岂有不知？康南海于《不忍》杂志云，全佛山男女数十万以神事为业，则其购用必数十百万之多。一镇如此，则全国之信仰神佛为最大多数，显而易证。二公是乎？陈君是乎？陈君又言以吾国民之饮食男女也，固不能以佛教代之也。（佛教有欢喜佛及无遮大会，陈君以为于男女之事犹未能尽致耶？然则孔教究何如？）以吾国民之尊祖敬宗也，亦不能以耶教代之也。此则近于稚气矣，何也？盖人之尊，在不同于禽兽。饮食雌雄，禽兽亦能之，且胜于人，一索再索，百发百中。世有言，虽孔子生伯鱼，不禽兽则不生，故何得以同于禽兽者为教耶？祖与宗，人多不见，不见则爱敬之心不生，故遗腹子只知有母。汉高祖、明太祖，祖先世代皆不知，其余中国人，不知者无其数，耶教何由得代之？至谓孔教有左右全球之能力，尤有指导全球之资格，为全球所仰望，而吾国所恃以自豪于世界者，此尤未免为呆气矣！今欧战方酣，外交方急，陈君何不用无线电，将所谓孔教者指导左右之耶？中国地位，至有名士谓予曰：虽为奴为隶，人民不能更苦，苦者惟无业游民不能做官耳！则陈君之为此说，非呆气而何？不信，试将请愿书译为英文，邮寄美国，其英文师有不怪其太无伦理者，吾不信也。徐州将军之文，则视陈君高出万倍，虽使康南海为之，亦不相上下，堂堂乎！雍雍乎！真儒将之风也。惜乎"照旧定孔教为国教"句，微有语病，盖照旧定云者，必也旧已定有国教，不识见于何经何典何档案？何吾侪老百姓未之前闻耶？总之人各有心，定者不能禁其不定，但使对于国教，仍许人人得以自由，自由者必居多数，而国教将成孔教会之专利品，尚得谓之国教乎？必也禁止素王、素臣，总统、总理，下至保甲、甲长俱不得自由，庶几一切利权，可以一网打尽。恭喜恭喜！发财发财！谁谓"大哉！孔子博学而无所成名"乎？其教之所就，孰与他教多乎？恭喜恭喜！发财发财！

保持《约法》上人民自由权
（1916）

　　《约法》之价，何价也？血价也。数百千万人民，一而再，再而三，死于战场以外之血价也。为此，乃无辜而被害者之血也。为此，乃不受禄养而自食其力者之血也。天下惟自食其力者能自立，能自立者乃能立国。国于今日之域中而曰民国者，岂惟周、召二相行政之共和，实我万民大和会之民主国也。民主众，不可以躬亲其治，必佣代议、代理（凡佣也者，不得家于佣作之所。帝王家宫殿，官宦家衙署，遂至野心勃勃视公产为家所有。不反其道则野心不已，我民其听之），是谓民主政体，大和会之大一统（言省制而不先定地方税，则破坏一统而有余，于地方自治无益也。地方税而不用直接税，自治断不能猛进。直接税不约定若干年后始归地方，则中央政费现难成立），是谓现今最适用之国体。艾士萌，宪法大家也，所著《宪法大全》，谓宪法所当规定有三：一国体，二政体，三人民之名分与责任。此名分与责任，不就民主言之，第就天下人民广义言之者，广义有二：一则斯人相与，知凡同类具人性，异兽性，不得以力多为尚，数多为尚；一则人性同，良心之性法又同，我有分愿欲保之，亦应保人所有，于是设为郡治，以治人群，俾人我之间，各守分愿，各得分愿。曰各得者，名分也；曰各守者，责任也。人必先守责任，而后有名分之可得，否则丧。以是对于政治，人我之间各平等，其异于兽性何故？一于事理辨是非，二于行为辨善恶，三于从违不专于所辨，而有自主之权。惟其有自主之权，兽无功过而人有焉，兽无名分而人有焉。综其对于治法之平等：一对于国法，二对于裁判，三对于任用，四对于纳税。（即《约法》第六条至十二条。综其人性应享之名分，一有益于身而可自主自由者：一居住，二营业，三财产，四家宅（即《约法》第五条一、二、三、六等项）；二有益于心而可自主自由者：一信心信教（不强不禁之谓），二聚谈（历来聚至五十人，则为违法。古赐大铺以此，会馆供神像以此），三发印，四集会，五教授。（即《约法》第五条一、四、五、七等项。）一七八九年法国之宪法宣言曰：自由之权用，端在无害于人；名分之界限，端在足保他人所有。由此可知，自由非恶名也。名分非权利，可以势力求也。何物么魔，敢取血价之《约法》而更张之，有益于心之自由自主而删除之！

人为万物之灵，灵在心之官能思而已。思故有知识，而辨善恶。辨善恶者，良心所有事也。按康南海《周末诸子并起创教考》，教乃学术之谓，属知识问题，《语》曰："有教无类。"故教与人心风俗有关，属良心问题。良心与知识之问题，以洪宪之专横，剥夺民权，犹不敢删除《约法》上信教之自由，乃一区区代议佣，竟敢起而剥夺之，剥夺我民主良心与知识，徒留此行尸走肉之身，虽极人间之自由，一行尸走肉之自由焉耳！焉得谓有知识之自由，能辨是非善恶哉？由是关于人心一切自由，同时删去；关于人身一切自由，尽归无用。一总长尝诘同寅曰："做过百姓否？"吾等试询代议佣陈善："做过人否？"陈代议提出修正案，主张于三读会删除宪法原案第十一条，盖欲使迅雷不及掩耳，并拟暗度陈仓，同时规定国教，其计可谓狡矣！应受主使者之上赏。惜其所具理由，不以武装盾其后，盖一无价值焉。其理由：

一曰：中国无所谓宗教也。是陈某不打自招，孔子非宗教家矣！

二曰：耶教流入中国，于是有宗教之名称。是陈某不知梵译有之，而耶教借用之也。梵称宗教，殆立宗之宗，宗派之宗，耶则取其可宗之义。然不由耶教始，妄以为耶教始，其无常识可想。

三曰：中国数千年历史（廿四史看过否？怕欲问太史公是那一科），人心风俗，一以孔教为趋向。但历代之人心风俗，愈趋愈下，无可讳言，是孔教之为趋向也断不高明。譬见射者，射常向下，必其鹄在下也。吾国二千余年延一教习，愈习而人心愈坏，虽予以种种权利，升官发财等，而愈升愈发，愈不可收拾，不诿教习不良，罪无可罪也。

四曰：孔教不具排他教性质。试问孔、墨不相能何谓也？"世之学老子者则绌儒学，儒学亦绌老子，道不同不相为谋"，何谓也？攻佛者，非儒耶？谏佛骨者，非儒耶？前清有因儒、释、道教之变相，问拟斩决，问拟凌迟，全家被诛戮者，往往而有。延至光绪九年，鄂垣尚有教匪。（见大、二毛子录书后。）此非三教大排特排之明证耶？陈代议不谓孔教相仇，教案繁多乎？此不由于中国礼教，不与他教同乎？中国至今犹视列强为夷狄，非孔教种之毒乎？

五曰：中国本部向有之回教、道教、释教，皆兼收并蓄。岂孔子时已有回、释而收蓄之耶？回祖犹未出世，试问孔子何从而收蓄之？代议佣不太无常识乎？

六曰："信教自由"四字，为吾国不成文之宪法。夫法必先有成文者，而后能视不成文者如成文者。乃动称数千年，数千年之宪法果何在耶？既无与宪法同名同义之名词，是并其思想而无也，无则何由造出数千年来不成文之宪法耶？不太无风而捕，无影而捉乎？

七曰："信教自由"之名词，非创自中华民国。夫既非创自中华民国，何由"信教自由"四字，得为中国数千年来不成文之宪法耶？其自相矛盾，可谓不打自招矣！怕非宪法不成文，乃其文不成文耳！

八曰："信教自由"之名词，实抄袭外国宪法条文而来；欧洲十四、五世纪，因宗教之战争，沿为政治之革命，故以信教自由规定宪法，以作各教徒之保障；中国向无宗教之争，与外国历史（于中国历史尚不了了，休谈外国历史可也）大不相同，似无规定信教自由之必要。按此以推陈代议之心，所谓无必要者，以狭义言之，教案虽多，国未亡也。拳匪大乱，国亦未亡。亡征固众，尚少教争。教争之后，若欧洲十四、五世纪，杀人如麻，流血成溪，国不国，且不问，陈君焕章不云乎，"中国而亡，入主中国者，必立孔教为国教"。是我孔教会之饭碗，世世子孙可永宝用也。夫然后补定信教自由于宪法，何迟之有？亡羊补牢，未为晚也。水未至而筑堤以防之，使吾观水，无观其澜之乐，迂矣！谬矣！若以广义言之，信教之条，既属剿袭各国宪法条文（陈代议亦知各国有此条文，难得），是以"教"字，似专指耶教、天主教而言，列为第十一条，是明明提倡外国教也，不合世界立国之公例。从知非但无规定之必要，抑且有弗规定之必要。此无他，既剿袭外国条文，我中国恶用是皖皖者为哉！故宪法名词既属剿袭外国，恶用是变于夷者之为哉！国会也，议员也，皆剿袭外国之名词也，又恶用是国会与议员者为哉！为此陈议员，又恶用来到民国（亦系剿袭外国名词）国会，妄提议案，大放厥词，而思修正此剿袭外国之条文耶？《记》曰："国家将亡，必有妖孽。"何求中国速亡者之多耶？夫孔教于民国前，丁祭已升上祀矣，不能移风易俗如彼。今由代议士起身举手，"定孔子为国教"六字，便足以救中国之亡，怕陈代议亦无此迷信。不如再想想其他救亡之法，我四万万老百姓，千恳万恳，拜祷拜祷，不胜心香之至！

代拟《反对孔道请愿书》五篇
（1916）

一

为请愿事：

窃《宪法草案》第十九条第二项"以孔子之道为修身大本"句，非规定国民初等教育皆学孔子乎？夫孟子大贤，犹止云乃所愿则学孔子也，学不能至，断不敢以法律自绳可想。今民国竟以宪法绳初等小学之国民，其责于民者，不已奢乎？责人者奢，责己必恕，如此之宪法，欲其实行，难矣！若果实行，是谓他教之道不足为道，他教之修身不足为修身也。挑拨教争，是该第二项为之戎首矣！公民等素奉天主圣教，自雍正以来，誓死不肯，万不敢随声附和该第二项，为此请愿删除之。

二

为请愿事：

窃闻国土问题，重于国粹。皮之不存，毛将焉附故也。乃《宪法草案》，于国土则不举疆域之名，殆虑列强之疑问也。而于国粹，则独动举孔子之道、孔子之教以强迫通国人民，即不虑有保教治外法权者之责问，独不虑回、蒙、藏等因背优待条件，而生心乎？凡仇视征服国民者，始不准受高等教育，犹不准舆台等考试也。今明知基督教民，宁死不受他教之教育，而《草案》第十九条第二项竟反宪法之常，特地规定国民教育以孔子之道为修身之大本，是仇视基督教国民也。天下事不平则鸣，能保列强有保教治外法权者，始终放任，不过问乎？公民等为爱国起见，为尊重宪法起见，故力请删除该项，以免来日之纷纭。不然，约章上之信教自由俱在也，即教育信仰之自由俱在也，何必自民国二年以来，争持不已耶？想宪法会议诸君，明达者多，公允者多，即孔教会徒亦断无仇视我基督教民之心。为此谨具请愿书。

三

为请愿事：

窃闻新学之言，国民有使子弟受教育之义务，其力不足者，政府有补助之义务，世所谓强迫教育是也。强迫教育，非孔子之道也，孔子之道，"民可使由之，不可使知之"。强迫盲从，此真孔子之道也矣。以此规定于强迫教育之《宪法草案》第十九条，不自相矛盾乎？方于第四条规定法律上无宗教之别，旋于第十九条抹煞其宗教之道，独标孔教之道，不亦太善忘乎？以此取信于中华五族之各教，信用何在？况修身云者，不过为善之通称，至今天主教虽按约章传授，教中为善之道，则因不用孔子之道，而近于违宪，违宪而能受政府之补助，固待交涉。违宪而受同胞之指责，孔教之挑拨，其酿成拳匪，盖可翘足而待也。宪法会议诸君，犹以中国祸乱未亟，必造一教争大案，然后能快内外野心家之心耶？但公民等念及拳匪，至今变色，为此请愿删除《草案》十九条第二项，以示大公。公民等今而后深信诸君为五族五教民意之真代表，不然，教争之导线，天下人自有公论也。肃此上书请愿。

四

为请愿事：

窃公民等再四呈请删除《宪法草案》第十九条第二项者，非为我教前途计，实为我国前途计耳。我教既有约章上信仰之自由，当然有教育国民信仰之自由，非立法、行政之权所可予夺也。但天下万国，皆法学所谓法人也。人与人富相什，则卑下之，则畏惮之，千则役，万则仆，至不平等矣！然则智愚不相平等犹是矣。法人之与法人，不相平等亦犹是矣。而执意二十世纪之宪法，其愚不可及，犹有规定某一人之道为通国教育万世之方针耶？求与其他法人，立于平等之地，不亦难乎？夫所贵乎宪法者，对内为保障人民，身与心依法律有自由，展其固有之性能，而得其应有之幸福也。不然，宪法不成宪法，更不成民立国之宪法矣！何况宪法于我国，对外为表示维新之左证乎！不维新，又何用宪法为？乃竟偏袒少数儒生之旧说，背天下宪法之大同，而有所谓修身大本之规定。姑不论以名学言之，修身无所谓大修身、小修身，即以国民教育言之，教育有德育、智育、体育，德育则修身是矣，乃所规定，有德育无智育，是旧说所谓"民可使由之，不可使知之"也。不可使知之，是专制时愚民之旧说也。设谓智育、体育亦以孔子之道为大本，试问此等智育、体育，尚能立于二十世纪之新世界乎？不能立，又焉能与其他法人彼此平等乎？不能平等，故曰实为我国前途计耳！从知《草案》第十九条第二项，不独贻笑天下法人已也。我教十诫，第四是孝敬父母，当然爱敬父母之邦及管理之人，故不惮苦口渎陈宪法会议，尚祈俯念愚忱，取消该第二项，以免天下法人指骂我国前途无维新之望，依旧东方一久病垂死之夫而已，则天主教公民不胜大愿。谨上。

五

窃闻道路传言：天主教根据约章，既有传教自由，即有教授自由，不然，教何以传？何为刺刺不休，得陇忘蜀，既得约章上之保教，又望宪法上之自由，苦苦力争删除《草案》第十九条第二项"以孔子之道为修身之大本"也耶？公民等窃以为约章与宪法，不啻黑白悬殊，一则治外法权之保障，一则国内主权之保障，不可同年而语矣。一千八百七十年普胜法后，割取东北两省，而该省人民往往有移回本国，或移往他处者，而时论称其忠。公民等亦犹是矣。设有总统，无故而将大于老西开者数千万倍之地，数千万倍之民，划归外人管理，而保障之，不犯宪法第七十六条之叛逆罪乎？我教修身之道，万不可从孔教会所谓饮食、男女、位禄、名寿等学说也，知其不可从而规定之，何异攘其国内主权之保障，而割与治外法权之保障乎？我教公民，以爱国之心不若是惄，我纳我租税，我服我兵役而已矣。政府之不我教育，于我何哉！我自有治外法权之教育也。孔教同胞，既欲弯弓而射之，我教同胞，能无垂涕泣而道之乎？若视为逆耳之言，则非公民等所忍臆料矣。或曰：何不背教而自取烦恼为？曰：背教是背良心，放弃我教十诫，国家何用此公民为？为此请愿删除该第二项，还我信教公民宪法上自由之保障，而无事约章上之保障也。谨与数百万信教公民拜上议院，如请议决，俾万国知我维新之真意。民国幸甚！公民幸甚！

宪法向界
（1916）

宪法三向界：一国体，二政体，三国权、民权。

欧美读律者，必读宪法。然宪法之书，骎骎日出，久成专科矣。以故英京审判厅戴白发而为大律师者恒数千人，其敢自居宪法家者有几？欧西法学，溯自纪年一千六百以来，昌言性理、性法、民权等，初不直言宪法（译文作共同规定法），而止言根本法者，言其为一切国法之根本，国权之根本，法权政权，胥由之而立，不独行政权、司法权（既曰司法亦行政权矣），即立法权之发生也，运用也，无不由之，见 Vattel 乏代尔所著《国宪》等书。如植物之有根本，而后有枝叶花菓，宪法于一切法律，亦视此矣。考之哲学，凡学科视 object 向界（明译也，梵译曰客观），向界异而学科亦异，精于此而不精于彼，知之谓知之，不知谓不知，无伤也。欧西国会成例，虽开年会，尚聘专门为顾问，而不以为耻，况属制定宪法之国会乎？艾士萌 Esmein 氏（法京大学掌教，力主代议制者也）曰：宪法之向界有三，所应条举而制定者：一国体，二政体及机关，三国权与民权。不才虽不敏，敢就近今法学之观念，窃取艾氏所著《宪法大全》名理名言而分疏之。

一 国家及国体 L'Etat et la forme de l'Etat

国体者，国家之体制也。体制，附国家而有，理应先释国家。国家者，代表邦族之法人也，亦即治权之主体也，主观也，能所之所也。人以自在（梵译 Personne 也）人言，功过自任之，是非善恶自主之，而法人犹是矣。邦族者，一方之土著（居也）也；Nation，民（敏也，敏于事也，字象俯首力作之形）萌（生也，生于其土者也）也，历世相承，生生不已。所此使此一方土著之民萌，为有法团体者，必有主权焉，统权焉。譬则军人，孰不爱生恶死？必有兵权，能驾驭其爱恶，乃成纲纪之师。故人民得成有法团体者，必赖统治权，驾于各个人意愿之上，以成法治之国家。其御所属也无更上之权，无对抗之权，强名之曰Souverainete无上主权。无上主权之为用，对于国内，有命令一切公民、一切侨民之名分；对于国外，有代表国民全体之名分，及与列邦约定国际之名分。（不如此，则不足以称无上主权，而名实俱丧矣，故曰名分。）

世所谓一切法之根本法者，在赋此主权，于凡随地随时运用之者之上之外，有一常存之主体，不断之宗依，使方内民萌具法人体制。其为物，法学名之曰国家（"家"非"家室"之"家"，义涉"法家"之"家"，以故当连读），而与无上主权混。其实主权，即国家自性所固有，以故曰国家曰主权，皆抽象名词也。名虽抽象，而实力至宏大，艾氏以为此乃历世文明所产之意胎，惟罗马人深于法学观念，则早知之。然就国君死社稷一语观之，则朕非国家，国家非朕，我古人亦早知之。西人以女神况国家，即父母其邦之义，我古人为社稷立神位，非神之也，况之也。夫社稷犹国家也，神位则抽象之象也，近今法学，以国家及主权为抽象说，见德人Gierke齐尔克所论至详尽，惟其为抽象也，故有二系：

一系，此统一人民无上之权衡，其主动，当为大众共同之利益，而不容或偏于一党一姓。不然，曷为况以法人，予以分位，俨然独立于通国个人之上，当道之表也耶？

二系，国家自性为常住性，非断续性。以法人而代表邦族，邦族之生存，既为不断性，则代表与所代表者，性格应相同，非不知国体可因革命而有变更，主权可易摄行而有轮替，但此种种，无害于国之存在，与常住之性天，亦犹邦族之生存，初不因世代之相承，而变为畸零分数也。惟法人而不代表邦族，以行使主权，专谋他族之利益者，则国亡。轮替以行使者，不限邦人，西国往往有之，犹之虽易姓，而中国自中国也。譬如日本，国家于变法前后，初不因前属将军，后属天王立宪，而有变更。《诗》云："周虽旧邦，其命维新。"亦言与革命前之旧国同也，而所以能同者，则以常住性故。（保登Bodin于一六二九年，所著《共和》第六卷，已言无上主权，在贵族与平民者，可有常住性。）缘此可推三附系：

（甲）以国家名义，而与列邦盟定条约，则国体虽更，依然有效。

（乙）以国家名义，而订法律，颁布通行，则国体虽更，依然有效。不然，须颁新律以废置之。再不然，须与新律实不相容，乃无效。以此法国有若干旧律，至今有效。

（丙）以国家名义，而负钱债等等责任，则国体虽更，依然有效。惟所谓国家名义者，非一方乱党之名义也。

然则国家之为物，以人事论，既应不变不更，非断非续。无他，有断即有灭，有续即有间，无灭无间，故谓之常住。譬若人有老少，而担任是非功过之身，则始终一我。故此代表邦族之法人，亦始终一法人而已。但所谓国体则不然，由上所云，固可随时改组者也。

然则国体之为物，亦大可知矣。国家虽拥有无上主权，而不寄诸有形人类，则不能运用。法人之理则然，如魂本无形，惟托生而后乃有言动。法学家称所托生者曰 Souverain 元首，曰主君，此即最高主政之谓；而依据宪法以规定，伊谁主政，此即制定国体之谓。

为此国家以体制言，以体式言，或以主权之建置言，可分为 Simples et mixtes 单体制与复体制，Unitaires et fédératifs 一统制与联邦制。

国家为单体制者，其主权完整不分裂，以所托生之体，或为个人，或为曹众，截然两不相糅，众之多寡无关也。而君主制与共和制攸分，即在此。凡纯粹君主制，主权悉付畀于一人，悉操纵于一人，此一人者，又大都以世代相传者也。而共和制则不然，主权乃寄存于曹众，曹众而为全体国民也，则名为 La République democratique 平民政治；曹众而为若尔族姓也，则名为 République aristocratique ou oligarchique 贵族政治或豪族政治。皆由历史上之关系相演而成，否则谓乱党政治。

然则单体制者，言主权所托体，体格纯一，非杂糅两不相同者以成之。故纯与不纯之间，有复体制，言所糅合之复杂，而不单纯也，卢疏即以复糅名之。凡近今君主立宪国皆复体制，以所糅合者兼君主，兼曹众。曹众可不一团，要必有一为民选者，乃称立宪体，又必于一部分主权之行使，非同意不可。顾其糅合也，厥有二类：一者邦族素自主政，愿以主权一部分，授予君主令其世袭，如比利士一八三一年二月七日之宪法是矣；一者君主称制，或由自愿，或由势逼，将主权一部分，推与国民之代表，如普鲁士一八五十年一月三十一日之宪法是矣。

以上国体，其主权所托，虽有单有复，而主权自体，则完整不分，故皆为一统制。其号令于国中也，得举一切公民而号令之，无此疆彼域，此可彼亘之殊无制限也，无抗衡也，而非所论于联邦制。联邦制先有列邦，各不相统，其联为一也，乃后起事，依旧各邦各主权，各法律，各政治。由是囹圄无上之主权，有列邦者焉，有联邦者焉，统系既分，两各不全，欲达其辞，不畸之、不零之不可。但新造之联邦邦族，虽仍列邦之旧，而抽去列邦之象，以成此联邦之体，治权则操法政之全而无漏，公民则兼列邦之众而平等，一一根据宪法，将列邦所原有无上主权，推让若干于合众国家，制成联邦国体，其自体自性，亦有无上主权，统治新邦族，众公民，而无差别。且得就新国体之范围，特造通行法律，裁制列邦而公布之，行政权与司法权，壹是以联邦国体之范围而为之界。至论对外之权，则惟联邦有之，而列邦则无，故其体制，大都以共和制为最宜，例如北美之花旗是矣。仿其制者，不独中美、南美诸合众国，即如北美之加拿大，名虽英属，而制则联邦。联邦之在欧洲也，则有如一八四八年瑞士之宪法是矣。且有不用共和制而用君主制者，如德国一八七一年之宪法是矣。所不用君主制者，惟 Lubeck，Breme et Hambourg 伊古以来有自治权之三大县，余则各邦皆君主非共和。且其联邦制，有二异点焉：一则联邦立法权，有一支非各邦民选，而政界选之；二则联邦盟主为普鲁士王，而号为德国皇帝者也。

至论 La Confédération d'Etats 同盟国，大要在联邦与一统体制之间。与盟之国，盟前盟后，不相统属，不让主权，不过如合从连横之为者，视其国力所能，以尊重某项共同之利益，共同之提议；国内国外，有若尔事，同条共贯，一例遵行；所有盟会，对于与盟国，及与盟国民，无行政权，无司法权，并立法权而无之。盖盟而不守，不诉诸武力，无他惩戒法，则其盟誓之不足为法也明矣。近今之体式，最著者，莫如德国之同盟，自一八一五至一八六六年。又瑞士县邑之同盟，至一七九八年止。又北美列邦，一七七七年所订 Les articles deconfédération et d'Union Perptuelle 合众同盟条约，不过与国之盟书，非联邦之宪法也。史载同盟制颇古，由同盟而胎联邦共和制，若花旗，若瑞士，若德意志等，固历历可按也。更自一千九百年来，澳洲新建之联邦共和制，何尝不以同盟为先河耶？学者逆睹瑞士、花旗等，人心之诟病联邦，不如一统政府之强有力也久矣，以为由联邦而胎一统，犹万壑朝宗，行乎其所不得不行。英国守旧老成，亦以为英三岛，与所属诸共和，势将合为盎格鲁撒逊一帝统联邦（今于欧战趋势已成故实），而行之以代表制焉。呜呼！尔乃有省议联合会，铧锹一统，改组联邦，假借宪法等提议，以推倒一统政府，不惟不仁，亦太不知天下之趋势矣，违之而不能国，犹违一国趋势而不能为政也。

二　政治及政体 Le Gouvernement et la forme du Gouvernement

政治一语，就切实者言之，乃秉国钧者之作用也，无上主权之行使也。其作用，全在能尽国家当尽之责。责何在？在确然保障邦族（身家、性命、财产、名誉），外御侵凌，内崇秩序。秩序者，各安分位所宜，使物我之间，一一得其分愿之谓也。有一分出乎分位，溢乎分愿，则物我间之秩序，即凌乱一分。凌乱一分，而无相当之惩戒，立随其后而规复之，在学说，是谓天地万物，不位不育；在治理，是谓一国主权，作用失而信用亡也。可不慎欤！可不惧欤！无论为君主，为民主，政治之道，不外任心任法。任心者，万几万变之乘，一以主心之观察，为应付之方而已；任法者，于习俗礼教之外，一以前定之条文，为主权之导线而已，即译文所谓 Le Gouvernement arbitraire et le Gouvernement légal 专制与法制二政体而已。

至论政治上真自由之精神，则全在以法为治。不然，虽政由民主，假令通国人民，对于某一公民，可不循常法，而任意处分之，或若干分子，可干涉全体，尚何自由权之有？从知保障自由权，乃法律之精意，可诠为"最高主政之令也，禁也，非对于个人之观念、个人之利益而设之，乃对于大众者，欲其以后世世永守之"。以故法律无有不公正，惟其无有不公正（谓既本于良心），犯者无有不前知。夫法律之精义既如此，所谓"法律不能束缚主权"（法学格言）者，不过最高主政，能废置之，能删改之，非谓法律虽存，可不依据以行使其权也。挽今之学理，则谓"无有案关法律，未经删除者可不执守"。盖后虽删除，而法律无追往之效力故也。

由是无上主权，虽一国惟一权，而观于法律之不能束缚最高主政，最高主政之不能废弃法律，明明立法与行政，可分为两部而独立，不过法律必先制定而后执行，故立法权似较重，然制定终有停止，有间断。行政权不然，一如邦族之生存，为无断性故，故泛言政治或政府，往往专指行政，有间断，是无政府也，其关系之重有如此者矣！以此立法如脑司觉，人不可不寐，寐则脑筋休息时也。行政如心主血，血有一刻不行，则身死矣；一肢不行，则一肢死矣。一肢死者，谓行政之执行法律也，在使人人遵守之，有不遵守者，是一肢死也。小者针之，大者凿之，审其大小针凿之宜，权归司法，故与立法、行政有鼎足而三之说，孰权舆是，非卢疏乎？乃卢疏于《群约》Contract social 书，则谓专设一司，权衡二权，而参验其对望，赘矣！何哉？可见三权应否鼎立，且不具论，而司法之作用，固可归并于行政。盖一国之主权，精神在法律，既有制定之者矣，复有执行之者，能事不已毕乎？纵有不遵守者，其变也，非常也。审实而惩创之，苟不属于执行者之范围而谁属？以是之故，虽醉心于立法，视如一国之钟摆，谓可节制无上主权者，而亦不能不以行政权为主权之主要，昐昐然望其强有力，凡立法权所制定者，一一执行无退让，使人人有真平等，真自由，而后一国主权，乃显现分明，各得其所。不然，虽制定，徒空言耳。彼欲以立法权枭食行政权者，可以悟矣！

但主权之显现于政治者，无论任心与任法，分言之，无论立法与行政，合言之，而最高主政之施用其权也，可直接以施诸所属，或间接而用代理制，于是有直接政体、代理政体。而代理政体复有二。一者最高主政，特将无上主权，或一部，或全部，任命所选代理之人，得以运用自由，瓜期有久有暂，而不能任意收回则一也。二者所选代表，不过一介绍人，而以邮传命令，然可任意取消另委者也。所称代理政体，厥惟前者，其后廑廑形似而已。要之无论直接或代理，惟无上主权，最高之作用宜之，例如立法部与最高行政部是矣。至如听断讼争，非司法所有事乎？欲令通国民主，直接听断之，有扞格而不行者矣。以故行政权，而求其左右有民，各奋才力，而就事功。兵队，则征招督练固国防，非养国蠹；赋税，则差等而征收之，案经裁判则严厉以奉行之。诸如此类，最高主政与所管辖之事之人，不能不设大小机关，明定统系而助理之，"助理之员，政不由己，惟政府之教令，是承是奉"，强名之曰政务员，而 Administration 政务与政治之辨，由此可推。试观天下革命之时，政体变矣，政治亦变，而各地方之政务，苟所恃以奉行之法律而犹存也，则亦存而不废。窃比国家以治体言，如一繁重机器，政府主其动者也，其他政务犹大小各齿轮，衔接以传其动者也。夫惟传其动也，往往误认为主动，而政务与政府之易于牵混，由此矣。历考往史，惟君主可以躬亲，法案则独操裁可权，行政则独操进退官吏权，司法则独操最高裁判权、赦免权。若以曹众而为最高主政，立法权，尚可直接，至按切实行，则非随时随地，派员自代不可。驯至所派既多，委代既久，由暂委而终以常任者，势也。刑轻事简，与众听之，犹可；地广民稠，非委代理不可矣。以此曹众秉政，政体惟适用代理，政治自性则然，然为无上主权之代理则可，为立法权一部分之代理，是犹有脑，而无心血之流行也，脑不失其用也乎？有立宪权者，其慎之！

自来时势所造之国体、政体，而斤斤利用之者，尤以调和立法、行政，如歌弹相倚，为惟一之祈向。说者谓为政以法，法能前定政治各作用，则自由权，自得根本之解决。无如大之若宣战媾和等，处何时机，到何分际，即可宣媾，法不能前定也。小之一官一职，录用、学习、铨叙、轮补年格，可前定也，考格可前定也。而宜甲宜乙，不可前定也。此无他，事小理人情之关于大共者，法律可前定也。某事某人之关于现境者，法律不可前定也。不可前定，则政务政治之辨，不可不明，而预为之细则，可也。不可前定，而欲以可前定者强制之，不可间断，而欲以有间断者执持之，姑不论其势与理皆不可，庸讵曹众之专横，横于孤寡，英国之长期国会，法国之恐慌时代，犹不足为左证欤？尝见西医书叙云：人心血，一日之周流，所经血管之长，与血轮之数，各如干，若须脑筋一一审许，有不发炎发狂者乎？吾于立法权之千涉行政亦云。

三　国权对于民权之限制 Les limites des droits de l'Etat

国家之名分与统治权，上古希腊人、罗马人，盖已早知其为物，一则至大而无外，至高而无上；二则既可托生于一姓，即可降衷于万姓，轮回于孤寡可，轮回于曹众可；三则于所组共和制，戚戚然防维之如不及者，厥惟代理行政职权，不已先得今人之心理乎？乃独于个人之权利，则视若蓑如，举凡生命财产、统治权，可任意处分之（所谓君欲臣死，不得不死）；虽信心与信教之自由（上言不信奉者，不之强；下言所信奉者，不之禁），亦得而干涉之（所谓一道同风，不得家自为教）。民权之理想，不过始萌芽于中古，得悉然深信，个人所有之名分（不言权利者，权利可力取，名分则否），远在国家所有之先，高出于国家所有之上，因此为国家所极应尊崇云云，才三四百年已耳。其理想发生之缘起，演进之程序及条件，暂不具论，但假定若果在先，又高出于上，则其足以条举国家之宪典，规定主权之运用，无疑。规定云者，必使最高主政之订法律也，应视个人之名分为标准，巩固之则订，有损则悬为厉禁。

而其条举国家之宪法也，其范围，其义理，岂有他哉？一条举其国体，二条举其政体，三条举其个人之名分，而明白承认，保持之而已。余皆阑入寻常法律，溢出乎其性所必需。而乃见有宪法，不守此范围者，何居？大抵一由欧西学派，视宪法具刚性，定则不可擅更，所有司法之组织，政务之名分，本不得列于宪章，而条举及之，毋抑利其刚性欤？以学理言，虽非宪法自身，抑亦扶持品也。二由宪法家，欲规画地方上宪法所授职权，遂将政务上之名分，特意羼入宪文。虽领区之政务与一国之宪法，固不相蒙，但与一国之政治，则往往相混，此羼入之原因，一也。况地方之职掌，操之于行政权所委任，所监督，与虽受监督，而得依 Selfgovernment 自治轨道选任者，其人民政治上所占之分位，盖迥不侔矣！羼入之，而后哲学与政治，两得沟通之用，此羼入之原因，二也。有此二因，若司法，若自治，分任分区诸问题，虽羼入焉，只以楷定统治权而已，非于三向界之外有所增，增则不得为万法所由生，而宪法不得为根本法，以故宁简毋繁，勿取盈于法律科，可也。

准上所言，宪法之与法律，向界殊而学科亦殊，既如彼矣，但与群学所研之向界，若国家，若政治，显有所同。同科殊科，不容不辨。群学 La sociologie 非他，人群 Les societes humaines 学（社会学）也，人群学者，人性学 La science naturelle 也。性有 Les lois naturelles 性之法律焉，凡人群之结构、布置、推行程序，无不奉以周旋，由是国家之缔造也，政治之经营也，无不备举。然不举其经涉者言之，而惟举其所以演成之纲纽。宪法之为学不然，端举国家及政治，因礼俗禁令，所演成之国体、政体，探本其精神、其原理，复穷极其功用，按诸论理学，以求得持平万法之极轨，所谓一国之中，使分愿各得其平 Science juridique 之学也。准此以言，宪法虽非群学，而宪法上一国之历史，及与万国比较之历史，实为群学至捷之径途，考证国家与政治，缘何性法，得以演成者也。然则群学与宪法之辨可知矣：一在研寻天然法，一在人造法；一在国家与政务，所缘以成立，一在所缘以持平。二者之不同，不又如此乎？

而乃为群学者之言曰：国家既不能逃出人群之外，而人群之结伙，Groupements humains 结伴，结为党会也，繁矣。则国家者，犹聚斯人之徒，结为会党之类耳。德国学者，持之最坚，余利赖 Jullinek das Recht des modernen staates 之书曰：人与人并生一世，非尔我不相关，左右不相袭。其联合之谊，不深浅，不广狭，有知其然者，有不知其然者，有有统系者，有无统系而仅由性质之共同、利益之均等者。其有统系，若家庭，若党与，若社会，若宗教，若国家，何莫非人群 Unions (Vereinigungen) humaines 之联合也哉？其无统系，若同所业，同所学，及同职守，同政教，下至偶同市集，同游观，何莫非人群之联合也哉？有统系无统系，人群之联合，不囿于邦国，邦国之联合，不囿于封疆，自古然矣。商务之交通也，国际之公法也，得导文化而四渐无垠者，何莫非万国万民，固有能群之性也哉？由是以言，国家与其他结会，为截然不同不得也。不过其他结会，赖以发生，赖以先导，则有之。又法国如 Duguit 杜规者，兼斥无上统治权，意谓人以同利害而相群，治人者，不外以武力胜，以理势胜，以人数胜。三者一无名分之可言，然则曰国家，曰主权，实不中其声，谰言而已；言下无其物，纯然抽象而已。

呜呼！苟以抽象论，则性道文章，讵真有物，悬于天地之间，可确而指之曰性，曰道，曰文章者在耶？而遂以谰言斥之，得乎？今顾不论有主权而后有国家，国家性质，其异于一切人徒之群聚有可断言者三：一、有固定疆宇，不容任意分割，自外版图；一、有一定政刑，惩治方命，得逮捕其人，收没其物；一、有至大团结力，根乎性，演于史，铸大小新故各团体，镕成于一，而无不均。不独一统，而联邦制亦然。凡百社会，总有得其一，断不兼其三，则国家为特殊之性也，物也，不容相淆也，其义盖断断如此。夫吾人读律，读宪法者，将以求天下之治欤？抑求天下之乱欤？邦国而无无上统治权也，内而一国，外而万国，信如杜规所言，惟以武力胜云云，是强暴弱也，众暴寡也，智愚愚也，尚有一国一民，得安其名分也乎？况杜氏于社会、于公司，既许以法人，有自治权矣，独于国家而靳之，则持论之不根，有不待攻而自破者矣！至民权理想之结胎，由欧洲中古，为蛮族所侵，豪酋各私地主之权，不用共主之命。在英，则地主利用人民以敌共主，故君权日削；在大陆，如法国则共主利用人民以敌豪酋，故专制日尊。然惟其利用人民也，而民权之理想，亦由此发皇矣。在中国，则惠后雪仇，匹夫匹妇，一能胜予云云，早视个人所有名分，应在国家所有之上。西哲推原其理，最中正者，有二说：一则斯人相与，知凡同类，具人性，异兽性；

一则人性同，性法同，我有分愿欲保之，亦应保人所有。由是理而人类群聚，设为郡治。郡治之道，导夫人我之间，各守分愿，各得分愿。分愿非他，名分是矣。曰各守，曰各得，是人我之间，对于治法，各平等也。人性之异兽性，于事理辨是非，于行为辨善恶，于从违，可不专于所辨，而有自主之权。惟其有自主之权，兽无功过，而人有功过焉；兽无名分，而人有名分焉。综其对于治法之平等：一对于国法，二对于裁判，三对于任用，四对于纳税。综其人性应享之名分，有益于身而可自主者：一居住，二营业应得自由，三财产，四家宅。毋得侵犯。有益于心而可自主者：一、信心，信教，得自由；二与三、聚谈与发印，得自由（由人有交换智识之名分故）；四与五、集会与教授，得自由。说者谓集会与教授，寓有团结性、持久性，似出乎个人分限，侵入政界范围，国家例应加以干涉者也。诚以自由之权用，端在无害于人名分之界限，端在足保他人所有（见一七八九年法国宣言书）。但是否足保而无害，审定之权在国家，不在个人。既不在个人，则制定国家之权限不啻制定人民之权限矣。宪法之三向界，一国体，二政体。苟无国，焉有政？政体不立，焉有权限以保艾人民？三乃论及国与民对望之关系者，此也。则立宪而惟知首张民权者，可以悟矣！

中国之难治，人皆以为区宇远大，然则土宇、土产、土俗等情形，不一一烂熟于胸中，如视诸掌，不易言治矣。顾一省一道之大，其土宇、土产、土俗，能实地调查、胸次了然如指掌者有几？故自治领区，大则一州领十县上下，尽足以发挥自治能力。古者天子地方千里，分为百县。几内，面五百里，才五县地。地非不足也，而限以方千里面五县者，盖体国经野，过小过巨，都邑郊关，沟涂大小远近之宜，则不足以举示其法。况今学者之议，以为地方所有，近而易见，见乃知爱，反足以养成爱国之心。国家所有，远不之见，非道德极高，不能保持其有，多只多豢游食而已。以故自治领区，务使相与讨论者，县则周知其县，州则周知其州，岂是以地方之利害为身家之利害而后可，天赋人以能群性，使成美其才也。而敦促之方，莫善于使人担负其责，此国家所以必使人民有自治权也，仅监督之，抑兼委任或选派，在相所宜而已。

至内阁制，实政党制也。英有宪章数百年，无内阁为众议院推倒事。一七九二年，因征美违众议院意，而兵又失败，连带辞职后，至一八三〇年，犹无以法律案、赋税案而辞职者，及以政党为更迭，内阁乃鲜有长期，英且如此，法更甚焉。美国之用总统制，殆已有鉴于斯欤？

然总统制与内阁制，所争者一对国民，一对国会而负责任。对国会，亦不过总理一人，应由国会同意，为其对于国会应负责任。故既负责，而用人不予以自由，是包工而干涉选匠也，可乎？且与连带负责相矛盾，何以故？为其各由同意，则对国会，应各人直接分负责任故。譬如瓦木工分包，而欲其连带负责，于理安乎？

先是，民国二年春，国民得开第一次大会于京师，例应举定总统，制定宪法，诚以共和止有正式国会，无正式总统不成立。而制定宪法，则不限于一会期内成之，此先进国之已事也。今于民国五年八月，复开国会，继续进行。其宪法制定之权，与起草不同，与会外之草议更不同。不同，故华盛顿尝为起草会主席，而法国第三次共和尝以马克马翁宪法提案为蓝本。然则国务院，亦仿而行之，设会以旁求民意，斟酌民言者，为宪法之提案，初不稍侵制定之权也。又以宪法之为物，参以党见不可，参以政见不可，于国权、民权，两两对望之余，参以局中人一偏之见亦不可。于是乃取材于旧有之顾问，利用其为局外人以备谘询，容可化除一切成见。况宪法之关系极大，多一提案，即多一考证，当亦有心宪法者，所不厌详求欤？

《约法》上信教自由解
（1916）

《约法》非他，是我民国临时所订根本大法也。曰根本者何？言当根据此法，缔造新邦也。曰新邦者何？言当改革五千年专制旧习也。旧习之相沿难革，不在劫以兵威，尤在文以儒说。《易》曰："上天下泽。"天即君也，天生天杀，莫非君恩。儒拟文王之操，且曰"臣罪当诛，天王圣明"，生杀惟君，何况与夺！百姓之贱，命曰蚁命，相习成风，数千年历史，罔知平等，无可讳言也。四民各世其业，车服宫室，饮食婚丧，各有法制，虽有其财，不敢或逾，非儒者所谓礼乎？"民可使由之，不可使知之"，强迫盲从，何殊器械？器械又乌识自由乎？由是普天臣妾，莫不以得供君王器使为最大荣幸。女则选秀，男且自宫，从未敢加人主以强奸罪者，妄杀罪者。独肆然民上而莫敢谁何，此历代野心家成功之后，所以必封孔子，必祭孔子欤？但民国飘摇五载，卒恃以再奠邦基者，非此《约法》欤？《约法》与专制最相牴触者，非此人民平等与自由欤？

儒者闻而心非曰：父子讵可平等哉！长幼上下，兄弟夫妇，讵可平权哉！殊不知万国宪法所谓平等平权者，非父子夫妇上下对望之谓也，乃对于国家法律人皆平等平权，无议贵议亲之谓也。有如诉讼、请愿及陈诉，选举及被选，与从事公职等权，例当平等是矣。又如纳租税、服兵役、受教育等，立法与行政之权，不得因种族、阶级、宗教之别，而待遇人民有伤平等也。譬如取回民之税，市猪以供文庙，问儒者之心有伤平等否乎？取一方之税以代他方之税，由专制之故，虽已久成习惯，但取儒者之税，以供他教之用，儒者或不以为公平欤？反是以论，他教可知矣。"他人有心，予忖度之。"儒者之言也，胡为乎同一情愿也。同一电争也，则震而惊之曰：此某教魁也，此某军帅也。而出于人民者，则置若罔闻焉，爵听而已，非国听也，而孰知夫名为民国而犹然爵听也！或明明同一物也，同一事也，孤寒则税之罚之，豪强则否，类如鸦片等案，固已数见不鲜矣。又如同一兑现也，阔人所存数十百万元，则片纸可得，贫民所持一元两元，自中夜至日中，犹不可得，尚得谓之平等乎？人亦何乐乎专制其实而共和其名也哉！从知苟无平等，即非共和。强权胜、诈术胜，名以国家且不得，何以故？盖国家者，所以谋一国人民共公之利益，偏于一部曲、一分子，则失其所以团结之理由，油与水终不能合一矣。不能合一，故微有外患，而国社可墟，起视民国今若何？空空宪法条文，曰人民平等，曰人民自由，凡关于人民者，儒者视为眼中之钉，虽冒不韪，犹乞灵专制余威，誓弗拔去弗已也耶。

侧闻儒者复煽其尊王攘夷之说曰：信教之条，系抄袭外洋宪法，外洋所信系天、耶二教，与中国本部向有之教无干；强以信教自由，列于宪法，"孔教"二字，全不提及，是明明提倡外洋之教，将中国数千年之国粹，全行打消，摒孔教于宪法之外，专以宪法条文保护外洋之教，不合世界立国之公例，不如将宪法中信教自由一条，全行删除云云。乍聆之，未尝不似言之成理，持之有故。细思之，不过无理取闹，误于佯为不知宪法中信教之教，系包罗一切宗教而为言，非指实天、耶两教也。儒、释、道、回何尝不容纳于西洋宪法信教之自由？儒者不云乎，西洋人亦重孔子之道，亦尊孔子之教乎？何为故昧良心，而曰西洋宪法，止准信天信耶可自由乎？夫西洋宪法，其信教自由，既包罗一切宗教，则我国宪法信教自由，当然将我国向有之教一并包罗。正不得因抄袭外洋，遂诬以信教自由为提倡外洋之教，保护外洋之教也；亦不得因"孔教"二字全未提及，遂诬以打消中国数千年之国粹也。譬如中、交停兑以来，外国银行钞票与现银无异。设令儒者有外国钞票万元，人欲以中、交纸币与之相易，声言儒不应提倡外国人之信用，而保持之，且儒者所持钞票中、交二字，全不提及，将中、交两行十数年之信用全行打消，期期以为不可，而必欲与之相易焉，儒者将谓之何？使儒者明于洋行钞票，可抵现银，而暗于民国信教自由，可包罗一切宗教，非佯为不知而何？京中叫卖熟食者极多，类皆下等社会也，然不闻置毒于食中者。设有焉，其同类必因破坏全体之信用而群殴之，群讼之。今儒者之淆惑众听，自破坏《约法》以来，再接再厉，徒受人民供养，而心地远不及叫卖熟食者流，而忝然有官守焉，有言责焉，其可耻孰甚！

二误于从未明了宪法上"自由"何解。自由者，听民自主，不加以干涉之谓也。故身家财产，悉听自主，非依法律，不得逮捕，不得搜索，不得侵犯。又凡动作行为，无害国家，无害社会，无害他人，亦悉听自主。故行止得自由，行否得自由，行此行彼得自由。是以择居择业得自由，居则邻右不得而阻挠之，地方不得而限制之。业则虽业军火，斯业矣，东西洋有前例也，徒恃舶来之军火，既同数米而炊，而恃十指尖尖官造之军火，庸讵胜于銮仪卫之刀枪乎？此外则言论于教授得自由，通信与发印得自由，集会结社得自由，信心信教得自由。信心者以按良心而有不信，不信某教规，不从某教礼，则国法国俗不得强其信从；信教者以研究教而有所信，信其教规，从其教礼，则国法国俗不得禁其信从。单简言之：凡涉有宗教意味者，不信不强，所信不禁，一切宗教皆不信，对于宪法无罪也。始信甲者，继信乙，对于宪法无罪也。此之谓宪法上信教自由。对于良心有罪无罪，此幽独工夫，无关宪法。譬之人或济贫，而意在诱淫，于良心信有罪矣，于宪法则一无罪也。故无论是宗教非宗教，及自问是独一无二之真宗教，但以宪法言，信与不信，皆自由也，国法国俗，皆不得干涉之。知此方可与言思想之自由、理论之自由、行动之自由。理论者，据理以为断，不据一家之说以相非也。不如此，中国之进化难矣！不审儒者之信孔教也，本于良心自由乎？抑由威势相强乎？毋乃见可欲而情不能自主乎？见修文庙之钱可欲也，见收学田之租可欲也，见颁主祭之俸可欲也，见兴经学，拥皋比，为经师可欲也。国教除罗马外，大都以元首为教皇，见可推为教皇矣，有不推为元首者乎！而徒子徒孙，皆大欢喜，曰可欲也，可欲也！何况孔子之教，大同之教也，决不以素王王冕私其后嗣，而人人大可望，大可欲矣！儒者信孔，倘谓不然，是信教本自由矣！不当为金钱，为权利，为一切物感所牵引。是儒与其他宗教无不赞成信教自由，不为富贵、贫贱、威武而淫、而移、而屈，有圆满真自由，如外洋宪法所期望于人民者然。既如此，不识儒教将复燃专制死灰？抑辅相自由进步欤？且俟于宪法二读会而卜之。

三误于不知宪法信教自由，在万国已成习尚，而在我国对内对外，尤与时局有关。何以故？即如条约有治外法权者，非以我法律专制不良故欤？既思有以改良之矣。又有传教条文者，非以从前我无信教自由故欤？乃《约法》既载而宪法删除，显示暗中反对传教，求其不诘问删除，以干涉我宪法，已属万幸，而望其删改治外法权与传教条文，得乎？否乎？须知我纵删除，条约具在，禁其传教不自由，信教不自由不得也。所得者，惟有造成教案，至使外人得以责问，现今报纸所登反对传教等修正案是何居心？恐其时陈君虽谙英文，未必敢为大言曰"则焕章等足以了之"也。即足以了之，多一教案，何如少一教案乎？以外人而论，倘宪法一面主张孔子之道，一面规定孔子之教，并删除信教自由，而后发生教案，运斤益有余风。但既均为同幕之乌，何忍不垂涕而道也！或曰：彼等之主张规定及删除等，乃党派之相持，或持以抵制，或持以交换，或持以号召武装而求必胜。呜呼！宗教不宗教，皆同胞也，何苦以宗教之信仰而砌入两党之夹墙也乎？

至信教自由，其对内有关者，例如婚丧及诸礼俗，种种迷信，使人多拘而众忌讳，虽终日数之而不能尽。果能厉行信教自由，不信勿强从，从惟由所信，而后宪法所予自由，方为有效。不然，开一矿一厂，非烟囱有碍阳宅，即地脉有伤而碍阴宅焉。下此，乘一船，借一寓，皆有忌讳。嫁一女而早夭，嫁衣在所必烧，非暴殄天物乎？何不取以济贫之为愈也。有洋学生奔丧，拟即安葬祖茔不得，为同族勒令停柩，究于生者死者何补耶？宪法诸公想会做过百姓，或见而知之，或闻而知之，无待老百姓等赘言矣。

四误于不知信教自由，实与教授自由相为表里。天下之教，不外一神教、多神教与无神教。无神教所敬礼者，或为动植物，而中国所敬礼者，厥为古人，故西人名之曰死人教。丧礼之见于古书者，极繁极重，以为报本者在此，报德报功皆在此，要即老子所谓其人与骨皆已朽矣，独其言在耳。虽日诵其言，言皆陈迹，不能与时变争新，此中国之学所以有退而无进欤？故欲求新学，必破除此见，以法自然，取天地自然之力以为用，穷天地自然之性以为法，苟无信教自由，欲求科学之昌明，殆与求前而桎其足同。至论所谓国粹国文者，固当以周秦之书为修业之大本，然而非所论于科学也、教授也。而科学之教授，尤当自由，否则徒读古书，物而不化，而所授与授法，皆故步自封，无以应世界维新之用。草宪法者，将以求我国之进化欤？退化欤？可不慎欤？可不平心以求事理之当欤？则信教自由，非保全圆满无缺殆不可欤？

信教自由
（1916）

信教自由，宪法有此。宪法家谓之为凭良心奉礼规之自由，即信奉与奉行之自由也。

自由云者，非一无所信，件件都信由我；非信也可，不信也可；非信张信李，由我改变，教门不一，我信一门，便干涉他人，既得其真，可不劝化他人之谓也。

自由者，乃灵明之作用。禽兽内为天性所限，外为物感所牵，见有可欲而不能自主。人则不然，"义利"二字，往往交战于中。义者善也，利者恶也。自由云者，自择也，谓于无善无恶中可自择，非于善不善，可择不善；于行不行，可见善不行。苟择不善，善而不行，是妄用自由也。妄用自由，不得谓自主，是人不我奴，而我自奴也。

信教者非他，信有一造物主，为我宗向。所有明悟当明察是，所有爱欲当归向是。

造物主为人最后之宗向。宗向之为物，当为本身所归宿，万物所归宗。

自造物主而论，主实造我，为我根原，我为□□主物人（下缺）

书《分合表》后
（1916）

　　中国之难治，谁不曰地大人众之故？然则非分治不可，断非悬一五色旗，便能统治五族者也。为此非开国民大会，议定公布，仿效英国为联邦制不可。所异者彼统一于君主，我统一于总统耳。设令英国早以待澳洲者待北美，美国至今虽仍属于英可也。受此教训而不分治，何怪有蒙、藏之忧，南北之争耶？即以汉族论，以天时地利南北之不同，致造成风俗习惯之不同，虽同一佛教，同一学术、艺术等，亦南北不同。恐不如顺时势所趋，分南、分北、分东西，各设国会国务院之为愈矣。不但汉族贵分，即蒙、藏、新疆，亦可分为内外前后、天山南北路等。惟分之前，必须有国民大会，组织互相提携维持之法。法非一二言可了，当附别论。盖分则有比较，比较形而后有求胜之心，改良之望，此朱子论屯田，谓军民各自为屯，则两屯心竞，各务其功之道也。

　　考中国历史，合久必分，今其时矣乎？右表由元至清，为自古未有之大统一，统一至六百三十有二年，为中西史自古未有之久长。虽孔子复生，舍联邦制亦不能再统一矣！陈君人才表，以译经为比数者，盖以文学则无标准，以政学军学，则大都时局所造成，反不如译经者，有世界眼光，不拘拘于一先生之说也。每见兄弟分居，违言必少，又恶知一分再分，统一反出于真心耶？盖政治潮流已趋于国内联邦制，国外联盟制。前三四十年，法学大家艾士萌早言之矣。总之国内虽分治，不分民，民欲南者南，欲北者北，虽蒙、藏欲南北，南北欲蒙、藏，凡有财产合公民资格者，居三月即得所居地公民之权利，其不愿者，不先声明不可。为此五族共和之宪法，不宜有一条偏于一族，此亦诱导蒙、藏不以宗教阶级致碍共和之平等也。

　　或问招集大会应如何？曰：会员该一无官瘾，二无财迷。防官瘾法，只须充会员时，及充后一二年内不准做官；防财迷法，只须由各选区赀给月费，月费不得过百元，路费照远近算给，受官津贴者，罚金十倍，并罚停选二十年。如此则到处可以开会，不必由政府指定矣。选举法宜从宽，各县如按农、工、商、学有名望者，选出之。人数无妨多至二三十人，多则不至于买票。俟在府复选（在省复选未免太远），选存三四十人，作为候补会员，一面放告，有无害群实迹，有者不先辞，亦罚停选。然后就候补员中，每府阄三人，少则一人为会员，府不愿选者听，以属义务，不须勉强也。虽国会议员，亦可照此选法。惟每府选定之议员，当于候补中，各选二人为顾问，顾问惟傍听、预闻议案而已。月费、路费，与议员同。无论议员或顾问，有不尽职者，由候补员及学生团证实，立停月费，掣回另补。如此，为议员者，方不矫托民意，附和政府，加重预算之负担矣。设问国会议员，因怕解散，通过破产之军费，犹得为国会议员否？此一问题，请留意。所谓破产者，因视假定之收入，已超过什之八而强也，拟以通敌何如？

国民大会说
（1916）

一、凡国民大会，以通国言，绝不能聚之于一堂之上，而不用代表制也。故可不言代表，而义自明。

二、国民之开大会，本无权利，止为救国。救国是救命，急于救火。救火用自来未有之新式水龙，亦不为过。然则自我作古，而开国民大会，事无不可。理法所明禁，始不可为，而《约法》之文，固未尝有禁大会之说也。况《约法》者，暂代宪法而已，譬之预算，行政官固不能改，而下届国会则能之。古格言"民为邦本"，是民为邦国之主体也，非主体而累及主体，谓主体不应自救，可乎？

三、为证明大会，无权利可图，只要会员不能借此得钱、做官，官则会散后一年始准，钱则川资视远近，月费不准逾百圆，皆由选举之区供给，私受官界补助者，立即革除。

四、招集之法，须普及而简便。窃谓莫如姑用谘议局选举法，纵民自为之。设有一乡一县不愿与闻者，听；其愿者，县治与四乡之选举票，各有底片，盖有骑封印与号数，票系记名，有疑极易较对。纸墨等费，暂由教育会或教育者担任之，万不可官为干涉，致丧大会之精神、主体之作用。

权定县为初选区，旧有之府为复选区。复选区若以道或省，皆嫌太远，远则费而不愿往者有之！且嫌太广，广则有被选资格者，不易相识也。并权定初选可十人二十人，复选可留三四十人，此三四十人者，可于一府之中，知识界、经验界，各举其遗漏，或在外者，约十人上下。如此，应可普及，亦不至以物希为贵，好名者或以金钱运动也。两者皆属候补，然后此三四十人者，于候补中票举一二十人，以票数最多者赴大会，一府至少一人，多则三人。人各于候补中，延请二人为顾问，顾问虽不列席，然应旁听，皆由本区资斧之。凡三次不列席，列席不申张民意者，由学生会，或其他机关，证实革除，另以次多数者代之。顾问听其另请，不另者听，如此则民有监督议会之权，而不虑会员之不尽义务矣。

五、大会所议之事。假令大会而欲改共和为君主制，可乎？比国尝行之矣。其实英国之君主制，何尝异于总统也？但我国之乱，不在国体，而在政体，故可议之事正多也。既曰五族共和，是对外宜共一总统，而内政则民族宜各自决也。各自决云者，宜各有政府，即各有国会与阁员，与人民自治也。然则外蒙及西藏，宜按共和制，各设政府。果设政府，断不至与民国阴怀疑忌，即回、汉杂居之新疆，满、汉杂居之东三省，若果各设政府，不徒地不广而易治，治理亦愈有精神也。盖国会议员与阁员，不至以不识地理与民情者为之，人各视官舍如传舍也。

中国由周共和元年至清亡，凡二七五二年，统一与分立，时代之数相等。而元至元十七年至清亡，计六三二年，统一时代以此为最长。故征诸历史，不分立亦当分治，不独五族应分，即汉族亦至少南北分治。况南北以天时地利之不同，久矣酿成风俗嗜好之不同，甚至学问艺术，俱分南北。南北如果分治，不第可应时局变迁之数，亦可因南北对峙而生比较，因比较而有进步，且急进与缓进，可各从所好，不至动以武力相争也。

农业改良友助社简章
（1916）

国必有所以立，我之以农号于天下也，非自今矣。古之王者，必先知稼穑之艰难。乡田同井者，必相友相助。田稼不善者，则非吏非民，似不徒空号之而已。乃查法国垦熟之田，每人可摊十九亩六七分；意国摊十五亩有奇；英国固以商立国者也，亦摊十三亩强；美国则摊不胜摊，而大战以来，又岁费帑金数千万元，以日讨其国人而训之。回顾我国，设摊每人八九亩，乘以四万万，而除以一千七百县，县该熟田二百万亩。我江苏大县，且恐无此数也。况不求民治则已，如求之，农为各国最大多数，多数田主不能自治，而责望政府以治之，治可得乎？今者，食为民天之理益明，军火虽多，无食不可以攻以守。三农不出，百用不昌。有事于南亩者，可不相友相助加意改良乎？爰不揣固陋，择改良所必要者，酌定社章如左：

一、宗旨。端在改良农牧，一改良种子，二改良养料，三改良方法。但改良以上三事，非独力所能，故设社以相友助。

二、社友。须至少有田百亩，否则无余田为试验改良之用。《周礼》一井二牧，为牧畜计，为代田计，是古人早立有余田制矣！

三、试验。试验改良一切农、工，关系食用之种，家禽、家畜、蒭荐之种，而蚕、蜂、鱼、蛙等，及有利之虫附焉。

四、改良。第就目前人力所能者而已。已得部准，就试验场购买农牧籽种。无如嘉种不多，欧美方越国以求之，嘉者所获已倍，又用电气电光以煦育助长之，使可再倍，肥料则用化学以造之，人工则用机器以代之，一器可代数十百，或数百千。我不能以地方税为自治费，尚何农战之可能？故曰：今日之改良，只可就目前人力所能而已！

五、集社。集社每年两次，地点皆由上次预定。一次春初，筹画秋收之事；一次秋初，筹画春收之事。事不外报告试验所得，及约购试验所须各种。

六、选举。春初集会时，应推举正社长一，副社长二，无俸给。正长与书记，担任第五条之事；副长与调查员，担任调查试验之成绩。

七、聘员。由社聘用书记员一，调查员二，有俸给，事多可于集社时添聘。

八、社费。社费按田摊派，一供第七条之用，二供集社之用。至定购籽种之价，在外定时先付一半，购到须按数付足，不准翻悔，帐目公阅公押。

附：

拟设务农友助社简章

中国之号于天下，既以农立国矣，故王者必先知稼穑之艰难，而乡田同井，必使相友相助焉。然查法国垦熟之田，人摊十九亩六七分；意国摊十五亩零；英国固以商立国者也，而人摊垦熟之田亦十有三亩强；美国之多，摊不胜摊，今大战之后，又岁费数十万万金圆，日讨其国人而训之。回顾我国，设摊每人七八亩，亦应有三十万万上下，除之以一千七百州县，县应熟田近二百万亩。我江苏大县，且恐无此数也。况不求民治则已，求民治则农为各国大多数，且食为民天，可不相友相助，于农事加意改良乎？谨缮务农社简章，请同志商定。

呈设农业改良社
（1916）

　　江苏马良为设立农业改良社，呈请备案事。窃维大部之设农林牧畜等试验之场，绝非并耕之义，殆仿泰西政府提倡通国农牧改良而已。但欲改良，普及通国，必须各地有实心实力之大小田主，领所采验有得而仿试之。仿试之道，一购领试得之嘉种，二试用农牧改良之养料及方法。为此江苏金坛、常州两县庄户拟设今社，以便与大部试验各场，实地取法，购领所需。且凡访得南北中□之嘉种，亦得仰承大部维持，源源购备，谨具呈请。社章择要附后，统□鉴夺，准予备案。并请由大部提倡，行知各省仿办，实为公便！谨呈农商总长。

致英华
（1916）

一

敛之二哥鉴：

　　两接来言，具悉。令妹行九日敬礼有验矣。事中变能不大吃亏否？秉老究竟有分无分？总理有分无分？盖好人有分，脱手较心平耳。《圣经》演说今往十张。晚间演说，无暇录稿矣。此讯道安！相顿首。二十五日。

二

敛之二哥鉴：

　　承三哥又送洋梨，谢谢！静宜园事，法医院租为痨症用梯云馆，是否以秋分为止？盖院拟租也。医生系耶稣会学生，余告以头五年租可略少，此后五年一增，二十年后合同期满。盖我等厂工须推广故也。见心斋因急欲往者止二人，恐不能出此大价也。统俟哥来定夺。《圣经与人群之关系》稿速寄下为盼。余惟为道自重！相顿首。五日。

三

敛之二哥大人鉴：

　　得示汤公到山，不胜钦慕！足见伊为中国事，胜于我等自为也。然而今后之香山，恐将为万恶之归也。前者家姐不能在董渡领主，则往之徐汇或洋泾，每告余曰：姐又来偷圣体矣！倘遇此境，君等亦只有大偷特偷而已。所嘱调查之件，未便明言，盖良十三世之函，亦由华铎故从无意中探得之。盖彼恃有火炮者，并此以为多事也。良之欲以其稿予陆某①者，非予陆也，予外部耳。档案多一罗马公文，早迟必有用也。倘尊意以为然，即以贱名作一二行信予之可。《景教碑》，西文新出者有三，皆攻西人之毁之者。其西利亚文共有人名七十二，以其名考之，一则与奈士刀利 Nestorii 古史人爵名同，一则遍查教宗档案，无遣使及报告等证据，故知其为奈士刀利党之异教也。其党出于希腊，漫延于西利亚之小亚细亚之地为最多，故元初该党为先进，马谷·保禄及真福奥德利皆言亲见其人。马谷·保禄 Marco Polo 又言 Mar Sergius（或写 Mar Sargis，而音则 Ma-sic-li-ki-sze）马薛里吉思，公教人，造有两堂云。据镇江大兴国寺文观之，实不似公教人所作，岂当时奉教者皆蒙古人？不然，除闽省三方十字石板外，竟无一些汉文可证，何也？西文又言元之崇福司为总管公教之职，然耶否？然元代之事，西文可考者多，景教之事，西文惟奈士刀利史有可考耳。其名属铎德者往往写 ℧ ▼ ▼ □，或 ▼ ▼ □，或仅 ▼ □，至于千眼之名称，意者 Cyriacus 欤？余无一名可相仿者。

得三妹字，不甚明了，请语三妹，于月薪依旧取五十元为培，俟中、交可兑，不甚吃亏，方汇志尧，现不急也。又从月薪取三百元予哲谛。诸相识诸见爱，均祈致候。若石相启。三十一日。

四

径启者：

顷悉北堂有法文星期杂志，内言：利子不善华文，所著无一足贵。南怀仁所铸之炮，以彼所有种种方便，我铸之当胜百倍。再康熙并不喜汤若望，不过借以逐一回子杨光先耳！诸此呓语，不可不辩。盖利、南、汤之名，损之何益？尊处有《几何原本》否？徐言死后得其手订云云（在重刊凡例内）。彼等以华语为难，故以为魔言，因想利等亦断不能通晓。妒耶？忌耶？然于中外及教外人何益？殆因学魔语而中魔耳！故此拟于《遗牍》或利传再附一跋，盖此等狂妄之风，不能不设法禁阻之。上下两浑。廿二日。

---

① 指陆徵祥。

五

敛之二哥：

雷公信，愿相见，但十数日后，将至西直门外避静云云，不知德国司铎行踪何所？极愿与商办法。又侨民李姓等在此，极望驾来，与商办法。蒋梅翁肯往吉黑治民事，则实业前途大有希望。若在山，祈与面商也。敛秋急欲购涞水地，并愿自往也。其精神可想。善举非有基本金不可，似已知之。心印。二日。

致英贞淑
（1916）

一

英堂长三妹鉴：

　　凡两番得妹信及三哥信，均领悉矣。兹恳者：凡我在京所留皮棉单夹各衣，除破坏者可做哀矜外，均交哲谛带申可也。国务院款本不该受，居今之世，亦只好既予之，斯受之而已。若能予至年终，而中交略有起色，除照例培根扣五十元外，径由东方行汇志尧可也。静宜甚窘，代助三百元为盼！匆此。即叩令堂以次均安。若石马启。九月十日。

二

英堂长鉴：

　　前书请于月薪项下付三百元票与静宜，又付三百元票于哲谛女士，若未付，请就近以付焉。又哲谛欲借用椅、棹、浴盘等，老人心力怕烦，不能一一报帐，听其取之可耳。匆此，琐渎，不罪！不罪！顺候覃府均安。若石马启。

三

　　堂长近日安好否？静宜之毕业热闹否？初不知辫子之为害，一至于斯耶！前信谅达，所详于二哥函中，兹不赘。今启者：五小姐处已交过国债票四千，买房二千，但邱媳亦大可怜，颂九亦多病，见男子则躲，大有爱姆姆之遗风，倘步其后，亦自佳也！不识除上项以外，我名下尚有余否？能分润及之，颂九之代母，定表同情。须俟中、交有起色，然后请东方汇志尧耳。吉林百二十顷，当催美代耕。可代，尚有望；否则，如约，契银互退，存培根。琐渎琐渎！费神！费神！应问者乞代问。三十日相白。

<h2 style="text-align:center">四</h2>

堂长贤契：

　　兹又得十四日手书，秉老真可敬，焉得此人再登撰席也！我国人勇于自杀，凡不信造物主者，虽自杀其灵，犹曰欲保其身也。而国人则并形窝而杀之，而灭之，不以兵，则以饥荒瘟疫，造作种种谎话，曰：此乃政策也！看《诗》、《书》、《春秋》所载，人心风俗，其胜于今者几何？若无几何，可见人救人，救不成，故我等当一心感谢进教之恩也。所存之钞票，请待兑有起色再汇，恐有起色时，中国已成东国耳！洹上武力政治，不用匈、奥法，分南北，必亡中国。最近患痔，怕动作也。上海有五六旬不雨矣。最怕北兵挟鼠瘟而南下。西战今年断不能了，政府不回头信主故也。十八日若启。

跋文澂明《怀归诗》
（1917）

　　丁巳子建，余年七十有八，食指中风，观文澂明墨迹有感，因以中指代之，书虽无似，而澂明颇能道余意也。马良培根校跋。

《元代也里可温考》序
（1917）

　　故友李山农讳宗岱，一日喟然深思谓余曰：人之生，死刑已定，不过绞斩候，候钉封文书耳！而基督则曰：人之生，善恶争战，战胜三仇，死之日即凯旋天国之日。故其言行记，曰《万日略》，为其报福音于人。向余只知有元十字寺为基督旧教堂，不知也里可温有福音旧教人之义也，知之，自援庵君陈垣始。君即民国二年反对孔子为国教，而狂夫某电京，嗾明正典刑者之一也。度君之意，殆以腐儒论孔子教，不外以礼饮食、以礼男女而已，与其举国奉此国教，养此食色之身，十年亦死，百年亦死，死则腐骨，富贵贱贫，皆一丘之貉，何如奉也里可温，为战胜三仇之勇士。今君广辑考证，亦犹此意也夫？君真余师也！余谓也里可温为旧教者，盖以时计之，德之路德犹未生故，法之加尔文亦未生故，英之亨利第八俱未生故。时丁巳辰建十日，丹阳马良叙于京师培根学校之南轩。

致段祺瑞
（约 1917）

芝泉总理先生撰席敬启者：

去春曾以朱志尧所设求新厂能制潜艇等国防利器上渎崇听。该厂因上海二次革命，所受无妄之灾，及贷助南市借项之故，致欠东方汇理银行银三四十万。以此民国三年，禀蒙前总统，俯念该厂颇得风气之先，准由部长周自齐担保作抵，延至今年五月到期，遂为法商购去，价银仅五十万圆。吃亏之巨，债权所逼，无可言者。所幸买据批明，限四个月后方生效力成交。窃思朱志尧近蒙政府奖以四等嘉禾章，诚异数也。厂之不用西人，而能见赏于西人者，似惟求新。美国方来订造数千吨大船，只以钢铁如何运济，从未议决，而厂中化铁炉所出在汉阳之上，大动中外观听。中外人士方责该厂不应出售，徒贻中国之羞。使政府不重实业，不肯提倡，则已矣！使楚弓楚得，虽甚吃亏，亦已矣！今政府虽困，困不在四五十万金也，或购或贷，收回自办，内以护实业之萌芽，外以顺天下之政轨，轨在保民而已。欧美闻之，更相起敬，流声闻于遐迩，此所望于大君子者。良与朱志尧虽属甥舅，何敢引以为嫌，而始终默默也？敬肃数行，伏维垂察。虔请撰安。马良拜肃。

重刊《真主灵性理证》序
（1918）

　　物无灵不灵，有待乳哺以生者，罔弗知爱所生。其不灵者，推及所生以上，固弗知，既过乳哺之时，亦弗知。人乃反是。乳哺时之爱，禽犊之爱耳。乳哺后，愈长大，愈知敬爱，于汉武帝、霍去病之已事可睹矣。之二人者，一生务杀人以求权利，真古之所谓民贼也！至于一爱其母，施及同母之姊。（武帝母王太后微时已嫁金氏，生女。复内太子宫，生三女一男，男即武帝。帝始立，韩嫣承间白言：太后有女，在长陵。帝乃车驾自往迎取之，乘舆驰至长陵，当小市西入里，通至金氏门外，使左右群臣入呼求之。家人惊恐，女亡匿内中床下。扶持出门，令拜谒。帝下车，泣曰：嚄！大姊何藏之深也！载至长乐宫，与俱谒太后。太后垂涕，女亦悲泣。帝奉酒前为寿，奉钱千万，奴婢三百人，公田百顷，甲第以赐姊。太后谢曰：为帝费焉。于是召平阳主、南宫主、林虑主三人俱来谒见，姊因号曰修成君。）一爱其父，施及同父之弟。（去病父霍中孺，河东平阳人，以县吏给事平阳侯家，与侍者卫少儿私通，而生去病。中孺吏毕归家，娶妇生霍光，因绝不相闻。久之，少儿女弟子夫得幸于武帝，立为皇后，去病以皇后姊子贵幸。既壮大，乃知父为霍中孺，未及求问。会为骠骑将军，击匈奴，道出河东，太守郊迎。负弩矢先驱至平阳传舍，遣吏迎霍中孺。中孺趋入拜谒，将军迎拜，因跪曰：去病不早自知为大人遗体也！中孺扶服叩头曰：老臣得托命将军，此天力也。去病大为中孺买田宅、奴婢而去。还复过焉，乃将光西至长安任为郎。）事虽委琐龌龊，迄今已二千年，而人每津津乐道之者，何哉？诚以身因父母而有，此恩此德，不可忘也，忘即非人。昔舜问乎丞曰：道可得而有乎？曰：汝身非汝有，汝何得有夫道？舜曰：吾身非吾有，孰有之哉？曰：是天地之委形也。天地曰大造，人不知推及所生以上则已。苟知焉，夫亦曰造物主造有之。造有云者，壹是前无而今有也。前无而今有者，不能自有其有，必也自他而有。自他而有者曰果，果必有因，器必有匠，匠成吾身吾父母者，曰大父母。小心翼翼，以昭事此大父母者，曰宗教。宗教以不忘降衷之恩，为最大最先。武帝帝也，去病将也，初不怨所生之未出于正，而引以为耻，奈何士大夫耻报降衷之恩！恩不图报者，其惟乞人乎？以无其力，并无其志。韩信一饭，卒报千金，以有其志，故有其力。为士大夫者，宜何所取法乎？韩信耶？乞人耶？奈何以宗教为愚夫愚妇之所有事耶！且降衷之恩，非愚夫愚妇独受之，士大夫亦受之，受之而自比于乞人，无志于报，无力于报，其可耻孰甚！勿曰：造物主造有天地，天地之大已无外，造物主之大更无外矣。未造天地，于造物主无歉也。既造天地，于造物主无加也。我天地一微尘，昭事之与否，于造物主何有焉？殊不知造物主之降衷也，既命人以孝事小父母，而谓昭事大父母，非降衷之命，是诬谰造物主自相矛盾也。是犹王子谓王父，既子万民，我一人孝事与否无伤也。然则不知推爱所生以上，曰人本乎祖，祖本乎在天大父母者，其甘自侪于不灵之禽犊，何以异此？此卫公匡国所以有《真主灵性理证》之述也欤？卫公精天算，以崇祯末年到中国，身经若干省，一一图而测之，定其经纬。其卒于杭州也，顺治十八年，又阅十八年而迁葬，相传颜色如生。刊述之书，颇多散失，即如《灵性理证》第二十二篇，所见本已全缺，兹补缀而重刊之。其取证天文地文，虽用当时中西旧说，盖所重不在此，而在块然者断不能自动，动矣断不能秩然有叙，有叙者必有全能全智大原动以动之。新旧说皆从同，同故可因其旧，无事纷更为也。民国七年建寅十九日，罗马圣而公会徒若石马良谨撰。

重刊《灵魂道体说》序
（1918）

　　尝见亚末利加古字，取虫鸟之屈神〔伸〕俯仰为义，殆即虫书鸟篆之遗欤？兹弗暇论。而苍颉所制，固端取象形者也。曰指事，曰会意，何尝舍形而指会之？故求其超乎象外，表显形上之理想，毋乃谓筌即鱼，谓匮即珠，谓比况即真诠乎？加以学者不求甚解，而天可解为理，性可解为理，不独"天命之谓性"不成句，即"天理"二字亦欠通。循是以谈，无怪多神派或以万有真原为道体矣。其悖理更甚于无神，何也？盖无神派犹知万有真原无德蔑有，无能蔑有，能自全无而造一有，一蝼蚁乎，一尘埃乎，即与造有万万天地，万万动植，同其德，同其能，犹之镜可返光，照见一树，即能照见树后之天。故自全无造有一物，物虽小，然不将万有之全，尽有诸己，则不能尽之。为言不可有二，二不相兼，是不尽也，相兼则何以别其为二？二且不可，而况多乎？多固不可，一又尊威无对，致令自反者少可自宽，故不如自昧而曰无神，神固知其非道体也。至于以人魂为道体者，窃以为不如言无鬼。鬼者，归也，人魂死后之称。言无鬼者，不过言人死后无受赏受罚之魂。言魂即道体者，是犹言识别善恶之灵性，其勉为善者与故为恶者，皆同一魂也。而所谓生则尧、舜，死则腐骨，生则桀、纣，死则腐骨者，不且生之时，尧、舜亦桀、纣，桀、纣亦尧、舜耶？古有言，"形神离则死"。形，形躯也；神，灵魂也。使灵魂即道体，道体在万般形质者，将与形躯永不相离，而言自古皆有死者妄矣！或问何谓道体？曰：不独杂体可分，元行亦可分，分而又分曰极微，分至无可再分曰莫破。莫破者，其各元行之始乎？诸形质之先乎？内言之详矣。此由于字体尚形，抽象而求字义，义空泛而失所依据，则界说不可不明，明以辨之，莫如明季之《灵魂道体说》。说虽异于今，今且以灵魂为权衡可衡，日照可照，视身内之灵魂，祇为形质生动之关纽，而忘其所以为灵，皆此"形质之先曰道体，道体为灵魂"之说误之也。爰商诸同志，重刊以辨其误。民国七年建寅十九日若石马良谨序。

《言善录》再版序
（1918）

　　《言善录》之初出也，海内君子，以为能以华言言教理。故不胫而走，未几初版告罄。比国雷教士以为经既言"信德由耳闻"，闻必由言，在华言华，此通例也。析辞擅作，是不华言也，恶望其声入心通？华言则虽诵诗书，村姬必加敬，此华与不华之别矣。不独在华然，在他国亦然。今所录于言教理虽不详尽，但欲详尽，先习其言，未始非嚆矢也。况所录皆语录之精，精颇详尽乎！时戊午秋，万松野人病消渴，未及增删，故一仍其旧再板之。相伯马良年七十九，因复为之序。

民国民照心镜
（1918）

　　照心者，反躬自省也。镜者何？即一点灵光，民国民所用以自照也。自照于"民国民"三字，名与实相符否耶？一照何谓民国？二照何谓民国之国？三照何谓民国之民？

　　一答：民国，国民为主也。犹之帝国，国君为主。君为主也者，主其一国之政而已；民为主也者，兼主其国土财用，即《大学》"有人此有土，有土此有财，有财此有用"之谓也。盖天下万国，无不先有人民，后有君主，君主无生而为君主者，始亦人民，人民必假物以为养。为养之物，先得为主者，先天之道，如太王之邑岐山，是先得为主之明征，非夺他人所有以为养也。不然，不如死守邠矣。后来居上者，后天之事，故曰"众所归往之谓王"，如舜所居三年成都是矣。《序卦》亦言：有天地然后有万物，有万物然后有男女，有男女然后有夫妇，有夫妇然后有父子，有父子然后有君臣。从知人虽万物之灵，而万物在先，非人所造，君父虽尊，而夫妇在先，非君父所造。男女夫妇各有人权。人权先，君权后，物生之序，《序卦》之义则然。犹太《生民纪》亦未始不然。则见洪水前二三千禩，无所谓君臣也；后一二千禩始分大田主、小田主。中国井田，一夫百亩，余夫二十五亩，谁予之？大小田主予之耳。由大小田主改为封建之共主，由共主改为大君主，大君主无端尽夺人民之所以为养，悍然曰"莫非王土"，"莫非王臣"。驯至莽新，田曰王田，擅易民夫妇，禁民不得挟弩铠以自卫，凡民所有物主权、自主权，至此悉行剥夺，而剥夺之者即军人。《莽传》：不奉令，军人各为权势，恐喝良民，妄封人头，得钱者去，毒蠚并作，农民离散。盖不啻为今写照也。于是做皇帝曰得江山，坐江山。江山岂可坐哉？可谓善传君主野蛮之心理。试问今之当道，心理同乎？否乎？是天下之大盗，莫大于大君主与大君主之武人矣。但柳柳州《封建论》亦止谓平其争而已，非夺其所争之物也。然则国民兼主国土财用，乃先天之义理。即以后天之人事而论，君主制亦必以民心民意为指归，顺之者昌，逆之者亡，我国经史斑斑可考。准此以谈，可见后天之事，不胜先天之理，诪张为幻以求胜者，但自取灭亡而已矣！况际此二十世纪，国民主权已如日月经天，江河行地，造成万国之潮流也乎！百复辟，百自亡，可断言也。仇之利用我复辟，其国会早有秘谋，窃愿煮豆燃萁者一思之，其乌有不先自焚者乎？自焚且为之，何仇豆之深也？兵权财权，何竭力以送仇也？

　　然则民主制，第曰顺民心、顺民意足乎？不足也。第曰有国会议政之权、修撰宪法等等，足乎？不足也。又有立政之权、选举总统等等，足乎？不足也。后天之君主，尚有行政之权，而谓先天之民主，反无之，其理由何在？或曰：国会有预决权，操政费之予夺，不啻操行政之权矣。答曰：唯唯，否否，不尽然。盖政费之予夺，乃国民物主之权，所谓无代议士，弗出租税，是矣。无论何项税则、税额、税期，不按宪法意、民主意，由代议士应付时机，年年厘革，逐条考定详明，一一颁布于规定之报纸者，则虽君主立宪之国，国民无出租之义务。（今之税法悉照无宪法之旧清，是谓旧清帝国之税法，宜乎自帝者有之，复辟者有之，代议士等可谓种瓜得瓜矣！）强征者其罪等于越人于货，不止日攘邻鸡而已。至借邻债，直借刀以杀人，杀我人民及我子孙，在君主之国，或可教而后诛，若在立宪之国，比而诛之，犹嫌手续太烦，直无论何时何地，人人得而诛之，兹不具论，待后详解。从知行政之属自主权，与决算之属物主权者，不可张冠李戴。

　　新学之言，一曰：苟欲人民皆有国家思想，由思想造成知识，由知识造成关系，由关系造成爱护，由爱护造成运用，如此则莫如予通国人人民以行政之经验。经验之普及者，莫如地方自治，自治作用多端，当别举大纲于后。

　　二曰：治国之要，莫急于人人守法，知法理。其守未必矜严也，不如知无法之为害，惟予以行政之机缘，而后由实地练习，乃知无法则万事不能行。譬以饼饵之微，冤抑儿童未食谓已食，食少谓食多，儿必不服，临以父威，儿必啼，啼者反对以示威也，而路人亦无直父者矣。可见事无大小是非，不可任意颠倒，视同儿戏。而楷定此是非者，法律也，法律岂可儿戏哉？故以父权之正，犹不可儿戏一儿童，况以不正之强权，而欲儿戏四万万民国民及四万万民国民之天理与良心，纵电谕纷纭，任意颠倒法律，左袒势力与情面，亦终捍格而不行。不行而后乃知法律之尊崇，知尊崇而后乃知小心恪守，国家之政治，政治之精神，不胥在乎是？盖国家者，人之大群。人群之缔结以法律，禽兽不知法律，故天下无禽兽国，徒供人寝食而莫之哀也。

三曰：世有言，国革命，先破坏，后建设。抑知建设在精神，精神固兼物质言，破坏万不可兼，惟在破坏以前所有不平等耳。国无礼法，事无规则，一切以势力情面为礼法规则焉耳矣。对内对外皆如此，此前清之不平等也。不平等何尝破坏？破坏者，国民之事业，农、工、商贾焉耳矣！国民之幸福、生命、财产与自由焉耳矣！以中国之大，始辛亥，今戊午，整整七年，何者不烧光？不抢光？不杀光？苏东坡曰：学书者纸费，学医者人费，世有好功名者，以未试之学，而骤出于政，其人费岂特医者之比乎？今之所谓政府政党，自问良心，果皆已试之学乎？故其人费，不杀光不已。土地则当光、卖光、送光，财用且被小押当一篇糊涂帐算光、骗光、诈光，不知尚有一些干净土未经破坏者乎？计其破坏之费，比前清政费，人皆曰多数倍，或多数十倍。以故破坏，苟无已时则已，设有已时也，则建设之费，比破坏之费，不应多十百千倍也乎？而此十百千倍将于何取之？或曰：天道恶盈而好还，亦取之于破坏者之私囊而已！私囊固人人建设也，事事增设也，处处添设也，夺我白米，�我黑饭，犹其小焉者也。私囊！私囊！取之何伤？然而不必为政有道，掺之过急，徒以渔翁之利，送诸小押当而已！然则将奈何？新学之言曰：人民自治费，可税诸田亩、间架、不动产等。曩者税诸民，无一还诸民，民不蒙其利，视税为政府所自私，自私则富莫富于政府。政府，天下皆恶，中国尤甚。富此尤甚之政府，是富季氏也。财聚私门，则人聚私门；财聚政府，则人聚政府。无怪自古以来，志于谷，学干禄，人人爱做官，怕做事，官场愈富，社会愈穷。其弊一也。视税为苛政，可规避，即规避，至今不动产无税者尚多，边省更多，即有，亦甚轻。上之征下，下之供上，一国之中，太不平等，焉得不视税为苛政哉？但以哲理言，税为人民所以求治，不足佣夫吏以治平于我，不足充其费以供我自治，是人民于国家，于社会，皆丧其义务，而不知依赖性成，习惯难变，故不由自治各区，自征自用，而欲由官强征，势必多扰。其弊二也。内地舟车不通之州县，一年之税，少则五万两，计前清二百六七十年，是一县之民，应出一千三百余万两，大县倍之，三倍，四倍，而无一两还于民，民焉得不穷？前清固本金，徒供外寇与中饱。民国仍不知悔，曰集权！集权！集财宝于中央私囊！私囊而已！江苏之赋，民国后多至二三倍。其弊三也。试将我国农虞、畜牧、工商，与欧美之讲求物资文明者，两相比较，其财力如何？（偶忆百年前，法国大革命，其一理由，即农民苦甚，房屋一半无地板。无地板，可革命，怕我国革命，将无已时！）富相什则卑下之，伯则畏惮之，千则役，万则仆，此自然之理也。租界之亡国奴，犹得为巡警，我国民能无畏惮之乎？欧美招工，我国民惟恐不能为仆为役，而政府又从而税之。卑下如此，何怪通商通商，只准彼来，不准我往。又自通海以来，城邑无防御，往往被炮攻，按诸哲理，是制野兽之道也。今欲由野兽而列人群，由人群而入文化，由文化而日新无已，开辟农虞、畜牧、工商之利数，使与欧美并驾齐驱，虽一面疾起直追，助以通国之税，犹恐望尘不及；一面非如欧战之国民，人人踊跃输将，急公好义断不能。势惟有诱以地方行政，人民自治，曰教育，曰卫生（所包者广，即如洗衣所亦在内），曰交通，曰建筑（凡人民欲择便宜之地，设州、设县、设村镇者听），曰征兵，以补体育，体育以资守望，皆地方自治所有事也。一切农虞、畜牧、工商，兴一实业，收一实利，利则民之利也，业则民之业也。每见乡间出会出灯，尚争先比赛，况诱以行政之权，经营实业，有不田亩房屋，向无租税者，争出以兴之？向有租税者，增加以助之乎？下之化上也，虽捷于影响，但上之人自私自利，家天下之心理已数千年，一旦曰共和，即共和，虽上之人，未必自信，而况下之人乎？故必移其自私田产之心，归于地方自治。自治区域，小则经费不充，大则治效难周，且不能人人目亲睹，身亲受。然惟亲受亲睹，而后爱护乡里之心，油然及于一国。故宜仿府制，以六七县为一州，州为领域，纵民自治，政府惟监督之而已矣。交通之事，有及于邻州者，则政府惟调济之而已矣。如此，则政府所担任者无多费，祇税海关，税契据，税印花，税盐，税烟，税酒（外国顾问之有道者曰：烟酒方从事改良税则，客货之较精美者，将充斥于国中，而国货无改良之日，民蒙其害，国会可不慎哉！）及税奢华品等而已足，譬之盐，则先还商本三之一或二之一，然后就场征税，务使远地之价，止增运费，价必廉，廉则用广。运既自由，物必美，不美，则无主顾，于卫生亦大有关系也。所省缉私各费，可摊还商本，本尽归官，场税费少而得多，税增四万万圆，或不难也。各项税额，宜使土货价比客货价较廉为主。再者农民恒多数，多数不知共和之福，无益也。譬则夫妇二人，可耕三十亩，分为六七处，则不及耕矣。但南方大抵无一连十亩者，故必由各乡自治团体，照时价加二加五，于冬前买进，按图划为三十亩五十亩。水田亩宜少，旱田亩可多，一一经界之，沟洫之，村居之。村居之内，一切关于自治所须公地（如病院及议事处、卖种处、高等小学等四区合办），宁多毋少，譬如田（除山、冈、川、隰言）方十里半，得田五万九千余亩，道途、沟洫、森林，去五千余亩，然后划为方五里者四区，区划千亩为村居，居二百五十户，户各一亩两亩，余作公地。惟四区公坟宜以远村近山为是。划就后，出售于民。本少者，可向青苗银行以租抵买抵耕。此青苗银行可以地方税为基本，而益以私股及抵借之股。如此则乡村无有不治，而人乐为共和之民矣。共和非春秋时二相之共和，由此误会，造成今日武人之共和也。

右所言民国共和，是国民为主。如股东之于公司，不独于国土财用有物主权，且于国土财用有管理权。管理权非他，即政治权也。新学亦言国家之要有三：土地、人民、政事。政事非他，董率人民利用土地而已。否则，尸位素餐，盗食而已！鸟兽之盗人食也，人人得而毙之，而况有觍面目之为民吏者乎？柳子厚告薛存义曰：凡吏于上者，若知其职乎？盖民之役，非以役民而已也。凡民之食于上者，出其什一佣乎吏，使司平于我也。今受其直，怠其事者，天下皆然，岂惟怠之，又从而盗之。向使佣一夫于家，受若直，怠若事，又盗若货器，则必甚怒而黜罚之矣。以今天下多类此，而民莫敢肆其怒与黜罚者，何哉？势不同也。势不同而理同，如吾民何？然则中国学者，亦以执政不能董率利用为盗且魁矣。况其专盗土地财用为媚外者乎？故曰："苟子之不欲，虽赏之不窃。"今者遍地皆匪，而其师范学堂，则官兵营也。始则练兵为匪，今则明目张胆，练匪为兵，使有兵权者，亦望而生畏，如龙所招兵，一疯狗咬群狗，群狗皆疯，能无畏乎？故吾亦曰：苟子之不欲，虽赏之不匪，而民莫敢肆其怒与黜罚者，盖不知其为民之役耳！尔俸尔禄，民脂民膏，虽专制之君，亦知天下之君与吏，为民所佣，而民国之民，反不知焉，势不可行，而理终在也。理在，非但三人抬不动，即德国七千万人，合之在国外者一万二千万人，以四五十年之武备，亦打不倒一个"理"字，故虽屡胜而不敢自居戎首，非如中国人天天被人打，还说要打人。曾子曰："自反而缩，虽千万人吾往矣。"今以四万万之主人而畏数十佣夫之跳梁，耻孰甚焉？懦孰甚焉？汉多循吏，正以不法者每为人民所刺杀。是专制之下，人民犹可监督政府，至共和而不能，虽曰是袁皇祖所造武人政治之罪恶，亦通国人不知共和法理之罪恶也。

如知之，则知国土财用，为人民所固有。夺其物主权者，盗也；夺其管理权者，亦盗也。盗必心虚，虽众何畏？后汉建武中疫疾，淯阳人李元家相继死没，唯孤儿名续者始生数旬，而赀财千万，诸奴婢私共计议，欲谋杀续，分其财产。有奴李善，深伤李氏，而力不能制，乃潜负续逃去，隐山阳瑕丘界中，亲自哺养，推燥居湿，备尝艰勤，续虽孩抱，奉之不异长君，有事辄长跪请白，然后行之。闾里感其行，皆相率修义。续年十岁，善与归本县，修理旧业，告奴婢于长吏，悉收杀之。我民之所以佣一总统，佣一总理，岁俸皆超过极富之美国、法国数十倍者（美总统岁俸前仅五万元，新增十万元，勿曰美国值巨，一元不过五佛郎零，以彼物价之贵计，尚不及我十万元之用矣。俸太大伤廉，足以败君子行道之心），非欲其如李善之忠于我，事事请白而后行乎？（善奉孩抱如长君，不耻长跪请白，不独闾里感化，而朝廷亦拜为太守，有惠政。足见食其禄，忠其事，非可耻之事也。而今之为吏者，独耻忠于民之事，此人心之所以日坏也欤!）乃不耻请白于同火，而独耻请白于我民，我民程度虽幼稚，比佣而为盗之人格总高百倍。李续十岁，即能告发搜捕，我民岂数旬之孤儿，必待有李续者而后能修理旧业，还我天赋之物主权与管理权耶？今正公义战胜武力之时，时哉不可失！亟宜开一国民大会，敢指为乱民者，是指一国国君，一家家主，好乱犯上也，非奴婢等谋杀李续之言乎？其大会会员即由原有各府绅商学界等，凡计产折实在若干千元以上，或中学以上，秀才以上，皆准记名投票。票有号数与根簿骑钤，选凡或丰于财，或丰于学者，为初选人。再由初选人选素有名望素知法律者一人二人，由选区俸给之，不受者听，不称者停，停则遣候补者充之。凡民国以来所佣文武各吏，大会皆当一一审实，有无冒领国库以肥己，擅动国库以市恩，抄财产，杀无辜，擅役民，运私货等等，此皆盗犯命犯，应布告列邦，此非国事犯也。审实定罪，理所当然。前五十年，德军胜法，所至勒令供应，签给收条，俾政府日后补偿。不类我中国视为通敌者何？盖战则以一国名义行之，而被兵之地，独蒙其祸，一国之中，尚得为平等乎？明乎此，则知国贼、民贼，罪为谋杀民国主人，大逆不道，而邀幸免，是使小人益无忌惮也。民国民，何愚暗至此！常见小买卖，为争三四文而斗殴者；左右邻造屋，为争三四寸地而成讼者。牲畜食田禾，主者且凭乡约以科罚之，是我民于物主权、管理权，未尝不知宝重，何以一见军兴，则一任丘八太爷之所为，田亩任其践踏，市镇任其蹂躏，房屋任其占居，玉帛任其烧毁，子女任其奸污，任其掳略。所到之地，任其勒捐，任其捐差，任其扑杀！德人固军国政治，但其对于敌国所有不法行为，亦不如此之甚！乃何以德国军人则见恶于天下，而我国袁皇祖之军人则否耶？且以仪文奖励之不足，而又以外债奖励之，何居？国民！国民！其不以我民为有人格也可，想拔一毛，则大声呼痛，失其肩背而不知，知亦不敢发于声，怒于色。国民为主之谓何？今者捷克斯拉夫、巨哥斯拉夫等民族，世已承认其军事与政治有适当之职权，欲奥匈政府餍满其所抱负，在国家团体中为一份子，应有各种权利与前途之愿望，意想之由张，乃我国民竟比不上小小民族，可派代表，弗派民贼，人民之地位资格，丧失尽矣！袁皇帝亦深知南北因天时地利之不同，造成饮食、起居、风俗、习惯之不同，由是书画、音乐、诗文、词曲等美术，拳棒等武艺，医药等方书，理学、佛学等宗派，以及农、工、商、贾、政治、赋税，俱南北不同。不同而思统一之，于是袁皇帝本其旧有之迷信，曰南强不敌北强，莫如取南方赋养北方兵者，以统一之，而政策遂与德皇暗合。但万万无其才，无其德，徒纵北洋派棋布星罗于各省，不啻旗人之防汉，而见恶则更甚于驻防，所行不义，又百倍于德皇。是欲以离贰之因，收统一之果也。缘木求鱼矣！循是不改，而欲张袁皇祖之威信，岂人道所宜？前五胡，后元清，亦未尝敢自命为政府之中央，国家之宗祧，视汉人如无物，若今日之视人民也。

国家理想，共和根本，以及旧日之文明物质，俱破坏无余者，谁之罪欤？按孟子论失位，谓非袁皇帝之罪，百喙难辞矣！民国以前之罪姑不论，论民国以后，人或罪其为皇帝也，但拿波伦第一、第三，皆改民国为帝国，而称霸于欧洲，吾故不之罪，罪亦非其大者。中外人士，往往推尊袁皇帝为政治家，而吾所罪者，即在其政治。不在其政治，尤在其政策，即时人所谓手段是矣。不学无术，恶知政策万千，首在董率人民，利用土地，地有地面地腹之利也乎？绝非君君臣臣，惟我独尊，违我者非杀即退，以见其手段之高强而已也！袁皇帝少从清字营，渡高丽，所见营兵，莫非皖鲁直产。又值德胜法时，其迷信遂以为国有洋操北兵，民无造反能力。或语以兵亦能造反，不信。迨民国果以兵造反而告成，迷信乃一变，以为前之造反，对于旧清；今之造反，对于总统。民造反，能打者兵也。兵造反，能制服者武人也。一总统，众武人，难打难制，惟有敷衍之，以徐观其后。由是其对付武人与对付外国人同，顾问非真顾问，委任非真委任，敷衍其国家而已。而其敷衍之独见推尊者，即肯与共分民国之赃而已。雅言之，即与共天禄而已。天禄之共，究不足以养欲给求，故其手段之终，惟有与共天位，一武人，一天位，大者大天位，小者小天位，天位有大小，而对付之法，不外升官发财。民国无他事，而《京报》所登亦不外升官发财，其对付手段，至今犹亦步亦趋，欲不归罪于袁皇帝造成武人政治而谁归？岂有一国之中，以人民为俘虏，以北兵为防御，犹可以为国乎？不平等孰甚，犹可以为共和乎？民穷财尽，犹尚有文明与物质乎？武人之治，其不容于天下也久矣！故曰：能于马上得之，不能于马上治之。

　　或问不能之状。曰：南胡为而护法？北胡为而多匪？尚不足以状其不能乎？昔陆桴亭先生感遇诗曰："时有令兄弟，偶尔成析炊。大盗一入室，彼此生阻疑。兄或击其弟，弟亦奋刀锥，大盗当门前。鼓掌方嘻嘻。"而涕泣涟涟者，则南北之人民。人民无所谓南北也，南北无所谓水火也，而南北之者袁皇帝，水火之者则武人。武人所力而求诸原者，水益深，火益热，是武人不去，民无孑遗，然与武人谋去武人，犹与总统谋去总统也。子云："君子辞贵不辞贱，辞富不辞贫。"敬孔子者，不当从孔之言乎？而当今之君子则异是，或南或北，立法与立法，行政与行政，两两相持而不下，与其供渔人之利，不如且仿奥匈政体而两予之。彼以皇帝者，我以总统为统一之关纽，而予南北国会各一，国务院各一。其南北之分，不重在土地，地虽可以黄河为界，今姑以长江之省为界。须知即以长城为界，北方之土地仍大过长城以南，而地面地腹之利，亦多过长城以南，惟赋税则南多于北。然使如上所陈，各归地方自治，多多少少，与政府无关也，中央无预也。故南北之分，所重者理想与政见之新旧，或次新次旧。

　　天下事无一蹴可几者，或偏于新，而杂之中又有极新焉；或偏于旧，而旧之中又有极旧焉。苟无南北政府以销纳其偏颇，为伸缩之余地，中国人久被专制，心目中惟知势力，无容讳也，势必依附兼有兵力者以求伸。伸果足恃乎？前车之覆未远也！与其两不相能，何如各奏尔能，欲旧国会者旧，欲新国会者新，欲重选举者重，欲改选政府者改，惟不可改为势力与情面之代表耳。国务院亦各务其务，北务北，南务南。南北各费，自治各取地方，政府各取南北，中央则取通国之公共者。奥匈及合众等国，皆有成法可师，不待议而自和，不待让而无争，互相握手，一言为定。其利一也。况人民有居处、营业、理想等自由，原无分于南北也。

难者谓：伊古以来，南北之分有说乎？曰：有。曰扬州，曰荆蛮，曰南越，不独秦汉以上，声教鲜通，即秦汉以下，曰三国，曰五代，曰六朝，近世之南北宋，明末清初与清季之太平，固显分南北也。惟彼之分也如敌国，我之分也如奥匈。如南北洋总督，如数省经略，使不过行政区域之范围。前清治汉，异乎蒙，蒙异乎藏、回等也，踵而行之，有何不可？艾士萌有言：今后国体超于联邦，英之南澳，北之加拉大，皆以联邦而属于英者也。

难者又谓：地方自治有历史乎？曰：有。不独旅居有省府县会馆可以为证，大抵桥梁、道路、保甲、民团等，各乡皆自捐自用，而董其事者则绅耆，绅耆即孟子所谓"为政不难，不得罪于巨室"是矣。然则地方自治，为中国伊古以来所固有。既以南北分政府，又以州县分自治，庶几无地大难治之患。其利二也。

再者，国会所重在预算，预算而不知南北土宜与俗尚，及时事之变迁，以斟酌其应收之税者不能。但知北而不知南，知南而不知北，其才已不可多得，兼之则更难，难故当分，分则不难。每见北人在南，为州县亲民官者多龃龉，故以吏才论，亦以分为贵。其利三也。

大都人事多因比较，方知奋勉。而中国人之性，语以外国如何，心不动，必语以中国亦有，方知羞。知羞斯能奋勉矣！有南北，则有比较。其利四也。

尝考凡人之性，受治则恶专制，治人则否。加以受治者不明法理，应从者不从，故一旦当权，皆喜专制。不但行政者，即议员亦复如是。设如请愿于南，南不许，转而之北，因总统以请求，北其许我乎？许则前途之愿望，日见扩张。其利五也。

或问选总统则如何？曰：南北国会，各签取半数，集于第三地点，不准以兵力官力干涉之，限一月选出，否则解散，而以其他半数，如前法选之。一面各州遣其候补，补解散之议员。议员之设，初尽富家，专与政府磋减人民之负担。负担以富家为重，本为己谋，因无俸给。我国未必能，议由各选区担任俸给，则所选必良，犹出钱买货，必选其良也。为议员者，不廪于政府，则少官念，而免附和；各廪于本区，则少奢望，而顾名誉。地方不争多选，徒慷国家之慨，人亦不贪被选，私为饭碗之谋，此议员俸给当改议者也。至选举法，与上所陈国民大会略同。

或又问制定宪法当如何？曰：与选总统同，惟通过，则须合南北全院宪法之异于国法者，以其专规定国体、政体、国权、民权，各国所同也。所异在历史。民国前之专制，民国后之违法，皆历史也。故规定宪法者，于同之中当知所异焉。异者不可不加详慎，详慎非求全之谓也。何必第一期国会，即一手告成，而不留第二、三、四期以润色耶？人处于社会，社会变，自身须变。国处于国际，国际变，自身能无变耶？

准上所言，中外学说，国民为主。理出先天，不独于国土财用有物主权，物主权以外，又有管理权。管理权之及于一国者，曰政治权。政治权含有议政、立政权者，因难于直接，故付诸国会。其行政权之直接更难，故又付诸国务院。其不难直接者，要惟地方自治。自治而无地方税，以供其费，空言无益也，已去之年可征也。是区区者而不予裨，国民为主之谓何？无其实，反不如葡萄牙，专制权下，并无其名矣！租界之开辟，不恃有地方捐乎？况君富不如民富，君主犹知之，民国政府而不知，何用此政府为？政府之所以能横行者，以营业军火无自由耳！守望相助无自由耳！古且寓兵于农，弩铠之营业，皆得自由。处今之世，而反其道，是以国予敌也，民予敌也。卖国卖民者，史未见有富贵终身者也。但专制之民而见卖，犹可说也；为主之民而见卖，卖之者之罪欤？抑为主者之罪欤？美国威总统论欧战，可与德民议和，而不与德皇者，言不可与武力议和也。天下人皆服其论。诚以国无大小，国民为主，为主者当自决其前途。以南北分为易治欤？易和欤？往往分炊后，反少口舌，易和易治，亦未可知，何妨暂分以探验前途。设令武力而不我许也，当宣告万邦。此民国民所当自照者一矣。

二答：民国之国，以国与国对望言，乃代表邦族之法人也；以国本身自性言，乃大种人群，奉一无上主权，谋得共同之利益也。

邦族谓世代相承之土著也。法人谓世之功过能自任也，能自任者，是非善恶之从违，须能自主，非徒辨别之而已。有人被车撞跌，压毙婴孩，不任过者，跌不由自主也。人与痴汉及小儿不愿共事者，以其无辨别知也。国与国之交际亦然。代表法人者，须使自任之权力，自主之保证，皆可一望而知，深信不疑也。如英、法、美之国债，华人争购之。本国债，居政府者亦不之购，此即能否代表之明证矣。

至以本身自性言者，谓国家之为物，亦有模有质，质即大种人群是，模即无上主权是。曰无上者，谓无更上，亦无对抗。曰主权者，有则大种人群乃为有法团体，统一之，统率之，使各个人知与行，胥向公益，故其权对于国内有命令一切公民一切侨民之名分，对于国外有代表国民全体之名分，及与列国约定国际之名分。曰名分者，谓其分内所当有也。故此无上主权，即所以代表法人，而义与国家非贰。

既知其义，义有二系焉：一系，国家统一人民，无上之权衡，其主动当为大众共同之利益，不可偏于一党一姓。不然，不得谓代表邦族。二系，国以法人代表邦族，邦族之生存为常住不断性，故国之为物，亦常住性，初不因国体之变更而国性亦变更也。惟代表法人者，其行使主权，倘抛弃邦族，而专谋他族之利益，则民为邦本之义既亡，而国亦亡矣。行使主权者可不慎欤？其反叛罪恶，于宪法条文，可不明为规定欤？

兹因国为常住性，法学家推有三附系：甲、凡以国家名义，与列邦订条约，则国体虽更，依然有效。乙、凡以国家名义，所订法律，既颁布通行，则国体虽更，依然有效。不然，须颁新律废弃之。再不然，苟与其他新律实不相容乃可。丙、凡以国家名义，负钱债等责任，则国体虽更，依然有效。惟以正义论，国家名义，除真确无上主权不能用。

上所答与系言，止论国家，未论国体。国体者，即谁为无上主权所寄托。寄托于一人一姓，则国体为君主制；寄托于曹众，则为共和制。其曹众系全体国民，则为民主制；系国内豪强，则为豪族制。雅典、罗马尝行之。君主及共和二者，皆为单体制，以主权所依附，或个人，或曹众，两不相兼，兼则为复体制，如君主立宪是矣。凡称立宪，必须有民选之曹众，而主权之行使，必须有一部份征其同意乃可。否则，不得谓立宪。但体制纵有单复，而主权自体则完整未分，故法学家名为一统制；其主权分割者，则名为联邦制。联邦制大抵先有列邦，各不相统，后乃联而为一，依旧各邦各主权，不过于所有主权割让若干，给与合众国家，以制定联邦国体。于是无上主权，有列邦者焉，有联邦者焉，故不得谓之统一。于统一及联邦而外，又有所谓同盟者焉。同盟无关于国体，盟前盟后，不相统属，不让主权，不过如战国时，合从、连横之约，视其国力所能，以尊重某某共同之利益，共同之提议。即国内国外，有若尔事，当始终一例遵行。所有盟会，对于同盟之国，与国民无行政权，无司法权，无立法权，一言以蔽之，无一切主权之作用。近今体式，其最著者，莫如德国之同盟，自一八一五年至一八六六；又瑞士县邑之同盟，延至一七九八年止；又北美列邦，一七七七年所订合众同盟条约，不过与国之盟书而已，非联邦之宪法也。夫由同盟而产联邦，如上所举德国等，及一千九百年澳洲新建之联邦共和制，皆历历可征也。法学家之先觉，如艾士萌者于欧战前，早料天下之趋势，将由联邦而成一统。今欧战以来，英三岛与所属诸共和，大势已合为盎格鲁撒逊一帝统联邦，而行之以代表制焉。即以中国论，有清治汉，分为省治，满、蒙分为各旗，而无上主权则一统。然则区域之分治，地方之自治，固无伤于一统，而于宪法上规定其行政权，为人民所选任者，未始无先例也。

右所论国与国体，就法学与哲学，聊举大纲而已。至政与政体，亦当连类及之，俾民国国民可自照也。

夫国之为国，既在无上主权，则国之为政，即在行使主权，非最高主政，不能行使。其作用专为保障联邦之身家、性命、财产、名誉等，外御侵陵，内崇秩序。秩序者，使民与民各安分位，民于国各得分愿。否则，彼我之间，不得均齐方正，斯主权之作用失，而信用亡矣！无论君主民主，其所恃以为政之道，不外任心任法。任心者，万几应以一心。心，良心也，良心即礼法之礼所从出，非喜怒自由也。任法者，法必本于良心，而铸以哲理，故于礼俗外，又设前定之条文，作主权之向导。前者专制，后者法制，惟此二政体而已。从知为政，只凭一己之喜怒，或患得患失，而伺他人之喜怒者，即欲名为专制政体而不可得，况法制政体乎？惟政制，然后民得自由，民得自由，然后国得自由，何以故？不自由者，为奴隶，代表与所代表者同性质。故邦族不自由，代表邦族者不得为自由之法人。可见法律之精意，全在保障自由权，非人民少一分自由权，政府即多一分自由权之谓也。故法律可诠为使用主权之禁令，禁令非对于个人之观念、个人之利益而设之，乃对于大众者，欲其后世永守之。欲其世守之者，以其本于大众之良心，故犯者无有前知。乃法学格言，谓法律不能束缚最高主政人，何义？义在最高主政人能废置、能删改而已。非法律虽存，可不依据以行使其权也。故近今法学，金谓案关法律，未经删除，犯者终犯，盖以后虽删除，而法律不能追及已往，使已犯者作为不犯，彼无其权而争改《约法》者，可以悟矣！

以故无上主权，虽一国止一权，而观于法律之不能束缚最高主政，最高主政之不能抛弃法律，足见最高制定法律权与最高执行法律权，可分两部而独立。不过法律必先制定而后执行，故立法权似较重。但制定而不执行，与无法律同，故行政权亦在所必要。卢疏始亦谓司法与立法、行政，当三权鼎立。后著《群约》，乃以为专设一司，参验二权之对望，赘矣！盖一国主权，精神在法律，既有制定之者，复有执行之者，能事不已毕乎？纵有不遵守者，其变也，非常也，审实而惩创之，不属于执行之范围而谁属？故法制政体，不外将法律制定与执行，使运用其权，一无偏倚焉耳。而制宪之责任，亦于是乎在，一条举国体，二条举政体，三条举国民个人之名分，而明白承认保持之。夫地方自治为民治最要之点，既无害于统一，则自治领区，分为南北，亦无害于统一可知。古罗马多殖民地，政治往往不同。今之盎格鲁撒逊已成统一帝国联邦，联邦尚无害统一，然则自治大领区何害哉？

夫民治之要，于制定法律，既可直接委任代议士，于执行法律，独不可以委任最高主政，使间接以委任代理人乎？曰：间接者，以代理执行法律，必须有科学，有经验，经验非久于其位不可，故莫如由最高执行者，按考试定章，转加委任。州牧县尹，则由州县议会请加委任为妥。大抵行政部，贵有终身之任，万不可随政治方针而屡改，尤不可随意增减。部各有定员，员各有专职，固不难取法于先进国也。

民国民试回溯审顾，民国七年中，法人资格何在？代表资格何在？邦族名分何在？主权之名分又何在？无其名分，而滥用国家名义，我不之问，人不之疑，条约纷如，钱债纷如，通国戒严，巡警露刃，乱象甚于五代，防民无异寇雠。故一切营业，均不得自由，不独言论、邮电不得自由，火轮船只不得自由（概归洋关管理，内地不得通行），即如农、工、商、化学，硫磺为需要之品，亦不得自由（为陆军专有权），军火更无论矣。倘得自由，何难步武东邻，供器械助欧战，以稍偿外债？债台今反日高，非以行使主权者，抛弃邦族，专谋党派之私囊乎？耳所闻，目所见，兵官索饷，兵士打抢，武人天职既如此，京内京外之政体，任法欤？任心欤？抑武人喜怒是任欤？

说者曰：是开明专制也。但古圣王岂野蛮专制乎？陆宣公曰：圣人知众之不可以力制也，故植谤木，陈谏鼓。然则不恤民言，谓可力胜者，非开明专制矣！陆又曰：人之行己，必有过差，上知下愚，俱所不免。智者改过而迁善，愚者耻过而遂非。然则不受谏者，皆天下之大愚。大愚而居上位，断不知民国重民治，与其含含糊糊称民国，宁明明白白称为袁皇祖武人之国，犹不失为武人身分。但贵族豪族制，吾闻之矣，不独古欧有之，即孟子所谓"贵戚之卿，君有大过，则谏。反复之而不听，则易位"，亦彷佛似之。至论武人制，则唐之藩镇，亦不过私据一方，未闻公然植党营私，城狐社鼠，窃据中央魁柄，而以破坏国体、政体为能者也。罪浮出公辄矣！当遵孔子正名，请示政府，究竟是民国，抑武人之国？可一言而定也。再不然，国民当以外交手段，请示列邦，中国政府云者，即此数十武人之谓欤？

难者曰：国家如公司，公司股多者，发言权大而有力，今除两广、四川、云、贵外，莫非袁皇祖派，民国议政，例从多数。然则从袁皇祖武人制，亦时势所当然，夫何哓哓为？曰：不然，即令多数，已犯上文所说国家正义第一系。何况公司者股之积，国家者人之积，人非股也。股者，金银耳，钞票耳，人岂金银钞票，可以积成一大锭、一大张耶？故一人一性分、一位分、一名分，人之性分既无多寡大小之可言，则其积而为国也，名分、位分，如何有大小多寡？汉高祖、明太祖始为民，继为帝，其人之性分，讵因之而改耶？不改则性分所生之位分、名分，从何而改？故哲学曰：人与人皆平等。既平等，则总统、总理，不大于平民；军阀武人，不大于平民。既不大，多纵多，拟之四万万，蔑如矣！夫何发言权能大而有力？设有力，必从众，观于美总统威尔逊此番批答和议各条可想。前清尹望山释褐五年，即超任封疆，每有所兴除，必集监司以下，嘱曰："我意如此，诸君必驳我，我解说，则再驳之，使万无可驳而后行，弗以总督语有所瞻徇也。"今之共和大人物，反欲予言莫违，而孰意违之者即军阀派耶？又乾隆时，西疆甫定，州县府库多空缺，清帝甚怒，欲尽罢州县之不职者，而以笔帖式等官代之。询刘延清，延清对曰："州县，治百姓者也，当使身为百姓者为之。"张君季直尝谓国务院曰："君等盖未尝为百姓耳！"与此意同。今乃非袁派不用，非军阀不用。自道光二十二年开边衅，与外人战，兵无不败。黑旗之胜，琼山之胜，皆虚报耳！惟屠戮人民，则勇气百倍。今之为政者，仍不欲革除，代以征兵，使人民自相守望，岂其嗜杀百姓之心，历民国七年犹未渝耶？断不能为主权之所托。

兹姑不论有主权而后有国家。须知国家性质，其异于一切人群之结会结社，要点有三：一有固定版阏，不容分割分据；二有一定政刑，惩治方命，逮其人，没其产；三有至大团力，本乎性（观于言语之通达情意，物产之各州不同，彼此相友相助以缔造国家，盖本乎性矣），根乎史，镕大小新故各分子，范以同一分母，而无不均也。不均，则不可以起算。不患寡而患不均，此之谓矣。一统国体固然，联邦国体亦然。凡百社会，纵得其一，不兼其三，而不知者乃欲拟以公司，宜其以国家为可买卖，为可发财，以正副总统、阁员、议员、省长、督军等为交换之品，调剂之方，甚至妓女从良，亦以此为条件。而五花八门之政党，叫呼炫鬻，县旌自表者，要不外家常饭碗，一则为青花，一则为红花，一则为五彩花而已！其最高品，亦不过明窑康熙窑而已！噫！民国民尚有所谓国家哉！国家尚有所谓政府哉！盖对于国家界说，从无充分之表示；对于国体、政体，又无根本之解决。今对于国家性质，不容分割分据，而有所谓督军联盟焉。其善者，则曰中立焉。夫对于伪政府而中立，是不同仇也；对于民心所顺而中立，是不助顺也。对于司事盗若干金，吾见其通缉矣。而盗省库，盗国库，私囊累累者，且置不论。论滥取、滥予、滥赏，盖无月无之，无日无之，明目张胆，登之报章，为外国恶政府从来所未有。试思银行银库司事不能盗，总管即能盗乎？其滥用之损失，与被盗之损失何殊？不殊，则国民之受害同矣！而犹得谓有政刑乎？至论国民之担负赋与税，县各不同，省各不同，其有无势力与情面更不同。权利则求学求官，人与人各各不同。一人之先后，又往往不同。是国家之界说、体制与性质，皆付之东流，此国民大会所以不可少缓也，缓将索我于枯鱼之肆。

商界、学界、农、工等界，毋自标榜，互相疑贰，各因现有机关，每府公举议员一人二人，顺和平正轨，使中华民族亦得自决前途，庶地方自治得实现欤！不然，民国亦不能实现。譬则一家数房，由慈父母支配日用，同与不同，子息断不能房房满意，或则有田数顷，共种与分种，试问孰勤？知此，则知地方税不用为地方费，民治永无实现之期。纵令政府人人尧、舜，贤于慈父母，然以数十尧、舜，统御四万万，仁心即有余，精神断不足。况尧、舜之世，地无民国之大，人无民国之多，在上者犹有四凶，四凶之爱民，断不如人民之自爱。《周礼》：乡大夫乡老献贤能，谓使民兴贤，出使长之；使民兴能，入使治之。注曰：是乃所谓使民自举贤者能者，长而治之，言为政以顺民为本也。试问四万万以地方税作自治费，为顺于心欤？抑以中央集钱主义，名为中央集权者，暗供武人挥霍，客卿把持，为顺于心欤？古之封建赋税，不归中央；后之直省赋税，亦有外销。然则中央集钱主义，始于今不始于古，而中国政府之无信用，则振古如斯，于今为烈。民国民岂可断送我国家，断送我土地财用，而不随政治潮流，收作民治经费，广兴实业，以与天下争衡乎？

难者曰：贵精神，不贵物质。但人穷则志气短，实业不兴，又何以有精神耶？尝谓自鲁宣公税亩以来，中国政府直一伸手大将军耳！兵灾相乘，而犹伸手不已，何如美国以民治为政，此番加入联军，联军且赖以取之不尽，用之不穷，与我国之用兵，但知望屋而食者何如耶？光绪十一年间，斐拉代尔省为纪念华盛顿开百年大会，童子军有炮队马队等等，而军官皆童子，时驻美法使顾谓老人曰：此其国谁敢与较？而我国则专以坏铁打钉，钉匠则青衣绿林皆为及格，犹堪立于人世而称国耶？我国民其反躬一思之！

三答：民国之民，一者其名称，二者其自身，三者其自性。

一者其名称，应作人有国籍之称，不作君民对举或官民对举之称，亦不作国中大多数无爵禄者之称。

乃民与国对举之称，何也？盖有民始有国，国之所由立者，民也。此义不昌，国贼、民贼，将防不胜防，去不胜去。其不作君民对举者，因俗解君民，讹谓主仆。不知以哲理言，仆所事，利益归主人。君所事，利益归人民。归乃抚我者后，否则虐我者仇，仇可与之对举耶？昔汉桓帝延熹中，幸竟陵，过云梦，临沔水，百姓莫不睹者，有汉阴老父，独耕不辍。尚书郎南阳张温异之，使问曰：人皆来睹，老父独不辍，何也？老父笑而不对。温下道百步，自与言，老父曰：我野人耳，不达斯语，请问天下乱，而立天子耶？理，而立天子耶？立天子以父天下耶？役天下以奉天子耶？今子之君，劳人自纵，逸游无忌，吾为子羞之！"况无汉帝之尊，而杀人无忌者耶！故此不容对举。

亦不作官民对举者，以中国之官，其自视高出民上，盖不知几千万里。虽集千万人民千求万恳，远不及一督军、一将领、一文、一电足当官僚之顾盼。而其贱视人民也，则自古以来，如佃奴、奴牧，供彼食用而已。不供则诛，上下之定分也，一切军民人等皆该咒、该骂、该打、该罚、该鱼肉，鱼肉而偶一哀呼，则忿嫉之，不啻仇雠，此"格杀勿论"等戒严令所由来也。故防民之口，动以有扰治安闻矣！信乎狱吏之欲陷害人，犹鬻棺者欲岁之疫。光绪初，闻一华洋同知言：洋人也怕打扰。惊问其事，则曰：华洋涉讼，势必华人该罚，同知即命血比，陪审洋官，见臀血飞洒，反代为求情。此非洋人怕打乎？故其打人民也，或任性，或示威，甚或借送人情。呜呼惨矣！秦汉迄清，大都不酷非能吏。（光绪末年，遣考政大官至欧美，见杀人用关纽，欣然购之而归。西报云：然则西洋政治，在官僚派惟杀人架可取耳。）日本不然，咸丰初始通商，即知爱护人民，故觇国者已识其能自强矣。我乃残民以逞，及至民国，一占兵籍，便有杀人之权，为此，何忍令其对举？

其不作无爵禄之称者，以爵禄之有无，无关人格，无关国治。盖美、法两大共和，其不及我七岁民国、五大总统所颁勋章、勋位之多，可断言也，谁敢谓美、法共和国治与人格，不及我七岁小儿之民国乎？况以孔孟之道言之，五大总统（袁总统既辞而复任，是两任也）所颁爵禄，人爵耳，人禄耳，不及我天民天爵，靠天吃饭者多多矣。汉有樊英者，永顺二年，顺帝征之，固辞，疾笃，乃诏切责郡县驾载上道，英不得已，到京称病，不肯起，乃强舆入殿，犹不以礼屈。帝怒谓英曰："朕能生君，能杀君，能贵君，能贱君，能富君，能贫君，君何以慢朕命？"英曰："臣受命于天（举出'天'字，则君臣官民，无不同等。西人但见北京当道，而不知我国原有称天，作人类平等之说也），生尽其命，天也；死不得其命，亦天也。陛下焉能生臣？（臣作尔我对举之称，非臣妾之谓。）臣见暴君如见仇雠，立其朝犹不肯，可得而贵乎？虽在布衣之列，环堵之巾，晏然自得，不易万乘之尊，又可得而贱乎？陛下焉能贵臣？焉能贱臣？臣非礼之禄，虽万钟不受，若申其志，虽箪食不厌，陛下焉能富臣？焉能贫臣？"帝不能屈，而敬其名。是沦于嬖习之君，亦知爵禄不足以污国民也。惟古书称国人，称国民，间有差别。

今则民犹人也，人犹民也，若以音义言：民，敏也，敏则有功；敏，勤也，勤则不匮。故字象俯首力作之形。人者，仁也。仁，生物也。故人以生物为心，民以生财为道，是人与民，道无二致。不生则无以自食，而为人不力，则无以相生相养而为国。为此，或劳力，或劳心，首贵自食其力，此犹太大学，希腊及罗马所以重视工科为必要也。其上焉者，又贵力以养人，如上农夫食九人，是矣。又上则见西人所造种种器械，何一非劳心者开物成务，使以一人手足之劳，而代千万人手足之力也乎？此真所谓食之者寡，生之者众矣。然则劳心者，其食人也，多于劳力，孟子谓其食于人者，第驳并耕之说耳。如以食于人为劳心者之权利，则六畜皆食于人者，曾何权利之有？子云："君子与其使食浮于人也，宁使人浮于食。"食过于力，犹以为耻，况无功无德，凭志气率土地，以勇于杀人，而食于人者哉！方桐城曰："五财百物，民皆用之，必各有职业，交能易作，然后享之也安。无故而坐收其利者，天所祸也。"是坐食民力犹不可，况夺民之力，夺民之食，如季世之官也哉！食为民天，农为国本，《周书》曰："农不出，则乏其食。"故中外古今，有国有家者，无不以农为重。查法国熟田，人摊十九亩零；意国熟田，人摊十五亩零；英国熟田，亦摊十三亩零；日本熟田，则摊十一亩左右；暹逻惟摊七八亩左右，无七八亩，则衣食住不足以供一人之用。试问我国号称四万万者，若摊熟田七八亩，应有三十万万上下，即以二千县计之，每县亦应有熟田一百五十万亩，有乎？否乎？人皆曰英国以商立国，我国以农立国，不知农国熟田，以人数差比，能得商国之半否？美国统计，农得其七，七又皆用科学，用机器，视不用者奚止十倍？而我国之农仅得其三，非立国之本先拨乎？政府既不知羞，民国民曾一自反否？

农民既少，乃复以美衣美食美居住者，招诱为兵，度其心亦若以兵为邦本也者，可招而不可裁。（裁兵之要，恩饷须交下级军官之同乡里者，各为一起，如此则饷归实济。大抵人情未有不思乡里者，即令屯垦，或营他业，以恩饷交下级军官之同乡里者为要。一入高级之囊橐，裁必无饷可得，为匪而已。淮军饷每年少关一月，留作裁遣恩饷，故李文忠时，兵虽裁换而人不知。）忍令食人者，反食于人，授之凶器，而教以杀人。杀敌人，必多抵抗；杀国人，且多卤获。故中国之兵，自古皆过激派实行家，均贫富，共男女，而淫掠则过之。倘一旦知其将帅所享富贵功名，娇妻艳妾，皆我兵人之力，其焚杀之也，殆必甚于焚杀人民。古语曰："不戢将自焚。"此之谓矣！回思民国以来，地痞土棍，虽无天理，却有天幸，为匪者无不满载而归。转而为兵，又无不衣锦而回。故安分守己之农民，人人有徼幸之心，非分之望。此白狼时，汴人王某之言也。意大里王开办万国农会，宣言曰："农在国中，恒居多数。多数之民，不道德，不开通，欲求国治，难矣！"（惟以地方税供地方自治，自治则民有主人心，无过激心。过激心皆生于贫困，为势所驱，识时务者其预防之！）况中国之诱民为兵，非拥护国家也，拥护一将一帅，而悉取农民原有之道德凿丧之，曰：吾欲治国也，吾欲统一也。此何异剐人心肉，而掷与虎狼吞噬也。彼其心直以为"不嗜杀人者能一之"。特孟氏之狂言耳！发乱后，滁州彭进士语人曰："民不可为也，不为兵，宁为匪，犹可免兵匪之交攻。交攻之地，百里为墟，千里为赤，如今日之川、陕、湘、闽，是其证矣。"可见民无兵式体育，必至家人父子，尽送兵匪，辗转梳比，民尚可为耶？民不可为，而望民德归厚，是犹枷以磨石，而使游泳也夫！纵效王莽仿《尚书》，日日颁文诰，终无益也已。纵抱威斗，日日遣将军，亦无益也已。未始无嘉禾之祥也（民国亦有嘉禾章），然而农商失业，食货俱废，人生至涕泣于市道（不兑现之情形，宛然在目），载在《莽传》，可按也。故君子有诸己而后求诸人，无诸己而后非诸人。欲尝狗脚朕之一脔者，其亦可以变计矣！而我民之为民，虽孔子复生，亦必曰"三代之所以直道而行也"。其有类于鲁之三都者，孔子亦必曰"不可以不堕"，堕且亲堕之，我民国民毋自馁也可！

二者其自身，自身非他，即全体邦族是。故上自总统，下至匹夫，皆民国之民也。总统在位去位，皆民国之民也。孔子曰：吾非斯人之徒与而谁与？试思身非民国籍，乌得为民国之总统？彼自视为官爵，而子孙异于凡民者，皆甘与鸟兽同群，而不知有邦族之义。邦族之义，虽上自宣统，下至旗丁，俱民国之民也，中国人更无论矣。苟为不然，是不欲与人民通国籍也。明崇祯帝未崩前，命太子、二王换敝衣，告之曰"匿形迹，藏姓名，遇老者翁之，少者伯叔之，万一得全"云云，是求翁叔平民而不可得也。近今德皇太子愿抛弃一切世传之权利，求得为普国之平民，事尚如海上神山，可望而不可即。其皇父在他国，既无所在之国籍，而本国人又漠然听其引渡，势将皇室不流徙，人虑祸根之终在也。夫崇祯与太子，非不贤明也，若德皇与太子，其神武在我国之史，无与比伦，一旦天禄永终，天位莫保。况我国民能贵能贱之总统、总理者哉？乃欲乞灵于债购之刀枪，今日总统制，明日总理制，始终不知有人民立法制，而复怏然自号民国政府，民国政府果如斯耶？但得左右邻一声呼为好小子，则眉飞色舞，以傲于国人，耻孰甚焉？须知民国之民，其自身贵自治，贵自立，贵自由。惟自治而后能自立，惟自立而后能享用其七大自由权。否则为野心家之政客与政府，托故摧残，而无可申诉。但威总统自加入欧战以来，其演说不自谓政府之代表，宁自谓平民之代表者，何故？故见他国之民则敬，见本国之民则羞与为伍者，断不知民国民之可重及其自身之可贵。

难者曰：国民之程度既不足，自身之可贵可重安在？曰：即在其不足耳。设令我民如法、如英、如美，尚容造出现状之政府、现状之内阁、现状之疆臣、现状之议员俱保守现状耶？乃忘恩负义，羞与我等过于容忍之国民为伍耶？现今各界伟人，五十年前非平民乎？其出身之低，不足为公民者有之。今或谓其不谙政治，不明自治，闻者必且代为怒于言色。然则既称民国，国家大事，而不一询我民，贱视孰甚！官僚贱视，犹可说也。议员贱视，胡可说也？从知一切议员俸给，万不可取诸政府。取诸政府，则偏向政府。取诸地方，地方始有所凭以监督之。不然，一得国俸，其丑态间有甚于官僚者百倍。民国民不思以监督议员者监督政府，政府终为几个伟人之大政府，附之以无数官僚之小政府，绝非我四万万人民之一统政府。

前答已言，政府之主动，当为我四万万人民之利益，不可偏于一党一姓，其可偏于他族乎？或借他族以压制我四万万人民乎？四万万人民身受者数年，依旧不悟，无怪日本人呼我为贱种。贱种之性，恒以攀龙附凤为荣。谓予不信，黑龙会之阴谋，借财权以握军政，有不奉为金科玉律，而得登政府之舞台者乎？昔罗马哲人季宰六曰：子于父罪，不可讼，不可证，惟卖国之罪，则可自首。无他，罪莫大于杀人，人命与父命相较则轻，故舜可窃负而逃。至卖国之罪，是卖邦族也，并邦族之祖宗、自身之祖宗而卖之，而杀之，故为祖宗被杀而自首，岂非人道所宜？况均是国民，敢用种种阴谋以卖我国人，卖我国土者乎？又罗马史载大主祭某（尊与总统等），见其女腕金钏为敌所赠，而刃之，名法家无非之者。今我国民所见，岂区区金钏比耶？乃不能群策群力，明正典刑，反低首下心，求援他族，抑思栽者培之，倾者覆之，此天道之常，他族岂能背天道之常乎？比国与高丽皆小国也，一则大战四年，天下重之而助之；一则帝制自为，不战而沦于牛、马。牛、马群，见虎、狼，闻之博物家，牛必环而首向外以触之，马必环而尾向外以蹴之。今我国民非对于异类之虎狼也，乃对于同种之卖祖宗者，曾思有以环而抵之，环而蹴之否？否则，牛、马之不如。人虽不贱种我，我自贱种矣！贱种者，恒具依赖性，不能自治。自治要亦无难，即孟子所谓"出入相友，守望相助，疾病相扶持，使民皆欲耕于野，藏于其市，出于其涂"之道耳，亦即今人所谓教育、体育、卫生、实业、交通等事耳。人欲相生相养，阙一不可。然以君养民，民必不足，使民自养，养乃有余，此天下之公言也。耕也而馁在其中，织也而冻在其中，亦天下之公言也。公言之四五千年，卒无法以善其后，民之冻馁如故（名人自述，往往并日而食，则平民可想），上之骄奢淫佚如故。（威总统禁多用电灯火炉，煤非不足也，欲居者感念行者之战苦耳。我国遣将杀民，必搜国内倡伎名色俱全者，以侑酒践行，民国以来久成惯例，视西人之道德何如？）故不改弦更张，亟以宪法规定地方税为自治费，自治断无幸焉。势必丐余润于官僚，官僚之取予万不能均，均是地方自治，非取之多而予之少，即取之少而予之多，强者妒恨，弱者乞怜，乞怜所得，心必自私，与自私者谋自治，自治庸有济乎？

或曰：地方税归自治，徒令绅董中饱焉耳！曰：不然，一乡之税，能有几何？不见乡民之纠会，会钱之进出，计算何等分明？则其进出一乡之税，亦犹此矣。乡董等坟庐所在，断不敢得罪于乡人。惟其以集钱冒为集权主义者则不同。税既省省县县，多寡轻重不同，收支汇划，先后又各各不同，虽善算者，犹难过问，此集权政府所以多中饱也。若果规定地方分治分费，则人民庶有土地财用之欲，而得享自由之福。家人父子之间，财未分析，不得自由，况民治团体乎？

我民国民试取自身之现象，自身之权力，内照于心，外征诸世，即就眼前国内少数外人所羁留之租界言，彼也何等发皇？而我本国人民于祖宗之地，反无寸土可为民治之基，何耶？国虽愧为民国，民岂无愧为民国之民？民身切己之图，图自治，图自立，图自由。自由之本义非他，即不为人奴隶之说也，岂可一听筑屋道谋治国敌谋者任意支配我耶？

《民治学会签名簿》题词
（1918）

欧洲为民治说久矣！不过大战后愈盛行，益实行耳。我国则记曰：百姓则君以自治也。不曰则圣贤，而曰则君者，君为政所由出，则曰则君以自治，亦就政事而言耳。且君自治，绝非被治者，则民自治，亦非被治矣。顷者民治学会交际员兼《新自治报》记者刘君照虚来自上海，遍求同志，亦在京设一民治会，以应天下政潮之主论。论果盛行，则在中国何日可实行，可不问矣。谨求同志诸公，签名于后。

致英贞淑
（1918）

三妹见字：

　　得手书，甚喜，目疾已愈否？心作急，作不得，慎之！慎之！老姐用电后，较好。本名日欢迎主心王长家庭，子与孙行祭黑，弟媳新教友也，绘玛尔大款侍耶稣像于颂词面，余赠奥公主大姆姆，姆姆欢甚。可见中国野人亦有进化。何理中不过学德医，因"德医"二字，遂增其房租八十两，意欲逐之于法租界。何不得已，乃去"德医"二字，而租则仍增也。今教廷公使又因有亲德嫌疑而否认矣！但彼可阻者，教廷之来。我之往，断无可阻也。造物大主，今既容人颠倒如此，日后之审判，其严可想。不然，何以见其彰瘅之权衡耶？存于慕之款，当初之利作何如算？算照今日票价耶？断无此理，然则应照存时之票价矣！总之，余怕听如此理论，故无论存出未存出各票，票亦无多，悉数归培根可也。不必再言，盖余怕听怕想此等麻烦事，麻烦事愿送于人，请勿辞。若石启。

致英华、英贞淑
（1918）

一

堂长三妹侍右：

《圣经直解》已收到。木板小《七克》，至今未到，可询邮局否？近痔发而长嫂日在垂危，迟复乞恕。

敛之二哥有道：

久得半山扁联，不啻全山如在矣。秉公函（惠寄诸件）当嘱杂志登之。求新事（法肩客）前途银不顺手，颇愿作罢论。惟债务八十万，英人代筹，已得五十万。沪军使三次邀集申江南北商会，未知能凑足三十万否？曰未知者，以余伤痔，既懒往，往亦不遇，而志尧实无暇一来也。所幸家姊颇健，惟家嫂病在呼吸。惟为孙授室，心颇慰。听念经，亦慰。得领主更慰。盖自先兄之没，嫂守清斋已三十余年矣！教廷事当作"问难"，向《益世报》送登。兄万不可多操心，求不犯罪，尚须圣宠，况世事又焉能如我愿哉？惟求我与世人少得罪焉耳。覃府均吉！若石良启。十月十四日。

二

敛之二哥及三妹等均鉴：

昨接来函，知快信已收到。兹接鸪章十八日函，知已到京，蒙为照应一切，感激莫名。侄孙须侍二哥左右，侄媳须侍三妹左右或二嫂左右，使其信心坚固，知认主乃主大恩。耶稣三十年随圣母、若瑟过活，是教人知道顺主命，素位而行，便是大功，比做德皇，其功其荣大多了。所托之事，前书已尽。顺此即颂覃祺。若石良顿首。廿三日。

宗座所捐六万佛郎，从速请拨，迟则恐佛郎价涨也。

致英华
(约 1918)

一

敛之先生有道：

屡叨手教，每稽答，幸勿罪，恕我老且多病也。比国某教士所著书，此间大司牧及代牧均不准公看，故至今尚未觅得其书也。看后拟登《黄报》，大意谓中国屡战屡败后，几以能訾中国民者为有识。然出于传教者之口，似非福音之训，其准行此书者，不于中国学者未圣五六品前，严以试之，而于既圣之后，率然逐之，曰：中国人傲，宜以势力压之。压以势力，非傲乎？种族对于种族之争竞，亦傲也。窃不知著此书与准此书者，其目的何在？良心何在？嗟我中国何辜，而遇此等传教耶？《黄报》在比国发行，庶几令比国人见之耳。三四百年之传教，除致命外无圣人，意者对于种族之猜疑傲慢，使不得臻于大圣之域欤？少年来此，专望一力致命，及其传教，言语不通，虽自以为饱学，一小儿耳！不怪自不学，但怪人不懂。又凡所谓懂者，但自以为懂耳，每据一二人、一二事之恶，以概中国一切事、一切人，吾见亦伙矣！盖不独某教士然也。匆此，顺颂台安。良顿首。初九日。

《永乐大典》可否函询驻俄萨使臣，于俄御书房一求之，盖中国已无其书矣！

二

敛之二哥鉴：

战后惠书二通，俱收到，前一借稔战前去信已达。"共和真共乱"句，已录以函友矣。前所赐序，惟有以"不敢当"三字为报耳。后一昨收到，当转告藏书楼张铎渔珊。兄至炮声停后始进城，可谓大胆矣。有沈铎野求（沈铎名良，自改良能，而字野求……）喜译科学，拟求援庵作序，即日当封寄六十号也。江南一带三省主教将于六月某日会议，大抵仍不外舶来者为主。圣保禄两次筹款振撒京教众，其贫苦可想，其社会状况可想，但宗徒致书于彼等，理极玄奥。然则对于中国人讲道，谓无须精细者，恐非宗徒之说也。况舶来客中能讲粗浅者有几？顷见保定报告荒有益，人知振款为舶来物，因此进教者多三千。窃思宗徒报告断不敢如此，宗徒之柬当时教友者为超性学士所难懂，则其教友之程度可想。惟祈为吾党自爱，以期他日之相见。升天日，良顿首。

三

敛之二哥大人大鉴：

昨发快信，当已收到。地图之价，可向天津崇德堂代付，图轴亦交崇德堂代寄，以免周折。昨信发后，始想到此层，故辗转托洋泾总账房致信崇德堂也。顷接少坪信，谓：吾兄精力□□□□养世事全听主旨，世苦全契主苦，如此则力虽不足而心自有余也。世上绝无快活圣人，谨以此为祝。Joseph Ma。四月廿日。

四

敛之二哥大人有道：

承示《铎书》已达，清恙亦痊，慰甚！但年过知命，总以忘忧为第一要义。家嫂故后，倘长侄在，亦当禀命家长而后行，乃此义虽陆府亦有所不知，惜哉！此奉上通功单十余，交热心者为祷。覃祺均吉，均此问候不另。若石良顿首。双十次日。

无题
（1919）

　　先知若纳，下舟过海。天倏大变，风涛掀涌，舟几沉。客惊，急竞弃货轻舟。若纳深入舟内，稳然大鼾。愚哉！命在呼吸，彼安若无事焉！罪人正态也。度生若客。度险危海，邪魔、世俗、恶情若狂风大浪，灵性几沉，犹蒙然安寐，不避灵害。西有诗翁刺怠人之寐曰：贼□竟夜不寐，伺隙可进，欲杀尔身，欲夺（下缺）

《明李之藻传》序
（1919）

独木不成林，独力不成事。人群之理，由来贵辅翼相成，故尧之成，成于得舜，舜之成，成于得禹、皋陶，况乃欲成天国之事乎！况乃欲继唐元中绝而开天国之教于古三大陆之东乎！

教之为言，西文有重加束缚义，即太史氏所谓束缚以刑罚也。君子怀刑。世上人之事，至欲为天上人，非重加束缚以天国之教，盖不可。《经》记天主耶稣降自天而常在天，故能言天上事。使就其束缚者，得为天上人。天上人者，天国人也。为此仿梅瑟制，立宗徒十二，门弟子七十二，以代言天上事，代传天国教。而谓我大东既有西哲利、庞、熊辈源源而来，即无需汉文学如李与徐、杨以先后辅翼之，其可乎？而幸也之三人者，《圣教史略》所称为中国开教三大柱石，俱一时挺生。徐光启传，吾故友李问渔氏既辑于前。杨廷筠事，又有丁志麟志之。独之藻事，《明史》与《杭州志》俱无所传，而时人又未之载。其所译《寰有诠》、《名理探》（《名理探》以余所见刻本只有五。公称惜十伦府尚未见斐录锁费亚者爱知学也，即《大学》之致知推极物物之所以然也。学分三大支：一曰原言，即络日伽原言之真伪辨也。二曰原有，含形上形下，《寰有诠》即形下之一种原物性之有无辨也。三曰原行。行有三向：一向己，一向人，一向天。各有善恶之辨，而社会与国家之成立，成立之宪章胥属焉）至艰深，而措辞之妙，往往令读者忘其为译文，非博极群书，曷克臻此？

吾友陈援庵心志于古，敏求而强记，既考天教之兴于元，复考天教之兴于明，异哉！即就之藻所著，钩其要而为之传。传由英君敛之寄读一过，不禁报英君曰：吾与汝弗如也！惟其弗如，则所盼盼然期于陈君者，岂徒志古而已哉！

民国八年己未立秋日。丹阳马良年八十谨序。

重刊《灵言蠡勺》序
(1919)

　　人之始生，至纤弱而无能。其他动物，愈纤细类醯鸡，则其能愈完备。尝研动物学，考蜘蛛。其初出网食也，先高腾远瞩，各据一方，以免逼处之供不应求，何能之备且周耶？人不逾十龄，有食不能自供给，相形固大不如，然取獠獞使英后乳之，声必似英君，嗣取韩猡宋猔，固天下之良犬也，虽乳以杨妃乳，不得与禄山比者，无他，他动物无灵魂，惟人独有。生前有，生后有，知此乃有良心之可言，以自异于其他动物。否则为兵匪，实行无政府可也；否则为过激党……无夫妇矣……无家庭矣。无夫妇，父子何由生？无父子，家庭何由立？家庭者，邦国之造端，无则两无；夫妇者，人类之造端，无则两无。无人类，无邦国，尚何人道之有？乃何以言兵匪，下之人无不惧焉。言过激，上之人无不惧焉。及至言人有灵魂，与生前生后之俱有，则掩耳走，何居？曰：非灵魂之有否是掩，掩良心之谳决难当耳！回忆民国肇始，有同志拟设良心队，日讨国人而警之，今既愈趋愈下，欲言良心，可不先言灵魂，与灵魂之不与身俱死，使获罪于赋人良心者，生可暂逃，死终莫逃，拜忏烧锭，无益也，徒见其知法犯法而已。故根本之解决，在辨色食之性与灵魂之性，毋认奴为主也可。兹因陈援庵君前既一再考订也里可温，今春又重刊《铎书》，夏又重刊《灵言》。《灵言》底本，良与万松野人尝与从事校正，故乐取《孟子》无放其良心以自异于禽兽之说而为之序。至人生大学问，真究竟，则已具本书，亦陈君重刊之意也夫！民国八年，相伯马良，时年八十八。

答问中国教务
(1919)

（缺一页）反此以观回、佛，亦属西来客教也。经像非中国文、中国法……中国人不生疑虑心何欤？非以其教之管理人同为中国籍，故得相安无事耶？由此以推，主教与会长等等既甘断绝俗情，来华传教，何妨按国籍法，亦改为中国籍耶？改为中国籍，则不含各该教士本国政府之臭味。益以证明教宗良十三，于中法战时所与光绪书，在华传教士悉归宗座派来之语矣。窃谓果能行此，则一切疑忌，不待烦言而自无矣。且中国人虽愚虽弱，见倚仗强权者，与之谈道，心先不服。不服，故传教迄今阅三四百年，功效反不及明末清初欤？

二问：教……

答：各堂口应先培植人才，或仿古所设讲道会，或仿今所设公教进行会，皆可。

三问：传教……

答：北京教区向无真正保守院，或宣讲所、看书处以及与外教人接待等事。

四问：能否……

答：旧有经言问答，本来统一，新译之书，能采用旧译名词更妙。

五问：誓反教……

答：誓反教颇能迎合现今社会，结交官长，广立学堂，培养科学适用之人才，重要之点其在斯欤？似不宜徒托空言，"彼无天主圣宠，终无大益"，换言之，即听其下地狱可也。

六问：主教区……

答：主教管辖之区，往往因本国或本会修士不多，徒占地盘。又不准他会或他国男修士设立高等学堂及关于科学等种种建设。而又不能抵制誓反教人，殊属无谓。徒令区内外教人，少许多改邪归正之机会。

十问：有大区……

答：外蒙古、西藏、伊犁以及内地无堂口之区，尚颇大颇多。

十一问：教中堂口……

答：见第二问。

十三问：自来选举神……

答：本地司铎向无选举权，更无被选权。

十六问：该传教士学……

答：中国亦有普通语言。语言通，而后中外相处，不猜疑，不隔膜；文字通，而后交际有道，观感有方。可惜西教士，十无一二可说普通语言；华教士，十无一二可写普通文字。故近今所著之书，所讲之道，惟老教友之明白者，尚可勉强会意耳。

十九问：本地男女修会之……

答：北方向无本地男女修会，只有名为女修会者，因无真正会长，似难发达。

廿一问：关于修道院有何……

答：颇闻修道院内，中国文程度本不甚高，而辣丁文程度则较前更低。但中国现今批驳教友者，不独教外人与誓反教，诚以游学欧美，能英语者有数万人，能法语者有数千人，或于报纸，或于杂志，译有欧美教育家、政治家、社会家、历史家、科学家等等名姓书籍以批驳圣教会者，往往而有。修道之士，中西文程度不高，焉能使圣教会见重于中国耶？

廿三问：本地司铎……

答：颇闻西国教士，同会而不同国，同国而不同会，彼此尚闹意见，有所著之书可证，则其待遇本地司铎，一言难尽。故外教人看本地司铎，如小小当差耳。

廿六问：有大学院……

答：窃以为刊发报章，研穷学问，诚今日诱进教外人之急务，然非众主教通力合作，则人才不足，钱财不足。

录北京一九一九年十一月十八日巡阅使光主教致天津华铎书并按（1919）

天主前至可爱之诸昆：

余明年复活瞻礼后，将报告教宗。兹离直隶，往查他省教区之前，拟有数语，款切叮咛尔等。吾可爱之教会，在中国大都到处增加。（马按：尚未往查他省，何以知其到处增加？）而于天津区内教友中，独欠平安；平安欠缺，则天主之工断不能增进。

平安之界说，秩序安宁之谓也。秩序既停顿，平安失其所。但此秩序，乃吾主耶稣所建定，用以指导吾侪步履平安之路者，实不外乎教中之秩序。秩序者，谓凡神修事件，教友当臣服于司铎，司铎臣服于主教，主教臣服于教宗是矣。

故尔等应保存秩序，秩序自保存尔等。尔等之服从长上也，不但以言，且以行；不但以行，且以心。事事曲从其指导，长上所是者是之，所非者非之。

《经》曰"尔往教诲"，不曰受教，故此：

一、不容受教于众庶之无神品者。彼众既将中国政府旧有之上下等威推翻之后，改造共和国家，遂梦想教中治理，亦然改变，其思想之纰谬，盖无甚于此矣。

二、不容受教于报界。报界虽有教中人主政，但为耸动阅报人起见，亦不能不大放厥词。恣意之余，轻率悖谬，不诚信，不确凿，盖往往而有。

三、不容受教于耶稣教人。该教于基督要理，且不同心，而于煽动人心，则用种种方法，有时且危及公安，意在增其名誉，展其权力而已。

为此，政治上之鼓吹，宜即停止。缅怀吾主耶稣之坊表，曾不愿为政界之遣使者，（默西亚）亦不愿为犹太人推戴为王。然则尔等中万不可出席干预政事之运动，亦不容准许公教学堂之男女生成群而往，与闻其事。

凡有神品与无神品者，就其为中国公民，以个人与私下言，原可发表其意见，但不可有违基督之戒律耳。倘用公教之名义，散布一己之意见，则断乎不可。在无神品者固不可，而在司铎尤不可。至其所管之教众及男女学生等，尤不可激励之，遣使之，或领之而往参豫政事之开会，漫然与外教人、异教人混相淆杂也。

如此举动，我等独不与闻，不但一无可耻，且当引为至善，而于圣教有光荣焉。一任彼等奔波郡邑，而我公教之人独能保持我教民，我学生，凡事凡职，及诸志愿，悉按秩序之常也。真爱国心，即在一切良民之职务与职分，思有以胜任而已，决不在邀求应得之名分。名分之为物，或未洞知，或未讲习，何如恪奉圣教之恒言，曰秩序而已哉？

尔等所当摒绝者，其某某等之狂妄乎？竟敢亵渎主教大堂，堂内不讲常生大道，反讲世人意见。世人意见今日虽如是，明日又不如是矣。何况尔等即在圣堂之外，苟无长上之允准，亦不得谈论无关于圣教之事乎？（马按：能指实其人其事否？否则为偏听。）

倘教友等，为圣教之善事，而设公会，尔等该格外留心，使凡有政治气味者，该会一一摒除之。一切善事，如传扬圣教，看顾病人，布施财物等等之外，原不容办理其他事件。且此等结会，一切应归本堂司铎指导，经主教之准许而节制之，否则，即该禁止。（马按：除为圣教善举，原可集会也。）

尔等极宜禁阻有一等公教教友，大胆无忌，在所办日报之中，敢用圣教名义，批评大司牧等，而诱令善人憎恶之。

尔等须一再劝戒彼众，若敢刁难不从，须将其事禀知执掌教衡者，立将此等日报而惩斥之，禁绝之。不独于本管区域，且于其他教区一并禁之。（马按：能通中文者有几人？）

尔等应深记之！教律一三八六条曰：禁止司铎，是修士，非修士，苟无长上之允准，不宜著作非圣之书，即不关教理之书，亦不得于日报，于传单，及于按时所发之报张，而有所登载，或为之董理。

若有司铎与非司铎，敢于重大事件，抗违命令，固执不听者，惟望天主预防之。但尔等则宜摒弃拒离之，非逮其醒悟而已。毋因宽纵而长其傲心，以堕于魔计，致陷累他人也。

教宗于中华圣教及本地司铎，方殷殷留念。尤于本地司铎等之圣德及教育培养等，极愿增益之，然则我等公父之心愿，万不可因几个人之傲心而阻滞其奏效也。

尔等可深信，余此番以所调查报告之后，教宗于中国教会之需要，必能为公众之利益而实力维持也。余谨托尔等代为祈祷。

尔等亲切之光某巡阅使押。

（马按：光所布告华文廿二条，拉丁文廿八条，可见绝非原文。汤公虽有以廿二条询光，光亦有承认之说。但廿八条亦某铎与光秘书有与原文校勘无误之说，于此切要之条，尚含糊如是，葫芦中恐带有某国民之性质也。

津华铎似以不答为是。

视为西来之客教，而权在洋官也。）

题《愧林漫录》
（1919）

    物各有类，学各有科，科各条分，条各有其自性焉。譬言火不先论其自性，第曰非木也，而木能生火，非金非石，而金石相磨生火孔多，此谓不知火而已。故知，知知类也。世辑格言者众矣，鲜知类别；别矣，而不知以其自性别之，与无别同。伯略《漫录》，前学问，后读书，开章第一义，即与无别同。儒、释、道之书之说尽然，言科学且不成，矧言宗教哉？伯略文名颇早，奉教颇晚，故其伯父每以为忧，兹所辑盖少年之作也。其自序以万劫之苦而抵百世之债云云，似为奉教后悟道语。玄父社兄颇爱此编，特志数语以赠之。

现今财政以组织收支细则为要务说
（1919）

政府筹款，其确当办法有二：一借国债，一征民税。

筹及第三，扩张国有而经营之，若铁道及矿务等，非不可也。但办法猥琐，赢余迂远，而不可恃耳。

至借债一层，本非常法，恃此以生存，一家且不可，一国更不可。无几，质信之物既罄，而债主之囊不解矣！现今民国正类此！（待情借不得而强捐之，不失民心何待？言失政体、国体者，犹恕辞也！）

然则中国为势所驱，止得仿天下人民，保存国命之大经大法而行之，即疏导税源而已。

故急流急导，为命脉所悬。

盖国于天地，无经常划一之财源，内以维秩序，外以敌强邻，国虽犹是，国族云亡！

右理固无待赘言，而涉及之者，以中国财用之缺，非缺财源也，则改组财政为现今要务矣。然改组非他，即详定收支办法耳。

传闻一千万磅之借款可成，成以大半，急造救生之具，将收支财政、簿计法、比勘法，改组精详，严明适用，岂不善欤？

一有关国家利害。

中国建省虽多，而邦族惟一，譬之一家有数房耳。若分家财而用，斯分为数家矣！但为国之道，财政不统一，国用亦无由归一。夫陆军海军司理司（以下残）

致英贞淑
（1919）

一

贞淑三妹鉴：

　　元旦日接来言，备知一是。前月十三日，侄孙第三信，虽快邮，至十八日始收到。以后来信，下款不写马字为宜。山门门后，已为陆氏买通，故去坛信，由山门寄者，皆未达。上海圣诞后已大冷，余拥炉重裘而不暖，加以痔漏，恐漏水将近矣。乞令同午日念《圣年广益》及《圣经直解》一段，久久自有道味。鹄章病根在一"懒"字，一时高兴，无益也！顺候年禧。若石马启一月二日。另有数信祈加封。晤贾、陆二公祈代叱名请安。

二

堂长三姑：

　　百忙中承惠书，并承念岁晚，为老人又是当头一棒也，我不敢以此一棒还敬，但祝为主开学堂，久久必有益。若瑟修女亦来负笈，为益于教众者必大。吾主在世，教宗徒者多于教大众，大众不能一一做修士，只教以维持家务，亦不失为好教友，足矣。令侄等修道，中国文固不可忘，至于风俗习惯，可将顺处亦宜将顺，教宗亦已言之。吾主在世，亦已行之。须知说外教人事事犯罪，是异端道理。然则说中国人礼让往来，都不可从，亦未必是圣教道理。即如中央有意遣使至教廷，而某国阻之，此岂好教友所当为哉？培根有《古史参箴》否？所惜大板有像者，今已无。三姑的代女，已于来朝日初领圣体，似较前略有知识，并知为代母求圣婴也。说到造世判世之主降做婴弥，有肉心者，能勿爱乎？令堂以次全代候。若石良字。二十日。

三

别来将及四旬。人说野人懒，余比野人更懒。怕看书，怕看信，最怕看报。自与实夫分道后，江南天天雨，雨密于帘，云低于屋，身在雾中，前欲看雾看不到，今且怕看矣。故四面八方，无一不使余怕，无一不助余懒，而后始信野人不懒，而余比野人更懒也。人亦有言："及其老也，戒之在得！"回忆去夏财政长有票一千五百元，仍于今夏六月可取，烦代取焉。五月、六月所可取者，取到否？培根所应取者，祈取之，无让！前拟买圣母堂地，尚存若干，时局京产当廉，可移母款以买之。又××××尚须千元，凑付之。外下余若干，余拟于徐汇购地三四亩焉。所有贾公、陆公处，祈代问好，与宜问好者，亦烦问好，此恳。培根校长存念。老人白。（送蔡小姐英文经本，当随即寄上。）廿日。

四

径启者：

汤公仍在原处否？兹有要信烦转致，倘已他往，请将原信退回。上海华铎以为各主教所来洋信，汇刊大有益，可请汤公校对。宗徒时，割身与不割身者，即起争论。进教先辈之视我国，亦人情所宜也。此间教友亦无爱读书者，上行下效，本中国人之第二性，可叹！可悼！中国孔子不言生后，故处顺处逆，皆无是处，如目前之武力与民意是也。徐君季龙已晤谈，所怕扶不起的民意，终无成就。前两信想已达。买地事所幸有十四方熟田在内，故较有把握耳。匆此即问诸相知近好。培根校长鉴。名心印。廿九日。

致英华
（1919）

一

敛之二哥大人鉴：

上月二十七日令妹有信来，近日培根与香山不受影响否？子球自津有信来，不知已回京否？前寄蔡小姐英文日诵经一本，不知收到否？我国儒者只顾眼前，夫以眼前之辛苦，得眼前之福利，何异割左腿接右腿而自命善医耶？此其说不能立国也决矣！阮太傅有镇江《元史》记载有十字寺文，俟查到抄呈。陈君在京否？雷公在绍兴，遇一绅士，向主教云：如派雷公来此，我亦进教，且帮传教。言语与爱人之实，足以动人有如此！汤公言为主教答书，付刊为妙，任其责者亦惟汤公。府上安否？不为只顾眼前所累否？汤公云：英妇女求议政权，而竟得矣，我国须眉男子能无愧死？匆此即讯阖第近安。相启。十二晚。近来痔大发。世界苦而中国更苦。

二

右十七人诗联，系由刻本抄出。《圣教奉褒》似有汤公事迹，援庵定能撮其要。良尝有撮要，额于公像。利字西泰，李则称西湖潜叟，就二西能拟一名否？序利及跋有改动处，原本似曾交堂长。李、徐二公皆尝研佛，观《灵言》似胜《楞严》多多矣。《灵言》请多寄数十本。校对甚精，竟无讹字。

三

（上缺）再会奏。盖不如此，不足以尽八股文之曲折也。万国戒烟会开幕后，法领事言公会须用法文，俄代表赞成之，而主席者默然退至吸烟室而去，西报言皎皎者固如此耶！邮阻想已去，今而后惟祝公道有立足地耳。余惟万万节劳为祝。马若石顿首。十四日。

四

敛之二哥鉴：

得书知购书洋已收到，又蒙寄到《铎书》三包，包七本，此间华司铎间有索阅者。志尧素不轻议，亦言能了解者少。西铎讲道，大都不懂，予始尚能猜度，今则并此而不能，除非华人尽能法语，无受教之日矣！良比来苦暑湿，其懒动直与大病后无异，饮食起坐，无一不苦。保禄书至今未开始，苦无代书故也。乃观来示，以嘱代书为苦，然则天下之苦乐皆妄耳！苟以信心出之，则事事皆天主所赐，时时当诵于地如天，而圣人之所以为圣人，当在此欤？俟秋凉，予当勉其所苦。陆、贾、石、王诸铎康健否？主教之更动确否？汤公无根本解决，不足异，盖罗马于主教主权甚重，此华无华牧，所以不得称为华教会。当多默之传教印度，不知立有印度主教否？而印度有王子而致命者，载在《圣年广益》可考也，圣沙勿略到印度时，惟留多默堂耳，他无可考。再李公之藻，杭州志书有传，徐汇无，教育部容或有之。又河间所出《圣教史略》，亦有道及李与利公者，虽不多，可购阅也。《真福和德理传》，鄂省崇正书院梓（圣家会士郭栋臣松柏译，疑即尝住培根者），倘得援庵重加考订，亦元末圣教史也，亦欧洲中世史也。匆此，顺颂侍安！若石良启。八次，三日。

五

敛之二哥侍右：

前月辱教，适痔血不发，今竟变为痔漏，脓血满身，殊秽恶也。死为死罪之刑，活有人畜超性之辨。我国人所谓活者兽命耳，慕等乌知有灵之命与超性之活哉？援庵实可敬可爱。震旦西教习，率五六百元，延一华教习，虽一榜两榜，五十元亦不愿。《蠡勺》俟借观后，再为之序，今则痔漏未遑也。草草，顺颂年安！太夫人祈代叱名。若石马顿首。一月二日。

六

敛之二哥大人侍右：

近今收到《灵言》二十本，《言善录》收过二十本，由志尧寄来约三十本，前拟定购若干，吾忘之也。兹特由志尧奉上洋壹百廿元，又贰百元，系交令妹供鹄章之用者。鹄章夫妇有累令妹。令妹近日安否？于《圣心报》见有更动主教说，且有北京拟开大学堂说，何来示竟无一言道及？东莱吕氏曰：为国者当使人依己，不当使己依人；己不能自立，而依人以为重者，未有不穷者也。今依东以拒西，依西以拒东，两者孰是？要非自立之道，为国之道。务望私下发起，恳求拳乱时为主致命者，公堂虽未便公求，但人人私求，必无伤也；在家公求，亦无伤也。不然，未经立品之圣人，何由得显圣迹，使立圣品乎？形国如失牧之羊，神国如失羊之牧，今江、浙、皖、豫皆大水伤稼，而于祈祷之事漠然，倘中国之人亦漠然，与不知信仰天主者何异耶？良近者思索力甚弱，终日倦然，如欠寐者，精力之不克振作有如此！二哥近来较前好些否？汤公在津，较前处境何似？匆匆，顺祝侍安！若石良顿首启。二十一日。

（《圣梦歌》一，又徐上海所撰两小卷，语简而赅，故亦抄寄，单挂号到后乞示知。）

七

敛之二哥大人鉴：

承示由诸君平日祈祷之诚，竟使回心肯做弥撒，然而未始非熊公之官声有以感之，故我教所处之境，亦由我等无以声动之耳。石公近日如何？汤公上罗马书，所引历代教宗训示，栽培本地人才之语，而益信西洋之轻贱东方，非圣教意也。训示中至谓倘不以高上之学与德以栽培本地人才，使能独立（即圣有主教之谓也），当按刑书所载以罚之。教宗良十三有言，倘一旦时势所趋，西士见逐，或不能往，则中国教会之沦亡，其罪不在西士，而在伊谁云云。可见罗马之居心，固与今之西士异也。前承示旧病复发，此上主之恩，提醒我等，人无一能，惟祈祷有万能耳。令郎有信否？嫂夫人何似？堂上想必康强。满地悲鸿，而我等安然，惟有惭谢而已。虽百其病，而我等知为上主所赐，亦当惭谢矣。良顿首。十四日。

（《寰宇诠》卷四等，尚未觅到抄手。援庵在京，晤为道念。）

八

敛之二哥大人鉴：

得来示在后，三姑去信在先，故仍示覆也。渠拟挈蔡小姐赴山讲道，圣神降临前之瞻礼六午后受洗（此系北堂神父所定之日），夏二姑无论如何，总可抽身来京。届时二嫂当亦无恙，可为姚之代母也。志尧来信言，储蓄彩票，何理中陆续购五条，其夫人逾一月之久，又购一条，皆得头彩，共六万元。渠为圣教甘尽义务，而天主酬报之，亦可见孝事天主果诚心，生前绝无饿死之理也。陆伯鸿虽知沈仲礼已得奥援，设医院，然而绝不疑虑施贫医院之能成也。见雷公时，千万致意。令堂近日患时病，然已愈，余背疮亦将好矣。良顿首。二日。

致陈垣
（1919）

一

援庵先生鉴：

  顷自乡间回，始悉枉临未遇，歉甚。快读《铎言》，大序详博而赅，不识可图一晤否？匆此，复颂大安！马良顿首。三月一日。

二

  手示承念感悚，又承舍宅疏赠，益增感悚。但夺人所好，似太不情，容俟回南觅得，再还合浦。至张镃著作，谨当如来教，录于疏后，以志美人之贶。通牒已付刊未，价当于回南前奉上。此复，并颂援庵先生著安！马良谨叩。十一月六日。

致张渔珊
(1919)

一

渔珊父台鉴:

兹奉还《寰有诠》及《铎书》二。援庵真考据家,就单本抄本各册,援言有已刻者七八种。高则圣之《教童幼书》,伊见过有俗语者云。请即付《灵言蠡勺》一读,以便为之序。J. Ma

二

渔珊父台鉴:

前晁公尝言在一七七三耶稣会解散时,有司牧某与会士及翰苑等,翻译《古新经》,初在澳门,继在吕宋,卒且避往印。书成,为英人所得,罗稷臣亲见其稿本在伦敦大藏书楼。今有汪伯棠读《主制群征》、《灵言蠡勺》,赞扬不置口,伊谓伦敦稿本,可担任另抄一部。不知汇有明于掌故者,代查晁公所言,赐下一读,以便鼓励汪君也。J. Ma拜言。

三

渔珊父台大鉴:

承借新旧《约书》,已收到。今所出者惟"神"字改为"上帝"耳,余所改者甚少。此间华铎老者尝见其书。《保禄书信》暗中令向雷神父追索矣。(雷嘱在英京照像法照书信,费需七八百元。)又《新经》一部不知落于何人之手。近于故纸底中拾有阳玛诺以洋笔涂改之《天学举要》凡十二疑，惜有一二疑缺首尾。前者听人携取，近既不许英马参观，故略知宝贝。然书架底之故纸仍有。孰知吾教之古书，亦遭秦火？非秦火也！乃妒火耳！嘱寄之书，一一付邮，度已彻几，祈检复。近借到《天学初函》全部。匆此，顺颂道安！若石马顿首。十一月一日。

致张仲仁
（1919）

一

辱教敬悉。兹见十二日英文报载大借款之约，凡二十一条，又附约七条，债主之放利，债户之吃亏，若隐若现，足令心目俱迷。故西人于此等约文，无不就正于律师，彼新闻侦探，安足以语此？此择尤不可者撮要言之，则五十年期内，我国海关，因裁厘而有所增焉，亦当画归此番大借抵押之用，盐税而或有余足，再抵借他款者，亦当先尽该六国借团，借息不高出六厘，磅折不低过九十磅作一百者，不得向他人订借。与其受此五十年缚束，不如积小借之为愈矣。巴和曾为云台撰国债法，彼国子母家谓大款不成，乐购国债者必众。盖外国国债之妙用，正因其不限于本国人也。以我盐税之巨，何患大款之不得借哉？故不如积小借款以暂应用，而以盐税移抵国债，以大借之额求之于国债法中，免缚束，且有益焉。近知白启禄确有一千五百万磅之约可成，五百万磅之现可兑，但少驻英代表出为见证耳。某因不忍屡见受欺于西人，故敢为此出位之言。老年血滞，痔疾屡作，然今已大瘳矣。知念并闻，专布，即请大安！十五日。

二

近病移法国医院，西人之来晤者，每谓大借款，英使又出提议，知我小借款将成，而欲来揶揄我耶？盖西藏问题，英政府已有进行之决心，彼国中商民，自由借贷于我，尤非该政府所乐闻也。近闻白启禄得赐勋章，深为小借者贺，将来仿借者必多，盖积多数小借款，亦可抵一大借款也，况确有一千五百万可成约，五百〈万〉可兑现哉？即颂日安。

致陈垣[*]
（约1919）

一

援庵先生鉴：

　　昨得信，未展已如见光仪，欢甚！及展读，虽所委非所能，然亦不敢不勉。始得一联，"重赋桃夭天作合，一周花甲古来稀"，于黄君事迹，未道一字，故改用今联，以符来教格言式。格不格，还当质之阁下。前者《天教明辨》第一卷，蒙乙去字句，皆甚当，非深于文者不办。不胜钦服之至！尚有十九卷，若有暇，或可拨冗，愿寄上请正，正后或可付刊也。书目一事，渔珊所属抄者，率不能归类，又不能各按著者，以是费巨而程工少，良已失望矣！南水灾甚于去年，良亦痔发，殊苦也！肃复，敬问覃祉！马良复。二日。

二

援庵先生大鉴：

　　得前月十九日书，随即赶抄，一则原本是抄本，借来之物，讹多不敢改；二则上下卷计八十张，且抄且校，校又补抄，是以滞迟也。今先奉上上卷，阅一二日，下卷再寄，仍请痛校是幸！附上第二板勘误，十页面九行，"阴阳"，"阳"应为"德"或曰"骘"。十四面九行，"鲁齐"，"齐"为"斋。"十七面八行，"此太"，"太"应为"乃。"十九面

---

　　* 本束通信年月未详，而所述事件多有与 1919 年事同，姑系于 1919 年。

十二行"求益今","今"应为"而"。三页背三行,"师"下加一"尊"字何如?《童幼教育》徐汇书楼本,盖未定稿本,故不与韩子所引用者同一修洁。匆复,顺颂撰安!良启。四日。

三

援庵先生大鉴:

每欲致书,辄因懒而□①汇管藏书楼徐君润农,拟重刊《天学初函》,并续刊二函、三函等,不但有命重刊,且可不在土山发刊,故托良代求敛之先生校对之初函(尝与教育部所藏校对者),存在旧辅仁社者,千里之夫人当知之,可否嘱千里检出,觅妥便寄交徐家汇藏书楼管理人,以备重刊。又曾托某校员寄上一大同大学章程,于中西文及科学,皆有历举其应读之功课者,功课宜合国情,而教授法尤应合人心理。尝见法文论学②。可听其多设中学否?答:无伤也。譬如饮食,各家有各家的口味与烧法。此言甚妙,故各国人民于科学,亦各有其口味与烧法,专用法国烧法固不可,但合美国口味,亦未为得也。美国修士等不知能受善言否?不学某某等国武断我国国情与心理否?(大抵外人心理,以为以我文明去教半化如中国者,必超过彼学校多多矣。须知华生能算学者百有六七十,能文学者不足十人,而能西文者亦至少有五六十人,此区区之经验也。)意不尽言,惟望辅仁不步前者之后尘耳。专肃,敬颂台安!马良顿首。十月十九日。

四

援庵先生惠鉴:

《超性学要》③ 闻。兹有徐汇师范二生:薛文明上海人,张宗荣松江人,因唐生国梁来函怂恿求入辅仁大学,恳余一言,但薛生家道困难,有心无力,不识有何方便?外国文除撒劳曼格言外,从未见有如《孟子》义多而词简者,不识高明以为然否?故不读古书,难与言文学矣。此专叩年喜。马良顿首。一月十九日。

---

① 原札此处为鼠所啮,缺三字,但下二字必为"徐家"二字也。
② 以下原札为鼠所啮,缺四五字。
③ 以下原札为鼠所啮,缺八九字。

代拟《北京教友上教宗书》
（1920）

中国北京教友王学臣、魏子轩、赵乘喆、艾达天、王子真、郑景权，谨上书教宗座下：

远东教务，夙荷哀怜，今所另遣巡阅使光主教，于去年十一月间安莅北京。北京教友等虽请见无由，但光主教去后，由别处抄来法文二十八条，谓系圣座垂询之件，并准教友据实陈情。故敢具书，择其考虑佥同者依次奏答，其归主教商定者则谨付阙如，壹本信仰之诚，用副哀怜之意云尔。恭肃，跪请圣安，统祈慈鉴。

附呈奏答一扣，法文二十八条一纸。

降生后一千九百二十年二月。

一问：圣教会应用何法以免华人疑忌，不再视为西来之客教，与西国官员之教务？

答：中国教务，自来主教、会长等等，皆西来教士，近则西官每多干涉，凡属某国修道会者，且必用某国主教与会长矣。乃欧战既开，西来教士且充兵役矣，何怪体面外教人，亦疑问教友随去当兵否？从知所谓吃教者正指吃粮耳。能无疑虑中外一旦失和，以教友为汉奸，西来教士为坐探耶？但反此以观回、佛，亦属西来客教也，拜墓求经不绝，经像皆非中国文、中国法……而中国人不生疑虑心者何钦？非以管理其教之人皆中国籍，故不立于国际对待之地位耶？由此以推，主教与会长等等既甘断绝俗情，来华传教，何妨按国籍法，亦改为中国民籍？改为中国民籍，则不含各该教士本国政府之臭味。益以证明教宗良十三，于中法战时所与光绪书，在华传教士悉归宗座派来之语矣。窃谓果能行此，则一切疑忌心，不待烦言而自解。大抵人见强权与之谈道，心怀利用者有之，心先不服者有之。此无他，口教不如身教，身教之开端，毋抑改为中国籍欤？《经》记天主降生，尚愿报名注籍矣！

二问：教友应设何等会社，以便感化国人？

答：各堂口应先培植人才，或仿古所设讲道会，或仿今所设公教进行会，皆可。

三问：传教有何种方法？有保守院否？应用何法，俾收实效？

答：北京教区尚无真正保守院，亦无宣讲所、看书处以及与外教人接待等事。

四问：能否统一教理问答及经文等？

答：旧有经言问答，本来统一，新译之书，能采用旧译名词更妙。但中外修士不观旧译之书久矣！

五问：誓反教如何传布？其重要处何在？何以大奏功效？应如何防制之？

答：誓反教颇能迎合现今社会，结交官长，征集会友，广立学堂，培养科学适用之人才，重要之点其在斯欤？似不宜徒托空言，"彼无天主圣宠，传教终无大益"，换言之，即听其下地狱可也。

六问：主教区域分合之规画。

答：主教管辖之区，往往因本国或本会修士不多，徒占地盘。又不准他会或他国修士设立高等学堂及关于科学等种种建设。而又不能抵制誓反教人，殊属无谓，徒令区内外教人，少许多改邪归正之机会耳！窃以为大城市，居民至六七十万之多，则学堂与善举，凡可以引人入教者，理应多多益善。为此，断非一国、一会、一主教之精力所能胜任。况如北京与天津，尤为绅商所辐辏者乎？故大城市主教区域，虽分数会数国，各尽其长以管理，不为多也。

十问：有大区域尚未传教否？

答：外蒙古、西藏、伊犁以及内地无堂口之区，尚颇大颇多。

十一问：教中会所，应如何改良以诱进教外？

答：见第二问。

十三问：自来选举传教神长是如何？本地司铎有选举权否？

答：本地司铎向无选举权，更无被选权。

十六问：该传教士学习华语否？其举动能将就人民之习尚否？勉力诱劝外教否？能亲口讲道否？不但借助讲要理先生及教友等否？

答：中国亦有普通语言。语言通，而后社会情形、往来礼俗始能不隔膜，不猜疑；文字通，而后与士大夫交际有道，观感有方。可惜西教士，十无一二可说普通语言；华教士，十无一二可写普通文字。至令教与教外，判然两国，格不相通。由此所著之书，所讲之道，惟老教友之明白者，尚可勉强会意，而主教由此则更深居简出矣。

十九问：本地男女修会之建设，其维持之也如何？

答：北方向无本地男女修会，只有名为女修会者，因无真正会长，似难发达。

二十一问：关于修道院，有何热心以选取高等子弟？院内用何方法及何课程以提高神品之教育？

答：颇闻修道院内，中国文程度本不甚高，而辣丁文程度则较前更低。圣教历史且不讲求，科学更无论矣！但中国现今批驳教友者，不独教外人与誓反教，诚以游学欧美，能英语者有数万人，能法语者有数千人。或于报纸，或于杂志，译有欧美教育家、政治家、社会家、历史家、科学家等等名姓书籍以批驳圣教会者，往往而有。传教之士，学问不高，何以开启华人，维持教务？

二十二问：应合许多教区，设公共之修道院否？何以不遴选学生遣送罗马？

答：苟不选送罗马，则修道院中，中国司铎永无真正教授资格。能选送中国文已通者更妙，盖读辣丁文更易。然中国人十六七岁中文举者，往往而有，则使十六七岁已通中文，亦不难也。要在遴选者，加之意耳。

二十三问：本地司铎其才能若何？令其担承各等职权否？与闻主教之会议否？派充传教各等职权否？其待遇之也较之西洋教士若何？

答：颇闻西国教士，同会而不同国，同国而不同会者，彼此尚有微言，其书信往来，苟无一二言嘲笑中国人、中国官、中国事，则以为不足动听，有石印、铅印可证。故其待遇本地司铎，能令外教人，一望而知为小小当差耳。

二十六问：有大学院否？有为上等社会之学校否？可设立一教会中央区域，研究学问，刊发报章否？学校兼收教外生否？其利其害？

答：窃以为刊发报章，研究学问，诚今日诱进教外人之急务，然非众主教通力合作，则人才不足，钱财不足。

《王觉斯赠汤若望诗翰》跋
（1920）

右王觉斯过访道未汤先生，亭上登览，闻海外诸奇之作，跋云："道未先生学通天人，养多玄秘，心服其为人中龙象也"。即此可见当时学者，初不以天学诸公所谈算学、哲学之经纬，形下形上为宋儒所不谈而薄之。学举世所不学，好举世所不好，殆亦人中之龙象也。新会援庵先生于史学有特长，而于天学之流传中土史尤三致意焉。见余八十有一，而手不甚颤，力索余书，为他日之纪念，故录右诗以明坐云则坐之意。庚申秋马良。

跋《造花园新法序》
（1920）

  按人君自治，断非被动，则百姓，则君以自治，亦非被动矣。非被动，故非以官治之，非以绅治之，亦非以大工、大商、大农治之，甚且非以国会议员治之，亦非以各派政党治之。惟宜使人民自动，仿租界法以自治，由各县之各乡举长于赀财、知识、无害群事迹者，轮推年董三人或五人，其短于知识，或不愿充者，可担保一人以代之。此属义务，无俸给，可连任，无年限。事关一县者，会议于县，以民选县尹为监督，事关一郡者，推举代表若干，会议于郡，以民选郡守为监督。郡守如州牧，亦有郡治大如县，过大则难于调查，而无俸给之年董，力难胜任矣！（观于上海团体，既有府，且有县焉。故自治当以县为本位。地小则团体易结，而易治，且可使野心家掉头不顾。法国旧有冈东八十余，为便利政治起见，现联为领区二十余云。）年董既定，然后仿租界法，各按乡以征收治费储存之。（胥吏为害久矣！至民国而尤甚。知事至为胥吏首领，虎而寇，其害不可胜言。非解放人民，听其自治，殆无法驱除也。）

  大抵县方一二百里者多，不及百里者少。计方百里，面积五万四千顷，去山、泽、道路、桥梁等各大半，其可种谷之地，应有二百万顷。（一户种五十亩，计四万户。一户五母鸡，一岁蛋可一千。二母彘，数箱蜂，数架蚕，所获又当几何？）方二百者应四倍，假如每亩征半元，或再减半，地基可加征数倍有差。房捐之征，城市多而乡村少，岁征总可得百万元以外。（以地方税供地方自治，其理由太多，在中国尤非此不可，论说当别具。）自治第一年，即用征存者，分设农、工、商赊贷银行，务如成法，其律准赊贷之息（譬如准贷农户毋过四五千，工商毋过三四千），毋过四厘，余如市息。第二、三年征存之用，如第一年。

此三年中，仅取若干万为教育与巡警及测定国路、郡路、县路之用。国路与水道，关系数郡者，政府理应派技师协力为之，日本维新即从此下手。我国既主张民治，可不待政府首将各路按法测准，以便利交通？（此仿拿波仑第一政治，无交通即无社会，及因社会所成之实业与民治。）随山傍水，不枉费平原可耕之地者为上。（国路宽四十丈，一里须一百二十亩，万里一百二十万亩。一边划去十丈，以二丈为外埂，内八丈为沟渠。底宽二丈，深三丈，取其土加于三十丈之路，可高五尺。路两傍划取各四丈，为人行之路。中以十二丈为车路，十丈为造电车等路。路沿、沟沿俱植以树，视沟之高下，设双闸为宣泄，其利于北方非浅也，郡路以下之宽，递减可也。）

然后按乡，照市价加二，将民地暂为收买（若但收买筑路之地，彼有一亩、二亩者，尽收为路，只受路之害，而无路之利，能弗向隅？），以便草创新路，新路期以十年完善，可也。随即于新路之间，按预定疆理之计，田亩或大于方十里，或小于方十里，以至一里半里者，为方、为长、为不等边角形者，皆可规划。（在南方人烟稠密之区，几无十亩一整块归于一户者。故力能种五十亩者，分为十余处，费工、费时，而力不能种矣！势当酌用新旧法以疆理之，纵不能一井二牧，但牧地、林地、坟地不可不多为之备也。）规划既妥，一冬之间，大足以轮流开辟。开辟一区，仍亩加开辟费若干，转售于原主。（原主有千亩者，今可得一整块。有万亩者，亦然。其利便为如何？）原主不要者归公。听人或买或赊，赊者可约定以若干年租，为偿本息，即由赊贷银行经理之。如此则人有恒产之望，自有恒心矣。推之于小工、小商，其理亦然。若以增助大农、工、商与世争竞，则赊贷银行之设，尤为合群乐利之根本，自治之精神也。

及至疆理既竣（有此疆理，则经界局可废。法国经界局，五十年始竣，费至五十万万。然则，我国可省经界费将甚巨），然后兴教育，所谓即富而后教之，不至造成不足以应社会所需之教育。（各县、各郡皆可就所无、所需、所应改良者，遣游学生实地练习，学成以供社会之用。）凡满千户之区，设初等小学，县设高等小学，郡设中学，合数郡然后乃设大学。不如此，教育之才与力终虑不充。其为校长教员者，五年一加薪。二十五年告退者，仍食半俸。自村县至郡中，皆其子弟，人生之乐孰逾于斯！惟其乐也，而教育之人才与道德，及子弟之受益，将敩学相竞，而日增矣！

民智既开，自不难清理泉源，修洁家室，以力讲卫生。何必争往欧美，过屠门而大嚼为哉？

但有上智，必有下愚，害郡之事，万不能免，则兵警尚焉。警以雇而兵以征。警有市、乡与森林，森林无警断不能兴，此皆历试而有征者。征兵须中学毕业，充见习一年，或二年。常备之任，延至四十或五十岁，是谓郡兵。法国必用本郡、本县人为教练，与小学校教员必用本县人同。盖使音容相习，他日皆为子弟军也。帜各用郡帜，阅二十年，亦可一郡一师。如此之兵，当不复为大盗之爪牙，而外国之兵，亦不至如入无人之境矣！盖民治之大效，实验于欧美者有如此。庚申立冬后相伯跋。

《教宗本笃十五世通牒》译文
（1920）

（凡通牒，言皆足法。此译悉按原文语意及字义，且句法之先后，非不得已，亦不敢颠倒。大抵西方句法，先言果，后言因，故梵译为免颠倒，每用何以故等句以间之。今亦不敢承用。然所译似尚勉强可懂，足见华文亦可达精深之理也。阅者谅之。）

爸爸（教宗之通称）通牒普天诸宗支诸首领大司牧、诸总司牧及众司牧，为圣信应普传天下事。爸爸本笃十五世祝诸可敬神昆之安泰及宗徒之降福！

（开章言圣教会历代之任务。）

夫至大至圣之任务，其为吾主耶稣基利斯督言归圣父之顷，所托付门弟子者，曰"汝其往普世，传布福音于万民"也。此任务断不以宗徒在生为限，然当以其嗣位之人继承之而不绝。不绝至世界终穷，不绝至世上有人尚赖真道可获救乃已。

由是"门徒即起程遍地传扬"天主真言，卒至"彼众之声传出普地，彼众之说遍及坤舆"。而圣教会不忘主命，历世以来，从未间断遣使四方，布告天主传授之道妙，辅相基利斯督为人类得救之常生焉。

盖当首三世纪欲摧抑新生教会，狱魔正狂煽风波，层出不已，而信人之血方到处殷流，但开阐福音先路之声，已广被于罗马帝国之四境矣。

迨后圣教会既得公然享受平安与自由，则宗徒之事业愈益张大于普天之下，类如圣德有名之士，其勤劳之收效亦良多也。就中有额我略号光照者，实引归亚尔默尼亚于基利斯督名下者也；而未多利诺则引归司第利亚焉，弗罗门爵又引归哀弟约比亚焉。尔时巴特利爵之于爱尔兰，奥斯定之于英吉利，高隆巴及巴特弟乌之于司高弟，皆使自基利斯督而得常生者也。其后以福音之光照照荷兰国者，则有格肋孟未理布劳尔，是乃乌特拉也登第一司牧也；其劝化日尔曼人信受基利斯督者，则有波尼法爵及奥斯加略，而劝化司拉弗人则为西理路与麦多弟乌也。

自是而后，步武宗徒之人，得见开教之区益加推广，于是魏列而莫字路白路克者，遂将圣信之炬烛彼蒙古，而真福额我略十世又多遣首先开教者于中华焉。缘此接踵而往者，则有方济各亚西新之门弟，所建信人会所，不为不多，乃不多时后，仇教之风波大作，遂致散亡焉。

及至亚美利加洲甫经寻获，而效宗徒之士人、之徒众，首当纪念者，厥为巴尔多禄茂拉司加撒，诚多明我会之荣耀也、光明也，专以捍卫哀怜无告之土著为己任，一则免受外人之虐待，一则争脱魔鬼之囚虏焉。同时又有方济各·沙勿略其人者，实足与宗徒比并，在东印度及在日本为显荣基利斯督及救拔生灵事，亦既劳瘁异常矣，乃又谋入中华，抵边关而逝世，俨若以其长逝也者，为开新布福音之路，以通此广廓之区，俾后在华有如许著名之修道会、传教会，热切宣扬圣信之人，得经种种时事之变迁，犹可担任宗徒之事业也。

最后乃寻获澳特利亚之洲，而亚非利加腹地，亦由新进之奋勇坚毅，探测沟通，业皆领受基利斯督圣信之宣言矣。于是虽极太平洋之浩瀚，几无辽绝之岛屿不为吾传教之士有作有为之毅力所深入而周巡者也。况教士之中，既以同胞之得救是图，其奉宗徒之芳表，诞登圣域之极峰者固多，而于宗徒任务之上，冠以致命之荣，毅然流血，证明信德者，正复不少也。

（出题，言今日之任务。教外人尚有十万万。）

言念我人为敷宣圣信，所服勤劳，既若此多般矣，所尽心力如此其巨，所树坚强不屈之仪型又如此其盛大，而坐于黑暗死影之中者，依然不可胜数，能无惊讶欲绝也哉！盖以最新之统计，教外人尚有十万万之多云。

故余哀念如许灵魂，数既众多，而地位又堪痛哭，按宗徒圣职，使共沾天主救赎之恩，余无有更先之务矣。乃者普天公教善人等，于开拓展申远方传教之义举，因天主圣神之感动，既实多且繁，日增月盛矣。余见之，诚心感心谢，故为相机提倡，策励进行此等之义举，一如余职分及挚愿之所宜，又多行祈祷之工求主光照扶助，乃致是书于汝可敬诸神昆焉。将以劝勉汝众暨汝铎曹（原文古义有哲人解，今专指有主祭神品者。铎指司铎之铎）与教民等，为欲讲明此等重要事务，有何良法可利遄行也。

（首言主任传教事务者，其职分所在。）

兹余所陈言，首对于诸司牧、诸代牧、诸监牧，即凡主任传教圣务者是矣。盖圣信之传扬，其责任关系于彼者为最切；圣教之广扬，其希望倚仗于彼者为特甚。

至其传教之热忱为何等，余岂不知？其应制胜之困难，遭遇之危难，为何等多且大？而自顷年来，不但于其所建设及所进行，令无退转而已，又当使天主国有以发皇，事之重大固余所深知也！再者，彼等之对于宗座，其恭顺孝爱，素所著明，为此，慨然布余腹心，若父与其子者然。

（职分一，当为传教区内之灵魂。）

以故诸务之先，一切主任首当思念者，即如俗云各为所管传教区内之灵魂也。故宜以言、以行，身立善教，教彼所属之司铎及凡助彼职务之人，更宜增益其精神而策励之，惟择夫尤善者是适是从也。盖凡佣于主之葡萄园者，无论何若，当使人人因经验而知之，了然觉悟现今主任传教区者，乃真慈父，勤敏诚恳富于仁爱者也；各人各物，皆以极精之思虑而萦绕之，怀抱之，僚属而事顺，则与同乐；事迍，则与同忧；有所雄图，有所创设，其可嘉许者，无不扶持而赞助之。总之，无论僚属有何事，视如己身之事而已。大抵传教各区，其境地与遭遇，悉视掌管其区者为何如，若居其上者不足以任，或微有不称，则其殃及该区者可至巨也。

且夫人离母国，远至亲，志在传扬基利斯督之名者，率涉长途，时冒险阻，必欢欣踊跃，迎受诸般痛楚，只望能为基利斯督多救灵魂而已。乃如之人苟得一诚恳之长上，长上之贤明仁爱必于诸事有以左右之，则他日之施为，其多收效果可无疑。苟为不然，保无渐因劳苦及拂逆之频仍所困，终至心神不振，而自纵于怠荒者有矣，不大可危惧也哉！

（职分二，当将传教之区全行开辟，多建新治，为日后新司牧教区之中央。）

再者凡传教之区，其主任自当以区内之进行无已、发展无余者，为第一要义。盖为教务划分之疆土，广袤不论如何，既以全境任命之矣，则居其土者，人人得预于常生之寻获，当然惟主任者是问。纵或于大多数教外人中，引之信教者已有若干千数人矣，断不可因此心安意足。其已得受生于耶稣基利斯督者，固当敦率之，呵护之，煦妪之，勿使有一人为魔害死也，然即自信供职，如职所宜，则不可。必孜孜然尽力无少间，使其他极大多数之人，亦能领受基利斯督之真道与常生，乃可。

故欲人人得耳福音宣讲之言，愈速且易，按其裨益颇多者，即于传教之区，别建总分治所任所，以备将来改作若干新代牧或新监牧区域之中央，待时机已至，不难将原有教区一一划分之。因此余所极愿赞扬者，即诸代牧志事恰符余上所言，恒筹增广天主国，日新又新，设或助理之人，同侪之数，不足以应付所事，则取才于本会本团修士之外，固其意所极乐而心所素存者也。

（职分三，当屏除邦族排外之心思，屏除修道团体门户之意见。）

反是而以天主之田园，画归其经理之一分，竟据为独有若私产然者，至不愿有一毫得经他人之手，则其当诮让为何如耶？尤其教友之数本不多，而四围错居之教外则极多（此余所痛陈者，固往往而有也），职既当训导之矣，而己与所属讲道人数实不胜任，乃犹不肯征用他人相助为理，则其当被天主审判之严，复何如耶？

然而以传公教为主任者，心之所切本该无他，除非显荣天主，超拔人灵而已。遇必要时，应从各方面征求辅佐，佐我至圣之仔肩。其为本会本国人，抑他会他国人欤，何足系念？止须基利斯督有一切法以传扬之。且辅佐之人不独士子，又有女士若修女辈者，亦大可用之于学堂、育婴堂、医院、病院及诸慈善之建设。以上种种，恃主眷怀，知其中有不可思议之神能以广传圣信焉。

（职分四，当招集神昆时相砥砺。）

准此，则善掌一传教之区者，勿以区界自封，视凡界外之事，宛如局外之事也，惟以逼于爱基利斯督之心，心欲光荣之。凡见以为有益者，则其有益于己也亦以为实多，当然与邻界诸同寅，思所以通声气而敦往来矣。盖往往有许多事件，每与一方公共情形有关系，设非公共解决，其不能也固显然明白。

然则大有裨于教会者，即传教区所有主任，能一一于约定时期同聚一堂，使彼此得交换意见，而以互相讨论者匡扶磨励也已。

（职分五，当施圆满之功，陶成本地铎曹。）

今最后一言，凡管领一区传教者，其重要先务，当就所在民族，族人之充圣职神司者而陶养之，建设之，此与新厄格勒西亚（译言公教会传自宗徒，其系统惟圣伯多禄一系未绝承其统者，号曰罗马教宗。被任命而与教宗直接分治一方得授人神品辅理之者，号司牧。有国内司牧管理之区，乃可称国内之厄格勒西亚）所据以有希望者甚大也。因本地司铎与本地人民，世籍、天资、感觉与心思，皆自相投合（谓痛痒相关少隔膜），则其能以信德渐摩本地人心，当何等惊奇耶？且较其他一切人等稔知何法可令输诚服教，加以地方上又可随便进出，往往为外国司铎，欲置足而不能者矣。（谓人地不生疏而公私消息又灵通也。）

然欲本地铎曹克如期望而收功效，第一要务是善于陶镕，善为造就，但勿当以一种初级粗浅之教课，使仅仅能行司铎事为已，庶几有成也；必当以充足圆满科目，详尽之教课，一如文明国例当施于司铎者然。盖筹备本地铎曹，非令其以较卑之服务，辅佐外来之传教人也，乃令其负荷天主之任命，于管理本籍人民，终有一日确能承受之也。诚以天主圣教既属至公，公则无一国民，无一邦族（可据为私有而令他族），可目为外来之客教。然则各国人民当然有居圣职神司者，为本籍人民等主诚之明师救灵之先导而从顺之矣。以故不论何地，凡本籍铎曹治理颇敷，学术颇优，而于本位圣召亦足以相称，然后人谓其地传教之功业，已庆告成，教会之根基已然确定，是乃理所至当。纵或而今而后，仇教之风波大作，思有以摧残之，但其地教会，既得此基础，具此根荄，仇敌之猛攻，庶不惧其肆害也矣！

承上所言，如此重要职分，宗座已再三敦促各方传教区长，真心注重实力奉行矣。夫宗座关怀此种之讦谟，则罗马修学院，有古有今，用以陶植外方神品，尤以陶植用东方礼者，皆可证明之也。乃经历代教宗谆谆训勉以还，惜乎尚有多处，迄今已数百年为公教信光所朗照，而求本籍之铎曹，非名次较低者不可得也。且间有数国人民，早被福音之光化，步趋人道而弃獠俗，驯致各种文明之艺术皆有超众之人材；又有阅多世纪，为福音与教会超生之道力所薰陶者，然尚不能乡贡司牧等，而受其统治，或司铎等，其典型足以感格乡人者也。

从知各处至今，所习用以陶冶铎曹，供传教之职者，其规制不无残缺不完谬讹不当之处。余思有以去其阻碍，特命传信部院，按殊方异域所可适宜者而规定之，其秧田院（原译意犹秧田苗圃，寓有期望成材之意。比译修道院似较明了），或为每一分区所独用者，或为多数牧区（即归司牧权下者）所共用者，凡应建设者则图维之，凡已建设者则厘正其管理之方，但尤当加意忧勤，凡属代牧与否之其他传教各区，所有新神品等，务使长养有成也。

（次言传教士职分所在。）

余今告尔有众，至亲爱诸神子，既一一佣作于主之葡萄园，是则在尔掌握之中，有如许人灵而待救拔，及基利斯督之上智而待阐扬者，至切近也。尔有众第一要心目前思维职务之崇高阔大，尔所殚竭勤劳而不置者何耶？此与世人小知小识相去远甚，盖所托付于尔者，乃神乃圣，乃凡倒卧于死影者，而移近以光明，奔堕于死亡者而开示以天路也。

（职分一，当旨趣清明，毋以世间母国加诸天国之上。）

故洞明"忘尔乡民，忘尔父家"，是向尔各人言之者，则当省念尔非传布世人之邦国，乃传布基利斯督之邦国者也；亦非为在世之本乡，乃为在上之天乡而收录郡人者也。

噫！堪哀痛矣！假如见有传教之士，竟忘却本身位分，乃至思维天国不如世间之母国，母国之威权出乎中道之外而申张之，母国之光荣加于万有之上而扩充之，此实为宗徒功用极猛之疫症，使传福音之喉舌，于爱灵之筋力全弛，而于民间亦亏损其信用之权也。盖人即羌蛮粗鲁，亦颇知传教士自所谋者伊何？求于彼者伊何？苟非彼众之神益而别有所营求欤？则其寻声逐臭，亦颇锋利无前，有不期然而觉察者矣！设令传教士但有几分参用尘世谋为，并不全以宗徒之为人自处，且示人于本邦国事己亦宣勤，则其种种事功，立即招来万众之疑猜，疑猜本易引人到此理想，即以基利斯督之教为某外洋邦族之私教云，而凡奉此教者，遂见以为服属于外洋郡国之保障与政权之下，而反脱离本邦郡国之关系也、名分也。

其致余以大恫者，厥惟所发近年教务周刊等记注，记注中显见其猷为于恢张天主国不如增益本郡国之版图也。再余所骇怪者，其人曾弗丝毫顾虑己所记注者，足以离间外教人心距远圣教为何等耶？

（职分二，当坊表清廉，不自私不自利。）

夫传公教，而欲名实相符，讵可如此？然当常自回思，万万不为本乡邦族，实乃为基利斯督效其使命，必如此立身行己，足使人人一无犹豫，即深信其为教会之有司也。教会者，固包举万民，凡以神明、以诚实钦崇天地大君者胥是，天地无一国民可屏诸身外国外。盖"教中本无四裔（犹太外皆称四裔），与犹太、割身与未割、戎狄与夷蛮、臧获与主人等类别，惟知有基利斯督真是万有万类，基利斯督真在万有万类"而已。

又有一事，传教人当加意防闲，毋愿于人灵外有其他营利之为是矣。但此事不待多言也，盖人为贪利心所牵缚者，如何能壹意图维天主之光荣，悉如其职之所宜；乃又止为丕显主荣，康济人于安全之地，遂甘心罄竭其所有与性命也耶？加以为斯之故，损减其信，用于教外人前者实多；若营求财物之心，心以从恶之如崩也，或以流为悭吝之恶习，则损减尤锐甚；况吝恶之秽德，无有更为人轻贱者，亦无有更为天主国尤不相宜者也。故善布福音者，又当于此勉随四裔宗徒之后（谓圣保禄），且不独于其劝谕弟貌德所云"有食，有衣之盖体，当知足"已也，抑且于其推尚俭德之高风，甚至万机丛集之躬，犹以勤劳手自谋食也。

（职分三，当致其知知必要明于庶物。）

但为传教士者，于未赴宗徒职务时，即先当用精深预备之功，虽有人言不须有如此众多之学问，为往与人文阻远之人民而传以基利斯督也。盖使人心改迁得救，虽道德之光仪较胜于文学，此固无可疑议者也，然苟不以道味之腴，善自培养，则有许多可助收神职之功效者，已将时感其困乏也。往往是因书籍之无多，又少博学士可与往来咨询，而凡有考求种种抵排信德之端者，详答之，职所宜也；又凡疑问，纵或难乎其难，剖析之，亦职所宜也。为此，愈见其练达，则民间推崇愈甚，若与相处之人民，以求道求学为重为荣者则尤甚。倘于此类，宣传真道者，反为从事诡道者所压胜，亦太不成事矣！以故凡蒙主召，供传教使命诸修道学生，学生时应如法陶养之，而按各科课程，圣学欤、俗学欤，凡为传教士所需要者，法当一一教授之。上所言预备事，余亟愿恰如理所当然者，亦推行之于教宗午而巴所设之传教部大学院，院中余并命独建一讲座，与传教职务有关之专门学，自今而后，世世讲授之。

（职分四，当精熟传教处国语国文。）

夫传教异地者，将致身超渡其人民也，自当有所讲求有所精研。研求之必要，首屈一指者，当属异地之言辞。言辞仅略有所知，讵可心自满足？必也言能达意，而无乖词理乃庶几！盖对于人人，庸众欤，学士欤，其应负之责等也。且谁不知人善辞说，何其能易致众心输诚服教耶？尤其传教士果勤恳，则于讲解圣教要理，不可委诸助教问答之人，当视如独有之权，职守中极重要之分而自操之。因奉天主差遣，岂为他故？无非使宣传福音而已。又间遇应如圣教中之信使经师也者，而与民间之首领相周旋，或为文人学士邀相聚会，苟格于辞命之未谐，不克表诠其所见，何以保守其分位乎？

近者余每萦怀此事，谋所以增多恢广公教之名籍，故于罗马特建讲学之黉宫，俾愿献身修宗徒之业劝东方之人者，于东方语言礼俗，得以融会贯通，其余应有之修能，亦得朝薰夕摹以迈往焉。此等建设，以余视之大为合宜，遂利用此机会，敦劝诸凡职掌修道之家众而奉任命传教于东方（欧洲之东，非亚细亚乎？）之长上，务使所管学生，拟往该方传教者，咸得按此模楷善自培植而加以琢磨也。

（职分五，当励德行心于祈祷而爱内修。）

然凡善自振奋，效职于宗门者，必须有所修备焉。万事之先，有一关系极大又极重要之事，其即余上所言一生之德行乎？盖欲称扬天主者，须为天主之人；谕令痛恨罪过者，须自痛恨罪过。何况未信之徒，其为情感所左右，胜于理论，则宣扬圣信，德表之为功，胜于口说多多矣！以故传教者，固当富有神智心力，为众所称，渐摩以各种道艺，涵濡以各类人文，但弗附益以行谊之无愆，则于超救人民，其效力无多，或且一无所有，而能致害于己于他人者，则至巨也。

因此传教士须守谦听命，而身心贞白，尤莫要于虔诚，专务祈祷圣功，与天主常相契合，又在主前为众居间恳切以求焉。盖与主愈心契者，蒙主圣宠神助亦愈丰也。盖聆宗徒之训言："汝众应如天主所预选者，所作圣者，所钟爱者，惟德是衣，衣仁爱之中肠，衣慈善、谦恭、端方与忍耐也。"借此德行之功，用以潜除一切障碍，开一平坦之途，径达人心，心志绝无如是冥顽，至能坚拒之而无难色也。

是故传教者果能如吾主耶稣爱德炽然，纵或外教中有无赖之极者，但既同为天主所救所赎，自当列之于天主儿女之中，不因其无人道而生忿怒，不因其风俗颓败而加疏慢，不之眇视，不之厌憎，不猛不刚以相待，惟根教友恺悌之心，施诸德惠，谋所以诱导之，终有一日，纳诸善牧基利斯督怀抱之中也。

准此，有《圣经》一段，可常存想："主何其善哉甘哉！尔神之于万物也，故于有过者则分番以遣罚之，犯罪者则董戒之、提命之，俾与罪恶分离，得信向于尔焉。主乃自主其神能者，既宽和以审判我等，又大加虔敬以安排我等也。"（异哉！主治人犹以虔敬，人治人当何如？）

夫为耶稣基利斯督之使臣而如此，尚何困难烦扰危疑之有，可令抛弃前功哉？盖必无之事矣！且必竭诚感谢天主，主委己以如此崇高职任，任何违忤艰巨之投遗，为坚忍一切，凡劳苦、凌辱、困穷、饥饿、死亡，死亡纵极凶残，无不具大雄心以迎受之矣！只愿救拔一灵魂于地狱之口焉耳矣！

传教士情所感发，心所操存，端于吾主基利斯督及宗徒之坊表有如是，自可往奉其职而无惧。但己所凭恃诸理由，仍全在天主也。余已言阐扬基利斯督之上智，全属天主之工，盖惟天主能深入人心，以真实之光朗照明悟，以德义之炬熏炽欲司，并赋与人以相当之道力，使所知为真者善者，既信从之，又实践之，故传教人虽劳勤，主勿左之右之，勤奋亦徒然。然不可因此而不奋励无前，以趣事功，要惟仰恃天主圣宠之呵护，天主圣宠固未尝有求之而或负者也。

（又次，言妇女辈宗徒之事。）

兹有不容默而置之者，厥惟妇女乎？妇女自教务开创之初，即殷勤辅助翼戴福音开道之先驱焉。其尤足称赞记注者，即自献于天主之贞女。贞女辈靖恭奔走于传教之区，委身于教育儿童及各种慈善之举者久矣，余兹愿称述其功勋者，使其立功于圣教会，愈益振奋精勤而已，然当详确无疑者，愈刻意勤求一己之修成，则所作之工亦愈占胜利也。

（复次，言教中人之职分。）

今愿告语普众，凡蒙慈悯天主之宏施，具有真正信德者，且缘信德得沾无数恩膏者，首当注意对于传授未信之徒圣教者，众有何等尊严之职分以赞襄之，盖天主“命令各人念其亲近”（同类也），亲近之祸灾愈大，则命令之煎督之也亦愈严重。然人类之急需兄弟相援者，孰有甚于未信之徒？既不识真主，而为无目无羁之情欲所牵拘，服属魔权之下，万般奴隶无更憯痛者矣！故凡各量财力资助以光炤之，尤其辅翊传教人之善举者，可谓于极大之事，克充道谊之分，又以极欢愉之致，报谢天主信德之恩也。

但所谓辅翊云者，其类有三，皆足以股肱传教，而为传教士所不断虔求者也。

（第一类，为传教者祈求，即虔祷宗会是矣。）

第一为人人可自靖者，即仰求天主福賿传教是矣。余已一再言之，传教士虽殚竭勤劳，苟无天主圣宠滋培之，皆泯没而无用。圣保禄有言曰：“吾栽植之，阿宝劳灌溉之，然惟天主与以生长。”而求得此圣宠惟一之途，端在谦恭祈祷有恒而已。诚以吾主有言：“于种种事，凡有所求者，我父将与以有成也。”今于此事而有祷求，他事姑弗论，此则于天主无更嘉尚者，无更快慰者，其不能阒无功效有断然矣。故如义撒厄人方与阿玛勒之战争也，时则有每瑟在山巅，举手仰求天主以援助焉。今传布福音之士，在主葡萄园劬劬自效时，诸为基利斯督信徒者，不当以祈祷神工拥护之乎？正为善尽此职，所以有名为虔祷宗会者之设焉。是会也，余特叮咛嘱付善信徒众，甚望无人自外于是会，苟不能以事实，要皆愿以心志预与宗徒事业之勋劳也夫？

（第二类，挽救传教人之阙乏，职在诸司牧及掌修道院者，有以辨别圣召而煦妪之。）

第二事，传教人之阙乏，应有以补救之。以前本即无多，于今战事告终，其少已极，致有吾主许多田亩，治佃无人。为此余特属望于尔等之忠勤。勖哉可敬神昆！事在尔等力行之，无更足为爱护圣教之征者。倘于所属铎曹及秧田院内人，苟显有宗徒道种，则当勤勤恳恳以滋培之，勿为表面之理、俗人之见所感动，俨如容许往外传教，即于尔牧区之利益有亏也。盖遣一人往外，天主将于区内，为尔曹振兴多多有用之司铎以代之矣。

凡管领精修等会会务，传教外方者，余且求且恳，其委赴若尔神工者，要莫非会中之上选，形于外则品行无瑕，爱主热而救灵切者也。又凡管领者，既知本会传教士颇能善导某族人民，去其旧染之异端，归向基利斯督之上智，且立有基础巩固之教会者，此乃基利斯督之精兵，宜遣往他处，使振拔其人民于魔鬼之手。且凡为基利斯督所寻获者，甘留与他人培植长成，益臻于善而无所吝惜焉。夫如是，其救灵也不啻收获之丰穰，而各人本会将邀天主仁爱之施亦极浓厚也。

（第三类，各按财力扶持传教之功，如传信会、圣婴会、圣伯多禄会、传教会等。）

最后则财源也，所亟需以保持传教事务者，且孔多矣。尤其大战以后，其需要之增加，至无限量，诚以如许多之学校、施医院、留养所及其他救济贫困等施设，俱被摧残荡灭无存也。余由是向诸善人等为将伯之呼，呼起好施之德，各如财力以自呈也。盖"凡有今世货财，见兄弟有急难而封锁其慈肠者，爱主之德何能存在于彼耶？"夫若望宗徒仅就窘于身外物用之需者言之，已如是，然则今既事关传教，其爱德之规箴当如何益加虔守？盖不独聊为接济无数人民之贫乏困穷及其他患苦而已，抑且特为救拔若尔巨数之灵魂，从傲魔权下，复得天主子姓之自由也。（子则不奴，不奴则自由。）

是故于传圣教有便利者，其建设余尤愿公教人等慷慨输将焉。而其功业则以所称传信会居首，既屡经历任教宗优奖之矣。由是而冀其效果之极佳者，以后益臻丰盛，余因命传教圣部，务尽心力以维持之。盖最重在应由此会供给资财，凡传教之区无论已建者与夫日后当建者，胥赖其补助也。际此传播异端者，既盈于货，又阜于财，余深信普天公教，决不忍令吾党传扬真道之人，反与困穷奋斗也。

其次，余所竭诚嘱咐大众者，即圣婴会之功是矣。功在眷怀外教儿童，俾于去世前得领洗礼。而其所以尤当推奖者，即在我等儿童亦能与会，使早岁洞明信德之恩之重大，则习与他人共致其功以推暨此恩也。

再次不应忽而不论者，即众所称圣伯多禄之会是矣。其职帜端为培养栽成传教区内本籍之铎曹。因此余愿前任教宗良十三世所规定者，举谨敬遵守之，每逢三王来朝瞻礼日，在普世圣堂捐集献仪，为赎非洲之虏者，其钱财应悉数收齐，寄来传教圣部可也。

然欲余所志愿愈切实奉行而廓充之，职在尔可敬诸神昆，应格外设法，指引所属铎曹，规模计划趣向传教之功乃可。大都信众每倾向传教之人，而乐于资助之，事在尔曹善用此等心理之倾向，以求传教各方莫大之利益耳。汝众当知余切愿普天公教司牧区内，皆设立现今所称铎曹联合传教会，会径隶于传教圣部，余为此事已畀圣部全权。此事发起顷自意大利，未几已遍于各方，既足以发展余所谋谟，业由余以教宗恩赦重重宠饰之矣。此固事所至当，盖此会之设，大足以善导诸铎曹之举动，俾启牖信人，救援如许多之外教，又足以推行宗座为利传教计，诸所恩准此类之善工也。

（结论，导往深处。）

此余论公教圣信遍传于普天，所欲寓书汝众可敬神昆者也。今若人人各如分所当然，教士在外，教友在家，以尽其职，则余深望传教事务，于大战时所遭极大伤损，无几将仍复元矣。余今乃宛闻吾主纶音，曩谕伯多禄者，亦命余曰："导往深处。"（原文"导往高处"，犹言导往海中央也。）使余慈爱炽然，愿导今生无数之人置于吾主怀抱之中也。

夫圣教会既恒因天主圣神以生存健在，而则效宗徒之人又有如许，其职帜非他，自古迄今，犹然以扩张圣教为服务，断不能一无功果矣。再此坊表，庶几激动多人，因善众之恺悌输将，得为基利斯督救护灵魂之数，极充盈也。

伏望天主母，宗徒之后，垂佑大众心愿，使宣布福音者皆得充满天主圣神，而此神恩之征兆及余慈惠之左证，余特慨然颁予汝众可敬神昆暨所属铎曹与教众，以宗徒之降福焉。一千九百十九年，十一次三十日，即位之第六年，罗马圣伯多禄堂颁发。教宗本笃十五世。

教育培根社募捐小引
（1920）

　　窃闻民族之文蛮，视教育。即民德之盛衰，民气之强弱，亦何独不然？然则教育乃立国立人之根本，国与国民，所以成立，所以存在，而不可一日或无者。非如革命仅一时之事，而不可一日或多。然教育无基金，观于首都之现象，事既不能持久，则基金于教育，亦进行之根本矣。本社同人未尝学问，各界之争地盘政策，固不敢过问，而基金之为教育根本，本诸匹夫有责之心，则不敢不勉。

致英华
（1920）

一

敛之先生鉴：

承示到汉情形，俱悉。今晨蒋君仲材来，以为莫如续租伯牙台（住家不平安，住西人不妨），已去信商托房主吴君矣。台左近有怀原寺，地畅能买（欲买可托两督办，惜在京不即回也），较在城中爽快。闻近寺亦有山坡可买。夏仲膺省长即到任，亦无暇相助。苏省如熨斗烧洞，可就此开领，乃不就此开督军缺，亦可见时局未定。为今之计，若有美教士，莫如请美教士出名。（为天主办事，最好莫有我的名字，圣若翰所谓他（吾主）应长，我应缩也。）先将就在伯牙台学普通文二三千字，兼学普通话等。（或学《教要序论》文字，翻成普通话，艾达夫可往授。）徐家汇从前是荒地，事在人为耳！日来右胁疼痛，往北五省救济会代石静山求赈，竟至不能写字。草草，祈代问安！若石马启。十月十八日。

二

敛之二哥鉴：

汉阳司铎到京后报告中，必有可慰者。武昌司牧赴罗马，过沪时，据志尧言，颇以爱尔兰欲得汉口为不然。未识报告中有此说否？近见《申报》载德人论中国亦有哲学，闻者哗然。论者曰：彼能立国四五千年之久，夫岂无真正学说之所能？彼果野蛮也，自灭久矣！盖今之欧人，皆欲以文化化吾，甚欲以彼文彼语以化吾文吾语，殆不知文字语言之为物，最专制，不畏枪炮也。从知欧人之得非、墨、澳洲，其残忍为野蛮所不能及。以恶徒论，固其所也。特以爱德为重者，而辞气气象之间，亦时时流露何也？王司铎已分与《直讲》两部。但存一野蛮人，须以文化化之妄，断不屑听《直讲》也。石铎问应译何书，抑就其爱重而得有益者译之耳！梅雨不止，未审西山何似？此候！良启。十五日。

三

敛之二弟鉴：

志尧来信，大有来意，兹奉往一阅。法海事我等亦须调查明白，而后请求乃有准也。行政会议准于十五日开始，弟来过主日，则大妙也。望溪十六种，二十八套，索价十四元，亦不为贵，无如板太潒漫也，连张天地头皆空白。如有好板，亦是正经书。顺候瑟琴！良顿首。十二日。

四

敛之二哥鉴：

吴经畲（即讲养蜂者）偕其夫人及友准于十三日（礼拜六）早游香山。其夫人能骑，吴及友恐不能骑也，请发山轿，至少一二乘。昨日其夫人特来相恳如此。昨日又见东方银行大板名圣比艾尔者，伊与夫人最爱香山，来时请为招待。伊言香山（双泉处）庙基多砖石，能盖屋，最妙，修葺事请先雇小工，运砖削砖，无论包工点工，此著绝不可少。又木料能检得三间梁木否？请放置一边为要。此颂道安！若瑟顿首。十一日。

重刻《忍字辑略》序
（1921）

　　动物之中，人独能笑，而堕地时开口便哭，何居？非以一犯人之形，形遂为万苦之试验所耶？所喜试验之优劣，权在人好自为之。亚吾斯丁曰：金入火生光，草入火生烟，苦难一也。此言耐苦犹耐火也。善忍者式如金，炼去心滓益明，不善忍者反是，怒气所熏，无不染也，然则堕地后善忍尚矣。

　　一日过玄父，适案头有《忍字辑略》，略展视，喜其皆节录善忍者之言行。玄父则以为间有近于迷信者，方拟删裁重刻，因索序。余因忆庞《七克》熄忿以忍之，崔序曰："忍"字从心从刃，心上着刃，痛苦莫喻。可谓善详我国"忍"字说文矣，"忍"字本义则未也。爱知学曰：忍之反曰怒。怒、情也；忍，德也。德恒视其所以，所以不正则害德；次必观其所由之当否，不当则害人。盖忍之为德，不在何所受，而在何如受，惯以"害来而平心受之"为界说。曰害来，言非我过所招致；曰平心，言不怒加害我者。且由不怒而顺受，如孟子不遇，曰"天也"，而不尤臧氏子，又必乐受。如孔子绝粮，曰"君子固穷"是矣。

　　界说既明，首贵视其所以。昔亚勒山易怒，亚利斯多劝王自视善且大于众，而以此轻其谤言，并未等诸吠日也。而《七克》犹然非之，曰此以恶攻恶，不免于恶；尔受人害，勿以尔为善于害尔者，惟以尔德为重于彼害可。顾今之言忍者，更自邻以下，其畏人也如奴，求如王以傲人之故容人者，亦鲜矣！又其下，心实仇之，无如彼此皆势不能抗，力不能制，姑以貌忍者阴相对付。无奴之畏心，有仇之决心，险且诈，吾宁逢乳虎之怒，而世俗方盛称刘季之得天下也以能忍。悲夫！盖不视其所以之过也。所以虽正，又必观其所由之当否者，不当则害人。故古德有言：不当怒而怒，自犯罪也；当怒而不怒，不救人罪也。不救人罪者，方诸见死不救，有以异乎？惟忍亦然。

《七克》曰：见非理而心不动，非能忍也，惟过柔耳！过柔之忍，方诸妇之和奸，夫之纵奸，有以异乎？当忍不忍，害止及身，不当忍之害，将与非理之害并驾齐驱。准此以谈，譬谓钱财细故可忍者，当告以债主可忍无害，听讼而忍则大害。人或纽于唾面之忍，谓会审官见辱于陪审国〔团〕，国势不同可忍也，吾则谓恰与过柔之忍，同一可羞。此无他，一切土地财用，我所有者，我可取予，非我所有者，虽属于公，我取而归己，或取以予人，皆所谓非其有而取之盗也。盗一人，犯一罪，盗诸公，公众无数，不犯无数罪乎？一己之冤仇，容忍之固无害；一国之冤仇，尤其有申理之权者而容忍之，是助寇为虐也。虐杀一人，一死罪；虐杀一国，不万万死罪乎？

《春秋》无义战，况一国之中乎？爱知学曰：不义之战，两军之死，与人民之被害者，皆主战、督战、交战者杀之也。杀人之罪遍国中，此而可忍，孰不可忍？勿谓《春秋》之义，相忍为国，对于国贼国仇，亦可慢然相忍也！夫为国云者，断非破坏之谓，乃自民国以来，寇兵如入无人之地，匪兵如掳无主之物，而为地主物主之国民，不谋以自治其田地物产者，救此无主无人之民国，惟日呼号于非地主非物主之前，若责以过柔之忍将何辞？辞以无自治程度乎？程度莫妙于相忍，困难莫甚于政见党见。寇灾兵灾，不人人刃格于前而相忍乎？刃加于颈而相忍乎？刃贯于心而相忍乎？具此相忍之精神，何事不可为？自治之困难，绝无寇灾兵灾之甚也，则相忍以自治，何困何难之有？即有焉，宁同心相忍为入火之金，愈炼愈镕结，慎毋以党见政见之不同，同于入火之草，无耐久之能也。质诸玄父，玄父喜善举，当亦有感于时，而不以余言为刺谬欤！时民国十年，八十二岁马良序。

无题
（1921）

今日政府行为，大都犯罪行为，此不更正，无可救药。

一问君主国，僭夺王位者，得罪于一人，而称大逆不道，人人得而诛之。然则民主国，以不正当行为僭夺主权者，得罪于万方，亦大逆不道，人人得而诛之。

一问我能为君辟土地，充府库，战国时，已目为民贼。若今乃为个人为军阀而为之，殆民贼所不肯也。（买押土地，以争夺地盘，借国债。）

一问我善为陈，我善为战（虽杀敌致果），战国时已目为大罪。然善陈善战，谓杀敌以致果也。今某家将，乃以能杀人民系天下之望。

一问不擒二毛，不重伤，为其力弗能敌而敌之，大背人道。人道，敌城镇，无兵备，犹勿攻，况水灌人民田地房产乎？殆视民如寇，岂视民如伤？

一问不义之战。哲学曰：两军之死，与战地之被害者，皆主战、督战、交战者杀之也。墨子曰：杀一人，一死罪。犯千千万万死罪之囚，倘可为政，则政者正也之谓何？

一问天下惟一国无上主权，外对犯公法者，内对犯国法者，能用兵刑，盖法者，人道所持以生存也，犯之者是欲加害于人群也。困兽犹斗，故遇不法行为，可代人群以抵抗之。抵抗云者：意在自卫，不在杀人。若在杀人，则丧其代表无上主权之资格。盖人道不可有杀人心，焉得有杀人权？从知一有势力，便恣意杀人者，非人道。非人道而可以立国，不将使虎豹豺狼，皆可以立国乎？

一问用兵，不先筹兵费，是令望屋而食也。望屋而食者，匪也。用匪以求胜民意，政治行为耶？犯罪行为耶？

一问立宪之政，用兵，不先商民意，其罪大于盗兵。

一问立宪之政，收税，不先商民意，其罪甚于攘鸡。

一问统一，将以法律统之乎？抑以兵力统之乎？借曰以兵力，将以一国之兵力统之乎？抑以北洋之兵力统之乎？既统之后，选总统而为北洋人物，北洋军阀仍否驻防各地？若非北洋人物，北洋军阀能否降心相从？皆拟用兵解决时局者，所宜审定而后动也。不然，非志在统一，志在杀人而已矣！

一问为洪宪而战，战有罪乎？然则为北洋团体而战，战有罪乎？王占元之战，固明明为北洋团体也。

一问纵囚，以归可免死之心诱之者，可以为法乎？然则诱杀乱兵者，亦非法也。法无诱术故，且在王占元之杀之也，一则迹近于杀降，一则丧带兵威信。然则徒以北洋团体之故，强之使带，助之使带者，皆负杀人之罪，非政治行为也。

一问开放门户云者，门户以内，须有地主。否则在我谓放弃，在彼谓开拓，非开放也。试问地主，将归之几月一换之内阁，可乎？几年一换之总统，可乎？或省长，或省会，皆不可也。盖地主系常住性，并与所主之地，须有切近关系。有地百顷，知其畔域者鲜矣，况一国一省之大乎？故地主，当归之一县一乡之民户，试问不能自治其乡，可为一乡之地主乎？自治而无治费，虽尧、舜之民，可以自治乎？故我之自治，即（以下残）

致英华
（1921）

一

敛之二哥侍右：

西山天气何如？此间则自封斋迄今，已变数十寒暑，可谓极意摹仿世态之炎凉矣！来示将函访汉口，有回信否？恐不由千里，难通也。良于来京前，或来京时，会寄上（《天学明辨》共二十册）第一册否？或在尊处，或在援庵处，请寄回上海是祷。志尧母近忽由脚肿至胸部，溺有糖与蛋白质，胃又滞消，医颇棘手也。昨在新普育堂，有外来大司牧三位，行十周年礼，并授教廷骑尉爵于陆伯鸿（服该爵礼衣，颇雅观，悬有教廷黄白旗帜），伯鸿为中国第一人云。良启。十四日。

二

敛之二哥鉴：

顷辱赐教，知婆心不死，又欲为冯妇，甚善！甚善！陆君伯鸿观启明给凭后，私谓余曰：拟创一贫民女学。（盖不借"贫民"二字，又犯专卖权也。）盖启明学肥奥弄须六圆一月，而耶教女学只二圆一年。学钢琴、学色画、油画等等各门，均须加费。巴洛尝谓余曰：不为多金，何苦来中国耶？意者学堂之职志应如是欤？志尧之侄鲁异最崇拜学堂者，今亦欲设一贫民学堂。汇学收教外学费六十圆半年，而程度尚不及高小，但教外之来者，因规矩好，而我则以为程度高，岸然自满，吾末如之何也已矣！故今日之希望，在函嘱千里，将设学之要，向罗公一再言之，倘二哥能约所知绅董仿震旦设一公学于天津等处，先与爱尔兰商定请其教授。（前者英国司铎拟就北京大学之聘，仿是以聘之，想无不可。）此或善用婆心之法欤？请二哥决意行之，不然，各据地盘，而以教育为专卖品，吾其如彼何哉？遣使会总会长至今在巴黎，仰政府之鼻息为进退者也。鸣远于西开事，大忤该国，必不能来说。总会长向教廷之争，吾亦不信，宗座准鸣远向总长自求，容或有之。盖宗座若干预个人之遣发，必予以特权，如前之遣圣沙勿略是矣。遣来传教，皆由各会或主教行之，宗座不遥制也。欧美亦热甚，英国放无数火箭以招雨，雨竟不来，不识今之博学，又将何言？匆此，复颂道安！良启。十八日。

伯鸿在江浙之交，建一保守堂，奉圣若瑟善终为主保，索撰一联，奈搜索枯肠，有意而无词采，其意为人人所知者，请吾哥施以词采。

在生时代天主理天家无更崇高之天位　　代天上圣父管地上圣家
临终日左圣母右圣子泰然托付其圣灵　　左救世之母右判世之主

由教内教外合办一学堂，聘请美国或爱尔兰司铎为教授，比司铎等请求地盘较易。

三

敛之二哥侍右：

久未复书，痔发故也。前三天得飓风挟雨来，始稍清快。赴美"中国"号亦停吴淞，未开船，上有学生几二百名，而志尧之四侄亦在焉，往学工科云。志尧昨晚来，言见汉阳之高公及比国之吕公，均在沪，不知其何干也。爱尔兰人仅四百万，而敢与英抗。《经》曰：升天须奋力。我国人所最缺者，即奋斗心，抵抗力耳。吾书前言天津虽允耶稣会开学堂，而无如会士少何！然则美之会士苟多，何故不允补其空耶？《经》又曰：方饮陈酒而甘，断不思新酿也。人各以其本国为好，必思变我为彼国为快，就屦而已，削足之痛与不可能，非所计也。吾其如彼何哉！吕公谓志尧曰：彼圣心会有传教士六七百，在东方虽似少，但比国民数仅八百万，故方之法国四五千万人，不为少也。盖吕公深感比之不执牛耳，为不便耳。总之，人目有小茝则见，己目有大栋则不见，我国人亦未必贤于彼，但处于受判之地，只好忍气吞声，此之谓亚当之子孙，吾与汝之见人目，亦犹是耳。前书托改若瑟善终联，因一心依赖，意忘却所联语，务祈示我，其尚可用者联语云何。石铎来京，曾面晤否？铎尝询吾应译何书，窃思能译《罗马问答》，为用最大，因其能包教理之全故也。台候即日何似？康胜为颂！（另有致令妹信，祈转交。）良心叩。十六日。

致英贞淑
（1921）

堂长三妹如见：

　　蒙书唁，借审为家姐出会费，费不在多，而其情实可感也！志尧仍是一身债，然为天主用，不敢稍吝，我信天主必有以安慰之！何理中近供屋顶主心像，顶高七八丈，意在凡瞻像者咸蒙圣佑。且日日所事，惟主之命，己不敢稍存意见，我等诚宜法也！妹以为然否？培根事，烦学何理中，则不烦，心且常静。世俗尚知安心任运，况吾侪乎？顺候侍安，不一。若石马顿首。卅一日。

五十年来之世界宗教
（1922）

　　此题虽属宗教，然以宗教论宗教，不如以局外眼光、世人常识与世界历史者，为实地之研求，似更平正通达。为此不尚新奇理想，不尚新造名词，此无他，说理贵普通，参以新造新奇，宗教之学说，反不能普及故。但国文"教"字，大都"教训"、"教令"，作"教之"之义，无宗教解。解宗教，起于释氏东来，其《圣教序》解之曰：真如圣教者，诸法之玄宗，众经之轨躅也。意者，以其为诸法之玄宗，而名之为宗教欤？欧文字义，religion 宗教者，一再束缚也，谓既束缚以性法。（性法者，"齐之以礼"之"礼"，四端之一，能禁于未然，换言之，即性法。）性法之上，而宗教又能加以束缚也。性法已非人力所能为，则加束缚于性法之上，更非人力所能为矣。故太史公《礼书》曰：洋洋美德乎，宰制万物，役使群众，岂人力也哉！民国前后，士大夫鉴于人心之日堕，提倡宗教之声浪颇高，毋抑有感于太史公之说欤？顾第弗深考！此题若就局外眼光，征诸哲学，法当先审世界有无宗教：无，则无历史之可言；有，则当次审其性格。性格不先定，与无宗教同，虽指鹿为马可也。可也者，两可之说，废词也；而作与阅者且废时，期期以为不可！

　　朱子注"上帝"，曰"天之主宰"。希腊哲学，以为主宰万物者，有"帝昊氏"焉。罗马哲宗季宰六，又多为之证。其证之精，至今学者称之。我《诗》、《书》之所载尤详。大抵存乎性者，触之即发，不啻火药之遇火也。故一遇人身之力，或人性之力所不能抗者，每呼天以抗之。孔子抗桓魋曰："天生德于予，桓魋其如予何！"孟子抗臧氏曰："吾之不遇鲁侯，天也！臧氏之子焉能使予不遇哉？"且不独圣贤知有天也，虽乡人有斗者，亦往往忿呼曰：有天在！有天在！虽墨洲之土番，其见夺见杀也，最后之酋长，亦知呼天降监夫欧人矣。拳乱时，华侨八九千，其被诬被溺于黑龙江也，亦复呼天降监夫俄人矣。但人之将死，岂仅呼天降监于生之前哉？然则生之前，生之后，身之内，身之外，世人皆知别有一大能者主张一切，一大智者主持一切，一大有者主一切，体一切，弥纶一切，如在其上，如在其左右，可呼而应，可感而通也。或呼曰"天"，或呼曰"帝"，皆一声之转，或呼曰"神"，曰"天神"，曰"天鬼"，名称虽异，而中外古今贤愚之心理，固无不同也。无不同者，必本于无不同之所以然，而舍无不同之人性，则别无所以然之可本，但本于无不同之人性者无不真。换言之，即同然人性之主观，既有此心理，客观必有此一大能者，一大智者，一大有者在，不然，是本于人性者而可伪也，不将人性本伪乎？本伪者，无往而不伪也，即不然，试问其可伪者仅此心理乎？抑事事可伪乎？事事可伪，将何所据而证其有不伪耶？若谓仅此心理，此外可不伪，但所据以证其不伪者，非即此可伪之人性耶？以可伪证不伪，不自相矛盾乎？人既不能舍同然之性，辨证真伪，然则本于性所生之心理而敢否其真者，是直否其有人性而已矣。

《记》曰："若有疾风迅雷甚雨，则必变。虽夜必兴，衣服冠而坐。"设使今之学者见之，能无讪笑！而古之人则以为天德广运，大而星球，经星之最近者，其光至地须四年，况十百千倍之远者乎？小而至于微生物，皆足以杀人。况疾风雷雨，地震山崩，胜于人身人性之力者万万倍，能不敬天之怒，畏天之威乎？可见无论人祸天灾，不幸而遇之，未有不呼天而望救者也！《书》曰："祈天永命。"又曰："大动以威，开厥顾天。"古之人固未尝以求天为讳也。

《班史》有言，人必役物以为养。然需外物以养其身者，身之内必无生命之根。无生命之根者，千修万修，修不到不毁之身。故孔子曰：自古皆有死。有死，故今世非久居之地；即可久居，亦必无可享之福；即有可享，而今世之福，率皆罪孽之媒。罪孽之媒恶足为善人之报？然而福善祸淫之说，不独古书有之，今论亦然；不独我国有之，他国皆然。此其说既出于古今中外之所同，必出于同然之人性，而非一二人之所私造矣。不过浅见者，不明善报恶报不在生前，误以生前之顺逆，而叹天命如何，天意如何者，往往而有；亦有以善恶名，为善恶报者，抑思万岁节而万岁病，病尚不因举国祝之而稍减，生后之名，身外之物，施于生后之无身者，足为赏报否乎？如是为赏报，将使圣贤反受赏报于庸愚之口，此必无之理，故亦必无之事。或曰：中国人大都不信有生后。窃谓惟中国人信之最深，虽乡僻愚妇，无不以生后无后为大苦，而望后人之祭之祀之者！儒，释，道，比户皆然，甚有生而自营其棺椁衣衾者，如其不信，苦之为何耶？营之何为耶？无已，惟世之焚其尸者乎？然何为收其余烬，以贻所亲耶？即此一端，而焚尸者之心理，已可想而知。彼谓人魂生前死后，可以照像得其影；又可于死际，以极准之权衡，计减若干，而得其重者，虽视人魂尚不如电气之不受照不受衡，究之未尝不信死后之人魂存在也。《诗》既咏："文王在上，于昭于天。"则桀与纣，断不能"于昭于天，在帝左右"矣！孟子曰："存其心，养其性，所以事天也。"夭寿不贰，修身以俟之！何俟乎？庄子曰："善其生，所以善其死。"亦俟善死以得善生之报而已。亦即文王"小心翼翼，昭事上帝，聿怀多福"之意。鄙儒一闻行善求福，无不巷议而心诽。鄙儒是耶？周公非耶？今既明乎鬼神能赏善而罚恶，鬼神之明，不可为幽涧广泽，山林深谷，鬼神之明必知之；鬼神之罚，不可恃富贵众强，坚甲利兵，鬼神之罚必胜之。然且淫暴寇乱，盗贼公行，设令十目十手，乃曾子誓言，并无所谓全为目者以视察我，全为手者以指责我。夫以人心之易动于恶也，人情之党易于恶也，私人交际，家庭幽僻之区，尚有刑章足为儆戒也乎？又设令今生之后人我无存，善恶无报，试问在生一日，何不凡事以纵情为快？何不有仇以先杀为能？循此以往，天下尚有人道也乎？

由上所言，可见人性皆知行有善恶，报善恶有神明。而行善者，遂隐然有责报之心。但"报之"云者，须先有约，无约而擅治尔圃，而索尔金，尔其许之乎？顾行善者之理由，亦若隐恃此趋善避恶之心，乃天之所以与我者而为之约。谓予不信，试反观自问，见一善行不见善报，有不代为呼天者乎？予窃以为宗教之心，实肇于此，即欧文"战战兢兢，自加束缚，以守天约"是矣。因天之约，责望善生之后，而得善生之报，是矣。金知犹太宗教有旧约，约条守来复之圣日极严；而我国古书莫古于《易经》，《易经》复卦之文曰：先王以至日闭关，商旅不行，后不省方。夫"至人"犹"圣人"也，然则"至日"亦犹"圣日"也，曰"先王以圣日"云云，是其所述，且先于《易经》之古，而上追犹太之宗教，莫相后先，以故国人不言宗教则已，言宗教可不深长思乎！总之，宗教者，与世无争，不谋生前之利；谋生前之利者，一切团体公司胥是，非宗教也。宗教宗旨，既在生后幸福，但生前之生，其来尚不可却，其去尚不可止，则生后之赏罚，断不操之于人。不操之于人，则人所杜撰之宗教，非宗教矣！非宗教，即非题所欲言。予何言哉？予何言哉？

而不图世俗之论宗教者，乃竟谓无迷信，无宗教，是直谓宗教非他，迷信而已。人訾其不知宗教，吾惜其不辨迷信。迷信者，迷于非果之因，非因之果，而认为因果也。昔欧西有病狂者，见木匠某方瞌睡，戏窃其斧，砍其首藏之，屏息静观其醒，将如何急遽寻觅谜藏以为乐。乃不知砍其首人必死，而迷信其能醒，是以谓之狂也！又扶乩者，谓神可焚请降坛，此亦迷信也。徐侍郎进斋曰：人或诳汝，凡王公大臣过汝门持汝名片要之无不入，汝且不信；汝乃迷信神仙，符到即来；纵来，决非正神；非正神，则其戏弄汝也，何疑！又如以打坐为修行，服丹可不死云云，亦迷信也。太史公曰：形神离则死。服丹纵能固其形，神无质，非丹可使不离也，而信之，非迷乎？修行，道德事也，与打坐之收心调息何关？无关而信之，非迷信欤？准此以谈，彼信皇帝有万能者，亦迷信也。百姓不归往，若桀与纣，何能之有？然则民有主权，不敢自主，而希望国内外有伟人，可代为之主，非迷信耶？而论者乃曰：宗教率言生后，非如科学有实因实果，与人以可见可寻。无怪人谓宗教与科学，两相克，不相容。故一八九一年十一月九日，法人开国会，其官报云：M. Charles Dupuy 杜捕者，教育部调查员也，报告曰：公教之科学，犯血亏症，行将槁死矣！人研精科学时，大抵宗教之信心忽起立，禁汝曰：毋再前！前一步，丧汝信！（译者曰：未前耳！前则明，明则光！月光乃日光之返照，不相反也。性有所天，性光亦返照所天之光耳。光与光相得则有之，相克则未之或闻！）坐中贝高 M. Bigot 责问曰：然则宗教人无科学家欤？杜慢应曰：如其有，吾愿编题名录也！杜不编，不佞请按艾弥欧 Antonin Eymieu 所编十九世纪，自一八七二年起，略举其名，前此不举者，以非五十年来之历史故。

艾君意谓：余始编颇踌躇，非以宗教人无科学名家故，实以多不胜收。又以"名家"二字难确定，岂一博士，为某某地方、某某学院所推崇之谓，必也于科学原理，多所发明多所创始，创设新题新案，穷原竟委，奠定新基之谓，不但修旧补阙而已。而余又限定十九世纪者，盖以前之学者，皆知"天有主宰"、"人有灵魂"二者之关系至深，宗教之信心各具。今始唯质与否认二派，聒乱欧、美两洲，宜乎教学不兼容，可应杜捕之说矣！而孰意相容之数仍可惊，而其名仍可重耶？

兹不肖所录，又不及十九世纪之半，半之中未作古者，是宗教非宗教，未盖棺不敢论定，理应亦付阙如。又以注音不用罗马字母，则姓氏无可审详，而多用又易引睡魔，势不能不复加删削。为此，谨分科选录其享大名者于后，并用括弧各系其生卒年于名后。

一、算学科。诸科以算学为中坚，犹形而上者之以哲学也，理固不待言。P. Duhem 涂亨曰：今者物理学，盖无一篇一节欲有证明，而不借助于代数及几何也。H. Poincare 彭伽蓝曰：人欲推广知类之学，舍眼所见，惟理是明，其惟算学乎，不致曲于形之迹，而探原夫理之纯者也。然则精于算学者，不可谓非科学家矣！况乃独立一门，别开一径者乎！

有 Kare Weierstrass（1815—1897）韦子衲者，德人也，其所独创之函数，名 abeliennes "亚俳林" 者，今于算学已独占一科，生平非独著作之多，而从者之多，且从者之多又各得其一长以鸣于时，故其所长者，非独 "亚俳林" 也。柏林京科学院，素拒景教之徒，其门至是，亦震于韦氏之名，不能终闭。既入院，院中拥皋比者，至愿为听讲生，而韦氏无矜色，若不知其学之冠绝当时也。虽谤教者亦谤无可谤，乃讥之曰：殆教中之司牧欤！即此可证其奉教之虔。

有 Hermite（1822—1901）韩弥德者，法人也，于一八五六年，为过西氏 Cauchy 引归景教，其虔诚至死不变，而其学亦追踪过氏。氏乃其师也，友也，算学家众口一辞，奉为举世之王者也。韩幼时，作亚俳林函数题，宿学已呼其为小辣克郎 Lagrange！郎，德人，年三十而掌柏林京科学院，拿破仑亦称之为 "算学之塔尖"，且有称为堪与纽东比肩者，则韩之学可想。及其卒也，巴黎考文院长 M. Foupue 报其丧曰：我院之明星陨矣！

乃十九世纪，以昌明算学为己任者也。但算学大家，十九世纪凡九人，即上所言，彭氏，韦氏，韩氏，过氏，辣氏，又 Gauss，Abel，Riemann，Galois 加路娃等。惟加君以决斗死于非命，彭氏、辣氏于宗教不甚关心，余者皆笃信人也，而反对者卒无一人。

九人之次，意国则有 Ludovioi（1821—1894）、Curruti（1850—1909），皆算学之铮铮，奉教之恳恳者；而 Bayma（1816—1892）且为耶稣会士，美国报推为算学家之巨首，不亦宜乎！

比国则有 Quételet（1796—1874）、Gilbert（1832—1892）。一则称为比国首出之人，一则称为教理学理，和辑于一身，而左右逢源者也，俱见于比之《王家科学院记》。

英国则有 Cayley（1821—1895）、Babbage（1792—1871），皆景教

之信徒也。

德国又有 Grassmann（1809—1877）、Pfaff（1825—1886）。一柬其弟曰：宗教眼光之所注，注视勿忘。一哀信光之失，而著保教之书。盖皆反抗教之虔诚者。

法国又有 Dupin（1784—1837）屠崩，年十六，已寻知屠崩式之半圆面者；又 Chasles（1793—1880）沐士兰，乃别号"几何学之帝王"者；又 Puiseux（1820—1883）乃承过式，而主讲少而彭 Sorbonne 学院者；又 Vieaire（1839—1901）肥赅，尝主《科学问题杂志》，有算式为前人所未及思议者，其学之邃，可见一斑。除沐氏临终始虔行教礼外，余皆奉教极虔。

右所辑算学名家虽多挂漏，但五十年来，宗教家未犯血亏证〔症〕，似可证明。

二、天文科。天文之为学，尚矣！恒视其精与不精，而万国之文蛮判焉。地虽有四游之说，《尚书·灵曜篇》且以地如舟，舟行止觉岸动之说，而中国人不信也。张船山且讥利玛窦地圆之说。如果方也，则日之东升，大地俱见，何为南长北短，夏长多短，岂冬之日，急加鞭耶？欧人自高拜尼 Copernnic（1473—1583）司铎，主持地与行星，有自转与环日之转，而天文之学始奠新基。算学家之用数也，亦用至天文，乃堪驰骋，以此，星象号为"算术之郊原"。算术大家，如德国之 Kepler，意国之 Galilee，法国之 Descartes，英国之 Newton，皆尝先后迭驱于十九世纪之前者也。

今则有二人焉，一在世纪之初，曰腊百衲 Laplace，可不论，论范莲 Le Verrier（1811—1877）可也。其生其没，其步天之学，不掩其奉教之诚，有科学院志其墓为证。证曰：范君之笃好天文，而信向科学也，适助其信有造物，信守教礼之心，愈活泼以奉行！先是太阳系内天王星，颇难推步，若为隐力牵动，动失厥常。范君不观天，但伏案，布算式，而得之于笔尖，曰：应有一不识之星，现于一八四七年之元旦。一若躬御其星轮而戾止也者，且谓所测缠度，即差，弗盈十也。及海王星现，仅差五十二分云。然"海王之御者"，此仅其小小头衔耳！其创改星象观象诸台所，创设天文讨论诸会所不计外，独任复覆 Lalande 腊狼星谱，至四万八千；并历考彗星已往及将来之隐现；又修正太阳本系，各行星之运转前后计三千八百五十年，俾吾人可坐享者尚有三千年。其脑力之充有如此！去世前一夕，等身之著作悉告成，校至末页，付印曰：今主其纵归尔仆于安所！此《新经》语也，非沉潜于经文，引用之确当，能若是乎？

《日轮构造论》，Faye（1814—1901）法雁自序有言：古以天运证明造物，如《古经》，主之光荣有诸天赞述云者，勿虑其愈益讨论，天地之创造，而弗见诸事实，愈益深切著明也。今其论，学者颇宗之。华盛顿之极大天文镜，Newcomb（1835—1909）纽公实建之，亦美国耀星之一，以探讨月轮及行星得名者，盖亦信教徒也。意国之以探讨流星（流火）双星（一星两球）及火星构造得名者，曰罅巴来 Schiapparelli（1835—1910），逝世前作《天说》，驳世之诬谰《古经》有不合天文者，绯衣主教 Pietro Maffi 为之付刊，则其说之可凭，与其人之虔信，殆不虚矣。

阅者倘不厌烦，请摘录近今教士教徒，于天文学术尤得时誉者可乎！教士如 Keller（1792—1886）、Denza（1834—1894）滕沙等，又 Perry（1833—1889）、Secchi（1818—1875）斐禠及帅旗等。滕则富于学理，创办意国观象局者，其掌教廷观象台，实继帅氏。帅氏学术，时论所谓"巨擘中之巨擘"也。斐之候验学，所谓"世人莫与比伦者"是，伦敦王家天文局所遣科学调查远方团，请斐为之长者，凡六次之多。而此三人者，又皆耶稣会士也。且徐家汇观象台，其始实由帅氏提倡之。教徒如 Wolf（1810—1893），Zurich 观象台长也；Gautier（1793—1881），Genève 观象台长也；Von Madler（1794—1894），Dorpat 观象台长也；Santini（1787—1877），Padoue 观象台长也；Adams（1819—1892）亚当末者，亦步推而得海王星，虽略在范莲前，徒以未经宣布，致让范居先耳。学则未必多让。又英人 Sir Huggins（1824—1910）即以分光法，征验星球是前进抑退离者。至论法国，固多材，试录其近亡者一人以概其余而为之后劲。Vicomte du Ligondès（1847—1917）黎公谭，乃考正腊百衲与法雁之学说者。行星部，腊氏所知者仅四十三，今所知近五百，中有退离者焉，有光环者焉，法氏以为环生于内部之熰力（热力）旋力而成，黎则以为仅按极微相摩相击之工程亦可，著有《世宙缔构造工程论》，伟作也，而于宗教，一生谨守《福音经》者也。

梢莱氏 G. Sorel，非景教人也，尝言：算学与天文诸大家，于景教信条最易信受，而 Renan 君亦未言其故。其故无他，盖此两家习于理论，见理必信；信理既深，深信教理之真，自不难矣。今人纱厂，见其种种布置，如何爬梳，抽条纺纱，由粗而细，谓机器自成，或谓造之者，如紫阳书院其文所说，"因人思之既久，死剖其心，心有轮船小样云云"，可乎？然则天地间星球之众，相距之远，远虽不可思议，而运行则悉遵数理而无愆。乃竟谓无造物者以造之，可乎？而此造之者，其无所不在，无所不能，亦可概见。见为实见，非迷信也！此成汤之所以圣敬日跻，文王之所以小心翼翼欤？

三、物理科。寰宇形形色色，变现万端，其足以操持之，利用之，非理化学乎？供百工，供日用，造成今日之文明，尤今人所尊为科学，谓与教理不相容者，非乎？而讵知景教中人，其创始！

（甲）热力门。有塞衮氏 Seguin（1786—1875）。据前贤所谓，热气非气也，力也，而与动力同为一物，同发于一源，源尚未可目睹耳。征是以求之，勘得汽推机动，动之功用若干，即汽之耗力亦若干，确有相当之比例焉，创行多管汽锅，改木与生铁路轨而用钢铁，及抽风之机器炉等，盖不徒创论家，而亦创造家也。继之者有 Mayer（1814—1878）马冉氏，由生理学之功用，而推广之曰：凡所谓重力、动力、热力、光力、电力，与有轻重诸体质、验差，变现似殊，皆同为一物。"此论一出，于是英国之 Joule（1818—1889）、丹马之 Colding（1815—1888）、高化尔马之 Hirn（1815—1890）热力之论争出矣。之数人者，皆创始家也，其奉教之诚，有种种学报证实可不赘。

继创始家而为进行家者，有三人：（一）亥而卯 Helmholtz（1821—1894），始以算学家，著有水压力之方程积分，继以生理学家，寻知脑系流行之速率。卒以物理学家，为"德国之领袖，亦英国之领袖"也。创有检眼镜等，而尤以考订热力名家。（二）克罗削 Clausius（1822—1888），能于形物性质学，大放光明，将热力学与工力学镕合一炉者也。（三）凯而文 Lord Kelvin（1824—1907），即 Thomson 也，年二十二即主讲 Glagcow 卡士古大书院之形物性质学者也，于形性学，若磁也、电也、日光等，不独创论，且多创造以利用之，发明之，若海线者，其一端也。世无宗教非宗教莫不奉为嘉惠人类之导师者。一九〇三年致书于 University College Christian Association 基督会之学林曰：谓生命之原，不原于全能之造物，余实不能赞同此科学。科学盖不能不认有造物之全能在，吾人所以有活命，能动作，能生存者，岂恃槁木死灰之物性？夫亦恃有造物礼物之元尊！人不研寻物质，与物生物死之原动则已，不然，科学之昭示吾侪，不啻三令五申，实有一无上神能，统治一切，裁制一切，质学、动学、化学等之力作焉。诸君勿惧为思想自由人也，如果殚精以思之，则科学将责令君等，坚信有造物主，造物主乃宗教之根宗！夫然后知科学之学理，不惟不劝阻人，反劝导人以信从宗教者也。

之三人外，其精于煴热学者尚多，随意附录数人，恕不注音，聊备关心者之考据而已。西名曰 Regnault（1810—1878）、Desains（1817—1885）、Andrews（1813—1886）、Stewart（1828—1887）、Carbon-nelle，S. J.（1829—1889）、Delsaux，S. J.（1828—1891）、Cail-letet（1832—1913）、Amagat（1841—1915）等，皆信教之徒，且有教士焉。

（乙）光学门。论光之射以波动解之者，至（一）Fizeau（1810—1896）菲赊氏始畅；（二）季犒氏 Kirchhott（1824—1887）又以分光法，剖析之；（三）Stoker（1819—1903）史道陔，亦光学功臣也，著有析光可能性之变迁；（四）Vaundes Meusbrugghe（1835—1911）、Cornu（1841—1902）、Tyndall（1820—1893）、Moigno（1804—1884），皆深于光学而兼宗教也。

但波动之说，极盛一时者，又复陈羹，而代之以电子矣。电子者，非电之"极微"，亦非"莫破"，乃"莫破"之散碎零星，喷射者也，俟论电详之。

（丙）电学门。琥珀，矿石也，松香玻璃等，皆能拾芥。《易》疏各从其类曰，若琥珀拾芥，皆冥理自然，不知其所以然也。不知而不求所以，此学者通病。欧土不然，惟力求，故精进。初亦因琥珀之能拾，而名为琥气，后感云中电气，知与琥气同，从此大发明，大利用，不自近今五十年始也。然求之于五十年中，宗教人亦未尝无电学名家：（一）如韦贝氏 Weber（1804—1891）首创以电计音，以流电作邮传等。（二）巴绵氏 Palmier（1807—1895）创制地震计、量雨器、验电器等，而研云电尤深。（三）客罗物 Grovei（1811—1896）始善于以电刻五金等。（四）番拉里 Ferrar（1847—1897）始寻获所谓旋电场。（五）鲜门氏兄弟 Von Siemens（1816—1892、1823—1883）尤于百工用电有裨者也。（六）郎拜氏 Graham Bell（l847—1912）首创电话机与光线生音气者也。

其证磁电为一物，而光乃电之一种变现者，（一）为马尾氏 Maxwell（1831—1879）。后二十年（二）海尔氏 Hertz（1857—1894）征实其说，勘得电颤动，便具光之性格，惟波荡之长短，微有不同，余如反射、折射、偏极、交叉等，则两两皆同，于是光属磁电论乃定。换言之，射光即喷电矣。又因电有沙性（谓散屑性，）而物质之所由胎始构成，亦可类推，而定其说。至说光动力者，则（三）Henri Becquerel（1852—1908）派陔兰也，初 Curie 古厘夫妇，获二金类，曰 Radium 铕，曰 Uranium 舒，舒之光动力，虽远逊于铕，而派氏则出心裁，竟以发明光之动力。古氏之以铕发明也，实袭派氏法，故先获仍推派氏，科学院乃定光动力曰派氏光。派氏殆科学世家欤？何其多能也。又有（四）Antoine César Becquerel（1788—1878、1820—1891）派氏父子者，父则发明电化术，施于矿物地质学者，功用颇宏，子则专心于磷类萤类之光学，及日之分光学，电之为光学者也。父每曰：我父子能发明此者，因所深信同一造物主也！

右所录，惟海氏于信心，不甚明了。但 Dennert 滕奈志言曰：欲得宇宙物理之全，写成公律之图须知物于吾有可见者，而可见之外，有不可见者存焉；物于吾有可觉者，而可觉之外，有不可觉之主动在焉。海志弟墓曰：弟今所知，逾吾多多。则其信人灵与造物主也无疑。马尾氏则信英国旧教极诚，其论极微，附断语曰：太初造天地，并造天地由成之质料焉。（见《古经》首章）日间每爱诵英文诗曰：造物主乎！吾所关怀者，非生与死也。存爱尔，敬奉尔，是乃我分内事也。然非主佑，我无能乃如之人！不谓之信宗教，可乎？

四、化学科。形质为"极微"之和合，梵有其文，但此"极微"，可取其半乎？不可。是"莫破"也。可则日取之，期至不可而后已，此理想之说也。今则以"太素"之"素"，称 Atom "莫破"。"莫破"之说兴，而化学亦与之俱兴矣。

（甲）主元素论者。盖化学者，所以化分形质，期至无可再分，以探其莫破之元素也。然万品流形，有顽与顽石同者，无生机，无官具。抑有有官具，资以生长，资以机觉者，如草木及虫兽是矣。由是，化学有所谓无机者焉，有机者焉。而有机者，尤唯质派恃以否认灵性与造物者也。抑近今五十年来之学者，所认为科学之大革新也。

吴安子 Wurtz（1817—1884）著《化学典林》，其开辟本科学程，最远者，法国计有六七人。近五十年中，惟杜马 Dumas（1800—1884）科学之中。盖无一科不登峰造极，执讲坛牛耳者，垂三十年，至其所发明者，虽不可以一二数，要以元素交换法，为有机化学之新造乾坤。或诘以舍有机，而殚精农植之化学，何居者？答曰：交换法行，有机化学，虽工人亦将优为之。德人 Hofmann 号弗满曰：杜君此法，不独至今赖之；其所辟新途，将永赖之。然则杜非一国之士也，而论有机之化则曰：生命所从来，科学不知也；生命所由去，科学不知也。借科学名，以不知为知之，此科学所当辞而辟之者也！其讨唯质派曰：假令血肉外无灵性，则：人生于世，无权利可言；活于世，无意味可言；死于世，无余望可言！世何尝见一将死之人，犹孜孜于化验所者。况乃生也死也，一无义理可言之人歟？其语无神派曰：化学，化夫形质者，有灵魂，有造物，万理之根宗非化学所能接触矣！又寓书科学院曰：造物之造万有也，各有其定数焉，度量轻重之一定焉。《古经》言此，二千年矣，今与化学家所征验无稍爽。偶然歟？偶然有得，何足为科学歟？

继杜君者，即其高足吴安子也，心最细，凡所化验无不准，间尝化验亚莫尼亚及克里谷尔，一则引起元子重量论，一则引起元素配合论，皆新学大题案也。吴本耶教，后归景教，往往演说曰：天地间万变之有因，万象之有序，科学能昭示尔也。至所以有序有因之故，是故也，不在万物之身，而在万物之外，先有以象其象，变其变，而后统万以成其序，统万以总其因，世无以名，名之造物。

原夫化学之始于无机，而达于有机也，学问之道，几可与造物参造化权矣。然其达之也，岂一蹴可几哉？有程途焉，必化分有机者，还其故有之无机原质原料，复将此无机者，化而合之。合之云者，使复有机，使复能活。能活云者，非有活命，止有活机。纵不能物皆使复，亦必能复一二。而后化学之能事乃庶几。上所言杜及吴君者，实以元素支配说，助成化合之功，至论元素支配之能，尤归炭素，实矿质物与有机物之联合品，而为化合之功所必要。

其成化合之功，最近者：（一）陔古来 Kékulé von Stradonitz（1829—1896）新派学说，已不问元素之重轻与体积，止问其结构与和合。陔氏既论定炭素之四能性，及构极微之元素联合性，乃以其化合法，寻获万香质科，必兼炭素之元子六焉，且无一不由安息之油成焉。至陔氏之对于宗教，则未考定。（二）连壁 Liebig（1803—1873），以"连壁肉"著名者也，盖尝以化合功，化成一肉块。其主讲 Giessen 谦巽大学院时，万国来从，万国之化学师，皆出其门，非虚语也！顾连壁之对于宗教则甚虔，警告唯质派曰：胡为假借科学，罔言天地如何有（有于自然而已），性命如何有（有于偶然而已）者，而欺此愈无知识，愈易妄信之人民哉？旷观天地万物，及人身以内，无大无小，无近无远，或分言之，或合言之，无一不遵一定不移之法度，不变之章程，以生以存，并行并育而无害。敢谓此不移之法度，不变之章程，并无大能者以统御之，而不容纷歧也？并无大智者以预订之，而不容更变也？并无大力者坚持之，而不容凌乱也？譬如植物书，图解极精，谓其出版，乃化学化成者，可乎？（三）石勿楼 Chevreul（1786—1889）者，于有油物、有色物，皆有所新得，而施之于实用，其化分还原法，为有机化之主要，自不待言。四方学者，庆其百岁时，柏林科学院颂其为"化学及诸科学之创造家"者也，乃其言则曰：化学者，后天之学也。必先有是物，而后化验其结构；先有变现，而后求其变之所由生。当其无有物，无有变之时，何从化验之乎？又设喻曰：钟表皆五金所造，而与五金片不同者，非因物质不同，实由结构不同，生命之异于顽物者，亦然。非因物质不同，实由内部性能，灌输活命于所结构之顽物，而萌芽之生长之，旋耗旋生，各从其类，死而后已。又如钟表者，人工也，人工所能者，只改移物质之形模与方位，以利用其性能。譬如烧火，人只移薪就火以传之耳，烧则物性之能，非人力也。大小齿轮衔接，传递总轮之动以计时，人力也。至总轮之动，物性之能也，非人力也。然则赋此生命与一切内部之性能者，非造物不能！

得此于化学名家，彼一乡之士、一国之士，纵有以宗教为迷信者，亦只得如《古新经》所言"有耳不闻，有目不见"，听其自迷而已。若犹嫌右录无多，请再录宗教数人而兼化学名家者于后：（一）德国人 Wohler（1800—1882）于化合有机，而最初先获者也。（二）德国人 Kolbe（1818—1884）继连壁等，有新化合，尤于数种有机和合，以寻得其性质著名者也。（三）意国人 Sobrers（1812—1888）寻获黑甘油，及苦木烧者也。（四）法国人 Cahours（1813—1891），时号为"有机化学之宗师，有机带金属体之立法师"者也。（五）比国人 Henzy（1834—1913）创办比京科学会，证明与宗教实相济者也。（六）英国人 Ramsay（1852—1917），于空灏寻得 Hélium、Argon、Kripton、Néon et Xénon 五新瓦斯，又第一发明铳发 Hélium 气者也，且于所著书中曰：讨论化学，不但有功日用，且使吾侪知识扩张，可以显扬造物也。每诵达尔文叙其《物类探原》书曰：勿妄冀心专力索之余，便能超越经书所载，造物言训与化工，惟两两研求，猛进无已可耳。（然则达尔文，原欲假演进以证造物之化工。兹有钟表，以机关演进之能，始则计时，继则计分，继且报时报刻，报月份，报星期等，以平心而论，其机关之巧，比一起首即能报者，不更妙乎？奈何读《天演论》者，反谓无造物耶？）

（乙）主物理论者。甲论专归原子。原子非所目击也，但假定之词耳。然此假定者，既有种种征实，方拟考订原子，或于元素，或于和合，有以衡之度之，而泄其秘，而显其奇。顾主乙论者，则以为有元子耶？"极微"与"莫破"之凑和，既尚在未定之天，何如将化学各问题，悉归诸热力以解决之。其为新学功臣不亚于甲，而使化学得征诸物理算理以推求之，尤堪独步。兹仍专录宗教人物于后：

创始乙论，主持以物理法、物理论，解释化学中变现者，首推Safnte-Clafre Deville（1818—1881）岱味勒，法国世家也，亦宗教世家也。墓志称其学术，一则曰"十九世纪中，化学名家之一，其功业永垂不朽"，一则曰"为全国全欧，矿属化学之主座者三十年，所建制铝厂，嘉惠工业多矣"。次则 Berthelot（1827—1907）贝德禄，亦寻获变化复原法者也。唯质派称颂之，名过其实否？以非宗教人，故不具论。

岱氏门弟子及同寅，有：（一）Hautefeuille（1836—1902）货氏，则化炼而成多种矿质物者也。（二）Trcost（1825—1911）陶氏，则验知蒸汽极高度之密率与浮散力等等者也。（三）Gernez（1831—1918）柴氏则验知空汽临于水沸变现时之态，洎结晶之速率等等者也。此三人者，与岱氏同属宗教，且极虔诚。

统计十九世纪中，以化学名家者，约五十一人：无神派仅贝德禄一人，不关心宗教者三人，调查其宗教不甚明了者八人（一为陔君，余皆未录）。除此十二人外，余三十九人，皆笃信宗教者也。利物氏 A. de la Rive 死前柬友曰：今日之天文与物理两科，最易引人认识造物真主，其无神派殆绝无而仅有！此真将死之言，言与梢来氏适相符合。合前后观之，科学之引人认主，彰彰矣！言与宗教不相容者，非科学家之言，更非科学名家之言，益彰彰矣！欧美信多科学，而名家究属晨星，晨星之晓示吾侪：一则曰，人有灵魂；再则曰，天有主宰。既彰彰如前所述，不晨星是星；信不晨之鸣乎？信狐夜之鸣乎？信不自坐于迷信乎？

难者勿曰：右所录人名，既多挂漏，而其所以堪称科学名家者，尤多挂漏，挂漏又何足取以为凭？不知所取者，非录者一人之私言，凡欧族之攻科学者，无不知其为名家也，然则尤多挂漏有何伤？况所重，非其人其学之历史，势有不能不挂漏者耶？何况第就此挂漏者言之，所与吾人以教训者已不少，幸阅者体味其教训，而不责其挂漏焉耳矣！

（教训一）遍搜科学立名者，我国无一焉，此何以故？盖科学之道，贵求其所以然。既得所以然，又贵执此所以然，以御其所然，而征诸实事实用也。无奈我国名词无因果称，称因果尚由梵译，世俗大都作行为上之报应解，不思报恶于行恶者，是两件事，非如烟之于火，是一件事，故火是直接的所以然，行恶是间接的所以然。所以然有四：作者，质者，模者，为者。譬如行恶者，发恶声恶言，以加于人，发乃作者，声鼓气浪乃质者，浪别语言乃模者。加人以伤之乃为者。凡有灵者，不能无为而为；不为伤人，而向空作声声之詈，人必以为狂矣；不为散心，而来回散步于郊坰，人必以为狂矣。从知谓人为善，当无所为而为，不为利，不为名，不为种种恶志意而为，可也，否则不知为善之道者也。我国因无确定名词以称其"所然"与"所以然"，由是不独学问无精当之了解，工艺无新颖之发明，切而言之，所谓"人生究竟"者茫然，父诏兄勉，不外"吃饭"、"吃好饭"而已！但吃饭是为养生，岂养生是为吃饭乎？扩而言之，所谓"天下国家"者更茫然，家不问儿孙之教养，国不问人民之幸福，于是失教失养者遍国中，丧财丧命者遍天下，天下又不问孟子所言人性有同然。同然故平等，平等，故子可语父曰：夫子教我以正，夫子未出于正也。可见法律之下，人皆平等，孰能己不正而正人！而天下不问也，更不问宗教所言。人性之所以同然，所以平等者，以同为造物元尊之所造，所造既同一人性，必同一究竟。究竟断不在今世之富贵。今世之赏报，前已言之矣，而天下不问也！天下之富贵，只有此数，不争不能得，于是强凌弱，众暴寡，有不惟力是视，惟利是图者乎？若复扩而言之，所谓天地万物者，愈益茫然，自周秦以来，诸子之说，《律》、《历》、《天官》、《日者》、《龟策》等书传，其足以当科学之一顾者有几？风水命相，岂科学也哉？士大夫方迷信而不已，则其责宗教以迷信，殆亦推己及人之道欤？

（教训二）古有言：道之大原其于天。天不变，道亦不变。不变之"天"，断非此"苍苍之天"，而为"於穆不已之天"可知矣。其不出于天而出于人者，未有不一变再变，递变而莫决者也。不见夫理化学乎，磁也，电也，热也，光也，重也，动也等等，浸假而磁、电为一矣，浸假而又与热、光为一矣，终且与重、动为一矣。前所谓原子者，忽主电子矣，复舍电子而主热力，复舍热之主名而主无名相之力道劲道矣。至于日星之构造，以不佞所闻，已不知几变其说。惟算学于理最属先天，变虽较少，但五十年来，算诀算式之增改，于施用之不同，数亦不知凡几？此无他，人之知识有穷，知近不知远，知外皮不知内骨，于所不知者而欲讨论之，其属于形而上者，犹可以理所必有者指定其有；若属于形而下者，皆后天之事，可有可无，必待其有而后能指定其有。有甲于此，指定其有父，可也；有甲于此，指定其有子，不可也。有果必有因，先天之理，不待见因而可指定。见火焉，而为电光之火，亦指定其有烟，则卤莽矣。人之有子，后天之事，事固不可一概论也。前知有火，不知电火，及知电火，学说之变随之。出于天者，古之电火犹今也；出于人者，而学说变矣！从知学术而新有发明，或原质而新有寻获。其新也，第人之知识以为新。新愈多，益征人之知识有穷。穷则变，变则通，变其常也。通只假定，物相距，不相触，相触必须相接。日星距地，而光接于地，其凭相接者，以脱耶？其所以相接者，原子耶？电子耶？力道之作用耶？殆非人力所能征实，而假定之者耶？人之力能扛鼎，而身无鼎重也。斯力也，何物也？电耶？热耶？身内之物，知其功用，而不知其性质犹如此。此科学之理，有不能不假定者矣。人见天王星轨道失常，设不假定一星，足以使失其常者而推步之，则海王星之发现将何从？人见白羽之白，白玉之白，色同而所依附者不同，于是名所依附者，曰自立体。一有机，一无机，有机无机，可见也；去其有机之白，无机之白，而揭然自立者，不可见也。一切磁、电、热、光之功用，已发现者，可知也，但因性质之不明，不能就所知以穷所未知，知外皮不知内骨，知外著不知内藏。内者，外之根也，物之性也，牛羊之性，岂在毛角之不同？"太素"推极其倪，至于"莫破"，而明阁老徐光启，犹欲以几何之线解破之。破得两有，是可破也；破得两无，是合两无可得一有。天下宁有是理？且所谓"太素"之原子，万物皆一耶？各一耶？迄今聚讼纷纭，此出于人者，所以递变而莫决也夫！其出于天者则不然。塞衮氏引《古经》题其所著曰：常生常存之创万有，乃一手造成，一气呵成者也。智无不周，能无不到，古之不旧，今之不新，凡人所谓旧与新者，无一不从太始之初，一成而不变。非不变也，无须变也。五官之部位，能变移之而适宜乎？而增美乎？不能，是无须变也！地之南北，四时所以迭更者，仅由地轴之微有欹斜，法至简单，无须变也！塞衮曰：法至简单而效至宏富繁多者，方征造物之工！造物者一目千古，如须变，何待而今？明乎此，乃可与言形而下者无须变，况形而上者之如宗教乎？宗教盖自生民以来不变者也，非惟不变，盖亦不容变也。

　　教训一不云乎，虽小事尚不容无所为而为，人果何所为而生于世哉？世非久居之地，世无可享之福，绝非为世而生，明矣！从知非为衣食而生，非为婚宦而生，抑俱明矣！人之生，将无所为耶？试问造物：造物之造人，乃作者之所以然；父母非作者，不过质者之所以然耳。为此，男或女，妍或媸，慧或愚，为子者不怨父母，父母亦不自怨。脱令父母而为作者，以万国万家万不同之父母所作之工，能同一人性人身，无少参差否？尧生朱，瞽瞍生舜，颠倒如此。则父母非作者，作者惟造物，无疑！造物为万灵之灵，其造人必有所为，亦无疑！而宗教者，即所以宣示其何所为也，犹之科学，所以研寻其所作之工。宗教之言曰：造物主造万物是为人。为人云者？为供人用也。造人是为造物主。为造物主云者？为敬爱造物主而已。造物主万善万美，无毫发有求于受造之人，但以至仁至爱，愿使受造之人岿然独具灵光，亦得与知其美善，而以爱还爱者也。人见古碑帖，犹以为眼福，若见真本，更不待言矣，况乃与知造物主之美善乎？生前愈习于颂谢造物之恩者，生后亦愈得与知造物之真，一如愈习临摹者，愈以得见真本为福也！则其为福奚可量耶！哲学有言：静思一举一动，虽于无意中，亦无非为求安乐，且在在为求较胜者。此天性也，非迷信也！而舍敬爱造物，与得与知其美善，足为灵光之福者，无他也，虽造物造人之宗旨，亦不能有他也。故人生之究竟在是，虽宗教之原因，亦不外是。

教训二何言乎？造物主，不造人不造万物则已，造人而不与以灵光则已，造万物而不与以其材之美，供人神我、形我之用则已；若乃与以灵光，知取万物之材之美而用之；用之而不归美于万有真原之造物，反时时归美于受造之万物。万物事我者也，认奴为主，有负灵光矣。或念念不忘归美于受造之小己，小己一浮沤，无足把玩者也，知幻我不知真我，更有负灵光矣！一造物，一受造，名分之严，无容或变。百凡受造之所有，一是造物之所造。造之功用与有之存在，不惟不可离，亦不可须臾作或离之想。悬石于空，石之在，绳之悬，犹可假定非此绳非此空，而受造之于造物，所恃以有其有，与有其存在之关系，关系之确定，虽欲举似，有不克形容者矣。人第受生于父母，父母第为质者之所以然，然或不孝，则举世非之。何况父母亦造物所造，是我之受造，全所有而受之造物，乃不孝焉，将全受全归之谓何？勿曰造物之所造，多无其数，大而星球无其数，细而昆虫草木无其数，虽南北极之冰山雪窟中，亦间有人迹焉，我一人而孝焉，于造物何增，不孝焉何损！曾不思灵光之为用，贵见美好而心向往之，贵受恩施而力图报之，天地万物，无一不宣讲受造之美好，受之于造物。攻科学而不归美于造物，固不可也；即不攻科学，岂可终日见天地，而若无睹焉，终日用万物，而若不知所从焉，犹得谓有灵光乎哉？造物知其然也，爰于生民之初，而设宗教焉，而颁十诫焉。太古之十诫，铭于人心，故教曰性教；中古之十诫，书付犹太，故教曰书教；近古之十诫，由主亲示，故教曰宠教。按性教时神话，Noe女娲（见开封府犹太教碑译音）言第二子冈（非洲祖）后人为兄弟奴，第三子雅弗忒（欧族祖）将居长子帷幕，今美、澳已见握矣！宠教初神话，犹太亡，已验矣！所言"老枝将接老根"，谓将复国奉宠教欤？假基督出世，血战遍天下，宠教被灾特甚。但教虽三禅，而理实一贯，一贯者何？十诫是矣。不独五十年来，未之或变。即自古以来，亦未尝少变。若出于人殆不能无变！古贤代都林曰：一切似宗教非宗教者何？善变而已！所以有各宗各派各祖师者，非各以善变为能乎？师，丈夫也；徒，丈夫也。师既能变，孰禁徒曰不能？入其深，探其奥，孰先传焉而后承焉者！均是人也，信条也，教条也，势必各条其条也，虽谈生后，生后岂操之于人？人力之大，莫大于帝王，帝王生后之躯壳，尚不能自保于人间世，况不在人间世之生后耶？言宗教者其听之！虽帝王以势力杜撰宗教亦不能，故宗教必由造物，必言造物与受造之名分，受造与造物之关系，关系之切紧，统生前与生后。不统生后，徒责生前，闵不畏死之民不畏也！此欲畏民志，欲移民风，士大夫所以必谈宗教欤？设宗教而恐其为出于杜撰，将奈何？亦法代都林而已。包素埃，大哲学大文豪也，十七八世纪时，尝法代氏，著《反抗教史》，额曰"五花八门"，译者不敏，拟锡以嘉名，曰"万花筒"何如？

近见学者某，不独言孔孟与弟子皆立教，凡见于"四书"者，如管子、晏子、告子等，无不立教，虽下至秦汉诸子，亦无不立教，教殆以多多益善耶？惟其多也，而孔反不孔矣！近又见道光时，直隶某县文告，历举民间所立教名，真是书所未见，耳所未闻。此五十年中，不知又立多少？不佞不才，即知亦不敢举以唐突阅者，以为听其自生自灭而不问可也！至于孔老尝以祖师自命，立教收徒否？则不能不起九原而问之！问之将毋曰："无臣而谓有臣，吾谁欺？欺天乎！"否耶？西谚曰：一头脑，一议论。窃欲持赠我中国之谓宗教者矣！西人之谓宗教也，虽各条其条，犹有所谓教条也，信条也，所以然者，因知不如此，不足为宗教也。若据某县文告，则民间所谓宗教者，敛钱而已！而中外人之程度，亦于此分焉。五十年之宗教史，五十年之伤心史也。不忍言！不忍言！阅者会其意可也。

《康墨林戒弟书》书后
（1922）

　　读所示戒书刊稿，因忆东坡云：退之《示儿》诗云："主妇治北堂，膳服适戚疏。恩封高平君，子孙从朝裾。开门问谁来，无非卿大夫。"又云："凡此座中人，十九持钧枢。"所示皆利禄事也。至老杜则不然，其《示宗武》云："试吟青玉案，莫羡紫香囊。应须饱经术，已自爱文章。十五男儿志，三千弟子行。曾参与游夏，达者得升堂"。所示皆圣贤事也。今观戒弟书，既不言利禄，亦不用圣贤门面语，一味以骨肉至情出之。人人有骨肉，即人人具有至情，譬之弥漫天空，无往非电，电以无线，故能顷刻而达地东西。何怪鄂、豫、鲁三省人士，为之感动奋起，争欲捐刊以传布之耶？然夫子有言，吾未见能见其过而内自讼者也。初不意于令弟占五见之，不惟自讼于内，于屋漏、于家庭，且自讼于三省之前。《易》称独复，《书》美克终，令弟有焉。此古所谓难兄难弟者欤？

致英华
（1922）

一

敛之二哥大人鉴：

少坪许我《主日报》将登不托老人书，乃迟之又久而未得，顷承寄示，快甚！一言以蔽之曰不知香臭。古人谓士有一乡之士，顷晤宝仑，亦知我教之士为斗室之士，以此教中人眼孔小而多忌。并谓闻×铎、×铎（此二铎者华人，不识华文，故西人甚称扬之）之讲道，只足令人发闷，而不知所云。《主日报》所登×公之笔墨，句句是新名词，合而言之，盖亦莫明其妙。明末清初，耶稣会固有大著作家，而今遂以同会，亦自命为著作家矣。回忆京中某铎所言，其心理盖谓利玛窦西洋人，予亦西洋人，苟有华人助我，我所著作，将远胜利玛窦，然则予不著作，尔华人之过也！为此休开尊口，华人所是非，不足为是非，但论武力文治，华人所是非，固不足论。然论华文，当以古之华文为准，虽用万万西瓜炮，古之华文，不因之屈服也。以此第一、第三拿波仑，欲入亚伽代米，亚伽代米不之准。英人据印度，不改造印度方言。法人据安南，竟改造之。彼殆欲改造我华文耶？《主日报》译某圣传，有"文字底降生"云云，又有"圣体飞舞于某圣之膝前"云云，一则异端，一则亵渎。少坪许我将登刊误，迄今亦未见其报，盖其报有时寄，有时不寄耶！再少坪月俸现得八十圆，往汉口未必能得也。震旦请洋教习，月俸有六百金，合银圆八九百者，聘华教习，虽五十圆亦吝之，此吾所以断定其不能得也。兹悉刚总牧以大使衔请见，泥菩萨却之。所带教廷之宝星赠予外次长者，及其他之宝星，亦均却之。先是，东交民巷之使团，已谓"大使"二字不可用。大抵刚公之名，大使之衔，非在香港拟定，即在罗马。罗马所有者，即闽广修道生所谓狗嘴不出象牙者，非耶？罗马今请游学法国之×××××××为教习，×××亦毅然为之，其不知香臭可想。据称×××盖亦×××神童也，然尚不及已作古人之潘司铎。从此以谬传谬，不禁为罗马悲也！有求才之心，无求才之法。此间洋铎之痛恨雷公者，谓刚之失败，罪在雷公，盖亦过矣！大使及宝星等之题赠，岂雷公为之耶？总之，教廷之通使，既属初次，例当预为接洽，接洽之不知，谁之罪欤？好在吾教所信者造物主，非受造之人也。受造之人有西有东，有读超性，不读超性，彼此可相轻贱，而造物主则一也。吾上所言，妄而已矣！虽然，窃愿呈陆公、石公等一阅之，何如？（晤少坪，亦令一阅，何如？）上海一冬晴，一春雨，乍寒乍暖，困人天，老夫实不堪其困矣。困虽困，然与二哥言，便觉不困。我与二哥之口过多矣！所望陆公、石公等，不罪我二人也。吾主耶稣圣枝后受难前一番教训，可包罗一切，吾将于圣枝前一日避静，尚祈代为求主。顺颂宠福！僭称相叟启。三月十三日。

二

敛之二哥人有道：

所得邮筒，已交徐汇藏书楼主任，主任杨君，大抵以无动为大耳！如不欲购，当以原照奉还。顷得《主日报》，大哉刚公之言，颇中肯（今日学堂及大小修院所造成者，皆一不中不外之废料）而不托，老人之说，竟敢照登，少坪真可教也！曾劝少坪宜法古之教友，主日必讲《圣经直解》，平日必读《圣年广益》。《广益》之慎思，不愧语录。熟此两部，于行文必大有补，吾兄以为然否？石神父来言，已致信忠告张某，并问《主日报》上所载驳邪论如何，有益无益，故敢直言告之。石公为可造之才，当不以余言而阻其明道之心也。致石之书，阅后祈代寄。近者吾教喜说官话，须知县官判语，亦官话也。《红楼梦》叙大观园，其路径院落之分明，河间府之小说，有一篇有此笔力否？意国小说有写渔家事者，先作渔翁数年，而后写之。法之写乞丐者亦然。胡适于近今五十年所记，虽句句邪说，却句句清爽，绝无粘皮带骨之病。吾教则不然，可叹矣！顺此即问近安！良近颇觉精神不足，多谈多写，便如害病一般。六日。

三

敛之二哥大人侍右：

自腊迄今，阴多晴少，顿觉身内不啻八十许人矣！以此虽承示真游书法，而良只能早晚卧游而已。未审起居能不爽调护否？高足张秀林将予所草《近五十年之宗教》稿携去，但抄本已交《申报》，倘须校勘，良无底稿，何以取正？可否嘱秀林将底稿寄还我否？尝请静山父台翻译《罗玛问答》，静山函覆，已有译本，旋询徐汇藏书楼管理司铎张渔珊，闻北京已出版，但教宗比阿第十，又新增一半，视旧有之《罗玛问答》盖加一倍。旧有者似较四圣史更多。如此巨作，断非一二年所可告成，何前年在京尚未之闻耶？如已出版，务乞代购一部。近有一方济各会监铎 Mambrini 过申，盖由汉而京而至者，调查颇透切。东堂之用爱尔兰，其学堂颇发达，林牧盖知不用爱尔兰，恐为耶稣会所夺故。又谓山东德国司牧颇知中国情形，且谓余中朝何不遣使教廷。余曰：遣使书至今尚在驻欧使臣之手，陆徵祥即愿充斯职者。遂诘之曰：教廷何不先遣？彼乃曰：定例须遣意大利人，以国土在意大利，不然，是承认教廷已丧其国土也，而某国乃竟欲代庖，恶乎可？余因曰：我国之不能遣使，亦某国之故。彼遂曰：君等何不亟上书今教宗？今教宗被举之前，正筹办大学院，大学院乃其所最注意者。况在中国传教，惟一法门，在开大学，由中国人素重学校故。今不速开，后将如日本，政府不准开矣。惟教宗能命各地各会各国之人前来合办。某国之助中国固多，而使中国人怨，他国人忌，亦不少，故不开大学则已，开必须由教宗遣各国教士修士为之。余曰：有中国司牧，则必准各国各会来矣。彼曰：今者传言中国官必将侮辱之，殊足以灰信友之心，故罗玛殊犹豫也。余曰：华人之有权力者，未尝闻与回、佛首领为难，况有识者，皆愿司牧有中国人也。三月十五日。

前数日得《主日报》主任刘君书（忘其号），并寄来《五十年底宗教》稿抄本。书论津、京二报甚当，杜亦新进教也，此亦新进教也，何志气之不同如是！是足征善恶全在自主矣。

前日又接到石铎函开：近区司牧开会，中外之见甚深，此间尚未开会，即开亦不过我行我法。所择华铎，亦必择其似我者。即不似我，能敌客众否乎？今日愚见，无华司牧，无办法，然无谦德，亦无济，势将自以为中外通人，供中外人之讪笑而已！

志尧太好人，不顾性命，替人担保，两个大难关，积十余年方脱身。今言尚有一个担保，至五十余万，方从事求免涉讼，人力已穷，只看上主之仁何如耳？陆、赵诸公时相见否？贾公仍在交民巷否？良近日坐亦勉强，时作偃息，油日耗，一遇风便不支矣！吾哥近日如何？爱尔兰时有信来否？力疾上候侍安，不宣！相手启。三月二十四日。

四

敛之二哥大鉴：

月前往无锡，继往青旸及江阴之后塍，小息毗陵半月。归土山，过降临，遇志尧，言及驻使府价已付，所应筹者府内之基本金耳。然则来稿易之为贵。然则盍商之秘书赵公乎？基本金之照料，皆教长自任之。征取苛，固致有贪名（此爸爸通牒所戒也），宽亦足以废事。府契既用中国教众之名，基本金理亦如之。但令俗家管理，前车之鉴，足以养贪，意欲令修士无神品者督责一二人管理之，虽有苛名，无伤于神品级也。目下在京、津置基金，已太贵，莫如在口外之新埠，不识尊意如何？众意如何？王学臣、魏子轩等皆极有经验者，赵秘书之意云何？捐启止就中国教众之责任一边说可也。《经》喻圣教会统归一羊栈，一牧人，自宗徒长伯多禄为圣教宗主，四裔接统，一脉相承者，迄今二百六十有六人。无遐迩文蛮，不归一栈一牧，可得耶稣基利斯督圣教之真传也。中国之得其传，时断时续，虽自明季迄今，由利氏而传者逾三百年，而国有实缺司牧之教会，可直隶教宗者，尚付阙如！以致称为客教，反不如回、佛之原属异邪也。当今教宗比阿第十一，既任命刚总司牧为中国驻使，代表教宗，使我国教会可以直接教宗，幸何如之！但教宗见困已久，则所以供奉驻使者，非我国教众之任乎？设驻使府于北京，需款若干，供奉之费，月需若干，则所以筹基本金者，不可以不亟亟矣！特立捐册云云。脑力日衰老，上所云，不知有当否？南怀仁之图书，徐汇纵要，亦必再三商酌，吾与君皆老矣，实不堪奉命！石公抄稿寄来，良实无精力细阅，更无精神动笔。在后塍时，痔发不可忍。校名崇真，真伪与邪正有别，伪必冒真之形故也。伪教伪学，视邪教邪学更难别。《主日报》所登四川周正朝文颇好，尝谓孟子之好，意不在文，而文自好。韩文公之好，止在文耳。周君殆不免焉！刚公之缺为常驻之缺否？常存之缺否？愚心总觉"代表"二字太轻。手此即候道安！良顿首。副降临日。

五

敛之二哥大人鉴：

久不上问，近日起居何似？微闻又不能作书，不识教外人遇此，亦知身非我主否耶？我身非我主，一国之身家性命，我欲断送之以供我主张，能不自认愚妄之甚耶？近两月来，痔不我舍，颇苦其纠缠也！石公先以信来，继之以《唯质驳难》稿嘱改（此稿可题《唯质答难》否？），实无可下笔。另函及稿，今附上乞饬转交。盖径寄石公，恐致石头之误，且虑石公近以歇夏来京也。专此敬询暑安！若瑟马良顿首。七月十五日。

致英贞淑
（1922）

堂长左右：

复活后曾通一信，想被石头断送矣！培根日盛，可喜！可见事当为者，当不顾人言力为之。《教要序论》为教友学生最好，浅近明了，于识字最有补益。迩来贵校安否？宗教讲生后，科学讲生前，说有了现前，不须问日后，可乎？今乃谓有科学，不须宗教，此中国人所以只顾眼前也。古有言，功成身退，今乃功未成而身不肯退者。民国已阅十一年矣，对内尚以不人道相加，无怪外人以不人道加诸我矣！世俗如此，犹可说也，其自命非世俗之流，间或不免。士夫见天空之变现，地腹之蕴藏，断非人力所能为，然则必有主张是者之造物主矣！今乃不以造物主敬奉之，圣保禄曰"故主听其以总总不人道事自作自受"，殆我国之谓矣！迷信势力，终不改，而反讥我教之迷信。愿为一切人奴，而不肯信奉真主，堂长将何以劝此执迷不误者耶？（援庵先生住西安门大街六十五号否？顺问。）令堂以次均安！相老人启。十四日。

致杨千里
（1922）

一

千里社兄执事：

辱教借审侍安万福，甚慰！承列名后援会，会章印刷物已收到。良不敢有望于人，但就人之所望于我者讨论之，可乎？

一、统一问题，人问我，我将何以为答？二十一行省，北京固有其太半，此太半除索金钱外，是省听京命？抑京听省命？今且止论北京，各部各借其债，各发其财，各收发其薪金，若部长私有物。海军大抵读洋书，今亦欲借外债，将渔税作抵矣！试问外洋统一国家有此办法否？为君辟土地，充府库，战国时已目为民贼，今乃为个人为军阀而为之，恐古之民贼，亦不屑矣！然则我以何面目赴太平洋会议？此不可不讨论者也。能答以自治心理统一否？旧议员对于总理所交陆军预算占十之七八，恐解散而不敢声，以理而论，早失其代表资格，无论如何活动，所活动者不得谓之统一也。（此一段得罪人太多，请毋发表。）

二、人之所望于我者，其一开放门户也。实则虑其分赃不均而起冲突，故美其名曰开放耳！但门户以内，苟无地主，开之放之者谁耶？不将在我应称放弃（主权），在人应称开（疆）拓（土），何开放之有？然则地主问题，归之数月一换之部长可乎？数年一换之总统可乎？或省会或省长，皆不可也。因地主须有常住性，兼有切身关系乃可，然则惟有归之极小范围之土著，而兼有租界之自治权者，乃能负地主之责。大战时，俄、德人藏于内地，政界被诘而不知者，往往然矣！但政界力既不能为地主，又不肯让予民众，人将在南满、山东、福建等，如入无人之地，其奈之何？此不可不先为解决者也。政府有决心解放人民自治否？

三、所谓开放云者，将作何解？是否于租界外随地可住家可营业等等，兼带有治外法权乎？如此我将何堪？抑于旧有之通商口岸，随地可另设新口岸、新租界、新洋关乎？如此，我又何堪？必也通商均等机会之谓矣！譬如造路造桥，各国皆可投标，是矣。前日之势力范围一概解除，然我国人亦当一例有投标权，如此言开放，终胜于势力范围及《二十一条》之规定多多矣！但中国官素不知商务，只知扣厘头，发私财，又焉能与人以均等机会耶？偷订约，暗借债，私拍卖，不弄到不均不已！经民国以十年为试验，中国现有之铁路，若由中外商人承办，利益必可多收十倍，而中国之兵灾亦可少受十倍。外人若以此诘问，吾将何辞以对？然而既言商业均等主义，不可不防人之问我也。

其二，限制军备也。其实我国军备，从道光二十二年以来，总未临阵杀一外人。外人故可不问，所特杀而不一者皆本国人。国人故以为虽限止一万，一万皆以我善为陈，我善为战，戕杀国人为事者也！如何容得？大战时英、美皆改为征兵制，可见募兵制虽富如英、美而不能行。故我国军备不改为征兵不可。试问外洋有欠粮饷之事否？有争军械之事否？有兵官自招兵、自发饷之事否？兵变时闻，是直匪而已矣！匪岂有不当尽裁者乎？太平洋会议若以此相诘，吾将何以举其辞？窃思后援会者须有实力，无事空言。夫租界能以少数洋人管理数千万倍之华人，虽万能之军阀，亦俯首贴耳者，有实力也。实力不在军备，在能自治，我能乎？学生之请愿无益矣！缙绅之请愿有益乎？我且不能得官之一顾，而冀人之允吾所望，过矣！以故我之所望者，止望商之所到，兵不随之。凡关于国者，如国权、国土、国债等，非经国会公开批准，自今以后，皆属反叛行为，民不负责。至于收回租界及司法权，姑俟我自治有实力，再谈不迟。管见如此，不发表最好。匆匆走笔，问候道安！晤植支均此不另。良心印。四日。

二

千里先生鉴：

前用单挂号奉上一书，后一日连得两函及印刷物。良老矣，息影土山。土山虽不言国事，但时为中国叹惜耳！近见洋教士自徐州来，谓徐与鲁、豫之交有大刀会，法在念咒语，志在杀洋人，与拳匪无别，今称系某党所为，能保东邻，不大张厥词，以赴诉于太平洋会议乎？此在我不过癣疥之疾，致我死命者在国家主权不知正当使用。故前书谓不敢责望于人，但人之责望于我者，我将何辞以对？近见啬老宣言，甚有意，顾自治者，愿分权于民也；愿一统者，愿调合分权也。二者本相须而相成。三代之盛，皆分权制，民有井田，相友助，相扶持，故后之贤者，每思购地仿井田法以自治，犹今人之拟造模范村也。民不堪命久矣！假令一旦准仿租界法，以地方税为地方自治费，并申戒军人，不得截款招兵、捉差、勒捐等不法行为，有效无效，姑勿论，然五族人民闻之者，必群相庆祝，鼓舞奋兴，可预卜也！是中央一纸文告，而一统已具模型矣。赴太平洋会议之前，中央何靳而不为难者曰：地方税系维正之供，上之所以臣服其下，下之所以臣服于上者在此。此等谬见，惟其或有也，不可不亟为删除。以民主国而欲臣服其民，民之厉阶，实本于此。故凡宁害一郡、数郡、一省、数省之人民，而不敢稍违拥兵者之心理，皆此臣服其下之谬见成之也。试问频年政费、军费，就借诸外、劫诸民者实计之，一年何止七八万万圆？而通国地方税仅八千万余，止九之一耳。美政府补助教育费，摊每人三十元左右，我国人四万万，摊三角一人，亦须一万二千万元。今止取八千万元，补助地方自治，而教育、卫生、实业、交通与兵警等，皆不另行补助，政府更有何靳而不为？且所须者仅一纸文告，政府更何靳而不为？各县先积三年之税，设农、工、商借贷银行，然后购地开筑国路郡路、疆理田土村居等等，不十年可大治，而国债亦可代还矣。租界华人之众皆拥兵者驱之也，不驱，则内地能自治，亦犹租界矣。

今试问南北拥兵诸将与意气相矜诸党，以若所为，求若所欲，再十年尚有中国乎？何苦安其危而利其菌，乐其所以亡耶？不行仁政而富之，皆罪不容于死者也。善战者服上刑，非孔孟之意乎？以善服人，犹不可，况以力乎？纵服矣，非心服也。非心服者，犹得冒称民意乎？南北无论孰胜，胜者将驻防否？驻防，则民何以堪？盖其驻防之地，多于旗防；驻防之兵，恶于旗防。不待兵变也。不驻防，败者不思逞乎？举总统，用败者固不可；用胜者，诸未举者，能降心以相从否？从知兵力万万不能造一统，造民国，其不能之据，已有民国十年为之证矣。

右说固老生常谈，但试反心自问，犹得以过激党目之乎？中国之难治，其曰地广人稠，断非悬一五色旗所能统一也。百余年前，美若容其自治，虽至今属于英，可也。然则五族当用联邦制，即二十四行省（洋人惑于某国人言，不承认我有二十一、二十四省，但承认十八省，不可不抗言力争），亦可用联邦制，分南，分北，分东、西，以应天时人事之兆。惟英以君主，我以总统，代表对外之主权，是其异也。朱子屯田，主军民分屯，且谓分则相竞而事治，我主分国会、国务院者以此，主分县、分乡以自治者亦以此。哲学所谓以其自爱之心诱其爱好之心也。出钱赛灯、赛会、赛无益之事，犹为之，况出地方税赛有益之事乎？如此而后民与国家政治，乃痛痒相关，视为己事，何用现今屡变之兵为哉？（原稿缺一页）未必肯从也。约而不从，反予人以口实。口实变为干涉，干涉使从，正濮兰德公共租界工部局秘书新著之所主张也。该著似从某国授意而为之，明言中国人无自治才力，非共管不可。故赴会前政府须先出一纸文告，令人民以地方税为地方自治费云云，纵不能改军阀之心，当能稍弭其炎，而壮人民之胆，乞痛为改削，容可代宣民意也。草草意杂言庞，而心甚正，不知可共信否？顺候道安！良心启。十日。

《致知浅说》付刊叙
（1923）

百年有几，而震旦之开学，距今又二十多年耶。

先是，及门诸子，因希腊、辣丁、德、奥人自以其国文为远宗天竺，而后起之英、法等国语，又以为近祖辣丁，英尚袭其什之七，余且八而九，故愿仿欧西大学，诵习辣丁，不徒欲探欧语之源流，并欲一探希腊、辣丁人震古铄今之爱知学也。

《法言》言仲尼多爱，爱义也；子长多爱，爱奇也。爱知学是否更进一层，兹不具论。不敏时年六十余，既从诸子请，有《辣丁文通》、《致知浅说》之作，又旁及度数与流形变现等。度数赅百余卷，是震旦前与先弟眉叔合撰，多理论，今不适用，况所存抄本，章句之脱误，数目干支（干支不足，则继以部首等字，别以大小篆楷等体。时同、光间，犹忌用西文故）之讹误，焉堪校正，宁重译。而流形等科学又日新，旧作益不适用。致知门《原有》编尚未竟，而《原言》、《原行》等稿，所存亦无多。兹不胜良友箴规，昏黄愈逼，愈宜鞭策，何敢以耄老自宽？爰自去秋从事辑散补亡，勉续未成者，录付排印，以质诸好学深思之士。

尝读明会元李之藻叙《寰有诠》，犹自谓遂忘年力之迈，矢佐翻译，诚不忍当吾世而失之。惟是文言复绝，喉转棘生，屡因苦难阁笔。矧如不敏之不学，何敢望回？则此编虽满纸荆榛，阅者亦当予谅也夫！

民国甲子秋，八度子年叟相伯马良。

《致知浅说》小引
（1923）

　　题见《大学》朱注："致，推极也；知，犹识也。推极吾之知识，欲其所知无不尽也。"殆即西庠所谓 Philosophia（非牢骚非阿）译言"爱智学"者欤？盖希腊国文，"骚非阿"言知，"非牢士"言爱。世纪前三世，其国七贤之一 Aristoteles（阿理是道）博学多知，王亟称之。对曰：多知何敢云？云爱知耳。后人遂以"爱知"名其学说，说见《名理探》。窃谓惟其爱也，故欲推极之。和译曰"哲学"，似泛，不如《大学》曰"致知"，兼含为学工夫——与希文更切，名义尤醒。况致知章既亡，则礼失而求诸野，正可取西庠之说以补之。是故题虽见诸《大学》，而说则本于西书。西书渊博精深，而此编特揭其简易者耳。

　　注意：书内西文，只用辣丁。一以辣丁非流行语，不至随流俗以变更，语义反确定故；二以欧语凡胎息辣丁，若英、法、意等者，皆可通故；三以学问名词，国语多浮泛，注以辣丁，则本编新译，有不恰当者，海内及后之君子，可更正。故凡西文人地名及注音等，概用小字单行偏右，凡引成语亦然。取譬之言，自撰者偏左，括弧则仿自注体，小字双行。

　　名既题定"致知"，则小引所当先释者：一、致知界说，二、其利益，三、其源流，四、其部分，五、其论证。

　　一、界说。

　　西哲言知，惟能了别事物之所以然者，方足以称；不知者，必询其所以所由，何因何故，不得，则心不安焉。有如草木皆兵之际，闻炮声，则心胆碎，必询其是否兵变，抑兵操，或兵敌交攻而后已。不然，与禽兽之闻炮声者，相随惊散，何贵有知？知此，乃可与诠致知学，曰：明通万物最后之原因，因性光以得之。"明"谓有所明了，"通"谓博通庶物，推极之工也。曰"万物原因"者，盖物物有所性，性性有所禀，为因为果，与人以研寻者，此天也。则万物万汇，讵无可汇之标准？或汇而万之，对望有相关，或万而汇之，天禀有大同，可以参详而识别之者，亦天也。《荀子》曰："物也者，大共名也。推而共之，共则又共，至于无共而后止。"又曰："鸟兽者，大别名也。推而别之，别则又到，至于无别而后止。"至于无共者，万品万汇之最大原因也。至于无别者，一品一汇之最上原因也。凡物载名而来，各有可知之实。今就物之可知者而推极吾之知识，非逐事逐物，小每而知之，乃就其汇而为万者，详其可大共，稽其可大别也。于是吾之知识，乃通明夫万物。若所详稽，又不徒何所有、有者何而已，并询其如何能有，因何而有，及所以能有云云，则吾之所知，非历史性史学，亦非艺能之学，且不仅明一物一类之公普原因，乃实兼明万物万汇之"最后原因"。原因曰最后者，譬如月有盈亏，固由月乃球体，体本无光，借日之光以为光也。但细加审察，又由日月地所居之方位及所生之光线视线之不同矣。故凡物之所以然，苟一再追寻，必有其最后者，推无可推而止也。曰"因性光以得之"者，盖天下之理无穷，虽属本性灵光范围以内，如几何等学，尚有 Euclides（欧克利代）之问，（问探源之根证）知其然，而不能答其所以然者。（近有数家之说，虽似能答，究未折衷。）则用本性灵光，谓天下理无不可知，而新学已无有不知者，妄也。且谓超越性光者，即违反性光，亦妄也。彼电光之超越火光，何违反之有哉？惟致知学，则必依性光而得之耳。其不依而违反者，纵曰仙灵之学，非西庠所谓致知也。

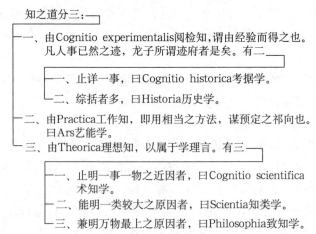

知之道分三：

一、由 Cognitio experimentalis 阅检知，谓由经验而得之也。凡人事已然之迹，龙子所谓迹府者是矣。有二

　　一、止详一事，曰 Cognitio historica 考据学。
　　二、综括者多，曰 Historia 历史学。

二、由 Practica 工作知，即用相当之方法，谋预定之祈向也。曰 Ars 艺能学。

三、由 Theorica 理想知，以属于学理言。有三

　　一、止明一事一物之近因者，曰 Cognitio scientifica 术知学。
　　二、能明一类较大之原因者，曰 Scientia 知类学。
　　三、兼明万物最上之原因者，曰 Philosophia 致知学。

二、利益。

人性爱听爱看，殆无一事不欲知者，故见诳必恚，恚夺吾所爱也。如此好学心性，惟致知足以副之，一利也。人性之尊在明德，推极原理原因，明之至也，则能尊人性者莫如致知，二利也。万物之体性原因，功能程叙，惟致知学能总摄而条分之，会通之，俾凡学者不误于迷途，不纷于歧路，三利也。欲司为五官之帅，万行之根，公私之行谊因之，惟辨明礼法之顺违，性情之邪正，而后不至盲从，此正致知所有事也，自利利群，四利也。人见道德沦丧，思借宗教以挽回者有之。但宗教有真伪，不讲明性理，何能辨正？辨正与讲明，致知事也，五利矣。

三、源流。

人既以灵知称，则致知学其肇于生人之初乎？民族由文化而沦于野蛮者有之矣，由野蛮而自进于文化者，未之前闻。就今追溯，西哲分致知学共五期：一东方，二希腊，三罗玛，四士林，五新进。西文曰 Philosophia orientalis, græca, romana, scholastica, recens。

甲、东方学。大都注重道德一边：有 calatæi；Phœnicii，埃及、波斯、支那等。以犹太人信守最笃。而印度人则造论最奇，加以党派之纷诤，益足征其殚心元妙矣。

乙、希腊学。以致知言，规模似较备。一、Jonica 派，以 Thales 为师。一、Italica 派，以 Pythagora 为师。侵寻流入异端，自 Socrates 继之，而后此学大昌。其门人一 Plato（迫拉刀），一阿理氏。阿理氏尤足以冠千古。嗣是有 Stoica 坚忍派，倡之者 Zeno；有 Epicurea 逸荡派，倡之者 Epicurus，殆似杨朱朝穆。——扬子云所谓由于情欲，入自禽门者。坚忍派，尤以情感俱泯，不动心为大。

丙、罗马学。特为希腊之传声耳。以 Cicero（季宰六）氏兼精两国之文，传习而倡大之。余子略足数者，曰 Lucretius，曰 Seneca，一从禽门，一从人门云。

丁、士林学。自欧西中叶以迄于今，学校之士，往往上宗阿理氏而圆成之。其论体论据，先天后天，轨式之庄严，提综之周备，尽善尽美，无以加焉。

戊、新进学。盖苦士林之据灵光，踪性理，而不得肆其私也。于是有 Cartesius，以为古不足信，讲学当从普疑始。所不疑者，惟此讲学之我，能思之我，其有也真确可凭。然我有觉司焉，明司焉。由觉司之我言，则流别有三：一、Sensismus 唯觉派，身根识也；二、Material-ismus 唯质派，尘根识也；三、Scepticismus 唯疑派，犹豫识也。由明司之我言，则流别亦三：一、Idealismus 唯心派，谓意想是执也；二、Pantheismus 唯神派，谓万物一体也；三、Rationalismus 唯理派，谓理论是执也。由后二说，又化生 Ontologismus 大有派。

反前之说，则有 Traditionalismus 传闻派。法、比国之学者，颇为所愚，以为形上之理，动作之宜，非由社会之传言，帝天之诰语，人性之力弗及知也。

右略举古今学派者，俾无震于欧人之说，一一奉为司南耳，破斥各于其所。

四、部分。

部分之编，或多或寡，或先或后，至不齐矣。而此编则第求显浅，纵有名师或新学别立部分，既不敢妄议，亦不敢苟同。窃意无论何学，部分当从所学。而致知学，既在研穷万物，物者大共名耳。

```
                所属分二┐
 ┌一、泛言之曰ens万有。万固不同，同名曰有。兹不论现有、
 │  可有，凡专论物有者，曰Ontologia原有。
 └二、切言之则专论现有。所属二┐
   ┌一、寰宇万汇：二┐
   │ ┌一论无生命者，曰Cosnologia原宇。
   │ └二论有生命者：三┐
   │   ┌一从官具之生而立论者，曰Organologia原生。
   │   ├二从灵性之生以立论者，曰Psychologia原灵。
   │   └三就灵性之生命切言之，二┐
   │     ┌一关于规定明司作用，发为言论者，
   │     │  曰Logica原言。
   │     └二关于规定欲司作用，发为行谊者，
   │        曰Ethica原行。
   └二、万有之原，即以性光推论万物万汇无上之所以然也，
      曰Theologia naturalis原原。
```

五、论证。

证以推所已知，及所未知为性。已知未知之间，以循途、毋躐等为功。凡古人之条目繁重者去之，后进之纪纲简要者从之。以故部分为三。首《原言》。其所以首之者，修辞之学，西庠必从此入门。不徒所论易知；不知，则理想失其诠显，推想瞀其伦次。语曰"必先利其器"，

《原言》，其明理之利器欤？至《原行》居末，而必先之以《原有原现有》者，不先，则不知灵性之可贵，同类之可亲，大本大原之不可忘，将何以正其行谊耶？疑《大学》"格物"之"格"，亦可诠为分格：分格事类物类品类，而穷至其理也。如此，则与原有门无异。又诚正修齐治平，实原行之体要，益信"非牢骚非阿"，可译以"致知"。人同此心，即同此理，理固无分于东西海也。

以故学者须认定致知，即所以明我明德。明德在我，明之者我，以我明理之能，明我明德，非由外铄我也。理悬于天地，而系于人心。故明理之功，贵寻思，贵绅绎，贵体味，贵反求，尤贵自难肯明辨，所谓思则得之，学乃有获也。不贵帅承，不贵考据，不贵譬言多而实理少，不贵繁引群籍之言、名贤之论，尤不贵多所涉览而不能一以贯之，甚或望文生意，牵合寡通。信乎记闻之学，以之为修辞犹可，以之为致知，则大不可。

然则致知，可冥心默照乎？曰居简而行简，将推极之谓何？必也考之古，征之今，兼罗并世诸家，庶几奥义咸殚，深机并控。与徒思不学，以求一旦豁然者不同，编中间亦取证古今，然所重在言之真确，不问言者谁何。盖是非不因众寡贵贱之信从，辞章之优美而成立也。理论自由，匪今斯今，自大师笃马，已择别于前贤往训而惟道是视，本编亦奉此以周旋而已矣。

至于 Physica 流形变现等科，虽非致知学所考论，而关系极深。若肢之于身，河之于海，求致知者庸可忽诸？

《原言》自序
（1923）

　　西哲计然之学曰：万民生计之修明，与化学为比例。化学精邃者，生计发皇。横览五大部洲，在在其左证矣。吾则以为原言者，理想家之化学也。理想者，实业之师；实业者，生计之母。然则谓生计根于实业，实业根于理想，而即根于原言，为无形之化学也，不为过。夫有形之化学，必由经验。经验有二：一者侯验，迎伺天地自然之变化变现，而勘验之也；二者征验，仿效天地自然之变化变现，而按验之也。迎之仿之，苟不悬揣其理，规定其方，则其道无由。悬揣之，规定之，吾无以名之，名之曰理想。是有形之化学，固根于理想，而理想之根于原言，为无形之化学也，亦犹是焉耳矣。

　　人第知化学之功，不外化分与化合。惟化分有以探别元行，而物物之真如见。惟化合有以创新庶类，而生生之利用宏。而不知原言之于理想，亦有化分化合之功。分合者，理想之主观也，则有十伦府、五公称。或缘理为界而成差别，或应理而生而成差别。差别于内意，现量比量立量。差别于外言，名句文身，论体轨式。有属理想之元行焉，元行之和集焉。和集之分剂，分剂之异同，若者为几何摄，若者为何似摄，不啻如化学中养二养三四养五养之精且详焉。试问种种科学，有一不根于推显推论，执两端而用中权以得之者乎？其进行也，秩序为先。物有本末，事有终始，科学尤以此为竞竞。不根于界说，是无标准也；不根于部分，是无阶级也。向墙之户，不可胜人矣；山径之蹊，不可胜由矣。而示我周行者，要即原言所有事。然分合者，理想之主观既如彼，而真伪者，理想之客观也。非客观自有真伪，只以当簿于天官也，有显有晦。五官以簿验之，心官以簿征之，有不足，则籍古今同具此天官者，以备考之。而原言之客观，即以此客者客之，主者主之。真者，伪者，疑似者，一经化炼而靡有遁形。而谓原言所造理想功，顾亚于有形之化学也哉。

乃或疑名学亦原言也，何与欧西文法书无大径庭？是不徒未审原言，而并理化之分科，亦昧昧然矣。譬如以水，冰之蒸之，而水性无改者，流形之变现，物理学也。若以水变生铁锈硫酸，而水性无存者，流形之变质，化学事也。文法书者，物理之流，惟于字类章句，外观之变现分经纬。原言则化学也，必于言诠语表，探自性之变化。譬之绘事，人面可绘也，人性不可绘也。不可绘者精神，文虽载道而非道，文虽明理而非理。理也道也，惟原言之属主客观者，其犹载道之司南，明理之光线欤？以故欧美能文之士，祖述希腊罗马之遗范，未有不专心致志于原言者。即我国文辞，自古及今，凡脍炙人口者，亦矩镬同遵，孟子以好辨称，尤深于此。所惜皆神而明之，未有专书。坚白异同等，亦第知名有命物有况谓，三科四呈而外，五胜三至不传，遂使理界之思想涸淆，真讹贸易。度略云：虽极明睿，非习辨规，无以得证确理，而易欺之以理之所无。（见《名理探》。）岂惟前有谗而不见，后有贼而不知，如不知春秋者而已哉。盖直给以非因之果，非果之因，亦崇信不疑。以故谈人事说天事，积非可成是，强天可就人。虽诸子百家，求其能具科学形模，有条有理，有界说之严明，部分之适当，一一探本穷源，证实其因其果与因果之可能。俾坐言起行，可开物成务者，百无一二。诚如欧阳子所言：勤一世以尽心于文字者，于世毫无损益，而不足为有无也。悲夫！

今世何世，生计之竞存，不根于实业；实业之发皇，不根于科学。可乎？夫欲乘除物质而作新之，犹且非化学不为功。矧欲敛至纷之理想，赴至专之科学，无原言之重规迭矩以条贯之，举一反三以推暨之，是不于水求平、于悬求正也。而原言者，不独理想所由平正，而亦确然知其所以平正之化验具也。人苟爱知，孰不爱其确而无过哉？

致英华
（1923）

一

敛之二哥道右：

年前两辱教言，懒而未复。石公亦有信来，但不甚详耳。设令华人为包某之所为，其防御而疑忌之也当何似？良尝谓无真谦逊者无真见识，无真见识者必自是。人到自是，便无可与言矣。闻湖北将辟一教区，归华人管理。若不自是太甚，拟请其将《经言问答》及圣书之有用者，校误重刊，窃以为亦当今之急务也。儒、释、道，今人多不信。只须证实有造物，有灵魂足矣。实仑心地厚，其幼子已领洗，其夫人亦愿保守矣。其中表弟妇为何理中寄女，终前求司铎领洗，语所生曰：毋哭我，我即升天享无疆之福。死后面容，欣然含笑。缘此三族皆逢七到堂做大追思，愿奉教者有十家。浙人蒲君来晤，真疯耶？装疯耶？华人脑袋不经用，一用便发疯。他言：敛之尚容我说，八十老人火气好大，竟不容我说耶？总之，他既信有造化主，何听他胡说？又尝晤千里内兄，似尚诚实可喜也。顺问潭祉不一一！马良顿首。廿一日。

有陈馥苞者弃学就商，因读《言善录》而受洗矣，想兄闻之，当一快。不读经史，听《说文》何用？彼自是者往往如此！

二

敛之二哥大人侍右：

顷得来书，敬悉。所致范苏书，想经改正，不然不可以见人也。守岁前，右肩胛痛，不能动，用电数日，始复元。《心画》近始收到一包，共十本。玩赏数日，借为新岁之娱。字为人造之美术，而难则更甚于天造。盖天造者人不能胜，而人造者人能胜之，故无一定之美。然而矫揉造作者，如画鬼，鬼之美，终不得为美也，只足以吓俗人耳！吾此评，君以为如何？得毋笑其徒过屠门，说大话欤？有一事欲问君，何以近今吾教之文，无一平正通达者？即如×公所作，见于《主日报》者，句句有新名词，似可解，而实不可解，以视利、南，相去不知几千万里。我苏之《圣心》与《杂志》，其误人子弟，殆不可量也！南方秋冬无雨，芜湖以上，大轮不能上驰。年尾以来，又雨不止。彼以科学为万能者，何不救济之也？此祝新岁康强！俟君七十，吾当北来祝寿也。相顿首。八日。

致英贞淑
（1923）

堂长三妹鉴：

　　得示培根愈益发达，欢慰之至！人遇患难，始知主心之奇妙。人犯罪，皆喊钉耶稣者，负卖耶稣者，而主仍然怜视我等，我等当如何感激称扬？王君宝仑于圣诞前日受洗，子时弥撒在教廷代表刚恒毅公手上初领圣体。吾谓王君："君自今得一至亲至友。"圣教真爱情之教也！吾侪罪人，尚知爱人，况爱情之主乎？事无大小，果以爱情求之，无不得也。闻北方天旱，今江浙亦天旱。中国之学者，拾西人科学之唾余，动曰迷信，试问我国水旱浰灾，科学有法以救济之否？无法，是科学非万能也。徐季龙先生将于本月初七在沪开宗教救国会，余亦与焉，慰情聊胜于无耳！匆复，并问堂上岁祺！相老人顿首。四日。

致刘少坪
（1923）

少坪先生鉴：

敝处现缺《益世主日报》三册，计第十二年分第六号、第廿四号、第廿五号，盼乘便寄下为感！顺颂时祺！（每主日一寄，恐易失落，请改为两主日一寄，如何？）马良启。廿一日。

今夏老夫多病，懒执笔。敛翁有信来，仍欲为辅仁社之组织，王君宝仑言财政不难，难无人才耳。试问修道中，有曾读"十三经"者否？"五经四书"者否？即有之，有得贤师益友者否？有愿受熏陶者否？在上者有知此为华人所必要者否？刚公容或知之，而前后左右之反对者众矣！执事与刘君有法为之一伸其说否？吾教之前途，殊为之失望，惟有徒唤奈何而已！

致英华[*]
（约 1923）

敛之二哥侍右：

　　美国会士来二人，惜刚公已北，故今晚六时亦附车北上。兹乘二人未来，午饭前特书致左右。盖之二人者，奉教宗谕先来者也。教宗之待吾华厚矣！江苏人，前在罗马圣司铎之金若瑟语余曰："四十四五年前，教宗良曾遣如刚公者一位来华，金司铎代表华人与众绯衣主教公饯，后竟被阻。"故此番教宗之遣刚公也，其谕有"无论以前所有种种阻碍，种种优容，一概取消，兹余径遣专使某某"云云，良初以为刚公之才，而不知乃宗座严命（下缺）

---

[*] 本书言刚主教北上事，约在 1923 年，故系于此。

二黄司铎辉烈、诚烈祖母刘太夫人百岁记
（1924）

　　富即可求，腐心之剂，以故上寿多出农家，而守道安贫，尤五福之本。海门东乡黄氏，世业农，虔守天主正道，历雍、乾、嘉、道、咸之艰难（咸丰时四川、云贵尚有致命立真福品者）而不变。南乡刘氏亦然。太夫人年十九来归，逮事翁姑，翁故八十七，姑年七十八，因颠仆伤卧十载，时太夫人年亦古稀，助夫显邦公，加意承欢，奉养如一日，平居之助田功，以馌，以耕，以织，至公八十有五之终，又助领终傅等礼，黾勉而在视。子八人，现存二；媳八人，现存三；女二：一适陈氏，一进献堂会；孙男四十，司铎二，现存十四；孙媳十四，均存；孙女三十六：献堂会三，安老会一，守贞者五，现存十九；曾孙三十七，现存十八；曾孙媳三；曾孙女三十三，现存二十一；元孙四，元孙女一。振振绳绳，绕膝下者几百人。二司铎意欲献岁正月，为庆祖母百岁，邀海门诸司铎在家献祭，兼称觞，并用日照传神，照背略记颠末，分赠亲友，邮以询余。余观书传所记，富贵显荣之人，不由世德者有之矣，若贤人君子，鲜不由上世之贤也。以太夫人之大年，恪守圣教礼规，有加无阙，则黄氏一门，其继司铎昆仲，扶轮圣教正道，将世世有之。吾敢先赠一言，知太夫人必忻然而乐也。时民国岁甲子，八度子年叟马相伯记。

覆徐季龙先生电
（1924）

北京西城东太平街十五号徐季龙先生并转各同志及真心愿为平等民国国民者均鉴：

奉电悉，已约同志邮转各方矣。古训以力服人者，未有能服人者也，何况以武力夺取民脂民膏，购备军火，焚杀人民，作统一之梦者乎？西人不曰少放一炮，胜于募振乎？此番冯焕章先生等阴使屠戮人民者放下屠刀，为功不细，然使助长野心之元首制，政争之总统制，不敢代以公事公开之委员制，可必野心终不死，政争终不息，而民国内乱亦终无已时。是冯先生等为善不终，仍授屠刀之柄于不甘为平等之民国民者也。来电以国军供私人政争之用，为盗弄潢池，诚然！况乃为升官发财、夺地盘，以便多多勒索而争者乎？近日西人士兵官等，眼见龙华一带，苏军、鄂军，挨户搜抢，再梳再篦，其不能携去市场公然贩卖者，则尽行毁坏之，西人愤谓区区曰：德、法深仇，大战中亦无如此行为，中国武人，一无人性气味矣！乃有葛伯等杀夺童子以黍肉饷者，曰吾以供吾主父，而自诩人格之忠，试问去无人性气味者几何？宜孟子谓政棍是富桀也，是辅桀也，谓善为战者是大罪也，罪不容于死，宜服上刑云云也。区区只知抚我则后，虐我则仇，英、法之君，可上断头台，民国总统，洪宪藩镇独不可乎？请语合肥，姑贷其为习俗所蒙，至论洪宪之驻防，更应念其无知，姑今各归乡里，由钱粮按年月摊还其欠饷可也。若再为冯妇，再借外债，饮鸩以止渴，则万万不可。有从未奸盗焚掳之军队，则仍留为国用亦可。古之盗贼挟弓矢，人民亦有弓矢，故能守望相助；今之兵匪挟军火，民无军火，焉能自卫乎？民国民为主，亟应收回支配地方税之主权，俾出入相友，为大规模的农、工、商学，大规模的守望相助及扶持灾难疾病等等，一面仿租界，治道路之交通，使皆愿出其途，愿藏其市。如此，则各县之警费、学费、实业、卫生等费，中央不须过问，一遵古训，专心致力于政事，统率人民，以极新科学，利用土地，发国光而造民福，岂不休欤？八十五岁老民马良等覆电。

《尤其反对基督教理由》书后
（1924）

　　去年一月，某星期日，新北门堂来有三人，年少而貌似学生者，里西服，外长袍，手捧非基督、反基督等旬刊小本，向人丛且掷且逃。人见其心虚，群呼捉贼，追获一名，送交该管领事。领事称其为学生会所雇者，传说不一。鄙人因得数本，见有注通信处上海徐家汇同文书院米天伦者，有注中华民国学生联合会者。今年汉口反基督之风甚盛，苦未得其所以反对孙中山信教自由之理，故权录去年所得上海《非基督教旬刊》第四期以代之。按所注通信处则上海大夏大学陈宰直君，而著者之假名则縠宜。

　　縠宜曰："我和宗教……闲话少说，且问美国"云云。下期续。

　　观"闲话少说"句，右所录非正文，今先请教"闲话"。小友生！倘你但说我和宗教没因缘，尤其恨基督教，这句话我懂。基督早说过：世人先恨我，当然恨你们。《宝路书信》说：一滴水，滴在滚油锅，不爆不炸，不行。善恶不相容，自古然矣。为此你恨基督教，正合基督话，而今你说读了科学，就极端反对宗教，尤其恨基督教，这个理由却不懂。我且问你：读的科学是那一种？是科举的科学么？我可为你具结，断乎不是。是欧美人的科学么？我先为你担忧。倘或是的，须知欧美人，基督教颇多，因此科学名家，基督教亦不少。你不信，我下文可为你举出姓和名。要不要？现在你一面恨基督教，一面读他的科学书。恨则不赞成，不赞成，一定读不好，问你该担忧不该担忧？

　　闲话少说。小友生！你既读了科学，就反对宗教，尤其恨基督教，必然你读的科学，有反对基督教之处，或基督教有反对你读的科学之处。不然，你的话就不通。譬如有人说我读了科学，就恨做好人，问你通不通？由于做好人，读科学，是两不相妨的，要你恨他做什么？不瞒你说，我也读过些欧美人的科学，你读的是算学？是几何？是步天？是观象？是医学？是化学？是物理？是地质？是动物？是植物？是哲学？是名学？是伦理？是心理？等等，我可保你，绝无一科反对基督教，绝无一科之中所分之部反对基督教。譬如算学，深纵深，在求等数，等数与基督教何反对之可能？人皆知几何有三界，是顶点、是极点反对基督教？是垂线、是斜线反对基督教？是平面、是曲面反对基督教？抑或基督教曾反对此三界也乎？你问心，你听了有民国学生如此糊涂，我们该哭还该笑？

闲话少说。今世何世？大而星球，前所谓恒星不动者，大动而特动矣。小而原子，前所谓莫破者，含有两电子，一阳一阴，绕阳而旋转，各有其轨道，各有其速度，如行星之绕太阳焉。其或谓距离之比，亦如行星之距太阳焉。然则一原子，一天地也；一星球，一天地也。而学者方以星与原子，各按其轨道速度，类别之，群分之，信哉！《上智篇》所谓造物主之群分万汇也，各以其度焉、数焉、衡量焉。试问形下诸科，有一能逃度、数、衡量者乎？上文之设譬如，第举算学与几何者，为其能包一切，概一切，非避他科，容与基督教有相妨也。

子将曰：我恨基督教，不信造物主，但所引《上智篇》乃 Dumas 杜马之言。Wuitz《化学典林》推为第一人，并称其无一科不登峰造极者也。德之学者 Hofmann 且称其以元素交换法为有机化学辟一新造乾坤，而嘉赖万世焉。今子不信科学名家如杜马者，是不服其服，不诵其言也，又安得为科学人哉？无不能生有，虽微生物亦无种不生，且随病之不同而不同，彼此不可相假也。自科学大家 Pasteur 巴斯端证实后，孰敢非之？子不信造物主，但子有之始，由猿猴而虫蚁，虫蚁而上，或为人原子，或为一全无，无不能生有，故必有造令子有者矣。倘为原子，故必有造令电子之动者矣。人万不能无所借而赋物以动能，然则不能赋有物后之动者，更不能造未动前之物矣。

闲话少说。子读科学，应知名学之论曰：天下万物，皆可有可无。（天河内多一星球，少一星球，何关之有？古今来多一皇帝，少一皇帝，何关之有？大都少一桀、纣，平安多矣。）但可有可无之物，有必有始，始必全无，无不能生有，故必有造物主以造之。其二论曰：凡机械之结构樊然、程功秩然者，其制造家非具大智慧不可。但天地乃一机械之结构樊然、程功秩然者，故制造天地者，非具大智慧不可。既具大智慧，诬其所造科学研究之物性，与所设基督之教条适得其反，可乎？子毋慢

骂，子能按名学之理驳之否？言为心声，倘慢骂焉，徒示子心之秽
恶耳！

子必曰：我恨基督教，非恨其反对科学，恨其在欧洲挑拨好几残暴
战争，阻止科学也。（其实，他在欧洲挑拨，与我何干？恨他干么？且
在欧洲阻止科学，是阻止他的，没有阻止我的，恨他干么？）又恨独有
美国还在那里宣传上帝福音。美国人一听，未免要说：承你赞，独有美
国，怕你调查错了吧。须知欧洲基督教人多过美国，宣传福音人也多过
美国。你独恨他，不恨错么？好在你有专恨美国的下文，姑待下期请教
可也。

今先问你：基督教在欧洲挑拨起战争，是那几起？欧洲有名的历史
上几卷？几章？请语我来，不可学天文小说家，土星里有人，用电灯讲
灯话了。火星里有人，开运河，运河开口讲河话了。这才是黄河之水天
上来，民国于猛兽之外，又添了洪水，不将呜呼哀哉尚飨么？闲话少
说。照我看，新近这回欧洲大战，设或由基督教挑拨成，倒可替基督教
大吐气，何以故？科学因此发明真不少，何尝阻止呢？闲话少说。我记
得英后味多利亚五十年金庆，有《金庆》一书，谓五十年中战事三十二
起，辛寅（按：鸦片之战起于庚子，终于壬寅，辛寅当为壬寅之误。）
鸦片烟战争亦在焉，均未言其为基督教挑拨也。拿破伦第一战遍欧洲，
史犹在耳，其第三与俄战，胜，与奥战，胜，与德战，败，均未闻其为
基督教挑拨也。且著《战术》、《利用电光》等等数十百卷，是科学不因
战事而阻止也。罗马城，前世纪，屡见夺矣，夺必有战，夫岂罗马教自
害自挑拨之耶？小友生！太冬烘矣！子必曰：在中古时。但无论中古、
上古，须知"教"与"教人"有辨。譬如子因仇恨而杀基督教人，人或
以抵抗而杀子，官或以惩子妄杀而杀子，子死于人权自卫法耳，官权惩
凶法耳，均不死于基督教案也。惟基督教宁死不背，宁死实行者，乃可
称死于基督教之故。知此，则知下之人如路得之背教，上之人如恩利第
八之背教，欧洲大乱，公教被害，教产被抢，自不待言，夫岂基督教挑
拨之哉？你说《基督教》三字，带一些血腥气，岂但一些？但在罗马，
公教人就被杀了一二千万。在远东，要算在日本，被杀的最多。在中
国、高丽、越南等，也有好几十万。这些血腥气，难道又是基督教自害
自挑拨成的？且基督教之福音也，天下乱，易传乎？治，易传乎？如其
望天下之乱易传也，则今日民国之乱，可谓极矣，难道又是基督教挑拨
之，以望其易传乎？欲加之罪，何患无辞？子之恨基督教真可谓折空心

思矣！

且子虽读科学，谅亦不敢自命胜于英、德人也，日本人也，欧美各国人也。德于青岛之设观星观象台也，尚就正于徐汇教士矣。香港之观象台，虽称先进，亦降心以相从矣。日本公家植物园，则聘韩教士按类以标名矣，且遣多人至徐家汇，至陆家浜，实地练习矣。各国之航亚东太平洋者，或致宝星，或致谢函于徐汇教士者，亦书不胜书矣。近因观象台主任回国养病，路费医费，且供以维正之供矣。子读科学，读到头白如霜，能得此于民国否？彼重科学如彼，我轻科学如此，子将谁师乎？韩昌黎曰：吾师道也，道之大原出于天。出于天者无不同，火能燃，光能烛，科学烛光也，无国界之分也，何子读科学而独恨基督教之为科学也？基督曰：我乃光也。行善者爱光，光昭己善也；行恶者恨光，光彰己恶也。子试思，基督之言是耶？抑子恨基督之言是耶？

至于最恨美国，所讲的一段故事，实在连恨的理由找不出。人爱本国是理所当然。美国人说：美国是个伟大的国家，我信你一定能爱他。譬如：民国民留学美国，能说一样的话：民国是个伟大的国家，我信你一定能爱她。岂不有面子，有光辉？难道你要美国人跟了我们说：美国是个大国，但到处大乱，人民不得安身。虽则如此，我信你去，总比我们有保护些。然后不是宣传亲美的空气么？然后不教中国青年，个个做美国的顺民么？小友生，我不知中国青年，何以如此无用？怕中国癞皮狗，但听了伟大国家，你能爱她，也不致于就做顺狗。为此，我信你一定上了当。有人借恨基督，恨美国，为糟塌我们中国青年，比癞狗也不如的。须知美国人，宣传亲爱空气，并不为过，过在中国青年，一听宣传，便个个去做顺民。这才是天生的汉奸。人如此骂你，你还当他是好人，上当不上当呢？

你如不信上当，我们科学家也不当以一概百。譬如《庄子》上"儒以诗书发家。大儒胪传曰：东方作矣，事之若何？小儒曰：未解裙襦，口中有珠"云云。你便说儒者，皆椎埋掘冢之徒，程子、朱子，不将与你涉讼，要偿名誉损失么？现因一个年青女教徒，说了两句爱国话，你便冤她，美国人在家没饭吃，只好来中国，勾引中国青年，个个做顺民。就令美国人当你吠影吠声，不买你帐。中国青年一旦识穿，你是指桑骂槐，糟塌中国青年，专做汉奸。这个名誉损失，你赔偿得起么？闲话少说，且听你下文，因恨美国，故恨基督的理由吧！

致英华

（1924）

　　（上缺）美士拟办之大学，专为教众乎？抑兼为教外乎？若兼为教内外：一、宜召愿读华文子弟，如此则旧家子弟必来。二、读华文须聘真读书人，略变通古法。三、读西文亦须问过来人。近今私问南北华铎，及欧美游学生，皆谓宜改教法读法。（教十六七岁华童，不应用教十岁以内之西童，前读英文，皆用印度课本，余已革命一次，但应革命者尚多也。）四、校基不应在京城内，若长辛店或更南，以能召致南方学者为妙。二哥老矣，断不能此，但我等不可不进忠言也。少坪欲余翻刚公开大会词，但徐汇将译登杂志，故良怕费脑力也。

美国本笃会士创设北京公教大学宣言书稿
（1925）

  公教世纪千六百廿五年之三月，特于中华首善之区，以公教之名，开始创建大学，盖前此所未有也。开始者司泰来氏，乃本笃会美国之总长，又攀西威尼亚省圣文森院之院长也。三之月，亲抵北京，出重资购定建学之地若干，乃回国。

  初，罗玛宗座以创设之权，畀诸美国之本笃会士也，适值本会一千四百年之庆期，故司泰来氏特招全美十二院司铎六百余人集议之，询谋既同，方针乃定。试查字典，即知中古时，北欧蛮族南侵，希腊、腊丁文化澌灭殆尽，文学与科学，卒赖本会绵延而扩大之。即英、法、德暨西班牙等，亦未尝不赖其诱掖而登进于文明者也。

  中国非尊古右文之国乎？本会于古欧及小亚西亚文字书籍等，补苴而收辑之，广传之，众所知也。中国非尚农之国乎？本会亦以服田力稿，改良籽种为职志矣。再者，中国，古国也；本会，亦古会也。中国人民乐修持，尚净业，琳宫梵宇，国内相望。本会虽务汲引，而尚静修，分院而居者，几遍欧美。然则本会之来，惟期中国博爱高尚者流，群策群力，而得所皈依，形上形下之道德事功，不难合志同方，见闻有助矣。

  今日者，离心离德，几无公是公非之可言。加以党阀纠纷，喧吵夺攘，求其志不为财移，财不为豪劫者盖鲜。天下事，往往千人成之而不足，一人毁之而有余；千日成之而不足，一日毁之而有余。将函夏数千年之文物作用，不但吐弃之，非笑之，甚欲尽绝根株以为快，有心人能不怵焉伤之？最可惜者，粗解旁行，浮慕西法之辈，皮毛是袭，所有家珍，徒供他人之考古，亦可谓不善变矣。本会之来，第欲以效忠于欧者，效忠于亚，矢与有心人共挽此狂澜耳。

至本会之标宗，即《玛窦篇》如阿家翁之为人，出其府藏之新者旧者而并陈之，亦即昔人所谓"旧学商量加邃密，新知涵养倍深沉"者也。故世有新得之学理，与旧有之精华，为高为下，必因丘陵川泽而不敢遗焉。今之所创，一本斯旨，凡欧美新科，最精最确者，则以介绍于中华，中华旧有之文学、道学、美术等，莫不善善从长，无敢偏弃，持此物此志以周旋而已矣。

秉彝之好，初不因东海西海而殊，未闻削足以就邯郸，然后能步履也。今此大学初创之人，虽皆美产，但来华之意，非仿殖民，吸取人才，造成附属品也。本会在一国，便为一国之会士，极愿同志之人，同力合作，数十年后，会士为中国之会士，公教为中国之公教，大学为中国之大学，懿欤休哉！而本会之志愿方告成。

至于本学课程，事在将来，今难拟定，盖必先审社会所需，人民所缺而后可。但大要有五门：一、神学、哲学。二、中外文字。（盖文理为研究原理原则，大学之作用在此，世有定论矣。）三、自然科学。四、社会学、历史学。五、矿质学、建筑学是矣。此外须设预科，在中国尤不可少，至问何时可完全成立，则预算建学工程及诸设备，期以四年云。

就远人所测，中国情形，将入于实业革命，遥与欧洲十八世纪相同。沿海诸省，似已输入欧洲煤铁物质之文明，但此物质之文明，安能垄断旧有之纯粹、高尚、优美之精蕴乎？杜威博士之言曰：当十八世纪，欧洲所谓改良时代者，举数千年之文物制度，皆摧枯拉朽而迸绝之。今中国亦蹈此覆辙矣！故旧者虽善，亦被淘汰，而惟新是求，据哲学家之眼光与实验家、思想家之眼光观之，世界各国未有及中国者也。即欧洲实业革命时代，亦不如也。历史中无第二更老大、更特别、更自充足有裕之旧文化，能生存于世者也。此不得不保存、不改良而听其就亡者也。但欲改良，非融合新旧于一炉不办。其事功奇难、奇大、奇繁杂可想，但风会所驱，亦非数十辈醉心欧化者所可转移。移杜氏之言论，论中国目下情形，可称暗合。但谓旧文化之重光，于过去时代中，尚少其选，则似未当。当一千四百年前，欧洲乃极黑暗之时代也，罗玛优美之文化，被蛮族破坏无余，而亚力安邪说，又乘时盛行，遍欧洲大陆而占三分之二。二大圣高隆邦暨本笃，挺生斯时，联合同志，鞠躬尽瘁，力救其危，而亚力安邪说随以轸惜，犹旭日之驱阴霾焉，一切野蛮蹂躏之往迹，只留污点于史乘，而今日之修明补正，旧文化非特重光，而优美反远超古昔。

闻诸舆论：中国之破坏，既各尽其能，而建设尚未肇始，加以人心之吊诡，时局之阽危，虽五尺之童，亦能垂涕而道之。顾挽回补救之方，则言人人殊，势非久经试验之名医不能挽救，岂可一误再误，执途人而问之？夫真道纯德，往迹之于欧洲，既如彼矣。人同此心，即同此理，岂有能奏绩于欧者，而不能奏绩于亚欤？须知应破坏者，乃一切自私自利之主张；应建设者，乃一切爱国爱人之作用。四海皆兄弟，谓无大父母其可乎？爱不本于大父母者，而求其财毋苟得，难毋苟免，可偶一为之，绝非事理之常。本会愿执此有本有原之爱，以从事焉耳矣。

本会之宗旨，既经宣述如右，然创此大学之动机及经过，想亦为诸君所乐闻也，但详述未免冗长，兹特约略言之。当一九一二年之秋，南北信人因见利、汤、南、邓之讲学，教宗良之设公教大学于印度，故发愤上书于罗马教廷，请遣高才硕德如利、汤、南、邓不同国籍之教士，设大学于北京，以示公教之公，不限于一邦国、一种族之人也。且圣保禄之为吾主显扬之具也，不独于是，犹太非犹太之前，亦当于万国侯王之前矣，不得诿谓贫穷者受教福音，而不从事于讲学。旋因欧战发生，事遂停顿。前教宗本笃十五徂落后，今教宗必约十一对于中华，不但一视同仁，有加无已。且以中国际此危急存亡之秋，提倡道德，培植人才，尤不容缓。一再致肫诚恳切之词，鼓舞会众，并亲捐十万义币，趣其急赴事功。又许此后凡属华谛冈出版品寄赠本大学一份，以表教廷之注重。综核前后关于此番之创学《罪言》一书，亦其一也。继是教廷亦派员各省详加覆核矣。奥图尔博士又来华调查教育矣。调查后并亲赴罗玛进谒教宗陈述情形焉，进谒传教部总长胪列利害焉，又晤全球本笃会总长请求进行焉。迨一九二三年八月七日全美本笃会士开大会议，北京之建学始行通过。教廷得覆，欣然嘉奖，慰劳者再。盖因此举可使华人了然于公教不限于一种族、一邦国，而实普天率土，至一、至圣、至公之教也。其间复杂之原因，往返之函件，已载英文宣言书中。可见此事动议于一九一二年，直至一九二三年始酝酿成熟，由教廷简派于时局最为适宜之美国本笃会士总揽其成，而本学组织之方针亦于是乎始定。荜路蓝缕，缔造虽艰，所望会士持坚固耐久之心，勇猛精进之气，更望中国贤人君子不以远方衣帛菽粟为不可御寒充饥，不以公教之大学为一至中国便过淮而成枳，则庶几本会之讲学，宜于古者，亦宜于今；宜于欧者，亦宜于华。安见东太平洋与美对峙之大国，不能齐驱欧美，或更驾而上之？然则今之三月，实为中国历史增光之日，中国青年庆祝之日，本会士曷胜馨香颂祷之至！北京公教大学谨述。一千九百二十五年三月。

致英华
（1925）

今晚即入静。佛头著粪亦不说，狗尾续貂亦不说，吾二人者绝不为求大学之利益，虽不告人，人亦知之，但各尽其袜线之长，以求公教之真诠大白于上下之人，岂能因太阳经过欧美便拒而不用耶？其间有擅作聪明，妄改之处，一则不见原文，一则以原文不过是宣言，并不须砭砭求合也。稿极草草，看不出处，读不通处，仍请大笔斧正为盼。二哥恕我，我实懒动笔也。年尾年头，所寓三层楼为流弹穿窗洞壁者，以二层为最多，上层亦不少。齐截元、张吮民之兵固善抢，但皮帽皮背心之兵亦不弱，不知谈兵尚有何面目耶？

《芝加哥万国圣体大会事理之说明》译文
（1926）

美国《福隆月报》弥额尔惟廉著。

《福隆官廷报》主任，嘱余用通俗语言，说明天主教人对于圣体圣事所有心理。将何言哉？何所发刊？际兹天主教人，客与土居二百万之众，群聚于芝加哥，参预万国圣体大会之时耶？按此大会圣典，应于万国每二年轮行一次。天主教人固深知其用意，理应如此尊崇。至教外之人见此大会，亦当欢迎，探访教中人目光所注，而知其大较焉。况此大会，千载难逢之盛遇，不独教中然，教外亦然，奚可忽诸？

在场参与圣体大会者，计有教廷红衣主教、地方主教、司铎及信人之众，大足以代表各邦各族普世人民，类能解释大会内之圣体，并能解释圣体内各种要义。其有神职无神职之信人，奔走于大会中之集议与典礼者，千百其群。莫不昭假迟迟，一如大会中之教皇钦使红衣主教，于大都广邑之中，手捧圣体，一路恭迎，真所谓"四海来假，来假祈祈"者也。

如此祈祈，扈从前后，虔诚敬畏之恭迎，以前新大陆有过一次。在北美之加拿大孟德尔地，曾举行万国圣体大会于大礼弥撒之后。须知一个天主教人，脑筋中观念全球，十百千万献祭之祭台，自教皇献祭之祭台，以至天涯地角远方传教士可移动之祭台，又如亚非利加森林中所设之祭台，此最高最大之祭祀，同式同样，同一尊崇。并且每日二十四小时，每小时，每一分，在地球上皆有举行弥撒大礼者。不论是教皇主祭，他人主祭。祭献是在大城市大堂内，极光荣极灿烂；或在小会口小堂；或在小修院小堂；或在海船；或在露天；或在野人蹚的树林之中；或在无人到的沙漠之区。所成圣体，以圣事论，完全是一样。以祭献论，献祭之人是真主真人，所祭之品是真主真人。圣身圣血，人无二人，品无二物。千万祭献，同一祭献，不能有二也。

全球天主教人，以成数言，大都三万万。人人深信此圣体，乃谢主洪恩之圣事。各就信心之程度，信心之感动，以范围其一生。一生重要之点，便是天主为万有真原，造生万物而主持其性命。既愿建定圣体大礼于人间，则一朝祭祀告成，既献既享，真主真人即在圣体圣事之内，降居人间。此圣体圣事者，实爱情之圣迹，亦超超然出人意表，亘古常新之圣迹。此圣迹，此圣事，其余一切，在圣教会中，以关系之重大论，以意义之深沉论，皆不能与之比拟。可说是一切重心之中心点，一切礼规与法律之精神，其他一切皆奉为指导，奉为指归者也。

故天主教关于圣体这端，明白晓畅，无贰无疑。从圣保禄至脱利腾公会议，公会议该由教宗召集，脱利腾是公会议地点之名。每一议案，须经圣教会博学之士数百人，考证详明，奏请教宗订定者也。脱利腾且经三百年之久，由此公会议以至今日，从未改变。公会议之言曰：圣教会恒守耶稣最后晚餐时建定圣体之遗言。言言当照本字面原有之意，圣教圣师谓当如此，全球教众无地无时不信当如此。于是脱利腾公会议，详解此精妙入神之义理，谓圣体圣事者，耶稣以圣身圣血作人灵之神粮，其表示爱人，不能复加也已。借面饼形、葡萄酒形，而真身实在焉。其玄妙莫名，非人世语言所能解释。公会议乃用新名词，变其体质一语，以解释形虽存，而存在者，非形之体质也。天主教人，凡经掌教权者订定之端，一一信受，不生疑问。且知人凭脑力，亦足以颖悟其所信而详解之。但教中人自觉心坎中、神明内，其感通旷达烛照之能，远胜于脑力之颖悟。

至教中人之视祝圣圣体，为教会之生命，重要之关键，于三样光景中见之：

第一是弥撒。弥撒中之成圣体，是真祭献。真案祭献之原理，悉照脱利腾公会议所宣布。祭品同是天主羔羊，无论主祭是何教士。而最高主祭，惟一主祭，独有当日钉死十字架上，以身作祭者也。一十字，一弥撒，不同者，止形式焉耳矣。可知祭主之大礼，所谓至圣之弥撒者，乃天主教教规教礼，公众举行之中心点。如无弥撒祭礼，即无圣而公教会。故此弥撒之祭礼，举行时或则有多司祭副祭，祭服极鲜明，祭台极富丽，祭堂皆宝石砌成，乐章皆合乎典礼，灯烛辉煌，香烟芳烈。或则在隧道地窟之洞中，或则在牢狱之小堂及亚斐利加人之草室。凡诵弥撒，成圣体，为圣而公会，皆属不可少之重要中心点。

第二，圣体在圣教新法律，是真圣事。其为圣事也，不但在施行之际，给与宠恩，在人未领受之先，已涵有诸圣德之根原，亲来分给其圣宠，此就圣事而论，无可改变者也。惟施行及管理诸方法，时有变更，于圣教历史，斑斑可考也。自脱利腾公会议后，按辣丁施行圣体圣事之礼，分送教友，衹用圣过的面饼，不兼用圣过的葡萄酒。此与圣体圣事，毫无关碍，圣教会例可得而变更之。譬如借呼吸以养生命，呼吸常变，生命常存。圣教会于此等处，虽有更动，而与信德道理，实不差累黍。天主教人，既属圣教会有生命的份子，当用超性之良知，随顺圣教会有前呼，有后吸。礼规虽改变，而于圣体之为圣事，仍一无改变。即于圣教自体，亦无改变矣。

第三，即如圣教会之所训示，教中人之所深知，耶稣之在圣体，是与面形同存，坚定不移者也。一则为祭献，献后当消毁者也。一则为圣事，圣事应保存者也。为此，耶稣虽升天，而常在人间。其爱人表记，无妙于此。故圣教会即用"吾愿与人子偕焉"一语，以称之。此匿迹销声全能真主之在人间也。虽其他教友教士，各种教派之不隶属罗马者，亦皆愿保存此圣体而供奉之。

一千九百零五年，教皇庇护第十曾颁上谕，吩咐教友常领圣体，且准天天常领。一千九百十年，又准小儿，年七岁亦可领，且知识已开者，便可领。由是全球圣教会，既日迈月征，稳步前进，而恭领圣体者，亦日新月盛。其他神力之发展，如避静神功之召集，如默想神业之举行，以及创设神修等会，教友等于此神业工夫，力行笃信，愈推愈广者，要皆以圣体为之中心点也。

夫以神工神业之振兴，而见诸事功，征诸实行者，盖不止一端。诚以存诸中者，必形诸外。由此征实之事功，其感发人之念虑，鼓动人之行为者，有时众目昭彰，有时深藏不露，大抵以灵心之感觉居多。就余一人可自证者，余亦教中一人也，同教数千万人，皆深信深知，圣体圣事之在群众社会之中，所生影响功效之宏，概如下述。

生民以来，万事之枢纽，端在耶稣基利斯督之降生，以天主而为人。创立圣教会，托其训诲万国万民，直至天地终穷，权无旁落。万国亦犹个人也，各有自主之权，天主不加以干涉。听从与否，由人自择，择从之后，有一不可卸之仔肩，较之因圣教会而与耶稣联合也，其义务更重。即人人有听从之责，必人人见之于行事，乃为真听从也。为此圣教中人，欲求人事之改良，须按《圣经》永不变更之法律，方可。耶稣云："你们该先求天主国，天主义，其余一切皆另给尔曹。"可见人人先当改正自身，不然，何能改正他人？更何能改正天下？人不问尔何言，亦不问尔何行，第一要件，尔是何等人耳。凡承受耶稣法律者，即承受耶稣之教会。教会非他，即耶稣生存在世，亲自训诲今日之世人者也，耶稣在生从未写一书本，而其生命则永无尽期，且在此圣体之内，仍传给吾人也。

天主无始而成有始，天主至神而成肉体。后以此肉体作为神粮，使教中儿女跪于司教之前，每日领此神粮，实吾主之真身也。

此即圣教会之生命，生命之中心。此即人世间最大最高之事业，为此须有司教，继续罔替。其他事物皆次等附属品，其生命皆因此而得名。故吾侪所谓基利斯督者，非二千年前已生已死之一人，徒留其事迹于传闻，生平于载籍；亦非已离人世之一人，惝恍迷离，徒得之于幻像，羹墙如见，只彷佛于形容；亦非因基利斯督施教多方，遂低回默诵，虽有难通而不顾。如此者皆非也。吾侪所谓基利斯督者，即在当前，即在当地，即在美国之芝加哥，如在犹太之加利勒亚。基利斯督在今日，在前日，在明日，同是一永生永王于无穷世者也。

《天民报》发刊词
（1926）

先是《天民报》主任问报之名于华封，华封曰：商店以"天"字为号者伙矣，而未闻有以"民"字者；报馆以"民"字为号者亦伙矣，而未闻有以"天"字者。子必欲名不同而字易识，使唤卖报纸者，人人不识之无，无若合"天"于"民"，曰《天民报》矣乎？主任曰：善，敢问此非袭取伊尹"予天民先觉者"之言耶？曰：然。主任曰：然则善洵善矣，所虑有伊尹之先知先觉则可，无伊尹之先知先觉，是予圣自雄也，则不可。曰：不然。凡今之人，从事于教育界者、言论界者，孰不曰予先知觉后知，予先觉觉后觉者耶？且闻今之学校，拳有拳师，乐有乐师，跳舞有跳舞师，一切舶来之工艺文化等等，皆有舶来者为之师。甚而国语奉为师者，每以北方之产。但北方被五胡之乱最久，字有五胡之字，语岂能免五胡之语？虽有《洪武正韵》，而不能正其平仄之声，此明效大验也。然无论南北东西之产，一奉为师，师无不人人自命为先知先觉，而自任为觉后知觉后觉者也。以故予无办报则已，予而办报，请无以先知先觉自居为虑，亦无以觉后知觉后觉自任为虑，而惟以不能始终以民自居为虑，尤以不能始终以天民自任为虑，其庶几乎！

何也？盖先知先觉，人有其责，若形之于影，逃亦无从。伊尹尝明其责，以为天生此民，禀性虽无不同，闻道则有先后，故有生于众人之中，而闻道独先于众，此非先知先觉而何？知是知识，识其事之所当然也；觉是觉悟，悟其理之所以然也。事与人相生者也，有大人之事，有小人之事；理与事相因者也，贤者识其大者，不贤者识其小者。虽识其小而不得谓之非先知，非先觉。天生此先知者，非使之独知此理，正欲其启迪后知，使同归于知而后已也；天生此先觉者，非使之独觉此理，正欲其开悟后觉，使同归于觉而后已也。天之所望于先知先觉者，其厚如此！我今在天生此民之中，独能全尽人道，则我乃天民之先觉者也。先觉之责在我，则上天之意可知。我不忍后知后觉之人终于蒙昧，将以先知先觉之理，与斯民共明之，此我之心，亦我之责也。

伊尹之说如此，可见天下之民，不独天生之，天且有以使之矣。生而为先知先觉者欤？天固使之觉后知、觉后觉也。生而为后知后觉者欤？天亦欲使之同归于知，同归于觉，以觉夫后之人不先知、不先觉者也。我故曰：子而办报，请无以先知先觉自居为虑，亦无以觉后知觉后觉自任为虑。此无他，天既使之若形与影之欲逃而不得，子其如天何哉？何况觉后知后觉的"觉"字，有唤醒之意，如呼唤梦寐的人醒转来。一般，我中华民国，人之爱重我者，不尝称之为狮子，而痛惜其为睡狮耶？然则非办报者有以唤醒之而谁欤？欲尽唤醒之责，而不以天民名其报，将以何名欤？

主任曰：名固善矣！但中华民国以革命造成，而伊尹则满口尧、舜，一则曰尧、舜之道，尧、舜之君；再则曰尧、舜之泽，尧、舜之民，不太帝制矣乎？曰：是又不然。我中国首称革命者，汤武是也，而说汤伐夏者乃伊尹，然则伊尹又为汤武之先河矣。时欧洲如罗马，如希腊，尚在草昧，非、美二洲更无论矣。至孟子口中之述伊尹而亟称尧、舜者，不过理想中意想中一极好名词，尧、舜之君民，犹言极好之君民耳。战国之时，争地以战，杀人盈野；争城以战，杀人盈城。视我民国无多让也，吾言无多让也，犹幸战国时尚无炮火，所以人人脑海中，想望一禅让之君如尧、舜者，不争地，不争城也。夏桀之时，伊尹之想望尧、舜，容亦有之，但《商书》若《伊训》等篇，何以"尧、舜"二字从未一见耶？再者，尧、舜之时，洪水滔天，下民昏垫，而伊尹乃谓吾岂若使是民为尧、舜之民，不将使之为昏垫之民哉！尽信书，不如无书，此类是矣。且子未闻伊尹放太甲之已事乎？今而有能见一太甲，放一太甲，岂非民国之大大福利耶？称民国而不敢放民国中小小冒名太甲，六七人而已，十余人而已。称帝国而独能以臣放君，盖深知国家大体，虽放不为不臣，今反加以帝制之恶名，窃为民国耻之！

然则天民之名，凡可虑者，如上所言，皆无足虑。但天民之报，如欲名实相符，窃不禁如上所言，为子代虑者有二焉：

一、虑以民自居，能终始不渝乎？慨自国家以首级论功，以首级定封而后，执国人而问之，要做官须杀人，为之乎？口虽不言，而心之相喻于无言者，非十人而十，亦十人八九。当小工，愿当工头；当小兵，求当棚头。人人如是，行行如是，此其心理，民国新闻等纸，固日日证其事实矣。窃虑《天民报》默默无闻则已，苟有声，则金钱万能，势力万能，倘一旦变为天官报，虽欲以民自居，尚能名符其实乎？大抵民者，以名称言，无禄位之称也；以字形言，则象俯首力作之形，谓不食于人，而自食其力者也。兹非虑子不能无禄位而视若浮云，有禄位而视同无物；亦非虑子欣羡夫劳心者食于人，自招自集，党众兵多，遂不甘粒食而思玉食也。以故私衷所虑者，不以一人之道德言，只以办报之精神言。时至今日，国家命脉所关，第一要务而不可缓图者，岂非民事乎？报以民称，不言民事，将以何名之报言之？况所谓民事者，非他，即此无禄无位之民所为之事也。俯首力作之民所为之事也，亦即天下之民为邦本之民所为之事也。民为邦本，食为民天，近今欧洲大战，其败者非以民天之见绝耶？由此观之，欲唤醒民国之睡狮，舍民事不可缓也。其道将何从？孔孟之徒，于科学诚不及今人，但于治平之道，有四五千年之研究与阅历，谓亦不及今人以军火为治平之具，有是理乎？

昔者滕文公礼聘孟子，问为国之道。夫滕，小国也，又虱于齐、楚二大国之间，其困难百倍于我，乃孟子不言兵事，而只答以"民事不可缓也"。夫岂知其国小，不可为，而姑答之哉？但孟子答齐、梁之君，所谓仁政者，非专言民事乎？民国称总统者五六人，一半已登鬼录。有继任者，有复任者，任已不止六任，试问或人民，或报纸，有敢以"民事不可缓也"进言于总统者乎？进言于督军者乎？孟子时，固战国时，今民国十五年，内哄内乱亦十有五年。其哄乱视战国较胜耶？不如耶？窃谓我国之君，皆继体守文之君，名正言顺，以故秦人犹爱秦，楚人犹爱楚，虽不爱他国要皆爱其本国也。今也何如？中外报纸，原不足凭，但背后倘有他国在，即难保其不爱他国而爱民国。如爱民国，亦止爱其能席卷民国者矣。吾故曰：时至今日，不可不讲民事。今春至秋，上海一埠，进口之米、麦、面粉等，值银圆一万万又二三千万。有知农产之数者曰：倘无此大宗进口，米价一石四五十圆，亦意中事，然则民事不可缓也！此今之事实也。何况军火之进口，鸦片及诸毒药与奢华品之进口，更不知若干万万。中华虽富，长此安穷，更越十五年，有不索民国民于枯鱼之市者乎？

主任悚然曰：然。但兵匪满天下，欲言民事，将从何说起？华封曰：是不难，请说之以消极之道与积极之道可也。兵匪满天下，故第一该说之以消极，非谓向拥兵者，说之以罢兵，是西谚所谓洗乌奴国人以肥皂，徒耗肥皂耳！为此请但向民国遗民说之。从民国元年前武昌起义起，而起义者并非老同盟老革命。足见民国之起义，非一党所能私，此亦吾民国之荣也，不可不知。凡各省各府，各府之东、南、西、北某县，县或全城，或不全城，从东、南、西、北门起，至城内外若干里，或若干丈止，某年某月，某军某匪，或炮轰，或枪击，或烧，或抢，或奸，或掳，或勒索钱财、粮食、供应等等，人民死者若干，逃亡者若干，一一报告。报告者或个人，或团体，或学堂，自当注明，以昭信实。惟发刊时，不愿留名者，当随报告言之在先。其经内地某教士，或邮局某西人合作者，称许者，签名于上，更佳。烧毁之区，倘有照片，尤所欢迎。至各县之东、南、西、北乡，某村、某镇、某集，有被兵匪之祸，悉如以上所言，一一报告，本报亦必为之按图据事直书。介绍朝野遗民，且使拟撰民国实录者有所取材，此亦文明国不可忘之人祸也。其次则说之以报告天灾是矣。各省各府，各府之东、南、西、北某县，或某县之东、南、西、北某乡、村、集、镇，被时疫死者若干，被水、火、地震之灾死者若干，被风、雨、虫、旱等灾五谷失收者若干。民自种鸦片，或被强迫而种者若干，倘能分省分府，与兵匪之祸，一一发刊，虽兵匪见之，当亦视为《铁泪图》矣。……只知民国之初，各省屯兵南京，南京之被烧被抢及作为战利品者，总在五六千万金以上。从知各省破坏之成迹，能罗而致之，必大有可观，子能为之乎？

第二请说之以积极之道。是道也，即民国民为主，犹帝国君为主。君坐江山，为一国之大田主，以人民为佃奴，故其赋税于民称租赋租税，欲圈一地则圈之。旗人可圈也，军人可圈也，外人亦可圈也，今日之租界是矣。所不可圈，佃奴耳。今既以民为主，则国中之尺土寸地，非数年一换之总统所有，非数月可换之内阁所有，更非民国官制不应有之种种头衔所有。故有敢不归于民国民所有者，当以民主国之谋反律论。谋反者谋夺一姓之江山，今谋夺民国民万姓之江山，其罪大恶极，不但与善战者应服上刑比矣！

英国黑奴开放之初，以其相习成风，依赖主人而生而育者数世，不知另立室家，操持门户者有之。间有外人笑我数千年之佃奴，一日升为田主，狃妮之状将无同。须知中国由封建制改为郡县制，是由多数大田主改为一统大田主也。其改也，不能复为封建。今由一统大田主改为民国民田主制，其改也，亦必不能复为大田主。何也？盖古之造为大田主者，法与造蛊之法同，以百蛊置皿中，俾相啖食，食尽而独存者为蛊。

今则海通以来，皿无盖，迨其独存，而复有跳入者与之相唊，其势不能独也有断然矣。故土地之权，终当归之民国民。

人谓租界制是中国所造，是中国之耻。但民国民苟能善师其制，亦晚盖其愆之道也。租界内地主权只准外国人有，不准中国人有。是明明教我民国内地主权，只准民国民有，不准一切非民国民有也。彼于租界内，地有捐，屋有捐，马头马路皆有捐。有巡捕，有商团，有交通之便，使人安居而乐业焉。有病院，有学堂，亦渐渐主张公益焉。我民国州县可一千七百余，大率方百里，方百里内可得方六十里者一中区，方四十里者东、西、南、北四乡区，如此一方，仿租界制为之，不须官而自治矣。按方百里可得方一里者一万，是五百四十万亩也。假令每县熟田二百万亩，养二十万人，人仅得熟田十亩而已。尝考法国人摊十九亩零；意国熟田，人摊十五亩零；英国号为工商国，然其熟田，人摊十三亩；日本则摊十亩零；暹逻虽只摊八亩，然亩可三熟；至查美国熟田，则年多一年，每人所摊，难以计算，虽法人亦不能望其肩背。我中国号为以农立国，兹所假定熟田之数，必不及。假定各县人数，必过之。然则中国焉得不饿殍载道？乃为政者又纵兵匪，使于殍饿口中而夺之食，我故曰：再越十五年，将索民国民于枯鱼之市者此也。

欧洲学者谓天下惰性民族，污秽不治，不勤不俭，一印度，二回回。近中国则莫如秽貊，其国家之结果何如？然试观民国民性，在工厂，在农圃，在商店，在学堂，有八小时力作者乎？汗出者乎？自鸦片流入国中而民情惰，因此长毛造反，而民情更惰。国乱一次，每见有不能保其身家者，人遂只顾眼前，此一定之理也，故民情惰。唤醒此睡狮惰狮，懒不肯起之狮，岂易事哉？即所言代虑者一矣。

二、虑以天民自任，能始终不渝乎？朱注天民谓：以其全尽天理，乃天之民，故谓之天民。又谓：乃天生此民中尽得民道者、人道者。然则合两注而观之，天民者，以其全尽天理，全尽人道，不愧为天生之民，故谓之天民。人皆知天理之反曰人欲，人道之反曰畜道。国家之盛衰，是因天理盛耶？人欲盛耶？民族之文蛮，是因人道兴耶？畜道兴耶？言至此，不禁念及方桐城之《原人下》，言简意赅，说理之文，无逾此者矣。敢录于下方，以公同好，免人视为骂现世之文也。

> 自黄帝、尧、舜至周之中叶，仅二千年，其民繁祉老寿，恒数百年不见兵革，虽更姓易代，而祸不近于民。降及春秋，脊脊大乱，尚赖先王之遗泽以相维持。会盟讨伐，征辞执礼。且其时战必

以车，而长兵不过弓矢，所谓败绩，师徒奔溃而已。其俘获至千百人，则传必大书，以为大酷焉。自战国至元明，亦二千年，无数十年无小变，百年二百年而不驯至大乱者。兵祸之连，动数十百年，杀人之多，每数千百万，历稽前史所载民数，或十而遗其四三焉，或十而遗其一二焉，何天之甚爱前古之民，而大不念后世之民也！《传》曰："人之于天也，以道受命。"不若顺于道者，"天绝之也"。三代以前，教化行而生厚，舍刑戮放流之民，皆不远于人道者也。是天地之心之所寄，五行之秀之所钟，而可多杀哉！人道之失，自战国始，当其时，篡弑之人列为侯王，暴诈之徒比肩将相，而民之耳目心志移焉。所尚者机变，所急者嗜欲，薄人纪，悖理义，安之若固然。人之道既无以自别于禽兽，而为天所绝，故不复以人道待之，草薙禽狝而莫之悯痛也。秦汉以还，中更衰乱，或有数十百年之安，则其时政事必少修明焉，人风必少淳实焉。而大乱之兴，必在政法与礼俗尽失之后。盖人之道几无以自立，非芟夷荡涤不可以更新。至于祸乱之成，则无罪而死者亦不知其几矣！呜呼，古之人日夜劳来其民，大惧其失所受于天耳！失所受而不自知，任其失而不为之所，其积也，遂足以干天祸而几尽其类，此三王之德所以侔于天地也欤？

此言以天理，以人道，警觉后知后觉，其功可侔于天地也，子其有意乎？能以天民自任，始终不渝也。

不渝之道亦有二：一消极，二积极。消极先就道德一边言：凡有违天理人道者，不提倡，不介绍，不容忍之谓也。譬如本报亦有科学一门，自巴士道究析微生物，医学之进步可惊，但吾可预言，绝不能使长人之人，更长一肘。返老还童之术，奥医某不尝为华人试之乎？试后不到半年而死者有人焉。童不童吾不知，即童焉，童而死，何益于还？自电气之功用日新，化学之发明亦日新，但吾亦可预言，竭科学之万能，一砂之微，火之，磨之，粉之，扬之，不能使归于无有，则其不能使无有者自无而有也，更不待言矣。或曰：化学能以汞造金，金将不可胜用矣。答曰：汞非易得之物也，恐所造之金，连工本计，比天生之金更贵耳。一切机械之动也，皆借天生之力，如重力、涨力、弹力及磁电等力定矣，竭科学之万能，绝不能使无其力而有其动者也。至于死树死兽，虽欲借活树活兽之生机，亦无由借矣。此无他，以化学之法借之，适所以死之。可见树之生也，兽之活也，不在化学权限之内，然则死生有命，不在科学万能之化学、医学，况所以善其死生者，若道德，若宗教，更不属科学之范围。以故凡言形下之科学愈发明，形上之真道德、真宗教愈无用者，皆呓言也、梦话也。虽然，此等梦话，在今日犹算上等，等而下之者，如卖春画，曰：美术！美术！卖春药，曰：长生法！长生法！卖淫书、卖淫戏等等，则曰：此人道之实演，士与女且往观乎云云。《天民报》一不当于本报各门提倡之，二不当因利其告白介绍之，三不当以不闻不知容忍之。子有此救世精神否？天民之责不易任也。

光绪初年，东京某报馆谓：此间妇女，可指名而得也。惟粤东一商家妇，谋之三年，而不能得其一盼。又道咸间，老教士辈往往言救中国者，其中国妇女之道德乎？贞一乎？吾不知民国以来，新闻家主意何似？新社会主意何似？新家庭主意何似？试问观光民国者，尚能如老教士之言耶？但妇女者，家庭之中坚也、生命也，生命死则家庭死，家庭死则社会死，社会死则国家死。所以中国工人被厂东致死者，不一其人矣；中国侨民被地主致死者，数见不鲜矣；中国人或行旅，或行商，被南北洋、东西洋虐害而死者，徒诿自投罗网而已矣！昔成汤起馨国之兵，为匹夫匹妇复仇，是否国家主意耶？如否，百姓要国家何用？如是，何以不闻有起馨国之兵为匹夫匹妇复仇，而只闻以杀匹夫匹妇为事者耶？莫谓日本亦慕欧风，但其克勤克俭仍如故，商则勤于市，工则勤于厂，农勤于畴，学勤于校，视昔且有加焉？况其起居之俭，饮食之俭，服装侍从之俭，民国民相形之下，能无愧死？既不肯俯首力作，殆惟有俯首实行《二十一条》，而后始知天下之忧不在颛臾耳。

上之消极，既就道德一边言矣。兹之积极，自当就事实一边着想。按天理人道之事实，莫先于合群；合群之事实，莫大于国家。呜呼！吾人国家之思想，有不可讳言者在。帝国时代脑筋中，惟知帝国君为主，为主者朕，一朕即国家，然犹幸国止一朕，尚可相安于无事。至民国则不然，脑海中忽一变以民为主，为主者朕，朕即国家，于是你一朕，我一朕，东北西南各有其朕，一朕胜而一朕逃，犹不失为光明磊落之朕，乃逃而复来，来而复逃！朕！朕！朕！不啻狗脚之多。甚至各人心理，不敢自以为朕者，亦必有所向之一朕，所捧之一朕。其狡者，更有所包围之一朕。全不思以民为主云者，以国民之全体言也，邦族之法人言也，何尝以个人之有声势言，声势之有实力言耶？如以力言，子舆氏已有不刊之论：以力服人者，非心服也，力不足也。一旦力足，必有一朕出现，惟民国终无出现之日耳！呜呼哀哉！吾敢为《天民报》正告曰：

国家者，无论帝国民国，壹是代表邦族之法人也。法人者，即能守法之人也，功过自任之，是非善恶自主之之谓也。邦族者，一方之土著也，民萌也，历世相承，生生不已，所以使此一方土著之民萌为有法团体，而成国家者必有主权焉、统权焉，国为自主之国者，其统权无更上也。此无上主权之为用：对于国内，应有命令一切公民、一切侨民之名分；对于国外，应有代表国民全体之名分，及与列邦约定国条之名分。不如此，则不足以称无上主权，而名实俱丧矣！兹曰名分，不曰权利者，盖权利可以力取，名分则不然，是以权利虽丧，而名分可仍在也。

治群学、社会学等等，或有不以主权为然者，今姑不论。但国家之性质，其异于一切人徒之群众，有可断言者三：一有固定之疆宇，不容任意分割，自外版图，然则不容独立也，亦不容对内用门罗主义也。一有一定政刑，惩治方命，得逮捕其人，收没其物，然则不经法庭，不可排人也，不可恃势也，不可擅税也。一有至大团力，根乎性，演乎史，铸大小新故各团体，镕成于一，而待之无不均也，然则不容有特殊之党、特殊之系，及不可镕成者反加以特殊之利也。此三者不独一，统制如此，联邦制亦如此。凡百社会，纵有得其一，得其二，断不能兼其三，则国家为特殊之性也，物也，不容相淆也，其义盖断断如也。我故曰：人道之事实，莫先于合群，合群之事实，莫大于国家。国家之义既明既定，请积极以言之。

今日之域中，欲闭关谢客，不相往来，虽三尺童子，知其不可。乃太史公记老子之言，曰"至治之极"，犹言治国之极也，"邻国相望，鸡狗之声相闻，民各甘其食，美其服，安其俗，乐其业，至老死不相往来，必用此为务"云云者何也？且古人所谓入境问禁，入国问俗之国极小，尚不及后人郡国之国，岂太史公真以为老子之意，必欲城与城，邑与邑，至老死不相往来，而后为治道之规模，规模之极则耶？想太史公不若是之愚。然则所谓不相往来者，谓不须往来也。不须往来者，谓各城、各邑、各乡、各社，民各可甘其食，可美其服，可安其俗，可乐其业，不待外求他城、他邑、他乡、他社而后可甘、可美、可安、可乐也。今中国人背乡背井，愿受一廛于租界者，岂真愿托西人宇下而受巡捕之管束为荣哉？亦不过为甘、美、安、乐之易求，上所言一县分五乡，乡乡一租界，即所以迎合其求而已矣。

然而此岂易言哉？太史公之时，已谓"耳目欲极声色之好，口欲穷刍豢之味，身安逸乐而心夸矜势能之荣"，况时至今日，欲穷欲极，欲夸矜者，胜前十百其倍。而谓一县一郡，足以养其欲，给其求，必无是理，则交通尚矣。自近今五十年来，电气日见发明，而交通亦因电气而日广，谓之为电气世纪可，谓之为交通世纪亦可。顺世纪之潮流，推广交通，非民国之任欤？衣、食、住，住若红松洋灰，在上海一隅，皆取足于外洋，然而北方之古木参天，徒供火车之烧料者，自民国之前而已然。即此一端，已足见交通之不可不讲，讲之亦甚易也。但令南北与东西，各开二三十道官塘，以联贯各府各郡，此为国路；郡各联贯其属县，此为郡路；县各联贯其各乡，此为县路。国路应由政府聘本国工程师，不足，再聘外国。先测定最有益于交通，又易于造筑者，随测随栽土宜之树以志之。除聘费由政府担任外，其测量购地及日后徐徐造筑之费，悉由国路所经之郡各担任之。郡路各费，则悉由属县各担任之。县路各费，则悉由五乡各担任之。兹所谓郡者，与他县同，有治属，非虚衔。国路可宽六十丈，一边以十丈为沟，沟土以筑路，视地之高下，或三四里一闸，或十数里一闸，为益于高地者颇巨。再以十丈为人行之道，余四十丈悉为车道，如此则火车、电车、长途汽车，皆不须另筑矣。郡路以下，或三十丈，或十丈，似皆足用。县路之间，其田亩之经界，亦当先为测定。譬如方十里，可得田五万四千亩，以四千亩为沟洫、庐舍、坟茔、农业试验场，五万亩画作五十亩一区者一千，为千户之业。其画分法，可仿田字形，以四千亩为笔画，则中央之田，五十亩一片，易于耕种。不至如今日之田，东几亩，西几亩，农户致力多而成工少也。其不及十里，或多过十里者，总可仿此法以为之。盖方一里者，田可五百四十亩，以四十亩为沟洫等等，则田自成片，而易于施力矣。或曰此法太难。然先就一乡，择地段极大不止十里者，预先测定，起五乡之夫，尽一冬之力，沟者沟，画区者画区，定可成事，以数冬之力，则一县之经界，不已告成乎？

上言县仿租界制，地捐、房捐，以一年所得，先办一青苗银行，将所测定之地，按时价加二收买，地主不愿赎回者，则地为公中之地。设有农户，愿买五十亩，亩价百。百，即可向青苗银行贷五千圆，息二厘，实则所贷者田耳，以每年所纳之租积算，算至十余年后，定可坐享此田，而为小田主，然非勤俭不办。故小田主愈多，则地方愈治。凡地主愿赎回者，应加疆理之费若干，惟前之百亩千亩散处者，现可成整，想知其利者，无不乐为也，然则何难之有？

或曰：难似不难，但匪天下，救死尚恐不瞻，这篇大文章，怕说得到，做不到，请思其次。其次，窃以为莫如子舆氏所说"守望相助"矣。以兵打匪，且莫说有匪在，有饷领，亦莫说匪如梳，兵如枇，其奈兵到东，匪到西，民国以来无干净土何？惟民则东有民，西亦有民，民与民守望相助，而后匪无存身地，此必然之理也。长毛时，民有团练；王莽时，民有弓箭。盗有枪炮，匪有枪炮，何以民独无有枪炮耶？子能以此日嗔于社会否？否则，是不能以天民自任矣！

起观欧洲大战，乃不数年而战毁者修复矣。我国则长毛后尚未修复。通商则几近百年，乃愈通愈穷，金钱之流出者前以万万计，今则以数万万计。矿则不开也，开亦无本；工则不兴也，兴亦无本。商有恒言，只望乡亲富，乃十五年民国，十五年荒歉，欲求农业之改良，尚可得乎？故为今之计，民既为民国之主，江山之主，莫如收回钱粮以自用。合民国钱粮，不过八千余万，政府收入，一年可四五万万，在政府不过少六分之一耳。然而实业之费，民可自任之；教育之费，民可自任之；巡警之费，民可自任之；如上所言，交通之费，民亦可自任之。以今日生活程度之高，天下盖无一国，其财力足任募兵制者，我国其势非行征兵制不可。假令学堂体育用兵操，高等小学毕业者，充征兵一年；中学毕业者，亦充一年。是征兵之费，民亦可自任之。故政府所失者甚少，而所得者甚多也。子能以此日嗔于社会，使造成舆论否？

昔者大隈伯只肯演说，不肯动笔。华封老人之演说，却从未自写。盖演说时，心注于口足矣。自写时又当心注于手，加以口之所发，笔不能追，于是颠倒错误脱落者，不一而足。不独写后忘前，甚至现所欲言者，亦忘之矣。以故老人虽自写，老人不能担其错也。要而言之：《天民报》当以民自处，则民事不可缓矣！当以天民自处，则凡违天理人道者，拒之不可稍宽。而凡按天理人道者，觉悟后知后觉，不可稍诿。人民之立国家，原为保其生命财产，故孟子守望相助之说，不可不重视也。能相助而后能安居而乐业，有交通而后能养欲而给求，惟收回钱粮自用，不但守望与交通之费有所出，且惠工、通商、青苗等银行，各县皆能成立，县得百万之钱粮者，若有一千，是岁增万万也。以之兴大农、大工、大商，与天下大国相周旋，何至"支那"二字为众恶之所归？子其有意乎？予日望之矣！

致徐宗泽
（1926）

一

奉上一陈君书。副刊之文不文，诗不诗，时下恐亦无赏鉴者矣！可否将古译择刊？二陆君，其行文与高均等，可留为《天民报》译各种教科之用。《天民报》若特注重教育一方，似亦可传之事业也。前尝与张菊人商之，伊极赞成。震旦既得此好译手，又何必奉送他人？（为震旦译讲义，为《天民》译副刊，但优饩之即足矣。）传信部书库索《天民报》，其信在达义处。润农司铎鉴。原信改日掷下。名心叩。

二

宣化主教来信送阅。但时事所须可，三柱石及孙元化死于救国三百年之纪念，如赞成，当函致宣化取同意。润农父台台览。若瑟启。

三

昨西满朱主教亦赞成明末教友为国牺牲，说孙元化为奸臣所杀，见《明史》，金正希见陈援庵考据。瞿式耜有考据否？乞示明。《明史》可查否？若瑟启。十二月六日。

致英华
（1926）

一

敛之二哥大人足下：

昨见《主日报》载辅仁社开学事，甚喜。但南方亦无学堂可入。所以然者，我教山长非我国人故。即有挂名之我国人，亦非我国之学者。何君理中非学中人也，亦嫌中铎之信多白字，多费解。以此传教，何以应对教外者耶？故以为登神品前，所有一二年试习，何不用在辅仁社试习耶？此意可否令千里达之于刚公？今有苏、松等教友，或年逾十九，或不及十九，愿求学于辅仁者，当不见拒。良则益倦，怕动笔，惟望我兄能久久辅助青年耳。伯鸿固属难得，然亦幸为秀才，又解法文，故能多看圣书，与社会接洽，其笔墨事，大都由书启为之。曾见刚公答拒毒会书，似兄之手笔，否则系教外人手笔。我说怕动笔，将满两纸，惟望见示，不至见拒耳。专此率问近安！良相启。十二日。

二

敛之二哥鉴：

顷蒙惠复，具悉。承示仍愿为辅仁社之组织，良极赞成。王宝仑云：财政事易，我教中之人才实不易！试问修道中有读过"十三经"者否？"五经四书"者否？或"四书兼注"者否？近读《史记菁华录》，相如得与诸生游士居数岁，乃著《子虚》之赋，其批云："可见古人作一传文，必有许多耳濡目染之助。"试问修道人才中，有如此之助否？窃恐自信力过深，将见此批而大笑。顷致少坪信，求其与俊卿，恳刚公主持辅仁社，所恐一齐人不胜楚咻咻之众也。设令华修士不善华文，而善辣丁，亦有救，两皆不善，其奈之何！少坪非文学士也，所主《主日报》，似反胜于华法四五司铎所发之《圣心报》与《杂志》。昌黎不喜用世俗文字，今之修士可谓不喜用世俗语矣！官话不像官话，国语不像国语。《主日报》赵尔谦解说《信经》，何不取《教要序论》一抄之？此皆自信力太过也！致石公信，因承其过爱，故直言之。《圣经直解》如再整，辅仁社亦可诵之书也。入夏以来，懒甚，怕握管，而来请者纷纷，恨不相从为香山之肥遁！抱独稿，此间已见《主日报》。专复，顺颂肥安！若石良顿首。八月二十一日。

致英千里
（1926）

千里世讲鉴：

　　一号去信得达否？（有附《寄咏春》一纸。）十一号志尧得讣电，已代讣相知追祷。主旨不可测，小德肋撒言死后将大行其救灵之事，吾于敛之亦云。八号奥图赴美，但言敛之病重，邀吾北上。但天寒路险，岂老夫所堪？如北往，断不返矣！一切养老所需，不愿累本笃也。奥图言公教大学亦收教外生，然大学而冠以"公教"，"公教"二字，应指所授之科，似非兼招教外生之道也。平心而论，自受雍正艰难后，教中读书子弟不多，不得教外之切磨，教育难望猛进，故不如改为本笃大学之为愈也。辅仁社当如师范之类，经书塾南京日见其多，汉文自然以经书为最，而《史》、《汉》次之，《三国》及《南北史》又次之。来学者不必限年龄，惟由司牧保荐者，可略减膳费足矣。大抵洋人办学，辄有二弊：一不重汉文，或重而不得其道。一所授西文，程度太浅，盖视十五六岁华生等于五六岁者而授之；或所授非浅，而不知选择华人所喜者。即以科学论，亦鲜能澈底，或虽深而在华人理想反易明者，往往靳授焉。有此数端，故与西人办学，颇费周旋。陆伯鸿言奥图办学之款，系向光主教借来。然则此番回美，系筹还耳。究竟公教大学内容何如？能否以公教之精神，公教之捐款，办一华生眼前所需要者否？倘亦如已往所办者，则虽大学其名，窃不敢赞同也。此信请与元甫观之，望一一赐复为盼。相老人顿首。十三日。

罗马教廷锡封瓦嘉郡司牧代任宣化区司教赵公墓堂碑（1927）

洪惟我圣教宗主比阿十一世继承本笃前谟，谆谆通诰传教区牧、区守，谓："保固新区教会，莫如师法宗徒，开教风规，登庸所在国籍人材，则牧、守皆无待外求，心传罔替，何至人亡政息，复蹈前车？至画教区，付某修会与某国籍，转移予夺之权，操自教廷，列国无因干预。"言至恳切，不惮再三。

御极之元年秋，特遣专使莅华，详察区分人选之宜。奉命来者刚总牧，宿耳公名，擢充秘书，随节初驻湖北意国籍传教区后。准京畿教众，发起募捐府第圣堂之请，始移节京师，从民望也。二年冬，奉诏画守区，以湖北之蒲圻等，付成牧守之。三年夏，奉诏以直隶之蠡县等为孙牧守区。区守与区牧之殊，例不加古郡司牧封号，而司教全权则一也。至五年仲夏十一日，特诏公以秘书，拜瓦嘉司牧代任宣化，乃国籍罗司牧后第一人。罗之前拜者，有司牧有总牧，俱终身未祝圣，即罗牧亦迟之十四年之久。缘此国人知与不知公者，俱额手称庆。十有二日，拜汾阳陈牧之诏继下。其年仲秋十日，暨十一，又诏除浙江之胡牧，任台州区，江苏之朱牧，任通海区。无何，电诏齐赴圣京，在宗徒大殿受祝圣，由教宗主礼，礼日乃孟冬廿八，与教宗圣为司牧之日同，所以示矜宠也。诏下之日，中外腾欢，往返更迭，欢送欢迎，皆无分中外。足征罗玛教会，大道为公。宗徒俱如德亚人，而继位者率皆异籍。且纪元之末，如德亚早已不国不家，是国籍主义亦无，何帝国主义之有？不图翌岁，公与孙、陈二牧先归，道经南服，打倒基督教帝国主义之声，仍未已。幸北上，则教内外官绅民众之欢迎，视欢送有过之。公于孟夏十日，莅宣化任所，首先誓奉全区，特献耶稣之心，圣爱之源。爱无大于为友舍生者，天主性无死法，故取人性以降生，俾可舍生，以征其爱，公之成己以此，成人以此。印信标宗语用宗徒书曰："我甘耗用，且耗尽我身。"言愿耗费心血精神竭命以救灵也。但助理全区者，全区司铎也，因与之誓。每月首瞻礼六，以恭默修省，敬礼主心者，使全区并受其福，次则力筹秧田学院，以植将来传教人材。至传教进行方案，则命司铎联合信人，创设口北公教进行会，总支各部，克期成立，各先之以避静者，先成己而后成人也。但传教事业，爱德为先，于是又联合绅商，发起宣化救济会。时方南北媾兵，北与北亦媾兵，避难者纷至。公昼夜抚循，连设收容所十处，总堂房屋及秧田院等为第一所。孟冬天已寒，十三夜近子初，巡见数人露宿，又无卧具，乃自取所用被褥数事，分与之。及归寝，痰气上，急请公弟，与公至好之雷铎鸣远，适辅导各班避静方毕，亦同至，念助终经。王铎达德，行终傅礼。痰益上，犹口呼耶稣玛利亚不绝。公本痰体。在欧时，医曾戒以痰厥宜防。至是漏报丑初，果以爱人而致死。全区失此步武宗徒之司牧，惟祝维皇，哀怜宣化，有以慰我心丧。本届避静，公亦与第二班司铎举行，距考终十余日，已先清理个人账目并书一纸固封，语人曰："且夕主召我，启视所书之人，按教规，权司牧可也。"足见平生日备善终之有素。

公讳怀义，字景方，洗名斐理伯，京兆宛平人。父学化，洗名伯多禄，世奉圣教极虔，庚子年为主致命于拳匪之手。母周太夫人尚在堂。兄弟五人，公次二。长怀仁，进苦修会，圣名本笃若瑟拉巴，去年去世；三怀礼，洗名若翰，前数年去世；四怀智，洗名沙勿略，今教宗恩赏圣西尔物斯德肋骑尉勋章；五司铎怀信，洗名文南爵，随公往返欧洲，得侍临终者是。

一八八十年孟冬十四日生，生十有四岁，离俗入北京秧田学院。二十五岁春，膺司铎神品，旋授本院拉丁文。寻除宣化副本堂，升信安镇正本堂，调任京西大堂毓英校长。

一九二二年专使至，迁秘书，秘书公牍，兼有意、法等文，不数月，兼习之，兼熟之，公盖天资出众，和秘近人，以此习于社交，长于教育。与后生终日言，无倦意，国籍中之司牧才也。时论或为国籍危，疑逢教难，不如客籍有约章，有办法，抑思国内投某某教、帮、党、会等等，为护符者久矣。当道疾恶，贤者鄙夷，平心而论，心服约章者有几人？国籍者之危，杀身而止，利，则如彼佛、回与民安处，未闻以客教歧视之，一利也；国籍者，无势力，趋利者，不利用，二利也；由是信从者，或较有真意，三利也。具此三利，而首登司牧者，亦首登天国，享年四十有八。众议葬此罗玛祝圣之躯于宣化总堂圣母祭台之前。

载叙而铭之曰：致命之后，猗于仲行，锡命之显，于国有光。在昔宗徒，如酵投面，未几全欧，翻然一变。今我远东，宗徒六位，何石不成，亚巴郎嗣？方大有为，高山冠佩。奈何我牧来思，未晔先退！亦曰：过化存神，圣心简在，式我后人，永留遗爱。

降生后一九二七年民国丁卯冬。宣化区基利斯当立。

问谋叛专制与谋叛共和其罪孰大[*]
（约 1927）

此所言罪，乃就法理论。英儒戴雪氏称之为 The Rule of Law 法律之大经，即除法律所规定外，不得畀人权利以损他人，不得加人义务为利他人。故凡所言所行，于人权利有损，于己义务有亏者，不独于良心有罪，于法理实有罪焉。至所言谋叛，亦不仅心非腹议，据法理以反对之而已，谓诉诸武力，或阴以职权实行其攻击也，破坏也。为此有言职者，而即恃其言论可不负责任；有官守者，而即恃其财力可自由取与，因之以或明或暗，扶助乱党，其罪殆浮于用武，无他，以发踪指使，自居于乱党之功人故。故上海西文报每訾议×××，而比之为舞台之击鼓者，战场之掌号者，一切乱党机关，即在其××××，虽不刺人而杀之，而罪浮于刺人而杀之者万万，但×××并无言职，况有言职，而恃其不负责任，以助乱党者乎？

知此，而后可与言谋叛之罪。试举右问以询于众，众必曰：谋叛共和哉！谋叛专制，谋叛其主权也。专制主权在君，一人、一家、一姓而已，岂若共和主权之在民，万人、万家、万姓也乎？按法理谋害一人，一死罪也；谋害一家，则不止一死罪矣。谋害一姓，人又较多，必多多死罪矣。况乃谋害万人、万家、万姓也乎？其死罪殆擢发而难数，此固稍有常识之众所共知也。今试更进一辞以询于众曰：谋叛专制君主与谋叛共和总统，其罪孰大？

窃料吾问未终，而伟人闻之大笑曰：有是哉，子之迂也！曾是以为罪乎？夫以言论反对专制与共和，此学者所有事也。惟既以专制立国，

---

* 文中"×"号为方豪编《马相伯先生文集》时删字。原不著年月，现据内容姑系于1927 年。

必有多数人赞成其政体，今用武力财力，破坏其政体，是破坏多数人之赞成也，名为有罪，犹可说也。至破坏专制君主，所破坏者一独夫而已耳，正革命者所有事也，谓之为有罪得乎？非不知秦汉以来，诛一独夫者，罪及九族十族，目之为大逆不道，一若天地之间，无有罪恶大过于此。所幸欧风东扇，金知诛一独夫，不过一国事犯而已耳。成则为王，败则为寇，非吾国之古谚乎？寇一敌国，何罪之有？然则寇一专制之君，不得谓之有罪，更不得谓之大逆不道，明甚。况乃寇一共和总统而已哉！况乃寇一临时总统而已哉！况乃寇一我等手造之共和与我等手援之总统而已哉！援之斯来，麾之斯去，公仆之理应尔。若其不去，则以武力从事而已矣，何罪之有？有是哉！子之迂也！

不肖南人也，南人信鬼，上海城内造佛像处颇多，购供之者，遭家小有不造，或夜间似闻声响，则疑惧万端，立取偶像而付之造佛匠。匠告余曰：须批偶像之颊而戒之，毋再作祟，祟则火汝，复取刀略改其耳，或目口，或鼻等，授购者携归，决不复怪。意者伟人对于大总统，人人自以为造佛匠云，不然，×××与汪精卫等（下残）

《胡明复先生遗稿》序
（1928）

凡物有魂则生，无则死，科学亦然。数理者，殆科学之魂欤！无则无以探其理，致其用，尚克生存生长耶？涂亨 P. Duhum 有言：譬之物理学，盖无一篇一节欲有证明，而不借助于数理也。

数理者，吾且以为不独科学之魂，而亦科学家之魂也。希腊有古贤，凡来学者，不先通几何，则不诲焉。徐上海释其义曰："人具上资，而意理疏莽，即上资无用；人具中材，而心思缜密，即中材有用。能通几何之学，缜密甚矣。"近今世纪，科学大家有大功于人世者，无巴士瑞 Pasteur 若。其征验之缜密，能令丁大尔 Tyndall 亦心服自生说之妄，虽微菌亦生自菌苗焉。而褒客 Burke 制成之 Radiobes 铫幻物，徒自证其心思之疏莽而已。然则数理学固能左右人之有用无用，谓非科学之魂得乎？

余抱此观念，以期人材之辈出、科学之日兴有年矣，无如好之者甚希。道咸之世，性近者始知探其理；同光之世，官学生间能致其用，而已号于人人，不可一世。此无他，独好于众人不好之时，不好之地，非有绝顶抱负者不能，乃不谓大同大学而有数理研究会之组织也。意者亦胡博士明复所提倡。兹拟刊其遗稿为忆念，而问序于余。

因缅想清初康熙帝自命习几何，善历算，以提倡于上，宜天下皆风动而草靡，而事竟有不然者。康熙辛未，四明万季野承念台刘公之学，方至京，而士之负时誉者，争相从问古仪法，月必再三会，录所闻共讲肄。时宣城梅徵君文鼎亦至，抱其所著历算丛书八十余种，独闭户自精而已。惟安溪李文贞及其徒三数人，聊相过问，为寂寞之交。后虽召见于德州行在所，赐坐，赐食，赐御书"积学参微"。帝之提倡，可谓极其所能，卿士大夫未尝不荣之，而卒无一人相从问学者何耶？然则以帝皇之尊之力为提倡，犹不及吾博士胡君之不矜才不使气，相感于无声势之中之为得也。此无他，一切真学问，皆所以明吾明德。明明德者，性分中之事，惟谋道者能之，抱道者能提倡之，此固不可以权势利禄为招徕也。其可者，绝非真学问，即真矣，而从事者绝无真精神，故太史公序《儒林》曰：“余读公令，至于广厉学官之路，未尝不废书而叹也。”盖读公孙弘之兴儒术也，诱以利禄，而曰以文学礼义为官，是儒之道自是而亡也。类如前所称巴氏，以二十年之拮据，告贷典质俱罄，一旦防疫功成，人欲以三百万美金估之，答曰：“与其富一二人，不若公之天下矣。”益信从事于真学问者，不以利始，不以利终，而况吾博士胡君之欲提倡于众人不好之时，不好之地，夫岂偶然者哉！

博士之大父和梅先生，与余同谘议局时，每戏称以“桃源儒学避秦人”，则相视一笑，其古色古香，而博士有焉。博士之师始终惟季父两人。余读其浚湖等议，皆言有物之文也，而博士亦有之。博士之兄敦复，尝从余游。游美回，为清华校长，因课程不合，宁辞而负债与同志办大同者也。吾敢信博士之不以利不利而变其操，亦如此。此其所以能提倡科学之魂、数理之研究会也欤！

但研究会之设只为数学已成者，其未成者，举国皆是，则由小、中而至大学，不可无从首至尾，前后贯串之课本，各种、各卷、各章、各节，彼此发明，互相引证之一书。有震旦数理科高均者，既卒业，复研其用于佘山天文台者四年。汤化龙为教部总长时，过余斋，见高生手书，文义卓然，亟欲虚缺罗致之。生复书曰：我求我好，非求售也。生又言同学陆翔数理亦精，而文笔足以达之。余约二生拟译成此课本，亦有年矣，而苦于无力，且二生俱能读古算书，而得意外意者也。年力俱过壮而近强，失今不用殊可惜，不识研究会能奔走呼吁以助成之否？容亦博士提倡之魂所乐闻也。是为序。时民国戊辰立春前。

致陆徵祥
（1928）

子欣先生大鉴：

　　良耄矣！久不阅中西报纸，前承惠寄贵院传教杂刊，似于我国人心爪不着痒处，故未曾购阅。现今教务情形，上虽打通，下仍隔硋，实则中有紫光照不透者焉。所望先生学成回国，步外教宗徒之后，而大振其铎音耳！人才须培养固矣，用之亦不能责其不考证，不访问，信手信口，俱足以宣传圣道也。此与关门传教，哑子讲道何殊哉？土山刊有《灵心小史》，主其事者，嘱良代请指正，并候道安不一。马良顿首。二八. 十. 卅。

谢刚总主教书
（1928）

　　若瑟马良敬问圣教宗专使刚总牧金安。顷由徐生景贤寄惠主心像，书有耶酥〔稣〕圣心爱火之洪炉，矜怜我等字样，庶赖转求，得蒙主藏我于圣爱伤中，永勿离背之仁恩。惟愧先施，无以为报，特书寸纸，用志谢忱。一九二八·十一·廿二谨状。

《圣难绎义》叙
（1928）

救世之工，其恩其妙，超于造世工者万万。造弗得救，"弗如弗生为愈"。见《玛窦篇》念陆之念伍。又信经十二端，亦只一端，追念化成天地耳。但全能者之化成也，一命即有，不费时刻心力。然且宗徒《致罗马人书》曰："天主之妙能妙性，不可窥寻者，自造有天地万物已可窥测，而致其敬，而谢其恩。"而况其余各端之追念降生救世之工者乎？救世之工，天主从造端始，即用种种豫言豫像以筹备之。至期，又不惮三十三年之久，历尽千辛万苦以践行之。则其一举一动，一情一节，耐人深省，耐人寻味者，超乎造世之工亦当万万矣。而况受难之期，乃救世工之结晶也，降生工之结顶也，亦造世之工赖以修正而完璧如初，且远胜也。故十字架者，乃起地立天，开生灭死，一切神修神学，无尽藏之大书本也。无怪圣教会大圣人、大圣师，如多玛斯等者，终身以十字架为朝研夕究，独一无二之天府珍藏矣。

《景教碑》有"三一分身，景尊弥施诃，戢隐真威，同人出代"云云。阳玛诺诠解：三一分身者，天主第二位也。弥施诃者，犹默西亚，译言奉使者，即《古经》所称降生救世主耶稣也。戢隐真威，同人出代者，言天主降生时，敛藏圣威，出世如人也。其使命为何？按《古经》，当为君，为师，为主祭，斯三者即真主真人，于受难时，一一告成之日也。

一、告成君王之工作。魔鬼从诱胜亚当后，为人世之霸王，久矣。一以放纵肉情之安乐，一以企图世俗之光辉者，蛊惑人心，抗违主命。不思佣一人，犹欲人奉我法，况天主乃造生我者耶？臣放法。世论，谓必先有无君之心，而后动于恶。然则人违天主之命，亦必先有无天主之心，其心甚于弑父弑君，断非杀一虮虱所能偿者，亦非杀万万虮虱所能偿者，而况一造物，一受造，一全能，一乌有，二者处于绝对的，命无可偿，礼无可赔之可能性耶？其势，非天主曲宥人罪而白赏之无他法。请看《圣经直解》卷五受难经后之代疑论，又卷九领报经后之代疑论。但天主既定用命者赏永福，不用命者而白赏之，不有亏天主之信义与公义乎？弗白赏而责偿耶？人力几何？终等于白赏耳！无已而径罚之，但人之违命，实为魔鬼诱胜故。一魔一人，力弗侔矣，而径罚之，似亦有亏天主之仁慈。而况魔为首恶，因妒降生之人性，而诱亚当。如此冤债而弗代偿，不但有亏天主之公义，抑且有亏天主之上智。惟代偿而必罚，必罚见其义之尽，代偿见其仁之极，而曲为调停于仁义之间，亦见其智之全也。大都人之罪，不外贪身之乐，世之荣耳。十字架高悬时，将身世所能膺之苦辱而备尝之，"正如每瑟铜蛇，高擎于野"，借蛇之形而消蛇毒，亦然负罪之形而代偿罪债焉，见《若望篇》第三。又"正如武勇者兵仗而守户庭，其所保有者，固安然无恙。及有更勇者排突而胜之，则将尽夺其所恃之兵仗，而俵分其卤获矣。"此救世之言也，见《路加》十一篇念一二。魔鬼掳人灵，利用世俗肉身为武器，吾主欲打倒之，令其堕入地狱深渊，何难之有？见《路加》八篇三十一。妙在即以魔鬼之武器还攻，而夺其所虏也。耶稣语比拉多曰："我固君王也。降生于世，为欲证明夫真实愿从真实者必听我言。"见《若望》十八篇三十七。于是十字旗下，男女老幼，皆晓然于世上之富贵光荣，艰难困苦，烟云过眼，无足重轻。于是一步一趋，努力而听苦难君王之号令，打破肉情世俗，万死而不辞。于是魔鬼之霸权从此打倒，救世之王国从此告成。

二、告成师尊之工作。师尊之工作，莫妙于现身说法，试思《福音经》所载诸德之行，十字架上，有一不现身说法者乎？即以爱主爱人论，既真主，亦真人，本是荣光之王也。为救泥土之人，脓血之人，甘心遍体鳞伤，钉死十字架上。有一教主，有一君主，有一父师，尝为之耶？虽至圣父弃捐，而爱人之情，不少减焉。故吾主亦自诧其爱人之爱，曰："有是哉！天主之爱怜世宙，甚至以惟一圣子，而降谪人间，使凡信向之者，得不沦亡，而有长生焉！"见《若望》第三篇。故凡圣教传到之区，爱德之工作，亦日兴而月盛。

三、告成主祭之工作。天地间，惟造物主能生死人，祸福人。故惟造物主，能立教条以号令人，立教戒以管理人。人对于造物主，首当致谢者，非生造我罔极之恩乎？既不能杀身为报谢，则借牺牲为祭品，尚矣。但《圣咏》肆玖有言曰："余岂食夫牡牛之肉，而饮牡羊之血哉？尔曹奉献于天主者，无他祭品，要惟赞颂与谢恩而已。"顾牺牲之为祭品，孰若真主真人之真身耶？世人之赞颂与谢恩孰若真主真人之赞颂与谢恩耶？此真天地间无双之祭品，至尊之主祭。分言之，固贵不可言，兼言之，更妙不可言。以主祭作祭品，祭品兼主祭，真人也亦真主，身受剧苦剧难，代偿人之罪债。只以与人同气联枝，故吾人亦同受而同偿。其恩光恩宠，流溢于吾等身心者，亦今兹亦永远。生前之功德，生后之赏报，胥以主祭之工作而告成焉。

或疑无益之事，知者勿为，吾主既兼天主，其微行之价，即属无穷。一动作一呼吸之功，足偿罪债而有余，何多多受苦为？不知吾主之取人性，因欲下同于人，使得上同于主，其爱人之功，无以复加。不但愿代偿罪债，并愿人有自动的合作，一如救世者之为者。合作非他，拔除罪根是。自动非他，反对罪根是。前者只想肉身之安逸，世俗之排场，今见吾主为爱吾人故，竟受此苦难，受此凌辱。人心是肉做的，有冒水火之险，救我于水火之中，无不中心好之。或祖父身经百战，子孙始得承袭侯王，言及先人战苦战伤，孰不感恩感爱？以故为偿罪债，但降生，不受难，已有余。而为感发人心有自动的合作，虽为每人钉十字，钉十字直到天地终穷，其爱人之心，犹然以为未足。此非我一人之私言也，主语圣女日多达曰："尔既信我在十字架上，以身献于天主圣父，即该无贰无疑的，信我仍为每一罪人，依旧天天以身献于天主圣父。"见圣女所记四卷念五章。又四十一章，吾主曰："凡人体味受难经文经言，较之其他修行，功德愈能精进如揉面粉，人不能不粘面粉屑也。心即不专，亦不能不感受苦难之效果。"又三十九章，吾主曰："人即渐渐冷淡，苟时时回想苦难，必蒙主分外垂怜。"呜呼！人非木石，纵不为感恩故，亦当为多得恩故，或多与弥撒，或多拜苦路，或于经文中言及苦难而多多存想矣。

余同学友生谿梅倪司铎，思嘉睨同仁，特翻译耶稣〔稣〕会士法倍尔讲演受难十二篇之第八章，嘱余一言，介绍有众，故窃取阳玛诺《代疑论》以应之。时戊辰冬至前。相伯马良谨叙。

释景教
（1928）

景教之景，大也，照也。《福音经》所谓："真光普照入世诸人也。"惟为圣而公厄格勒西亚（教会）足以当之。此徐上海（光启）辈所以署名"景教后学"欤？

教廷使署志
（1929）

　　夷考天主真教大道为公，实我古人精一危微圣敬昭事之张本，即有褊心，于教理无可仇也。惟于教士，诬以敌国外患所寄生，国人心理所同仇者，则言未毕而翕然深信矣！当明末清初，教难迭兴者逾百年，雍正、乾、嘉教难不断者又逾百年，而京聘教士如故，外则搜捕綦严者，亦可见教士非所防，所防者外患。迨道光壬寅鸦片战后，保教之和约告成，教士来宾，皆得我行我法，自由建堂传教。教内如绝处逢生，而执意教外乃益信所诬证实耶？盖东方人传教曰讲学，主讲曰夫子，故《新经》称若翰，称耶稣，俱曰"拉彼"，译言夫子，是其证。讲学固不仗武威，今假国权，恃和约，不与奸商冒挂洋旗类欤？于是目教士为洋官，教民吃洋饷，富者领洋资本。凡教士教堂所在之区，即外洋势力范围所到之区。贤者避之若浼，教理书门面语，格格不相入。不肖者或附或拒，视教士社交之应付，甚或闹成教案。小者赔款，敛怨于一方；大者割地，敛怨于一国。在有约之邦，原只为匹夫匹妇复仇之义，即教士居间，何尝不为排难解纷之义？而在身受者，朝野如蒙奇耻奇冤，见外患之侵，内患之乘，道、咸而后，一归罪于教士，而口舌兴焉。只就国文一面言之：湘军讨粤乱，即罪粤众"窃外夷之绪，崇天主之教。倘有抱道君子，痛天主教横行中原，赫然奋怒以卫吾道者"云云。驯至义和拳，竟以灭洋先灭教而后保清者为爱国矣。欧洲大战时，又见在华教士之应征，不幸同时有招慕苦力之为，愈益信吃洋饷者，将调赴战地，或阴备不虞等等。从可见汉奸之称，一变而为帝国先锋走狗化外之民也，非自今始。不然，佛教、回教皆外来之教，不闻仇之者何哉？毋亦以其善同化欤？同化以文教之同为上。元之君臣，其奉十字教如真福和德利所记，可谓盛矣！乃元亡而与之俱亡，曾不如利子一旅人，教以文教传者，经二百年之军徒绞斩而犹存，亦可见惟文能傅远，能传后。譬若传薪然，火一烛，可传万烛者，能令展转以相传故，击一石以传万石，事所不能。当今教宗比阿有鉴于在华传教史，爰体前教宗本笃之讦谟，于一九二一年践位之秋，遴遣专使刚总牧履华，为釜底抽薪计，相度人地，分建华牧新区，以示圣而公会者，大公无我，素奉基多为元首，非凭和约为护身也。信众乃一致恭迎刚牧驻燕京，并登报募捐，经营府第及驻堂，此教中之通例，而在我华则为创举。既落成，故撮其缘始，以志不忘，捐事则记之碑阴云。一九二九年六宫日募捐会立。

代译《教廷驻华代表上主席书》
（1929）

国民政府大主席钧座：

恒毅自罗玛来贵国，代表我当今无上圣教宗庇护十一世，凡普天下传扬圣而公教者，无不隶属焉。今日者恒毅能以代表名义，亲将国内诸传教士诸奉教人等恭顺之心，表示于钧座及贵政府之前，甚为荣幸！至我教宗之心愿，已见于一九二八年九月一日所发之通电内，表示一切，今日得再行面陈，无任欣慰。目睹太平实现，统一告成，本代表深愿自今以后，政治维新，实行建设，则中华民国万年有道之基，其在斯乎？

现在中国宣传公教者，不一其国，风俗语言，虽各不同，而心志则一，务使中国同胞得聆基利斯督之福音。此福音者乃惟一之平等亲爱不易之公例也。

大主席请看今日本代表偕来之朱主教，即我当今圣教宗祝圣华籍六位之一，令其建牧一方，受有神权，统治教中神职者也。由此可见，我教神权神职，无国界种族之殊，非我公教真正平等，极端完美，极堪景慕者欤？凡吾侪教士，对于内政外交，本居局外，无偏无党，从未干预，惟对于有法政权，则极端尊重；对于中华新造生命，尤极愿共扶大雅之轮也。

吾侪之心愿，表现于心香心祝，呼吁上灵，降福于普天下最大之中华民众。切愿维皇普锡国内之升平、秩序与公义，愈稳固，愈坚强，精神与物质之文明，日益发展。俾维新之中国，于国内，于国外，皆得平安，一道同风，发扬威武，得能俦侣列强，坐享无上统治法权，圆满充足。庶保我国内子民，亦万福攸同，而为普世太平之保障也。祗颂公安！本代表总司牧刚恒毅谨启。

当今教宗晋铎五旬金庆
（1929）

今年是当今教化皇庇阿第十一晋铎五旬金庆之年，其庆典去年冬至前二日就开始进行。普天之下，数万万基利斯当必有一番超古腾今的盛会，或到罗玛拜寿，或单遥遥献寿，人人自表其中心爱戴之热诚。虽我中国基利斯当之数极小极少，可保爱戴之心，也极恭维，极孝敬，极活泼，极真诚，不肯自后于他人。这宗心理，父母不能得之于儿女，君王不能得之于臣民，何以故？以罗玛教宗所处地位，与天下之为上司为尊长者，迥乎不同也。你想天主耶稣基利斯督所建立的圣而公的教会，不是要万国人民，无论智愚贤不肖都信从么？但说是基督教的有许多，惟有罗玛教宗是从圣伯多禄宗徒传到如今，一线到底，有历史可考，有事迹可寻。其余宗徒们的传统，都不能一线相承，惟有罗玛教宗是伯多禄的接位人，是基利斯督的代表人，是圣教会的元首，与圣教会一而二，二而一者也。

再者，圣而公教会的信条、教规与无上主权，是基利斯督所托付的，真不真，极难查考，平常人民如何做得到？但统一不统一，这便容易考查了。试问罗玛公教，其信条、其教规、其主权，统一不统一？你只看德国的路得，英国的恩利，背信条，犯教规，罗玛即毅然决然革除之。希腊教要僭主权，到如今还成拆教，可见罗玛的信条、教规与主权是统一的，是基利斯督所建立的圣而公教会。

为此，我中国基利斯督之教众，该爱戴圣教会，即该爱戴圣教宗。但爱戴圣教宗，即该履行圣教宗的谕旨，谕旨不是一而再、再而三，嘱咐我们男女教友，尤其男女青年，要和司牧、司铎们，同力合作，进行公教的事业么？若能于冬至前，各教区赶紧成立公教进行会、公教青年会，将会地会名，呈送北平刚总主教，为庆祝教宗晋铎五旬金庆，此非我中国基利斯当特别之新献仪欤？

统一经文刍议
（1929）

今春封斋往谒某公，颇习古今文者，案有经文一本，授余曰：可令人百诵而不厌。阅之，乃《向圣十字架诵》也。诵毕，叹曰：前之教士，译笔何其美哉！

溯中国所有经文，大半为十七世纪耶稣会士之稿本，请教中当代文人推敲削定者，不知费若干心血以成此巨制，多而且美之经文也。

经文之译笔：一贵简明，义理畅达；二贵庄重，雅俗共赏；三尤贵确当，无悖信德道理。信德道理，不但难以华文译之，初亦不能以西文译之。此无他，超性之义理，世人无此思想，如何能举其词？迨积久审定其词，某训某义而后乃晓然共喻。我国之文亦然。故凡关信德道理，难译者，初第直译其音，如 Gratia，译额辣济亚；天主圣三，译罢德肋、费略、斯彼利多三多；Sacramentum，译撒格辣孟多。盖遽译原音之义，反失其真训之所在。后之教士，研究功深，始能举其词，彷佛其义。言彷佛者，即荀子所谓："名无固实，约之以命，约定俗成，谓之实名。"实名者，有实义之名也，有定义之名也。要之必因约定，而后名闻有实喻。荀子盖谓必如此，而后闻其声，喻其义也。

前之教士岂好怪哉？岂如佛氏，贪用梵文，以动人好奇之心，而自遮其浅陋哉？盖亦苦于世上言语，不能道达天上理想。能明圣宠之理想者固少，即知进教的"进"字、"教"字，救灵魂的"救"字，怕亦不多。且"申尔福"与"亚物"的分别，能详解者，西人亦未必能多，何况如《圣人列品祷文》等人名，《古新圣经》之地名，将如何改从白话文耶？所可叹者，佛氏之《心经》、《弥勒经》、《地藏王经》等，率多梵文，及佛名号，其难诵难识，更甚于我。乃不但佛婆能诵之，村妪亦能诵之。何以我国教友之愚，竟不能诵《在天》、《亚物》与《早晚课》之经文耶？徐阁老传，与弥撒，常领经，然则《早晚课》、《弥撒规程》等，皆经其笔削，字句不能更简切明了，平易近人，胜佛氏多矣。不过佛氏善宣传，圣教反不如，此真可叹也！或谓经文浅近，用白话文，则人人易懂，少分心，自然有求必应了。大都翻译经文者，都重华藻，轻俚俗，所谓篇篇是文言，摆他的穷架子（见于第十七年第二十八期天津《益世主日报》）。遵是说也，是欧美人念经，都一往情深，总不犯分心罪过了！是圣神默启达未王、依撒亚等，不该用有韵之文。有韵之文，不拘那国，都算是高等文法。且不分心，便可以有求必应。是乡下婆婆，热心女教友，懂也不懂，要求分心而不可得者，念经无用处了。事实怕不然！道理怕不然！今言归正传，十七世前，传教士耶稣会多，所译经文，早通行全国。嗣后则不一其会，教务日新，所译经文，亦日新月盛。有原文同，而所译者不同；有杂以假语村言，欠庄重者。盖求俗而不伤雅，如《苦路经》文，罗主教实罗致松江府属文学教友而为之，历数月始告成，俱言比作浅近之文难百倍。中国亦有诗文，全用俗语，称为杰作者。故用白话为经文，谈何容易！非多请几个白乐天，能叫老妪解颐者不行。此无他，俗语者，方言也。方言，大抵字同音不同，此地习用，彼地不习用，远不及浅近文言能统一中国经文矣。

如上所言，经文不可杂以土语官白。然经文之奥义，不妨加以注释。经传中之地名、人名，译音亦亟须统一，而文字不必好事更张。新出之经文，必要有法定的译本，而旧译之经文，何妨仍旧贯也。

更有请者，现行经文，大都已非原印本。其翻刻本，校对欠慎，误人不少。此亦急当修正者也。若欲以官话改正经文，须知以各处方音之不同，此地是好话，彼处是坏话，或坏人故轻重其音，好话变成坏话者，能不能？质之阅报诸君，幸赐训正为要。

《纳氏英文法讲义》叙
（1929）

  西班牙王嘉乐第五之言曰："多识一国之语言，即多收一人之用。"宁特多收一人之用而已！吾以为多识一国之语言，即多友一国之贤才。盖语言文字者，一国贤才所借以表著其道术，而人类交换智识之媒介也。第四世纪之间，条顿人之侵入不列颠也，固犹日耳曼一蒙昧之族耳，其思想粗僿，其语言简陋，故其时文字类多具体的名词，而缺抽象的名词。然方罗马之盛时，不列颠实隶其版图之下，其思想文化，久涵濡于三岛之中，拉丁完美之文言，足补盎格鲁撒克逊人之所未备。糅杂融合，日益发达，而英国之语言文字，遂粲然而明备。我国文字繁重，不易解识，且文言不能一致，故文教之普及为难。窃为当用罗马之字以代我国固有之字音，文字语言，可以合一，简而易行，庶能逮下。抱怀此意，亦既有年，颇欲勒为一书，质之当世，然兹事体大，牵于人事，未能就也。赵灼君译纳氏《英文法》，求序于余。余以英文多出于罗马，而深感我国文言之不能合一也，聊述夙所怀抱者质之赵君。若夫此书之完善，则固读者所共见，无烦鄙人之觋缕也。

致徐宗泽
（1929）

一

程、朱二牧顷来，亦以《在天》、《亚物》等经，仍原文，加官话注，可也。《吁告》可删，照原文云云。又程牧将函刚伯云："他经有不照原文，为教友所习诵者，可指定数人，先查不照之处，后以信函互相考订。"此层未禀程公，润农我师可代为面禀否？再《统一经文》稿，太迟则等后日黄花，有他处可印否？无他处，应将未禀一层加入也。又有许多男女修道院会规，须念大日课，圣教会定知其未必尽通也，质之上下两忘。

二

兹得援庵先生来信，谓已嘱英千里将前校对之《天学初函》寄沪，不识尊处收到否？援翁言《初函·器编》十种，外间多有传本，刻之无谓。至《理编》九种，或已重刻，或各堂多有刊者，再刻亦无谓。惟《西学凡》、《廿五言》二种，不多见，近于别处见有改本。援翁已拟将改本分上下层排印，以故《初函》实无重刊之必要。援翁代辅仁抄本之《名理探》，早不胫而走，可见华人研古之一斑矣。倘得《超性学要》借出，或影或刊，援翁愿自任，诚恐堂中做事，商量复商量，太迟延耳！至论校勘，乘良西山之日，尚可任劳也。润农父台鉴。景徒者启。

三

进呈教皇献仪，当为寿轴式，列献者名姓，名姓开就否？大约须黄缎六七尺，或横写，或竖写皆可，有法告知沈叔眉否？润农父台。相字。

四

得此于女士，自可登报。孟梅所索已付之。为路差求荐者，此已第三，人浮于事，可想。灵芬稿附往，祈察收。润农父台鉴。名心印。

五

润农我师鉴：

志尧见《棘心》，以为极好，欲请苏女士及其叔伯兄弟女友等在三角地小花园（鸣冈旧宅）主日上（听彼自择）午膳谈道。为此请转致苏女士，但须于主日前一二日约定可也。老夫亦得借此消散。又陆子欣寄来二书，志尧亦携去，窃以为颇难翻。手此上，并问近好。相顿首。二十四。

致陈垣
（1929）

一

援庵先生道鉴：

屡叨惠赠与教中有关之件，老懒未答，恃仁恕，非敢慢也。近闻北堂书库封锁者大开，有先哲之译稿否？抑止拳乱余烬，宫中之故籍耶？就可示者乞示一二。近者魏丕治子轩命子尚勇，震旦生，嘱良撰《教廷使署碑记》，署捐子轩实董之。教堂驻堂，大都皆募建，而在我国，募建教廷使馆，则为创举。故就国人一面所感实事实情，以明遣使之缘由，由于华牧教区之必要。使有教案发生，止诉于公理，不诉于强权，诉强权总嫌挟上国以令下国。传教者，社交所有事也，社交而有所挟以令者，不令君子所恶居又何令？徐见所令不行，乃寄彼国登报，作申申之罟，处心直与东倭同。先是拿波仑三世拟吞远东，令绘三世坐朝，中国及其他二国之王伏拜状，悬于宫中。又令在教课书，言中国人无益于世，直偷息人间耳！其毒之中于人心，固不待言。言生儿不育，喂猪食，是无父子也。言娶妇聘礼即身价，是无夫妇也。总之，为兼弱攻昧造舆论耳！然碑文又不能明言，务请以《春秋》之笔削定，交子轩可也。捐事起讫，亦询子轩可也。恃爱，有渎清神，不罪！不罪！不遇子轩，交千里转交可也。顺颂道安！马良顿首。六月七日。

有商学界新受洗者见所记，以为教外心理诚如是，故不如直言，以免教内外始终隔阂。窃虑求西土不隔阂颇难，应嘱千里一探使署意否？题与文务请裁定合格，不遗笑是恳。良本朽腹，近益不支。立石署名，既属募建，用捐会名义为宣。

二

援庵先生侍右：

《伊阙石刻志》春间请乐素世兄转呈，据关君百益言，其刻多至二千，其像高至八十多尺。良于石刻向未研究，不知《伊阙》有价值否？如有，本笃会应愿为之。陈君彬和言伊吕波文已有出版，其版亦可由本笃会先购一分，审定其应否进行也。上海之翻印伊阙造像廿品，太无价值，盖底本已无价值也。又我国之重檐叠宇制，一须以木为之，故不能持久；二须于檐下开门，故止能横阔，不能径深。窃思宫阙之阙，即象魏也，可仿外国之钟楼，用双，用四，用五六，皆可为西式圣堂堂门之饰，况重檐叠宇，其侧面结顶必用三角，俗语所谓山头是矣。山头下开门，此外洋制，今用阙便可改山头之面目，较用重檐为堂门似省费，不识宫阙之制尚可考否？承赐《中西交通史料》，谢谢！窃谓欲考交通史，小亚西亚一带方言不可不读，而读须有书有伴，无国力以助之，难矣！犹忆土人呼亚巴郎为海滨，音似 heppin，意即彼海之滨人也。近闻巴彼鸢塔，其碑文有边旁用以指事者、谐声者，然则与我国大有相同之点。我教人尤宜读，读则于翻译古经不难矣。此间小学禁用文言，文言书籍俱令毁板，但不知白话文系方言否？方言有不随时随地变者否？然而人之爱文言反胜于前。往往强迫九一老人题像赞、题图像、题卷头语等等，或书对联、条幅等。加以口有青天白日，而天上则无之，故甚矣哉吾与也！闻先生将回南，得一二日聚谈，言念及之，谈兴百倍。但执笔而谈，实苦事。世兄乐素于日本研究，竟笔下有父风，可喜可喜。二世兄与其嘉偶想已承欢膝下。顺此，即颂覃安！相伯顿首启。六月廿五日。

威县蘂轩张府君墓表
（1930）

公姓张氏，讳殿英，又讳登科，号芝房，蘂轩其字也。世居威县之祁王庄，伪呼前潘村。曾祖讳思智。祖讳杰。父讳成敏，字明远，世奉景教。公洗名亚肋叔，性戆直，沉默寡言笑，初从族人永泰学，继游于广宗吕连卿之门。家本贫薄，仰体亲心，益肆力于学。同治辛未，府试冠其曹，遂于是科补博士弟子员，家居教授亲族弟子，多所造就。乡试七次，三荐而不售。光绪己卯补增贡生，遂绝意进取。尝殚精宗教诸要务，思有以永其传。明远府君创建本村教堂，时风气未开，至有持械反对者，公出之以诚恳，卒底于成。庚子拳众仇教，到处烧杀，惨不忍言，教友之狐疑分子，拟摘去十字架，封闭钟楼，司铎几为所胁。公坚持力拒，置耶稣圣心旗，率教友迎敌，卒获安全。岁壬寅，景逆倡乱，戕法教士，公奔走交涉，始免于难，大吏颇器重之。公自奉俭约，而善于居积，深得经济之学焉。光绪二十六年庚子及民国九年庚申，均大旱荒，赖以全活者甚众。立青苗会，手订规条。创主日学校，亲为讲解。扩充教堂地址。筹增教会底款。以应得之遗产，立追远堂。每年租资，除追悼祖宗外，余款立追思堂、集腋会，为教育本族子弟及追祭炼灵之需，教会事日有起色，而公遽赴圣召。公生于咸丰二年七月十七日，卒于民国十五年十一月初三日，享年七十五岁。配李宜人，洗名路济亚，热心慈善，又喜矜施贫乏。生于咸丰三年五月初五日，卒于民国十六年正月十三日，享年七十五岁。子四：吟清，前清廪膳生，曾任商会会长，十八年九月去世；和清，先公卒；启清，前任县议会议长，现任《益世报》社协理；喆清，圣授司铎，服务教会。女三：长早故；次守贞；三恩格利入拯亡会，任女学教授。孙七：耀琮、耀琨、耀琳、耀珊、耀瑚、耀璜、耀琏。曾孙四，均幼。公殁之后五年，将与宜人合窆。嗣君启清持公行状，乞文于良，意哀且诚，良素知公之为人，不敢以不文辞，谨诠次其行如右，复系以词曰：

懿矣张公！盛德在躬。志坚而卓，色晬而丰。世奉景教，实大声洪。屡逢教难，建立奇功。尤善居室，泄泄融融。力拯饥馑，疮痍福蒙。追思追远，堂建崇隆。梁孟同心，不痴不聋。古稀偕老，一笑百空。子子孙孙，上格苍穹。爰述梗概，埋石隧中。

题《徐季龙先生墨迹》
（1930）

　　季龙先生此书，自谓用春蚕食叶法，笔软而气刚，取法乎汉，而上通周秦，不知有唐，遑论近代，洵得篆法正法眼藏三阙。宋拓万金莫易，以此问世，佳惠书林不少。

题墨井道人画
（1930）

墨井画宗烟客，书匠东坡。晚岁研究西学，讲习景教，下笔尤有神趣。是帧虽不甚苍老，但为其中年所作无疑，因题以与高明者质之。

九一寿辰演说词
（1930）

诸君再三为"老而不"祝寿，固感云情高谊。说什么彭祖、陈抟，无非一篇大话。也许是文人积习，区区自问，至多亦百岁而已。百岁以外问题，在诸君既不能切实担保，即鄙人亦受不了，付之笑谈而已。

溯昔欧西之殖民政策，远者数千年前，即战国时墨子，实如犹太国人，未必为印度人，区区虽采集考据，敢切实证明之。有谓老子骑青牛出函谷关，往犹太去，用夏变夷等语，亦不免郢书燕说。中国历来向抱关门主义，无论文化上、政治上，都无世界眼光，昧于国情，所以事事退化落后，以迄于今日。欧西自哥伦布寻获美洲，又自好望角而找到中国，实为彼邦文化上一大革命之起点。中国之外交失败，自鸦片战争之役起，夫人能言之。迩时西商之贩土，并非欧西政府所命，实系枭商营利而已，绝无政治上之阴谋。当时如中国政府以公函通知彼邦政府，亦可禁运……此为国际上之不明人我。

哲学有言，人禽之判，即在有人我之别。如孩提之童，见了饧糖担，虽馋涎欲滴，终不敢攫为己有。他知道向父母索钱购买，买了之后，便沾沾自喜。如有人攫取，他必号咷起来，因为这时候他知道是我的了。如犬之见肉，他要老实不客气起来，因为他没有人我之认识的。于此可证人类之天性，莫不欲求真理，不专求功利也。如研究天文，何利益之可言？乃竟孜孜研求者，万国皆同。所以研究学问，为人类之灵光，莫不欲向光明之途上去的。区区少年时，向有戏言，哲学上也有之。如对太阳说：马相伯认识太阳，太阳不认识马相伯，所以马相伯自诩比太阳为尊贵。因为人是有灵之物，太阳终是无灵之物，而科学愈发明，愈显造物者之不可思议，何有乎宗教及科学之不相容？所以更希望科学教育之发达也。

《〈孝经〉之研究》序
(1930)

　　孝者报恩还爱。圣多玛言孝爱：一对于造物主万有真原，二对于生身父母，三对于父母之邦。此《大学》老老幼幼絜矩之道也。不曰规者，规有大小，而矩则无。故自家国至天下，以孝为矩可絜之。庚午春为徐生景贤书。相伯老人。

江苏省《通志》局宗教一门嘱拟之稿
（1930）

　　天主教之称，始于明季；其传也，视万国之交通，轮铁兴而愈广矣。国于天地，我主闭关自守，西主海道殖民，因是其传也，西先而我后。今所传无神派，非古也。厥初生民，积为万族，散为万国，靡勿敬天、祀天。天以宰制群伦，称上帝；生育万汇，称造物。人为万物之灵，理应小心昭事，报造物之恩，忘斯获罪于天，无所祷免，以致心为形役，役以从善，虽贤圣亦憾未能。所幸天既生之，不终弃之。于是我"三一分身，景尊弥施诃，戢隐真威，同人出代"，此《景教碑》语，易言之，即默西亚（奉使者）降世为人，代人受罪受罚之谓也。未降世以前，其时期事迹，一一令先知者纪于如德之《古经》，迨耶稣基利斯多降世，果一一与《古经》符合，门弟子笔之于书曰《新经》。《新经》亦有预言，其时已至者悉验矣。未至者，如言世界有终，终前如德人应归故国，再造邦家，则尚待征诸异日。近按如德富人向回回价买其故国田地者，实繁有徒。归国后，言将挺身一反基多者，于天空亦有大能，能征服普天下，专害基多教。今之利用科学，制造火攻、毒攻诸杀人机械与药品，非其导线欤？不然，何能征服天下而王之？

　　上文如德即英译之犹太，音不确，故不用。按开封碑记，又称一赐乐业，与如德同为彼国之祖名，自姬周已来中土。徐家汇教堂，光绪时购得羊皮经卷，识者断为六七世纪之抄本，其底本宜更在前矣。《列子》载孔子谓西方有圣人，史传载黄土塑人，疑皆传自如德经典。又清明节必在春分之后，与如德之巴斯卦时节同，改用新泉、新火又同，节前禁火一来复，《四民月令》齐人呼寒食为冷节，以面为蒸饼，在如德则与历史有吃紧关系，在我则似无来历。又加尔大依国，有赞宗徒多默歌，在印度及丝人国广传圣教，拯救多人。丝人国非我莫属。然则天主教之传，盖在公历之初。至三世纪，十六国春秋之鲜卑，疑即西伯利亚，如魏之拓跋氏，西秦之乞伏氏，南凉之秃发氏，皆先后入占北方。北方近今发见古十字碑，不一而足，当时之物欤？抑其后之物欤？葬事俗用亚字牌，非以亚字空白为十字形欤？又双鱼可代基多字，如耶稣之稣，旁为鱼，绘铸佩之，同教见之，则相亲。俗用双鱼，殆亦基多教之遗风也。《唐景教流行中国碑》，其文义与罗玛悉相符。敦煌石室所藏，其他译件文义，两无足取，容或为南斯刀异教欤？

至元朝与教廷及法皇路易之通使，西史斑斑可考。大都彼此皆用字母，易沟通。故蒙古人信奉者众。十字寺文俱不雅驯，足见汉人之归依者尚少。不然，距利子西泰东来，才一二世纪，何竟湮没无闻耶？

利子等习儒书，所著《畸人十篇》，《虞德园集》序称利子能以孔子之文，张其教理。当时士大夫，如徐光启、李之藻、杨廷筠、瞿汝夔、金声、韩霖等，皆信从不怠，朝廷亦乐用之。惟忌者诬教士为敌国外患之媒，则百发而百中。故自明迄今，风波屡起。康熙二十八年，俄人越黑龙江建都邑，用教士居间，往返磋商，卒能还我旧治者，无他，知彼知我也。及至道光廿二年，因公班土起衅，不知公班者，公司之译音，商人之事，而与之开战，假令当局者能效康熙故事，何至铸成大错？然则诬教士为敌国之媒者，可恍然悟矣！盖教之规戒，人当各忠其国，及其所事，在清忠清，在明忠明，明之徐、李、金、瞿诸公之往事可证也。又或以奉教为吃教，吃教为吃粮者。试思欧洲大战时，彼此各有奉教者，是吃谁之粮欤？其以发众标语，有天父、天兄为天主教者，拳众以凡用洋货为天主教，俱在打倒之列者，更支离傅会，以讹传讹矣。

明清赐教士皆有焚修之地，地固中国之地也，由是或舍宅为堂，或集资建造，如在松江、上海、嘉定、常熟、金陵、扬州等处是矣。今在江苏教区，各分会俱有总堂、分堂，按信人多寡而增焉。总之在中国为中国之土，犹之罗玛伯多禄大堂，为万国君民捐资而造者，不得谓非罗玛之堂也。

世人又每以洋教目天主教，不知所信奉者造物主，无洋不洋；所遵奉者基利斯多救世主，亦无洋不洋。一道同风，不外《古经》、《新经》是。一牧一栈，不外信条一，治权一，一之以基多所定之一牧是已。其先后传入中国之详，见河间府人萧司铎《天主教传行中国考》。教理书，徐光启只有《辟妄》及《辩学章疏》，其他科学、哲学书，与李之藻二人助译者固多，自撰者亦不少。杨廷筠亦撰有《代疑编》、《代疑续编》、

《天释明辨》等。清初朱宗元等撰有《豁疑论》、《答客问》、《拯世略说》、《天教蒙引》、《轻世金书直解》等。大都禁教一次，则烧书一次，教理书之存者，十亡其五六。闻之故老，雍正初有避至澳门、吕宋助译《古新经》者矣。北京寄存俄使馆书与稿本，至二千之多。按《超性学要》原刊分三部，第一部全，第二部只存目录，两种各数本，彼此又不同；第三部目录全，文仅存末后数篇。康熙时亦屡遭教难，教务独福建司铎罗文藻兼任数省。故罗玛教廷于康熙十三年授以主教权位，二十六年受祝圣礼，驻南京，屡奏教廷，论列中华传教事宜。三十一年薨于位，葬近雨花台，发乱后失所在。近五年国人膺主教权位者，逾十人，人各一区，教堂尽属之。

致徐宗泽
（1930）

一

　　江苏省《通志》编辑委员会相招，万不能就。但如星象、经纬度及寺院，与吾教及设施，未尝无关系也，祈枉驾一谈，禀上峰为祷。润农父台。Jos. Ma

二

润农父台鉴：

　　思老来，言愿得汤、南照片，利公照片有无？何不令安相公设法照出？是亦吾教之赠品也。承允撰先贤小传，未审已下笔否？庄信呈上，阅后掷还。马启。

三

　　庄思老在家过年节，所要南、汤诸公像赞，润农如愿自赠，可即函致；不则，由敝处购以赠之。乞示。

《历代军事分类诗选》叙
（1931）

    自有史以来，国小如单桓，户二十七，而胜兵者四十五人；乌贪訾离，户四十一，而胜兵者五十七人。《汉书》特纪之者，足征有国必有兵。盖国，所以合群，群所以胜物，不胜，则不能役之以自养。故兵之用，莫善于汤始征自葛载，四海之内皆曰：非富天下也，为匹夫匹妇复雠也。雠言雠饷，雠个人身命物主权也。……为汤而不能征，征而以天下为一人一家，某某等等贵富者，皆非矣。噫！习非成是，汤以后用兵之道失，而不知国亦失其所以立，群亦失其所以合。冤哉我国之民！顾我国之民，世皆知非祍金革，死而不厌者。乃读新安张侯《历代军事分类诗选》，何其多而且古耶？古，犹曰我国视东西洋开国为独古，而独多也何居？意者如张侯自序，仗义执言者少欤？故多耶？抑仗义而由其道者少欤？故多耶？近今如洪宪之军阀，有类唐之藩镇者，固卑卑不足道。而民国以前，驰驱戎马之间，如胡、曾、左、李，皆温温尔雅，有儒将之风，乃俱不能如我张侯搜罗历代关于军事祸乱之原委，兵民之苦乐，种种长歌短咏，选辑成编，以饷我国我民，用以激发其尚武精神，庶使中原以后有用兵者，不至于人民为糜鹿，而人民得以树其国，合为有枪阶级之群欤？辛未仲春华封九二老人相伯序。

息焉公墓碑记
（1931）

　　慨自轮铁遍地球，而飞航一星期可环游，通商大邑如上海者，势将主客参半，而礼教渐融。新受福音者亦必日众，众则父子夫妇皆受洗，而考终断不可必，将令同室不同穴耶？为人后者何忍！且过客有教友焉，教职焉，将令如南京主教等坟无主管而同失其所在耶？因发起息焉公墓，地在沪西新泾港，不一二刻汽车可到。水线高于本年大水时大潮信八英尺，得此爽垲，死者得安葬，生者得安心。筹备迄今二载，建有圣堂，取圣母升天者，盖因厄娃第一人，而人皆有死；因其第二，而神形得再生复活之福音，此仁者所以息焉而不终于伏也。其他建筑，如会葬所、追思台、苦路通功及松、楸等等，无不应有尽有。已备案上海市政府，即日按公坟例，开让墓穴，略分等第，既便普及，兼备常年经费，用垂永久。主任则董事会。是所望于同受福音者。民国二十年八宫廿九日息焉公墓立石。发起人景教弟子马相伯、朱孔嘉、王宝仑、潘世义、何理中。

劝国人慰劳东北抗日军队
（1931）

　　中国睡狮，酷爱和平。马占山一爪耳，似醒觉，似发动。全体国民与国民政府何时醒，何时动，全球之注视与裁判亦将随之而转移。敢问全体国民与华封九二老人同意慰劳东北之好男儿否耶？

致陆徵祥
（1931）

子欣夫士道右：

季璋携四礼及尊函，愿奉蹩脚为师，若无若虚，此美也，蹩脚何惮而不为君子，以成二公之美哉？况受洗闻道，蹩脚皆先于二公，又何患而不为人师哉？师从此解，定无背于福音之训。昔总王嘉禄五世传位于子，而遁深山之修院，服役于饭厅，充洗盏，其子僻龙御往朝，语之曰：早知洗盏之乐，不待老年而来此矣。闻夫士将发大愿，蹩足若不足跛而年老，定往朝，一聆夫士之乐。复叩夫乐无疆，借以代面。若瑟马良顿首。十二·十六。

九二老人病中语
（1931）

天下，大器也；国者，有机体也。国无国防，防无秘密，是无土地也；四民无科学知、生产力，而兵食皆取足于客货，是无人民也；政治不按行政法（Administration），是无政事也。无政事，是无机体，几上肉，非国也。

《传》曰：修己而不责人（亦不责望于人），则免于难。又曰：卫国忘亡。卫文公大布之衣，大帛之冠，务材训农，通商惠工，敬教劝学，授方任能。元年革车三十乘，季年乃三百乘。国人能法卫文公之道德政治，以一年所吸鸦片纸烟之费，省造兵车，岂但三百乘，虽三万乘不难也；或开兵工等厂，以固国防。亦何至年费万万金，买外国凶器，以杀同胞，而不之餍耶？

呜呼！举国昌言科学科学！无良心！无宗教！只有科学而已！呼声之高，孰有如我国之盛哉！上则言科学革命，下则言科学治生，似无往而非科学矣！乃自徐上海著西法水利，关西王了一著《奇器图说》，迄今三百有余年，政府不能用国货造国防；人民不按科学造食用所需；宣泄淮水，又不能用过山龙以代开坝。至我东邻五六十年中，凡西邻所能者，无一不能，宜其忘人道，惟思羿为愈己。同文同种，聊作笑面虎之说耳，岂可信乎？

《世界杂志》题词
（1931）

  《传》曰：修己而不责人，则免于难。卫国忘亡事，在法卫文公而不责以使鹤。天下，大器也；国者，有机体也。无国防，是无土地、农、工；无科学知，商则专贩客货，是无人民；国无行政法 Administrative law，是无政事。无机体，非国也。

  《世界杂志》社嘱，九二老人相伯。

致徐宗泽
（1931）

一

明晚进静，倘朱君增朴来申，肯接受翻译事，住师范，类思校内最好。志尧适见尊函，言增朴事，亦嘱其来申。倘余在静中，可嘱其往志尧处。志尧是一个教中救人者，窃料上主必不终弃之。润农父台鉴。心名叩。十九。

二

敬启者：

良以耄耋之年，未能执笔。朱主教奔走教务，恐亦无暇执笔，况执笔之前，须熟读利子年月行事，且以西文为最合宜，故非请《圣教杂志》主笔不可。急往谒，是祷！

备忘录
（约 1931）

至民国十六、七年间，租界法权收回，并有收回租界之说，西籍教士乃有将震旦大学迁往西贡之秘密商议，因恐相伯干涉而中止，未敢实行。延至民国二十年方呈报教育部立案，但将相伯以全部产业创设震旦之根由始末，概未叙及，并乘余病重时组织校董会。聘请校董多未邀我同意，以致所聘任者均非教育界及与震旦素有关系人物。况其呈报教育事项表节要内，尚有所谓"耶稣会教士之捐助薪水每年十六万元"云云。查耶稣会教士矢愿服务教育，除供养衣食外，例无薪水。且震旦担任教授之教士，试问其得有博士学位者共有几人，而每年竟有十六万元薪水捐助震旦，不免失实。至余所购之校基与指作经费之地产，除仅于呈报教育部之事项内承认田租一万元外，余皆抹煞不提。故书亲笔记录，以资备忘。

六十年来之上海

（1932）

　　为了本报六十周年纪念，记者特地去拜访相老人，足足谈了两个上午。他的谈话是亦庄亦谐，在平淡之中含有深长的意义。他对吾说康有为见他时问："用什么方法来改变青年？"他说："古时罗马人用两种方法来感化人：一、做戏，二、小说。"他就是要用做戏和小说的态度来感化我们的。可惜记者笔记的技术太差。临时又不及恳相老人加以订正，这是非常抱歉的，总之文中的精采都是相老的口述，而劣点则为记者的责任。

四月二十九日志

轮船，"孔夫子"

　　吾的记性差了，吾实在不能再做有系统的叙述了。啊呀！真是一梦！吾是在咸丰元年到上海的。那时，在吴淞口所看见的外国兵船，十条倒有九条是帆船。时人相传道光初年间，就有西洋火轮运粮米到北京，这是不确的。吾看见的第一只轮船，是海关上验关用的，船名Confucius"孔夫子"，可见当时洋人还很敬重中国的文化，那时的火轮都是"明轮而不是暗轮"。

招商局和美国旗

　　讲到轮船，就是想起招商局了。大约光绪九年的时候，因为安南的事情，引起了中法的战争。谅山之役，事前李鸿章得了信，晓得法国兵船要封锁长江，使招商的船没法通过，所以就和我们老三眉叔商量。那时眉叔是招商局的总办，他奉了李鸿章的命，去和其昌洋行商量。其昌洋行的美国人是和老三是朋友，所以肯答应他挂美国旗。那时外边谣言都是说招商已经出卖给美国人。其实这是李鸿章的急智。当时为了两张合同，一张是明的，一张是暗的。明合同说是出卖，暗合同说是请求悬旗。合同签后三天就开战，招商的船挂了美国旗，终算可以自由，那时中国的海防一些都没有，直到大祸临头，还要临时求挂外国旗来保护自己，这是多么可耻的事。后来招商局还是吾代表眉叔到天津去收回的。那时盛杏孙要收回，其昌洋行史密特不肯。他说当时接洽的前途既是马某，现在收回交涉也应是马某。所以吾代表了眉叔，当了李中堂的面，和史密特谈判，一个大钱也不花，居然拿招商局收回了。当时谣言说是马某发了六千万的大财，其实招商局亏空达一千二百余万两，都是一篇烂账啊！

轮船上的押柜

招商局最大的坏处就是船上的雇员，从买办到茶房都没有薪水。他们非但没有薪水还要出押柜。局里要买办出押柜，买办要茶房出押柜，茶房要水手出押柜。这样重重的剥削，结果苦的还是乘客。所以买办走一次长江，赚二三千两银子是不算什么希奇，客人可以多报少，酒钱贵得不像样子。局里省去一笔薪水，随你去偷去抢，一切都可不管。

做官的报销

咳！这是中国民族的劣根性，人民如此，官吏更不必说。当时上海道台，只消每年报效朝廷五万两银子，此外随多随少，都进道台的腰包。这种包工式的政治是中国政治的特色。那时一个州县限定必须报销若干，拿不出来要赔，拿出以后，其余一切都是他的好处。所以老百姓都穷，惟有做官可以发财。做官发财还有一件妙计，就是报荒。只消年头差些，就向上峰报荒，上面就可准减几成田赋，于是已经收进而没有扣减的多头，都入了他的腰包。

康圣人的嫖债

从招商想到康有为，倒有一件很有趣的故事。原来康圣人在光绪初年嫖得一榻〔塌〕糊涂。那时须赶赴京下春闱，最后才搭上了招商轮船。他的嫖账都没有还，债主都追到船上来索债。康圣人情急智生，躲在船顶上的救命船里，居然得以赖过债，这是康圣人的玩意儿，足见文人都不修边幅。其实康有为还不及梁启超。康得名于《伪经考》，其实是从方望溪那里偷来的。

红头和城里

吾从咸丰元年冬天到上海以来已有八十二年。二年到南京去乡试，出榜时候，因洪杨之役，京中已经闹纷纷。三年八月"红头"闹事。不久占了上海。五年二月"红头"退出。八年川沙南汇失守，南翔、宝山、上海均被"红头"所占。那时龙华的旗人向上海城内开炮，城里的"红头"也向城外开炮。那时上海城里热闹非凡。大东门一带的商店都是金碧辉煌。一进小东门就有一家帽庄叫做"陆正大"，是很出名的，吾还买过一顶帽子。广东会馆和天妃宫都在小东门外面，那时董家渡的天主教堂还没有造好咧。

上海繁荣之开端

洪杨乱时，苏州阊门外浒墅关一带坝岸的石头，都被江北人撤光，卖给上海人造房子。吾初来上海的时候，一间洋房都没有，一条马路都没有，领事馆都在一所房子里，叫做"二十四间"，地点在现时天妃宫桥塊。上海的发展，是吾一天一天看它起来的。当时只有四马路。六马路造了又坏，虹口还没有兴。大马路只到泥城桥，光绪初年还很荒凉。最热闹的中心是在四马路。地价每亩至多八百块钱。三楼三底的房租只值十二块。兴圣街原是吾家的产业，房租六块钱一幢，利息已经算很厚。那时一只元宝（值七十五元）可造一楼一披。租界上只有"公会"，还没有巡捕房，巡捕很少。保险事业还没有兴办，既没有房险，更没有船险。讲到上海交通的工具，先有马车，后有东洋车，那时马车还很少，而且都是私家自备的。

上海的铁路

上海办铁路，大约在光绪初年，首先造的是上海到吴淞的那一条。那时，刘铭传奏办铁路，那奏章还是吾做的。后来朝廷下谕说是火车行时，一路有电风，西洋地广人稀，还不碍事，在中国地狭人稠，沿铁路五六十里的房屋，都可被火车风吹倒，所以沿铁路五六十里地方都要归入铁路区域。后来德国人在山东造铁路，借口铁路区域，竟将沿铁路的矿山都占据了。所以外国人侵占中国人的权利，大半是由我们自己糊里糊涂断送的。直到现在东三省，日本借端保护南满铁路区域驻了兵还不算，现在已经占据东北的全部了。

上海的电报

电报之设，最初由其昌洋行经办，从金利源栈房到英租界，一路均立电杆。那时吾弟眉叔条呈电报章程，招股办理。盛杏孙做总办。开办费由国家认，电杆费由招商认。盛杏孙自己所认股子，都是口头上说的干股，所以盛杏孙发财其所得大半得诸于公，还不算得诸于民。比较现在一般官僚，死不要脸的直接向百姓头上剥削的，已经胜一筹了。

立电杆发财妙法

说起电报，就想到电杆。电报局的职员可以借立电杆的名目来做发财的方法。当时人民都很迷信，以为门口立了电杆就要坏人家风水。于是电报局里的人有意在百姓人家的门口立电杆。百姓有的讨厌，有的怕坏风水，就不得不向电报局疏通说情。于是局里的人和百姓讨价还价，贿赂公行，这就是当时百姓怨恨盛杏孙的根源啊。

会审公堂

讲到会审公堂，是创于同治初年的。那时上海道台想偷懒，愿意和外国领事分。到后来外国领事反处于主审地位，中国官员到〔倒〕处于会审的地位，竟在光绪二十八年和外国公使订了合同，承认外国领事在租界上有审判中国人的法权。从此中国的陪审官更降而与华洋通事的地位相等。这一点要怪曾国藩的不通。光绪三十一年为了黎黄氏一案，华洋通事被领事打巴掌，竟至激起人民公愤，罢市，吾也着实为了会审官大抱不平。中国人向来不懂外交不谙洋务，其实曾国藩办洋务远不及李鸿章，至林则徐不过心好一些，也是不十分懂得洋务的。禁卖鸦片一事他只知道和英国商人闹，而不想直接和英国政府交涉，后来引起战争，也只可以说是和英国商人开战。

鸦片的故事

说起鸦片，光绪初年也曾开始禁过。当时李鸿章派吾弟眉叔到印度去交涉。印度政府答应每年递减出口，中国每年增加税则，规定鸦片都运给官卖。后来中国嫌官卖不好意思，就转托海关洋人代办。结果，只实行半年，就无形停止。原因英国派人到中国来调查，说是中国自己没有灭种啊！总之，中国人明明理直气壮的事，一到后来，终是烟消云散，毫无结果。

《申报》是吾的老弟

时间过得真快，《申报》也有六十年了。比《申报》还早的有《京报》，吾自己足足保存了二十多年，不幸徐家汇图书馆的职员不识货，认做废纸，一把火烧了。《申报》虽到花甲，还是吾的老弟。这六十年来，上海的情形算是沧海桑田，国事更是糟不可言。这六十年来《申报》所记的那一件事不是令人伤心。拿现在上海的繁华来和六十年前一比，表面自然是很进步，骨子里何尝有一些儿进步。拿我们拉拉杂杂所说的几件事来说吧。航业办得怎样？铁路办得怎样？电报办得怎样？贪官污吏，比起从前，更是无法无天。鸦片鬼比从前更多。上海在骨子里只有退步没有进步。其实上海表面上的繁荣是根据什么原因呢？

殖民之治与闭关之治

吾尝暗暗的想，为什么中国人处处不及外国人？为什么外国强，中国弱？吾终于想像其间并没有什么神秘的原因。原来中国和西洋不同的地方只有一点，就是中国的政治是闭关政治，西洋的政治是殖民政治。因为中国的政治是闭关政治，所以皇帝不许人民有一些儿国家思想，直到现在，连党政府不许人民干涉政治。因为中国是闭关政治，所以一般人只知道巴结一个皇帝，其他一切都一概不问，直到现在，一般政客还是充满着皇帝思想，只知道争无上的权柄。中国的文臣是不知有文章的，他们对皇帝的奏章，都是一番恭维得非常肉麻的话头，直到现在，还是要拿一个人的意见当做天经地义来压服人家。

西洋的开疆拓土

西洋人不然，他们受了宗教的影响，知道人类在造物主的面前是一律平等的。他们知道政治就是他们自己切身的事。他们老早就有开疆拓土的精神。西班牙去访美洲，葡萄牙到远东。澳门给葡萄牙得了去，连中国自己也不知道，后来得了以后和葡萄牙商量，好容易才答应年纳五百两银子做租费。现在连这五百两的名目都取消了。光绪初年失威海卫，当时山东衙门里连地图都没有，更不知道威海卫在那里。好容易吾在一教堂里找到一本小小的地图，才发现威海卫之所在。

闭关思想的中国，皇帝思想的中国

西洋是殖民之治，所以他们至少限度，就有保守国土的观念。中国是闭关之治，所以人民不但没有国家思想，更没有爱护国土的观念。人民只知道种田，完粮给皇帝，而皇帝也只知道穷奢极欲，享他一人的天下。中国根本没有殖民的观念，所以中国人得了南洋许多地方，一做头目就要盖起三宫六院，摆出皇帝架子，以致华侨不得不伸手投向外国人怀里去求保护。做了小小一个琉球王，也要享三宫六院的威福，琉球终于灭亡。现在不知道多多少少贪官污吏都是官气十足，无非是皇帝架子的缩影。其实日本也是这样。不过日本人善于模仿，他们学到西洋一些殖民政治的气味，就想到中国来试验。日本人的智识并不怎样高明，吾很不服气。不过他们对小事倒很认真，这是他们的好处。吾到日本去的时候，是在光绪初年，吾们已经割了台湾给它，那时日本的新学堂很少，吾亲眼看见花旗人陪了日本亲王到欧美游历。吾在日本，华侨对吾说，日本视华人如高僧，小儿得抚华人之手，就有宏福。日本人看到中国的官吏和士大夫，更是恭敬非凡。现在怎样？现在日本人已经公开的骂我们是"无组织的国家"，拿我们当生番一样看待。其实日本人只学得一些儿西洋皮毛，他们远不及外国。外国打仗要备几年粮草，日本没有充分准备，就想兴兵动武，日本真是狂妄。

没命的逃和上海的繁荣

话回头来，中国政治是闭关政治，所以人民只知道天下是皇帝一人的，绝不知道土地是人民所以生且居，更不知道爱护生居之原。现在皇帝是没有了，然而闭关的流毒还是依旧存在。中国人爱护国土的观念还是非常薄弱，所以一有外患就想弃土而逃，绝无守土而抗的思想。中国人只知道没命的逃，内战时没命的逃到上海，外患时也没命的逃到上海，于是上海就一天一天发展起来。上海的繁荣就是西洋殖民之治和中国闭关之治激荡冲积的结晶。一部上海的繁荣史，就是一部中国的伤心史。

有了民治就没有汉奸

吾在光绪十年到西洋去，所经各国没有一国人民比中国再苦再穷的。现在中国的农民是更苦更穷了。然而提倡以农治国是不够的，必须积极的提倡殖民政治，而殖民政治又须从民治做起。必须使人民知道政治是自己的事，土地是自己的土地，然后可以养成爱护国土的观念。有了民治，然后可以没有汉奸。

生平三件恨事

吾生平有三件恨事，都是牢不可破的闭关思想害我的。

第一件恨事就是高丽没有成中立国。当时日本恨俄国，那时只要中、俄两国答应就可以实行，可是朝廷依旧恋恋不舍于宗主国的地位，所以朝廷方面一些也说不进。当时高丽每年进贡沿途地方官吏的招待要化到八十万金，直到大院君闹事以后还不肯（改）。

第二件恨事，就是同治十三年日本夺台湾，中国不敢打，吾几次条呈，刘省三不敢做。那时我们有四十条商船可以和台湾通商，有二十条战船以资保护。日本的力量远不及我们，而我们还是不敢。这种畏缩的精神，一直流到现在，就造成彻底的不抵抗主义。

第三件恨事就是没有开九龙为自由埠，因为九龙一开为自由埠，货物进出可以不纳关税，则对面的香港不久必倒。吾曾上条呈买十万亩地开辟商场，朝廷终是不睬。

闭关思想害杀了老百姓

吾想来想去，闭关思想害杀了我们老百姓。政治上的不公开，这是对内的闭关；权利可以拱手让人，正当的往来却置之不顾，这是对外的闭关。临到危难的时候，政府始终只知道玩一套以夷制夷的玩意儿。吾们要救中国就要先打破这闭关的思想，从民治做起。中国的所谓"大家庭"，其实是"小家庭"，因为中国人民只知有家，不知有乡，不知有县，不知有省，更不知有国。中国要造成农、工的大家庭，用科学的精神来组织一番，务使对内有警察，对外有国防，时时刻刻拿我们生且居的土地保护好。

八万万只手

威廉第二年轻时游历远东，到黄浦江，望着上海叹道："这一个国家有四万万人民，八万万只手。一旦起来，谁能抵制他！"吾现在年纪虽高，精神确不老，依旧兴高采烈，对着上海，不由得不希望八万万只手快快举起来，伸到黄海外边去。

《李诵清堂述德录》序
（1932）

昔周公不讳多艺，孔子不讳多能，耕读起家者，亦不讳其世传世习。惟起家商贾者，文人每代讳曰：初亦儒也。民为邦本，岂独儒者修其业，则白圭富国，计然强兵，皆足成名，何必儒？四民而殿以商者，通功易事，商实主之，主席居末，东方俗则然。

镇海李君云书，三世自道光以来商于上海，今既辑其前二世碑志诔颂图赞种种，复附以见闻所及，作事略补，合为《李诵清堂述德录》。付梓前，特介志尧而征叙及余者，意以余戚友之商于上海，方艄网，艄之出洋，始经乍浦，继经扬子，由浏河而吴淞，皆与李君三世同时同业。海运懋迁南北，非如后人之专代洋商推广洋货也。又以余早岁避红羊，读书上海徐汇公学，师多西儒，必娴习中西掌故。咸同前后，时局政局之纷纭，或闻而知之，或见而知之，独能证实其辑补，无虚美其亲钦？余受而读之，如理旧书。时上海大小东门，略似姑苏耳。西北郊外，荒冢累累，直至咸丰五年元日，赭众逃逸，而租界与商场始日辟。至光绪十年，金融奇紧，余时归自高丽，所亲见也。大抵我乱一次，彼兴一次。我遭人祸，彼益澎涨。无他，彼主殖民，务令有土有财，殖遍五大陆，而民自治，纵有不道德，如诱贩人口出洋，余同学阮某亦被诱而失踪。且有伪称搁浅，雇岸上人数百登舟拖缆，而开足火轮放洋者。高丽王薨，误信报译金棺为真金，私雇华人攻江华岛而劫之，中途觉误乃遁。故西人之不道德，有甚于所传，货良家子而无害其为强国者，民治而人众也。我则闭关，阑出阑入有禁，锢民耳目心思，惟称寡道孤者是崇是奉，孤寡独夫，一有不道德，通国被其害焉。有通商几百年，有来而无往如我国者乎？往而通者，国无海军治海盗，能海通乎？郑成功之余孽遍南北，尚赖洋关与商人所设之捕盗局。能通欧美乎？商必先探他国所好所需，然后以我工之不限于时于地，可出于手而无穷者；又可因巧者有余，得增其价之高无已者。将此两无易人国宝，欧化所称超出是矣。我则通商后，历年兵食之足，反仰借于超入数万万焉，焉得不困且穷耶？譬之父子兄弟关门而互市，纵尽得家财，不增家富，徒增不得者之妒羡而已。燃萁煮豆，民国二十年，内战亦二十年，那堪狼子野心，以荡尽家财为事，更不止二十余年。窃恐称孤道寡之治，不改为民治，民间虽有义举善举，多如李氏以富济仁，以仁济富，一反为富不仁，为仁不富之谬说，终无救于民国民族之偕亡。何也？盖天下断无孤寡独夫忠于为民谋，反胜于民自为谋者。

噫！人之将死，其言也善，余耄且病，勉践言诺，叙李氏家乘，而慨想祖国之式微，知我罪我，不能逃我民治六大理由。云书吾畏友，知我耶？抑罪我耶？请还以质之。

民国岁次壬申处暑节。华封九三老人。

致陆徵祥
（1932）

慎独斋主赐鉴：

屡荷耳顺老人，以蝇头书下问，愧不敢当！谨珍藏为案头之宝。耳顺之前，为公使，为部长，恐无此精神，非天赐而何？此圣召之征也。明末清初，诬教士者只以为敌国外患之媒，今且以为帝国之先锋矣！何也？鸦片战后，保教以国旗故耳！四川至用衙役刑人罚人，霸占会馆，教友反对，则断四规等。故外教川友无不言吾教最无礼。同光时，大都目教友为汉奸，为市侩。李文忠于眉叔辩诬，至称其并非天主教，但屡战秋闱未售耳！眉叔于朝鲜之役，主擒国太公，继其后者，主纵虎归山，在朝鲜为乱阶，在东亚为中日战争之导火，在我国为纸老虎烧穿之焦点，日本将执东方之牛耳乎？眼光太小，杀心过重，英、美之防之也宜矣。我国为砧上之肉，反泰然。昨晚书至此，而袁大公子克定至，党国后，此已三次，三到上海，三上土山楼，示以尊照服修道服装者，极口称耳顺老人之心地，并嘱致候。且三上楼，三便饭，徐铎润农亦在座，足证东方尚交际，尚交际故语言之学，不可不修。读《畸人十篇》、《三山论说》等，盖皆于交际时谈道焉。林君季璋于公嘱译之书，初多难色，今则谓于教理多得益焉。从可见劝一学者，胜劝百十人。我古人有一字之师，公于许文肃亲炙十余年，奉为公使、部长之师范宜矣。今而后奉《遵主圣范》为师资，将人而天矣！根性而超之，可预祝。前圣妇香大耳第一次到沙浮尔省，即感化多人，有轻世离尘之志。他日秉铎归来，闻风兴起，与其逃佛而羡生后之空，何如归依造物，空诸现有。大抵良心不妥者，与自杀之心理同，妄以为死，一了百了，不知一沙粒之微，聚天下科学不能灭之。公拟创考虑宗教辩难会，在大都会若上海、重庆、天津等，大可办。润农言，然而非会长则不能。昨日云台又来，为润农写对。公所命必竭绵力以为之。来谕太谦，同为圣教办事，能随诸公之后，非荣幸耶？此书断断续续，三四日方写成。顺请神安！马若瑟顿首。十二·十七。

　　润农适来，此信即付之，并附清稿两纸。

《勒赛夫人日记》与《日思录》序
（1932）

古人父子之间不责善，而况夫妇？妇固以顺为正，往往因细故而责望，虽柔声责难，尚难逃脱辐之占，况责善乎？观勒赛夫人所著，铮铮不类妇人女子，深知言教不如身教。一味身体力行，所崇所信，使羡吾旧教之真、之德、之美，而不学庸庸者，徒尚口舌，疏不近情，教不近理，而惟于无人之地，录其朝朝暮暮代祷之诚心，一旦弥留赠别，惟此区区日记，无他言。昔汉武李夫人蒙被谢不见，而上思念反不已，宜乎勒赛见此真情，无一毫为己之私，而知旧教之德、之真、之美。天士比德陆子兴，磨海史林季璋，玩其文辞而有同契也！一九三二年降临日。若瑟马良序。

《宗座代表驻华十周年大庆特刊》发刊词
（1932）

　　《圣若翰经》第十篇，维时耶稣谓司教众曰："予善牧，善牧者为羊失命，佣人因弗为牧，弗为羊主，视狼弃羊而走，狼且杀，羊且散，佣人之为佣人，为于羊罔与走也。予善牧，予知予羊，予羊亦知予，如予父知予，如予知父，将失命为予羊，尚有他羊，未入此栈，予当引，令听予声，乃成一栈，乃惟一牧者牧之。"

　　明季阳玛诺译经，箴曰："天上有一牧，吾主也；地上一牧，教皇也。所从之教一，所信之义一，圣洗者一，礼仪者一，教人就身离心合如一，谓俱成一栈者故。"

　　今我中华二百五十六万余信众，庆祝宗座代表驻华十周年纪念，谨引善牧圣训，弁诸其首。一九三二年圣诞瞻礼。若瑟马良年九三谨序。

题《磐石杂志》创刊号
（1932）

　　磐石喻圣教，惟圣教能与人以真福常生。大学诸君能阐明教义之真常，则头头是道矣！九三相老人题。

跋《中国民治促成会发起宣言》
（1932）

民治主义所以称纯洁与有魄力者，即在无丝毫利用民财民力为政府有、政界有、政党有之企图与私念，不用则已，用则必为全民计、全民故。盖真正国家观念，治人者与治于人者，皆国民也。日本天皇，即日本人也、民也，否则，日本民为亡国奴矣！

与熊希龄、章太炎等组织
中华民国国难救济会通电
（1932）

南京国民政府林主席、孙院长、陈副院长、何部长，奉化蒋介石先生，上海汪精卫先生、冯焕章先生、李德邻先生，太原阎百川先生，广州胡展堂先生、陈伯南先生、白健生先生，北平张汉卿先生钧鉴：

最近暴日犯锦，长驱深入，关外义勇军纷起杀敌，美国且严重抗议。而我守土大军，不战先撤，全国将领，猜贰自私。所谓中央政府，更若有若无。诸公均称党国首领，乃亦散处雍容，视同秦越。亡国现象，一时齐现，夫复何言！然我国民为急公救国，仍不能不进最诚恳之忠告于诸公者。国为四万万人民公器。国民党标榜党治，决非自甘亡国，事至今日，诸公倘犹认救国全责，可由一党负之，则请诸公捐助一切，立集首都，负起国防责任，联合全民，总动员收复失地，以延国命。如其尚有难言之隐，形格势禁，竟无如何，则党已显然破产，亦应即日归政全民。召集国民会议，产生救国政府，俾全民共同奋斗。大难临头，万无犹豫余地，究竟如何决大计以谢天下，请立即以事实表明。否则全民悲愤，不甘坐毙，恐有采用非常手段以谋自救救国者。临电迫切，无任待命。中华民国国难救济会熊希龄、马相伯、章炳麟、张一麐、朱庆澜等。

致徐宗泽
（1932）

一

润农父台道鉴：

扬州留学生（哲学）由罗马毕业回国者，其姓其名，则全忘之矣。其华文略有根柢，慎独要译之书，何不令伊译之？如以为可，即以书招之。此上。心印叩。

二

顷得援翁函，意在速印，时机似不可错。阁下之时，既在供差遣，遑问校对？陈君盖恐长上之允印，又付之于无有之乡也。若《名理探》之影行法，如果有费，何妨一试之！长上见其省费，或肯再印他书，于我等抱残守阙之初心，大可得步进步。匆匆，即祝润农司铎长安！相顿首启。

三

徐神父鉴：

Van Deraa 书，曾市有全部，失去中下各卷，前面恳代借，乞劳神，不罪！不罪！原行未得善本，前尝译 Tougiorgi 之摘本，有略详之书宜于我国现情者否？譬如关于一己者，则枢德等亦在所详论也。关于国家者，较 Tougiorgi 更详为要。但其摘本，余亦忘之，请贷是祷。附上两序，请正。Jos. Ma

四

志尧预备三抄手，抄所译官话《古经》。抄为朱主教海门书库，志甚善也！抄本须与原本格式同，则校对较易，余意俟尊意如何，乞准逐套借抄。

国货年献词*
（1933）

　　诸位，我们每逢吃了外国人的亏，因为自己的实力比不上人家，政治的力量不能制服人家，常常用经济绝交的办法，像最早的抵制美国货，后来的抵制英国货，或时常听到的抵制日货。这样方法诚然有他的效果，亦许有的时候比了枪炮的力量还要厉害。特别是我们中国近百年来做了国际市场，外国的货品的第一个大主顾要是不照顾生意，外国人的确是害怕的。但是一个人买东西，大都有了需要才买的。我们为了日常的需要有的时候竟然不得不买。假使一时为了爱国心的冲动或者可以暂时忍住不买，日子久了，到了爱国热忱减退的时候，为了需要的缘故，又不得不买了。所以我们所用的方法只是一种消极的方法，是决不能持久的。况且抵制一国的货品，无形中便是推销另外一国的货品。譬如抵制日货的时候，英国货的销路便增加起来。我们的金钱照样还是流到外国去，于自身仍然没有丝毫好处。因有日常生活的需要是实在的。假使不用日货，总得要有一种货品来代替他，决不能绝对不用的。所以我们空说抵制，实在不是一种办法，实在是无益的。我们现在最好的办法，便是用自己的国货来作代替品。我们不要用任何国家的货品，我们只是用自己的货品。我们更不必再提抵制哪一国的货品，我们只是提倡采用自己的货品。

　　但是提到国货，一般的人都缺乏一种信仰，尤其是上海这种地方，一般的心理总把外国货当作好的。这是什么道理呢？因为从前的国货确乎比不上外国货。但是近年来我们的制造工业进步的非常之快，一切货品实在和外国差不多，只是坏在一般人都不去采用。不去采用，怎么会

---

　　*《申报》1933 年 1 月 1 日刊登，为《申报》"国货周刊"栏刊首文章。

试出他的好处来呢？所以我们应该先对国货有一种信仰，然后尽量采用。国货的销路广了，资本更加丰足，便可以精益求精，到那时候，外国货不用抵制，自然不得势了。

我们现在为了提倡国货，特别定出民国二十二年叫做国货年。叫做国货年，就是我们打算把这一年的时间完全用在国货运动这件事上。我们在这一年里应该时时刻刻提倡采用国货。我们要在这一年里在国人的心里养成对于国货的信仰，并且打定提倡国货的决心。我们假使能各各人有同样的信仰，下同样的决心，合力来做一年的国货运动的工作。我们对于雪耻御侮工作可算完成一大半了。

联合宣言甲*
（1933）

　　东三省称为满洲，不过一种通称。盖满洲只是一种部类，非东三省全称为满洲也。论古来历史，汉时已有辽东（今锦州）、玄菟（今东边道）二郡。明时亦设辽东都指挥司，驻沈阳。是其地原为中国内地，非同藩属。论今日户口，东三省汉人凡二千余万，满洲人不过百万。若论民族自决，三省当属汉人，不当属满洲人。再辽、金、元入主中国，及康熙与俄国尼布楚一体文约（内有□种拉丁文），均认为中国土地，而种性早与中国同化。犹记咸丰年，西洋史家载，中国库页岛有特种鹿驾车耕田，直至同治，该岛尚进口貂皮等。东三省属中国无疑。日本攻东三省，实明知取非其有，故遁辞曰自卫。又不可，乃文其罪二造满洲国。人民不服，而有义勇军，非明明伪造耶？

　　* 《申报》1933 年 2 月 10 日"本市新闻"栏刊登，原题《马相伯、章太炎联合宣言》（后世称《二老宣言》）。按《申报》弁言："中国汉学大师章太炎、九四老叟马相伯，鉴于国联会议对于否认满洲国一层，未有决议，特以中国学者之立场，以历史及掌故等言，证明东三省属中国，特联合宣言。兹觅得全文如次。"《宣言》末还有附言："案此为中国第一流学者联合对外宣言，将能代表其数千弟子、名教授、科学家及教育界服务者，为拥护中国固有主权，向全世界作公正宣布，证明东三省当属于中国，尚希全国同胞，一致奋起自救。"

联合宣言乙[*]
（1933）

　　热河不得为满洲之一部份，较东三省更易明白，盖热河在明时，本朵颜等三卫之地。朵颜种类，即古之山戎、汉之岛桓、唐之奚，与契丹种类甚近，而与满洲种类相远。其后清人夺取其地，本非满人之旧居。至于今日则热河所有汉人几四百万，而满州人无几，更不得谓热河为满州人所应有。若谓曾经满洲人夺取，即为满洲之一部份，然则北之桦太（中国名库页），南之台湾，何尝不经满洲人夺取，日人何不以桦太、台湾归之满洲伪政府乎？日人又称汤玉麟曾署名于满洲国宣言，是真是伪，无可证明。假令有之，但可名为个人私约，岂中国政府中国人民所承认乎？此尤不值一笑者也。世人公认高丽乃箕子之子孙，生焉息焉，具有历史。最近韩国志士对国联有表示，即要求光复旧物，因此可断言曰：上述橡皮线，不但不应伸至我热河。按诸公理，应缩出高丽外。谨请拥护人道者，一至为公理努力。二十二年一月十八日马相伯、章太炎宣言。

---

　　* 《申报》1933年2月20日"本市新闻"栏刊登，原题《马相伯、章太炎联名宣言》（后世称《二老宣言》）。《申报》附有刊前弁言："日人应缩出高丽外，热河非满洲之一部。"并附言："暴日强占东三省后，向国际诬称满蒙本非中国领土。学者泰斗马相伯、章太炎二氏昨日复联名发表宣言，根据史事，证明热河与满洲无关，而高丽乃我国箕子之裔。日人生命线不应伸至热河，且应退出高丽。该宣言将电达日内瓦，昭告世界，兹录其原文如后。日人认我东三省为其生命线，国人曰：此线是橡皮性质，'有伸缩力'，请看下文。"

联合宣言丙[*]
（1933）

全国同胞公鉴：

　　自九一八事变突发，迄今已一年又六月。伪国成立，亦已逾载。曩者我政府坚持信赖国联之政策，日惟呼吁国联，冀其能主持公道，抑止侵略，予我以助力。然而近日国联固已正式承认九一八以来日本制侵略为违背国联盟约之非法行为矣，亦已明认东三省为中国领土不容分割矣，亦已否认满洲伪国之合法存在矣。国联此种明白昭示之态度，予我正义上之助力实多，抑且国联之所能助我者，此亦即其最高限度。吾人在此种正义赞助之下，则惟有切实认清，以自力自助自救之意义，对于当前日本之侵略暴行，不仅作消极之抵抗，同时更应动员全民族积极收复失地，根本消灭伪国，是为国联决议之精神，亦即为世界正义之所在。若阳示抵抗以息人言，阴作妥协以受敌饵，则吾人直无异于反对国联之决议，而默认日本之行动，是即为自甘宰割，自甘灭亡，我不自助，谁复助我？故全国人民今日急应一致奋起，予政府以有力之督促，务使东北半壁江山，不至自我沦亡。黑山白水，不止就此变易其颜色也。此则良等所冀望于国人者一也。

　　次之，先哲有言，人皆有不忍人之心。此不忍人之心，实即为生命之活力。惟不忍，故能爱人；亦惟不忍，乃能发挥其生命之伟力，以表示人类不甘为奴隶之心。今日我前线将士之所以出死入生，与强敌作艰苦之奋斗者，无他，亦即不忍我民族横遭蹂躏宰割之故。然则吾人宁独坐视前线将士艰苦奋斗而不予以援助乎？故吾人今日在另一方面之工

---

　　* 《申报》1933 年 4 月 2 日"本市新闻"栏刊登，原题《三老宣言》，为马相伯、章炳麟、沈恩孚三人联合宣言。

作，又应充分发挥其不忍人之心，以赴汤蹈火之精神，予前线将士以物质之补助与精神之安慰，以鼓励其为民族生存而奋斗之勇气。此又良等所冀望于国人者二也。

国难急矣！举国环顾，山河日非。瞻顾民族之前途，辄中心忉怛而未能自已。自憾樗栎庸材，无以救国，兹谨以诚挚之呼吁，促我国人奋起。言哀意诚，尚希国人共鉴之。马良、章炳麟、沈恩孚等叩，四月一日。

警国人勿幸小胜[*]
（1933）

国民公鉴：

　　喜峰建昌营与滦东二县，一时收复，只余古北一口，不日当可肃清，斯固将士用力，亦因敌有内忧。虽然，谋国之道，如此而止乎？热河未复，榆关未收，则北平等于瓯脱，所谓物寄瓶中者尔。敌人牧马，时去时来，固无休息之期也。夫都金陵者之不可弃北部，犹都长安者之不可弃东南也。自吾民视之，则凡汉族孳生之地，皆不可弃而遗一也。幸告当局诸公，勿幸小胜而忘大虞，勿狃近忧而忽远虑。北门锁钥，不得热河则不固；河朔形势，不得辽西则不完。共管之名既难忍受，防边之策又乏良谋。欲专恃长城，则无秦王之力；欲偷为议和，并无秦桧之才。然则非选将厉兵，更图进展，而学削去至无聊赖之抵抗之名，复何益哉？所幸士气尚振，余勇未衰，两道出师，正有其会。东三省虽难以武力恢复，而此二处必当奋死以争之。若不能然，失地之耻，固不可除，当局误国之罪，亦当不可赎。衮钺在前，愿急有以傚省之矣。

---

　　* 《申报》1933 年 4 月 28 日"本市新闻"栏刊登，原题《九四老人与章太炎警国人勿幸小胜》，为马相伯与章太炎联名通电。文前弁言有云："'北门锁钥，不得热河则不固；河朔形势，不得辽西则不完。'九四老人马相伯先生与章太炎氏联名发电，警惕国人，兹录原文如下。"据文气和用典来判断，本电稿应为章太炎拟定，或亦经章氏修改。

徐文定公逝世三百年纪念词
（1933）

一

圣方济各·沙勿略之终也，中国土送终者止一中国人。如以盖棺论定言，称之为"中国宗徒"，当无否定者。终之时一五三二年丑建三日，乃于子建十六，大反其常所忧虑者，而毅然决然函其本会院长曰："耶稣圣名，定传入北京。"殆天主允其祈祷，默示继起有人。越四五十年徐阁老果奏任利子羲和职，自是迄道光二十七年，罗玛教士虽屡经教难，常居京职不绝，其教务姑不论，即就全国婴儿之领洗者，三百年中可三百万，则二公之功德讵浅鲜哉！若瑟马良同日书。

二

周末，孔门弟子有言："夫子之文章，可得而闻也。夫子之言性与天道，不可得而闻也。""不可得"殆指门外言。明末，徐阁老之从西泰氏游，每言其大者修身事天，小者格物穷理等科学。科学者，阁老之文章耳。承学者已研究无余，顾其大者，何乃置之不闻不理？窃谓性与天道，不外修身事天，亦吾儒本等学问。孔门参也鲁，恐其久而忘也，尝分记于《学》、《庸》。《大学》之"在（明）明德"，"在亲民"，"在止于至善"，性道也。三在，三件事。止于者，人之究竟也，归向也，至之而不可迁也，止于立隅。立隅是有具体之实物，其有在己，不在他。试问至善之具体，不具万善万美而为万有之原者，能乎不能？故春秋时学者已名以"名学"，释物性之名曰"造物"，造物之外，求一非受造，无有也。受造之归向之究竟，求之于造物之外，亦无有也。故《大学》工夫，首曰"知止"，而终之以"壹是皆以修身为本"。

至《中庸》之言"天道"，"天道"之切紧，须臾不可离也。隐微不可离也。性情之发于喜怒哀乐，不可离也。不离乃可"致中和"，致中和则"天地位"而"万物育"。育位云者，谓能得造物之造天地造万物之心耳。得其心斯得其事之之道矣。并引孔子之言，以明事天之要，曰："鬼神之为德，其盛矣乎！"虽弗见弗闻，而体物则不可遗，遗则物丧其体，以故能"使天下之人齐明盛服以承祭祀"，洋洋乎如在上下左右，而不敢"射思"。由此观之，孔子而能代表我古之学者，则无神派与人生观唯色食者，可爽然若失矣！

求为徐上海列品诵
（1933）

全能天主！我等因尔圣子耶稣救世之苦心，暨中华圣母同情之哀祷，恳求俯允尔忠仆上海徐保禄首先虔奉圣教者，感化多人者，并以身家奏保惟一惟真之圣教，上下信从，则国泰民安者，亦得随圣保禄为我中华教外之宗徒，引归基利斯多一牧一栈。亚孟。

徐文定公与中国科学
（1933）

尝读《明史·历志》载徐文定公督修历法，参用西洋新法，此科学在中国第一次之大贡献。按文定公本传，称其从西洋人利玛窦学天文、历算、火器，尽其术，又称与西洋人龙华民、邓玉函、罗雅谷等修历可证。

现据利子同会耶稣会裴司铎 P. H. Bernard 近撰《现代中国文化之前驱徐文定》一论文（见《徐上海专刊》）考证，而知明代修历，与罗马之李纳济 Lineci 学院蒙彼利厄 L'Universite de Montpellier 大学以及德、奥两国诸大学，皆通声气，共同研究，然后恍悟彼时所谓新法，非师西洋陈说，乃利用新发明。

又据天津北疆博物院创办人桑司铎 P. Licent 语余，邓玉函等曩在北京西山所发现四种药草，伊近亦于静宜园中得之。静宜园者，余与英君敛之筹设旗人女学之所在。愈证邓等曩驰名德、奥，亦恃在我国有新发现。

语云："人惟求旧，器惟求新。"科学制器，利用厚生，如陈陈相因沿用，直若古董玩具耳。于人则又异是。请诵《圣经》记保禄语长老曰："汝众知我自初到亚细亚时，时与汝众俱也。若何我事主，壹是以卑逊，以涕泣，以所受同种人磨难倾陷之多般。何者有益于众，而吾有隐乎尔，而不宣示，而不教诲，而不于稠人广众之中，复家至而户到也乎？"不图利子于千五六百年后，其讲学之光辉，共传教之虔诚，即师宗徒行实，步趋亦同一揆。今因徐文定公逝世三百年纪念，志余感想，将以请教我科学社诸君暨热心中国科学运动者。

赠科学研究会
（1933）

　　古人闻韶忘味，西人之好乐，其忘也有甚焉，而专心于历算者之忘一切，殆忘妻亦不足为笑谈。乃上海徐文定公，四十五十前致力于经济文章，后与泰西利子交，又深造于历算、兵农等制造。今诵其家书，不独于家务巨细不忘己也，而立身处世，又俨然一科学家也，宗教家也，非得天独厚者不能。书内约束家人及亲戚不可多事，已前受亏处亦不必称说。人或毁之见于诗歌，亦第听之而已，非犯而不校乎？得一西国用药法，便欲寻鲜人参自种。得一插剪葡萄法，便谋造酒造醋，非学而不厌乎？"北地开荒，无梅雨，允宜种桑养蚕，至看火做丝，必要顾湖手好手一两年，人都学会，若沿俗习，非终无长进也，凡事皆如此，切记！"窃谓果能此道，何至迄今三百年始有科学研究会哉？噫！求其实行普及，又不知更待何年？噫！后学九四叟相伯马良。

致陆徵祥
（1933）

天士比德司铎座右：

  小门生若谷朝圣赴欧之便，代叩起居。沪人望君如望岁矣！若瑟马良启。五月九日。

勉冯玉祥电 *
（1933）

张家口民众抗日同盟军冯总司令焕章先生勋鉴：

宥电奉悉。日本逞无厌之欲，满洲燃已死之灰，而当局视为癣疥微疾，溃烂不治，脏腑皆糜。他且弗论，即如北平城中，日兵入者已二千五百人。甚至搜查住宅，巡逻东城，我宪兵反退让惟谨，如是犹谓北平未失守乎？假令妥协速成，日兵暂退，而重门洞开，去来无禁，不过数年，则黄河以北皆敌有矣。民众弗忍，诉于执事。执事以坚卓之性，应迫切之求，起虽晚而合时会，地虽小而系人心。夫抗兵相加，哀者制胜。执事与察省民众可谓哀者矣。守察既固，必令华北设备完全，方得恃以无恐。然则东未定沈阳，北未复热河，尚无时不在哀中也。日本为患东隅，四十年矣。满洲之略有中土，前者已二百九十余年矣。辛亥之役，幸赖民众协力，光复旧物，满洲之害虽去，而日本之患未除。今以当局疏慢，致二寇协力，危及奥区，如此弗治，是非独漫视外患，并于辛亥革命之功而亦尽堕之也。执事身预滦州倡义，至今三十余年，不忘旧事，鸠合义众，缟素为资。所据察哈尔地方，本七国秦汉间云中、定襄旧郡，与郭汾阳倡义朔方何异？执事之心，足以代表全国有血气者之心；执事之言，足以代表全国有血气者之言；执事之行，必能澈底领导全国有血气者之行。某等虽在暮年，一息尚存，必随全国民众，为执事后盾。惟秉义直前，勿稍瞻顾。马良、章炳麟。

---

* 《申报》1933 年 6 月 2 日"本市新闻"栏刊登，原题《马相伯、章太炎电勉冯玉祥》。为马相伯与章太炎联名复电。《申报》刊登前有弁言："'随全国民众，为执事后盾'，九四老人马相伯、国学泰斗章太炎同情冯玉祥宥电之抗日主张，特电张垣，慰勉有加，兹录其原文如下。"据文气和用典判断，本电稿应为章太炎拟定，或亦经章氏修改。

致冯玉祥通电[*]
（1933）

　　……执事以枪口不向内之誓言，俯听调处，明轩继任，付托得人，存大信也。失军得信，执事亦无不利。时局正艰，国亡无日。一身虽退，尚非骑驴种菜之时。所愿老骥壮心，勿灰于伏枥也。马良、章炳麟。齐。

---

　　* 《申报》1933 年 8 月 9 日"本市新闻"栏刊登，原题《马氏等之两电》，为《申报》节录马相伯与章太炎联名致冯玉祥（焕章）齐电文字。《申报》马、章"齐电"刊登弁言称："九四老人马相伯等昨发出两电，一致冯玉祥，一致宋哲元，兹照录如下。"《申报》刊登致冯玉祥齐电稿仅为最后一节，以上均略去。

致宋哲元通电[*]
（1933）

张家口宋明轩将军鉴：

  执事喜峰一捷，功冠诸军。今继焕公，萧规曹随，人心自顺。若谓察省已安则未也，戒之戒之，贺者在门，吊者在闾矣。马良、章炳麟。

---

  * 《申报》1933 年 8 月 9 日"本市新闻"栏刊登，原题《马氏等之两电》，为《申报》节录马相伯与章太炎联名致宋哲元（明轩）齐电中的文字。《申报》马、章"齐电"刊登弁言称："九四老人马相伯等昨发出两电，一致冯玉祥，一致宋哲元，兹照录如下。"

双十节献词
（1933）

　　今日为我国二十二年国庆纪念日。衰迈余年，每逢此日，万感丛集，喜惧交并。喜者以在艰难之途程中，我国家又添寿一筹，余又得一度与全国人士应祝国运之无疆。而惧者则以先烈创造民国之艰难，皆所目击，缅怀往事，默察现实，又深感创业难，守成尤不易。吾人于先烈艰难奋斗所遗留之成果，不得不兢兢业业。然而今日国庆才二十二年，政府明令因国难不举行庆祝，则已三次。前途荆棘，国步弥艰。年复一年，岁复一岁，以今日测来兹，宁堪设想？国人如再不奋发，如再不更新，则来年此日，恐将无举杯庆祝之望，而"双十国庆"恐亦将成为历史上之名词矣。言念及此，余心滋痛。

　　曩者国人每逢今日，辄多悔恨过去，希望来兹，而自矢以今日为陈死新生之界石。忽忽廿二载，国犹是，民亦犹是。抑且山河破碎，民生困敝，国势每况而愈下，则复何说。余年衰迈，惟愿国基巩固，民生安乐，他无所望。故在今日，请以至诚挚之意，陈其最低限度之希望。语出肺腑，窃愿国人一垂听之。

　　余认为一切祸乱之根源，皆在于"私"之一字，一切之所以颓废不举，亦由于私。惟私故争，惟争乃乱。二十二年来扰攘不息之内乱与割据自雄之局势，何莫非自私一念所造成。惟私乃罔恤民生，乃罔恤国脉。文不能廉，武不能死。东北之失，守土长官能慷慨以赴难者，竟无几人。而争权夺利者，则两年以来，复循环相继。人但知有己，莫知有国。正气销沉，纪纲尽废。此又何莫非自私之一念所由致。故余以为今日而言陈死新生，即人人能体天下为公之意，人人能以国家与人民为念，止乱兴国，是即其基。此余之希望一。

　　余又认为，为政之道，在于以德服人，而不在于以力威人。所谓以德服人者，一言以蔽之，即使民能安其生之意。民不聊生，甚且恶生乐死，威将安施？是理至明。征之中外古今之史迹，莫不如是。固不必旁征博引，侈谈主义。今日我国日谈民生，而民生日困。老弱辗转，少壮流离，黄河以北，大江以南，满目疮痍，危机四伏。然而取诸民者，仍竭泽而渔，毫不顾恤。民困水火，安得不乱？不澄清政治，招安流亡，而又从而威之以力，是何异于抱薪救火，火炎不灭，且助其威？日前报载，某革命伟人纪念塔下，乞丐群集，有碍观瞻，地方警察，严予驱逐。塔高巍巍，而民无所依。观瞻为重，民生为轻。今诚不解此穷苦无告之民，驱逐又将安之？抑且我国今日饥寒之民，随处皆是，茫茫大地，无一片干净土。若曰有碍观瞻，则此成千成万困苦不堪之人民，又将驱往何处？余认为负责之政府，对于流离之人心，应善为安抚，而不应予以驱逐。盖驱逐终非所以解决问题也。故今后应严惩贪污，减轻苛税，以解民困，救济农村，使民有所归。民生安定，祸乱自平，国基自强。此畲之希望二。

余前曾发表一文，主张政府应培植民力，俾能自治。政府为人民之公仆，而不应塞人民之聪，掩人民之明，而强其视，强其听。能如是，政府乃真为人民之政府。真的人民自己的政府，乃真能为人民谋福利，而政府乃能博得人民之拥护与爱戴。反之而不能为人民谋福利，是断不为人民自己之政府，而与政府打成一片，是何能得？故今日急应厉行民治，实行民主，俾民能自助自救。此余之希望三。

总之，今日内忧外患，相逼而来，国脉民生，不绝如缕。此一块中华民国之招牌，行且为人所打破。趁此事尚可为，大家急应奋起挽救。若得其打破以后，再谋恢复旧观，则千难万难矣。朝鲜、印度，殷鉴不远，国人其三思之。

九四老人马相伯。

国货展览会演说词
（1933）

　　承国货展览会邀老夫演说几声。老夫虽未展览，想天下国货总不外衣、食、住三项用品罢！这三项用品大都愈普通，则民生愈富足；愈价廉物美，则民权愈发达，工艺愈发达。古人有言："工欲善其事，必先利其器。"窃以为古人可打倒，古人这句话是打不倒的。不信，你没有耕犁，想耕田，没有钉耙，想耙地，保管你五指血淋漓，也耙不成；没有斧子、锯子等，想刨平一条板，那怕摩顶放踵也磨不平。牵牛服贾，则是商家常事，你要一担米从上海运到南京，没有家伙，拿手捧捧，从年初一捧到年三十日也还捧不完。可见一切农、工手艺没有家伙，虽使蛮力，也使不成，终无用。请诸君到田里去看看，一切农具还是盘古传下来的吧！到作场，无论金工、木工、铁工、铜工，所用的家伙，不是古董，便是舶来的。妙哉！妙哉！外国人事事翻新，本国人样样守旧，不知会场的国货是守旧？是翻新？不多时，诸君可曾看见德国三人驾驶来一飞艇，用钢板为底，铅弹打不进。据说德、美天天有飞艇邮递往来过大西洋，你想该几点钟！中国人有此能力否？有此精神否？外国人用电气从煤炭提出颜料来，提出药材，提出炸药来，现在又能将煤炭变火油。日后打仗，又能飞艇洒毒药，药死一村一城不为奇；秘密的毒药，亦替我们预备着。据说，德国为还打败赔款，工人该做八点钟，今做十点钟，拆空心思！读书该读十点钟，今读十二点钟、十四点钟也有，所以制造的东西，吃的、穿的、用的，自己用不了，还来孝敬中国人。我们既可坐享其成，所以乐得罢工，乐得罢课。阔哉！阔哉中国人！

《南海黄竹岐乡何氏谱》序
（1933）

　　民族有文蛮：文变蛮，为境逼，则有之；蛮复文，由独立者，史学所绝无！以故厥初生民，必动物中最灵而独灵，盖其他动物知觉，囿于气质，惟乳时知有母。人不然，知识属虚灵，飞潜犹不能以修养择配，而变易其能，况有质与无质之虚灵乎？

　　从知始祖应如公历基多之谱，亦即唐景教《牟思法王经》，经且数数大书特书亚巴郎三圣祖矣。金知基多教《牟思经》，道统一贯！

　　奈何国人反赞成始祖人猿之说而冤基多教数典之忘？况不忘之仪式，古今不同，儒、释不同。不同抑何害？要之，不忘亡者之经典、礼文俱在，断无一教，若基多教之多，而在华旧家庭，又每加诵三代五代祖妣之洗名而祈祷焉。

　　至我何姓，实肇于周，封于韩，左史刊晋应韩，武王之穆，是矣。

　　六国时，韩釐王子名城者，避秦乱，隐卢江，买舟送渡以资生，初不知有"博浪锤"之大索六国也。一胥杂众渡，突叩所姓，城怪而戏指河水之寒，答姓韩，胥曰："姓河欤？"纠正之曰："岂从水，应从人。"谓应以感觉之寒声耳。胥遂籍何而去。

　　是因误会，免于族诛，非天乎？后遂姓何。

　　辗转由皖而豫而粤南海之黄竹岐乡。始祖爵秩公，兄弟十人，行六，避宋度宗五年之乱，虽离散，惟仍居粤。独次兄任福建莆田县，为莆田人。

　　岐乡之十六世恕堂公，商于上海，终于上海，仍归葬于岐乡。三子，濮涵、衡、清，皆生于上海。粤人有特性，虽远客久客，常保其粤俗、粤语、粤化，意亦治家保种之经欤？

　　右撮录黄竹岐乡谱，用明追远，未尝非基多教之经训也？

十诫序论
（1933）

　　尝谓：救济国难，必先救正人心，人心必从十诫始。十诫者何？天主始造人类，将十诫铭人心。后梅瑟圣人，奉主名，刻于石，详见《古经》记载。谨言其要义。在天地孝敬"天生蒸民"之大父母，小心翼翼而昭事之，不但以心，又当以言，言不虚言虚誓，又当以行，行必恪守自古相传之七日来复。以我国古史言之：成汤之"圣敬日跻"。文王之"小心昭事"。《易经》又明文言"七日来复"，复卦之文又曰："先王以至日闭关，商旅不行，后不省方。""至人"释作"圣人"，故"至日"犹"圣日"。《易》称"先王"，可征古而又古。昭事之道，既如上述，然后可语人事：在家孝亲，在国敬长，我国忠孝称美德；并戒杀人，保生存权；戒邪淫，保生殖权；戒偷盗，保财产养生权；戒妄证，保处世名誉权；毋愿他人妻女，毋贪他人财物。试思我国宗祠又有禁纳妾及偷盗等等，不犹有上古遗风乎？自耶稣基督降生救世，又亲示"爱主"、"爱人"十诫之命，万古不刊！明代奉教阁老徐上海，曾亲撰《圣教规箴》，首论十诫。康熙初叶，南怀仁撰《教要序论》，将圣教要端，依序胪列，切而不繁，整而不紊。窃愿有心人，本良心救国者，人手一编，而详察焉！

宗教与文化
（1933）

　　现在有人误解宗教的真精神，便说："宗教是束缚自由的！""宗教是麻醉民众的！"宗教倒底是什么一回事？听我讲明。

　　宗教是唯一解决人生问题的。人生有什么问题呢？

　　诸位！在诸位未生以前，太阳放射它的光，地球运转它的轴，那时天空有星宿，有云雨，一如今日；那时大地有山河，有田畴，一如今日。再者，人群中大、小、尊、卑、富、贫、贤、愚都有了。至于诸位，都不曾生，对一切的一切，都没有份的。好比那海岸的浪淘沙，沙虽经浪花的淘洗，细是细到极点了！可是问问诸位，那时候做什么？权衡轻重，连一粒砂子都不能成比例，因为诸位不曾生呢！

　　现在诸位，生于此世，比那砂粒，胜了万倍。踞在高山的老虎，不如诸位；盘旋太空的巨鹰，不如诸位；潜泳海洋的大鱼，不如诸位；那载诸位的地球，照诸位的太阳，都不如诸位了。为甚么呢？因为诸位，所有灵性，超轶万物，不仅像那顽呆的草木罢了，不仅像那蠢动的鸟兽罢了，能明理，能自主，能谓"通于神明"、"赞天地之化育"，乃俨然顶天立地的人啊！

　　诸位想想：我有我，从何而有？百岁前不是我无有么？现在有，从何来？有来必有往，我百岁后，又将何往？百岁前后如此，我人现在能夸耀什么世家，什么地位，什么聪明才能，徒傲自负，不思报本么？

　　这两个问题："我从何来？""我往何去？"不是都和诸位有切身的关系么？所以应该求个解决的！可是这种严重问题，像著名之化学家杜马（Dumas）告诉我们："生命所从来，科学不知也；生命所由去，科学不知也！"因科学既认"不知"，故"知"必超科学所不能范围的宗教。唯有宗教能解决人生问题！

那么，对于上面所述的疑难，我们怎样来答辩呢？

先讨论第一个，"宗教是束缚自由的！"，这个问题，有"相对的"和"绝对的"两种观察。

（一）按相对的观察，"自由"应有相当范围，所谓"不以规矩，不能成方圆"是。例如，目的在上，尽有往上追求的自由，可是并没有往下堕落的自由。不然，散漫无稽，任何事，不能办，何况要求解决人生问题呢？故合理的自由，循正理研究，大科学家凯尔文（Lord Kelvin）于三十年前致书 University College Christian Association 即谓："诸位勿惧为思想自由人，如果努力研究，科学将责令诸位，坚信有造物主，造物主乃宗教的真宗。然后才能知道科学学理，不但不劝阻人，反而要劝导人信宗教的！"所谓"真宗"即万事万物，万美万善，万理万法所宗，即科学追求的大本大原。精究科学，当应研问。

（二）按绝对的观察，人生究竟，不为穿衣吃饭或传种。有些胎中就死，有些夭折而死，究竟为甚么？科学家应用各种科学方法，不能消灭一粒砂子，因为物质是不灭的。那么，更不能从无有而创造一粒砂子。因此我们可以体会造物主造天地神人万物，是人所不能自由或不信的。人既系造物主所造，故应奉造物主的命，好比工人作工艺品，工人自由主张，工艺品没自由，决无自由之可言。所谓"宗教"非他，即人对于造物主的问题。欧西文字 Religion 即有"再束缚"的意义，谓既束缚以性法，性法者"齐之以礼"之"礼"，而又"率性之谓道"，"修道之谓教"，故宗教加以束缚，正示人以规矩，成人之美，不成人之恶，使人享有应有的真自由，而且不妄想不能有的假自由。一个人，生不由己，死亦不由己，不由造物主，尚凭谁作主？我们现在所以反对日本暴行，就是因为反对敌军自由杀人，自由夺人养命土地，且妄以为可以自由掌管我四万万五千万人的生死存亡。我们固有天赋人权，不容剥夺，因此抗争！可作一例来说明的。

再讨论第二个："宗教是麻醉民众的！"

我们先要认清真正的宗教是谁创立的。像佛徒说是佛修成的，和我们人同是造物所生，那么人人都可说法，人自为教，人人都创宗教，不成人人共信的宗教了。像道家要说是仙人修成的，有仙童仙女供人使唤，那么要问那仙童仙女，何以反要供奉那修成的仙人呢？回教教主自称天使，敬天为造物主，所以与佛道又不同了。中国古儒称"未知生，焉知死"，并不曾强不知以为知。我人知有耶稣基利斯督，符《古经》

圣哲所预言，造物生降来人间为救世主。是造物主讲，不用人讲话。信者得救，不信永罚！这般的救世主，曾被钉十字架，复活升天时候，命他的门弟子，无权无势，传道训人，传化欧洲，传化非洲，传化印度，传化中国，传遍旧大陆，又传化新大陆。日月所照，舟车所通，任何民族，任何地方，都有已受了传化的人的。我们要请问，一个被钉十字架的，如果只是一个圣人，能在一千九百年后，有了全世界三二九二七四三九八名的信徒么？亿万教众，信造物主，信救世主，这般信他，钦崇他，赞美他。因此十字圣架救赎普世！许多牺牲身家性命，作证所信千真万确！记得中国史家称方孝孺为正学，因为他誓死卫道，割舌后，还滴血，书"篡"字，指斥帝王，守正不屈。那么，我们看看世界史上，天主教信徒的牺牲，男女老幼，富贵贤愚，舍尽己血，明证教理，不知有几千万名的方孝孺！就算我们同志，在庚子一役中，牺牲数万，血流千里。现在都公认拳匪是暴动，是祸国。可是我们教友为真理牺牲，求仁得仁，又何怨言！照中国史家表彰"正学"的例，更该大书特书"正教"了。又如，国军血战抗日，为效忠国家，尚博得好评。那么，亿万教众，对造物主，钦崇孝爱，矢志靡他，这是叫受了麻醉么？老实说，鸦片、吗啡等麻醉品，确能麻醉人身。宗教对于民众，真理教化人生，使人心悦诚服，是对于造物主的钦崇，而自动来克己复礼，以救世主之心为心，唯造物主之命是从。故牺牲一切的一切，都是反本归原，所谓人事尽矣！毫无"麻醉"意义，极为显明。

爱尔兰的戏剧兼散文家萧伯讷来华观光时，一面写了一篇短信，称中国如果成功后，可根本疗治近世"文明"的病；一面又对上海报界宣称，中国在乡间尚可寻求少许"文化"，此外殊无可言。我现在来讲"文化"或"文明"，觉得要对于名词，下一个确当的解释，然后讨论，方易进行。

因此，首先讲"文化"和"文明"的语源。我们现时通行用的这些名词大都是从外输入的。按腊丁文，"文明"是 Civilitas，"文化"是 Cultus，欧西文字，如英、法文，都是由此衍生出来的。照汉译的意义讲，前者是有"温"、"良"、"恭"、"谦"、"让"的涵义，文质彬彬，所谓"绅士" Gentleman！后者是"修治"、"修饰"、"修养"的涵义，初用于"农事"，继用于"人事"。孔夫子说过："先进于礼乐，野人也。后进于礼乐，君子也。"此处所称"野人"，谅系俗号乡下人，和"君子"一般底，都"后进于礼乐"了！中国曩称为"文教"、"礼乐"等，涵有"教化"意义的，正和欧西通称文化或文明似相当，可通用，或作为解释。

那么，试考究中西文化来谈一谈。记得一位梁君讲说，西人前进，印人落后，独中国守中庸。后来，自己觉得"意有未安"了！我看了一位屠君和他讨论希伯来精神对于西方文化影响的信，内容有些很不错，可是也模糊。有人拿"拖大辫"和"评小脚"，高谈阔论，评头品足，也讲东方精神和物质文明。其实西方，何尝没有？如法国人在拿破仑第一前后，都有发辫，叫做 Anene，译"尾巴"，说是打战，可挡住剑！再欧美女子着高底鞋，和厦门女子著"高跷"一般。难道这些都有关哲学思想么？无关宏旨，付之一笑。

讲老实话，这个问题，必须让专家作长时间的研究，我姑就浅近方面，略叙述一些见解。

（甲）从艺术的表现上讲。中国的著名建筑物，地基要高敞，范围要博大，以前圆明园，就是这般情形。欧西的式样，如所谓哥梯克，如此高峻，迥乎不同。从此可略窥中西文化的情形。

（乙）从学术的研究上讲。我国书生，埋头书本，尚纸上空谈。从前《大学》中所谓"致知格物"的方法是丧失了。欧西科学，重在实际，事事要试验成功！譬如，目前讲求航空，德国人为防止飞机坠地失事，设法拿发条做发动机不用油，又将有弹性力做胎。如此如彼，实事求是！像我国人，拿汽车的马达，试改造飞机，就要大吹特擂的算新发明！从此可见中西文化的差异。

再就世界文明进展的程序，作一种概括的叙述。人类初知用体力，役物自养，渐渐群策群力，故合理的，便知利用牛、马之力，更利用天然之力，如《老子》书中称颂"水"备至，《汉书》记载水排、水碓等等，又如《庄子》书中称颂"风"不置，再有"风车"一类器具。"水力"、"风力"再进而用"热力"，近世又发明"电力"，由有线而无线，由有质而无质，再从普通光进求"宇宙光"，更进而研究至不凭质而能活动，当然更是不可捉摸。士林哲学中有"天神论"，可供我们质疑的。

可是一国有一国的文化精神，一国有一国的语言文字。尤其是我国自有数千年的历史，当自家知道爱护发扬它！像爱尔兰因不愿同化英国，至今还极力提倡复兴国语。可是我们的青年，有点太好新奇了，学到欧西文字中一个"摩登"字，或画一个"模恃儿"，自己就以为就毂时髦了。说说笑笑，尚可原情。如果一律都要数典忘祖，老夫认为很可痛哭！一国的名物制度，和本国历史有关；一国的文化程度，从风俗优劣判别。例如，我国的战国时代，所谓人伦风俗都恶劣得很，正像欧西未沾基督教化以前的黑暗时代似的。文化的增进和堕落，国民都负相当责任。所以，我虽老了，谈到这种大问题，不能不指点下列两条路：

第一条是文化堕落的路。如蔡子民论六十年之世界文化，其中便有这种现象。摘出一段，以示一例：

> 人类之有衣服，本起于装饰之需要，而并非专为御寒，亦并非先有羞耻之观念，此民族学上所可证明者也。其后各种观察，交互错综，而衣服遂为人之桎梏。近自日光浴之疗病，日著成效，而德、法诸国，渐行裸体生活之试验云云。

我九四老人负责忠告青年：这是所谓文化堕落的路。南洋热带，无御寒之必要，人民都以衣饰避体，非、澳土人以树叶遮私部羞耻。真正民俗学实在告诉我们："羞恶之心，人皆有之！"因此，德国政府曾经明令禁止这种"打倒羞耻"运动，理由即斥此实为德国文化堕落的现象！

第二条是文化增进的路。如《大学》所传："大学之道，在明明德，在亲民，在止于至善。"先修己，再立人，而追求"至善"，"壹是皆以修身为本"，实行不断努力求进步，"苟日新，日日新，又日新！"国民成为彬彬有修养的人，然后大众促进国家日臻文明！否则，天天破坏，年年内乱，国破山河坏，那能谈文化？孟夫子说："所谓故国者，非谓有乔木之谓也，有世臣之谓也。""世臣"直解"累世勋旧之臣，与国同休戚者也"。申言之，文明古国，要有"世受国恩，义同休戚"的国民，不计算那什么古物，更不是靠那"暴发户"！譬如，珊瑚岛的成功，是由无数珊瑚日积月累的！文化增进，循此正轨必由之路的发轫点，正在我们青年，承继文化遗业，再往上增进的！

诸位！这两条路，都在前面，希望向上增进呢？或是往下堕落？看诸位愿意往何处！同时，老夫对于宣扬宗教真理，促进祖国文化的同志，不能不表示："尔愿登天国高处，则当自处于现在之卑贱也！"（上引圣若望语）我们不必要"时髦"，学那不人道的"摩登"！我们安心情愿都佩带那"人身之桎梏"，实行"顺时自保千金体，愿尔同消万古愁"！

致陈垣
（1934）

援庵先生台鉴：

敬启者：前外交总长陆子兴先生自卸驻瑞士公使之任后，入比国圣安太修院苦修景已八载于兹。虽遁世修真，身居外国，而未尝一日忘怀祖国。每遇外侮侵乘，辄在舆论界发表正理之宣言以御之，皆得彼都人士之深表同情。且对于此次暴日侵占东北，其宣言书尤为警策，容译就汉文，当即奉阅。本年七月廿九日为其升受七品司铎（按教规，七品为极品）之期，届期即在该院举行庆典。是日我国驻外各使皆前往观礼，并赠送美术品为纪念。凡我国内诸君，对陆公有交谊有感情者，似应有所纪念之。拟请宠锡诗文字画，裱成中堂、联对、横披或手卷，于国历本年五月十五日以前送到敝处，以便统包由邮局寄往比国，赶于是日悬之，以壮我国文化与美术之观瞻。此乃先得陆公之同意者，务望全成此美为感。专此，敬颂日祉！相伯谨启。廿三·四·十八。

致于斌
（1934）

野声监督侍右：

捧读赐函，称谓实不敢当。刚公主保宰尔寨，张充仁谓可用壁画法为之，下承以琴桌两面，用细长琴条，对联较用中堂式为妥。对联区区任之，琴桌请监督任之。承示冯大树颇谦和，总之在人善用耳。萧、宋等亦然，吾公定能善用之。吴子玉将军创五教共和，不怕回杀儒之食猪肉者乎？久思以此告之，但以懒未曾写。知公不吾忘。人若知通功之利，即此一端，人人应求进教矣。若瑟马良顿首。五月一日。

赞许章太炎讲学[*]
（1935）

余杭章太炎先生，朴学鸿儒，当今硕德，优游世外，卜筑吴中。兹以及门之请求，启讲坛而授业，高弟都讲，才士贤媛，值风雨如晦之秋，究乾坤演进之道。体仁以长，嘉会为群。网罗百家，钻研六艺。纲纪礼本，冠冕人伦。行见郑公乡里，蛮触不知。董子帐帷，贤良多策。欣斯盛举，乐我遐龄。书此用为后起者庆。

---

* 《申报》1935 年 7 月 6 日"本埠新闻"栏刊登，原题《马相伯赞许章太炎讲学》。

民治私议
（1935）

　　吾国开化最早，而国事日非，其故安在？三代前征诛之局，已尽信书不如无书。三代后武力是视，战胜者以土地为战利品，人民为俘虏物，成则王，败则寇，盖自春秋战国已相习成风。故齐人伐燕取之，又杀其父兄，系累其子弟。及至汉高，公然以首级论功，封户行赏，提三尺剑宰天下如宰肉而已。下至近今军阀，有不共民妻、共民财者乎？此等心理不除，试思以俘虏之民之国，国于英、美之如者，有立足之地耶？窃谓除之之道，非用民治不可，而民治则舍国会与总统制殆无由。乃美总统威尔逊有言曰："民治主义，今当受最后之试验，其主义纯洁，精神宏大，人人奋斗之日至矣。其不奋斗者，当绝之于斯人之徒。"此无他，民治者，民生主义也，其义在《大学》之生财与《鲁论》之富之教之。故国会非他，所以代人民协此议也；总统非他，所以代人民执行此也。议而不行非也，行非所议亦非也，有互相钳制之道焉，似可推行无弊。或谓总统制未免专制，不知多头行政太迟缓，独头制始能应变应急，既有国会钳制，断无专制之虞。

　　一、欧美地大者，率用联邦制。中国现有壹千玖百有余县，共三百府；叁府同纬度者作一联邦，联邦可一百；再并三联邦为一邦联，邦联可三十余。中国土地之广，无过乾隆时，现或不足三百府，若将府大者两府一联邦，定可满一百。

　　二、一联邦一机厂，一府一县另立小厂，为修理枪炮及制造小件等，而民厂不禁焉。官厂出货，大抵按部就班，以主顾皆预定故也。民厂若无新发明，断无新主顾，由此耳濡目染，人民之耳目日新，工业日新，而国防之力，亦与之新且精。

　　三、忙漕可改契据税，迨地亩（地亩法，方一里得五百四十亩，而牛蹊、田埂或不止四十亩，故取之于民，止能作五百亩正，二百里得地三百六十度之一，见《数理精蕴》。一里一百八十丈，一丈三迈当零，可见我国丈尺，暗合天文地理。英国以十二当十，虽不便，亦不改）丈量定，不知一人能得十亩熟田如日人否？否则宜殖民。不然，是不耻不若人也。法国一人十九亩六分零，无甚富，而民间之蓄积最多。我国人四万万五千万，熟田有九十万万否？惟其无也，当设法开荒以补之。夫然后城厢与大镇市，一亩一契，亩半以上两契；乡间田地，或五亩或十亩一契。一契若作十元，虽官衙、寺院无例外，外国使馆亦无例外。税价按地方兴旺定高下，假定一契十元，一县之税不难十万，是二千县有二万万之多。随收随存各县官银行生息，其贷出之息较轻，则农、工、商均受其益；或充国内大公司、大工厂、大建筑作股本，则无有大公司、大建筑不举办矣！又何须借外债乎？再国用，欧美均有定制，一切官俸、军饷及陆海空军辎重等，均归财部分头支给。至论欧美银行，无不过百万者，美制行本三百万者，例以二百万存国库，国给四百万法币作行本，多给之二百，息甚微，万一倒帐，有二百万现银可抵，故被倒者吃亏少。

四、各县不动产买卖转契税及中用等，由契税员主之，可作联邦厂基本及经费之用，不足则足以契税。契税之挪用，必经国会议准。

五、凡联邦之充邦联者，则海陆空宜有专厂。挪用契税等，例同上。

六、邦制以县为单位，各按地方形势，划为二、三、四区。区以冲要即交通便利者为县治，县以冲要为府治，府以冲要为邦治，邦以冲要为联治。之四治者，当有堤塘、干路（譬如路宽七丈，一面掘三丈宽数丈深之沟取土，以加其高，在北方尤益水利），联络交通。邦尹下至县尹，例用中学出身之土著，或久居有终身之意者（能谙法律最好，否则聘用有道德之法学，代问民事诉讼，不然律师多于鲫，是驱学子皆读律也），例外须经联议会特准。惟其用土著，故日用较省，而政费亦可省。联尹俨如总统，可就通国选之。且初创之人才，德胜于才，始足为后人法。再邦与府、县，地不等而位则等，等故养廉似可等，特公费因需要而差耳，如此则谋缺之心自淡，亦使有耻之道也。再各衙门摊派交际、应酬、节礼、婚丧、喜庆等等，取缔为是，民间往往有因丧葬而毁家者，甚无谓也，且与新生活似太相左。欧美人情，贺新年，纸半张，可法也。

七、县尹以上至邦尹，皆两年一任，人民愿挽留者属例外。到任、卸任、满任后或调任，均以联邦会议定之。惟联尹可三年一任，养廉可较丰，以崇体制。其到任、卸任、满任后连任或调任，均由联内各邦议会电达之，得数多者，报总统认可乃定。

八、总统三年一选，不用公民公举似不可，用则例如美国，又太废时废钞，况我国土广民众，孰能认定一领袖，有政治才德者耶？窃思从县尹至联尹，应与科学文、学著名者，就通国人才先选举之，亦不避互相选举。用记名投票，分一百联邦以行之，票由各邦联印就联字票，分给各府。府于票首，各加盖邦与府、县名，使不能私造。投票后，汇送联议会，然后汇送国会。国会将汇送票数之多者，与自行投票之多者，一共若干千佰名，然后发给通国县公民及什佰仟户各用记名。在此若干千中，就一县一区投票选之，无须离国离乡跋涉也。即由各县尹什佰仟户等，监督汇齐票数多者二三十名上之府尹，各府尹再以票数多者二三十名汇送国会。国会先自行投票合并二者，揭其票最多者为总统，次多者为副，等多者由国会投票，决其为正为副。副为立法院长，不得干预总统行政，但总统出缺，例为继承人，继承满三年而止。

九、总统得民心，国会能要求联尹等，再续二年，二年满决当另选，选举法仍照第八条。

十、国会议员，一府一名，以各县土著及久居有财产，兼谙习地理、历史、土产者为合格。合格数多者，由府议会投票决之。多者充议员，次多者按余县充秘书，有与议权，无出席权，且所与议若一致。议员当陈之国会，否则可电令撤换其他候补者。川资因远近不等，悉由国库负责。薪水各由本地负责，庶肯代民讲话。

十一、人民自治，以土著什佰仟户为领油。什户至少高小毕业，若中学毕业，亦可升任县尹，其职任在通知所属户口国内外切实可靠的要紧新闻，及县、府、邦联与国会指令各件，使有母国及天下思想，而奸轨无可遁形，户内人才，亦可默识。佰户应中学毕业，应由什户升任，职当留心幼稚园及小学等等公家贴费造园造校，学宜偏重农与工一边，并可组织农村工厂等。仟户非中学毕业不可，职当由佰户升任，而以升任县尹为正途，应留心登记，什佰户即其调查员也，调查费公家宜津贴之。凡所谓仟佰什非定数，看地段所宜，多亦无妨。

十二、区有建设，如分地段农村等议会，以仟户领衔，与所属议员佰什户等及男女年满四十者，皆得预焉。

县有建筑，县尹领衔，凡仟佰什户例应预焉。又年满五十者，得预焉。

府议会以府尹领衔，凡县尹与仟户例应预焉。又年满六十者，得预焉。

邦议会大都属政治方面，邦尹领衔，府、县尹应预焉。仟户等仅得预耳。

联议会联尹领衔，邦、府、县尹应预焉。又凡道德、文章、科学著名者，在县、在府、在邦、在联，均得预焉。凡言得预者，不相强之谓也。

十三、一县一高小，一府一中学，一邦一高中，一联一大学，然后财力方充足。博士学士私立学校及家塾听之，惟宜按学部所规定。倘虑人才不齐，自有考试法齐之，城厢村镇遍设小学。小学为人民普遍之阶级，教授普通文字及家常科学、文字。先授父兄亲戚名，次形容词、行动思想词，字字圈声为要；再次地理、天文等等与形容词，造句即在其中矣。地图北为上，南为下，先画学堂、门、路、操场等，以示之。又吾国文规，莫妙于习对字，不独可辨四声，并可知死实虚活之用。

十四、国防非用征兵制不可，外国名为血税，盖有土此有财，有财此有用，财用所系，官民所当死守也。学堂或高小或中学，虽有体操，至十五六身体发展，加以兵操一二年，使有任重与冒险之精神，亦男子所宜有。女子使习看护、修理、开车及避炸弹、绿气等等，勇者使守炮台，亦国防所应有。

十五、征兵应县归县，就学界一边言，中学暑考后就征半年。兵操当纯熟，再练习四郊巡警，如习飞机等，不已成有用之国民乎？切毋忘民治者，民生主义，非征服他族之谓也。其愿充国防者，可充巡警或充老兵，为兵教习及就武职等，由此巡警皆邑人，下中校皆郡人，而兵皆子弟之兵矣。

十六、吾国商场，有二千县之广，用户有四万万五千万之多，所以一县之出产，只完地产税，经过其他一切联邦、邦联，永禁再抽税。外国货则不然，经一联邦，加一关税，此亦自然之理也，譬如经比国经荷兰，不再抽税乎？我国国民，皆纨袴子弟，只知买所无，无自造所无者，国民带有外国货者，亦然，庶使国人爱用国货，惟本国所无，而亟须用者，可减关税，至预定客货，则万万不准。

十七、商人之责，在指导工人，国内之所好所尚，万国之所好所尚，此岂可得之于一二人一二事哉？况吾国所最缺乏者，工人之智识与手艺，非特设国农、国工学堂，用科学、机械以化之，不能得欧美之所谓农与工也。

十八、宪法者，一国共守之法也，条例贵简，多则易忘易犯。一、规定国体；二、规定掌民之资格，治民之权限及义务；三、人民对于国家当尽之义务；四、如筑路开路买民田，照时价加倍；出兵按英宪不能占民房，占民船；征税不得过其净利十之二。此举一二，以见法者，上下均宜共守也。

十九、郡县制汉初即有，名亦古，分邦分联在使人耳目、心思、精神易及易治。以县为起点者，使改造接济，皆易故也。譬如遇天灾人祸，祸小者，以本邦本联救济之，大者非用百万不可，则一县出兵五百，或担任五百兵费即足矣，或须百万改造，亦出五百金即足矣。总之一人受亏，即有二千人为之报复，焉得不互相团结皥皥如耶？而后无愧为天下古今四万万五千万的大国家。不然纵有十尧、舜在上，何以捻结此一盘散沙哉？

联邦议
（1935）

　　墨索里尼于意，意服之，希忒勒于德亦然。然使统全欧，全欧服否耶？然则令统华夏，地等于欧，民众于欧，其才力堪否耶？然则我欲自救，莫如按切自身。自杀前车，哀莫哀于春秋战国，故改战国为郡县，万世之功也，但嬴政之独裁，亦万世之遗毒也！救其毒，莫如仿美国，改郡县为联邦。

　　现有三百府，三府一联邦，天气同，习惯同，联成一百府。一府近边，以远边二府佐充其守边之力。一联邦一机器厂，而国人之私设不禁焉。尝考官厂之技师，按部就班，每不如私厂之冒险求新以求售者。因此国人耳濡目染，工业日兴，国防之力亦与之精且新。再忙漕易滋弊，改收契据税，则事省而收入多，有租界之已事可证。城中地一亩一契，一亩半二契；乡间地十亩一契，十五亩二契。一契年税十元，虽官衙、寺宇无例外。按地方兴旺以增之，假定一县十万元，是二千县有二万万之多。各县不动产买卖转契税、中金费等，作联邦官厂基本，均由国会按年拟给各联邦存库，为军费、政费之用。邦与郡县，地不等而位则等，等者多，为其尹者独夫之心自少矣。设有一处受敌，敌之须二十万，则一县抽征兵一百，便足矣。抽五百，即百万。其饷仍归各县，路费归中央，远者亦可听受敌之邦，就近募以代之。为此虽十年作战可也。邦以县为单位制，相地形，可分或二或三或四区。区以冲要为县治，县以冲要为府治，府以冲要为邦治。县尹、府尹、邦尹，两年一任，调任、卸任，均由联邦议会定之。民以什户、佰户、仟户为领袖。国会议员，一府一名，以仟户长阄定之。凡以科学、文章、道德著名者，亦得与于拈阄之列。本邦议会，皆可列名。总统由国会选举之，三年一任，连任者至多二年。区议会以仟户领衔，凡年五十得预焉；县议会亦以仟户领衔，凡年六十得预焉。邦议会亦然，凡年七十得预焉。男女十五六岁，有应征兵一年之义务，直至四十岁，每年应操一月，作后备兵。凡独养子与残疾者免役。其男女体弱者，则有练习护伤及修理军器等等之义务。十岁以前当练拳术，以代体操。工、商等午后五时至七时，农民晨五时至七时。至论教育，一区一小学，不及格者留班，一县一高小，一府一初中，一邦一高中。高中毕业生，不犯财色者得从政；其属专门者，退休后，食半俸。三邦五邦一大学。私人有才有力及考中者，听其私设。惟职关政界，如教务、政务、法律等必经国考，各项考题，每年拟定大要五六十，卷为阄，置长筒，考生以长箸拈取之。一口考，一笔考，四主考，一监察，面试之。考生须出考费若干，中学若干，大学若干。乙亥夏。马相伯。

《童鲍斯高圣传》序
（1935）

　　子舆氏有言，"古之人所以大过人者"，"善推其所为而已！"童大圣，欧西一失学之穷人耳。穷人之失学，天下胥是也，反是而后一国之教育可称普及。圣人之谋普及也奈何？自幼及长，半功半读，以代学费，斧资则赖寡母之手工。所幸者圣人之膂力过人，饿亦无妨，空乏其常，而记性悟性，又皆绝伦，入耳成诵，过目成手，岁考每跨级而登，由文学而哲学，哲学而神学，神学而神品，而神牧。神牧则一心一身，以救济失学之幼童为己任。欧西大都会以俗称泥水匠为最多，其失学之幼徒亦最多。最多之校舍何在？曰：无。教养之费何在？曰：无。助教之人何在？曰：无。无又何能谋教育，谋普及？曰：童大圣之谋，非自私自爱，只所以爱同类而已。爱同类，只所以体造物之心而已。《易·序卦》曰："有天地，然后有万物。"是天地万物本无也，而造物能有之，则此区区之校舍、校费与助教之撒纳爵会，造物之心既欲之，何难有之？谓予不信，试观童大圣在欧西之传，撒纳爵在亚东之会可也。若瑟马良谨敬通知。时年九六，公历一九三五年。

题赠丁在君先生
（1935）

　　东郭先生曰：若一身庸非盗乎？盗阴阳之和以成若生，载若形，况外物而非盗乎？国氏盗天之所生而亡殃，向氏盗人之所聚而获罪，孰怨哉？窃谓科学万能，能在善盗，善盗师国氏，不善师向氏，国而不国氏，难矣！

　　在君善科学，索余书，非以善，只以老，行年与荣启期等，不称老不得也。余倚老而不卖老，当庸不犯盗戒欤？马良问。

题赠映珹
（1935）

天生蒸民，民之大父母。一人不孝，举国非之。举国不孝，漠然淡然，此中国之所以不国也。映珹天学小友。九六叟。

劝国人节约拯救水灾书
（1935）

国人乎！洪水恐怖之袭来，报章已屡载其详矣。今澧、樊沦为泽国，宜、沙形同汀洲，鄂、赣二省，灾县数逾六十。武汉承长江倾泻之冲，势更危如累卵。北方之黄河，既淹没偃、巩，又决口于鄄城，而鲁西之郓城、巨野、东平、荷泽、寿阳、嘉祥、济宁、汶上等县，今亦并成灾区。旷观国中，洪水拍天，哀鸿遍地，伤心惨目之事状，孰有过于今日者乎？

余行年且百，于水灾之惨状，前于此者，亦尝二见之矣。忆逊清道光二十三年，洪水漫塞吾家之门，余于惊皇中跨楼窗登舟，仅以身免。尔时，街巷沉为河渠，原野沦为江海，乡人赴水离散，惨呼哀号，声震天地。余虽生免，然回想当时情状，今犹凄怆。其第二次则为民国二十年，时余以曾经沧海之身，因与友辈努力于唤起全国民众注意赈灾之工作，而复详陈末议，以备主持灾务者之采纳。不料阅时仅及四年，竟又酿成此次空前之巨灾。

夫吾国农村经济，自二十年之大水灾以还，元气已大损坏。连年复以世界不景气之影响，逐一蹶而濒于破产。今又于人祸之余，更遭天灾，则劫后余生，生死两难，更何由冀其为国难而奋斗乎？

今政府于水灾，其防汛方策，已屡经讨论，而救灾问题，亦议有具体办法，然余以救灾之事，政府固应倡导于上，人民犹须奋起于下。诚能朝野一致，合力以赴，则事半功倍，天灾可立待而救也。故吾甚愿全国人士共起以图之！

然则吾人将何以救济当前之水灾乎？曰：当由全国民众一致努力于节约运动。所谓节约者，即节约一己之衣食住行，以捐助急赈是也。衣齐纨而裹蜀锦者，当念灾黎之赤其身而裸其体；饮芳冽而餐肥鲜者，当念灾黎之啃树皮而嚼草根；居高堂而处大厦者，当念灾黎之巢树巅而穴土山；策骏马而驱钿车者，当念灾黎之沉洪流而浮泻波。于是恻隐之心动乎其中，节约其衣食住行之所縻费以赈彼灾黎。夫减吾人物质上无谓之享受，而救彼无量数灾黎之生命，即可说是"义务"。吾知国人，必所乐从。

或曰：捐赀赈灾，乃消极的工作，殊非根本之方策。且连年灾祸，更番输将，不亦使人厌倦？曰：是何说也！夫致力于积极的工作，固以科学建设为上，此为政府经常之工作。赈灾为吾人之义务，况万千灾黎，浮沉洪流，仰企苍天，忍死待救。今节吾人不必之消费以拯彼待死之灾黎，一钱之施，一物之助，在灾黎为有益，在吾人未尝徒费。多救一人，即多活一命，安得谓非积极？至若更番输将，或贻厌倦，使人而仁，必不至此。盖捐赀赈灾，为第一乐事，天下宁有为善而感厌倦者乎？且使吾人易地而处，不亦亟盼他人之来赈乎？

总之，空言救济，但加怜惜，实皆无补于事。必也节约服用，慷慨解囊，作实际上的救助，方为可贵。且物与民胞，古有明训，使野有饿莩，而我独饱食；人皆露宿，而我独燕居。扪心自讼，于心安乎？果能忍心而听之焉，则灾黎之不救，即整个国家之损失，盖今日之惨劫，即他日之乱源也；而今日之救人，亦即他日之自救。吾亲爱之国人，欲救人以自救乎？抑欲绝人以自绝耶？斯望在一己之自择焉。

余今年九十六，殊不忍坐视灾黎之束手待毙，国脉之无形消沉，故谨以节约救济水灾之议，进诸国人之前。甚愿国人俯鉴吾忱！

致复旦大学学生书
（1935）

复旦大学肄业诸君：

日来诸君为国难而驰驱，餐风宿露，不遑宁处，余闻而大慰。唯李校长登辉，因而辞职，余为彷徨不安。然李校长劝诸君不必往南京，实为真的名言。盖政府诸公，类为天赋聪明，必能思之熟而筹之审矣。（中略）故诸君南京之行，纵成事实，亦属无谓。唯国家柱石，端在人民，今日亡国现象，其根源首在人民之懦弱。试看其他文明国家，有此等情形否？请诸君深长想之。为诸君计，与其呼吁政府，莫如开导人民，街头巷尾，茶寮酒肆，皆诸君为国宣劳处也。务使彼等晓于自身之力量与其责任之所在，执干而起，戮力前驱，则诸君之所以尽其天职者，亦即以补政府教育之力所不及。老迈如余，不克与诸君共甘苦，用贡一言，请希为国努力自爱。马相伯启。一九三五年十二月二十七日。

耶稣圣心敬礼短诵
（1936）

吁！耶稣，我将（我存社、或某某）仰托于尔圣心。我主！并求尔垂顾我，惟尔慈爱圣心所定夺者，我悉甘心承受。吁！耶稣，我依恃尔，我信托尔，我委身事尔，我切切仰望尔。

《救世福音对译》叙
（1936）

圣教有《古新经》，救世主之前曰古，又曰《古新约》。约者，约章也，遵守则得常生，故又曰《福音》。名之者不独《马史》，《依撒亚》（四十章）已称之于前矣。包稣厄曰：维皇上智主，永生于圣父怀中者，不落闻见，惟假《福音》，始落闻见，在昔与宗徒生同处，今者曰以常生语昭示吾侪，超拔吾侪。夫与救世主同生何异耶？盖既为万民救世者，自当显现于万民，止现于天涯一角不可也。必凡圣父所欲付界之信人，各于其所在而遍及焉。昔之以真身显现于如德亚者，今复以《福音经》普现于普天之下云。若望史曰：人无有登天者，而人子则常在天者也。以其所知而为言，所见而为证，《福音经》是矣。故《福音》之一话一言，视天下其他书籍，珍而又珍，无他，道之大原故。

译文不用俚言，求其能达意故。秦汉前，自墨子画革旁行而外，无译文。迨梵译兴，每见文以老庄，参以私见者百出。此无他，天下文字皆以番切成音成字，华文独否，是根本复殊也。今吾圣教《古新经》之作者皆如德人，惟路加则否。每瑟长于厄日多王宫，深于西半球最古最高之文化，因以首创《古经》时在殷周之际。《新经》最后出，亦在魏晋以前。窃以为不古文，亦古文矣。故欲移译尚难，何况对译？究之人同此心，心同此理，呼日月曰太阳太阴，名虽异而物则同。故天下之言有物者，尽可作如是观也。法国司铎积学东方语四十年，名（J. B. Glaire）若翰客兰尔者，一九〇四年刊译拉丁监本，叙曰：圣热罗尼莫所译"云曰"等字，在原文兼训答言、辩答、驳诘等义，又"与""及"等字在原文实兼训"但"、"且"等义，有时但以充位足句，虽不译无伤也。又所译"盖因"等字，在原文往往非言其故，第以直接正文。且原数之舍"公名、人名，而用代名词"也，在法文舍则不知所指。况以华文原不习用代名词，"及"、"与及"、"盖因"等字者乎？以故在《天经》之译也，有"但"字不翻"但"，"及"字舍不翻，甚至有本无"我等愿，我等望"而加入者焉，此无他，否则词意不显明，语气不充足。从知虽对译须明显，须充足。盖译者，易也，换易彼此语言，使相解也。顾词气尤在所重。《圣经》字句，义蕴无穷，不敢贪易，偏重一解。只求贴切原文，不避生硬，然非见于古文者，亦不敢用，用亦只取其平浅者，盖对译原为大众译故。

点句全照监本，间须加逗者用△。

古无篇节，有印刷始分之，取其易检查也。但我国文之虚实死活，一则本无定形，故无一言一字可与拉丁文所训悉同，无溢量无不足者；二则又无定位，故无一语一句可与拉丁文前后雁行，弗失明弗乖次者。其道无他，亦惟于文身句身，审慎又审慎。

贝沙罗司牧马师大裔族费来弟氏安德勒自序
（1936）

　　《新史合编新译注》者，乃余所纂书名，余持以遍饷群伦者在此。余奉维皇及宗座宠灵，建牧于贝沙罗区内，所持以厚饷区众亦在此。此书虽两帙，帙分为十章上下，而凡四圣史所书记，译以通行监本辣丁文者，既包罗无阙，而凡基利斯多之福音，散见于《圣史编年》者，俱采集其全，一字一词，不增不减，悉按救世主之懿训懿行，尚按其地其时，其情其境，各所其所，罔有弗宜；并于章首，置一小讲，讲明年谱之后先，史编参合，以及本章所节录者，或止一史，或不止一史，就各面各理由而考订之。遇敌难纷乘之会，无不致其曲而析其疑，此尤余勤奋钻研，不厌再三讨论者也。纵有众论莫衷，真情莫必，必先反覆推寻，得其最堪凭信者而后笔之于书，盖其难其慎有如此者矣！缘夫各圣史之撰述也，或事迹，或寓言，无不先后相承，首尾衔接。而孰知其遗漏者实繁，即就其并无遗漏者言之，一事之发生，动机与环境，亦孔多矣。多则多歧，乃不第此详而彼略，彼有而此无。设不刳心壹志，审慎周详，错综互考，斟酌于各史之原文与文中之字句，乌能参合其情其境，弗少乖离也耶？以故圣奥士丁（《新史合参》二卷五章十六节）有言曰：须知圣史之经纬所记，各周备无遗，于不欲言者则默而置之，于所欲言者则以后踵前，融成一片，混然文义相承接，脉络相灌输，不见有所谓华离也、欧脱也。惟合参四史，从空曲交会之中，一史言，一史不言，次第猜详之下，何者为其所舍置，而径渡下文，俾所欲书与上文顶接，若天衣之无缝，而无懈可击焉。

　　余之译成意大利文也，遇有通解义繁者，必谨从本义，不敢忘翻译非传语，亦不敢强圣史就私臆，亦不敢以私臆窥圣史。往往翻译者多犯此病。余每就正佛兰西译本、意大利译本，不敢率从，必按切通行本辣丁文而翻译之，无丝毫轻重出入，亦若不知有注疏也者，而偏袒一解，反令阅者莫释原文原义所指归。诚哉！所译未免硁硁抱定字面，然余宁见为迂拘，而不敢稍逾目录部所订书禁部章。Décret de la Sacrée Congrégation de l'Index du 13 juin 1717 然详观注解，亦不难知余解经义之所存。

或问编内行实、训言、寓言，有一史单记，如圣母领报；有四史胥记，如饼鱼饷众。其在取信，得无轻重轩轾否？否，否，不然，圣奥士丁谓《福音经》，一话一言，皆吾主亲手书给吾侪者，故其足信，端在真主真人与圣而公会为之保证，不能以非圣史为圣史，非福音为福音。设又或问《合编译注》，所谓遍饷厚饷，究其欲特饷者若尔人，其殆有讲道之职者乎？盖于讲内注内，无不以学说之少少许，代俗论之多多许，往往前后相承之情节，足供开篇，演为数节，即在教育界，秪田内，大小学堂，或家庭，或修院，亦未始不可一人诵而公众听也，矧在中国圣经贤传之渺若晨星乎？故能广布其益，贝沙罗大司牧亦不自悔其勤奋，至其行文简奥而层出无穷也，译者只有望洋向若而已。

教宗比阿九世答法文译者
饶宝袭封菜山峦司铎译文及按语
（1936）

敬问神子安好，并祝以宗徒遐福！

夫岂不贵重可称，而于人灵岂不兼收如切如磋之神益，有如余叔父贝沙罗司牧于今世纪之初，得假流徙之闲暇（时国王有诏，迫司牧附签，司牧不从，故被充登边远）所著之《圣史合编》哉！其特长在剪裁四圣原文字句，组织一降生年谱。辞气无不合，言行无一漏，而时地先后，注释与考订，悉本诸圣师诸经师，简而明，约而不遗，不啻将吾主一生图画于读者目前，而供灵修之修养，神味之玩味，富而且饫。惟著者因用意文，故所收之神益止限于言意文者。今子译以法文，是廓其限，以法国之众为量也，不大有功于圣教乎？滔滔者人欲横流，诬蔑《福音》者有之，淆乱《福音》者有之，甚至否认《福音》之基利斯多兼真主者亦有之，而子之译为法文也，适逢其会。余信其文之隽永，其译之确当，足令读者之兴会，与圣宠之光照相为表里而益多。为此且庆且贺，收受所呈译本，特颁宗徒洪福，为天申景福之隆及余心藏心喜之证。罗玛伯多禄座堂发，时公历一八六六年五月十六日，即宗座本任第二十年。教宗比阿九世。

右为盛德大名比阿九世之答言。敬按：译著者于司牧圣德无惭，圣学无惭，且为教宗之亲叔父。自来教宗在位之年，无逾圣伯多禄者，惟比阿九世又过之。其召集普天司牧大会议及订定信德要理之多，最为普天所景仰。为此新译《合编》在欧美圣教广扬处，无不家弦户诵。前江南倪大司牧自幼诵习，故令翻译，译未就而作故，及就而审查，又十余年。一二比较辞，铢量未洽，改定后由土山湾印行，惜无校订主任，此复一再校正，俾与《新经》对译并付刊焉。

苏联对中国毫无野心
（1936）

（一九三六年）四月十六日上海电：上海英文报纸《新世界》发表一篇该报记者与国民党老前辈九七老人马相伯之谈话如下。

记者问：先生对于苏联政策的意见如何？

马氏答：苏联是拥护世界和平唯一的国家。苏联不仅对于中国毫无帝国主义的野心，即对其他各民族亦无侵略企图。

问：先生对广田三大原则之态度如何？

答：若接受广田三大原则，等于中国民族之自杀，所以中国人民，绝对不能接受。至于南京对该三大原则之态度，则完全是模棱两可，不接受亦不拒绝，诚恐表明态度后，中日之紧张关系将更形恶劣。

问：到了必须回答问题时，南京将何以处之？

答：我希望政府回答"否"。不然，则政府必为人民所唾弃。

问：如果南京政府不抵抗日本侵略，那末先生个人对于救亡的意见如何？

答：救亡唯有赖于人民。

问：近来各报纸均异口同声地喊全国力量有联合对外之必要，先生对此取什么态度？

答：须团结一切愿意为救祖国而奋斗之各党派、各团体，一致救亡，这是洗雪国耻唯一的道路。

问：南京政府对"救亡协会"之关系如何？

答：南京政府不承认"救亡协会"，因为途径不同，我们主张抗日，政府则主张与日妥协。

问：你还记得冯玉祥的谈话吗？他说政府有用爱国分子的必要，

应取消摧残他们的一切法令。冯玉祥的谈话是否表示政府将改变政策呢？

答：不是的。那只是冯玉祥个人的意见。摧残爱国分子是极不正常的事情。政府摧残爱国分子为的是向日本讨好，表示他是镇压反日情绪与反日运动的。

题赠全救第二次执委会词 *
（1936）

　　吾国开化最早，而国事日非，其故安在？三代前征诛之局，今不得而知矣。三代后大都胜者认土地为战利品，认人民为俘虏物，由其宰割而已。倘能首级多，封户多，便如陈平之宰肉，奉为宰天下之极规，试问以此俘虏之民于天地，何能侥幸于万一乎？故今日必用真民治，礼所谓民则君，以自治也。君自治必不用他人领导。若由政府指定，须有万不投票之决心，付之以尔为尔，我为我可也。美国总统威尔逊尚且说民治主义今当受最后之试验矣，主义纯洁，精神洪大，人人奋斗之日至矣。不奋斗者，当绝之于斯人也。

　　耻莫大于亡国，战虽死亦犹生。

　　在全国各界救国联合会执行委员会席上书赠出席诸委员。

---

　*　全国各界救国联合会执行委员会第二次会议于 1936 年 9 月 18 日召开。

致冯玉祥
（1936）

焕章将军勋鉴：

　　寝电垂询晋京时日，何将军爱我之深也！感谢！感谢！老夫须俟行装运毕，旅费与生活费谋定，始克成行。近阅报载沪上沈钧儒等七人涉有阴谋扰乱治安及企图颠覆政府嫌疑，当局施以逮捕，解送法院讯办等情，沪众惊骇莫名。况沈钧儒，律师首领，其血心爱国，人人钦仰，视东北义军有过之。国家兴亡，匹夫有责，杀一不义，虽得天下，文武不为。今则学生爱国，罪以共党；人民爱国，罪以共党；至沈君等数人以民胞物与心则有之，以苏俄为心，窃可以首领保其无也。幸我将军有以体恤之！国家幸甚！民族幸甚！专此，即颂勋安！马相伯谨启。二十五年十一月三十日。

题马建忠著《东行三录》
（1936）

　　庚子之乱，由拿拉氏惑于扶清灭洋之说。东南督抚宣布自保，不奉朝命。两广李伯相特来上海，主持一切，遂嘱吾弟建忠至行辕勷理。公历八月中旬，俄廷突来长电七千余字，竟谓不承诺，即封锁吴淞。连夜译成，惫甚，以致热症大作，十四晨即去世。今中国历史研究社辑录吾弟遗文，以入《中国内乱外祸历史丛书》。余追怀往事，怆然百感，因述其为国致死原因，以告读者。九七叟马相伯。

救国谈话
（1936）

什么叫国家？国家就是民众所有的。古话说：人为万物之灵。这就是因为人能合群，合群才能抵抗一切。国家就是合土地、人民、政治三者而成的。国家先有土地，有土地然后人民才有饭吃，所以土地是第一，第二才是人民。所谓政治，就是引导人民利用土地。人民自己决不愿失掉土地，政治更不能丧失掉一寸土地。政治不能引导人民以利用土地，反把土地丧失了，那还能算政治吗？阿里士多德的时候，那时的国家，以国土为无上之权，然而现在中国的国家，却以土事敌。还有比这个再坏的国家么？这次有人从四川回来说起内地真有人吃人的事，怎么会把中国弄成人吃人的国家呢？

从前，冯玉祥在察哈尔起兵打热河，我并不以为冯玉祥一定就此能打胜日本的。不过冯玉祥这样做，东北的人民、东北的义勇军就会起来，决不象现在那样苦了。东北的义勇军已经很有组织，他们说中国人不打中国人，所以站在前面的中国人都散开，我们的枪子就可以打倒日本人了。

阿比西尼亚只有一千万人，只抵得上意大利的五分之一。意大利以五千万的人民，打一千万的人民，这一千万的人民，竟出头来抵抗，也抵抗了七个月。日本只有八千万人，而中国有四万万人，日本只有中国的五分之一，五倍大的中国，碰到只有自己五分之一的日本侵略，竟不敢出来抵抗，这叫做“缩头乌龟”。可是缩头做乌龟的，是政府而不是人民。人民要出头抵抗，政府还要压迫呢！

日本人在天津已经直接压迫人民的爱国运动，我们政府也继续替日本人帮忙，压迫爱国运动。这样的政府，我们没有旁的话可以形容，我们中国政府实在是“帮凶”。

　　胡展堂没有死之前，写信给我商行止，我告诉他：你要上南京，不如匍伏上东京，否则，就在广东领导人民实行抗日。

　　我气量太小了，看到政府尽管不抵抗，就不自禁的说了这许多话。孟子说："君有大过，则谏；反覆之而不听，则易位。"这是一定的结果。

　　中央就好比会长，终身委员长，就是皇帝。委员长做了这许多年，失地也失得不少了，难道委他的人民不应该有所表示么？

　　"家必自毁而后人毁之，国必自伐而后人伐之。"一定我们有可伐之道，然后人家才会来伐。孟子说，国家是土地、人民、政治三者而成，而现在的政治却领导人民去丧失土地，这就是没有政治，就是不成国家了。而政府还喧嚷着预备，预备到几时？阿比西尼亚人民并没有预备已起来抵抗了，我们人民决不能再等待，只有起来抵抗。（凌琛记）

学术传教
（1936）

蔡总主教，诸位神长，各位代表，各位兄弟姐妹们：

鄙人今天讲学术传教，有下述的几个见解。耶稣降生的时候，全世界有两个大国，一是亚洲的东汉，二是欧洲的罗马。在降生后三百年内，统计罗马教友为天主致命者，有两三千万人之多。致命圣血，种到欧洲，所以欧洲有今日之圣教广扬。我国同时列为二大国之一，二千年来，教友还不到三百万，真是可怜的很。当今教宗有鉴于此，伤心的很，想了个方法，要用中国话在中国传教，所以祝圣许多中国主教，用中国人管理中国教务。现在更进一步，用中国教友、中国方言来发展中国的教务。公进会的成立，就是这个目的。

教友有什么学术和本领去担任传教事业呢？有本地方言。本地方言，即中国教友传教的学术。此话何以证明？有下列两个例证。一、圣保禄宗徒说：传教用耳闻，若彼此不懂话，就是南蛮北夷，所以要本地方人在本地方传教。又一次圣保禄被如德亚人包围，将被杀害，保禄用如德亚话解释。如德亚人一听为同乡，立即将杀害之意变为亲爱的心。诸位看看，方言的力量，有多大呢？二、不但圣保禄是这样，连天主圣神也用这个方法。圣神降临日，宗徒讲道，听众虽为散居各国的人，但所听的皆为本国方言。第一日领洗奉教者三千人，第二日有二千人。这都是讲用本地方言传教所得到的效果。当时还有一赐乐业的中国人（该民族是周朝来中国的），也在场听圣神讲中国话。如此说来，中国话也可以讲超性道理。但中国话要叫西洋人讲到好处，恐怕没有这个日子。若要叫中国的神职班讲，恐怕他们读十余年西洋书，为西洋同化了，将中国旧有的礼貌风俗习惯都忘掉了。这样的中国人，与西洋人何异？所以修道的修士要好好读书，更要多读中国书，明了中国的习惯风俗。因为只有本地人在本地传教，得的效果大而成功多。因言语风俗习惯，有种种之便利。虽不能如圣神降临日有三千人归化，但我国教友二百多万，每年一人劝一个人奉教，四年之内，即可得二千万教友。孟子说：今人乍见孺子将入于井，皆生恻隐之心。我们信友尤其是公进会的信友，以爱人如己为目的，今见同胞将入于井，能不积极的设法救济么？

有人问：教友用何法传教？我记得，圣方济各撒肋爵一次在一个城里传教，毫无进展，就求城内所有的护守天神帮助，全城即时归化。我们中国四万万护守天神，有三万万九千多万天神，闲的没事做，我们应群起祈求中国的所有天神，帮助我们，传扬圣教。用何方式祈求呢？每天早晨起床时，祈求护守天神，开发一总人的明晤，使他们速归正教；再求大圣若瑟，领导前进。当吾主耶稣避难厄日多国的时候，大圣若瑟为圣母玛利亚及耶稣的领导者，经过各地，偶像自碎。目前中国异端邪说，到处风行，甚至许多要人哲士，都拜倒偶像之前。改良此等现象，是我们公进会信友的责任，我们应求大圣若瑟领导，使皆归化。人力是有限的，圣教是否广扬，只有天主有此力量，人无论是谁是不能夺天主之功的，更不应违反天主的意思。诸位在蔡总主教领导之下，求上主宠佑，向前努力吧！

致冯玉祥
（1937）

焕章将军勋鉴：

　　顷者大旆返里，事前无闻，及知以不能走送为憾！反承惠赠土物，得尝贵乡风味，幸其犹有古道存焉。回首镇江一半、上海一半外，何吾中国变本之速也！而泰西反以此称吾。顷所拟民治，亦曰乡治，大君子以为何如？此复，并候勋安！九八老友。二六年三月十一日。

南海何君墓志铭
（1937）

　　君讳璿安，字璞衡，姓何氏，世居广东之南海。考恕堂公，道光之季始商于上海，贩广东所制丸散膏丹。及轮舶既通，精材药物，上海亦易得，遂设何济和堂，而移家自制焉。历咸、同至光绪廿二年，年七十三，寿终于上海，归葬于南海之祖茔。后越六年，壬寅四月廿七日而君亦婴时疾，终于上海，享年三十有九。兄弟三人，君其仲也。娶南海李氏，生子五，长即理中，首就余问天主要理而率全家受洗者。次致中，并弃家进圣母会。次锐中、惠中、建中。建中幼，方就学。女一，适香山韦氏，婿学墀亦全家受洗。时距君之丧五年许，犹在殡宫，而理中方仰承君志，从德医宝隆学。学成，道大行，尤乐为贫病诊疗于新普育等善堂，所活甚众。复十年，逮民国岁丙辰冬，乃克葬于上海浦汇塘之阳，徐阁老墓东南二里所之新阡，是为南海何氏茔于上海之始。逾岁，余归自北，为谢余山进教之佑，不宪定儒教为国教之恩。理中持君行状，请为志墓之文于余，且曰：吾父生平无世俗嗜好，群居无不义之言、慢骂之声，故近之者不觉自敛。且终日孳孳，用心于有用之学，不独精方药，能世其家。少则好古篆，好刻印石，无虑数千方，曾谱所得意者犹若干卷，存于家。长则笃好西学，慕徐文定及西儒利、南、汤若望之为人，凡机器之用，照像之方，每能尽其长而致其曲。设使闻圣教之要道，其拳拳心向，又当如何？伤哉！余慰之曰：与其徒伤，不如得闻者益勉，而伤不得闻者益为求主矣。夫前人之所祈吁足以锡福后人，后人之所祈吁讵独无补于前人？人之升坠，无豫知者。理中，理中，勉之哉！全家受洗之恩，何恩也？未始不由先型之有自欤？遂书以畀之，使揭于阡。

　　呜呼！生前聚散，驹隙川奔。然有灌音，音可存；有摄影，影留痕。音、影之根，生后之魂，讵与海枯石烂同日论？新阡后岁次丙寅，理中之妇谢氏又病故，欲附葬，殊未便，乃与至友朱孔嘉、王宝仑、潘世义、徐通源等几经讨论，爰集资建筑息焉公墓。上海之新教友可葬于祖坟，客帮之新教友，其先人不葬于子孙公墓，殆亦别无可葬矣，由是息焉落成，而新阡亦迁焉。旧志漶漫，理中于君殁后三十五周年，即救世主降生后一千九百三十七年六月三日别立此石。

家产立典记
（1937）

　　慨自清廷外交失败，国人不知公法，又不知制造，故创设震旦以救之。公法须习语言文字，而法文则为欧美国际通用文，加以个人之建设，势不能久，故托耶稣会团体，以期常久。其会章既允设立学堂，必世世进行，利玛窦传教于中国此其例。以故曾将家产三千亩捐为震旦基本，又于建筑时曾捐现洋四万圆。时地基价一亩约四百圆，又英、法两租界地八处，当时价值十余万。尚记在法界一地，为朱相公贱价售于其相识，余甚责之。其余七处，余以年迈，从未过问。至家产三千亩另立典于记名目，以别于公产，委朱相公就泗宅代理之。因外国人于租界外，例无买地出租权，此立典于记之由来也。相伯丙子七月四日记于乐善堂。余老矣，掇记大约而已。

致徐宗泽
（1937）

一

润农父台鉴：

　　右任院长言：他有一二科长，文学家也，嘱其来一二点钟，由余翻译《古经》，而彼等笔之，余再校定，岂不省事？因思旧译官话，于徐汇书间尝见之，是以前书恳取一二本一借。今闻基督教已有译本，然恐太文，反难，不直钞也。祈父台多为酌定之。马若瑟拜干。

二

润农父台鉴：

　　蒙赐贺年。小儿望大，可贺也，老年近墓，仅可哀也！惟近墓而度日如年，亦可哀也！若假我二年，拟译《古史》，徐汇定有大者，如吾所译《新史》，可商借否？徐汇有官话本，求借观可否？是在润农，想不吾吝也。手此还叩！九八老人顿首。八号。

三

润农父台鉴：

　　来书三卷，非前所睹之板，姑留作参考。承前所借之本，颇简要，惜为沈君奉还，曾嘱其莫还书楼，暂还尊处。书只一本，专为《原行课》读本，曾录其名，今亦失落，厚约半寸，似应有尽有。若还于尊处，似易寻也。今万君往，如能得原书，固幸事；不能，只好自起炉灶耳！顺候道安！马若瑟顿首。

致李荫西
（1937）

荫西老棣台鉴：

　　不晤数日，亟系老怀。日前面谈各节，想已转致甫澄先生矣。近接主教交来四川教友一书，尤见甫公治川之劳，谋国之忠。已托焕章、右任两公转呈极峰，当于川局日趋宁静。望便达甫公，努力西陲，勿稍南顾，老人绝不负所托也。专此并颂旅祺！相伯手启。

《申报》发行港版感言*
（1938）

《申报》创刊于同治十一年，为国内历史最久之报纸。其编辑体裁，初仿北京邸报，除府部谕告外，兼载上海当地新闻及词章小说。中经中法、中日两战，渐及国际时事消息。辛亥革命时，《申报》传播之电讯，翔实而迅速，读者皆以先睹为快，当时国人对于时事，渐知关心，《申报》与有功焉。

民国二年，《申报》归故友史量才先生所有，举凡编辑、采访及印刷、发行诸端，皆大加改良。同时由陈冷先生主笔政，陈先生以善作短评鸣于时，笔录犀利，意味深永，一纸风行，全国争诵。兹后国内之政治变迁虽多，而《申报》能始终以不偏不党之精神，从事于其本职。创刊迄今，已六十余年，虽历经艰险，而卒能屹然存在。量才先生不幸于民国二十三年冬在沪杭途中被害，一时报馆之发展，大受打击。幸其哲嗣咏赓君善继遗志，努力维持，弁日图改进，年来《申报》之声誉益振，良有以也。

去年卢沟桥事变爆发，敌军一再挑衅，终乃有八一三之沪战。《申报》一本国家民族立场，力主抗战。三阅月后，淞沪移师，上海失陷。敌人压迫新闻事业，不遗余力，《申报》乃毅然决定于去年十二月廿五日自动停刊。余既悲《申报》积六十余年惨淡经营之历史，一旦为暴敌所摧残，惟又深喜其能保持中国报纸之报格，不苟且图存。

停刊以来，《申报》同人间道赴汉，秉承量才先生之遗志，继续奋斗。于本年一月十五日先行在汉复刊。兹复于香港发行港版，以便利华南人士及海外侨胞。余甚佩《申报》威武不屈之精神，并确信其光明之前途，将与我中华国运同其悠久。因乐弁一言，以志预祝云。

---

* 《申报》（香港版）1938 年 3 月 1 日第 2 版刊登。

精诚团结一致对外 *
（1938）

现在国家是在风雨飘摇、存亡绝续的最后挣扎中，当前的急务，除了团结救亡、抵御外侮而外，再没有第二个更重大的问题。各方面各团体的主张政见，容有不同，但是总必以保全国家独立、民族生存为前提，任何方面决不能超越国家而存在，任何主张决不能在亡国之后去实现，如果国家不保，还有什么方面可争？还有什么权利可夺？在欧美多党制的国家，平时各党彼此攻击，互相捣乱，原属常事，但是一遇外侮发生，大家立刻便会放弃私见，联合一致，应付外急，这一点正值得我们取法。中国今日的国难，直是亘古未有，全国团结一致，犹恐不易渡过难关，假使放弃当前的外侮不顾，转向内部从事争夺，自戕国力，动摇军心，这正是中了敌人离间的毒策，走上自杀的道路。试问国家亡了之后，各方又岂能独存？目前从事争夺的人，无论他的主张如何，动机怎样，但其结果只有促成分化，破坏抗战，直接间接做了敌人的帮手，代他执行了离间的毒计，这不但是国家民族的罪人，也决不是忠于其论的党员。末了，须要特别说明的就是：大敌深入、山河破碎的时候，绝对不是各方闹意见、争权利的时候，大家应该认清当前的国难，民族的危机，彼此消弭私见，联合一致，凝固成坚强的力量，向着唯一的敌人进攻，到了把敌人击退，国族复兴，那时国会开会，大家再来从事计议，岂不好呢？

---

* 《申报》（汉口版）1938 年 3 月 31 日刊登。

家书选辑

一

（上略）来信谓薪水又来，来当交五十元为培根用，此我所许在先者也。下余另存，仍存培根为妥。上海终当买地一二亩。旧存一万，已捐造启明，故所望，惟恃在北，能积三四千元，元又纸票，须俟其可兑，兑志尧收为要。……国靠他国，此奴道也。为此，汝以早南为妙。……余拟从事译书，然尚未动手也。……教中人骄傲，必受罚，为此要小心，隐微中，最易骄傲。凡恩皆上所赐，赐多者傲彼少者，一不知恩，二不爱人，故不可。……匆此复，并问近好。靠托圣母要紧。晤相知代问好。

二

（上略）试想若无主宰审判善恶，我等气得过么？傥令瞑目之后，与草木无殊，则为善者徒自苦耳！教中亦有不善，但中国是大染缸，虽外国人来亦爱染，况本国人乎？天无急性，却有耐性，善恶早迟总有审判，我人乃受审判者，不须审判他人。……牙齿虽装，仍是欺软怕硬，土山湾的西洋菜嚼不动也。（下略）

三

（上略）祖母怀三叔时，好看圣书，好习经言，有不识不解者，则向祖父追问，故三叔记含明悟如此好，此汝所当效法者也。……古者易子而教，盖自己教，非期望太过，即姑息太过，以是或太严，或太宽，二者皆非所以为教也。切记！切记！……尧哥固好，汝当格外为彼祈求，但天下皆我同类，故《天主经》云："我等父者，与我等日用粮，救我等于凶恶。"可见应为人人祈求，矧与我有瓜葛者乎？右信宜细读。凡汝九日之信所言，我已如见肺肝也。劝汝要多看书，多写字，字即写《华山庙碑》甚好（《猛龙碑》远不及），王字全用隶法。凡事在专而已矣，专则有成，华人少耐心，其病即在此。（下略）

四

子球弟鉴：

志尧来信，谓老堂翻造，余所存书物非移放不可。但离老堂时，仓猝并未收拾，以故片纸片条，稿与非稿，皆愿保存。存报亦不少，皆有用物也。书籍则东一本，西一本，零落于南京、土山、泗泾等处，更不可因其零本也而忽之！倘弟能代我收辑，移至尊府更好，请与志尧接洽而行可也。

五

志尧如面：

老堂书物，因仓猝离开，未及点检，既不便移存尊府，则请移交徐子球可也。盖零本残条，容皆有用，而书籍皆徐汇所有者，移往土山，亦无甚意味，且路远，则散失更易，务请商之老堂是祷！土山所留者亦零本，阿生之长即在此，不零不过瘾也。又积存新报，可送公教进行会，为他日调查之用。

六

（上略）威廉声言，当将在比及法北之巨商万人，充发鲜卑，以报在华之举动，此法之所以不敢偕英以逼我也。余尝谓活者必动，动者不必活，其自他而动者，在不必之数，我国是矣！申中各报，报某某打电，不过铺张其能自动耳。挹老热衷至于此耶？可羡也！与志尧已久不谋面，面亦不能多语。伯鸿公司出铁甚佳，求新创始反居后，长袖善舞，信哉！……中国读书人，再阅一二世，无遗种矣！四三年前，一德国文学研究《离骚》等，叹谓予曰："怕求汉学，将于西欧求之。"我国人无恒心，无专心，遇事接物皆无诚心，须反其道方可。（下略）

七

（上略）移住北者颇多，但由京避津者亦多，故知中国只有破坏党，无建设党，求立国于天壤难矣！老堂之物能存尊处否？（已请泗泾蔡也白帮同料理。）除积存报纸外，务设法保存，所最要者纸张耳！……书籍无甚佳者，然万不可存他人处。志尧信送去，作为凭证。

八

（上略）余本拟阴历年底回南，一则以考文苑须筹基本金，一则以宪法行当起草，故又须再留二月。可见世事不由人算，若由人算，善人久无立足之地矣！（下略）

九

（上略）宪法文章尚未完篇，完后余亟思返也。老堂尚有哲学稿，故片纸亦乞保存。需用钱否？稍稍补助尚可，愿写信来为要！余生平惟遇拐子，惟有善举，虽费亦甘心焉。×心好高妄想而力不能，故心地无真平安，是以学问无进境。盖学问之道，妒无用，夸无用，惟收放心方有用。规之！戒之！（下略）

十

（上略）廿四日快信贴十三个一分，不算麻烦，必贴廿六个半分才可，忙煞打邮印也。……我产既与震旦，历年所得津贴万元，又捐助启明，在京所得，三一三十一，我前书说明，既已用光，不独大三房以为我有钱，即老姑太太亦以为我有钱，这也是好预兆，难道我也要做伟人么？只好且听下文分解。……甥由部发之函，函口全破，无异露布，其因纸薄而破欤？抑由检查而破欤？……好在你我皆不想做伟人，即被检查，何碍之有？书箱且俟明春由船托寄招商局陈辉廷先生转交可也。我现在也说不明何书等用。……国内而行德人政策者，虽得暂无事，无济也。只望鲜卑铁路不落德人之手。法有预言者言：不回头，改向真原，跪求德，德将不应。物不能自有者，必受造，其心非造之者不能医之。为我语××，欲学祖母，当学其热心，不告解，不领主，心从何热？鲁异小极顽皮，其父做九日敬礼，求路易，复勤读，罗儿之前途在汝等祈求耳！

十一

（上略）既信有万有真原，我身一极微，一莫破，无非造物者所造，徒为跃冶之金，不但不祥，而不知莫大焉。……何理中之好，好在日日研求，无新药、新法、（剖割）新知解而不知也。西疾所回绝者，彼试之，无不应手，虽以求主功深，抑其专心致志者使然也。（下略）

十二

欧之人格胜我多多，今欲饿死德人，其得乎？不得则战事未易了也，而我国之祸亦未易平矣！试观各报所津津乐道者，除争名位以夺民利而外，有他事乎？不祸中国，天尚为天乎？即以汝我家论，坐食者多？力食者多？倘不为奴，力食之道断不知。不知，尚有所谓人格耶？老夫之所以不敢游闲者此耳。拟译哲学，拟译《圣经》，今且拟译算科、理科，以振拔学者之精神与程度，所望汝等万万不可贪闲耳！前书已言懒椅不待用，待用者中西《圣经》及佛书耳。倘汝收拾时，并未之见，吾当与吴神父交涉矣。汝莫法天而莫余答也。

十三

子球甥鉴：

四日前有快信，快信又有三函，不知大水为灾，能一一达否？天灾人祸如此，而自私自利者，如莫见闻，吾中国其得瘳乎？（下略）

十四

（上略）人生必须有偶否？求偶遵亲命，得偶以事亲，此三重问题也，万不可并为一谈。年龄太差，容可两就，而信仰问题，则天无二日，物无二天，断不容有二是。……他可急就，此不容急就者也。（下略）

十五

（上略）今年得邱信，言伊母于初五晨五钟受洗后平安而逝。呜呼！人生脆薄，真不堪把玩哉！初一日，余犹往××处，午饭任毓华名之骅者亦在座，邱母不过略有病耳，而竟遗此一女一孙以去耶？幸得领洗，烦告知堂长等也。（下略）

十六

（上略）天气好，读书要紧。（下略）

十七

（上略）大都南北必和，张勋不可与谈，故项城听其南耳。和后自以归马放牛为第一办法，所虑不肯归放者，变作虎狼，而江苏必当其冲，以故仍以沪上为最要。余于二月初五必赴闾门，盖为收并此间计耳。来宁者多半扑火之蛾，荐条多如雪片矣。（下略）

十八

（上略）汝欲大成乎？余闻之喜而不寐矣。但余借债买地，地不可得，债何从还？所幸罪不在余，在亦只在太好心耳。月前京电延余到京备顾问，为社会计，劝余去者甚众，并劝冒暑速往，容可排难解纷也，但余精力恐不济也。汝知靠托安多尼，余甚喜，但靠托之诚，为永远计，则事事有功，为顷刻计，何功之有？士尚志，念之哉！（下略）

十九

（上略）余本拟阴历年前回沪，无如痔血懒动，且宪法起草在即，南而复北，不胜奔驰，故只得国会开后再南矣。近仿法国设函夏考文苑，领屋领荒，荒非千有余顷为基本金，不足以供奖励才德之用，应与内务部直接商领者也；又开办费三四万金，应与财政部商领者也。以故一时又难以回南，而老身病困日增，虽以卅六点钟之火车，海上亲友可望而不可及矣！来信欲来，固所愿也，但不敢强耳。弟知 La Liberté de conscience 之谓何乎？子曰："匹夫不可夺志。"又曰："尚志。"大丈夫之不淫、不移、不屈，有所志故耳。志于道，志于率性耳；志于率性，志于率天耳。故不志则已，既志焉朝秦暮楚，非人矣。故景教 Catholique 之率由不可以人违天。弟知景之为义否？婚于非景者，得允虽可而实难，弟意何如耶？余雅不欲过问，以佳耦难得，一过问，恐为终身之怨府也。……景教经云："离亲即偶。"今男不分爨，何离何即？老经云不敬其亲而敬他人，强子女以为之，不字�不已，此男女之真不平等也。他若争参议云云，急灭家庭社会而已矣。吾弟其有意乎？余不敢谓必有字�，但平权必自双双离亲即偶始，以故《易》云"有夫妇而后有父子"，不曰有父子而后有夫妇。今人之理想，殆必如后云云，请弟择于是二者。假令中国之婚者，皆先与父分居，则能否自立立见，又何至怨偶多于鲗耶？国者，家之积也，家治而后国无有不治。大同之世，不子其子者，即令分居之谓，非如上海社会党乱父子、公妻孥之谓也。（下略）

二十

（上略）冯梦老之孙，年十三，而"十三经"及《文选》、《史》、《汉》背诵矣。读书作文谱言，日诵十行，五年之内，"四书兼注"及"五经"可完。惟幼稚园可从新法。华人少恒心，每小时换一课，助长其无恒，大不可。……十六主日起，至下主日止，余将避静，新镶有齿，而不能用，所幸有牛血耳。不然，不中不西之食，西太硬，中欲呕，虽欲不戒在得，得乎？凡元恶大憝，有求必应，民则惟死而已！日后北祸必甚于南，其祸之者，即所崇拜之杀牛客也。（下略）

二十一

（上略）离京时，曾言非有较为切实之事不回，外国士夫颇可所言。若效齐奴，以口舌得禄，无颜以见彼也。此意料梓方必知之。前所陈匈、奥事，取其解决目前，不待兵耳。兵则伟人愈多，而政府更无权矣，此则汉、明二祖所以忍杀功臣也。然梓方即知其理，断不敢言，言亦无益，盖儒者之真正目的只在一己眼前之福利遍看墓碑与诗文，皆奉帝王为赏罚之主，不于生前，则于子孙，如此尚有真正之赏罚哉？可叹！可叹！欧战终了，罗玛将为众望所归。小小出使罗玛，犹不可得耶？法、美二使屡向余言："子不见用，可见政府无人。"足见外人亦重道德。……西人言：南北有愿得民心者，国方有救，若但愿得大官之欢，无救矣！志尧在太平府采石矶之上买有铁山，西人嘱其多买，毋尽落大东手，为其垄断。战后虽有贱价之军械，亦必经垄断，不可得矣！

二十二

（上略）何理中曰：伊弟在北京主母会，六七年来未通一信，但日日在与祭领主时，如相见也。……然则在世百年，有肉身即有苦，帝王、乞丐所同也。一意钦崇造物真主，得归永福天乡；在世行路，所吃些许小苦，何朝朝怨之不已耶？吾为尔计：第一，要每主日领圣体一次，尔或畏难，当为我领，尔当许我，不可推托。第二，将现在房屋，托胡梓方出售，到本就卖，不用贪也。第三，为胎教计，除日诵经外，我有《圣史合编》（尔没有，可向堂长借），日念一章两章，又背诵古文诗一二段，临帖百余字上下，日后儿必聪明也。（下略）

二十三

（上略）东北死守皆有余，求胜恐难，胜亦不过多造武夫耳！武夫之造，不得民选，求所谓共和由民选代议以成者，相去不啻南与北，东与西。近读唐僧传，亦有所谓南北宗，甚矣南北之不相容矣！瞻顾四方，天地终穷之幕已开。……近震旦之地，不靠马路者，约三四千一亩，倚外人，始可居，即此见华人之苦，固不待水火兵灾也。（下略）

二十四

（上略）余虽来病院，而谒者仍众，明后日便出院，目今研究宪法颇忙，稿成后，仍拟回南著我书矣。

二十五

（上略）薪水所余款，因在申拟买地。（在汇有二亩半，颇方正，地价不过二千，然多是非。）又因捐者已捐，送者已送，除此无余款，故不免犯老者之戒。……须知人在世，能替穷人管帐（替天管帐耳！），便不苦矣。若只顾替自己管帐，是自认穷人也，纵能享用，享用能几时耶？

二十六

（上略）南风虽不竞，其足以致亡与北强同，容非一年半年所能解决者，故不敢送京也。新屋虽改造完美，仍以住培根为较妥，无他，近北堂故耳。眼前局面，得过且过。……今人自顾且不暇，奚有真心润及八十老翁哉？即有几希之心，八十老翁宿抱外洋政治主义（即有人此有土节）办法，余非所知。（下略）

二十七

（上略）京报尚报平安，平安否？举国不知国为何物，但知是可吃的，可用的。（下略）

二十八

（上略）老堂书物，非得吾弟代为料理，则遗失之稿必多。最好一抽梯归一抽梯（此以纸片言），一纸堆归一纸堆，用大洋布包之。所积报纸（《时报》全），公教进行会不要，则交他处可也。（下略）

二十九

（上略）得双十来言，知以位卑，可少一污点。合肥相国常言：今之督抚皆"群小（雌）粥粥"所争者，雅言之，一己之快活耳。今日之事，直拿我百姓开心耳。……南方疫方兴，不一周时即亡。初则小疫，学堂放假，天灾人祸而心不悛，国不亡何待？（下略）

三十

上海竟无真羊毫，皆杂之以麻者。前敛之先生为余买者颇好，惟嫌颖不长而太瘦。窃以北方气候严寒，所产羊毫，必胜于南方所产。毫有用须者否？所以须陈且宿者，否则曲而不挺，当询笔匠，加工制之，销路必大，试与友人商之。近得杨少师书《韭花帖》墨迹，又褚河南临《兰亭》绢本真迹，临似双钩，惟米海岳跋是真迹，笔笔用心，（并不作快）字之好处，当在此耶？除《圣教序》外，字无有作怪者。作怪者，心以为不如此不可以传耳，然而非美术矣！

三十一

（上略）斌侯事，法政府苟得我政府一言，自无不肯。我之私意，借此可免遭不测耳，然我借此造飞机，可以大进步。战后人各视为秘密，未必肯传授也。青岛人来，谓日待德，尽复其俸，以闻俄之败故。法人豫计战后，须一男五妻，可见十少其二，其不国可想。我则因天时地利之不同，日用起居亦不同，性情习惯亦不同，美术学问之派亦不同，况国会之任在预算，各色赋税又焉得南北而同之？此所以必师匈、奥也。南胜北，添强盗；北胜南，添伟人。其为害伯仲间耳！上海报参议名，幸落孙山。昨得法国信，迟至百日，则潜艇之为害可想。德早迟必败，胜者亦力竭，其养力之原将在我国矣！余日日两次牛血，两次牛奶，其余三餐，自然不多矣！故余虽疲而精神颇好也。（下略）

三十二

（上略）读书所以明理，明理则眼光大。眼界小者，率不听老人言。以其言之界大于眼之界，看不到，故不听。……汝想我，莫如念经，莫如听话。……汝肯听话否？（下略）

三十三

（上略）余所有，尽送震旦。今所有，恃笔耕，不从事翻译不可。非有实权，未便辞谢，亦无颜以见美、法等使者（西方人，西方报，往往谣余为某某某某部长或公使云云），故不能来北听鼓。至余在京五年，极其所得，不过三万：一万舆哲，一万作善举，一万自用，所余亦有限矣！……又北堂法文报，言英以《大公报》售张勋，盖旗人深望复辟也。一若对于华人犯第八诫，不算罪也者。并以教士冤其教友，教友属旗人者，在北京颇多。此等妄证，所关甚大，哲万勿受其迷也。……此番政局，可摘其确而要者函余，盖台上名角，知之以备后用。不学匈、奥之分糅两异质而强合之，终不能持久。……翳古以来，政府只知以力胜人者，惟恃命运，于此益见。

三十四

（上略）为人不可太信人，太信必上当。见事要真，须求神佑。早晚课，《玫瑰经》念否？"吁玛利亚"，遇心乱便当多念。世事难定，性命不常，靠自己，何用？（下略）

三十五

（上略）京中安稳否？谣言多否？名曰共和，不共不和，如何是好？（下略）

三十六

（上略）世上绝无称心事，汝稍有信德便知之，纵有称心，称心绝无百年，想到其间，不忧自忧矣。如谓不忧，直不知死生为何事矣。故无信德之人，必用嫖赌等法，使不一想百年与百年后耳。《经》云：得了普世，失了灵魂，何益？非徒无益，而有大害，非扪扪良心，不杀人，不放火，便足以了事也。（下略）

三十七

（上略）求主保佑，此为无上上法，汝能知此，果能求主，汝将有万能也。盖求无不得，主有言矣。（下略）

三十八

（上略）上海廿一、二、三大庆协胜，纸糊德皇而悬之竿头，夜乃焚之。从知一二月前天下能杀人者莫德皇若，今则求免杀者亦莫德皇若，而人对于人，国对于国，终无人道也。（下略）

三十九

（上略）万金已作启明捐，上主予者，还之上主，不容吝惜，吝惜则今日与我我日用粮，未必到手。（下略）

四十

（上略）人有言，"以前种种，譬如昨日死"，虽烦冤一无用，徒自苦耳！而汝以自苦为乐，异哉！有书帖等，贵于用，而汝贵于藏，藏则何用之有？由此以推，他物皆然。处世接物，迷信不可，多疑亦不可。闻人蜜语而以为私我，或哭或笑，而以为真哭笑，此皆不可。一切如上下议院，先付审查，其不用付者（与我无关）则付之左耳进，右耳出可也。天下无得百年相聚者，且我与我亦鲜有百年者，惟百年之后有常存者在，汝其为我求主不忘也。求得同登光明之域，乃谓真不忘，不然一念两念，念不忘，不忘何益？……法国出如许传教人，尚被罚，我国人心，不识仁民爱物作何解？仁与爱有何分？逢天之怒，犹不知惧，其能免于罚乎？教皇之意，此十一月众信人求为中国广扬，汝不忘求也！

四十一

（上略）此间办一善举，一时不克分身，十日之内料理清楚，年前必回也。然怕回南，求助者，求钱者，纷纷来信来电，一若我身卖于人者。可气！可笑！（下略）

四十二

（上略）终身事，与老嫂细商之，乃妥。终身事固要紧，身后事更要紧。心太软，易上当，切记吾言，要紧！吾华人全无胎教，故人种卑劣，不以教理灌输于女学，终无救。举国崇拜大盗大骗，愈无耻，愈得意，尚何望来？与其妄想，至不能寐，不如念经为愈矣。知！

四十三

（上略）余苦胃弱而腹病，弱故食少，少又不精，精神委顿，固其所也。既不能看书，姑临帖解闷，兹寄去，欲汝知写字亦收心法耳。一切妄想，克去净尽，乃可读书，汝须牢记，余不哄汝也。近人以中国字书为至精之美术，盖美之美实未窥见。画也，乐也，蠢愚亦知其美，文则解其意亦知之。唯字不然，虽识其形，解其意，非多观古帖者不知，不知故不可以为美术。然则字之妍媸何在？在法古人以刀削。起当逆笔，住当停顿，笔不曲则留不住，此刀削者自然之理也。笔不起承照应则体散，转折不圆、粗细不相间则体呆。细观王字，无不中规中矩者，此也。右所言，秘之，所临亦不示人，亦勿与郑观也。郑无宗教，决不能有独立之精神，求近利者皆如此，知之！

四十四

（上略）所虑者，尽天下之差事，不足以供伟人及伟人之爪牙。去旧亲贵，得新亲贵，民之负担将甚于前。革命所死者非爪牙，更非伟人，但穷百姓不愿为盗贼者耳。就淮北计之，缘以死者，何啻百万？从知世无真福。信有福者，其愚也，不如信粪金牛矣。佘山想已回，惜无好政治，不然，三泖九峰，亦乐土也。

四十五

（上略）变法不变心，皆司马季主所谓"为盗不操矛弧者也，攻而不用弦刃者也"。况明明操也，用也，而曰予何曾？战国之士恐亦羞为之，而乃施之于兄弟，不以为羞，羞孰甚？共和所重者民意，民意岂炮火打得出哉？难怪南方亦大倡复辟矣！吾谓洹水帝制罪小，所造武人政治，不覆宗邦不已。奉督之出，以出身言，乃今日当道惟一无二真真代表。民国临去，不可无此秋波一转。今而后，知美人言："共和岂一蹴可几哉？支那知共和，共和失色矣。"信哉！无宗教，无良心，甥须切记。以人治人，治得成，天主又何必降生哉？（下略）

四十六

（上略）津浦路仍有水患，月前渡江船，竟全船覆没。已到家而葬身鱼腹，人生何一可靠？此我圣教之所以可重也夫！……国家尚不暇问四万万，况四万万中之一小小子？……今日时局最和平办法，莫如南北学匈、奥，容与民治，得以互相观感，互相竞争。不然，国会与国务，以习惯专制而相忘，皆可于无意中而现诸事实也。但看又翁以八面玲珑之手段，尚难对付皖系，况我辈笨货哉？前眉叔得六次密保，一次放不响，亦以不善对付皖系也。（下略）

四十七

（上略）此间天甚热，余故不敢多食耳。万病口中生，慎之！慎之！

四十八

（上略）总之，中峰非民选，不如其已。以德皇之勇武爱民，今且不振。一儿童未食糖而冤其食，或少食而冤其多食，以父之尊临之，不与则不与耳，冤且不可，是以古人有易子而教之例。今欲冤四万万，容或不可乎？请细思此理。不出代议士，不出租税，可见一切租额，年年

由国会审定，方不为盗，几曾见有宪法时代而用无国会时代之刻板税额哉？（下略）

四十九

（上略）××之浮动，须教以圣道，使之反躬。终日逐逐于饮食，兽畜耳！能明天上事，自不浮滑。狐麟斗醋，鹿之坐享，皆能手也。……华盛顿之为总统，在小时即不说谎，而我中国反是。孟子谓"春秋无义战"，况今日之战？墨子谓"杀一不义一死罪"，死罪囚弥漫国中，岂但来世为奴及格也哉？汝等若知造物而有依仰之心，则自平安。（下略）

五十

（上略）上书者，尽人事，实怕骂耳。张邦昌之类不怕骂矣！报载树语学生曰：强弱不等，约虽平等，实际上必吃亏。树肯言此，还算明白。……傲必败，不独教理然，俗理亦然。欧之战，固以傲攻傲，阅墙者又何独不然？不师匈、奥分，内哄无已时，加以强邻方杀牛，不费力而舂然已解，其机会，其布置，升木者已不教而能，吾不怨能者，但怨木太木耳。人言树倒猴狲散，吾恐其不倒而升，倒而更聚。……孔子曰：获罪于天无所祷。保禄曰：人皆有罪。淫、杀、盗弥天地，不先不后，我国固当受其罚。祷须邀允，允舍救世主无其所。天无急性，却有记性，吾方为金台危矣！五十年前湘勇，何勇哉？而今拜其赐。黑龙江，拳乱时，沉杀华人，而今亦拜其赐。此有记性之谓也。（下略）

五十一

（上略）女人写字，喜写白字。可见女人脑力，大不及男人矣！男子始虽不懂，一二年之间，能超过女子读了五年上下者。其故，在女子善怀，些许小事，想之不已，欲做不做，欲说不说。男子则多读少想，故进境快耳！读书贵有条理，不在出洋不出洋，洋学生读不成者太多。……前嘱尔，天天念经求圣母；又教尔，想念我时，不如多念几遍经为妙矣！尔来信总不提起，足见尔看我信，有口无心。我终日函客，答见不暇，偷空写信与尔，尔不宜有口无心也。须将读文法，念经法，

切实用功，则大慰余矣！（下略）

五十二

（上略）西医之诊华人，不及西马之用心，此何理中之所以胜西人，即在有爱国之心耳！（理中每主日来诊，且送各珍药，余于他处虽多金，而如此之医断不可得。）使人人有爱国之心，何至华人在外则见欺于各国，而在内则为武力砧上之鱼肉耶？天下无自私自利可称为道德，亦无自私自利可称为国家者。设有真道德，断无南北。即有南北，有真道德者，必能统一之。欧洲古昔之假文明，虽口口声声曰国家，曰政府，其实心目中惟识今生之安乐、富贵、荣华，如儒者所称修德之报，何一不在今生之名位？夫既限以今生矣，今生之时与物，止有此数，失此不得，永无得矣，又焉得不争？争又焉得不用其武力哉？惟知用武力以对外者，国尚可强；若惟知用武力以对内者，国无不亡。故误国误民者莫如自私自利，而能锄而去之者，端在祈向永生之真教。真教在欧洲，其余风遗俗，犹足以变自私自利之方针，转以对外而自强，此吾所以谓欲救中国，舍真宗教无他法。……华人治家治国，非所知也。梁任公云"非为奴三百年后无救"，吾尝谓其太自仇也，然而细思容有理，惟吾不敢助其助长耳。吾助震旦者，罗家湾地约五十亩，在租界者地八亩，又田三千亩，合计不下五十万金，而汝等欲吾助彼助长者，得五千圆一年以了此残年乎？乃翁不忍为也！汝等细思，当亦不忍，故北来听鼓之说可不言。（下略）

五十三

（上略）天道恶盈，征之欧战既显然，征之民国又显然。报言××死于非命，益可征矣！贪天功者能及早悔悟，不独能自救，且能普救我命，不然求如欧战以死不得矣！老堂取来之书，余所需用者皆无。所有在京之书，省三能带则带，不能带烦交英实夫由轮船寄沪为盼。董先生系乘车到丹，箱由丹寄沪，人并未到也。物已如单一一收到。浊世只有做好好中立先生，犹可守饭碗，况运动非汝所屑，亦非汝所长耶！我之离北，盖亦监于天道恶盈耳！文武圣人即能再出头，亦必为后世所唾骂。英之 Cromwell，法之 Napoleon，其用武力，施以公心，虽暂治而终败，况不及英、法远远者耶？窃以为不法匈、奥，必为人奴，盖法则有两国会，两国务，因比较而生争竞，因争竞而可改良，不至终执马上之治耳。（下略）

五十四

（上略）明日《约法》开成立会，会所即在前参议院。政费待借款，停支已二月矣！惟兵费则万不可停，故精神全注于此。惜乎流大于源，一旦节流，而时势颇不易节，奈何！此军人政治所以（下残）

五十五

（上略）上海《新闻报》载北京拟派使见教宗，曹东洋与陆伯鸿同砚，竟不暇念及故人耶？……京若有事，不可再学上次蔡志赓，可躲北堂，何汝等不可躲也？但予以为决无事。徐季龙言怕中山，亦不知国会自性何在，在年年楷定预算，物物各有税则。不物物，不年年，国人无纳税义务，强之者为盗。知此，何至有内讧也？久思作一《民国民照心镜》以晓之，老而懒动，奈何！甥不能设法外调否？罗马事绝无念及老者！

五十六

（上略）《经》言曰："我心要宽大，泛爱众。"作事要有恒，有序。……孟子曰："心之官则思"。何苦将五官所触接者，终日盘旋于心窟也耶？曾子三省，皆对外之事，当无所习，谋交之时，其不自欺当如何？故吾谓儒者不知道德何在，不自欺何解。吾教内省，约言之：思、言、行缺，缺者，凡不能用其中而止于至善者皆是也。故吾人贵有内心焉。吾尝谓国家者，常存之物，主权属于一家一人，则有断续，惟寄诸全国之民，则阅世阅人，可连绵而不断。然使所求之福，仅关朽烂之肉脔而止，势必造成今日之景象，此吾所以谓非宗教不能救中国也。……半老徐娘善作怪，此正不失儒者本来面目。一箱书烦速寄申。中西等字汇，我急等用也。

五十七

（上略）余至今尚御棉，其天时不正可想。但随在有天寿，初不系乎地也。余今懒动懒写，笔有千斤，身有万斤，纵金台是金天，余亦怕往也。况京师罪恶必胜于他处，辽、金、元、明、清加以民国、袁国，又清又民，大地动当不远矣！严等之诗酒，其天堂也，但现世天堂，后世便难说。（下略）

五十八

（上略）顷自申看牙回，为牙钻纠去胡须一大球，或者因小不利能免大不利否？……顷有问余，权必自天者何解？试思儿乞糖，责以已得两块，若只一块，儿必呼冤，且必愈责愈呼，父之势力犹不能行于两三岁之小孩，而欲行于四万万，冤声振天必矣！故儒者以人治人之教，不行于古，更不能行于海通以后。苟一意孤行，惟有沦胥而已！……吾而为东邻，不杀此牛，亦太无味矣。故彼之调查人，回语国人曰：抗东之心虽未死，皆曰无法。祈速覆以慰我！

五十九

（上略）西学知法天，收效于杀人；中学五伦，收效于一伦不伦。故知以人治人，终归于势力。势力者，中国大魔王也。（下略）

六十

得手书及所抄国歌。惟今日人心尚知所谓国耶？即知焉亦除去我民计也。故得所抄后，不知夹在何处，余近日终日看书，终日翻书，而最苦者即终日找书，不独看后即忘，且翻后即夹，夹后亦忘。老人之善忘，盖有如此者！前书嘱食山药旦、小麦芽之类，盖痔者便结，须求润，不润而血，究非养生之道。足下须知人心从善如登，无造世判世之主，如在其上下以监察之，求其不以违法为能，难矣！余目前所见，何一不言宗教之不可少哉？（下略）

六十一

（上略）现在之书俗而俚，害尽中国子弟者此等之书也。……近日徐汇经过之车，至有廿六辆为一起，何兵之多耶？武人政治势必至此。熊秉老之电，可谓慨乎言之！然而不断送华人世世为奴之地，心必不甘，轩辕氏之政毒如是乎？……万语不及平安二字，我平安，尔等平安否？

六十二

（上略）四侄女自厦门回，言龙眼、荔枝、文旦、蜜橘等悉为枇子枇光，斩光，但若龙眼等非三十年不结子，其为害可想！南洋学（公学）教员往湘调查，佥云：尚有男女无一椽可遮雨，无一丝可遮羞者。枇子甚于德人矣！而欧人不为不平之鸣，其视吾民漠不关心，可想。口口声声人道，人于得意失意时，绝不知为何物。（下略）

六十三

（上略）书物等不可托英，送轮船交志尧手，何以至今未见带来也？寻至今，一衣一书未见，幸老夫尚可借钱以用，不然冻死矣！我在老堂之旧板《康熙字典》及大板"十三经"与"廿四史"等，皆寻不着。……又如五百家注《昌黎全集》等亦不见。所不见者，皆吾所□，见者皆不全，洋书亦然，诸位作事，不经心，应改！应改！……政局之变，难可逆料，德皇之英雄，以比洹水之鳞甲何如？天下不可以力胜之，不可以马上治之，久矣！混南北两不相同之点，糅为一原质，正万物所以必坏也。……报上之言万不可靠。至所以不能北来之故，除前所云，别有一，甥当揣知之。此番梁、汤之道德何如？外国之党，大要国际问题，非国内立法不立法、守法不守法问题也。（下略）

六十四

（上略）今浙人又以浙为浙有，若为浙民有，则是；为浙盗有，则不是。准是以言，中国亦然。总是不法匈、奥，糅两不相容之点为一原质，终不成立。请记取吾言以观世局也。陈师曾之诗，亦可移赠一切儒生。昌黎之讨饭文，何独不然？其代张籍所言，使跪进其所有，阁下凭几而听之，未必不如听竹弹丝敲金击石也。太史公亦言以俳优蓄之。今之文人，其身分庸讵愈于此乎？倚势力以立功名，自孔孟而已然矣！盖中国之文学，不过俳优之文学耳。以德国之科学实学，终必受困，况实力远不及普之威廉耶？吾尝谓（第一次预备立宪演说）以心力、膂力、财力以对内者国弱，以对外者国强，今亦不敢言矣。所敢言者，国无道德，国必亡；身无道德，身必亡。何谓道德？必先识良心。欲识良心，必先识赋此良心之造物主。故一切哲学所言，远不如吾教所言十诫之为简明也。老子谓孔子曰：子所求者，其人与骨皆已朽矣。故我中国国教，死人教也；中国之学，死人学也。即如绘事，必称其衣折之笔力，皴法之笔力，至于五官之气象，山水之远近，全不讲求，此非专学死人派有以误之乎？今欲以党派为立国之具，而党魁之人与骨，皆已朽矣，其不与党魁俱朽者几希！吾之言此，欲甥知百年之生，不可以立身，当求其悠久不亡者耳。（下略）

六十五

（上略）此有一事，须与梓方谋者：弥甥朱斌侯，西报称为朱艾丁者，飞机队少佐，兼学造营用各式新飞机毕业。近余告知康悌莫，如法政府使朱回申，且督造，且训练飞空。上海好奇子弟极多（尽有二三千），身轻如飞燕，练习不三四月，即可毕业，较往法学习，而有不成之虑者，易得人矣。法使惟虑开办造厂费大，然语以求新厂可借法使言，彼必条陈政府，难者在费耳（费仍言开办费）。但造飞机，编细篾为干最良，比运篾往法，所省多矣。故法总领事极为赞成，伊盖深知沪上，颇多奇年少耳。法使则不知。法使又谓余曰：能代找看护伤兵人否？余应曰：女则易，亦不多，男则难。盖此乃爱人性质，非真宗教不能。于此可见法兵之受伤伙矣。（法使必欲男看护者，盖背负拥抱伤者，非力大不可。）今使我国（若又翁肯电胡维德向法政府一言，无不允，而中国可得新秘法，舍今不图，后难得矣！）亦愿朱还，偕朱来者必有老靳轮，是我国不费而可探其秘也。美欲以飞机攻柏林，意在不费财与才，而收数十百师之效。梓方能为我作草，甥亟为我誊上，亦余所以报政府也。余兄弟束发读西书，徒见后来者滚滚使西，又翁能为余一谋耶？余前往美，拟纠合华美银行，一席酒后，便得二万万有五千万美洋，然则好人之名亦间可用。匆匆不尽。晤诸相知皆道念。（下略）。

六十六

（上略）佛书有雕刻干屎橛说，言人专务虫食之身，烟飞之世也。汝心念往事，虑将来，而忧，而忿，皆雕干屎橛之谓也。吾谓尚不如干屎。干屎尚有其物，尚可存在。汝所妄念往事与将来，太半汝所妄造，或未见诸事实，或终身不能见诸事实，而汝忧焉，虑焉，非徒自苦而何？教友不用教规以自戒，不用领主以自圣，妄为教友矣！

马相伯年谱简编

1840 年（道光二十年，庚子）　一岁

三月初六日（4 月 7 日）生于江苏省丹徒县。按天津《益世报》1929 年 4 月 15 日发表《祝贺华封老人九旬大寿》社论，披露"清道光庚子三月初六日，华封生于江苏之丹徒县"，则当年各地庆祝马相伯百年诞辰，盖以阴历计算生日。

马相伯，父松岩，母沈氏，传二十世祖为《文献通考》作者马端临。相伯祖籍丹阳县马家村。马家在明末时入天主教，母沈家亦世为教徒。父亲迁丹徒经商、行医。相伯兄弟五人、姊一人，家人言语均有镇江口音，认丹徒为"第二故乡"。长兄、幼弟早夭，姐姐玛尔大适上海朱家，二哥建勋曾任淮军粮台，弟弟建忠（1844—1900）为李鸿章幕僚。马相伯，学名乾、良、钦善、斯臧，教名若瑟（Joseph），字建常，又字志德。相伯，一作湘伯、芗伯，后半生以本字行。

1842 年（道光二十二年，壬寅）　三岁

患天花，赖阿姊看顾，转愈。

1844 年（道光二十四年，甲辰）　五岁

在家塾发蒙："是年，先生始入塾，先读教中书，以及四子书。"（钱智修《马相伯先生九十八岁年谱》）

1851 年（咸丰元年，辛亥）　十二岁

因思念阿姊，独自一人搭民船历时十一天到上海寻亲。先住董家渡朱家，后得知徐家汇为江南失学儿童举办徐汇公学，便投身该校，为该校首届四十位学生之一。管校导师为意大利籍耶稣会神父，Angelo Zottolli（1826—1902）。

1852 年（咸丰二年，壬子）　十三岁

担任徐汇公学助教，带教国文与经学。

八月，秋闱，马相伯以生员资格从上海赴南京参加江南乡试。

1853 年（咸丰三年，癸丑）　十四岁

太平天国军队攻陷南京，马家逃难，"凡十八迁而抵上海"。二哥马建勋继承父业，在上海法租界经商，渐涉洋务。三弟马建忠先"执笔学举子业"，后入耶稣会徐汇公学，与马相伯同为修士。

1860 年（咸丰十年，庚申）　二十一岁

太平天国苏福省部队攻占松江府，马相伯亲见忠王李秀成（1823—1864）驻军徐家汇，并入教堂祷告。

1862 年（同治元年，壬戌）　二十三岁

5 月 29 日，徐家汇耶稣会神学院（Seminary）开学，马相伯为首届学生之一，开始学习神学。晁德莅任副院长（Vice Rector），仍然担任马相伯的导师。

本年，马相伯始对包括天文学在内的自然科学发生兴趣，有经世之想。

本年，江南发生瘟疫，马相伯在苏州等地救护病人，染伤寒，六十日方愈。

1864 年（同治三年，甲子）　二十五岁

6 月 3 日，马相伯二年初学院学习结束，进入大修院学习。当天发愿，加入耶稣会。马相伯在会中名列第 542 号，同时入会 11 人，其余人及列号为：许靖邦（540）、李浩然（541）、沈则恭（543）、沈则信（544）、沈则宽（545）、沈熏良（546）、袁耕心（547）、瞿光焕（548）、陆伯都（549）、翁慕云（550）（参见《江南、直隶耶稣会士名录》）。

加入耶稣会之前，马相伯在徐家汇学了四年中国古典文献，成绩是"优秀"（with good results）；拉丁文二年，成绩是"特优"（with very good results）；人文课程一年，成绩是"优秀"（with good results）；哲学课程一年，成绩是"特优"（with very good results）。

1866 年（同治五年，丙寅）　二十七岁

马相伯结束大修院学习，转入为期四年的耶稣会士专业神学和哲学训练。

1867 年（同治六年，丁卯）　二十八岁

9 月 7 日，幼弟马建忠加入耶稣会，和马相伯在徐家汇住院同住一室。

1870 年（同治九年，庚午）　三十一岁

5 月 8 日，马相伯通过了传统的耶稣会士"ad gradum"考试。

本年，马相伯被任命从事"江南科学计划"，派到南京圣玛利住院学习科学。长上是兰廷玉（Frocois Ravary）神父。韩伯禄（Heude）神父也在那里从事科学和传教。

本年起，马相伯担任徐汇公学学生督导（Prefect of Students），替学生做告解，解决生活、学习问题，也做善牧工作，至 1874 年结束。

1871 年（同治十年，辛未）　三十二岁

10 月 10 日，马相伯转入为期两年的间修期，至 1872 年 8 月 15 日结束。间修期间的导师是高若天（Auguste Foucault）神父。高神父后升任上海耶稣会会督，和马相伯关系不谐。

1873 年（同治十二年，癸酉）　三十四岁

率徐汇公学学生应上海县童子试。

1874 年（同治十三年，甲戌）　三十五岁

任耶稣会初学院院长，兼徐汇公学校长。

9 月，马建忠听从二哥马建勋建议，脱离耶稣会，加入李鸿章幕府。马氏兄弟因此与耶稣会及上海教区关系闹僵。马相伯因此事件情绪低落，高若天神父一度将他送离上海，由在苏州的恩师晁德莅加以劝导和看顾。

1875 年（光绪元年，乙亥）　三十六岁

马相伯在南京从事国学研究，晁德莅神父同时在宁。回到徐家汇后，马相伯与耶稣会的对立加剧，强烈要求脱离本会。

1876 年（光绪二年，丙子）　三十七岁

马相伯离开耶稣会，回到上海家中暂住。耶稣会不原谅马相伯违纪，不允许他参与告解，几近绝罚（Excommunicatio）。

旋因马建勋推荐，入其好友山东布政使余紫垣幕府，任文案，并学习处理洋务。后获任潍坊机械局总办，主持山东地方洋务达三年之久。

本年，李鸿章选派马建忠以郎中身份游学巴黎，次年兼任驻法公使郭嵩焘翻译。

1878（光绪四年，戊寅） 三十九岁

结婚，妻子为山东人。马相伯共育二子一女。长子君远，娶邱氏，1914 年去世。君远去世后，马相伯指定邱氏更名"马邱任我"，料理马家事务有年，1960 年去世。君远与任我之女儿玉章承嗣马氏，至今繁衍。次女宗文，适徐氏，生子二人。幼子（失名）在襁褓中随母回山东探亲，在黄海罹难。

1881 年（光绪七年，辛巳） 四十二岁

随驻日公使黎庶昌（1837—1896）赴日，出任使馆参赞，后改任神户领事，历大半年回国。

1882 年（光绪八年，壬午） 四十三岁

秋，从日本回国，在南京舟中获见李鸿章（1823—1901），为后者喜。遂被直接带入直隶总督幕府，与三弟马建忠一起处理北洋事务。

同年，朝鲜发生"壬午兵变"，清廷任命吴长庆（1829—1884）为朝鲜事务大臣。吴长庆与马建勋交善，以兄弟情视事相伯、建忠。马相伯代替马建忠幕僚职位，以长辈身份督导袁世凯（1859—1916）任事。

1883 年（光绪九年，癸未） 四十四岁

10 月，二哥马建勋去世，马相伯、马建忠回上海奔丧。相伯、建忠继承建勋留下的大笔资产。

本年，越、法继续交战，马建忠在上海处理法国公使谈判，签订中法草约。

1884 年（光绪十年，甲申） 四十五岁

3 月，李鸿章命马建忠主持轮船招商局事务，同时派马相伯至天津、汉口、上海、烟台、厦门、广州调查局属财产。

8 月，马建忠和马相伯得到李鸿章同意，将轮船招商局船只、码头抵押给美商旗昌洋行，改悬美国国旗，避免中法战争炮火损失，被指为"卖国"。

本年，马相伯为招商局事逗留广东，上疏两广总督张之洞，申请九龙自开商埠，以与香港商战，挽回利权。张之洞拖延不决，未加采纳。马相伯遂离开广州，赴厦门。

本年，与名士王韬（1828—1897）在广州订交。王韬对马相伯见而喜之，赠诗一首，为马氏兄弟遭诬陷打抱不平："难弟难兄并心许，君

家昆季云霄侣。三年两次见粤中，奇功乃复遭蜚语。"（王韬《马相伯自朝鲜回赠余发纸赋此致谢》）

1885 年（光绪十一年，乙酉）　四十六岁

台湾巡抚刘铭传（1836—1896）知马相伯在厦门调查招商局事务，邀请入台湾共事。马相伯逗留数月后离去，回到直隶总督李鸿章幕府。

7 月，中法战争结束后，轮船招商局仍由马建忠任会办，马相伯参与，与美商旗昌洋行谈判，如约收回招商局财产。

1886 年（光绪十二年，丙戌）　四十七岁

奉李鸿章命赴美借款，重新建设海军，开办新式银行。马相伯在美东谈妥巨额贷款，因受到政敌谤议，功败垂成。

离美赴欧之后，考察英、法社会，在英国参观牛津大学、剑桥大学。转道罗马，觐见教宗利奥第十三。

1893 年（光绪十九年，癸巳）　五十四岁

妻子携襁褓中的幼子（失名）回山东探亲，母子均在海上罹难。

1895 年（光绪二十一年，乙未）　五十六岁

母亲沈氏在松江泗泾寓所去世，逝世前责备兄弟两人脱离教会为弃信，令马相伯痛心反悔。

春，马建忠、马相伯从上海赴日本参与《马关条约》谈判。秋，上海友人将马建忠文稿"强索以去"，刊刻成《适可斋记言》，全书"贯穿中外之大端，与所以挽回世运者，则有志未竟"。甲午一役，清朝果然战败。

1896 年（光绪二十二年，丙申）　五十七岁

马相伯因参与《马关条约》的谈判和签署，和三弟马建忠同遭谤议。战败后，两人回沪暂避风头。

梁启超（1873—1929）来上海创办《时务报》，居新马路梅福里（黄河路 125 弄），与马相伯、马建忠在新马路口的寓所为邻。二年之中，"与马相伯先生几无日不相见"（《〈时务报〉时代之梁任公》）。时政之外，梁启超及麦孟华跟随马相伯、马建忠兄弟学习拉丁文。

1897 年（光绪二十三年，丁酉）　五十八岁

经沈则恭神父斡旋，马相伯在佘山避静一月后，得到上海天主教会允许，重过教徒生活。此后将一双未成年儿女托付教会抚养后，自己只身回到徐家汇，息影在土山湾孤儿工艺院老楼三楼。

1898 年（光绪二十四年，戊戌） 五十九岁

梁启超请法国驻京公使转商天主教江南主教茹尼爱，让马相伯出山主持维新机构译学馆。马相伯以年老为辞，请将译学馆设于上海徐家汇，延聘耶稣会士襄理译事。后因"百日维新"失败而告终。

1900 年（光绪二十六年，庚子） 六十一岁

8 月 14 日，马建忠在上海李鸿章行辕赶译俄国条约文件，猝然去世。

9 月 24 日，马相伯立《捐献家产兴学字据》，决定将所有遗产"悉数献于江南司教日后所开中西大学堂收管，专为资助英俊子弟资斧所不及……自献之后，永无反悔"。此"中西大学堂"即日后之"震旦"，捐出财产为"松、青两邑田三千亩"。1908 年，为在卢家湾建震旦校舍，另捐"现洋四万元"。

1901 年（光绪二十七年，辛丑） 六十二岁

5 月至次年 11 月，蔡元培（1868—1940）应聘南洋公学师范特班总教习，领二十四名学生前来土山湾向马相伯学习拉丁文。二十四名学生中有胡敦复、邵力子、黄炎培、谢无量、李叔同等。

1902 年（光绪二十八年，壬寅） 六十三岁

11 月 5 日，南洋公学因"墨水瓶事件"发生学潮，学生退学。马相伯正式考虑建立一所新式大学，容纳渴求新学的年轻人。

1903 年（光绪二十九年，癸卯） 六十四岁

3 月 1 日，马相伯主持之震旦学院开学。震旦设立哲学、拉丁文、英语、法语等课程，校址设于徐家汇，1908 年迁至卢家湾吕班路。

本年，应震旦学院开设拉丁文、西方哲学课程之需要，马相伯编写教材《拉丁文通》和《致知浅说》。徐光启墓修缮，马相伯为撰《徐文定公墓前十字记》。

1904 年（光绪三十年，甲辰） 六十五岁

5 月 16 日，马相伯主持上海商学会会议，研究商战之法，复兴民族商业。

7 月，于右任（1879—1964）因革命诗句被追杀，亡命上海。马相伯获悉后，为之易名"刘学裕"，延入震旦学院为学生。

本年，马相伯参与撰写并最后删定的《马氏文通》在商务印书馆出版，作者署为马建忠。

1905 年（光绪三十一年，乙巳）　六十六岁

3 月 9 日，震旦学院学生因校方"废英文，重法文，教育各权皆掌之西教习，"140 余名学生退学，另立复旦公学。

6 月 12 日，马相伯向周馥（1837—1921）借吴淞提督行辕 120 余间房屋作校舍，开办复旦公学。9 月 4 日，复旦公学开学，学额 160 人，震旦旧生转学 120 人。严复任评定官，熊元锷、袁希涛任教务长。李登辉（1872—1947）因颜惠庆（1877—1950）介绍，协助马相伯管理校务。

8 月 6 日，马相伯在务本女塾主持沪学会会议，商议抵制美货事宜。

秋，两江总督周馥邀请马相伯到南京演讲，题为"君主民主之得失与宪法精神"。

本年，江苏丹阳设立商会，聘马相伯为名誉会长。

1906 年（光绪三十二年，丙午）　六十七岁

2 月 23 日，中国公学开学，址设虹口四川路，马相伯被聘为教员。

4 月 25 日，马相伯与张謇、李平书等联合发起"中国图书有限公司"，"以求编辑、印刷、发行、书局之发达，以巩护书籍而保教育之权"。招股启示当天刊登于《时报》。

1907 年（光绪三十三年，丁未）　六十八岁

1 月 29 日，马相伯卸任复旦公学校长，延聘严复继任。

7 月 18 日，马相伯在第一义务学校演讲，号召各慈善团体捐资举办义务教育。

10 月 17 日，梁启超等人在东京发起政闻社，主张君主立宪，派专员来沪邀请马相伯担任总务员。

11 月 9 日，马相伯在张园江苏铁路公会集会上挥泪演讲，指江浙人非仅争路权，而且是争人权，闻者动容。11 月 20 日，预备立宪公会等组织在愚园集会，马相伯再次为争取路权而演讲。12 月 8 日，江苏铁路公会推举马相伯为总干事。

12 月 15 日，马相伯赴东京任政闻社总务员，寓帝国旅馆，当天在中华会馆发表就职演讲"政党之必要及其责任"。

1908 年（光绪三十四年，戊申）　六十九岁

2 月，政闻社本部由东京迁来上海，在各省设立分支机构，马相伯回到上海。

3 月 3 日，马相伯、徐佛苏、雷奋等在六家春番菜馆请客，陈述政闻社宗旨是组织政党，造就国会。

4 月 10 日，马相伯在政闻社机关刊物《政论》上发表就任演说文章《政党之必要及其责任》。

9 月 19 日，马相伯和张謇（1853—1926）等人一起，被选举为江苏谘议局研究会总会办之一。

本年，为李杕辑吴历《墨井集》作序。

1909 年（宣统元年，己酉）　七十岁

本年，清廷开始"预备立宪"，开设谘议局，马相伯当选为江苏省议员。

1910 年（宣统二年，庚戌）　七十一岁

本年，复旦公学校长乏人。1907 年后，严复、夏敬观、高凤谦历任校长，相继辞职，马相伯再度亲任校长。

1911 年（宣统三年，辛亥）　七十二岁

6 月 11 日，上海沪西张园召开中国国民总会成立大会，5000 人到会，马相伯被推举为副会长，沈缦云为会长。总会即在南京、江都、江西设立分会，"以提倡尚武，兴办团练，实行国民应尽义务为宗旨"。实乃江浙人士为接收清政权之预备。15 日，民治公会成立，马相伯为发起人之一。

11 月，辛亥革命爆发后，马相伯担任江浙联军总司令部外交部长、江苏都督府外交司长。

12 月 2 日，马相伯组织江浙联军前锋部队之"镇军"，从太平门攻入南京。中华民国临时政府委任马相伯担任南京府尹（市长）。

辛亥革命中，复旦公学校园被光复军总部占用，图籍设备毁去。马相伯说动江苏士绅，将复旦公学迁到无锡惠山李鸿章公祠，继续招生上课。数月后迁回上海，再借上海李鸿章公祠为校舍，更名复旦大学。

1912 年（民国元年，壬子）　七十三岁

4 月 27 日，南京举行黄花岗起义一周年纪念会。马相伯发表演讲，主题为"富贵不能淫"，警戒革命胜利后将官们不得骄奢淫逸。

秋，袁世凯邀请南方人士到北京议政，马相伯遂决定北上，自此滞留京城有年。

10 月，因教育部任命的北京大学校长章士钊（1881—1973）南下未到任，改由马相伯代理北京大学校长。马相伯上任后，筹划用学校地产抵押向比利时银行贷款，被学生指为"盗卖校产"，旋于年底辞职。11 月，致书袁世凯总统、熊希龄总理，申请拨给皇家静宜园，由英敛之开办"女工女学"。

本年，马相伯有《上教宗求为中国兴学书》，致书罗马教廷要求在中国"创一大学，广收教内外学生，以树通国中之模范，庶使教中可因学问辅持社会，教外可因学问迎受真光"。

1913 年（民国二年，癸丑） 七十四岁

3 月，马相伯与章太炎（1869—1936）、严复、梁启超等人发起筹建"函夏考文苑"。考文苑模仿法国科学院建制，设立院士。仿照法国制度是马相伯的擅长，而把"说近妖妄"的夏曾佑、廖平、康有为排斥在外，显然是"古文经学家"章太炎的主张。

春，袁世凯聘马相伯为总统府高级政治顾问，与章太炎待遇同。马相伯从此和年龄、经历、学见很不相同的章太炎有很多合作。本年，因北上参政，马相伯请教务长李登辉接任复旦大学校长。

本年，清室聘请马相伯、郑孝胥担任溥仪师傅，负教导责。马相伯建议溥仪留学欧洲，不听，遂离去。

本年，历时十数年的努力，马相伯翻译的《新约》福音书《新史合编直讲》由上海土山湾印书馆出版。

1914 年（民国三年，甲寅） 七十五岁

10 月 24 日，在天津广东会馆演讲，阐发"政教分离"的宗教主张。

发表《一国元首应兼主祭主事否》，反对以孔教为国教，以国家元首代为祭天。后又有《信教自由》（1914）、《保持〈约法〉上人民自由权》（1916）等文，坚持政教分离、信仰自由的主张。

本年，马相伯继续向后任总理熊希龄商讨筹建函夏考文苑一事，后因局势变化而搁置，计划胎死腹中。

本年，马相伯儿子马君远去世，儿媳马邱任我带养孤女马玉章，承嗣马氏。于右任、邵力子等复旦学子为马相伯捐助抚恤费万元，大部被转捐给启明女校办学。

1915 年（民国四年，乙卯）　七十六岁

5 月 7 日，在北京中央公园演讲，阐发"信仰自由"的主张。

留京，居培根学校南轩，本年，与北京天主教徒英华（字敛之，1867—1926）一起，商议重刊《天学初函》。

1916（民国五年，丙辰）　七十七岁

留京，仍居培根学校。应北京基督教青年会邀请，演讲"中国今日之需要"。本年，作长文《〈圣经〉与人群之关系》。为英华《万松野人言善录》作序。

1917 年（民国六年，丁巳）　七十八岁

留京，仍居培根学校，为陈垣《元代也里可温考》作序。陈垣（1880—1971）视马相伯如父亲，曾说："垣游京师十年，父事者二人，曰丹徒马先生相伯，曰梅县黄先生均选。"（《黄均选先生暨罗夫人七十双寿序》）

1918 年（民国七年，戊午）　七十九岁

在京参与组织推进自治团体"民治学会"。

本年，南归上海，再居徐家汇土山湾。

1921 年（民国十年，辛酉）　八十二岁

因家产尽数捐去，上海天主教会决定马相伯个人生活费用由震旦大学补助。

1922 年（民国十一年，壬戌）　八十三岁

11 月，教宗驻华代表刚恒毅主教（Cardinal Contantini，1876—1958）到达中国，直接管理中国教务。马相伯和英敛之、廖辅仁等人发动集资，购赠北京定阜大街三号为宗座代表临时公署。后又买定乃兹府甲六号的恭王府为正式公署。

1924 年（民国十三年，甲子）　八十五岁

秋，震旦大学二十年纪念庆后，马相伯《致知浅说》刊印出版。本书 1903 年撰成，为现存最早的中国大学西方哲学教材。

1925 年（民国十四年，乙丑）　八十六岁

马相伯参与申请、筹建和资助的北京辅仁大学成立，学校由美国本笃会资助，北京天主教会和马相伯举荐陈垣担任校长。

1926 年（民国十五年，丙寅） 八十七岁

4 月 11 日，国民外交协会成立，马相伯任会长，章太炎等人为名誉会长。

1929 年（民国十八年，己巳） 九十岁

蔡元培、于右任发起，假徐汇公学礼堂为马相伯九十寿辰庆诞。

11 月 17 日，中国科学社在一品香茶社为马相伯举办九十诞辰寿宴，蔡元培、吴稚晖、于右任、杨杏佛、朱志尧、朱少屏等出席。

本年，震旦大学二十五周年庆典，马相伯莅临演讲。

1931 年（民国二十年，辛未） 九十二岁

9 月 18 日，九一八事变爆发，马相伯改变自八十后"厌闻时事"的态度，积极宣传抗日，出任上海支援东北抗日义勇军协会领袖。

11 月 21 日，上海青年会教育部举办"如何解决东北问题"大学生演讲比赛，马相伯担任首席评判。交通大学刘旋天、沪江大学刘良模、法政学院王善祥获前三名。

1932 年（民国二十一年，壬申） 九十三岁

1 月 28 日，"一·二八"事变爆发后，马相伯发起中国民治促成会、江苏省国难会、不忍人会等组织，主张"民治救国"，动员上海民主力量参与抗日运动。

8 月 29，废止内战大同盟成立，马相伯、段祺瑞、胡适、虞洽卿、吴鼎昌、林康侯、刘湛恩、张伯苓等任名誉委员和常务委员。

12 月 17 日，加盟由宋庆龄、蔡元培、杨杏佛等人发起的中国民权保障同盟。

本年，马相伯有《提议实施民治促成宪政以纾国难案》，"谨告国难人民，实行民治，重建民国"。

1933 年（民国二十二年，癸酉） 九十四岁

1 月 1 日，马相伯受上海地方协会邀请，在 XGAH 电台发表元旦演讲。此为马相伯自 1932 年 1 月以来第十一次在上海各电台中以抗战主题发表广播演讲。

1935 年（民国二十四年，乙亥） 九十六岁

9 月 8 日，中华公教进行会全国教区代表大会在上海举行，马相伯出席并演讲。

12 月 12 日，马相伯、沈钧儒、周建人、周予同、章乃器、陶行知、邹韬奋、郑振铎、钱基博等 283 人联名发表《上海文化界救国运动宣言》。马相伯任上海文化界救国会首席执行委员，提出"停止内战，一致抗日"八项主张。

12 月 27 日，李登辉校长因不能劝阻学生到南京请愿而辞职，马相伯特撰《致复旦大学学生书》，要求学生尽受教育之天职，回校复课，"为国努力自爱"。

1936 年（民国二十五年，丙子）　九十七岁

5 月 31 日，全国各界救国联合会在上海成立，宋庆龄、何香凝、马相伯等四十人任执行委员。

10 月 19 日，作家鲁迅逝世，蔡元培、马相伯、宋庆龄、内山完造、史沫特莱、沈钧儒、茅盾、毛泽东、周建人、胡愈之、曹靖华等任治丧委员会委员。

江苏丹阳建立马相伯图书馆，捐赠 8700 本中西书籍。次年，馆舍毁于"八一三"战火，有关马相伯的生平资料也尽数失去。

应天主教南京主教于斌（1901—1978）恳请，离开上海徐家汇，到南京居住，宣传抗战。

1937 年（民国二十六年，丁丑）　九十八岁

受聘担任国民政府委员。"七七事变"爆发后，在中央广播电台发表演讲"钢铁政策"。

"八一三"上海沦陷后，为呼吁全民抗日，坚随国府"西迁"队伍转移到西南后方。初居桂林风洞山，后进入越南谅山。

1939 年（民国二十八年，己卯）　一百岁

4 月 5 日，国民政府为马相伯百岁诞辰发布褒奖令。6 日，全国各地、各党派、各报刊及政府、民间要人纷纷驰电祝贺。教宗专派特人前往谅山赐福。

11 月 4 日，下午，马相伯在越南谅山去世。15 日，留沪办学之复旦、震旦大学分别举行追悼会。23 日，上海天主教在董家渡、徐家汇天主堂举行追思会。

中国近代思想家文库

辜鸿铭卷　　　　　　　　　　　　黄兴涛　编

康有为卷　　　　　　　　　　　　张荣华　编

宋育仁卷　　　　　　　　　　　　王东杰　编

汪康年卷　　　　　　　　　　　　汪林茂　编

宋恕卷　　　　　　　　　　　　　邱涛　编

夏曾佑卷　　　　　　　　　　　　杨琥　编

谭嗣同卷　　　　　　　　　　　　汤仁泽　编

吴稚晖卷　　　　　　　　　　　　金以林　编

孙中山卷　　　　　　　　　张磊、张苹　编

蔡元培卷　　　　　　　　　　　欧阳哲生　编

章太炎卷　　　　　　　　　　　　姜义华　编

吴雷川卷　　　　　　　　　　　　何建明　编

金天翮、吕碧城、秋瑾、何震卷　　　夏晓虹　编

欧阳竟无卷　　　　　　　　　　　何建明　编

杨毓麟、陈天华、邹容卷　　　严昌洪、何广　编

梁启超卷　　　　　　　　　　　　汤志钧　编

杜亚泉卷　　　　　　　　　　　　周月峰　编

吴虞卷　　　　　　　　　　罗志田、赵妍杰　编

张尔田、柳诒徵卷　　　　　孙文阁、张笑川　编

杨度卷　　　　　　　　　　　　　左玉河　编

王国维卷　　　　　　　　　　　　彭林　编

邓实卷　　　　　　　　　　　　　王波　编

黄炎培卷　　　　　　　　　　　　余子侠　编

胡汉民卷　　　　　　　　　陈红民、方勇　编

陈独秀卷　　　　　　　　　　　　萧延中　编

陈撄宁卷　　　　　　　　　　　　郭武　编

鲁迅卷　　　　　　　　　　　　　孙郁　编

章士钊卷　　　　　　　　　　　　郭双林　编

宋教仁卷　　　　　　　　　　　　郭汉民　编

蒋百里、杨杰卷　　　　　　皮明勇、侯昂妤　编

江亢虎卷　　　　　　　　　　　　汪佩伟　编

马一浮卷　　　　　　　　　　　　吴光　编

刘师复卷　　　　　　　　　　　　唐仕春　编

图书在版编目（CIP）数据

中国近代思想家文库. 马相伯卷/李天纲编 .—北京：中国人民大学出版社，2014.6

ISBN 978-7-300-19541-4

Ⅰ.①中… Ⅱ.①李… Ⅲ.①思想史-研究-中国-近代 ②马相伯（1840～1939）-思想评论 Ⅳ.①B250.5

中国版本图书馆 CIP 数据核字（2014）第 127616 号

中国近代思想家文库

马相伯卷

李天纲 编

Ma Xiangbo Juan

出版发行	中国人民大学出版社		
社　　址	北京中关村大街 31 号	**邮政编码**	100080
电　　话	010 - 62511242（总编室）	010 - 62511770（质管部）	
	010 - 82501766（邮购部）	010 - 62514148（门市部）	
	010 - 62515195（发行公司）	010 - 62515275（盗版举报）	
网　　址	http://www.crup.com.cn		
经　　销	新华书店		
印　　刷	涿州市星河印刷有限公司		
开　　本	720 mm×1000 mm　1/16	**版　　次**	2014 年 6 月第 1 版
印　　张	38　插页 1	**印　　次**	2025 年 1 月第 3 次印刷
字　　数	613 000	**定　　价**	126.00 元